**Schwerpunktbereich**   Heiderhoff · Europäisches Privatrecht

**Schwerpunkte**

Eine systematische Darstellung der wichtigsten Rechtsgebiete anhand von Fällen
Begründet von Professor Dr. Harry Westermann †

# Europäisches Privatrecht

von

Dr. Bettina Heiderhoff

Professorin an der Universität Münster

5., neu bearbeitete Auflage

 C.F. Müller

Bibliografische Information der Deutschen Nationalbibliothek
Die Deutsche Nationalbibliothek verzeichnet diese Publikation in der Deutschen Nationalbibliografie; detaillierte bibliografische Daten sind im Internet über <http://dnb.d-nb.de> abrufbar.

ISBN 978-3-8114-4858-2


E-Mail: kundenservice@cfmueller.de
Telefon: +49 89/2183-7923
Telefax: +49 89/2183-7620

www.cfmueller.de
www.cfmueller-campus.de




© 2020 C.F. Müller GmbH, Waldhofer Straße 100, 69123 Heidelberg

Dieses Werk, einschließlich aller seiner Teile, ist urheberrechtlich geschützt. Jede Verwertung außerhalb der engen Grenzen des Urheberrechtsgesetzes ist ohne Zustimmung des Verlages unzulässig und strafbar. Dies gilt insbesondere für Vervielfältigungen, Übersetzungen, Mikroverfilmungen und die Einspeicherung und Verarbeitung in elektronischen Systemen.

Satz: preXtension, Grafrath
Druck: CPI books, Leck

# Vorwort

Im Gegensatz zur 4. Auflage dieses Werks, die große Veränderungen mit sich brachte, weil die Verbraucherrechte-RL gerade neu umgesetzt worden war, trifft die 5. Auflage in eine Art Zwischenstadium. Zwar sind die lange erwarteten verbrauchervertragsrechtlichen Richtlinien – die Warenkauf-RL und die Digitale-Inhalte-RL – am 20.5.2019 endlich verabschiedet worden und der „New Deal for Consumers" wird ebenfalls spürbare Veränderungen des EU-Privatrechts bewirken. Doch wird die Umsetzung dieser Rechtsakte in das nationale Recht noch dauern. Sie muss für die Warenkauf-RL und die Digitale-Inhalte-RL erst zum 1.7.2021 erfolgen und diese Richtlinien werden erst ab dem 1.1.2022 angewendet werden. Für die einzelnen Bausteine des New Deal for Consumers liegt der Geltungsbeginn noch später. In der vorliegenden Auflage werden die neuen Rechtsakte daher vorerst nur soweit behandelt, wie sie schon heute von Interesse sind. Bei den sonstigen privatrechtlichen Fragen der Digitalisierung, wie etwa der Haftung für autonome Systeme und künstliche Intelligenz, steht der Erlass europäischer Regelungen noch bevor. Es hat aber seit der letzten Auflage nicht nur mehrere wichtige neue Urteile des EuGH sowie des BGH gegeben, sondern zum 1.1.2018 sind auch einige Neuerungen insbesondere im Verbrauchsgüterkaufrecht in Kraft getreten.

Das EU-Privatrecht bleibt als Gegenstand für ein Lehrbuch ungewöhnlich, weil es in hohem Maße eine Querschnittsthematik ist. Von Grundlagen des Rechts der EU bis zu Details des Rechts der AGB und zu Fragen des IPR sind viele Dinge miteinander zu verknüpfen. Dabei ist das Ziel des Buchs ehrgeizig: Ich habe versucht, Elemente eines Lehrbuchs, nämlich Anschaulichkeit und Beispielsreichtum, mit wissenschaftlich vertieften Schwerpunkten zu verbinden. Die unendlich vielen offenen Auslegungsfragen, die das EU-Privatrecht bereithält, mit Hilfe von Grundlagenverständnis und Hintergrundwissen selbst lösen zu können, dazu sollen die Leserinnen und Leser befähigt werden.

Ich bin vielen Personen zu Dank verpflichtet. Namentlich erwähnen möchte ich *Kilian Gramsch, Dominik Keller, Florian Leber, Daniel Nickisch, Elena Schöne* und *Maximilian Weißenberg*, die mir mit ihren vielen guten Ideen und ihrer großen Sorgfalt bei der Aktualisierung für diese 5. Auflage sehr geholfen haben.

Münster, Februar 2020 *Bettina Heiderhoff*

# Inhaltsverzeichnis

|  | Rn | Seite |
|---|---|---|
| *Vorwort* . . . . . . . . . . . . . . . . . . . . . . . . . . . . . . . . . . . . . . . . . |  | V |
| § 1 **Vorüberlegungen** . . . . . . . . . . . . . . . . . . . . . . . . . . . . . . . . . | 1 | 1 |
|     **A. Gegenstand des Buchs** . . . . . . . . . . . . . . . . . . . . . . . . . . . | 1 | 1 |
|     **B. Zielsetzung und Aufbau des Buchs** . . . . . . . . . . . . . . . . . . | 2 | 1 |
|     **C. Informationsquellen zum EU-Privatrecht** . . . . . . . . . . . . . . | 3 | 2 |
|         I. Informationen in diesem Buch . . . . . . . . . . . . . . . . . . . . | 3 | 2 |
|         II. Weitere wichtige Quellen . . . . . . . . . . . . . . . . . . . . . . . . | 4 | 2 |
|             1. Die Richtlinien . . . . . . . . . . . . . . . . . . . . . . . . . . . . . | 4 | 2 |
|             2. Rechtsprechung des EuGH . . . . . . . . . . . . . . . . . . . . . | 5 | 2 |
|             3. Lehrbücher und Kommentare . . . . . . . . . . . . . . . . . . . | 6 | 3 |
|             4. Weiterführende Informationen im Internet . . . . . . . . . . | 7 | 3 |
| § 2 **Überblick über das bestehende Privatrecht der EU** . . . . . . | 8 | 4 |
|     **A. Privatrecht im primären EU-Recht** . . . . . . . . . . . . . . . . . . . | 8 | 4 |
|     **B. Privatrecht im sekundären EU-Recht** . . . . . . . . . . . . . . . . . | 9 | 5 |
|         I. Arten sekundären EU-Privatrechts . . . . . . . . . . . . . . . . . | 9 | 5 |
|         II. Die Richtlinie . . . . . . . . . . . . . . . . . . . . . . . . . . . . . . . . | 10 | 5 |
|         III. Die Verordnung . . . . . . . . . . . . . . . . . . . . . . . . . . . . . . . | 11 | 6 |
| § 3 **Europarechtliche Grundlagen für die Privatrechtssetzung** . | 12 | 7 |
|     **A. Kompetenz der EU zur Rechtssetzung im Bereich des Privatrechts** . . . . . . . . . . . . . . . . . . . . . . . . . . . . . . . . . . . . . . . . . . . | 12 | 7 |
|         I. Grundlagen in EUV und AEUV . . . . . . . . . . . . . . . . . . | 13 | 7 |
|             1. Grundsätzliches . . . . . . . . . . . . . . . . . . . . . . . . . . . . . | 13 | 7 |
|             2. Reichweite des Art. 114 AEUV . . . . . . . . . . . . . . . . . | 14 | 8 |
|                 a) Allgemeines . . . . . . . . . . . . . . . . . . . . . . . . . . . . . | 14 | 8 |
|                 b) Art. 114 AEUV als Kompetenzgrundlage für privatrechtliche Richtlinien . . . . . . . . . . . . . . . . . . . . . . . . . . . | 16 | 9 |
|             3. Subsidiaritätsprinzip und Verhältnismäßigkeitsgrundsatz als Kompetenzschranken . . . . . . . . . . . . . . . . . . . . . . . . | 19 | 11 |
|                 a) Umrisse . . . . . . . . . . . . . . . . . . . . . . . . . . . . . . . . | 19 | 11 |
|                 b) Rechtsangleichung und Subsidiaritätsprinzip . . . . . . . | 20 | 11 |
|             4. Kompetenz der EU für den Erlass eines europäischen Vertragsgesetzbuchs . . . . . . . . . . . . . . . . . . . . . . . . . . . . . . | 25 | 15 |
|             5. Zusammenfassung . . . . . . . . . . . . . . . . . . . . . . . . . . . | 28 | 16 |
|         II. Auswirkungen fehlender Kompetenz . . . . . . . . . . . . . . . . | 29 | 16 |
|             1. Nichtigkeitsklage . . . . . . . . . . . . . . . . . . . . . . . . . . . | 29 | 16 |
|             2. Rüge der Kompetenz im Wege des Vorabentscheidungsverfahrens (Imperial Tobacco) . . . . . . . . . . . . . . . . . . . | 30 | 16 |

| | | |
|---|---:|---:|
| **B. Vorrang des EU-Rechts** | 31 | 17 |
| I. Grundsatz | 32 | 17 |
| II. Wirkungsweise des Vorrangs | 34 | 18 |
| III. Vorrang des EU-Rechts und Grundrechte | 37 | 19 |
|     1. Konflikt | 37 | 19 |
|     2. Zurücktreten der deutschen Grundrechte hinter die Richtlinien | 40 | 20 |
|     3. Europäische Grundrechte und Privatrecht | 41 | 21 |
|     4. Keine nationale Grundrechtskontrolle umgesetzten Rechts | 43 | 22 |
|     5. Zusammenfassung | 44 | 23 |
| **C. Grundfreiheiten, Diskriminierungsverbot, Unionsbürgerschaft und Privatrecht** | 45 | 23 |
| I. Inhalt und Wirkungsweise der Grundfreiheiten | 46 | 24 |
|     1. Die Grundfreiheiten | 46 | 24 |
|     2. Überblick zur Wirkungsweise der Grundfreiheiten | 47 | 24 |
|         a) Deregulierungs- und Angleichungsgebot | 47 | 24 |
|         b) Diskriminierungs- und Beschränkungsverbot | 48 | 25 |
| II. Allgemeines Diskriminierungsverbot | 49 | 25 |
| III. Unionsbürgerschaft | 50 | 26 |
| IV. Wirkung der Grundfreiheiten auf das Privatrecht | 52 | 27 |
|     1. Vorüberlegungen | 52 | 27 |
|     2. Freizügigkeit und nicht diskriminierendes nationales Recht in der Rechtsprechung des EuGH | 53 | 27 |
|     3. Warenverkehrsfreiheit und nicht diskriminierendes nationales Recht in der Rechtsprechung des EuGH | 54 | 28 |
|         a) Die Entwicklung der Rechtsprechung bis zur Keck-Entscheidung | 54 | 28 |
|         b) Heutiger Stand der EuGH-Rechtsprechung | 56 | 29 |
|     4. Meinungsstand in der Wissenschaft | 57 | 30 |
|         a) Ausgangspunkt: Untragbarkeit einer umfassenden Grundfreiheitenkontrolle für das Privatrecht | 57 | 30 |
|         b) Eingrenzung der Wirkung der Grundfreiheiten auf grenzüberschreitende Sachverhalte | 58 | 30 |
|         c) Eingrenzung der Wirkung der Grundfreiheiten auf zwingendes Recht | 59 | 31 |
|         d) Eingrenzung der Wirkung der Grundfreiheiten durch Aufteilung des Privatrechts in Verkaufs- und Produktmodalitäten (Weiterentwicklung der Keck-Entscheidung) | 60 | 32 |
|         e) Begrenzung der Wirkung des Art. 34 AEUV durch Anwendung von Rechtfertigungsgründen | 63 | 33 |
|         f) Immanente Begrenzung der Wirkung der Grundfreiheiten | 66 | 35 |
|     5. Zwischenergebnis | 68 | 36 |
|     6. Grundfreiheiten und nationales Privatrecht, welches über den Schutzstandard einer Richtlinie hinausgeht | 69 | 36 |
|         a) Vorrang der Grundfreiheiten vor dem Mindeststandardgebot? | 70 | 36 |

|   |   |   |   |   |
|---|---|---|---|---|
| | | b) Rechtfertigungsgründe bei einem Grundfreiheitenverstoß durch Ausschöpfung der in den Mindeststandardklauseln gewährten Regelungsbefugnis ................... | 73 | 38 |
| | V. | Drittwirkung von EU-Grundrechten, Grundfreiheiten und Diskriminierungsverboten im Privatrecht ................. | 78 | 39 |
| | | 1. Überblick ....................................... | 78 | 39 |
| | | 2. Geltung der Grundfreiheiten im Rechtsverhältnis zwischen Privaten ........................................ | 79 | 40 |
| | | 3. Drittwirkung der Grundfreiheiten durch die Generalklauseln des nationalen Privatrechts, insbesondere § 307 BGB? .... | 80 | 41 |
| | | 4. Wirkung der Grundrechtecharta im Verhältnis zwischen Privaten ........................................ | 82 | 42 |
| | |    a) Schutzpflichtlehre und Grundrechtecharta .......... | 82 | 42 |
| | |    b) Anwendung konkreter subjektiver Rechte bei fehlerhafter Richtlinienumsetzung ....................... | 83 | 43 |
| **§ 4** | **Umsetzung, Anwendung und Auslegung von EU-Privatrecht** ........................................ | | 85 | 44 |
| | **A. Die Richtlinie und ihre Umsetzung** ....................... | | 85 | 44 |
| | I. Umsetzungspflicht ....................................... | | 85 | 44 |
| | | 1. Notwendigkeit der Umsetzung ...................... | 85 | 44 |
| | | 2. Umfang der Umsetzungspflicht ...................... | 86 | 44 |
| | | 3. Folgen von Verletzungen der Umsetzungspflicht ......... | 89 | 45 |
| | |    a) Unmittelbare Wirkung von privatrechtlichen Richtlinien ................................... | 89 | 45 |
| | |    b) Vertragsverletzungsverfahren ................... | 93 | 47 |
| | |    c) Staatshaftungspflicht ......................... | 94 | 47 |
| | II. Die überschießende Umsetzung ........................... | | 99 | 50 |
| | **B. Die Anwendung des EU-Privatrechts** ..................... | | 102 | 51 |
| | I. Lückenhaftes, nur mittelbar geltendes EU-Privatrecht ........ | | 102 | 51 |
| | | 1. Mittelbare Geltung des eigentlichen EU-Privatrechts ...... | 102 | 51 |
| | | 2. Lückenhaftes Gebilde ............................ | 104 | 51 |
| | II. Die Auslegung des EU-Privatrechts ....................... | | 106 | 52 |
| | | 1. Allgemeines ................................... | 106 | 52 |
| | | 2. Die Auslegungsmethoden des EuGH .................. | 108 | 53 |
| | |    a) Wortlaut .................................. | 108 | 53 |
| | |    b) Systematische Auslegung ...................... | 109 | 53 |
| | |    c) Teleologische Auslegung ...................... | 110 | 54 |
| | |    d) Autonome Auslegung ........................ | 112 | 54 |
| | |    e) Rechtsvergleichende Auslegung ................. | 113 | 55 |
| | III. Rechtsfortbildung im EU-Recht ........................... | | 115 | 57 |
| | | 1. Rechtsfortbildung ............................... | 115 | 57 |
| | | 2. Analogie als vom EuGH genutzte Methode ............. | 116 | 57 |
| | | 3. Wertung ...................................... | 118 | 58 |
| | IV. Zusammenfassung ..................................... | | 119 | 58 |
| | **C. Die Auslegung von nationalem Recht mit EU-rechtlichem Hintergrund** ......................................... | | 120 | 59 |
| | I. Europäische Auslegung ................................. | | 120 | 59 |

|     |                                                                                  |     |    |
| --- | -------------------------------------------------------------------------------- | --- | -- |
| II. | Grundlagen der richtlinienkonformen Auslegung                                    | 121 | 59 |
| III.| Richtlinienkonforme Auslegung als Gebot des EU-Rechts                            | 122 | 60 |
| IV. | Die Reichweite der richtlinienkonformen Auslegung nationaler Gesetze             | 123 | 60 |
|     | 1. Richtlinienkonforme Auslegung gegen den Willen des nationalen Gesetzgebers?   | 124 | 61 |
|     | 2. Richtlinienkonforme Auslegung und andere Auslegungsmethoden                   | 125 | 61 |
|     | 3. Richtlinienkonforme Rechtsfortbildung                                         | 126 | 62 |
|     | 4. Richtlinienkonforme Auslegung bei überschießender Umsetzung                   | 131 | 65 |
|     | 5. Zeitlicher Beginn der richtlinienkonformen Auslegung                          | 133 | 66 |
|     | 6. Zusammenfassung                                                               | 134 | 66 |
| V.  | Weitere Formen „europäischer" Auslegung des nationalen Rechts                    | 135 | 67 |
|     | 1. Harmonisierende Auslegung                                                     | 135 | 67 |
|     | 2. Historische Rechtsvergleichung                                                | 136 | 67 |
|     | 3. Zusammenfassung                                                               | 138 | 68 |

**D. Die Vorlage an den EuGH** .................................................. 139 68

| I.   | Zuständigkeit für die Auslegung von EU-Recht                                     | 139 | 68 |
| ---- | -------------------------------------------------------------------------------- | --- | -- |
| II.  | Das Vorabentscheidungsverfahren                                                  | 140 | 69 |
|      | 1. Vorlagepflicht                                                                | 141 | 69 |
|      | 2. Die Auslegung von EU-Recht als Gegenstand der Vorlagefrage                    | 147 | 71 |
|      | 3. Zusammenarbeit von vorlegendem Gericht und EuGH                               | 149 | 72 |
|      | a) Technik des EuGH                                                              | 149 | 72 |
|      | b) Die geschickte Vorlagefrage                                                   | 151 | 72 |
|      | 4. Möglichkeiten der Parteien                                                    | 153 | 73 |
| III. | Reichweite der Vorlagepflicht                                                    | 154 | 74 |
|      | 1. Allgemeines                                                                   | 154 | 74 |
|      | 2. Keine Vorlagepflicht bei fehlender Entscheidungserheblichkeit                 | 155 | 74 |
|      | 3. Keine Vorlagepflicht bei Offensichtlichkeit des Auslegungsergebnisses         | 157 | 75 |
|      | 4. Mindestharmonisierung, Vollharmonisierung und Vorlagepflicht                  | 159 | 76 |
|      | 5. Sonderfall: Die Generalklausel in der Richtlinie                              | 160 | 77 |
|      | a) Problematik                                                                   | 160 | 77 |
|      | b) Vorlage von Generalklauseln und Mindeststandardprinzip                        | 162 | 78 |
|      | c) Vorlage von Generalklauseln und Acte-clair                                    | 163 | 78 |
|      | d) Vorlagepflicht bei Generalklauseln in sonstigen Fällen                        | 164 | 79 |
|      | 6. Zusammenfassung                                                               | 172 | 82 |
|      | a) Allgemeines                                                                   | 172 | 82 |
|      | b) Generalklauseln                                                               | 174 | 82 |
| IV.  | Sonderfall: Die Vorlage an den EuGH bei überschießender Umsetzung                | 175 | 83 |
|      | 1. Grundsätzliche Zulässigkeit der Vorlage bei überschießender Umsetzung         | 175 | 83 |

|  | | | |
|---|---|---|---|
| | 2. Grenzen der Vorlage bei überschießender Umsetzung | 176 | 83 |
| | 3. Überschießende Umsetzung und gesetzlicher Richter | 178 | 84 |
| V. | Verletzung der Vorlagepflicht und gesetzlicher Richter | 179 | 85 |
| VI. | Wirkung der Entscheidungen des EuGH | 180 | 85 |
| | 1. Rechtskraft im engen Sinne | 180 | 85 |
| | 2. Bindungswirkung der Urteile des EuGH nach den EU-Verträgen | 182 | 86 |

## § 5 Allgemeine Rechtsgrundsätze des EU-Privatrechts ... 185 88

### A. Regelungsziele des EU-Privatrechts ... 185 88

    I. Privatrecht als Binnenmarktrecht ... 185 88

   II. Privatrechtsordnung und Wettbewerb ... 187 88

  III. Zielsetzung und Dogmatik ... 188 89

### B. Unternehmerrecht und Verbraucherrecht ... 190 90

    I. Unternehmerrecht ... 190 90

   II. Verbraucherrecht als Marktrecht – Modell der Konsumentensouveränität ... 192 91

  III. Verbraucher- und Unternehmerbegriff ... 196 93
1. Vorüberlegungen ... 197 93
   a) Rollenspezifische Begrifflichkeit ... 197 93
   b) Der Verbrauchervertrag ... 198 93
   c) Uneinheitliche Definition ... 199 94
   d) Problembereiche ... 201 95
2. Das Verbraucherleitbild ... 205 96
3. Das Unternehmerleitbild ... 210 98
4. Einzelfragen der Abgrenzung von Verbraucher und Unternehmer im EU-Recht ... 213 100
   a) Allgemeine Schlussfolgerungen ... 213 100
   b) Mischgeschäfte ... 214 100
   c) Existenzgründer ... 217 101
   d) Beruflich handelnder Arbeitnehmer ... 218 102
   e) Stellvertretung zwischen Verbraucher und Unternehmer ... 219 102
   e) Abtretung einer „Verbraucherforderung" ... 223 103
   f) Beweislast bei Zweifelsfällen ... 224 104
5. Auswirkungen auf die Rechtsanwendung in Deutschland ... 227 105
   a) Vorüberlegung ... 227 105
   b) Reichweite der Anwendbarkeit des Mindeststandardgrundsatzes in Hinblick auf den in Deutschland anzuwendenden Verbraucher- und Unternehmerbegriff ... 228 106
   c) Keine Spiegelbildlichkeit von Verbraucher- und Unternehmerbegriff ... 230 107
   d) Einzelfälle ... 232 108

  IV. Zusammenfassung ... 233 108

### C. Einzelne erkennbare Rechtsprinzipien ... 234 109

    I. Vertragsfreiheit ... 237 110
1. Die Vertragsabschlussfreiheit ... 239 112
2. Die Vertragsausgestaltungsfreiheit ... 240 112
3. Neuere Entwicklungen und Diskussion ... 242 113

| | | | |
|---|---|---|---|
| II. | Bindungswirkung des Vertrags | 244 | 114 |
| | 1. Pacta sunt servanda im EU-Recht? | 244 | 114 |
| | 2. Bindungswirkung des Vertrags als notwendige Ergänzung der Vertragsfreiheit | 245 | 115 |
| | 3. Bewertung | 247 | 116 |
| | 4. Widerruflichkeit der Erklärung des Verbrauchers als Rechtsprinzip? | 248 | 117 |
| |    a) Bindungswirkung und Vertrauensschutz | 248 | 117 |
| |    b) Widerruflichkeit des Verbrauchervertrags und Vertrauensschutz | 249 | 117 |
| |    c) Begrenzung der Widerruflichkeit durch Unternehmerinteressen | 250 | 117 |
| | 5. Zusammenfassung | 251 | 118 |
| III. | Informationsprinzip – Transparenzgebot | 252 | 118 |
| | 1. Information als Rechtsprinzip | 252 | 118 |
| | 2. Vorrang der Information vor anderen Schutzinstrumenten | 254 | 120 |
| | 3. Notwendigkeit von Information über das geschriebene Recht hinaus? | 256 | 120 |
| | 4. Informationsmodell kontra Konsensprinzip? | 257 | 121 |
| |    a) Formbindung und Widerrufsrecht als Ausfluss des Informationsprinzips | 257 | 121 |
| |    b) Verhältnis von Informationsprinzip und Konsensprinzip | 258 | 121 |
| | 5. Transparenz als Prinzip des Verbrauchervertragsrechts | 260 | 122 |
| | 6. Zusammenfassung | 264 | 123 |
| IV. | Gleichbehandlungsgrundsatz oder Diskriminierungsverbot | 265 | 124 |
| | 1. Gleichbehandlung im geschriebenen Recht | 266 | 124 |
| | 2. Auswirkungen des allgemeinen Gleichbehandlungsgrundsatzes des EU-Rechts auf das Privatrecht | 269 | 126 |
| | 3. Zusammenfassung | 270 | 127 |
| V. | Schutz des Verbrauchers als Rechtsprinzip? | 271 | 128 |
| VI. | Berechtigte Erwartungen | 273 | 129 |
| | 1. Verbrauchervertrauen und Verbrauchererwartungen | 273 | 129 |
| | 2. Ablesbarkeit des Prinzips der „berechtigten Erwartungen" im Verbraucherprivatrecht | 276 | 130 |
| |    a) Berechtigte Erwartungen in den Richtlinien | 276 | 130 |
| |    b) Berechtigte Erwartungen in der Rechtsprechung des EuGH | 281 | 132 |
| | 3. Abgrenzung des Grundsatzes der berechtigten Erwartungen zu anderen Rechtsgrundsätzen | 282 | 132 |
| | 4. Auswirkungen des Grundsatzes der berechtigten Erwartungen im Vertragsrecht | 284 | 133 |
| |    a) An den berechtigten Erwartungen ausgerichtetes Recht | 284 | 133 |
| |    b) Berechtigte Erwartungen als Grundsatz für die Auslegung des EU-Privatrechts | 285 | 134 |
| |    c) Auswirkung auf die Vertragsauslegung | 289 | 135 |
| | 5. Zusammenfassung und Bewertung | 291 | 136 |
| VII. | Vertragliche Solidarität | 292 | 137 |

|  |  |  |  | 294 | 138 |
|---|---|---|---|---|---|
|  | VIII. | Umfassender Schadensersatz | | 294 | 138 |
|  |  | 1. Grundsatz der Schadensersatzpflicht? | | 294 | 138 |
|  |  | 2. Grundsatz des umfassenden Ersatzes bei ersatzpflichtigen Schäden | | 297 | 139 |
|  |  |  | a) Allgemeines | 297 | 139 |
|  |  |  | b) Ersatz immaterieller Schäden | 298 | 139 |
|  | IX. | Verbot des Rechtsmissbrauchs | | 299 | 140 |
|  | X. | Allgemeiner Grundsatz von Treu und Glauben | | 300 | 141 |
|  | XI. | Verhaltenssteuerung durch EU-Privatrecht | | 304 | 143 |
|  |  | 1. Paternalistische Tendenzen im Recht der EU | | 304 | 143 |
|  |  | 2. Verhaltenssteuerung durch Privatrecht | | 305 | 143 |
|  | XII. | Problem der Rechtsdurchsetzung | | 306 | 144 |
|  |  | 1. Der zögerliche Verbraucher | | 306 | 144 |
|  |  | 2. Kollektive Gerichtsverfahren | | 307 | 145 |
|  |  | 3. Wettbewerbsrecht | | 308 | 146 |
|  | XIII. | Zusammenfassung: Vernunft statt Freiheit? | | 309 | 147 |

## § 6 Die einzelnen Regelungen des EU-Privatrechts und ihre Auswirkungen auf die Rechtsanwendung ........ 310 148

**A. Die Regelungen des sekundären EU-Privatrechts zum Abschluss und zur Wirksamkeit von Verträgen** ........ 310 148

|  |  |  |  | | |
|---|---|---|---|---|---|
|  | I. | Allgemeine Rechtsgeschäftslehre | | 310 | 148 |
|  |  | 1. Fehlen von Regelungen in den Richtlinien | | 310 | 148 |
|  |  | 2. Elektronischer Vertragsschluss | | 311 | 149 |
|  | II. | Wirksamkeitsvoraussetzungen | | 315 | 150 |
|  |  | 1. Allgemeines | | 315 | 150 |
|  |  | 2. Gleichbehandlung als Wirksamkeitsvoraussetzung? | | 316 | 151 |
|  |  | 3. Wirksamkeitsgebote | | 317 | 152 |
|  |  | 4. Zusammenfassung | | 318 | 152 |
|  | III. | Informationspflichten und Vertragsschluss | | 319 | 152 |
|  |  | 1. Bedeutung der Information für die Wirksamkeit des Vertrags | | 319 | 152 |
|  |  | 2. Informationspflichten in der Verbraucherrechte-RL | | 321 | 154 |
|  |  |  | a) Allgemeine Informationspflichten | 321 | 154 |
|  |  |  | b) Informationspflichten für Fernabsatzverträge und Haustürgeschäfte | 322 | 155 |
|  |  | 3. Informationspflichten im elektronischen Geschäftsverkehr | | 325 | 157 |
|  |  | 4. Informationspflichten bei sonstigen Verträgen | | 326 | 157 |
|  |  | 5. Sanktionen bei der Verletzung von Informationspflichten | | 327 | 158 |
|  | IV. | Formvorschriften | | 328 | 158 |
|  | V. | Widerrufsrechte | | 329 | 159 |
|  |  | 1. Überblick | | 330 | 159 |
|  |  |  | a) Regelungstechnik in den Richtlinien und in der deutschen Umsetzung | 330 | 159 |
|  |  |  | b) Übersicht über die Problembereiche | 332 | 160 |
|  |  | 2. Die einzelnen Widerrufstatbestände und ihre Umsetzung in das deutsche Recht | | 336 | 163 |

|  |  |  | a) | Das Widerrufsrecht bei außerhalb von Geschäftsräumen geschlossenen Geschäften und Fernabsatzgeschäften ... | 336 | 163 |
|  |  |  | b) | Widerrufsrecht in der Verbraucherkredit-RL und der Wohnimmobilienkredit-RL ...................... | 355 | 174 |
|  |  |  | c) | Das Widerrufsrecht in der Teilzeitnutzungsrechte-RL ... | 356 | 175 |
|  |  |  | d) | Das Widerrufsrecht in der FAF-RL ............... | 358 | 176 |

3. Widerrufsfrist und Widerrufserklärung und ihre Umsetzung in das deutsche Recht ............................. 359 176
   - a) Allgemeines .................................... 359 176
   - b) Die Widerrufserklärung ......................... 360 176
   - c) Die Widerrufsfrist .............................. 361 177
   - d) Die Widerrufsfrist bei nachgeholter Belehrung ....... 363 178
   - e) Widerrufsfrist und Präklusion nach § 767 Abs. 2 ZPO . 366 180
4. Die Rechtsfolgen des Widerrufs und ihre Umsetzung in das deutsche Recht ....................................... 367 180
   - a) Vorüberlegung zur Systematik des BGB ............ 368 181
   - b) Nutzungs- und Wertersatz bei Widerruf ............. 369 182
   - c) Versandkosten bei Widerruf ...................... 380 187
   - d) Verbundene Verträge ............................ 382 188
   - e) Rechtsmissbrauch .............................. 385 190
   - f) Insbesondere: Der Widerruf in den Schrottimmobilienfällen ......................................... 389 192

VI. Die Einbeziehung von Allgemeinen Geschäftsbedingungen (AGB) in den Vertrag ................................. 399 198
  1. Einbeziehung von AGB nach der Klausel-RL .......... 399 198
  2. Einbeziehung von AGB im Fernabsatz und E-Commerce .. 400 198
  3. Sonderfall: Einbeziehung von AGB bei Internetauktionen .. 401 199

VII. Sonderfall: Die Regelung über unbestellt zugesandte Leistungen und ihre Umsetzung in Deutschland ..................... 403 200
  1. Regelung in der Fernabsatz- und der Verbraucherrechte-RL ........................................... 403 200
  2. Die Reichweite des § 241a BGB vor dem Hintergrund der Richtlinienvorgaben .................................. 404 201
     - a) Möglichkeit der konkludenten Annahme ............ 404 201
     - b) Gesetzliche Ansprüche .......................... 406 202

B. Allgemeine Regelungen zum Inhalt von Verträgen ............ 407 203

  I. Die Inhaltskontrolle nach der Klausel-RL .................. 407 203
    1. Grundlagen........................................ 408 204
    2. Ziele der Klausel-RL ............................... 411 205
    3. Erfasste Klauseln .................................. 412 205
       - a) Kontrolle kurzer und klarer Vertragsbedingungen ..... 412 205
       - b) Notarielle Verträge als Klauseln im Sinne der Richtlinie ...................................... 413 206
       - c) Vom nationalen Gesetzgeber geschaffene Vertragsbedingungen..................................... 414 206
    4. Der unionsrechtliche Maßstab von Treu und Glauben nach Art. 3 Klausel-RL ................................. 416 207
       - a) Treuwidriges Abweichen vom dispositiven Recht ..... 416 207
       - b) Eigenständiger europäischer Maßstab von Treu und Glauben ....................................... 417 208

|   |   |
|---|---|
| c) Der Anhang zu Art. 3 Klausel-RL .................. | 418   208 |
| 5. Der Maßstab des Art. 5 Klausel-RL – Transparenz ....... | 419   209 |
| 6. Rechtsfolgen der Nichtigkeit von AGB ............... | 420   209 |
| II. Klauselverbote in anderen Richtlinien .................... | 425   212 |

**C. Besondere Vertragsarten im EU-Privatrecht** ................ 427   213
    I. Einführung ........................................... 427   213
    II. Der Verbraucherkreditvertrag ......................... 428   213
        1. Entstehungsgeschichte und Ziele der Verbraucher-
           kredit-RL ......................................... 429   213
        2. Strategie der Vollharmonisierung ..................... 431   214
        3. Der Verbraucherkreditvertrag ........................ 432   215
           a) Begriff und erfasste Verträge ..................... 432   215
           b) Sonderprobleme: Vollmacht, Bürgschaft und Schuld-
              beitritt durch einen Verbraucher .................. 434   215
    III. Der Verbrauchsgüterkaufvertrag ........................ 437   217
        1. Entstehungsgeschichte und Ziele der Verbrauchsgüter-
           kauf-RL .......................................... 437   217
        2. Der Verbrauchsgüterkaufvertrag ...................... 438   217
    IV. Der Pauschalreisevertrag ............................... 439   218
        1. Ziele der Pauschalreise-RL ........................... 439   218
        2. Der Pauschalreisevertrag ............................ 440   218
    V. Der Zahlungsdienstevertrag ............................. 441   218
        1. Ziele der Zahlungsdienste-RL I und II ................. 441   219
        2. Der Zahlungsdienstevertrag ......................... 443   219
    VI. Der Teilzeitnutzungsrechtevertrag ...................... 445   220
        1. Ziele der Teilzeitnutzungsrechte-RL ................... 445   220
        2. Der Teilzeitnutzungsrechtevertrag ................... 446   221

**D. EU-Vorschriften zur vertraglichen Haftung** ................ 447   221
    I. Übertragung des Rechtsfolgenbereichs in den Umsetzungs-
       spielraum der Mitgliedstaaten ......................... 447   221
    II. Haftung bei der Verletzung von Informationspflichten ........ 448   222
        1. Schadensersatzpflicht als Folge von Informationspflicht-
           verletzungen ..................................... 448   222
        2. Informationspflichtverletzung als Pflichtverletzung i.S.d.
           § 280 Abs. 1 BGB ................................. 449   222
        3. Kausal verursachter Schaden ........................ 451   223
    III. Haftung bei der Verletzung von Gleichbehandlungspflichten .. 452   224
    IV. Leistungsfristen und Verzug ............................ 456   225
        1. Überblick: Vorschriften zu Leistungsfristen und Verzug im
           EU-Privatrecht ................................... 456   225
        2. Lieferfristen in der Verbraucherrechte-RL .............. 458   226
           a) Überblick ..................................... 459   226
           b) Entbehrlichkeit der Fristsetzung über § 323 Abs. 2 Nr. 3
              BGB hinaus ................................. 460   227
           c) Pflicht zur unverzüglichen Lieferung nach
              § 475 Abs. 1 BGB ............................. 466   231
        3. Geltungsbereich und wesentliche Elemente der Zahlungs-
           verzugs-RL ....................................... 474   234

|  |  |  |  |  |
|---|---|---|---|---|
| | 4. | Umsetzung der Zahlungsverzugs-RL .................. | 475 | 235 |
| | | a) Geringe Abweichung vom nationalen Recht ......... | 475 | 235 |
| | | b) Der Begriff „verantwortlich"...................... | 476 | 236 |
| | | c) Verzugseintritt bei Banküberweisung ............... | 477 | 236 |
| V. | Mängelhaftung beim Warenkauf ........................ | | 478 | 236 |
| | 1. | Grundlagen....................................... | 478 | 237 |
| | 2. | Begriff der Vertragsmäßigkeit ....................... | 481 | 238 |
| | | a) Vorüberlegung................................. | 481 | 238 |
| | | b) „Vernünftige" Erwartungen...................... | 483 | 239 |
| | | c) Vereinbarungen und Beschaffenheit ............... | 485 | 240 |
| | | d) Erwartungen des Käufers und Vertragsmäßigkeit ..... | 491 | 243 |
| | | e) Die Regelung des Art. 2 Abs. 3 Verbrauchsgüterkauf-RL (§ 442 BGB) ................................... | 493 | 243 |
| | 3. | Weitere Einzelfragen zur Mängelhaftung nach dem Verbrauchsgüterkaufrecht ............................. | 499 | 246 |
| | | a) Erheblichkeit des Mangels ....................... | 499 | 246 |
| | | b) Beweislast für das Vorliegen des Mangels bei Gefahrübergang ........................................ | 502 | 248 |
| | | c) Erfordernis der Fristsetzung durch den Verbraucher ... | 508 | 250 |
| | | d) Minderung nach Nacherfüllung und Rücktritt nach Minderung? ........................................ | 511 | 251 |
| | | e) Wertersatz für die erfolgte Nutzung der Ware bei Ersatzlieferung........................................ | 514 | 253 |
| | | f) Ersatzlieferung beim Stückkauf .................. | 517 | 254 |
| | | g) Umfang und Erfüllungsort der Nacherfüllung ........ | 519 | 255 |
| | | h) Verjährung..................................... | 528 | 259 |
| | | i) Die Regresskette bei Gebrauchtwaren ............. | 530 | 260 |
| | | j) Zwingende Geltung oder Abweichungen „zugunsten des Verbrauchers"? .................................. | 534 | 261 |
| VI. | Haftung bei Pauschalreisen ............................ | | 535 | 262 |
| | 1. | Die Haftungstatbestände in der Pauschalreise-RL ........ | 535 | 262 |
| | 2. | Die Umsetzung der Haftungstatbestände ............... | 536 | 263 |
| | 3. | Der Umfang der Ersatzpflicht ....................... | 537 | 263 |
| VII. | Die Haftung im Zahlungsdienstevertrag ................... | | 538 | 263 |
| | 1. | Haftung des Zahlungsinstituts ....................... | 538 | 263 |
| | 2. | Haftung bei missbräuchlicher Nutzung eines Zahlungsinstruments....................................... | 539 | 264 |

**E. EU-Vorschriften zur außervertraglichen Haftung** ............ 541 266

|  |  |  |  |  |
|---|---|---|---|---|
| I. | Produkthaftung........................................ | | 541 | 266 |
| | 1. | Die Produkthaftungs-RL ........................... | 542 | 266 |
| | 2. | Für die Auslegung des nationalen Rechts wichtige Inhalte der Richtlinie .................................... | 543 | 267 |
| | | a) Fehler......................................... | 543 | 267 |
| | | b) Haftungsausfüllende Kausalität .................... | 544 | 268 |
| | | c) Schadensbegriff................................. | 545 | 268 |
| | | d) Umfang der Haftung ............................ | 546 | 269 |
| II. | Verantwortlichkeit des Diensteanbieters und des Datenverantwortlichen............................................ | | 552 | 271 |
| | 1. | Regelungsrahmen.................................. | 552 | 271 |
| | 2. | Ausgestaltung der Regelung ......................... | 553 | 271 |

| | | |
|---|---|---|
| **F. Sachenrecht** | 554 | 272 |
| I. Allgemeines | 554 | 272 |
| II. Unverlangt übersendete Ware | 555 | 272 |
| III. Teilzeitnutzungsrechte | 556 | 272 |
| **G. EU-Vorschriften zum anwendbaren Recht** | 557 | 273 |
| I. Bedeutung des Kollisionsrechts im Binnenmarkt | 558 | 273 |
|    1. Rechtsverfolgung und Durchsetzung im Binnenmarkt | 558 | 273 |
|    2. Europäisches Zivilverfahrensrecht | 559 | 273 |
|    3. Entwicklung des Kollisionsrechts und spezifische Schwierigkeiten | 562 | 275 |
|    4. Regelungsziele und grundlegender Konflikt | 566 | 276 |
|       a) Kollisionsrecht und Binnenmarktverbesserung | 566 | 276 |
|       b) Binnenmarktausrichtung der Kollisionsnormen | 567 | 277 |
| II. Die Rom I-VO | 570 | 278 |
|    1. Grundsätzliches | 570 | 278 |
|    2. Sachlicher Anwendungsbereich | 571 | 279 |
|       a) Allgemeines | 571 | 279 |
|       b) Culpa in contrahendo | 572 | 279 |
|       c) Weitere Abgrenzungsfragen zur Rom II-VO | 575 | 280 |
|       d) Ausgenommene Rechtsfragen | 578 | 281 |
|    3. Wichtige Kollisionstatbestände | 579 | 282 |
|       a) Vorrang der Rechtswahl | 579 | 282 |
|       b) Allgemeine Anknüpfungsregeln | 581 | 282 |
|       c) Verbraucherverträge | 582 | 283 |
|       d) Eingriffsnormen | 587 | 285 |
|       e) Verkehrsschutz vor Minderjährigenschutz | 589 | 286 |
|       f) Weitere Rechtsfragen | 590 | 286 |
| III. Die Rom II-VO und ihre Lücken | 592 | 287 |
|    1. Grundsätzliches | 592 | 287 |
|    2. Internationaler und sachlicher Anwendungsbereich | 593 | 287 |
|    3. Die wesentlichen Anknüpfungstatbestände | 594 | 288 |
|       a) Der allgemeine Deliktstatbestand | 594 | 288 |
|       b) Produkthaftung als deliktischer Sondertatbestand | 595 | 288 |
|       c) Rechtswahl beim Delikt | 596 | 288 |
|       d) Die Anknüpfung sonstiger außervertraglicher Schuldverhältnisse | 597 | 289 |
| IV. Kollisionsrecht im sekundären EU-Recht | 599 | 290 |
|    1. Allgemeines | 599 | 290 |
|    2. Der Günstigkeitsgrundsatz | 600 | 290 |
| V. Allgemeine Grundsätze | 601 | 291 |
|    1. Grundfreiheiten und anzuwendendes Recht | 601 | 291 |
|    2. Begriffsverwendung | 604 | 292 |
|    3. Konflikt zwischen Herkunftsland-/Anerkennungsprinzip und Kollisionsregeln | 605 | 293 |
|    4. Kritik | 606 | 294 |
|    5. Herkunftslandprinzip und schützenswerte Interessen | 607 | 294 |
|       a) Allgemeines | 607 | 294 |
|       b) E-Commerce-RL | 608 | 295 |
|       c) Dienstleistungs-RL | 610 | 295 |

| | | | |
|---|---|---|---|
| | 6. Herkunftslandprinzip und Drittstaaten | 611 | 296 |
| | 7. Zusammenfassung | 612 | 296 |

## § 7 Die Zukunft des EU-Privatrechts – Entstehung eines europäischen Vertragsgesetzbuchs? .................. 613 297

| | | | |
|---|---|---|---|
| A. | Überblick | 613 | 297 |
| | I. Eingrenzung | 613 | 297 |
| | II. Private Arbeitsgruppen und Projekte im Bereich des Vertragsrechts | 615 | 298 |
| | III. Öffentliche und private Projekte im Bereich der Rechtsvereinheitlichung auf weiteren Gebieten des Privatrechts | 617 | 299 |
| B. | Entwicklung eines europäischen Vertragsgesetzbuchs | 619 | 300 |
| | I. Überblick | 619 | 300 |
| | II. Entwicklungen bis zur Fertigstellung des Verbraucher-Acquis und des Referenzrahmens (DCFR) | 620 | 300 |
| |    1. Anfänge | 620 | 300 |
| |    2. Erste Mitteilung der Kommission vom Juli 2001 | 622 | 301 |
| |    3. Zweite Mitteilung der Kommission mit dem Aktionsplan zur Weiterentwicklung des europäischen Privatrechts vom 12.2.2003 und die Gründung des Joint Network on European Private Law | 626 | 303 |
| |    4. Dritte Mitteilung der Kommission vom 11.10.2004 | 628 | 304 |
| |    5. Erster jährlicher Fortschrittsbericht zum europäischen Vertragsrecht und zur Überprüfung des gemeinschaftlichen Besitzstands der Kommission vom 23.9.2005 und die Reaktionen von Parlament und Rat | 629 | 304 |
| |    6. Zweiter Fortschrittsbericht der Kommission zum Gemeinsamen Referenzrahmen vom 25.7.2007 | 630 | 305 |
| | III. Acquis-Sammlung und Referenzrahmen | 631 | 305 |
| |    1. Herausarbeitung des Verbraucher-Acquis | 631 | 305 |
| |    2. Erarbeitung des Referenzrahmens | 632 | 306 |
| | IV. Weitere Schritte der Organe der EU in Hinblick auf die Sammlung und Überarbeitung des Acquis sowie auf das europäische Vertragsrecht | 633 | 306 |
| |    1. Überblick | 633 | 306 |
| |    2. Verwertung der Acquis-Sammlung – Erarbeitung der Verbraucherrechte-RL | 634 | 307 |
| |       a) Grünbuch zur Überprüfung des gemeinschaftlichen Besitzstands im Verbraucherschutz vom 8.2.2007 | 634 | 307 |
| |       b) Verbraucherrechte-RL | 635 | 307 |
| |    3. Verwertung des Referenzrahmens – das GEK als optionales Instrument | 637 | 308 |
| |       a) Grünbuch zu den Optionen für die Einführung eines europäischen Vertragsrechts für Verbraucher und Unternehmen vom 1.7.2010 | 637 | 308 |
| |       b) Veröffentlichung der „Machbarkeitsstudie" | 638 | 308 |
| |       c) Veröffentlichung des Entwurfs über ein Gemeinsames Europäisches Kaufrecht | 639 | 309 |

|  |  |  |  | | |
|---|---|---|---|---|---|
|  |  | 4. Die Warenkauf-RL | ................................ | 642 | 310 |
|  |  | 5. Der „New Deal for Consumers" | ...................... | 643 | 311 |
| **C. Bewertung der Entwicklungen und Blick in die Zukunft** | | | ...... | 644 | 311 |
|  | I. Handlungsbedarf | | ..................................... | 644 | 311 |
|  | II. Inhaltliche Überlegungen | | ............................ | 646 | 312 |
|  |  | 1. Allgemeines | ............................... | 646 | 312 |
|  |  | 2. Bewertung des GEK | ............................ | 650 | 313 |
|  | III. Digitale Agenda und Privatrecht | | ........................ | 652 | 314 |
|  |  | 1. Vertragsrecht in der Digitalen Agenda | ................. | 652 | 314 |
|  |  | 2. Die Digitale-Inhalte-RL | ............................ | 653 | 315 |
|  |  | 3. Weitere privatrechtliche Instrumente im digitalen Binnenmarkt | .................................................. | 654 | 315 |

*Anhang I* .................................................... 319

*Anhang II* ................................................... 339

*Anhang III* .................................................. 341

*Stichwortverzeichnis* ........................................ 343

# § 1 Vorüberlegungen

## A. Gegenstand des Buchs

Gegenstand des vorliegenden Buchs sind das Recht der EU, soweit es das deutsche Privatrecht prägt, sowie das deutsche Privatrecht, soweit es vom Recht der EU geprägt ist. Europäisches Privatrecht (EU-Privatrecht) bezeichnet somit kein einschichtiges, vollständiges Privatrecht, wie es etwa das BGB darstellt, sondern vereinigt bruchstückhafte und auf verschiedenen Ebenen wirkende Rechtsbausteine. Den „inneren Kern" des EU-Privatrechts, also seine wesentlichen materiellen Regelungen, findet man in den eigentlichen Rechtsakten der EU. Dazu gehören vor allem die **privatrechtlichen europäischen Richtlinien**, die konkrete Regelungen zu speziellen Rechtsfragen enthalten.

Da die europäischen Richtlinien in nationales Recht umgesetzt werden müssen, um Geltung für den privaten Rechtsverkehr in den Mitgliedstaaten zu erlangen, bleibt aber das Privatrecht, welches den Bürger betrifft, meist das im nationalen Gesetzbuch enthaltene Recht. Wer sich mit europäischem Privatrecht befasst, hantiert daher viel, vielleicht sogar überwiegend, mit Normen, die **formal nationales Recht** sind. Inhaltlich allerdings ist dieses nationale Recht gleichsam „ferngesteuert", steht also unter dem Einfluss des „echten" EU-Privatrechts im engen Sinne. Die wichtigste Aufgabe besteht darin, diesen Einfluss zu erkennen und richtig zu deuten.

## B. Zielsetzung und Aufbau des Buchs

Das Privatrecht der EU ist bereits gegenwärtig sehr umfangreich und gleichzeitig in ständigem Wachstum begriffen. Dieses Buch möchte keine umfassende Sammlung von Einzelregelungen bieten, sondern es kann nur einen knappen, aber zugleich weiterführenden Einblick in wichtige Bereiche des EU-Privatrechts geben. Es soll ein Leitfaden für das Verständnis und die selbstständige Arbeit mit dem privatrechtsbezogenen Europarecht und insbesondere mit den Richtlinien sowie den sie umsetzenden Normen sein. Daher liegt ein Schwerpunkt auf der Vermittlung **allgemeiner Grundgedanken und Zielsetzungen** des EU-Rechts.

In einem ersten Teil (§ 2 und § 3) werden die europarechtlichen Grundlagen des Privatrechts dargestellt. Welche Kompetenzen hat die EU im Bereich des Privatrechts, wie gelangt europäisches Privatrecht zur Geltung, wie ist es auszulegen und wie weit reicht die Zuständigkeit des EuGH?

Im zweiten Teil (§ 4 und § 5) wird ein Überblick über die Inhalte des existierenden EU-Privatrechts gegeben. Dabei erfolgt eine Beschränkung auf den Bereich des allgemeinen Privatrechts. Das Arbeits-, Gesellschafts- und Wettbewerbsrecht, das Bank- und Kapitalmarktrecht, das Urheber- und Markenrecht, das Agrar- und Beihilferecht der EU sind nicht aufgenommen worden. Diese Rechtsgebiete sind auf europäischer Ebene teilweise bereits deutlich weiterentwickelt und nehmen mehr Raum ein, als das allgemeine EU-Privatrecht. Daher muss ihre Darstellung der Spezialliteratur vorbehalten bleiben. In diesem zweiten Teil ist der Blick auf die Auswirkungen des EU-

Rechts auf die konkrete Rechtsanwendung gerichtet. Es geht also darum, das deutsche Recht im Lichte des EU-Rechts zu begreifen. Dazu werden zunächst allgemeine, immer wieder verwendbare Grundgedanken des EU-Privatrechts vorgestellt.

Sodann werden in einem dritten Teil (§ 6) die wichtigsten Einzelfragen des EU-Privatrechts in der dem BGB entsprechenden Reihenfolge angesprochen. Angefangen beim Vertragsschluss bis zu einzelnen sachenrechtlichen Fragen und schließlich zum IPR werden verschiedene konkrete Problembereiche und Regelungsschwerpunkte dargelegt, wobei immer auf die Argumentationsstrukturen geachtet wird.

Im vierten Teil (§ 7) wird das Projekt eines europäischen Vertragsgesetzbuchs näher vorgestellt.

## C. Informationsquellen zum EU-Privatrecht

### I. Informationen in diesem Buch

3   Um die vertiefte Auseinandersetzung mit den angesprochenen Fragen zu ermöglichen, enthält das vorliegende Werk mehr Fußnotenverweise, als es für ein Lehrbuch üblich ist. Neben den Primärquellen und der wichtigsten Rechtsprechung werden teils auch ausgewählte vertiefende Aufsätze oder sogar Monographien angegeben.

Zudem befindet sich im Anhang I des Buchs eine Liste der wichtigsten Richtlinien mit kurzen Zusammenfassungen des Inhalts sowie der wesentlichen dazu ergangenen Urteile des EuGH. Im Anhang II sind die wesentlichen privatrechtlichen Verordnungen aufgelistet. Anhang III erläutert zentrale Fachbegriffe, die im Prozess der (möglichen) Entstehung eines europäischen Vertragsrechts bedeutsam sind.

### II. Weitere wichtige Quellen

#### 1. Die Richtlinien

4   Die europäischen Richtlinien sind inzwischen recht leicht zugänglich. In Großkommentaren sind sie vielfach mit abgedruckt und es gibt verschiedene Textsammlungen. Eine übersichtliche Darstellung bietet die „Textsammlung Europäisches Privatrecht", Hrsg. Grundmann/Riesenhuber, 3. Aufl. de Gruyter 2019. Auch auf nichtstaatliche Normkataloge ausgerichtet ist der Band „Europäisches Privatrecht – Basistexte", Hrsg. Schulze/Zimmermann, 5. Aufl. Nomos 2016.

#### 2. Rechtsprechung des EuGH

5   Für das EU-Recht sind die Entscheidungen des EuGH, der das Auslegungsmonopol hat und auch Rechtsfortbildung betreibt, von großer Bedeutung. Die Entscheidungen sind mithilfe einer komfortablen Suchmaske auf der Seite des EuGH (https://curia.europa.eu) abrufbar.

## 3. Lehrbücher und Kommentare

Es gibt einige Bücher zum EU-Privatrecht, die sich besonders an Studierende richten. Zur Vertiefung sind vor allem zu nennen: Riesenhuber, „Europäische Methodenlehre", 3. Aufl. de Gruyter 2015 sowie der von Langenbucher herausgegebene Band „Europäisches Privat- und Wirtschaftsrecht", 4. Aufl. Nomos 2017. Ein Kurzlehrbuch zum privaten Vertragsrecht der EU ist Riesenhuber, „EU-Vertragsrecht", Mohr Siebeck 2013. Einen etwas anderen Gegenstand hat das Werk Schulze/Zoll, „Europäisches Vertragsrecht", 2. Aufl. Nomos 2017, das sich hauptsächlich mit den im Vertragsrecht der EU, und dort vor allem im GEK (Gemeinsamen Europäischen Kaufrecht) und im Acquis Communautaire bestehenden Prinzipien und Leitgedanken befasst. Eine Kommentierung aller relevanten Normen des europäischen Vertragsrechts bietet das Werk „Commentaries on European Contract Laws", Hrsg. Jansen/Zimmermann, Oxford University Press 2018. Für 2020 ist zudem das Werk Gebauer/Wiedmann, „Europäisches Zivilrecht", 3. Aufl. C.H. Beck, angekündigt, welches ebenfalls Kommentierungen zu den EU-Richtlinien und Verordnungen enthält.

6

Ein riesiges, enzyklopädisches Werk ist das von Basedow/Hopt/Zimmermann herausgegebene „Handwörterbuch des Europäischen Privatrechts", Mohr Siebeck 2009. Es ist in Stichwörter gegliedert und erfasst rechtsvergleichende sowie EU-rechtliche Fragen.

Rechtsvergleichend richten sich an Studierende die Werke von Alpa/Andenas, „Grundlagen des Europäischen Privatrechts", Springer 2010; Kötz, „Europäisches Vertragsrecht", 2. Aufl. Mohr Siebeck 2015; sowie Ranieri, „Europäisches Obligationenrecht", 3. Aufl. Springer 2009.

## 4. Weiterführende Informationen im Internet

Die EU betreibt mehrere Seiten im Internet. Auf der Hauptseite https://europa.eu werden umfassende Informationen – auch zu Rechtssetzungsvorhaben – in bürgernaher Form zur Verfügung gestellt. Dort sind aber auch alle Richtlinientexte und sogar die Entwürfe und Materialien zu finden. Die offizielle Seite für alle rechtlichen Informationen ist https://eur-lex.europa.eu, wo vor allem dann gute Suchmöglichkeiten bestehen, wenn man die Dokumentnummer kennt.

7

Das nationale Recht der Mitgliedstaaten ist Gegenstand der Seite https://n-lex.europa.eu.

Empfehlenswert sind einige hervorragende, stets aktuelle Informationsseiten, die von deutschen Wissenschaftlern betreut werden, wie z.B. die Seite von Prof. Dr. Oliver Remien, Universität Würzburg (https://www.jura.uni-wuerzburg.de/lehrstuehle/remien/europaeisches_privatrecht/).

# § 2 Überblick über das bestehende Privatrecht der EU

## A. Privatrecht im primären EU-Recht

8   Mit dem Begriff Europarecht wird in aller Regel zunächst öffentliches Recht assoziiert. Tatsächlich besteht das Europarecht zu einem sehr großen Anteil aus öffentlich-rechtlichen Normen. Der öffentlich-rechtliche Charakter ist jedoch kein Muss. Das Europarecht findet seine Identität vielmehr darin, dass es das – entweder von den Organen der EU oder auch von den Mitgliedstaaten gemeinsam geschaffene – Recht der Europäischen Union ist. Es enthält sowohl öffentlich-rechtliche als auch privatrechtliche Normen. Dabei ist das Europarecht nach herrschender Ansicht eine **Rechtsordnung sui generis**, also weder Völkerrecht noch nationales Recht.[1] Der Vertrag von Lissabon stellt mehr dar als einen bloßen Staatsvertrag.[2] Das gesamte EU-Recht hat **Anwendungsvorrang** vor dem nationalen Recht (näher dazu auch Rn. 31 ff.).[3]

Das in den so genannten Gründungsverträgen der EU und in den sonstigen unmittelbar zwischen den Mitgliedstaaten abgeschlossenen Verträgen enthaltene Recht wird als **primäres EU-Recht** bezeichnet.[4] Gerade hier findet sich ganz überwiegend öffentliches Recht. Aber im Vertrag über die Arbeitsweise der Europäischen Union (AEUV) selbst sind auch einige privatrechtliche oder wenigstens für den Privatrechtsverkehr unmittelbar relevante Normen enthalten. So enthalten die wettbewerbs- und kartellrechtlichen Vorschriften in den Art. 101 ff. AEUV privatrechtliche Elemente. Ohnehin richten sie sich nicht an die Mitgliedstaaten, sondern an die Unternehmen. Zumeist enthalten sie allerdings hoheitliche Verbote. Privatrechtlichen Charakter trägt Art. 101 Abs. 2 AEUV, der die Nichtigkeit verbotener Vereinbarungen bestimmt. Viele weitere Normen sind zwar nicht privatrechtlicher Art, betreffen aber dennoch unmittelbar den Rechtsverkehr Privater. So ist es mit den Grundfreiheiten (dazu unten Rn. 45 ff.) und Diskriminierungsverboten (dazu unten Rn. 49).

Bei anderen Normen des AEUV ist es umstritten, ob sie Wirkungen zwischen Privaten entfalten. So wird teilweise behauptet, aus Art. 169 AEUV könne der Verbraucher ein Recht auf Information gegen seinen privaten Vertragspartner ableiten.[5]

Zum primären Recht der Union gehören auch die **allgemeinen Rechtsgrundsätze**, die ebenfalls privatrechtlich (oder ganz allgemein) gelten können. Ein Beispiel ist das Verbot des Rechtsmissbrauchs. Die Existenz dieser Rechtsgrundsätze ist im Einzelfall allerdings oft sehr streitig (so ganz besonders für ein privatrechtliches Diskriminierungsverbot, dazu unten Rn. 79 und Rn. 269).

---

1   Zur Darstellung des Streitstands *Streinz*, Europarecht, Rn. 121 ff. (letztlich für Völkerrecht); so schon EuGH Slg. 1964, 1269 LS 3: „eigene Rechtsordnung" (Costa); BVerfGE 22, 292.
2   Lenz/Borchardt/*Lenz*, EU-Verträge Kommentar, Art. 1 AEUV Rn. 2 f.
3   Unstreitig, vgl. vorerst nur Lenz/Borchardt/*Lenz*, EU-Verträge Kommentar, Art. 1 AEUV Rn. 3.
4   Zur Unterscheidung nur *Oppermann*, Europarecht, § 9 Rn. 19 ff.
5   *Reich*, VuR 1999, 3, 6 ff.; *Reich/Micklitz*, Europäisches Verbraucherrecht, S. 25 ff.; ablehnend die überwiegende Auffassung, vgl. nur Grabitz/Hilf/Nettesheim/*Pfeiffer*, Das Recht der EU, Band II, Art. 169 AEUV Rn. 15.

Schließlich gehören auch die in der EU-Grundrechtecharta (GRCh) enthaltenen europäischen **Grundrechte** zum europäischen Primärrecht. Sie binden laut Art. 51 Abs. 1 GRCh die Einrichtungen und Organe der Union sowie die Mitgliedstaaten bei der Durchführung des Unionsrechts. Wie weit es eine mittelbare oder unmittelbare Drittwirkung im Rechtsverhältnis zwischen Privaten gibt, ist noch sehr in der Diskussion. Jedenfalls können die EU-Grundrechte aber dann zur Anwendung kommen, wenn es um die Umsetzung, Auslegung und Anwendung von privatrechtlichen Vorschriften geht (hierzu ausführlich Rn. 83).[6]

## B. Privatrecht im sekundären EU-Recht

### I. Arten sekundären EU-Privatrechts

Als geltendes EU-Privatrecht wesentlich bedeutsamer als die soeben dargestellten Normen des primären EU-Rechts sind die **sekundären Normen des EU-Rechts**. In Art. 288 AEUV sind die der EU zur Verfügung stehenden „Maßnahmen" sekundärer Rechtsschaffung aufgeführt. Es gibt Verordnungen, Richtlinien und Entscheidungen sowie Empfehlungen und Stellungnahmen. Für das Privatrecht ragt die Richtlinie als meistgenutztes Rechtssetzungsinstrument heraus.

9

### II. Die Richtlinie

Die Richtlinie ist dadurch geprägt, dass sie gemäß Art. 288 S. 3 AEUV **keine Direktwirkung** entfaltet. Das in der Richtlinie Geregelte ist also nicht unmittelbar im Rechtsverkehr anwendbares Recht. Vielmehr richtet sich die Richtlinie an die Mitgliedstaaten, welche die Vorgaben der Richtlinie innerhalb eines vorgegebenen Zeitraums in nationales Recht umsetzen müssen. Erst durch diese Umsetzung werden die in den Richtlinien vorgesehenen Regelungen zu in den Mitgliedstaaten geltendem, anwendbarem Recht (näher zum Ganzen unten Rn. 85 ff.).

10

Ein weiteres Charakteristikum der Richtlinie besteht darin, dass sie stets eine **sektorspezifische** Regelung ist. Sie betrifft immer einen bestimmten Politikbereich. Die ersten wichtigen privatrechtlichen Richtlinien betrafen alle das Arbeitsrecht. Ein wichtiges Beispiel ist die Richtlinie zur Gleichbehandlung von Mann und Frau von 1976.[7] Auch viele verbraucherschützende Richtlinien waren bereits in dieser Zeit entworfen worden. Es dauerte jedoch bis 1985, ehe die erste dieser Richtlinien, nämlich die Haustürgeschäfte-RL[8], in Kraft trat. Heute gibt es eine Vielzahl von privatrechtlichen Richtlinien. Sie betreffen insbesondere das Verbraucherschutzrecht, das Arbeitsrecht, das Wettbewerbsrecht und das Gesellschaftsrecht. Das Tempo der Richtliniengebung hat sich derzeit etwas verlangsamt. Dafür fließen viele Energien in die Systematisierung des acquis communautaire mit dem Ziel, Lücken und Unstimmigkeiten bei den

---

6 *Jarass*, Charta der Grundrechte der EU, Art. 51 GRCh Rn. 32 ff., 36 ff.
7 Richtlinie 76/207/EWG (Gleichbehandlungs-RL). Sie wurde 2006 durch die Richtlinie 2000/78/EG (Gleichbehandlungs-RL (Beruf)) ersetzt.
8 Siehe zu allen privatrechtlichen Richtlinien die genaueren Angaben im Anhang I.

Regelungen zu beseitigen.⁹ Wie schwierig eine solche Systematisierung ist, zeigt sich deutlich an der Verbraucherrechte-RL. Es dauerte nicht nur viele Jahre bis die Richtlinie verabschiedet wurde und es wurden nicht – wie anfangs geplant – vier, sondern nur zwei bereits bestehende Richtlinien vollständig in sie einbezogen.¹⁰ Eine Übersicht über die existierenden Richtlinien und Richtlinienvorschläge des allgemeinen Privatrechts findet sich im Anhang dieses Buchs.

## III. Die Verordnung

11   Das zweite für das Privatrecht relevante Rechtssetzungsinstrument ist die in Art. 288 S. 2 AEUV beschriebene Verordnung. Die Verordnung gilt, anders als die Richtlinie, **unmittelbar**. Während die Verordnung im internationalen Zivilprozessrecht und im IPR viel verwendet wird, kommt ihr im eigentlichen materiellen Privatrecht generell nur eine geringe Rolle zu. Der wichtigste Grund für diese gering bleibende Bedeutung der Verordnung besteht in der fehlenden Praktikabilität. Es ist wohl kaum möglich, einzelne privatrechtliche Normen zu schaffen, die sich unmittelbar in die Rechtsordnungen aller Mitgliedstaaten integrieren lassen, ohne dass es zu deutlichen Systembrüchen kommt.¹¹

Die Kompetenzgrundlage in Art. 114 AEUV (dazu Rn. 12 ff.) erlaubt es der EU an sich, auch Verordnungen zu erlassen. Aber die EU ist immer dem **Verhältnismäßigkeitsprinzip** verpflichtet (Art. 5 Abs. 1 S. 2 EUV) und die Richtlinie, welche den Mitgliedstaaten Umsetzungsspielraum lässt, ist zumeist das gegenüber der Verordnung gleichermaßen geeignete, aber mildere Mittel. Außerdem ist EU-Recht und besonders das verbraucherschützende EU-Privatrecht dem **Grundsatz der Transparenz** verpflichtet. Dem stünde es entgegen, wenn die privatrechtlichen Normen in einzelnen, nicht in das nationale Recht integrierten Verordnungen enthalten wären.

Anders ist es, wenn komplexe Regelungen für **in sich geschlossene Rechtsbereiche** geschaffen werden sollen. Das ist zum Beispiel dann der Fall, wenn ganz neue Gesellschaftsformen geschaffen werden sollen, wie die Europäische Aktiengesellschaft, die Societas Europaea (SE), und die Europäische Wirtschaftliche Interessenvereinigung (EWIV), die beide in Verordnungen enthalten sind.¹² Die Verordnung als Regelungsform wird zudem häufig in Rechtsbereichen verwendet, in denen es eher um Regulierung als um das privatrechtliche Verhältnis der Akteure geht (Kapitalmarktrecht, Datenschutz).

---

9   Näher unten Rn. 613 ff.
10  *Grundmann*, JZ 2013, 53, 54 f.
11  Eine Liste der wichtigsten privatrechtlichen Verordnungen findet sich in Anhang II.
12  Zur SE die Verordnung (EG) Nr. 2157/2001 des Rates vom 8. Oktober 2001 über das Statut der europäischen Gesellschaft – auch hier wurden Einzelgebiete, wie die Arbeitnehmermitbestimmung, einer Richtlinie vorbehalten. Zur EWIV die Verordnung (EWG) Nr. 2137/85 des Rates vom 25. Juli 1985 über die Schaffung einer Europäischen Wirtschaftlichen Interessenvereinigung (EWIV).

# § 3 Europarechtliche Grundlagen für die Privatrechtssetzung

## A. Kompetenz der EU zur Rechtssetzung im Bereich des Privatrechts

**Literaturhinweise:** *Frenz/Ehlenz*, Rechtsangleichung über Art. 114 AEUV und Grenzen gem. Art. 5 EUV nach Lissabon, EuZW 2011, 623; *Klamert*, Altes und Neues zur Harmonisierung im Binnenmarkt, EuZW 2015, 265; *Reich*, Von der Minimal- zur Voll- zur „Halbharmonisierung", Ein europäisches Privatrechtsdrama in fünf Akten, ZEuP 2010, 7.

12

> **Beispiel 1:** Die EU-Kommission hat kleine Unternehmen, die Waren auf Internetplattformen anbieten, nach ihren Erfahrungen mit grenzüberschreitenden Geschäften befragt. Es zeigte sich dabei, dass viele Unternehmen verunsichert sind, weil die Rechtslage in den Mitgliedstaaten trotz der Vereinheitlichung durch die Verbraucherrechte-RL weiterhin sehr unterschiedlich sei. Die Unternehmen beklagen sich vor allem darüber, dass beim Kauf unterschiedliche Regeln für die Gewährleistungsrechte bestehen. Dies gelte sowohl für den Verbrauchsgüterkauf als auch in noch höherem Maße, wenn der Vertrag mit einem anderen Unternehmer abgeschlossen werde. Die Kommission überlegt daher, eine Verordnung zu erlassen, die das Kaufrecht nicht nur für Verbraucher, sondern auch für Verträge zwischen kleinen und mittleren Unternehmen in allen Einzelheiten regelt.

### I. Grundlagen in EUV und AEUV

#### 1. Grundsätzliches

Die EU hat nicht automatisch die Kompetenz – also die Zuständigkeit – zur Rechtssetzung. Sie darf nach Art. 5 Abs. 1 S. 1 und Abs. 2 EUV vielmehr nur soweit rechtssetzend tätig werden, wie sie durch eine spezielle Zuständigkeitsregel dazu ermächtigt ist (**Grundsatz der begrenzten Einzelermächtigung**).

13

Die wichtigste Grundlage für die Rechtssetzung im allgemeinen Privatrecht bildet Art. 114 Abs. 1 AEUV (früher Art. 95 EG). Diese Norm enthält die allgemeine Kompetenz für Maßnahmen zur Rechtsangleichung, welche den Binnenmarkt verbessern. Sie erfordert ein Rechtssetzungsverfahren nach Art. 294 AEUV und somit nur eine einfache Mehrheit im Parlament sowie eine qualifizierte Mehrheit im Rat.[1] Darin unterscheidet sich Art. 114 Abs. 1 AEUV von dem früher für die Rechtsangleichung genutzten Art. 115 AEUV (damals noch Art. 94 EG) und von der „Flexibilitätsklausel" in Art. 352 AEUV. Diese beiden heute für das Privatrecht kaum noch relevanten Normen[2] erfordern die einstimmige Entscheidung des Rates über jede verabschiedete Maßnahme. Art. 352 AEUV verlangt nach dem Lissabon-Urteil des BVerfG aber jeweils zusätzlich einen legislativen Akt in Deutschland.[3]

---

[1] Bei Auseinanderfallen der Standpunkte von Parlament und Rat wird die absolute Mehrheit im Parlament erforderlich.
[2] Art. 115 AEUV stellt nur noch eine subsidiäre Auffangnorm dar, Calliess/Ruffert/*Korte*, EUV/AEUV, Art. 115 AEUV Rn. 3.
[3] BVerfGE 123, 267 (Lissabon-Urteil); höchst kritisch dazu *Basedow*, EuZW 2010, 41.

Für einige Gebiete des Privatrechts bestehen besondere Kompetenzgrundlagen, die bei den sogenannten **„Politiken" der Union** geregelt sind. Dies gilt vor allem für das Arbeitsrecht (Art. 153 AEUV). Auch für das Verbraucherschutzrecht gibt es eine Spezialnorm (Art. 169 AEUV). Diese wird aber von der ganz h.A. gerade nicht als eigenständige Kompetenzgrundlage für verbraucherschützende Richtlinien verstanden, sondern **nur als ergänzende Zielbestimmung** für die Privatrechtssetzung.[4] Art. 169 Abs. 2 lit. a) AEUV stellt klar, dass Maßnahmen zum Verbraucherschutz nach Art. 114 AEUV erlassen werden sollen. Dementsprechend wurde auch die Verbraucherrechte-RL auf Art. 114 AEUV gestützt.[5] Die weit in das Privatrecht hinein wirkenden Gleichbehandlungs-Richtlinien wurden auf Art. 13 EG (heute Art. 19 AEUV) gestützt, was erheblich kritisiert wird.[6] Vereinzelt lassen sich Kompetenzgrundlagen für privatrechtliche Regelungen auch unmittelbar bei den Grundfreiheiten finden. So verhält es sich etwa für das Gesellschaftsrecht mit Art. 50 Abs. 1 i.V.m. Abs. 2 lit. g) AEUV, auf den z.B. die Verordnung über die Societas Europaea gestützt wurde.

## 2. Reichweite des Art. 114 AEUV

### a) Allgemeines

14 Art. 114 Abs. 1 S. 2 AEUV gibt dem Parlament und dem Rat die Kompetenz zum Erlass von Maßnahmen zur Angleichung der Rechtsvorschriften, welche „die Errichtung und das Funktionieren des **Binnenmarkts**" zum Gegenstand haben. Zwar gibt es viele dieser Norm vorgehende spezielle Ermächtigungsgrundlagen, z.B. Art. 21 Abs. 2 und 3 AEUV im Bereich der Freizügigkeit, und es gibt auch einige Bereichsausnahmen wie das Steuerrecht (Art. 114 Abs. 2 AEUV). Dennoch ist die Vorschrift für das allgemeine Privatrecht von umfassender Bedeutung. Lange Zeit bestand eine Neigung dazu, diese Norm sehr weit zu verstehen. Da im Grunde jeder Rechtsakt der Union zugleich auch eine Rechtsangleichung in den Mitgliedstaaten bewirkt, und da die Rechtsangleichung schon als solche die Funktion des Binnenmarkts betrifft, schien Art. 114 AEUV beinahe immer zu passen. Der EuGH hat aber in seiner Entscheidung zur Tabakwerbeverbots-RL deutlich ausgesprochen, dass die bloße Angleichung von Vorschriften nicht reicht, um eine Maßnahme auf Art. 114 AEUV stützen zu können. Vielmehr muss mit der Maßnahme zugleich eine über die bloße Angleichung selbst hinausgehende, *erkennbare* Verbesserung des Binnenmarkts angestrebt werden.[7] In dieser sehr bekannten Entscheidung, mit welcher die erste Tabakwerbeverbots-RL für nichtig erklärt wurde, hat der EuGH geprüft, ob mit der Richtlinie Handelshemmnisse abgebaut oder Wettbewerbsverzerrungen beseitigt würden. Beides hat der EuGH im konkreten Fall verneint. Ein teilweises Verbot von Werbung für Zigaretten, welches darüber hinaus weitergehende nationale Verbote zulasse, diene nicht der Marktverbesserung.[8]

---

4 Nur von der Groeben/Schwarze/Hatje/*Berg*, Europäisches Unionsrecht, Art. 169 AEUV Rn. 14; Calliess/Ruffert/*Krebber*, EUV/AEUV, Art. 169 AEUV Rn. 2 f.
5 Präambel, vor Erwägungsgrund 1.
6 Differenzierend Schwarze/*Holoubek*, EU-Kommentar, Art. 19 AEUV Rn. 10.
7 *EuGH* Slg. 2000, 8419 Rn. 83 (Tabakwerbeverbot I); Grabitz/Hilf/Nettesheim/*Tietje*, Das Recht der EU, Band II, Art. 114 AEUV Rn. 48 ff., meint noch konkreter, dass die Maßnahme immer auf die Erleichterung der Grundfreiheiten gerichtet sein müsse.
8 *EuGH* Slg. 2000, 8419 Rn. 83 (Tabakwerbeverbot I).

Es fällt also nicht jede rechtsangleichende Maßnahme unter Art. 114 AEUV. Vielmehr ist es erforderlich, dass die Maßnahme darauf abzielt, in einer spürbaren, wirtschaftlichen Art und Weise das Funktionieren des Binnenmarkts zu verbessern. Das kann durch die Verbesserung von Marktbedingungen sowie durch die Beseitigung von Verzerrungen oder Hindernissen geschehen. Aus der Perspektive des Verbrauchervertragsrechts ist es besonders interessant, sich klar zu machen, dass auch Verbote bestimmter Handlungen oder Güter (z.B. unsichere Produkte, werbende Telefonanrufe beim Verbraucher) den Binnenmarkt verbessern können, wenn dadurch – gleichsam indirekt – der Handel verbessert wird.[9] Insgesamt bleibt es aber dabei, dass Art. 114 Abs. 1 S. 2 AEUV einen **breiten Anwendungsbereich** hat. Denn auf der einen Seite ist der Binnenmarktbegriff sehr weit, auf der anderen Seite hat der EuGH in der Entscheidung Imperial Tobacco klärend ausgesprochen, dass Art. 114 Abs. 1 S. 2 AEUV immer dann als Kompetenzgrundlage zu verwenden ist, wenn die Maßnahme auch nur unter anderem das Ziel der Binnenmarktverbesserung hat.[10] Er hat außerdem betont, dass es auch schon reiche, wenn dem wahrscheinlichen Entstehen von Handelshemmnissen vorgebeugt werden solle.[11]

15

Man sollte sich schließlich bewusst machen, dass die Kompetenz der EU – wiewohl vom Prinzip der begrenzten Einzelermächtigung geprägt und ausführlich geregelt – letztlich recht flexibel und ausgesprochen durch die rechtspolitische Stimmung geprägt ist.

### b) Art. 114 AEUV als Kompetenzgrundlage für privatrechtliche Richtlinien

Art. 114 AEUV ist die bei weitem am meisten genutzte Kompetenzgrundlage für privatrechtliche Regelungen der EU. Das bedeutet, wenn man die soeben angestellten Überlegungen zugrunde legt, dass diese Regelungen für sich in Anspruch nehmen, **nicht nur rechtsangleichend, sondern auch marktfördernd** zu wirken. Für manche Richtlinie ist das ganz eindeutig. So hat die Zahlungsverzugs-RL das Ziel, die Zahlungsmoral in der gesamten Union zu verbessern, damit der Handel erleichtert wird.[12]

16

Etwas mehr Probleme stellen sich im Verbrauchervertragsrecht, welches einen großen Teil der privatrechtlichen Richtlinien ausmacht. Vielfach scheint Verbraucherschutz den Handel eher zu erschweren und den Wettbewerb zu beschränken. Leider sind auch die Begründungen in den Erwägungsgründen der älteren Richtlinien gelegentlich so konfus, dass es nicht verwundern kann, wenn immer wieder schon die Kompetenz der EU für bestimmte Regelungen angezweifelt wird.[13] Noch in dem ers-

17

---

9 *Haratsch/Koenig/Pechstein*, Europarecht, Rn. 1352; *Geber*, JuS 2014, 20, 22 f.; von der Groeben/Schwarze/Hatje/*Classen*, Europäisches Unionsrecht, Art. 114 AEUV Rn. 146 ff.
10 *EuGH* Slg. 2002, 11453 (Imperial Tobacco). In der betroffenen Richtlinie ging es um die Aufmachung von Tabakerzeugnissen – hier vor allem die Verdeutlichung des gesundheitlichen Risikos – und damit zugleich um den Gesundheitsschutz; bestätigend auch *EuGH* Slg. 2006, 11631 Rn. 39 (Tabakwerbeverbot II).
11 *EuGH* Slg. 2006, 11631 Rn. 37 ff. (Tabakwerbeverbot II); *EuGH* Slg. 2004, 11893 (Swedish Match).
12 Vgl. insbesondere die Erwägungsgründe 7-12.
13 Dies galt besonders für die Haustür-RL (dann wurden die Haustürgeschäfte dennoch unproblematisch in die Verbraucherrechte-RL übernommen); so etwa Grabitz/Hilf/*Micklitz*, Das Recht der EU, Band IV, Vor A 2 Rn. 19; deutlich auch *W.-H. Roth*, JZ 2001, 475, 477.

## § 3 Europarechtliche Grundlagen für die Privatrechtssetzung

ten Vorschlag für die neue Verbraucherkredit-RL aus dem Jahr 2002 hieß es gänzlich unklar: „Die Maßnahme hat die Errichtung und das Funktionieren des Binnenmarkts zum Gegenstand. Sie trägt zur Erreichung des Zieles bei, die Verbraucher zu schützen, indem sie im Rahmen der Errichtung des Binnenmarkts eine Harmonisierung bewirkt. Aus diesem Grund wurde Art. 95 EG (heute Art. 114 AEUV) als Rechtsgrundlage herangezogen."[14] Seitdem hat die Kommission jedoch viel dazugelernt. Letztlich ist die Kompetenz der EU gerade für das Verbrauchervertragsrecht nämlich sehr deutlich. Die Begründung dafür, dass Verbraucherschutz der Verbesserung des Binnenmarkts dient, wird folgendermaßen konstruiert: Indem in allen Mitgliedstaaten ein einheitliches Verbraucherrecht mit einem hohen Schutzniveau entsteht, steigt das **Vertrauen des Verbrauchers**. Er konsumiert verstärkt und schreckt insbesondere nicht mehr vor grenzüberschreitenden Rechtsgeschäften, wie z.B. Einkäufen oder der Kreditaufnahme im Ausland, zurück.[15] Dieser Gedankengang findet sich in allen verbraucherpolitischen Strategie-Papieren[16] und wird ausdrücklich in der Verbraucherkredit-RL aufgegriffen[17]. Auch in der Verbraucherrechte-RL wird ausgeführt, dass die durch unterschiedliche Verbrauchervorschriften entstehende Rechtsunsicherheit das Vertrauen der Verbraucher in den Binnenmarkt einschränkt.[18]

18 Im **Beispiel 1** will die Kommission das kaufrechtliche Gewährleistungsrecht vollharmonisieren und dazu die Rechtsform der Verordnung wählen. Ob Art. 114 AEUV als Kompetenzgrundlage für eine solche Maßnahme ausreichen würde, ist in den letzten Jahren viel diskutiert worden. Denn die Kommission hatte tatsächlich ein europäisches Kaufrecht (kurz GEK für „gemeinsames europäisches Kaufrecht" oder CESL für „common European sales law") geplant, das auf Art. 114 AEUV gestützt werden sollte.[19] Beim GEK regte sich gegen die Verwendung des Art. 114 AEUV starker Widerstand. Das hatte seinen Grund aber vor allem darin, dass das GEK als ein „28. Regime" neben die verschiedenen in den Mitgliedstaaten geltenden Kaufrechte treten sollte. Ein solches zusätzliches Parallelrecht, so wurde meist vertreten, sei gar keine Angleichungsmaßnahme.[20] Die Pläne für das GEK sind inzwischen auf politischer Ebene gescheitert (dazu näher unten Rn. 637). Es wird aber weitere Ansätze geben und die Kompetenzfrage bleibt spannend. Im Beispiel will die Kommission das Kaufrecht in der EU angleichen, so dass die beim GEK geäußerten Bedenken entfallen. In Bezug auf die inzwischen erlassene **Warenkauf-RL**, die in ihrem Erwägungsgrund 2 neben Art. 114 auch Art. 26 Abs. 1 und 2 sowie Art. 169 Abs. 1 und 2 AEUV als Kompetenzgrundlagen benennt, ist über die Frage der Kompetenz überhaupt nicht gestritten worden, obwohl sie vollharmonisierend angelegt ist.

---

14 Vgl. KOM (2002) 443, Punkt 2.2.
15 Ganz deutlich die Erwägungsgründe 4 und 5 der Verbrauchsgüterkauf-RL.
16 Eine Europäische Verbraucheragenda für mehr Vertrauen und Wachstum, KOM (2012) 225; Verordnung (EU) Nr. 254/2014 des Europäischen Parlaments und des Rates vom 26. Februar 2014 über ein mehrjähriges Verbraucherprogramm für die Jahre 2014-2020 und zur Aufhebung des Beschlusses Nr. 1926/2006/EG; auch schon verbraucherpolitische Strategie „Stärkung der Verbraucher – Verbesserung des Verbraucherwohls – wirksamer Verbraucherschutz" (2007-2013), KOM (2007) 99, 4.
17 Erwägungsgrund 8.
18 Erwägungsgrund 6.
19 KOM (2011) 635, Präambel, vor Erwägungsgrund 1.
20 *Mansel*, WM 2012, 1308; als Grundlage wurde daher oft auf Art. 352 AEUV verwiesen. Der Weg über diese Norm wäre allerdings kaum praktikabel gewesen, dazu schon soeben Rn. 13.

Die Besonderheit in dem Fallbeispiel besteht darin, dass nicht mithilfe einer Richtlinie ein Mindeststandard bestimmt wird, den alle Mitgliedstaaten in ihre Rechtsordnung integrieren sollen, sondern dass eine Vollharmonisierung durch eine Verordnung geplant ist. Die sich dabei ergebenden Bedenken werden im Folgenden näher erörtert.

### 3. Subsidiaritätsprinzip und Verhältnismäßigkeitsgrundsatz als Kompetenzschranken

#### a) Umrisse

Die Zuständigkeit der EU für die Rechtssetzung ist nur selten eine ausschließliche. Zumeist konkurriert sie mit der weiter bestehenden Zuständigkeit der Mitgliedstaaten.[21] Die EU und die Mitgliedstaaten dürfen also **grundsätzlich gleichermaßen rechtsetzend** tätig werden. Im Bereich dieser konkurrierenden Rechtssetzungskompetenz wird die Zuständigkeit der EU durch das in Art. 5 Abs. 3 EUV verankerte Subsidiaritätsprinzip begrenzt.[22] Danach reicht die Zuständigkeit der EU nur soweit, wie die zu verwirklichenden Ziele auf nationaler Ebene nicht ausreichend erreicht werden können.[23] Außerdem ist die Union nach Art. 5 Abs. 4 EUV an den Verhältnismäßigkeitsgrundsatz gebunden und muss daher zusätzlich stets das mildeste Mittel zur Erreichung ihres Ziels wählen.[24]

19

#### b) Rechtsangleichung und Subsidiaritätsprinzip

##### aa) Geltung des Subsidiaritätsgrundsatzes im Rahmen des Art. 114 AEUV.
Gelegentlich ist behauptet worden, die Rechtsangleichungskompetenz im Sinne des Art. 114 AEUV sei eine ausschließliche Kompetenz der EU. Das beruht darauf, dass die *Angleichung* von Recht zwischen den Mitgliedstaaten – gleichsam aus der Natur der Sache heraus – ausschließlich von der EU und nicht von den Einzelstaaten erreicht werden kann.[25] In diesem Fall würde sich das Subsidiaritätsprinzip von vornherein nicht auf die aus Art. 114 Abs. 1 AEUV folgende Rechtssetzungskompetenz der EU auswirken. Die herrschende, auch von der Kommission selbst[26] und vom EuGH vertretene Gegenauffassung geht demgegenüber im Ansatz davon aus, dass Art. 114 AEUV **nicht zu den wenigen ausschließlichen Kompetenzen** der EU gehört. Damit unterliegt sie also dem Subsidiaritätsgrundsatz.[27] Obwohl diese Ansicht einräumen

20

---

21 Zur Kompetenzabgrenzung zwischen EU und Mitgliedstaaten anschaulich *Haratsch/Koenig/Pechstein*, Europarecht, Rn. 165 ff.; *Bieber/Epiney/Haag/Kotzur*, Europäische Union, § 3 Rn. 23 ff.; auch BVerfGE 123, 267 Rn. 371 (Lissabon-Urteil).
22 Das Subsidiaritätsprinzip wurde durch den Maastrichter Vertrag (1992) in den EG-Vertrag aufgenommen.
23 Näher *Oppermann*, Europarecht, § 11 Rn. 23 ff.; *Schweitzer/Hummer/Obwexer*, Europarecht, Rn. 639 ff.
24 Ausführlich zum Verhältnismäßigkeitsgrundsatz *Haratsch/Koenig/Pechstein*, Europarecht, Rn. 192 ff.
25 *Müller-Graff*, ZHR 159 (1995), 34, 68 ff.; *Reich*, FS Däubler, 1999, S. 884, 887 f.; auch Generalanwalt *Fennelly* in *EuGH* Slg. 2000, 8423, Schlussanträge Rn. 135 ff. (Tabakwerbeverbot I).
26 Siehe nur den Vorschlag für eine Richtlinie des Europäischen Parlaments und des Rates über Rechte der Verbraucher, KOM (2008) 614/4, 7.
27 *EuGH* Slg. 2000, 8419 Rn. 95 (Tabakwerbeverbot I); *EuGH* Slg. 2002, 11453 Rn. 181 (Imperial Tobacco); von der Groeben/Schwarze/Hatje/*Classen*, Europäisches Unionsrecht, Art. 114 AEUV Rn. 105.

muss, dass die Angleichung des Rechts der Mitgliedstaaten im Allgemeinen nicht von den einzelnen Mitgliedstaaten durchgeführt werden kann, führt dies zu gewissen praktischen Unterschieden. Diese ergeben sich zum einen, wenn es um Regelungen von Details in den Richtlinien geht.[28] Insbesondere aber ist die Unterscheidung wichtig, wenn es darum geht, ob der Grundsatz der Minimalharmonisierung (Mindeststandardprinzip) aufgegeben werden darf.

21 **bb) Mindeststandardgrundsatz.** Fast alle früheren Richtlinien zum Verbrauchervertragsrecht folgten dem Mindeststandardgrundsatz. Der Mindeststandardgrundsatz bedeutet, dass den Mitgliedstaaten die Freiheit eingeräumt wird, im nationalen Recht einen *höheren* Schutzstandard vorzusehen, als die Richtlinie es zwingend vorschreibt. Eine Pflicht für die Union als Richtliniengeber, den Mitgliedstaaten die Möglichkeit zu belassen, eine Partei stärker zu schützen als die Richtlinie dies vorsieht, ergibt sich nicht aus dem Charakter der Richtlinie als solcher. Denn Art. 288 S. 3 AEUV überlässt „die Wahl der Form und der Mittel" den Mitgliedstaaten. Ein inhaltlicher Spielraum ist dort nicht vorgesehen.

Meist wird der Mindeststandardgrundsatz aus dem Subsidiaritätsprinzip abgeleitet.[29] Daraus kann man aber nicht den Schluss ziehen, dass alle Richtlinien an dem Mindeststandardgrundsatz festhalten müssen. Das Subsidiaritätsprinzip zwingt nämlich nicht in jedem Fall zu einer solchen Öffnung. Wenn gerade die wirklich, also auch nach oben hin, *einheitliche* Regelung eines Sachverhalts nötig ist, dann können die Mitgliedstaaten insofern keine Restkompetenz behalten und aus dem Subsidiaritätsprinzip kann kein Regelungsfreiraum für die Mitgliedstaaten abgeleitet werden.

Der Mindeststandardgrundsatz hat allerdings wohl noch eine zweite Wurzel: Er begründet sich auch aus der **inhaltlichen Zielsetzung** der Richtlinien. Durch diese soll (meist) ein möglichst hohes Schutzniveau erreicht werden, und damit steht es im Widerspruch, wenn einige Mitgliedstaaten aufgrund der Richtlinien ihren nationalen (Verbraucher-)Schutzstandard senken müssen.[30] Das gilt gerade für die Richtlinien, die auf Art. 114 AEUV gestützt sind. Denn dort wird verlangt, dass ein hohes Schutzniveau gewährt wird, was mit einer Absenkung des Standards auch nur in einzelnen Mitgliedstaaten kaum vereinbar ist.

22 **cc) Entwicklung zur Vollharmonisierung.** In den neueren Richtlinien ist die Beschränkung auf einen Mindeststandard dennoch nicht mehr für ausreichend angesehen worden.

---

28 Insbesondere *Armbrüster*, RabelsZ 60 (1996), 72, 83 ff.
29 Grabitz/Hilf/Nettesheim/*Pfeiffer*, Das Recht der EU, Band II, Art. 169 AEUV Rn. 38 f.; Grabitz/Hilf/*Martinek*, Das Recht der EU, Band IV, 2009, A 13 Rn. 247; *Lurger*, Regulierung und Deregulierung, 1997, S. 115 (aus dem Erforderlichkeitsgebot); Geiger/Khan/Kotzur/*Geiger*, EUV/AEUV, Art. 5 EUV Rn. 18 (aus dem Prinzip der Verhältnismäßigkeit); Grabitz/Hilf/*Micklitz*, Das Recht der EU, Band IV, 2009, Vor A 2 Rn. 27 leitet es dagegen aus dem Grundsatz des Rechtspluralismus ab; kritischer *Rösler*, Europäisches Konsumentenvertragsrecht, 2004, S. 201 f., der meint, es handele sich um einen kleinsten gemeinsamen Nenner, der durch die Schwäche der Gemeinschaft verursacht sei.
30 Deutlich *EuGH* Slg. 2010, 4785 (Caja de Ahorros).

Im **Beispiel 1** (Rn. 12) will die Kommission das Kaufrecht vollharmonisieren und dazu die Rechtsform der Verordnung wählen. Sie nähert sich damit zumindest den Grenzen der Rechtssetzungskompetenz der EU.

Es ist zunächst allgemein anerkannt, dass die Vollharmonisierung erlaubt sein kann, soweit sie zur Erreichung des Regelungsziels notwendig ist. Im Beispiel zeigt sich, dass es für die Unternehmer nachteilig sein kann und sie teils sogar vom grenzüberschreitenden Handel abhält, wenn in allen Mitgliedstaaten unterschiedliche, über den Standard der Richtlinien hinausgehende Einzelvorschriften bestehen, deren Beachtung ihnen abverlangt wird. Solche Unterschiede im nationalen Recht können insbesondere für kleinere Unternehmen zu recht hohen rechtlichen und letztlich finanziellen Risiken im grenzüberschreitenden Handel führen.

Dennoch ist Art. 114 AEUV jedenfalls nicht als Grundlage für eine umfassende Rechtsvereinheitlichung gedacht. Wo genau die Grenze zu ziehen ist, ist im Einzelfall nicht nur rechtlich, sondern auch politisch auszuhandeln (näher sogleich Rn. 25). Mit einer präzisen, auf die konkreten Vorteile für den Binnenmarkt eingehenden Begründung wird man einzelne Teilstücke des Kaufrechts vollharmonisieren können.

Wenn es nun darum geht, ob eine **Verordnung** das richtige Instrument ist, um dieses Ziel zu erreichen, so werden die Zweifel größer. Zwar erlaubt Art. 114 AEUV generell die Verwendung der Verordnung als Mittel zur Rechtsangleichung. Es kann aber kaum überzeugen, für eine Angleichung des Kaufrechts die Rechtsform einer Verordnung zu wählen. Denn die Vollharmonisierung lässt sich auch im Rahmen einer Richtlinie erreichen, die den geringeren Eingriff in die Rechte der Mitgliedstaaten bedeutet. Sie hat den großen Vorteil, dass die Mitgliedstaaten die neuen Regeln, die ja im Beispiel nur einen Teil des Kaufrechts ausmachen sollen, bei der Umsetzung in ihr nationales Kaufrecht einpassen können.

Da die Mindeststandardregeln, wie es sich auch in dem Beispiel zeigt, nicht immer ideal zur Binnenmarktförderung geeignet sind, wird in den neueren privatrechtlichen Richtlinien in der Regel eine **Vollharmonisierung** angestrebt. Eine Vollharmonisierung wird in der Verbraucherkredit-RL (Erwägungsgrund 9) und schon in der FAF-RL vorgenommen.[31] Auch die Verbraucherrechte-RL verfolgt einen Vollharmonisierungsansatz. In der Begründung des Entwurfs erläutert die Kommission ausführlich, warum die Vollharmonisierung mit dem Subsidiaritätsprinzip im Einklang steht.[32] In Erwägungsgrund 7 der Verbraucherrechte-RL wird besonders betont, dass grenzüberschreitender Direktvertrieb *nur* durch eine Vollharmonisierung gefördert werden kann. Die **Warenkauf-RL**, die ebenfalls auf Vollharmonisierung ausgerichtet ist, löst nun die Verbrauchsgüterkauf-RL ab, so dass auch dort dann eine verstärkte Rechtsangleichung eintreten wird. An ihr kann man allerdings auch gut erkennen, dass eine Einigung auf vollharmonisierte Regelungen in der EU schwer erreichbar ist. Es gibt dort zahlreiche „**Öffnungsklauseln**", die den Mitgliedstaaten eigenständige Regelungen erlauben. So können nach Art. 12 Warenkauf-RL die Mitgliedstaaten eine Rügefrist bei Mängeln vorsehen. Davon machen sehr viele Mitgliedstaaten Gebrauch. Für grenzüberschreitend einkaufende Verbraucher, die dies aus ihrem Heimatstaat nicht gewohnt sind, kann das sehr überraschend kommen.

---
31 Ebenso die neue Teilzeitnutzungsrechte-RL.
32 Vorschlag für eine Richtlinie des Europäischen Parlaments und des Rates über Rechte der Verbraucher, KOM (2008) 614/4, 7.

Ein schönes Anschauungsbeispiel für eine gelungene Vollharmonisierung sind die Internetauktionen. Zumindest nach überwiegender Ansicht sah die Fernabsatz-RL bei diesen kein Widerrufsrecht für den Käufer vor. Vielmehr waren gerade die Versteigerungen von dem Widerrufsrecht ausgenommen. Der BGH hatte aber für Deutschland ein solches Widerrufsrecht dennoch bejaht, weil er, ganz zu Recht, ein besonders großes Bedürfnis dafür sah.[33] Er meinte, die Internetversteigerungen seien im Sinne des BGB keine echten Versteigerungen, da es an einem Zuschlag i.S.d. § 156 BGB fehle. Das führte zu Problemen bei grenzüberschreitenden Angeboten in solchen Auktionen („Ebay"), weil für Verbraucher aus Deutschland eine Widerrufsbelehrung erfolgen und ein Widerrufsrecht gewährt werden musste, für Verbraucher aus anderen Staaten dagegen nicht. In der Verbraucherrechte-RL, die die Fernabsatz-RL inzwischen abgelöst hat, wurde dann zum einen die Ausnahmeregelung der Fernabsatz-RL geändert und zum anderen die Vollharmonisierung vorgenommen. Ausgenommen vom Widerrufsrecht sind, wie es Erwägungsgrund 24 ausdrücklich erläutert, nun in der gesamten EU nur noch die klassischen Versteigerungen, bei denen der Käufer die Möglichkeit hat, anwesend zu sein. Die Vollharmonisierung hat hier also zu einer Anhebung des vereinheitlichten Schutzniveaus geführt.

**24** Vollharmonisierung kann aber auch bedeuten, dass Mitgliedstaaten ihr Schutzniveau senken müssen, um die vollharmonisierende Richtlinie umzusetzen. Um zugleich zu sichern, dass die Mitgliedstaaten nicht von tradierten Schutzinstrumenten Abschied nehmen müssen, welche die Richtlinien nicht vorsehen, gibt es häufig eine **Beschränkung des vollharmonisierten Bereichs auf bestimmte Instrumente**. So nimmt die Verbraucherrechte-RL viele Rechtsgeschäftstypen ganz aus ihrem Anwendungsbereich heraus und ermöglicht es damit den Mitgliedstaaten, bei diesen Geschäften ihr gewohntes Schutzniveau beizubehalten (Wohnraummiete, Art. 3 Abs. 3 lit. f), Glücksspiele, Art. 3 Abs. 3 lit. c)). Außerdem gibt es auch hier die schon erwähnten „Öffnungsklauseln". Ein Beispiel ist Art. 5 Abs. 4 Verbraucherrechte-RL, der es den Mitgliedstaaten ausdrücklich einräumt, zusätzliche Informationspflichten zu den in der Richtlinie vorgesehenen einzuführen oder aufrechtzuerhalten.

Um auch für die Rechtsbereiche, die in den älteren, nicht vollharmonisierten Richtlinien geregelt sind, eine gewisse Verbesserung für die grenzüberschreitend tätigen Unternehmen zu erreichen, kann es schließlich helfen, wenn es den Unternehmen erleichtert wird, sich über die Rechtsunterschiede zu informieren. Dazu sehen Art. 32 und 33 Verbraucherrechte-RL vor, dass die Mitgliedstaaten die Kommission über alle konkreten Klauselverbote und alle über die Verbrauchsgüterkauf-RL hinausgehenden Schutzvorschriften informieren müssen.

Dort, wo es insgesamt vor allem um Regulierungsinteressen geht, findet man übrigens auch **Verordnungen** mit vertragsrechtlichen Inhalten. Ein Beispiel für eine solche Verordnung ist die P2B-Verordnung. P2B steht für „Platform to Business". Die Verordnung will mit unterschiedlichen Rechtsinstrumenten erreichen, dass die Plattformen (wie Amazon, Booking) gegenüber den Unternehmen, die sie für ihre Angebote nutzen, transparenter und fairer agieren. Sie regelt unter anderem auch die Verwendung von AGB, berührt also das private Vertragsrecht. Die Verordnung ist auf

---

[33] *BGH* NJW 2005, 53, 55.

Art. 114 AEUV gestützt, und in Erwägungsgrund 51 wird nur knapp angemerkt, dass dies dem Subsidiaritätsprinzip entspreche.

## 4. Kompetenz der EU für den Erlass eines europäischen Vertragsgesetzbuchs

Viel diskutiert wird immer wieder die teilweise auch schon im Beispiel 1 aufgeworfene Frage, ob Art. 114 AEUV als Kompetenzgrundlage für die Schaffung eines kompletten europäischen Vertragsgesetzbuchs, zum Beispiel in der Form einer Verordnung, ausreichen würde. Dies wird teils bejaht,[34] teils aus verschiedenen Gründen verneint. Dann wird meist auf Art. 352 AEUV verwiesen, der wie bereits erwähnt als Auffangnorm eine einstimmige Verabschiedung durch den Rat mit Zustimmung des Parlaments vorsehen würde, so dass auf diesem Weg kaum mit einem erfolgreichen Verfahren gerechnet werden kann.[35]

Der sehr offene, von beiden Seiten mit starken Argumenten geführte Streit darüber, ob Art. 114 AEUV ein Vertragsgesetzbuch tragen kann oder nicht, macht eine allgemeine Problematik des Art. 114 AEUV deutlich: Die Norm ist trotz der eben dargestellten Rechtsprechung des EuGH immer noch sehr weit und unterliegt daher starken **rechts- und wirtschaftspolitischen Einflüssen**. Ein konkreter empirischer Nachweis dafür, dass ein Vertragsgesetzbuch den Binnenmarkt erkennbar verbessern würde, ist im Rahmen des Art. 114 AEUV nicht erforderlich (näher soeben Rn. 15). Bedenkt man, wie schwierig ein solcher Nachweis zu erbringen wäre (und das gilt nicht nur für das Vertragsgesetzbuch, sondern auch für manchen anderen Rechtsakt), so ist diese Offenheit der Norm aber **kein Nachteil, sondern eine Notwendigkeit**. Sie führt allerdings zu dem Ergebnis, dass Art. 114 AEUV die Kompetenz für jedweden Rechtsakt enthält, der in plausibler Weise auf eine Verbesserung des Marktes abzielt. Wenn also die Mehrheit der Mitgliedstaaten der EU – und damit des Rates – und das EU-Parlament von dieser marktverbessernden Wirkung des Vertragsgesetzbuchs überzeugt sind und das Vertragsgesetzbuch mit tragfähigen Argumenten gerade auf das Ziel der Verbesserung des Marktes ausrichten, so kann sich die EU dafür auch auf Art. 114 AEUV stützen.

Das Subsidiaritätsprinzip und der Verhältnismäßigkeitsgrundsatz können dann, wenn einmal entschieden ist, dass gerade ein europäisches Vertragsgesetzbuch als Instrument zur Verbesserung des Marktes verwendet werden soll, dabei keine Schranke mehr bilden. Denn dieses Vertragsgesetzbuch kann weder von den Mitgliedstaaten einzeln erreicht werden, noch gibt es ein milderes Mittel dafür.[36] Ohne dass damit in der rechtspolitischen Auseinandersetzung über die Notwendigkeit und Sinnhaftigkeit eines einheitlichen europäischen Vertragsgesetzbuchs Position bezogen wird, wird man einräumen müssen, dass Art. 114 AEUV letztendlich als passende Rechtsgrundlage angesehen werden kann.[37]

---
34 *Schulte-Nölke*, JZ 2001, 917; *Reich/Micklitz*, EWS 2011, 114.
35 Nur *Leible*, NJW 2008, 2558, 2561; auch das ablehnend Grabitz/Hilf/Nettesheim/*Winkler*, Das Recht der EU, Band III, Art. 352 AEUV Rn. 139 ff.
36 Im Ergebnis wie hier *Lurger*, Grundfragen der Vereinheitlichung des Vertragsrechts, 2002, S. 118 ff.
37 Näher zu den aktuellen Entwicklungen unten Rn. 637 ff.

## 5. Zusammenfassung

28 Zusammenfassend lässt sich also sagen, dass zwar nicht jede rechtsangleichende Maßnahme unter Art. 114 AEUV fällt. Trotz des notwendigen Binnenmarktbezugs bleibt für Art. 114 AEUV aber ein **sehr weiter Anwendungsbereich**. Denn zum einen ist der Binnenmarktbegriff weit, zum anderen kann Art. 114 AEUV immer schon dann als Kompetenzgrundlage dienen, wenn die Maßnahme auch nur *unter anderem* das Ziel der Binnenmarktverbesserung hat.

## II. Auswirkungen fehlender Kompetenz

### 1. Nichtigkeitsklage

29 Nach Art. 263 Abs. 2 AEUV können Mitgliedstaaten, die geltend machen wollen, dass eine Richtlinie in Kompetenzüberschreitung gesetzt worden ist, Nichtigkeitsklage beim EuGH erheben. Sie müssen dies jedoch gemäß Art. 263 Abs. 6 AEUV binnen zwei Monaten ab Bekanntgabe der Richtlinie tun.[38] Deutschland hat vor einigen Jahren mit Erfolg eine solche Nichtigkeitsklage gegen die erste Tabakwerbeverbots-RL erhoben.[39] Natürliche und juristische Personen können die Nichtigkeitsklage gemäß Art. 263 Abs. 4 AEUV zwar gegen Verordnungen erheben, von denen sie unmittelbar und individuell betroffen sind, dagegen in der Regel (nämlich soweit nicht unmittelbare Wirkung vorliegt) nicht gegen Richtlinien.[40]

### 2. Rüge der Kompetenz im Wege des Vorabentscheidungsverfahrens (Imperial Tobacco)

30 Der EuGH hat außerdem bejaht, dass auch Private schon vor der Umsetzung einer Richtlinie überprüfen lassen dürfen, ob diese innerhalb der Kompetenzen der EU ergangen ist. In dem zu entscheidenden Fall hatten mehrere Tabakkonzerne im Vereinigten Königreich gegen die Umsetzung der Richtlinie 2001/37/EG über die Herstellung, die Aufmachung und den Verkauf von Tabakerzeugnissen[41] geklagt. Sie meinten, die Richtlinie dürfe nicht umgesetzt werden, weil sie außerhalb der Kompetenzen der EU ergangen sei. Das angerufene britische Gericht legte dem EuGH im Wege des *Vorabentscheidungsverfahrens*[42] die Frage vor, ob die Richtlinie innerhalb der Kompetenz der EU ergangen sei. Der EuGH hielt diese Vorgehensweise für zulässig.[43]

---

38 Näher von der Groeben/Schwarze/Hatje/*Gaitanides*, Europäisches Unionsrecht, Art. 263 AEUV Rn. 104 ff.
39 *EuGH* Slg. 2000, 8419 (Tabakwerbeverbot I); die Nichtigkeitsklage gegen die zweite Tabakwerbeverbots-RL (2003/33/EG) ist gescheitert, dazu oben Rn. 14 f.
40 Näher *Frenz/Distelrath*, NVwZ 2010, 162; *Streinz/Ohler/Herrmann*, Der Vertrag von Lissabon zur Reform der EU, S. 115 f.
41 ABl. EG L 194, 26; inzwischen gilt eine neue Richtlinie, nämlich Richtlinie 2014/40/EU des Europäischen Parlaments und des Rates vom 3. April 2014 zur Angleichung der Rechts- und Verwaltungsvorschriften der Mitgliedstaaten über die Herstellung, die Aufmachung und den Verkauf von Tabakerzeugnissen und verwandten Erzeugnissen und zur Aufhebung der Richtlinie 2001/37/EG, ABl. EU L 127, S. 1.
42 Näher zu diesem Verfahren unten Rn. 140 ff.
43 Inhaltlich zu der Klage schon oben Rn. 14.

## B. Vorrang des EU-Rechts

**Beispiel 2** – nach EuGH, Slg. 2010, 365 (Kücükdeveci); beachte auch EuGH, Slg. 2005, 9981 (Mangold), dazu näher unten Rn. 265:
Die Arbeitnehmerin A war seit ihrem vollendeten 18. Lebensjahr bei der Firma F angestellt. Im Alter von 28 Jahren wurde sie unter Einhaltung einer Kündigungsfrist von einem Monat entlassen. Denn F hatte die vor der Vollendung des 25. Lebensjahrs liegenden Beschäftigungszeiten bei der Berechnung der Kündigungsfrist nicht berücksichtigt (§ 622 Abs. 2 S. 2 BGB a.F.). A macht geltend, dass diese Regelung eine EU-rechtlich verbotene Diskriminierung wegen des Alters darstelle.

31

### I. Grundsatz

EU-Recht hat Vorrang vor nationalem Recht.[44] Für das Privatrecht bedeutet das, dass **jede unionsrechtliche Norm**, welche einen bestimmten privatrechtlichen Sachverhalt betrifft, den Regelungen des nationalen Rechts – einschließlich des Grundgesetzes – vorgeht.[45] Der Vorrang des EU-Rechts geht aber noch weiter. Auch die **Auslegungs- und Rechtsfortbildungsakte des EuGH** gehen dem nationalen Privatrecht insgesamt vor. Das BVerfG meint dazu im Grundsatz, dem EuGH müsse auch die Rechtsfortbildung zugestanden werden, da es nicht angehen könne, dass der EuGH Kompetenzen abgesprochen bekäme, die den nationalen Gerichten in Europa traditionell zugebilligt würden.[46]

32

Der Vorrang des Rechts der EU, und insbesondere der Rechtsprechung des EuGH, endet jedoch dort, wo *inhaltlich* deren Kompetenzen enden. Auch hierbei ist aber Fingerspitzengefühl gefragt. In dem wichtigen Urteil **Honeywell** zur Mangold Entscheidung des EuGH hat das BVerfG sehr deutlich gemacht, dass der **Grundsatz der Europarechtsfreundlichkeit** dazu führt, dass ein kompetenzüberschreitender, sogenannter „ausbrechender" Rechtsakt nur mit äußerster Zurückhaltung angenommen werden dürfe. Es meint wörtlich: „Wenn jeder Mitgliedstaat ohne Weiteres für sich in Anspruch nähme, durch eigene Gerichte über die Gültigkeit von Rechtsakten der Union zu entscheiden, könnte der Anwendungsvorrang praktisch unterlaufen werden, und die einheitliche Anwendung des Unionsrechts wäre gefährdet."[47] Der EuGH ist danach generell selbst zuständig dafür, über die Frage der Kompetenz zu entscheiden,

33

---

[44] Das ist allgemein anerkannt. Es wurde vom *EuGH* erstmals in *EuGH* Slg. 1964, 1259, 1269 ff. (Costa) ausführlich dargelegt und ist seitdem ständige Rechtsprechung; vgl. aus neuerer Zeit nur *EuGH* Slg. 1999, 2517 (Ciola); dem folgt weitestgehend auch das *BVerfG*, vgl. BVerfGE 73, 339; 75, 223 und 89, 155; *Oppermann*, Europarecht, § 10 Rn. 3 ff.

[45] Der *EuGH* lässt daher auch die nationalen Grundrechte außer Acht und bezieht sich nur auf die europäischen Grundrechte in der EMRK und der Charta, näher sogleich Rn. 36.

[46] So schon BVerfGE 75, 223, 243; auch Jarass/Pieroth/*Jarass*, Art. 23 GG Rn. 43, 48 a.E.

[47] BVerfGE 126, 286 Rn. 57 (Honeywell); außerdem heißt es (Rn. 78): „zu einem ersichtlichen Verstoß im Hinblick auf das Prinzip der begrenzten Einzelermächtigung würde auch eine unterstellte, rechtsmethodisch nicht mehr vertretbare Rechtsfortbildung des *EuGH* erst dann, wenn sie auch praktisch kompetenzbegründend wirkte". Zu Mangold unten Rn. 265.

und seine Entscheidungen sind erst dann unbeachtlich, wenn sie das Europarecht offensichtlich und erheblich verletzen.[48]

## II. Wirkungsweise des Vorrangs

34 Allerdings handelt es sich um einen Anwendungsvorrang, nicht um einen Geltungsvorrang.[49] Daraus folgt, dass nationales Recht durch das Inkrafttreten einer entgegenstehenden unionsrechtlichen Norm oder eines sonstigen Rechtsakts **nicht insgesamt unwirksam, sondern nur unanwendbar** wird. Unanwendbar wird die Norm dabei jeweils nur, soweit in dem konkreten Anwendungsfall überhaupt die Vorgabe des EU-Rechts verletzt wird. Wann das der Fall ist, ist nicht immer leicht festzustellen. So ist für die im primären EU-Recht enthaltenen Grundfreiheiten sehr umstritten, wann nationale Normen – insbesondere des Privatrechts – gegen diese verstoßen (dazu näher unten Rn. 52 ff.).

35 Weicht das nationale Recht von einer unionsrechtlichen Vorgabe ab, die in einer privatrechtlichen Richtlinie enthalten ist, wird dies zumeist nicht zur Unanwendbarkeit der nationalen Regelung führen. Anderenfalls würde nämlich die Regelungsform der Richtlinie – die gerade keine unmittelbare Wirkung für sich beansprucht – unterlaufen (näher zur Wirkung der Richtlinie unten Rn. 85 ff.).[50]

36 In dem einleitenden **Beispiel 2** (Rn. 31) entschied der EuGH aber, dass das EU-Recht § 622 Abs. 2 S. 2 BGB a.F. entgegenstehe und dass diese Norm daher vom deutschen Gericht nicht angewendet werde dürfe. Somit gilt für die Kündigung eine Viermonatsfrist, weil A bereits seit zehn Jahren bei F arbeitet. Mit Wirkung zum 1.1.2019 wurde § 622 Abs. 2 S. 2 BGB aufgehoben.

Bei näherer Analyse bringt die Entscheidung erheblichen Diskussionsstoff mit. Denn der EuGH verwendet hier eine Kombinationsargumentation, die nicht ganz leicht nachzuvollziehen ist. Er stützt die Nichtigkeit der Norm weder darauf, dass § 622 Abs. 2 S. 2 BGB a.F. unmittelbar gegen die Richtlinie verstoße.[51] Noch meint er, dass die Norm unwirksam sei, weil sie den allgemeinen europäischen Rechtsgrundsatz des Verbots der Altersdiskriminierung verletze.[52] Vielmehr verlangt er hier und in einigen weiteren Entscheidungen gleichsam beides zugleich: Für eine Verdrängung des nationalen Rechts durch eine Richtlinie muss hinter der Richtlinie ein allgemeiner Rechtsgrundsatz stehen (hier Altersdiskriminierung). Umgekehrt sagt der EuGH: Ein allgemeiner Rechtsgrundsatz des Unionsrechts kann nur Vorrang vor nationalem Recht entfalten, wenn er durch eine Richtlinie (hier Richtlinie 2000/78/EG) *konkretisiert* wird.[53] Darauf, in welchen weiteren Fällen diese Kombinationslösung greift, wird noch einzugehen sein (Rn. 42, 83).

---

48 BVerfGE 126, 286 Rn. 61 (Honeywell).
49 Von der Groeben/Schwarze/Hatje/*Geismann*, Europäisches Unionsrecht, Art. 288 AEUV Rn. 8; *Schweitzer/Hummer/Obwexer*, Europarecht, Rn. 849; *Jarass*, Grundfragen der innerstaatlichen Bedeutung des EG-Rechts, 1994, S. 3; *EuGH* Slg. 1978, 629, 644 (Simmenthal); *EuGH* Slg. 1999, 2517, 2518 (Ciola); BVerfGE 123, 267 Rn. 335 (Lissabon-Urteil).
50 Nur *Jarass*, Grundfragen der innerstaatlichen Bedeutung des EG-Rechts, 1994, S. 4 f.
51 Kritisch gerade zu diesem Punkt *Mörsdorf*, NJW 2010, 1046.
52 *EuGH* Slg. 2010, 365 (Kücükdeveci); näher unten Rn. 269.
53 So etwa auch *EuGH* NJW 2018, 1869 (Egenberger); schon früher etwa *EuGH* Slg. 2011, 3591 (Römer); *EuGH* NZA 2014, 193 (AMS).

## III. Vorrang des EU-Rechts und Grundrechte

**Literaturhinweise:** *Britz*, Grundrechtsschutz durch das Bundesverfassungsgericht und den Europäischen Gerichtshof, EuGRZ 2015, 275; *Preis/Temming*, Der EuGH, das BVerfG und der Gesetzgeber – Lehren aus Mangold II, NZA 2010, 185 (mit Bezügen zum deutschen Arbeitsrecht); *Proelß*, Zur verfassungsgerichtlichen Kontrolle der Kompetenzmäßigkeit von Maßnahmen der Europäischen Union: Der „ausbrechende Rechtsakt" in der Praxis des BVerfG, EuR 2011, 241; auch *Koch/Ilgner*, JuS 2011, 540 (Klausur).

### 1. Konflikt

Das EU-Recht kann auch mit dem Grundgesetz und mit den dort garantierten Grundrechten in Konflikt geraten. Auch dann gilt als Ausgangspunkt der Vorrang des EU-Rechts.[54] Meist sind die Grundrechte geschützt, weil auch der EuGH eine Grundrechtskontrolle durchführt. Diese nimmt er allerdings nicht anhand der mitgliedstaatlichen, sondern **allein anhand europäischer Grundrechte** vor (dazu näher sogleich Rn. 41).[55]

37

Die komplexen verfassungsrechtlichen Fragen, die sich stellen, wenn die europäischen Rechte hinter dem deutschen Grundgesetz zurückbleiben, müssen hier weitgehend ausgeklammert bleiben. Das deutsche Grundgesetz würde Eingriffe in die wesentlichen Grundsätze der demokratischen Ordnung nicht erlauben. Durch den schon im Jahr 1992 neu gefassten Art. 23 Abs. 1 GG wird – plakativ dargestellt – festgeschrieben, dass Voraussetzung der Mitwirkung in der EU ist, dass auch die EU „demokratischen, rechtsstaatlichen, sozialen und föderativen Grundsätzen" verpflichtet ist.[56]

Das BVerfG hat wiederholt die verfassungsrechtlichen Grenzen betont, die sich für den europäischen Integrationsprozess aus dem Demokratieprinzip und aus der Souveränität Deutschlands ergeben. Grundlegend war insofern das **Lissabon-Urteil**. Insbesondere gelte es, den von den Grundrechten geschützten „privaten Raum der Eigenverantwortung und der persönlichen und sozialen Sicherheit" zu erhalten. Der Vorrang des Rechts der EU ist dadurch jedoch nicht unmittelbar beeinträchtigt. Veranschaulichend kann man eher von einem „Notfall-Kontrollmaßstab" sprechen, der vom BVerfG entwickelt wurde und überwacht wird.[57] Dabei kann man drei Stränge unterscheiden, die alle äußerst eng verstanden werden müssen und nicht konfrontativ, sondern letztlich möglichst kooperativ gewahrt werden sollen. Die **Identitätskon-**

38

---

54 *Haratsch/Koenig/Pechstein*, Europarecht, Rn. 197 f.; von der Groeben/Schwarze/Hatje/*Geismann*, Europäisches Unionsrecht, Art. 288 AEUV Rn. 5 ff.
55 In der Entscheidung Schmidberger, *EuGH* Slg. 2003, 5659, ging es darum, ob die österreichischen Gerichte gegen die Warenverkehrsfreiheit verstoßen hatten, indem sie eine Demonstration auf dem Brenner nicht verboten. Der *EuGH* wog hier die Verletzung der Grundfreiheiten mit dem Recht auf Versammlungsfreiheit aus Art. 11 EMRK ab. In der Entscheidung Schecke, *EuGH* Slg. 2010, 11063, ging es um den Datenschutz. Der *EuGH* stützte sich hier vor allem auf Art. 8 der Charta.
56 Auch schon BVerfGE 89, 155 (Maastricht-Urteil); vgl. die ausführlichere Darstellung bei *Herdegen*, Europarecht, § 10 Rn. 19 f.; zu Gegenstimmen siehe z.B. *Schachtschneider/Emmerich-Fritsche/Beyer*, JZ 1993, 751; *Kirchner/Haas*, JZ 1993, 760.
57 BVerfGE 123, 267 (Lissabon-Urteil); anders mag es im Bereich des vom *EuGH* durch Rechtsfortbildung entwickelten (primären) Rechts sein, dazu nur *Terhechte*, EuZW 2009, 724, 726.

**trolle** betrifft die Sicherung des Kerngehalts der grundgesetzlichen Verfassungsidentität. Was genau dazu gehört, steht trotz der Beispiele, die das BVerfG gibt, nicht vollkommen fest. Aus dem Bereich der Grundrechte ist Art. 1 Abs. 1 GG auf jeden Fall Teil der deutschen Verfassungsidentität. Privatrechtliche Fragen gehören typischerweise nicht in diesen Kernbereich.[58] Die **Ultra-Vires-Kontrolle** betrifft die Kompetenz der EU. Wenn die Organe der EU in erheblichem Maße ihre Kompetenz überschreiten, will das BVerfG ebenfalls einschreiten. Auch hierbei geht es aber wie bereits dargestellt nur um schwerwiegende Kompetenzüberschreitungen.[59]

**39** Aus alledem ergibt sich, dass es auch im Kontext des EU-Rechts eine beim BVerfG verbleibende **Grundrechtskontrolle** gibt. Diese ist jedoch stark eingeschränkt.

Da die Verletzung von Grundrechten auch im Kontext des Privatrechts von hohem Interesse ist, sei dem noch näher nachgegangen. **Grundrechtsbeeinträchtigungen durch EU-Rechtsakte** sind durchaus vorstellbar. *Canaris* hat beispielsweise in der Klausel-RL eine Beeinträchtigung der Vertragsfreiheit gesehen.[60] Wichtiger ist heute der Konflikt zwischen Meinungsfreiheit und Persönlichkeitsrechtsverletzungen, der vor allem bei Veröffentlichungen im Internet häufig auftritt. Auch der Gleichbehandlungsgrundsatz des Art. 3 GG könnte entscheidenden Einfluss auf die Auslegung und Anwendbarkeit von EU-Recht haben. Indem die Richtlinien oftmals isoliert nur grenzüberschreitende Vorgänge regeln, kann es zur Inländerdiskriminierung kommen (dazu auch noch Rn. 58). Daher sei noch ein konkreter Blick auf diesen Konflikt zwischen Richtlinienrecht und Grundrechten geworfen.

### 2. Zurücktreten der deutschen Grundrechte hinter die Richtlinien

**40** Unter Anwendung des Vorstehenden kann der aufgezeigte Konflikt zwischen den Richtlinien und den nationalen Grundrechten zumindest weitgehend aufgelöst werden. Der Vorrang des EU-Rechts gilt danach im Grundsatz auch, soweit Grundrechte betroffen sind. Eine Richtlinie muss daher den deutschen Grundrechten nicht entsprechen. Das BVerfG nimmt aber wie gezeigt keinen vollständig unbegrenzten Vorrang des EU-Rechts vor den deutschen Grundrechten an. Schon seit dem sogenannten **Solange II-Beschluss** führt es jedoch solange keine eigene Grundrechtskontrolle abgeleiteten EU-Rechts anhand der Grundrechte des GG durch, wie durch den EuGH generell ein wirksamer Schutz der Grundrechte gewährleistet ist.[61] Es war daher formuliert worden, nur in „zu vernachlässigenden Ausnahmefällen" seien Hoheitsakte der EU aufgrund nationalen Verfassungsrechts zu überprüfen.[62] Zwar hat das BVerfG im **Lissabon-Urteil** diese Rechtsprechung neu formuliert und ausgesprochen, dass der

---

58 Dazu BVerfGE 140, 317 (Europäischer Haftbefehl).
59 BVerfGE 126, 286 (Honeywell); zu allem näher *Ludwigs*, NVwZ 2015, 537; *Sauer*, EuZW 2011, 94; *Michels*, JA 2012, 515.
60 *Canaris*, FS Lerche, 1993, S. 873, 889.
61 BVerfGE 73, 339, 340 (Solange II); BVerfGE 102, 147 zur Bananenmarktordnung; eine etwas engere Haltung war teils nach dem Maastricht-Urteil vermutet worden, dazu BVerfGE 89, 155, 156; zum Lissabon-Urteil schon Rn. 38.
62 *Lecheler*, JuS 2001, 120, 123; *Herdegen*, Europarecht, § 10 Rn. 29; Darstellung der Rechtsprechung von Solange I bis Honeywell bei *Michels*, JA 2012, 515; genauer zur Abgrenzung *Britz*, EuGRZ 2015, 275, 278.

unantastbare Kerngehalt des Grundgesetzes (und damit der Grundrechte) nicht verletzt sein dürfe.[63] Dennoch kann ein **eigenständiger, genügender Grundrechtsschutz** gegenüber EU-Rechtsakten **vom EuGH** üblicherweise erwartet werden. Insbesondere sind Verfassungsbeschwerden gegen EU-Maßnahmen unzulässig.[64] Bei Verfassungsbeschwerden gegen deutsche Hoheitsakte nimmt das BVerfG gegebenenfalls nur eine Kontrolle an den Grundrechten der Charta vor.[65] Hat das BVerfG in Bezug auf die Charta Auslegungszweifel, so legt es dem EuGH die Frage vor.

Man muss nun aber doch verschiedene Sonderfälle hervorheben. Dazu gehören zum einen die Fälle, in denen die EU ihre Kompetenzen überschritten hat (dazu Rn. 33) und in denen die Verletzung so schwer ist, dass die deutsche Verfassungsidentität verletzt ist (dazu Rn. 38). Zum anderen gehören auch die Fälle hierher, in welchen eine Rechtsfrage nur teilweise vom EU-Recht erfasst ist. Das hat das BVerfG in der Entscheidung „Recht auf Vergessenwerden I" noch einmal klar herausgearbeitet.[66]

### 3. Europäische Grundrechte und Privatrecht

Bei der Auslegung und Anwendung des Rechts der EU sind stets auch die europäischen Grundrechte zu beachten. Der EuGH wendet diese in ständiger Rechtsprechung an.

41

Sollte eine Richtlinie Normen enthalten, die gegen die Charta, die EMRK oder gemeinsame verfassungsrechtliche Grundsätze der Mitgliedstaaten verstoßen, so würde der EuGH dies also durch Auslegung korrigieren oder die Richtlinie für unwirksam erklären. So erklärte der EuGH die Vorratsdatenspeicherungs-RL (RL 2006/24/EG) für unwirksam, weil sie gegen Art. 7 und 8 GRCh verstieß.[67] Für die Verbraucherrechte-RL ist ein solcher Verstoß immerhin in der Literatur schon angesprochen worden.[68]

Man wird sich nun fragen, inwieweit die Mitgliedstaaten an die europäischen Grundrechte gebunden sind. Soweit sie sich mit ihren eigenen, nationalen Grundrechten decken oder in der EMRK enthalten sind, ist das kein spezifisch europarechtliches Problem. Interessanter ist im hiesigen Kontext die Frage, inwieweit die **Mitgliedstaaten an die EU-Charta gebunden** sind. Nach Art. 51 Abs. 1 GRCh sind die Mitgliedstaaten ausschließlich bei der Durchführung des Unionsrechts an die Charta gebunden. Dies umfasst einerseits die Durchführung unmittelbar geltenden EU-Rechts (z.B. Verordnungen) und die Umsetzung von Richtlinien. Hierzu zählt aber auch die Auslegung und Anwendung von Normen, die auf Unionsrecht beruhen.[69] Die genauen Grenzen haben bereits für erheblichen Zündstoff gesorgt. In der Entscheidung Åkerberg Fransson formulierte der EuGH nämlich so, dass man annehmen könnte, ihm genüge für die Geltung der EU-Grundrechte ein bloßer unionsrechtlicher Bezug

---

63 BVerfGE 123, 267 Rn. 240 (Lissabon-Urteil) („Identitätskontrolle").
64 BVerfGE 73, 339, 378 ff. (Solange II); 102, 147, 164.
65 Ausführlich *BVerfG* NJW 2020, 314 (Recht auf Vergessenwerden II).
66 *BVerfG* NJW 2020, 300 (Recht auf Vergessenwerden I).
67 *EuGH* NJW 2014, 2169 (Digital Rights Ireland).
68 *Wendehorst*, GPR 2015, 55 (näher Rn. 385).
69 Hierzu ausführlich *Jarass*, NVwZ 2012, 457; *Herdegen*, Europarecht, § 8 Rn. 37, 39.

der Rechtsfrage.⁷⁰ Das widerspräche Art. 51 Abs. 1 GRCh, und das BVerfG hat deutlich gemacht, dass es in einer solchen Auslegung des Art. 51 Abs. 1 GRCh einen Ultra-Vires-Akt sehen würde.⁷¹

**42** Eine wirklich spannende und bisher fast ganz ungeklärte Frage betrifft die Wirkung der EU-Grundrechte zwischen Privaten. Im deutschen Recht gibt es zur Wirkung der Grundrechte zwischen Privaten eine differenzierte Debatte. Nach der herrschenden, auch vom BVerfG vertretenen Ansicht strahlen die Grundrechte als objektive Wertordnung – in sehr unterschiedlichem Maße – in das Privatrecht aus.⁷² Weitgehend anerkannt ist zum einen die Einwirkung der Grundrechte über die zivilrechtlichen Generalklauseln. So ist insbesondere Art. 2 Abs. 1 GG, der die Privatautonomie sichert, bei der Ausfüllung und Anwendung der Generalklauseln (vor allem § 138 BGB) zu beachten. Zum anderen gibt es in den Mitgliedstaaten gelegentlich auch eine unmittelbare Anwendung von Grundrechten durch die Schaffung oder Gestaltung bestimmter Ansprüche, die im geschriebenen Privatrecht eigentlich nicht enthalten sind. So ist es in Deutschland mit der Entschädigung bei Ehrverletzungen, die der BGH aus Art. 2 Abs. 1 i.V.m. Art. 1 Abs. 1 GG entnimmt.⁷³ In Italien wurde aus dem verfassungsrechtlichen Schutz der Familie ein Ersatzanspruch beim Tod von Angehörigen hergeleitet.⁷⁴

Für die Charta ist eine solche unmittelbare Wirkung angesichts des klaren Wortlauts von Art. 51 Abs. 1 GRCh, der als Adressaten die EU und die Mitgliedstaaten benennt, schwer zu begründen.

In der Entscheidung Kücükdeveci ist der EuGH dennoch zu einer Wirkung des in Art. 21 GRCh enthaltenen Diskriminierungsverbots zwischen Privaten gelangt. Allerdings betonte er zum einen deutlich, dass der allgemeine Grundsatz des Diskriminierungsverbots durch eine Richtlinie konkretisiert worden war. Zum anderen hat der EuGH nicht im eigentlichen Sinne ein Grundrecht zwischen zwei Privaten angewendet. Vielmehr war im Fall Kücükdeveci nur eine der Charta entgegenstehende Norm unangewendet zu lassen.⁷⁵

### 4. Keine nationale Grundrechtskontrolle umgesetzten Rechts

**43** Der Vorrang des EU-Rechts gilt für alle Hoheitsakte der Union. Soweit es sich um privatrechtliche Richtlinien handelt, betreffen diese den Bürger jedoch gar nicht unmittelbar. Erst durch die umgesetzten nationalen Normen kann er daher in seinen Rechten beeinträchtigt sein. Interessant ist daher zuletzt noch die Frage, ob das natio-

---

70 *EuGH* NJW 2013, 1415 Rn. 19 ff. (Åkerberg Fransson).
71 BVerfGE 133, 277 Rn. 91.
72 *Ruffert*, JuS 2020, 1, 2 f.; zur etwas anders gelagerten Schutzpflichtlehre *Canaris*, AcP 184 (1984), 201, 225 ff.; näher Rn. 262.
73 Begründet in BGHZ 24, 72; aus neuerer Zeit etwa BGHZ 199, 237 (für eine Persönlichkeitsrechtsverletzung im Internet); dazu auch *BVerfG* NJW 2020, 300 (Recht auf Vergessenwerden I) sowie *BVerfG* NJW 2020, 314 (Recht auf Vergessenwerden II).
74 Corte di Cassazione, Sez. III, Civ., 23.1.2014, n.1361 (Scarano).
75 *EuGH* Slg. 2010, 365 Rn. 22 f. (Kücükdeveci); ebenso *EuGH* NJW 2018, 1869 (Egenberger); zur Wirkung von Grundrechten und Grundfreiheiten im Rechtsverhältnis zwischen Privaten näher Rn. 82.

nale Recht, welches zur Umsetzung der Richtlinie geschaffen wurde, der Grundrechtskontrolle unterliegt.

Soweit die Umsetzung sich genau an der Richtlinie orientiert und keine eigenen Inhalte enthält, muss dies abgelehnt werden. Eine Kontrolle von umgesetztem Recht wäre in diesem Bereich nämlich inhaltlich doch **immer eine Kontrolle der zugrundeliegenden Richtlinie**. Anders ist es aber, wenn das umsetzende Gesetz über die Richtlinie hinausgeht. Dann unterliegt der überschießende Teil der ganz normalen Kontrolle anhand des Grundgesetzes.[76]

Denkbar bleibt damit nur noch eine Kontrolle umgesetzten Rechts *in dessen Verhältnis* zum unveränderten nationalen Recht anhand des Art. 3 GG. Diese Kontrolle kann aber **Konsequenzen nur für das tradierte nationale Recht** und niemals für das der Richtlinie entsprechende neue Gesetz haben. Das heißt, dass unter Umständen das bisher unveränderte nationale Recht ebenfalls an die von der Richtlinie vorgegebenen Inhalte angepasst werden muss. Dies kann beispielsweise dann nötig werden, wenn die Umsetzung der Richtlinie dazu führt, dass grenzüberschreitende Transaktionen bevorzugt, reine Inlandsgeschäfte somit benachteiligt werden.[77]

### 5. Zusammenfassung

Der Vorrang des Rechts der EU bewirkt also, dass nationale Normen, die gegen das Recht der EU verstoßen, unanwendbar sind. Schwierigkeiten treten auf, wenn es fraglich ist, wieweit die Kompetenzen der EU reichen bzw. welche ungeschriebenen allgemeinen Rechtsgrundsätze das Recht der EU umfasst. Das soll Gegenstand des nächsten Abschnitts sein.

44

## C. Grundfreiheiten, Diskriminierungsverbot, Unionsbürgerschaft und Privatrecht

**Literaturhinweis:** *Bachmann*, Nationales Privatrecht im Spannungsfeld der Grundfreiheiten, AcP 210 (2010), 424; *Ludwigs/Weidermann*, Drittwirkung der Europäischen Grundfreiheiten – Von der Divergenz zur Konvergenz?, Jura 2014, 152.

45

> **Beispiel 3** – nach EuGH Slg. 2008, 7639 (Grunkin-Paul):
> Herr Müller und Frau Meier sind ein deutsches Ehepaar. Bei der Geburt ihres ersten Kindes leben sie in Dänemark. Das Kind wird mit dem Nachnamen Meier-Müller ins dänische Geburtsregister eingetragen. Nun zieht die Familie zurück nach Flensburg und bekommt die Mitteilung, dass das Kind nur einen der beiden Nachnamen tragen dürfe (§ 1617 BGB, Art. 10 Abs. 1 EGBGB). Können Herr Müller und Frau Meier sich wehren?

---

76 Vgl. *BVerfG* EuR 1989, 270, 273: Bei der Ausschöpfung der Umsetzungs*freiräume* sind die nationalen Grundrechte zu beachten; *Britz*, EuGRZ 2015, 275, 278.
77 So erfolgte die Aufhebung des Rabattgesetzes zwar nicht unmittelbar mit Blick auf Art. 3 GG, aber doch zur Verhinderung von Inländerungleichbehandlung, vgl. BT-Drucks. 14/5441, 6; zur Inländerdiskriminierung auch sogleich Rn. 58.

## I. Inhalt und Wirkungsweise der Grundfreiheiten

### 1. Die Grundfreiheiten

**46** Ein spezieller Bereich, in dem der Vorrang des (primären) EU-Rechts sich auch auf das Privatrecht auswirken kann, ist die Wahrung und Sicherung der Grundfreiheiten.

Die vier Grundfreiheiten[78] bilden einen **zentralen Kern des Binnenmarkts**. Die in Art. 26 Abs. 2 AEUV genannten und im weiteren Vertragstext konkretisierten Freiheiten umfassen die Freiheit des Warenverkehrs gemäß Art. 28 f., 34 f. AEUV, die Freiheit des Dienstleistungsverkehrs gemäß Art. 56 AEUV, die Kapitalverkehrsfreiheit gemäß Art. 64 AEUV und die Freiheit des Personenverkehrs gemäß Art. 21 AEUV. Letztere enthält auch die Niederlassungsfreiheit (Art. 49 AEUV) und die Arbeitnehmerfreizügigkeit (Art. 45 AEUV).

### 2. Überblick zur Wirkungsweise der Grundfreiheiten

#### a) Deregulierungs- und Angleichungsgebot

**47** Die vier Grundfreiheiten sollen im Binnenmarkt gewährleistet werden. Vereinfacht gesagt sollen also Waren, Dienstleistungen und Kapital innerhalb der EU frei gehandelt und transferiert werden sowie Personen sich frei bewegen können. Formal wird diese Freiheit auf unterschiedliche Art erreicht. Zunächst sind insbesondere alle behindernden Normen *zu beseitigen*. Soweit in den Rechtsordnungen der Mitgliedstaaten Normen enthalten sind, welche die Grundfreiheiten beeinträchtigen, sind sie **gemäß der allgemeinen Regel des Vorrangs des EU-Rechts unanwendbar**. Ein Deutschland betreffendes bekanntes Beispiel war das Gesetz, welches den Verkauf von nicht nach dem Reinheitsgebot gebrautem Bier in Deutschland verbot. Das Verbot erschwerte den Import ausländischen Bieres und verstieß gegen Art. 34 AEUV (damals Art. 30 EWGV).[79] Diese Wirkung der Grundfreiheiten wird (in Anlehnung an die Grundrechtsdogmatik) als Abwehrrecht oder – mit einem allgemeiner auf den Abbau unterschiedlicher nationaler Regelungen gerichteten Begriff – als *Deregulierungsgebot* bezeichnet.[80]

Die Wirkung der Grundfreiheiten geht aber noch weiter. So können sie neue, die Grundfreiheiten erst gewährende Regelungen notwendig machen. Sie enthalten also in gewisser Weise auch ein *Schutzrecht*, oder konkreter, ein *Angleichungsgebot*.[81] Die Einzelheiten sind in diesem Bereich sehr streitig.[82]

---

[78] Teilweise wird von fünf oder sechs Grundfreiheiten gesprochen. Damit sind nicht weitere Grundfreiheiten gemeint, sondern es werden lediglich die hier genannten weiter aufgespalten.
[79] *EuGH* Slg. 1987, 1227 Rn. 27 (Kommission/Deutschland).
[80] Calliess/Ruffert/*Kingreen*, EUV/AEUV, Art. 34-36 AEUV Rn. 10 f.; in diesem Sinne auch *Streinz*, Europarecht, Rn. 887, der von Handlungs- und Unterlassungs- sowie Unterbindungspflichten der Mitgliedstaaten spricht.
[81] *Riesenhuber*, Europäisches Vertragsrecht, Rn. 148 f.; *Rösler*, Europäisches Konsumentenvertragsrecht, 2004, S. 78, spricht von einem „Rechtsaufbau", die Grundfreiheiten sind aber nicht zugleich Kompetenzgrundlage; besonders weitgehend *Remmert*, Jura 2003, 13, 16 ff.
[82] Grabitz/Hilf/Nettesheim/*Leible/T. Streinz*, Das Recht der EU, Band I, Art. 34 AEUV Rn. 15, 18 f.

### b) Diskriminierungs- und Beschränkungsverbot

Eine andere Einteilung der Wirkungsweise der Grundfreiheiten ist die Unterscheidung in das Diskriminierungs- und in das Beschränkungsverbot.

48

Die Grundfreiheiten verbieten jedenfalls **jede *diskriminierende* Regelung**. Als diskriminierend können Normen verstanden werden, die entweder direkt an die Nationalität oder den Aufenthaltsort anknüpfen oder die zwar auf andere Merkmale abstellen, indirekt aber doch zu einer (gewollten) Unterscheidung nach Nationalität oder Aufenthaltsort führen.

Aber auch Regelungen, die nicht diskriminierend sind, sondern sich nur faktisch negativ auf eine der Grundfreiheiten auswirken, werden in großem Umfang von den Grundfreiheiten erfasst. Die Grundfreiheiten sind also ein Maßstab, an dem sich auch solche Normen messen lassen müssen, die grundsätzlich auf Inlandssachverhalte bzw. unterschiedslos auf alle inländischen und grenzüberschreitenden Sachverhalte zugeschnitten sind. Ein Verstoß gegen die Grundfreiheiten liegt vor, wenn durch diese Normen der **grenzüberschreitende Verkehr tatsächlich schlechter gestellt** wird **als der** inländische.[83] Diese Wirkung der Grundfreiheiten auf das nicht diskriminierende nationale Recht wird als *Beschränkungsverbot* bezeichnet. Für die näheren Einzelheiten ist dabei zu beachten, dass die vier Grundfreiheiten – gerade in Hinblick auf die Beschränkungswirkung – nicht alle auf die gleiche Weise wirken.[84]

Durch das Verständnis der Grundfreiheiten als Beschränkungsverbote und die Erstreckung ihrer Wirkungen auf nicht diskriminierendes Recht kam die Frage auf, inwieweit die Grundfreiheiten auch das Privatrecht erfassen (dazu sogleich Rn. 52).

## II. Allgemeines Diskriminierungsverbot

Das klassische binnenmarktbezogene Diskriminierungsverbot in Art. 18 AEUV bezieht sich nicht auf die bereits angesprochene Gleichbehandlung in Hinblick auf persönliche Merkmale wie Geschlecht, Rasse oder Alter, sondern allein auf die Diskriminierung wegen der Staatsangehörigkeit. Die Grundfreiheiten sind lex specialis zu dem in Art. 18 AEUV enthaltenen allgemeinen Diskriminierungsverbot.[85] Das Diskriminierungsverbot wird also erst wichtig, wenn eine nationale Regelung **eine Person aufgrund der Staatsangehörigkeit diskriminiert, ohne zugleich gegen eine der Grundfreiheiten zu verstoßen.**

49

Der EuGH nimmt seit Langem an, dass Art. 18 AEUV Drittwirkung zwischen Privaten entfaltet.[86] Allerdings betrafen seine Entscheidungen immer Verbände (etwa im

---

[83] Seit *EuGH* Slg. 1974, 837 (Dassonville); vgl. nur *Schweitzer/Hummer/Obwexer*, Europarecht, Rn. 107 – dazu näher unten Rn. 54.
[84] Teils wird die Terminologie insgesamt angegriffen, etwa Calliess/Ruffert/*Kingreen*, EUV/AEUV, Art. 34-36 AEUV Rn. 51-55; mit einem Überblick aus privatrechtlicher Perspektive *Bachmann*, AcP 210 (2010), 424, 430.
[85] Schwarze/*Holoubek*, EU-Kommentar, Art. 18 AEUV Rn. 48 ff.
[86] *EuGH* Slg. 1974, 1405 (Walrave).

Bereich des Sports) oder Arbeitgeber.[87] Für individuellere private Vertragsbeziehungen wurde die Frage nie geklärt. Nun hat sie die praktische Bedeutung weitgehend verloren. Denn die Gleichbehandlungs-Richtlinien erfassen die typischen Fälle, in denen Private andere Private diskriminieren. Insbesondere die Gleichbehandlungs-RL (Rasse) enthält ausdifferenzierte Regelungen dazu, bei welchen privaten Rechtsgeschäften Diskriminierung sanktioniert wird und bei welchen sie hinzunehmen ist. Daneben ist eine unmittelbare Wirkung des Art. 18 AEUV, obwohl die Norm anders als die Richtlinie auf die Staatsangehörigkeit und nicht auf die Ethnie abstellt, kaum erforderlich. Vor allem würde sie die Gefahr bergen, dass die Abwägungen zwischen Freiheit und Gleichbehandlung, die hinter der Richtlinie stehen, unterlaufen würden.[88]

## III. Unionsbürgerschaft

50 Der EuGH leitet aus der Unionsbürgerschaft als solcher Rechte ab, selbst wenn im konkreten Fall eine Diskriminierung oder eine Verletzung der Grundfreiheiten nicht begründet werden kann. Besonders deutlich ist dies in der Entscheidung Zambrano hervorgetreten.[89] Dort wurde die Ausweisung eines Drittstaatenangehörigen aus Belgien als Verstoß gegen Art. 20 AEUV gewertet. Dies geschah dem Wortlaut der Entscheidung nach, weil der Betroffene seinen beiden belgischen Kindern zum Unterhalt verpflichtet war und es ihm wohl nur in Belgien möglich war, ausreichend zu verdienen. Eigentlich meinte der EuGH aber wohl, den belgischen Kindern werde durch die Ausweisung des Elternteils selbst der Aufenthalt in Belgien entzogen, weil sie ihre Eltern begleiten müssten.[90] Damit sei ihnen der Kernbestand ihrer sich aus der Unionsbürgerschaft ergebenden Rechte verwehrt.

51 Versteht man das Unionsbürgerrecht so, dass es diesen „Kernbestand sich aus der Unionsbürgerschaft ergebenden Rechte" sichert, so hat es potentiell eine sehr breite Wirkung. Für das Privatrecht ist diese „Allzweckwaffe"[91] bisher jedoch nur im Bereich des Kollisionsrechts relevant geworden.

> In Fällen wie in dem einleitenden **Beispiel 3** (Rn. 45) hat der EuGH bereits mehrfach Ergebnisse des nationalen IPR korrigiert und ist zu einer Anwendung des Heimatrechts gelangt. Immer ließ sich dabei allerdings auch ein Bezug zur Freizügigkeit oder ein Diskriminierungsaspekt ausmachen (näher daher sogleich Rn. 53).

Die Rechtsprechung des EuGH versteht die Unionsbürgerschaft als **eine aus sich heraus bestehende, facettenreiche Rechtsposition**, die möglicherweise in dem nun geschaffenen „Kernbereich" über das hinausgehen kann, was die jeweilige Staatsbürgerschaft für die Bürger der EU bedeutet. Der EuGH wird dafür auch deshalb kritisiert, weil ein solches Verständnis in Art. 20 AEUV nicht wirklich angelegt ist.[92]

---

87 Näher Schwarze/*Holoubek*, EU-Kommentar, Art. 18 AEUV Rn. 43 f.; zum Thema „Drittwirkung" vgl. auch die ausführlichen Erläuterungen unten Rn. 52.
88 Zum allgemeinen Diskriminierungsverbot im Privatrecht unten Rn. 270.
89 *EuGH* Slg. 2011, 1177 (Zambrano).
90 So dann deutlich *EuGH* NVwZ 2013, 357 (Iida); klärend auch schon *Graf Vitzthum*, EuR 2011, 550.
91 *Hailbronner/Thym*, NJW 2011, 2008.
92 Näher zu allem ebenda.

## IV. Wirkung der Grundfreiheiten auf das Privatrecht

### 1. Vorüberlegungen

Aus dem Anwendungsvorrang des EU-Rechts folgt zunächst, dass die Grundfreiheiten unmittelbar auch für das Privatrecht gelten.[93] **Privatrechtliche Normen** sind also grundsätzlich am Maßstab der Grundfreiheiten zu messen. Demgegenüber können die Grundfreiheiten nur in sehr eingeschränktem Rahmen unmittelbar die Privaten binden.[94] Private Verträge unterliegen also nicht ohne weiteres einer Grundfreiheitenkontrolle. Die Grundfreiheiten entfalten nur in bestimmten Fällen **Drittwirkung** (zu Sonderfällen Rn. 79 ff.).[95]

52

Die Anwendbarkeit der Grundfreiheiten auf das Privatrecht hat in Deutschland zunächst große Sorge ausgelöst.[96] Heute hat sich die Sorge weitgehend zerstreut. Den besonders bedrohlich scheinenden Verstoß zentraler privatrechtlicher Normen gegen die Warenverkehrsfreiheit hat der EuGH bisher nie angenommen. Schwierigkeiten macht aber weiterhin die Begründung dieser faktischen Zurückhaltung. Außerdem hat es wichtige Entscheidungen zur Freizügigkeit gegeben. Im Folgenden sollen zunächst die wichtigsten Eckpunkte der Rechtsprechung des EuGH zu den Grundfreiheiten dargestellt werden, bevor einige die Behandlung des Privatrechts betreffende Erklärungsversuche diskutiert werden.

### 2. Freizügigkeit und nicht diskriminierendes nationales Recht in der Rechtsprechung des EuGH

Die Freizügigkeit, mit der Niederlassungsfreiheit und der Arbeitnehmerfreizügigkeit, hat erhebliche Auswirkungen für die Anknüpfungsregeln des internationalen Privatrechts gehabt.

53

In dem einleitenden **Beispiel 3** (Rn. 45) mussten die Eltern bisher wirklich einen ihrer Namen für das Kind auswählen. Denn das deutsche internationale Namensrecht knüpft nach Art. 10 Abs. 1 EGBGB an die Staatsangehörigkeit an. Das führt dazu, dass deutsche Kinder in Deutschland stets dem § 1617 BGB unterliegen und keinen Doppelnamen tragen dürfen.[97] In einem dem Beispiel ganz entsprechenden Fall befand der EuGH, dass diese Rege-

---

93 Ständige Rechtsprechung des *EuGH*, z.B. *EuGH* Slg. 1989, 1235 (Buet); *EuGH* Slg. 1993, 5009 (CMC Motorradcenter); *Remien*, JZ 1994, 349, 352; *Bachmann*, AcP 210 (2010), 424, 434.
94 Näher *Langenbucher*, Europäisches Privat- und Wirtschaftsrecht, § 1 Rn. 33 ff.
95 *Jarass*, FS Everling, 1995, S. 593, 594; jedenfalls „allgemein" auch *Wolf*, BGH-Festgabe, 2000, Band 1, S. 111, 123 f., der auf Ausnahmen, besonders im Arbeitsrecht, hinweist.
96 Mit dem potentiellen Beispiel des sozialen deutschen Mietrechts, welches bei strenger Betrachtung insgesamt gegen die Grundfreiheiten verstoßen könnte, weil es Ausländern erschwere, in Deutschland Wohneigentum zu erwerben und so die Personenverkehrsfreiheit einschränke, etwa *Mülbert*, ZHR 159 (1995), 2, 8; *Langner*, RabelsZ 65 (2001), 222, 226, meint, allein schon durch die Unterschiedlichkeit der Normen liege eine Beeinträchtigung des Handels vor; sehr weitgehend auch *Wolf*, in: Wege zu einem europäischen Zivilprozessrecht, 1992, S. 35; sowie *Klauer*, Die Europäisierung des Privatrechts, 1998, S. 68 ff.
97 Dazu *EuGH* Slg. 2006, 3561 (Standesamt Niebüll), insbesondere die Schlussanträge (der *EuGH* hielt sich für unzuständig); sowie *EuGH* Slg. 2008, 7639 Rn. 5 ff. (Grunkin-Paul); vgl. auch *EuGH* Slg. 2003, 11613 (Garcia Avello); zum teils skurrilen EU-Namensrecht im Überblick *Dutta*, FamRZ 2016, 1213.

lung eine Beschränkung der Freizügigkeit nach Art. 21 AEUV darstelle.[98] Denn für das Kind erschwere es die Freizügigkeit erheblich, wenn in seinem deutschen Reisepass ein anderer Name eingetragen sei als im dänischen Personenregister.[99] Der deutsche Gesetzgeber hat auf diese Rechtsprechung reagiert. **Art. 48 EGBGB** bestimmt nun, dass Deutsche, für die bei einem gewöhnlichen Aufenthalt in einem EU-Mitgliedstaat ein Name in das Personenstandsregister eingetragen worden ist, diesen Namen auch in Deutschland wählen dürfen.

Im internationalen Gesellschaftsrecht musste die zuvor herrschende Sitztheorie, die die Verlegung des Sitzes in einen anderen Mitgliedstaat erschwerte, aufgegeben werden (dazu unten Rn. 602).

### 3. Warenverkehrsfreiheit und nicht diskriminierendes nationales Recht in der Rechtsprechung des EuGH

#### a) Die Entwicklung der Rechtsprechung bis zur Keck-Entscheidung

54 Den Grundstein dafür, dass die Warenverkehrsfreiheit heute überhaupt als Beschränkungsverbot verstanden wird, legte der EuGH mit der **Entscheidung Dassonville**. Hier wurde die Warenverkehrsfreiheit dahingehend ausgelegt, dass alle Handelsregelungen, also auch alles den Handel betreffende nationale Recht, welches „geeignet ist, den innergemeinschaftlichen Handel unmittelbar oder mittelbar, tatsächlich oder potentiell zu behindern," verboten seien.[100] Der Gerichtshof stellte wenig später in der bekannten **Cassis-Entscheidung** ausdrücklich klar, dass dieses Beschränkungsverbot auch für nationale Rechtsvorschriften gilt, die sich auf inländische und ausländische Waren gleichermaßen beziehen. Gemeint war also das nicht diskriminierende nationale Recht.[101]

Diese Formeln des EuGH zur Warenverkehrsfreiheit waren sehr weit.[102] In der Tat lag nun der Gedanke nahe, beinahe jede privatrechtliche Norm sei geeignet, den innerstaatlichen Handel „mittelbar potentiell zu behindern". So kam es Anfang der neunziger Jahre zu einem Anstieg der Vorlagen beim EuGH, da viele Unternehmer

---

98 *EuGH* Slg. 2008, 7639 (Grunkin-Paul).
99 Gegenwärtig ist nicht ganz sicher, ob der *EuGH* diese Aussage in Zukunft womöglich sogar (mit) auf die Unionsbürgerschaft stützen würde. Vgl. dazu schon oben Rn. 50 f.
100 *EuGH* Slg. 1974, 834, 852 (Dassonville).
101 *EuGH* Slg. 1979, 649, 662 (Cassis de Dijon), zu einer deutschen Vorschrift, welche den Verkauf von Fruchtlikören mit einem Alkoholgehalt von weniger als 25% verbot.
102 Für die meisten anderen Grundfreiheiten folgten bald ähnliche Formeln nach. Zur Arbeitnehmerfreizügigkeit *EuGH* Slg. 1995, 4921 (Bosman) – dazu auch Rn. 79. Zur Niederlassungsfreiheit von Rechtsanwälten *EuGH* Slg. 1984, 2971 (Klopp), *EuGH* Slg. 1991, 2357 (Vlassopoulou) sowie *EuGH* Slg. 1995, 4165 (Gebhard); zur Niederlassungsfreiheit als Beschränkungs- bzw. Behinderungsverbot allgemein von der Groeben/Schwarze/Hatje/*Tiedje*, Europäisches Unionsrecht, Art. 49 AEUV Rn. 69 ff.; für die Dienstleistungsfreiheit kann das Verständnis als Beschränkungsverbot wohl schon dem Wortlaut des Art. 56 S. 1 AEUV entnommen werden; dazu früh *EuGH* Slg. 1974, 1291 (van Binsbergen); auch *EuGH* Slg. 1991, 4007 (Collective Anteevoorziening Gouda) mit Aufzählung von möglichen Rechtfertigungsgründen; allgemein *EuGH* Slg. 1994, 5144 (Kommission/Frankreich); zum Ganzen nur von der Groeben/Schwarze/Hatje/*Tiedje*, Europäisches Unionsrecht, Art. 56 Rn. 66 ff.; auch für die Freiheit des Kapital- und des Zahlungsverkehrs folgt das Verständnis als Beschränkungsverbot bereits aus dem Wortlaut des Art. 63 Abs. 2 AEUV.

sich günstige Auswirkungen für ihren speziellen Fall erhofften. Zum Teil waren auch privatrechtliche Regelungen betroffen.

Nach einigen wenig aussagekräftigen Einzelfallentscheidungen hat der EuGH schließlich in der **Entscheidung Keck** eine neue Formel geprägt. Danach soll eine Beeinträchtigung der Warenverkehrsfreiheit aus Art. 34 AEUV durch „Bestimmungen, die bestimmte Verkaufsmodalitäten beschränken oder verbieten", nicht vorliegen, „sofern diese Bestimmungen für alle Wirtschaftsteilnehmer gelten, die ihre Tätigkeit im Inland ausüben, und sofern sie den Absatz der inländischen Erzeugnisse und der Erzeugnisse aus anderen Mitgliedstaaten rechtlich wie tatsächlich in der gleichen Weise berühren."[103] Der EuGH hat also für von ihm als „Verkaufsmodalitäten" bezeichnete nationale Bestimmungen den Schutz der Warenverkehrsfreiheit wieder auf einen Diskriminierungsschutz begrenzt.[104] Das war in gewisser Weise sehr hilfreich, weil es „Sicherheit" für das nationale Privatrecht brachte, ließ aber viele Fragen offen. 55

#### b) Heutiger Stand der EuGH-Rechtsprechung

Der EuGH hat die Keck-Formel seitdem nicht wesentlich verändert. Explizit wendet er sie auch nur noch selten an. Die Begriffe „Verkaufsmodalität" – im Wesentlichen handelt es sich um Regeln für den Verkauf, etwa ein Verbot von Werbung – und das Gegenstück, die „Produktmodalität" – hier handelt es sich um auf die Ware bezogene Regeln, etwa zur Form der Verpackung –, hat er nie grundlegend geklärt.[105] Mit der Entscheidung Kommission/Italien hat der EuGH vielmehr einen etwas anderen Weg beschritten. Er hat dort eine Argumentation begründet, die er nun häufig verwendet. Dabei werden – in recht allgemeiner Weise – verschiedene Anforderungen genannt, die letztlich alle darauf gerichtet sind, eine Marktzugangsbeschränkung zu beschreiben.[106] Die Prüfung erfolgt in Stufen, so dass die Literatur vom **Drei-Stufen-Test** spricht.[107] Für das Privatrecht gibt dieser Test wenig her. 56

Der EuGH hat aber für nicht diskriminierendes nationales Privatrecht bisher **niemals einen Verstoß gegen die Warenverkehrsfreiheit** angenommen. Es ist also ein vorsichtiger Umgang des EuGH mit dem nationalen Privatrecht, und zwar auch mit dem *zwingenden* nationalen Privatrecht, zu beobachten, ohne dass eine erkennbare allgemeine Linie vorhanden wäre. Eindeutig ist nur, dass ungewisse und mittelbare Beeinträchtigungen dem EuGH bei privatrechtlichen Normen für eine Verletzung der Grundfreiheiten nicht ausreichen.[108] Es wird wohl eine spürbare Bedeutung der Be-

---

103 *EuGH* Slg. 1993, 6097, 6131 (Keck und Mithouard) zu einem französischen Gesetz, welches verbot, Waren zu einem Preis unter dem Einkaufspreis zu verkaufen.
104 In der Entscheidung *EuGH* NJW 2016, 3771 (Parkinson) werden an die diskriminierende Wirkung aber sehr niedrige Anforderungen angelegt; zur Entwicklung *Mayer*, EuR 2003, 793, 814 ff.; analysierend von der Groeben/Schwarze/Hatje/*Müller-Graff*, Europäisches Unionsrecht, Art. 34 AEUV Rn. 237 ff.
105 Zuletzt hat der *EuGH* aber ausgesprochen, dass eine Erhöhung der Transportkosten durch eine Maut keine Verkaufsmodalität sei, *EuGH* NJW 2019, 2369 Rn. 128 ff. (PKW Maut); ohne Klärung etwa *EuGH* NJW 2016, 3771 (Preisbindung bei Medikamenten); *EuGH* Slg. 2006, 8135 (Alfa Vita); näher unten Rn. 60 ff.
106 *EuGH* Slg. 2009, 519 Rn. 33 ff., 56 (Kommission/Italien).
107 Näher *Streinz*, Europarecht, Rn. 922.
108 *EuGH* Slg. 1991, 107 Rn. 14 f. (Alsthom Atlantique), wo die Frage, ob die französische action directe und die damit erreichte strenge Herstellerhaftung den Export beeinträchtigen könnten, letztlich – wegen der Abdingbarkeit im internationalen Vertrag – jedoch offengelassen wird.

einträchtigung verlangt, wörtlich heißt es meist, sie dürfe nicht „zu ungewiß und mittelbar" sein.[109] Wäre nicht der Begriff des „Spürbarkeitskriteriums" bereits als Fachausdruck im Bereich des Wettbewerbsrechts belegt,[110] so könnte durchaus von einem solchen gesprochen werden.[111]

Insgesamt weist die Rechtsprechung **keine klare Linie** auf, meidet es aber deutlich, Privatrechtsnormen der Mitgliedstaaten als grundfreiheitenwidrig zu verstehen. Daher ist sogar gesagt worden, dass die jeweiligen Begründungen des EuGH geradezu wie Ausflüchte erscheinen müssen.[112]

### 4. Meinungsstand in der Wissenschaft

#### a) Ausgangspunkt: Untragbarkeit einer umfassenden Grundfreiheitenkontrolle für das Privatrecht

57 Gerade angesichts der weiterhin undeutlichen Rechtsprechung des EuGH besteht eine seit Jahren andauernde Diskussion über die Wirkung der Grundfreiheiten auf das Privatrecht. Nach allgemeiner Ansicht kann die Kontrolle des Privatrechts am Maßstab der Grundfreiheiten **jedenfalls nicht unbegrenzt** sein. Die noch nicht endgültig beantwortete Frage besteht darin, wie diese eingeschränkte Wirkung der Grundfreiheiten begründet werden kann. Im Folgenden werden einige der wichtigsten in der Wissenschaft diskutierten Eingrenzungsversuche vorgestellt.

#### b) Eingrenzung der Wirkung der Grundfreiheiten auf grenzüberschreitende Sachverhalte

58 Bei der Aufregung um das Verhältnis von nationalem Privatrecht und Grundfreiheiten darf nicht übersehen werden, dass die Grundfreiheiten nur Binnenmarktsachverhalte erfassen. Sie greifen also nur in Fällen ein, bei denen **Berührung zu mehreren Mitgliedstaaten** gegeben ist. Die viel häufigeren rein innerstaatlichen Sachverhalte werden von den Grundfreiheiten dagegen nicht berührt.[113]

Zu bedenken ist aber auf der anderen Seite, dass eine zivilrechtliche Norm, wenn der EuGH sie – in einem Sachverhalt mit Auslandsberührung – für grundfreiheitenwidrig erklärt hat, im Rechtsverkehr ohne Auslandsberührung nicht bedenkenlos weiter gelten kann. Es würde dadurch nämlich eine **Ungleichbehandlung von nationalen und**

---

109 Für die Warenverkehrsfreiheit insbesondere *EuGH* Slg. 1993, 5009 Rn. 12 (CMC Motorradcenter), wo es um die culpa in contrahendo ging; auch *EuGH* Slg. 1999, 3845 Rn. 11 (ED Srl) für eine verfahrensrechtliche Norm. Für die Personenverkehrsfreiheit *EuGH* Slg. 2000, 493 Rn. 25 (Graf), wo ein österreichischer Arbeitnehmer sich gegen eine allgemeine arbeitsrechtliche Vorschrift zu den Folgen der Kündigung wendete.
110 Genauer Langenbucher/*Herresthal*, Europäisches Privat- und Wirtschaftsrecht, § 2 Rn. 53; zum eigentlichen Spürbarkeitskriterium nur *Kilian*, Europäisches Wirtschaftsrecht, G. Rn. 35 ff.
111 Ähnlich wie hier *Langner*, RabelsZ 65 (2001), 222, 234 f., sogar unter Verwendung des Begriffs der „Spürbarkeit"; auch *Doehner*, Die Schuldrechtsreform vor dem Hintergrund der Verbrauchsgüterkauf-Richtlinie, 2004, S. 62; anders die Einschätzung von *Riesenhuber*, Europäisches Vertragsrecht, Rn. 74; zur Frage eines Spürbarkeitserfordernisses auch *Thomas*, NVwZ 2009, 1202.
112 Martiny/Witzleb/*Leible*, Auf dem Wege zu einem Europäischen Zivilgesetzbuch, 1999, S. 53, 68 ff.
113 *EuGH* Slg. 1999, 7319 (Jägerskjöld); Müller-Graff/*Müller-Graff*, Gemeinsames Privatrecht, 1999, S. 9, 14 ff., 28 f.; genauer zu eventuellen Sonderfällen auch *Weyer*, EuR 1998, 435.

**grenzüberschreitenden Verträgen** erfolgen. Zwar besteht das Schlagwort, dass der EuGH bzw. das EU-Recht „die Inländerdiskriminierung" dulde.[114] Es ist aber offenkundig, dass die Inländerdiskriminierung, wiewohl das EU-Recht zurzeit keine Mittel dagegen kennt, dem Binnenmarktgedanken nicht günstig ist. Zudem wird oftmals das nationale Recht und insbesondere Art. 3 Abs. 1 GG verletzt sein, so dass schon dies einer Weiteranwendung der Norm auf innerstaatliche Sachverhalte entgegenstünde.[115]

### c) Eingrenzung der Wirkung der Grundfreiheiten auf zwingendes Recht

Vielfach wird vertreten, die Wirkung der Grundfreiheiten sei auf die *zwingenden* Normen des Privatrechts beschränkt.[116] Es wird gesagt, dass die Parteien dispositives Recht nach ihren eigenen Vorstellungen abbedingen könnten und dass deshalb eine Verletzung der Grundfreiheiten durch dispositives Recht nicht zu befürchten sei. Da die Sachverhalte, in welchen Grundfreiheiten verletzt werden können, stets Auslandsberührung haben, wird diese Ansicht oft noch erweitert: Der Grundfreiheitenkontrolle unterliege nur das Recht, welches die Parteien bei einer Rechtswahl nach Art. 3 Rom I-VO nicht abwählen könnten. Daher sei nur das nach Art. 9 Rom I-VO *international zwingende* Recht an den Grundfreiheiten zu messen.[117]

59

Diese Ansicht begegnet jedoch einigen Bedenken. Denn zwar ist es theoretisch richtig, dass durch eine Rechtswahl oder durch die Abbedingung einschränkender Normen die Beeinträchtigung der Grundfreiheiten vermieden werden kann. **Faktisch aber steht die Möglichkeit der Rechtswahl und der Rechtsgestaltung durch Vertrag nur Wenigen offen.**[118] Im Verbraucherschutzrecht sind nach Art. 6 Abs. 2 Rom I-VO ohnehin viele Regelungen zwingend und die Rechtswahl ist ausgeschlossen. Für den großen Bereich des Verbrauchervertragsrechts kann ein Verweis auf die Vertragsfreiheit also keine Entwarnung herbeiführen. Aber auch für Unternehmer ist die Möglichkeit der Gestaltung der Vertragsbedingungen und der Rechtswahl oft zu kostenintensiv (weil mit hohem Informationsaufwand verbunden) und zu schwer durchzusetzen (weil meist nur einer Partei nützlich), als dass sie eine Beeinträchtigung der Grundfreiheiten ausschließen könnte.

---

114 Nur *Streinz*, Europarecht, Rn. 851 ff., auch mit Hinweisen zur Gegenauffassung; der *EuGH* spricht stets aus, dass die Gleichbehandlung von Inländern im Interesse der EU liege, so etwa *EuGH* Slg. 2003, 4899 Rn. 34 (Salzmann); aus deutscher Sicht BGHZ 198, 225, 237; auch *Schilling*, JZ 1994, 8, 11 ff.

115 Vgl. aber auch BGHZ 108, 342, 346, wo eine Verletzung von Art. 3 GG abgelehnt wird, weil die unterschiedliche Behandlung durch die Unterschiedlichkeit der Sachverhalte gerechtfertigt sei (zum damaligen anwaltlichen Berufsrecht).

116 *Mülbert*, ZHR 159 (1995), 2, 13; *W.-H. Roth*, FS Everling, 1995, S. 1231 (Privatautonomie ermöglicht Grundfreiheiten); mit einer Variante auch *von Wilmowsky*, Europäisches Kreditsicherungsrecht, 1996, S. 32 ff.

117 *Remien*, ZfRV 1995, 116, 129; *ders.*, Zwingendes Vertragsrecht und Grundfreiheiten, 2003, S. 186 ff.; *Grundmann*, JZ 1996, 274, 279; *Kieninger*, in: Jahrbuch junger Zivilrechtswissenschaftler 1996, S. 245, 250 ff.; *Riesenhuber*, System und Prinzipien des europäischen Vertragsrechts, 2003, S. 99 ff.; andeutend *EuGH* Slg. 1991, 107, 124 (Alsthom Atlantique).

118 So auch *Hirte*, Wege zu einem europäischen Zivilrecht, 1996, S. 18; *Basedow*, Europäisches Vertragsrecht für europäische Märkte, 1996, S. 23; zu den Nachteilen der Rechtswahl *Langner*, RabelsZ 65 (2001), 222, 229 f.; vgl. auch die im Aktionsplan „Ein kohärentes Vertragsrecht" wiedergegebenen Stimmen aus der Wirtschaft dazu, ABl. EG 2003 C 63, 7.

### d) Eingrenzung der Wirkung der Grundfreiheiten durch Aufteilung des Privatrechts in Verkaufs- und Produktmodalitäten (Weiterentwicklung der Keck-Entscheidung)

**60** **aa) Grundidee.** Intensiv untersucht worden ist auch, ob es möglich ist, für das Privatrecht an die Keck-Rechtsprechung des EuGH (dazu soeben Rn. 55) anzuknüpfen, und die privatrechtlichen Normen in Verkaufsmodalitäten und Produktmodalitäten zu unterteilen.[119] Alle Normen, die Verkaufsmodalitäten sind, brauchen nämlich nach der Keck-Rechtsprechung nur daraufhin überprüft zu werden, ob sie diskriminierend wirken.

Wenn nun der Begriff „Produktmodalität" so verstanden würde, dass er nur solche Normen erfasst, welche die Vermarktung *bestimmter* Produkte erschweren, dann wäre die weitaus überwiegende Zahl der Privatrechtsnormen in der Tat als Verkaufsmodalitäten einzuordnen. Denn die meisten privatrechtlichen Normen legen **nur allgemeine Konditionen für den Verkauf** fest und verbieten nicht den Handel mit bestimmten Produkten. Auf all diese Normen wäre dann die Keck-Rechtsprechung anzuwenden und der Großteil des Privatrechts unterläge somit nur dem Diskriminierungsverbot.

Da diese Auffassung von der Aufteilung des Privatrechts in Verkaufsmodalitäten und Produktmodalitäten immer wieder vertreten wird, seien im Folgenden einige typische Beispiele dargestellt.

**61** **bb) Anwendungsbeispiele.** Da sich Produktmodalitäten *wohl immer* auf ein bestimmtes Produkt beziehen müssen, sind Normen, welche die Modalitäten eines Vertragsabschlusses regeln, fast nie Produktmodalitäten. Denn sie machen keine bestimmten Vorgaben für Produkte, sie können also in der Regel auch nicht den Handel mit bestimmten Produkten beschränken. Sie bestimmen nur in allgemeiner, nicht auf bestimmte Produkte ausgerichteter Hinsicht, auf welche Weise Verträge abzuschließen und durchzuführen sind.

Einige wenige privatrechtliche Normen haben aber doch zur Folge, dass **bestimmte Produkte überhaupt nicht verkauft werden dürfen**. Vorstellbar ist die Einordnung als produktbezogen in Deutschland zunächst bei §§ 134, 138 BGB. Diese Normen schließen Verträge über gewisse Vertragsgegenstände völlig aus. Die relevanten Beispiele lassen sich vor allem im Bereich der Dienstleistungsfreiheit finden. So ist es bei den privaten Wettbüros. Den von Deutschland für das frühere Verbot vorgebrachten Rechtfertigungsgrund (Vorbeugung gegen Spielsucht) erkannten das BVerfG und der EuGH nicht an, da die staatliche Wettorganisation Oddset in großem Stil Werbung für Sportwetten gemacht hatte.[120] Als weitere in Europa relevante Beispiele sind

---

119 Allen voran *Remien*, Zwingendes Vertragsrecht und Grundfreiheiten, 2003, S. 193 ff.; früh auch *W.-H. Roth*, ZEuP 1994, 5, 28 f.; den Versuch unternimmt auch *Langner*, RabelsZ 65 (2001), 222, 230 ff., allerdings wohl nur, um ihn für undurchführbar zu erklären; kritisch auch *Klauer*, Die Europäisierung des Privatrechts, 1998, S. 81 ff.

120 BVerfGE 115, 276; der *EuGH* verlangt eine „kohärente und systematische" Regelung, dazu etwa *EuGH* Slg. 2010, 8015 (Winner Wetten); zu den Maßstäben auch *EuGH* Slg. 2010, 8069 (Stoß) sowie schon *EuGH* Slg. 2007, 1891 (Placanica); *EuGH* Slg. 2003, 13076 (Gambelli) – ein strenges Verbot der Veranstaltung von Sportwetten ohne staatliche Konzession beschränkt die Dienstleistungsfreiheit und braucht daher eine tragfähige Rechtfertigung.

der Prostitutionsvertrag und der Leihmuttervertrag genannt worden.[121] Verträge über diese Vertragsgegenstände sind in Deutschland nichtig, so dass also das jeweilige „Produkt" bzw. der jeweilige „Dienst" in Deutschland nicht (legal) vermarktet werden kann.

Aber auch andere Normen können bestimmte Produkte **faktisch vom Markt drängen**. Vor allem *Remien*, der versucht hat, die Differenzierung des Privatrechts in Produkt- und Verkaufsmodalitäten flächendeckend durchzuführen, hat dies aufgezeigt. So kann die zwingend vorgeschriebene Kündbarkeit des Darlehens mit veränderlichem Zinssatz nach § 489 Abs. 2 BGB zwar einerseits als Verkaufsmodalität verstanden werden. Sie lässt sich aber andererseits auch als Verbot des Produkts „Kredit mit variablem Zins aber fester Laufzeit" deuten.[122]

cc) **Bewertung.** Die Meinung, welche das Privatrecht in Produkt- und Verkaufsmodalitäten einteilen will, baut auf der Rechtsprechung des EuGH auf und systematisiert diese. Da die Entscheidungen des EuGH eine große Bindungswirkung entfalten (siehe zum Ausmaß dieser Wirkung näher unten Rn. 180), erscheint diese Ansicht zunächst vernünftig. Gegen sie spricht aber, dass die Unterscheidung von Verkaufs- und Produktmodalitäten sich für das Zivilrecht nicht sehr eignet. Schon angesichts der soeben aufgezeigten unterschiedlichen Betrachtungsmöglichkeiten verspricht die Aufteilung des Privatrechts in Verkaufs- und Produktmodalitäten **keine befriedigende Klärung der Problematik**.[123] Die Beispiele für unklare Fälle lassen sich zudem noch ausdehnen. So hat der EuGH selbst die im Rahmen der culpa in contrahendo entstehenden Nebenpflichten (im zu entscheidenden Falle eine Aufklärungspflicht) nicht als Produktmodalität und auch nicht als Verkaufsmodalität eingeordnet.[124] Überhaupt spricht es gegen die Übernahme des Modells der Verkaufs- und Produktmodalitäten, dass der EuGH selbst diese von ihm geprägte Unterscheidung bisher nicht auf zivilrechtliche Normen angewendet hat. Vor allem die zunächst vielleicht naheliegende Möglichkeit, das *gesamte* Zivilrecht als Verkaufsmodalität einzuordnen, erscheint durch die Rechtsprechung des EuGH versperrt. Somit bleibt es erforderlich, andere dogmatische Überlegungen zur Eingrenzung der Wirkung der Grundfreiheiten anzustellen. **62**

e) **Begrenzung der Wirkung des Art. 34 AEUV durch Anwendung von Rechtfertigungsgründen**

Teilweise wird die Begründung für die Beschränkbarkeit der Grundfreiheiten durch das nationale Privatrecht auch auf der Ebene der Rechtfertigung gesucht. Es wird **63**

---

121 *Remien*, Zwingendes Vertragsrecht und Grundfreiheiten, 2003, S. 348 ff., 354 ff.; siehe auch *EuGH* Slg. 2001, 8615 (Jany).
122 *Remien*, Zwingendes Vertragsrecht und Grundfreiheiten, 2003, S. 443.
123 Ähnlich *Klauer*, Die Europäisierung des Privatrechts, 1998, S. 81 ff.; *Langner*, RabelsZ 65 (2001), 222, 233 f.; *Lurger*, Grundfragen der Vereinheitlichung des Vertragsrechts, 2002, S. 273 f.; generell kritisch zur Unterscheidung von Produkt- und Verkaufsmodalitäten von der Groeben/Schwarze/Hatje/*Müller-Graff*, Europäisches Unionsrecht, Art. 34 AEUV Rn. 242.
124 So *EuGH* Slg. 1993, 5009 (CMC Motorradcenter); kritisch konkret dazu von der Groeben/Schwarze/Hatje/*Müller-Graff*, Europäisches Unionsrecht, Art. 34 AEUV Rn. 165; wie hier *Langner*, RabelsZ 65 (2001), 222, 233 f.; *Remien* wird dieses Beispiel allerdings keine Schwierigkeiten machen, weil es sich nicht um zwingendes Recht handelt (vgl. dazu oben Rn. 61).

dann angenommen, dass das Privatrecht der Mitgliedstaaten die Grundfreiheiten zwar beschränke, dass es dafür aber Rechtfertigungsgründe gebe.[125]

Im EU-Recht gibt es nämlich Rechtfertigungsgründe für die Beeinträchtigung der Grundfreiheiten. Nicht alle davon passen jedoch für privatrechtliche Normen.

Geschriebene Rechtfertigungsgründe für einen Eingriff in die Warenverkehrsfreiheit finden sich in Art. 36 AEUV. Diese Norm ist allerdings sehr eng zu begreifen. Der Katalog der geschützten Rechte in Art. 36 AEUV ist nach allgemeiner Ansicht abschließend. Die Wirkung des Art. 36 AEUV ist somit auch im Bereich des Verbraucherschutzes auf den **Schutz der Gesundheit** beschränkt. Selbst soweit die Gesundheit betroffen ist, hat der EuGH ein Eingreifen des Art. 36 AEUV für Regelungsbereiche, die durch verbraucherschützende Richtlinien harmonisiert sind, mehrfach verneint.[126] Er hält Maßnahmen der Mitgliedstaaten, welche die Grundfreiheiten berühren, jedenfalls dann nicht für gemäß Art. 36 AEUV gerechtfertigt, wenn sie über bereits in Richtlinien enthaltene Regelungen hinausgehen, die ebenfalls gerade dem Schutz des betreffenden Gutes dienen.[127]

**64** Es gibt jedoch einen weiteren wichtigen und durchgreifenden Rechtfertigungsgrund für die Beeinträchtigung der Grundfreiheiten, den der EuGH selbst geschaffen hat. Es handelt sich dabei um die sogenannte **Cassis-Formel**.[128] Nach der Cassis-Formel gibt es eine dem Art. 34 AEUV immanente Rechtfertigung von solchen Eingriffen in die Warenverkehrsfreiheit, durch welche „*zwingenden Erfordernissen*" Rechnung getragen wird. Der EuGH hat die „zwingenden Erfordernisse" nie abschließend definiert. Genannt ist in der Cassis-Formel aber ausdrücklich der Verbraucherschutz:

*„In Ermangelung einer gemeinschaftlichen Regelung der Herstellung und Vermarktung ist es Sache der Mitgliedstaaten, alle die Herstellung und Vermarktung betreffenden Vorschriften für ihr Hoheitsgebiet zu erlassen. Hemmnisse für den Binnenhandel der Gemeinschaft, die sich aus den Unterschieden der nationalen Regelungen ergeben, müssen hingenommen werden, soweit diese Bestimmungen notwendig sind, um zwingenden Erfordernissen gerecht zu werden, insbesondere den Erfordernissen einer wirksamen steuerlichen Kontrolle, des Schutzes der öffentlichen Gesundheit, der Lauterkeit des Handelsverkehrs und des Verbraucherschutzes."*

Die Cassis-Formel selbst betrifft **nur die Warenverkehrsfreiheit**. Ähnliche, teilweise noch offenere Formeln hat der EuGH später auch für die anderen Grundfreiheiten gebildet.[129]

---

125 Langenbucher/*Herresthal*, Europäisches Privat- und Wirtschaftsrecht, § 2 Rn. 57; *Bachmann*, AcP 210 (2010), 424, 457 f.
126 In der Entscheidung Parkinson verlangte der *EuGH* für die Preisbindung von Medikamenten von Deutschland den Nachweis, dass diese den Patienten dienlich sei, *EuGH* NJW 2016, 3771, 3773; dazu *Bach*, GPR 2017, 8.
127 *EuGH* Slg. 1999, 2921 Rn. 24 ff. (Monsees) zu Tiertransporten; auch schon *EuGH* Slg. 1999, 731 Rn. 43 (Van der Laan) zur Lebensmittelkennzeichnung; allgemein zu der Frage, wann eine unionsrechtliche Regelung der Rechtfertigung nach Art. 36 AEUV entgegensteht von der Groeben/Schwarze/Hatje/*Müller-Graff*, Europäisches Unionsrecht, Art. 36 AEUV Rn. 13 f.
128 *EuGH* Slg. 1979, 649 (Cassis de Dijon).
129 Dazu zusammenfassend *Claassen*, EuR 2004, 416.

In der Literatur ist auch dieser Ansatz des EuGH weiterverfolgt worden.[130] Als Rechtfertigung für die Beschränkung der Grundfreiheiten ist eine ganze Anzahl von Gründen vorgeschlagen worden, darunter der Rechtsfrieden, die Kohärenz des Kaufrechts, aber auch berechtigte nationale wirtschafts- und sozialpolitische Entscheidungen sowie ausdrücklich der Verbraucherschutz.[131]

65

Es ist sinnvoll, das **Privatrecht als zwingendes Erfordernis im Sinne der Cassis-Formel** anzusehen. Denn es entspricht in der Tat einem wesentlichen öffentlichen Interesse, die Privatrechtsordnungen der Mitgliedstaaten nicht ständigen Störungen zu unterwerfen. Nicht nur der Rechtsfrieden, sondern auch der tägliche Geschäftsverkehr würde durch eine solche Unsicherheit sehr beeinträchtigt.

### f) Immanente Begrenzung der Wirkung der Grundfreiheiten

Nur vereinzelt ist bisher versucht worden, auf der Basis der Erkenntnis, dass das Privatrecht die rechtliche Grundlage des Handels im Binnenmarkt ist, noch einen Schritt weiter zu gehen. Tut man dies, so lässt sich das **gesamte nicht diskriminierende Privatrecht überhaupt von der Grundfreiheitenkontrolle ausnehmen**. Das hat insbesondere *Schwintowski* vorgeschlagen. Er meint, die Grundfreiheiten müssten einigen anderen Grundsätzen des EU-Rechts untergeordnet sein. So sei es etwa mit der offenen Marktwirtschaft im Sinne des Art. 119 Abs. 1 AEUV.[132]

66

Es ist noch nicht geklärt, welche Konsequenzen aus diesem überzeugenden Ansatz gezogen werden können. *Schwintowski* selbst strebt eine Anwendung des Verhältnismäßigkeitsprinzips an, und zwar insbesondere mit dem Hintergrund des übergeordneten Ziels eines funktionstüchtigen, freien Markts. Diese Abgrenzung ist jedoch zu weich. Wenn der Markt einer vollständigen und verlässlichen Rechtsordnung bedarf, dann muss die Frage danach, ob eine Norm eine Grundfreiheit verletzt, schon im Ansatz anders gestellt werden. Die Normen des privaten Vertragsrechts müssen dann **für den Warenverkehr** *generell als förderlich* angesehen werden, weil es ohne sie keinen funktionierenden Markt gäbe. Da die Grundfreiheiten die Marktfreiheit verbessern sollen, entstünde ein Widerspruch, wenn die Privatrechtsordnungen, die ebenfalls notwendiger Rahmen dieser Freiheit sind, von den Grundfreiheiten zerstört würden.[133]

67

Diese hier dargestellte Ansicht entspricht bisher jedoch keinesfalls der herrschenden Meinung. Ein gewisser Ansatz zu einer Überlegung in diesem Sinne lässt sich aber doch möglicherweise auch aus der Rechtsprechung des EuGH erkennen. So qualifizierte er in der Sache Krantz (schon 1990) die betroffene privatrechtliche Norm zuerst als den allgemeinen Rahmen des Wirtschaftslebens regelnd. Allerdings wechselte er

---

130 So etwa *Langner*, soweit er nicht das Vertragsrecht als Verkaufsmodalität bzw. nur mittelbar beeinträchtigend einstuft, RabelsZ 65 (2001), 222, 238 ff.; ähnlich auch *Lurger*, Grundfragen der Vereinheitlichung des Vertragsrechts, 2002, S. 262.
131 *Langner*, RabelsZ 65 (2001), 222, 239 ff.
132 Grundmann/*Schwintowski*, Systembildung und Systemlücken, 2000, S. 457, 469; auch *Steindorff*, EG-Vertrag und Privatrecht, 1996, S. 266 ff.
133 Andeutend auch *Doehner*, Die Schuldrechtsreform vor dem Hintergrund der Verbrauchsgüterkauf-Richtlinie, 2004, S. 59, allerdings ohne die Konsequenzen zu ziehen.

dann den Gedankenstrang und stellte in allgemeinerer Art und Weise fest, dass durch diese Regelung (zudem) der Marktteilnehmer nur mittelbar beeinträchtigt sei.[134]

### 5. Zwischenergebnis

68 Es besteht keine Einigkeit darüber, wie die Grundfreiheiten auf das Privatrecht einwirken. Vielfach werden privatrechtliche Normen als „Verkaufsmodalitäten" eingeordnet. In einer Art Weiterführung der Keck-Rechtsprechung des EuGH wären sie damit von der Grundfreiheitenkontrolle weitgehend ausgenommen. Nach anderer Ansicht ist die Beschränkung der Grundfreiheiten durch privatrechtliche Normen in der Regel gerechtfertigt, weil das Privatrecht die erforderliche Grundlage des Marktes sei.

Die hier unterstützte Auffassung geht noch einen Schritt weiter. Sie baut auf der Aussage auf, dass das Privatrecht gerade dazu da ist, den Handel – und damit auch die Grundfreiheiten! – überhaupt erst zu gewährleisten. Die Unwirksamkeit privatrechtlicher Normen wäre für die Grundfreiheiten im Allgemeinen schädlicher als Handelshindernisse, die durch unterschiedliches nationales Recht entstehen. Daher muss eine Beeinträchtigung der Grundfreiheiten durch nicht diskriminierende privatrechtliche Normen schon auf der Tatbestandsebene verneint werden.

Einige Sonderfälle bedürfen aber noch einer vertieften Betrachtung.

### 6. Grundfreiheiten und nationales Privatrecht, welches über den Schutzstandard einer Richtlinie hinausgeht

69 **Beispiel 4** – nach EuGH Slg. 2006, 2093 (A-Punkt Schmuckhandel):
S handelt mit preiswerten Schmuckwaren, die er an der Haustür verkauft. Neuerdings ist er nicht mehr nur in Bayern, sondern auch in Österreich tätig. Unerwartet bekommt er einen Strafbefehl, weil es in Österreich verboten ist, Schmuckwaren an der Haustür zu vertreiben. Er meint, die Warenverkehrsfreiheit sei verletzt.

#### a) Vorrang der Grundfreiheiten vor dem Mindeststandardgebot?

70 Eine besonders problematische Konstellation liegt vor, wenn nationales Recht über den Schutzstandard einer europäischen Richtlinie hinausgeht und zugleich die Grundfreiheiten berührt. Betroffen davon sind die wichtigen und häufigen Fälle, in welchen nationales Recht einen **höheren Standard an Verbraucherschutz gewährt** als das EU-Recht. Ein Beispiel ist der Fall, dass das deutsche Recht eine AGB verbietet, welche nach der europäischen Klausel-RL zulässig wäre.[135] Noch erheblicher ist der Eingriff, wenn bestimmte Haustürgeschäfte in einem Mitgliedstaat ganz verboten sind, obwohl die Richtlinie nur die Widerruflichkeit vorsieht. So war in Frankreich der Verkauf von Bildungsmaterialien an der Haustür untersagt.[136]

---

134 *EuGH* Slg. 1990, 583 Rn. 11 (Krantz).
135 In *EuGH* Slg. 2010, 4785 (Caja de Ahorros y Monte de Piedad de Madrid) bestätigte der *EuGH* die Wirksamkeit einer spanischen Norm, nach der auch Klauseln über die Hauptleistung kontrolliert werden.
136 Dazu *EuGH* Slg. 1989, 1235 (Buet); ähnlich zu einer österreichischen Regelung auch *EuGH* Slg. 2005, 4133 (Burmanjer).

Im **Beispiel 4** (Rn. 69) sieht sich S einer österreichischen Gewerberegelung ausgesetzt, die 71
den Vertrieb von Schmuck im Wege von Haustürgeschäften verbietet. Dieses Verbot ging
über die damalige Haustür-RL, die lediglich ein Widerrufsrecht für solche Geschäfte vorsah, weit hinaus. Die Regelung macht es inländischen, aber eben auch ausländischen Händlern unmöglich, in Österreich Schmuck an der Haustür zu verkaufen. Daher fragt sich, ob sie gegen die Grundfreiheiten verstößt. Insbesondere könnte die Warenverkehrsfreiheit (Art. 34 AEUV) beeinträchtigt sein. Dazu müssten zunächst Erzeugnisse aus anderen Mitgliedstaaten durch das Verbot mehr berührt sein als inländische Erzeugnisse. Im Fall A-Punkt konnte der EuGH dies aus dem Sachverhalt nicht entnehmen.[137] Leicht lässt sich der Fall aber entsprechend entwickeln. Wenn beispielsweise in Österreich gar kein Silberschmuck hergestellt wird, während gerade der Haustürverkauf solcher Waren aus den Nachbarländern ganz üblich ist, muss eine Verletzung des Art. 34 AEUV im Sinne einer „Maßnahme gleicher Wirkung" bejaht werden.

Einige Richtlinien enthalten weiterhin eine Mindeststandardklausel (näher schon 72
Rn. 21). Sie sehen also das Festhalten der Mitgliedstaaten an einem höheren Schutzstandard grundsätzlich vor. Fraglich ist aber, was gilt, wenn durch diesen höheren Schutzstandard zugleich die Grundfreiheiten berührt werden. Wenigstens wenn ausländische Unternehmen von einem solchen Verbot verstärkt betroffen sind, muss eine Beeinträchtigung der Grundfreiheiten zunächst bejaht werden.

In der Lehre ist versucht worden, für diesen Konflikt zwischen Mindeststandardgebot und Grundfreiheiten eine grundsätzliche, dogmatische Lösung zu finden. Folgt man diesem Versuch, so scheint der Kern in der grundlegenden Frage zu liegen, in welchem Verhältnis das Subsidiaritätsprinzip (mit dem daraus abgeleiteten Mindeststandardgrundsatz – zu dieser Beziehung schon Rn. 20) zu den Grundfreiheiten steht. Was hat Vorrang: Die Grundfreiheiten oder das in den Mindeststandardklauseln verkörperte Subsidiaritätsprinzip? Die Frage ist umstritten.[138] Im Ergebnis ist sie wahrscheinlich fruchtlos.

Denn die Antwort auf die konkrete Frage nach der Ausschöpfung der Mindeststandardklausel steht ohnehin fest. Es ist sicher, dass die Mitgliedstaaten die Grundfreiheiten auch dann nicht ungerechtfertigt einschränken dürfen, wenn ihnen in einer Maßnahme der Rechtsangleichung **ausdrücklich die Befugnis zu strengerem nationalen Recht eingeräumt** wird. Das spricht auch der EuGH immer wieder klar aus: Die Mitgliedstaaten müssen bei der Ausschöpfung von Mindeststandardklauseln die Grundfreiheiten wahren.[139]

---

137 *EuGH* Slg. 2006, 2093 Rn. 23 (A-Punkt Schmuckhandel).
138 Für einen Vorrang des Mindeststandardgrundsatzes *Armbrüster*, RabelsZ 60 (1996), 72, 76 f.; im Ergebnis ähnlich Reich/Micklitz/*Reich*, Europäisches Verbraucherrecht, S. 83, der meint, der Richtliniengeber habe hier die Abwägung zwischen Harmonisierungsbedarf und Schutzanspruch bereits selbst getroffen; umgekehrt *Heiderhoff*, Grundstrukturen des nationalen und europäischen Verbrauchervertragsrechts, 2004, S. 78, da die Grundfreiheiten trotz der Öffnung in den Richtlinien ein unumstößlicher Marktbaustein bleiben müssen.
139 Deutlich *EuGH* Slg. 2008, 9947 (Gysbrechts) (dazu sogleich Rn. 74); auch schon *EuGH* Slg. 2004, 3025 Rn. 33 f. (Karner).

## b) Rechtfertigungsgründe bei einem Grundfreiheitenverstoß durch Ausschöpfung der in den Mindeststandardklauseln gewährten Regelungsbefugnis

73 Damit bleibt die Frage, ob eine Beeinträchtigung der Grundfreiheiten, die durch eine die Mindeststandardklausel ausnutzende und gegenüber der Richtlinie strengere nationale Regelung erfolgt, zulässig bzw. wenigstens gerechtfertigt sein kann.

Nach der hier vertretenen Ansicht (soeben Rn. 66 ff.) sollten Beschränkungen der Grundfreiheiten durch nationales Privatrecht grundsätzlich zulässig sein. Begründet wurde dies damit, dass das Privatrecht in seiner Einheit den Handel überhaupt erst ermöglicht, und dass einzelne kleine Beeinträchtigungen der Grundfreiheiten, die durch ein intaktes Privatrecht verursacht werden können, demgegenüber hingenommen werden müssen. Für solche privatrechtlichen Normen, die über den Standard von Richtlinien hinausgehen, kann das aber nicht gelten. Denn dort bestehen ja eigene europäische Regelungen, so dass die nationalen Regelungen nicht mehr unentbehrlich sind.

74 Somit muss gefragt werden, ob in diesen Fällen wenigstens die oben beschriebene Rechtfertigung nach der **Cassis-Formel** greift. Ihrem Wortlaut nach greift auch die Cassis-Formel hier nicht ein. Denn sie beginnt mit der Einschränkung: *„In Ermangelung einer gemeinschaftlichen Regelung"*. Diese „Ermangelung" einer gemeinschaftlichen Regelung kann bei Vorliegen einer Richtlinie streng genommen nicht mehr bejaht werden. Bei über Richtlinien hinausgehenden Normen kann nicht davon gesprochen werden, dass diese Normen des Privatrechts überhaupt erst die Grundlage des grenzüberschreitenden Handelsverkehrs darstellen. Im Gegenteil: Nationale Normen, die über die Vorgaben der Richtlinie hinausgehen, sind **für eine funktionsfähige Rechtsordnung verzichtbar**.

75 Dennoch ist die Rechtsprechung des EuGH hier großzügig. Danach schließt nicht jede, sondern nur eine als abschließend konzipierte europäische Regelung die Rechtfertigung nach der Cassis-Formel aus.[140] Soweit eine abschließende Regelung zu verneinen war, hat der EuGH geprüft, ob die Beschränkung der Grundfreiheiten durch das strengere nationale Recht gerechtfertigt war.[141]

Der EuGH hält gerade auch den Verbraucherschutz selbst dann grundsätzlich noch für einen ausreichenden Rechtfertigungsgrund, wenn bereits die Richtlinie auf den Verbraucherschutz abzielt.[142] Dabei prüft er wie immer, ob die Maßnahme erforderlich und im engen Sinne verhältnismäßig ist, was er ebenfalls nicht schon wegen des Vorliegens der Richtlinie verneint.[143] Die Vorgehensweise des EuGH lässt sich gut an dem Fall Gysbrechts ablesen.[144] Dort hatte ein belgischer Onlinehändler von auslän-

---

[140] *EuGH* Slg. 2004, 7275 Rn. 46 (Schreiber); auch *EuGH* Slg. 1989, 1235 Rn. 16 ff. (Buet).
[141] *EuGH* Slg. 2004, 7275 Rn. 40 ff. (Schreiber); auch *EuGH* Slg. 2000, 8765 (Cidrerie Ruwet).
[142] *EuGH* Slg. 1999, 7599 Rn. 50 f. (ARD); *EuGH* Slg. 1989, 1235 Rn. 16 ff. (Buet).
[143] Deutlich etwa in *EuGH* Slg. 1998, 7875 Rn. 23 ff., 31 ff. (Ambry) zur Verletzung der Dienstleistungsfreiheit durch eine Erhöhung der Anforderungen an die Insolvenzversicherung des Reiseveranstalters, die letztlich bejaht wird, weil die nationale Maßnahme zwar für den Verbraucherschutz geeignet, aber nicht das mildeste Mittel gewesen sei.
[144] *EuGH* Slg. 2008, 9947 (Gysbrechts).

dischen Kunden bei der Warenbestellung die Angabe der Kreditkartennummer verlangt. Das belgische Recht verbot es, vor Ablauf der Widerrufsfrist irgendwelche Zahlungen zu verlangen. Das erstinstanzliche belgische Strafgericht meinte, gegen diese Vorgabe habe der Händler schon dadurch verstoßen, dass er die Kreditkartennummer verlangt habe. Das zweitinstanzliche Gericht legte dem EuGH die Fragen vor, ob das belgische Recht das Zahlungsverlangen vor Ablauf der Widerrufsfrist verbieten dürfe, und ob es auch verbieten dürfe, die Kreditkartennummer schon bei der Bestellung zu verlangen. Der EuGH folgte der Argumentation Belgiens und gestattete die weit über die Richtlinie hinausgehende Schutzvorschrift, dergemäß Bezahlung erst nach Ablauf der Widerrufsfrist verlangt werden durfte. Er meinte jedoch, es sei unverhältnismäßig und unzulässig, dem Unternehmer zu verbieten, die Nummer der Kreditkarte des Verbrauchers zu verlangen. Denn dies sei zum Schutz nicht von weiterem Nutzen, weil es dem Unternehmer bis zur Fälligkeit ohnehin verboten sei, diese Nummer zu benutzen. Dieser differenzierenden Ansicht des EuGH sollte gefolgt werden. Sie ist handhabbar und hat zugleich den Vorteil einer gewissen Flexibilität.

Dabei darf generell angenommen werden, dass die Union mit den Mindeststandardklauseln zu erkennen gibt, dass die Richtlinien **kein abschließendes Verbraucherschutzkonzept** bilden. Für über den Standard der Richtlinien hinausgehendes nationales Recht, welches die Grundfreiheiten beschränkt, kommt eine Rechtfertigung nach der Cassis-Formel in Betracht. **76**

Im **Beispiel 4** (Rn. 69) ist daher – wenn eine Maßnahme gleicher Wirkung bejaht wurde – zu prüfen, ob der Verbraucherschutz einen hinreichenden Rechtfertigungsgrund für das Verkaufsverbot darstellt. Zugunsten des Verbrauchers muss hier berücksichtigt werden, dass bei einem Schmuckverkauf an der Haustür zusätzliche Informationsdefizite des Verbrauchers insbesondere in Hinblick auf die Echtheit und den Wert der Schmuckstücke bestehen können.[145] Auch ist der Verkaufsanreiz vielleicht besonders groß, während der Nutzen der Ware gering ist. Der EuGH überließ die Prüfung des Art. 36 AEUV, der hier einschlägig ist, den österreichischen Gerichten. **77**

## V. Drittwirkung von EU-Grundrechten, Grundfreiheiten und Diskriminierungsverboten im Privatrecht

### 1. Überblick

Die Drittwirkung der Grundrechtecharta und der Diskriminierungsverbote zwischen Privaten wurde oben immer wieder kurz thematisiert. Nach überwiegender Ansicht und der bisherigen Rechtsprechung des EuGH kommt eine unmittelbare Wirkung zwischen Privaten in der Regel nicht in Betracht. Wenn allerdings ein Grundrecht oder Diskriminierungsverbot so konkret ausgestaltet ist, dass es als subjektives Recht einer privaten Person verstanden werden kann, ist entgegenstehendes nationales Recht, das eine Richtlinie fehlerhaft umsetzt, unangewendet zu lassen.[146] **78**

---

145  So auch *EuGH* Slg. 2006, 2093 Rn. 29 (A-Punkt Schmuckhandel).
146  Verhältnismäßig deutlich *EuGH* NZA 2014, 193 Rn. 47 f. (AMS).

Da die Frage der Einwirkung von Grundrechten und Grundfreiheiten für das europäische Privatrecht von besonders großer Bedeutung ist, seien hier noch einmal die wesentlichen Punkte zusammengefasst und einzelne Fragen vertieft.

## 2. Geltung der Grundfreiheiten im Rechtsverhältnis zwischen Privaten

**79** Oben wurde gesagt, dass die Grundfreiheiten nicht ohne weiteres Drittwirkung zwischen Privaten entfalten. Das bedeutet, dass private Verträge in der Regel nicht am Maßstab der Grundfreiheiten zu messen sind. Allerdings handelt es sich hier um einen hoch umstrittenen Bereich, der zudem für die Grundfreiheiten derzeit nicht einheitlich zu beurteilen ist.[147] Für die **Warenverkehrsfreiheit** wurde eine Drittwirkung früher meist besonders deutlich abgelehnt.[148] Als Argument wurde gern angeführt, dass die Art. 101 ff. AEUV insofern eine spezielle, abschließende Regelung seien. Diese Spezialregelungen gelten allerdings nur für den Bereich des Wettbewerbsrechts. Der EuGH hat in der Sache **Fra.bo** inzwischen entschieden, dass auch die Warenverkehrsfreiheit Drittwirkung haben kann. In Deutschland war ein privater Verein dafür zuständig, Produkte für Gas- und Wasserleitungen zu zertifizieren. Die Zertifizierung war Voraussetzung dafür, dass die Produkte auf dem deutschen Markt verkauft werden konnten. Ein italienischer Hersteller von Verbindungsstücken für Gas- und Wasserleitungen erhielt ein solches Zertifikat nicht. Er klagte unmittelbar gegen den Verein und berief sich dabei auf Art. 28 AEUV. Der EuGH erklärte, die Warenverkehrsfreiheit sei auf die Normungs- und Zertifizierungstätigkeiten einer privaten Einrichtung anzuwenden.[149]

Die **Drittwirkung im Rahmen der Personenverkehrsfreiheit** hat der EuGH immer wieder angenommen, soweit es um das Verhalten des Arbeitgebers gegenüber dem Arbeitnehmer ging.[150] Auch die Regelwerke der Sportverbände hat er mehrfach an der Personenverkehrs- und der Dienstleistungsfreiheit gemessen.[151] Häufig wird versucht, diese Rechtsprechung des EuGH damit gleichsam „abzufedern", dass gesagt wird, die Verbände übernähmen hier Rechtssetzungsaufgaben, die funktional der staatlichen Rechtssetzung glichen.[152]

Aus diesen Entscheidungen, die letztlich meist Sondersituationen betroffen haben, allgemeine Erkenntnisse abzuleiten, ist sehr schwierig. Mit Vorsicht lässt sich aber

---

147 *Birkemeyer*, EuR 2010, 662; hierzu überblicksartig *Herdegen*, Europarecht, § 14 Rn. 12 ff.
148 *EuGH* Slg. 1987, 3801 (Vlaamse Reisbureaus); näher *Bachmann*, AcP 210 (2010), 424, 465; für eine unmittelbare Wirkung auf Private *Ganten*, Die Drittwirkung der Grundfreiheiten, 2000, S. 56 ff., 119.
149 *EuGH* NJW 2013, 523 (Fra.bo).
150 *EuGH* Slg. 2000, 4139 Rn. 36 (Angonese), wo eine Bozener Bank für die Einstellung den Nachweis der gerade in Südtirol typischen Zweisprachigkeit verlangte; überzeugend spricht *Bachmann*, AcP 210 (2010), 424, 476, von einem Sonderfall, da es um einen „marktabschottenden Brauch" in Südtirol ging; einführend *Remmert*, Jura 2003, 13.
151 Zur Personenverkehrsfreiheit *EuGH* Slg. 1995, 4920 (Bosman): Bezahlung einer „Transfer-, Ausbildungs- oder Förderungsentschädigung" beim Vereinswechsel eines Berufsfußballspielers behindert die Freizügigkeit; *EuGH* Slg. 2000, 2681 (Lehtonen) zum Transfer von Basketballspielern; früher schon *EuGH* Slg. 1974, 1405 Rn. 17 (Walrave) zum Radsportverband; zur Dienstleistungsfreiheit etwa *EuGH* Slg. 2000, 2549 (Deliège) (kein Verstoß bei Teilnahmebeschränkung für internationale Judo-Wettkämpfe).
152 Calliess/Ruffert/*Kingreen*, EUV/AEUV, Art. 34-36 AEUV Rn. 112.

wohl sagen, dass der EuGH eine unmittelbare Wirkung annimmt, sobald eine *Diskriminierung* einer Person durch eine größere Organisation oder einen Verband vorliegt.[153]

## 3. Drittwirkung der Grundfreiheiten durch die Generalklauseln des nationalen Privatrechts, insbesondere § 307 BGB?

Es wird diskutiert, ob die Grundfreiheiten noch in weiteren Bereichen auf das Verhältnis zwischen Privatpersonen einwirken.[154] Für den Bereich des Verbraucherschutzrechts ist die Drittwirkung der Grundfreiheiten über das **Einfallstor der Generalklauseln** von Interesse. Darüber ist bisher nur spekuliert worden.[155] Eine solche Drittwirkung würde sich auswirken, wenn in den AGB eines Unternehmers erschwerte Bedingungen für den grenzüberschreitenden Verkehr vorgesehen sind.[156] Als Beispiel werden erhöhte Gebühren für die Nutzung von Kreditkarten in anderen Mitgliedstaaten genannt.[157] Solche Klauseln wären dann schon wegen der Behinderung der Grundfreiheiten unwirksam.

80

Letztlich kann diese Form der Drittwirkung der Grundfreiheiten nicht verneint werden. Es muss davon ausgegangen werden, dass sich die Grundfreiheiten im unionsrechtlichen Maßstab der Klauselkontrolle (zu diesem unten Rn. 407) wiederfinden. Will man dem Treuemaßstab der Klausel-RL überhaupt einen eigenständigen europäischen Charakter zugestehen, so ist es nicht vorstellbar, die Grundfreiheiten und andere wichtige Marktgebote und -verbote, wie z.B. das Diskriminierungsverbot, dabei unbeachtet zu lassen. **Jedenfalls diskriminierende Klauseln können einem unionsrechtlichen Maßstab von Treu und Glauben nicht entsprechen.**

81

Man kann hier gut überlegen, ob diese Wirkung der Grundfreiheiten ähnlich wie für die Grundrechte über die Schutzpflichtlehre begründet werden sollte,[158] oder ob man von einer unmittelbaren, freilich subsidiären und durch Verhältnismäßigkeitsgedanken stark abgeschwächten Drittwirkung sprechen sollte.[159] Die Frage mag praktisch recht geringe Auswirkungen haben, ist aber sowohl dogmatisch als auch gewissermaßen rechtspolitisch bedeutsam. Beides kann hier nur angedeutet werden. Dogmatisch wird die Schutzpflichtlehre im deutschen Recht von der h.M. deshalb für zutreffend gehalten, weil das Grundgesetz klar an den Staat gerichtet ist und mit Hilfe dieser

---

153 So auch in *EuGH* Slg. 2008, 5939 Rn. 46 (Raccanelli), wo ein Doktorand bei der Max-Planck-Gesellschaft betroffen war; näher zu dem allgemeinen Rechtsgrundsatz der Nichtdiskriminierung noch unten Rn. 265.
154 Generell dagegen *Riesenhuber*, System und Prinzipien des europäischen Vertragsrechts, 2003, S. 103 ff., der meint, die Grundfreiheiten seien eine spezielle Gewährleistung der Privatautonomie. Sie könnten daher nicht gegen bestimmte private Vereinbarungen ins Feld geführt werden; offener von der Groeben/Schwarze/Hatje/*Müller-Graff*, Europäisches Unionsrecht, Art. 34 AEUV Rn. 301 ff.
155 *Wolf*, BGH-Festgabe, 2000, Band 1, S. 111; *Riesenhuber*, System und Prinzipien des europäischen Vertragsrechts, 2003, S. 105.
156 *Wolf*, BGH-Festgabe, 2000, Band 1, S. 111, 124; vorsichtig auch *Basedow*, LM 1998, § 8 AGBG Nr. 30 am Ende.
157 Dazu ohne gemeinschaftsrechtliche Überlegungen BGHZ 137, 27.
158 Dafür etwa *Riesenhuber*, Europäisches Vertragsrecht, Rn. 102 ff.; zur Schutzpflichtlehre schon oben Rn. 42.
159 *Bachmann*, AcP 210 (2010), 424, 471 ff.

Lehre die Aufgabe der Grundrechtswahrung auch ebenso klar dem Staat zugeordnet bleibt. Es sind die Richter, welchen die Pflicht auferlegt wird, die Bürger durch ihre Rechtsprechung vor Grundrechtsbeeinträchtigungen in privaten Rechtsverhältnissen zu schützen.[160] Diese dogmatische Bedeutung ist für die Grundfreiheiten weniger ausgeprägt, weil die Pflicht für deren Wahrung einzustehen, nicht so eindeutig allein den staatlichen Organen und Institutionen zugeordnet ist.[161]

Mit rechtspolitisch ist hier die Frage gemeint, ob es klug wäre, die für das deutsche Recht entwickelte Schutzpflichtlehre in die EU zu tragen und zu versuchen, sie auch dort zu verankern. Hierzu reicht es nicht aus, dass die Lehre in Deutschland für die Grundrechte anerkannt oder herrschend ist. Eine Einführung in das europäische Rechtsverständnis müsste auch passend und weiterführend sein. Bei der Schutzpflichtlehre sollte man hier vorsichtig sein. Sie ist für die deutschen Grundrechte, wie soeben erklärt, als eine Art Brücke entwickelt worden, um auch in privaten Rechtsverhältnissen einen gewissen Schutz vor einseitiger, dem Gehalt der Grundrechte widersprechender Machtausübung durch eine Vertragspartei gewähren zu können. Diese Brücke wird für die Grundfreiheiten gar nicht unbedingt benötigt. Die Schutzpflichtlehre hat außerdem eine Schwäche: Sie enthält nämlich als solche zunächst keinerlei Aussagen dazu, in welchem Maße der Richter in Privatrechtsverhältnisse eingreifen soll, um eine Partei zu schützen.[162] Vielmehr werden hier unter anderem Verhältnismäßigkeitsüberlegungen angestellt, die in einem anderen Kontext auch isoliert für sich stehen könnten.

Insofern erscheint es zumindest für die Grundfreiheiten einfacher – und damit EU-tauglicher – ohne den Umweg über die Schutzpflichtlehre sogleich von einer subsidiären, einem strengen Verhältnismäßigkeitsmaßstab unterliegenden Geltung zwischen Privaten auszugehen.

### 4. Wirkung der Grundrechtecharta im Verhältnis zwischen Privaten

#### a) Schutzpflichtlehre und Grundrechtecharta

82 Während die (eingeschränkte!) Geltung der Grundfreiheiten zwischen Privatpersonen plausibel zu begründen ist, ist dies für die Grundrechtecharta wesentlich problematischer. Zum ersten richtet sich die Charta, wie bereits dargelegt, mit Art. 51 Abs. 1 ganz klar an bestimmte Adressaten. Sie greift, anders als die Grundfreiheiten, auch für die nationalen Gerichte überhaupt nur bei der Durchführung des Rechts der EU. Solange gar kein EU-Recht anzuwenden ist, kann eine Privatperson sich daher von vorneherein nicht auf die Charta berufen (dazu oben Rn. 41).

Für die Schutzpflichtlehre bleibt somit allein die Frage, ob die Gerichte, wenn sie **in Durchführung des Rechts der EU** entscheiden, die Einhaltung der Grundrechte der Charta auch innerhalb eines Rechtsverhältnisses zwischen Privaten sichern müssen.

---

160 *Ruffert*, Vorrang der Verfassung und Eigenständigkeit des Privatrechts, 2001, zusammenfassend S. 252.
161 Näher *Ludwigs/Weidermann*, Jura 2015, 152.
162 Besonders kritisch Staudinger/*Honsell*, BGB, Einleitung zum BGB, Rn. 195.

Das wäre genau die Aufgabe, die die deutsche Schutzpflichtlehre für das Grundgesetz anerkennt.

Bisher hat diese Frage keine erkennbare praktische Relevanz erlangt. Der EuGH hat die Charta zwar einige Male angewendet, immer aber geschah dies vor dem Hintergrund einer Richtlinie (dazu sogleich Rn. 83).

Damit bleibt es vorerst bei dem allgemeinen, unangefochtenen Grundsatz, dass die Charta bei der Auslegung der privatrechtlichen Normen des EU-Rechts anzuwenden ist. In das eigentliche Rechtsverhältnis zwischen zwei Privaten vermag sie dagegen derzeit nur unter zusätzlichen Voraussetzungen auszustrahlen.

### b) Anwendung konkreter subjektiver Rechte bei fehlerhafter Richtlinienumsetzung

**83** Der EuGH wendet aber, wie oben (Rn. 36) bereits angesprochen und im Beispiel 2 aufgezeigt, in ständiger Rechtsprechung die Charta doch unmittelbar zwischen Privaten an, wenn zwei Voraussetzungen erfüllt sind. Zum ersten muss es eine Richtlinie geben, die bestimmte Rechte für eine private Person vorsieht und die fehlerhaft umgesetzt wurde, so dass der Privatperson diese Rechte entgehen. Dass eine Richtlinie bestehen muss, ist wiederum wegen des beschränkten Anwendungsbereichs der Charta erforderlich. Wenn es nicht um die fehlerhafte Umsetzung einer Richtlinie oder sonstigen EU-Rechts gehen würde, wäre gar nicht die Durchführung des Rechts der EU (Art. 51 GRCh) betroffen.[163] Zum zweiten muss in den EU-Grundrechten das Recht der Privatperson so konkret bestimmt sein, dass es sich auch ohne eine weitere Ausgestaltung durch eine Richtlinie unmittelbar anwenden ließe.[164] Diese Voraussetzung ist selten erfüllt, weil die meisten Grundrechte sehr allgemein gefasst sind.

Die Rechtsprechung des EuGH befindet sich insgesamt noch in der Entwicklung. Inwieweit er sie auch außerhalb des Arbeitsrechts verfolgen wird, ist noch offen. Man kann sich gut vorstellen, dass Art. 8 GRCh, der personenbezogene Daten schützt, eine Anwendung im privaten Rechtsverhältnis tragen würde.[165]

**84** Insgesamt handelt es sich somit bei der Wirkung von Grundrechten, Grundfreiheiten und Diskriminierungsverboten zwar um eine viel diskutierte, dogmatisch hochspannende Frage. Die Antwort muss aber wie gezeigt sehr zurückhaltend ausfallen. Es müssen erhebliche Voraussetzungen vorliegen, bis es zu einer Wirkung im privaten Rechtsverhältnis kommt.

---

163 *EuGH* EuZW 2014, 795 (Hernández).
164 Sehr deutlich die Entscheidung *EuGH* NZA 2014, 193 LS 2 und 4 (AMS); auch *EuGH* NZA 2015, 1444 Rn. 48 (Fenoll).
165 Näher *Jarass*, Charta der Grundrechte der EU, Art. 8 GRCh Rn. 10; auch *EuGH* NJW 2014, 2257 Rn. 99 (Google Spain).

# § 4 Umsetzung, Anwendung und Auslegung von EU-Privatrecht

## A. Die Richtlinie und ihre Umsetzung

### I. Umsetzungspflicht

#### 1. Notwendigkeit der Umsetzung

85 Die europäischen Richtlinien sind nicht selbst unmittelbar geltendes Recht. Den Mitgliedstaaten obliegt jedoch nach Art. 288 Abs. 3 AEUV in Verbindung mit der **Loyalitätspflicht** nach Art. 4 Abs. 3 EUV (früher „Gemeinschaftstreue") die Pflicht, sie fristgemäß und vollständig in nationales Recht umzusetzen.[1] Nicht alle Mitgliedstaaten kommen dieser Pflicht stets nach. Auch Deutschland hat die Umsetzung der Richtlinien nicht immer pünktlich und inhaltlich korrekt vorgenommen. So erfolgte die Umsetzung der Klausel-RL[2] erst im Juli 1996, obwohl die Frist bereits am 31.12.1994 abgelaufen war. Die Umsetzungsfrist für die Gleichbehandlungs-RL (Rasse) war bereits seit dem 19.7.2003 abgelaufen und die Umsetzung durch das AGG (Allgemeines Gleichbehandlungsgesetz) erfolgte erst zum 18.8.2006. Auch bei der Verbraucherrechte-RL erfolgte die Umsetzung erst ein halbes Jahr nach Ablauf der Umsetzungspflicht zum 14.6.2014.

#### 2. Umfang der Umsetzungspflicht

86 Dem Charakter der Richtlinie entsprechend braucht die Umsetzung **nicht wörtlich** zu erfolgen. Aber das nationale Recht muss inhaltlich so weit der Richtlinie entsprechen, dass nach dem angepassten nationalen Recht zugunsten des Bürgers jeder Fall so zu entscheiden sein wird, wie es die Richtlinie vorsieht. Der EuGH erleichtert dem Gesetzgeber die Umsetzung, indem er bei der Überprüfung der Umsetzungsmaßnahmen davon ausgeht, dass die Gerichte der Mitgliedstaaten das nationale Recht richtlinienkonform auslegen werden. Erst wo eine solche **richtlinienkonforme Auslegung** des nationalen Rechts nicht möglich zu sein scheint, nimmt er eine Verletzung der Umsetzungspflicht an.[3]

87 Grundsätzlich braucht die Umsetzung – jedenfalls im Bereich des Zivilrechts – deshalb nicht notwendig durch den Gesetzgeber zu erfolgen. Oftmals reicht **eine Änderung der Rechtsprechung** hin zu einer richtlinienkonformen Auslegung des nationalen Rechts aus. Diese Übertragung der Umsetzungspflicht auf die Rechtsprechung ist allerdings problematisch, weil das Verhalten der Gerichte weder vorhersehbar ist, noch die Gerichte zu einer bestimmten, nämlich der richtlinienkonformen Entschei-

---

[1] Schon bei der Umsetzung muss auch der Grundsatz des „effet utile" beachtet werden, Calliess/Ruffert/Calliess/Kahl/Puttler, EUV/AEUV, Art. 4 EUV Rn. 55; näher dazu unten im Zusammenhang der Auslegung Rn. 111.
[2] Nähere Angaben zu allen Richtlinien im Anhang I.
[3] So *EuGH* Slg. 1997, 2649, 2672 (Kommission/Großbritannien).

dung, gezwungen werden können.⁴ Der EuGH hat dementsprechend inzwischen entschieden, dass zwar generell der Umsetzungspflicht bereits genügt sei, wenn der Richtlinie durch Auslegung des nationalen Rechts entsprochen werde. „Die sich aus diesem Recht ergebende Rechtslage" müsse aber „hinreichend bestimmt und klar" sein. Wenn es – wie bei der in der Entscheidung in Rede stehenden Klausel-RL – darum gehe, den Angehörigen der Mitgliedstaaten (nämlich den Verbrauchern) Rechte zu verleihen, sei dies besonders wichtig, damit „die Begünstigten in die Lage versetzt werden, von allen ihren Rechten Kenntnis zu erlangen".⁵

Auch in Deutschland sind teilweise Bereiche, die zu bedeutend sind, der Auslegung bzw. Ausfüllung durch die Gerichte überlassen worden, so dass damit der Umsetzungspflicht nicht genügt worden war. So hatte es der Gesetzgeber bei der Umsetzung der Klausel-RL für unnötig gehalten, die Transparenzkontrolle ausdrücklich in das damalige AGBG aufzunehmen.⁶ Inzwischen hat der **Gesetzgeber** aber zumeist **nachgebessert**. So wurde die in der Klausel-RL vorgesehene Transparenzkontrolle von Hauptleistungspflichten ausdrücklich umgesetzt. Auch § 5 UWG (§ 3 UWG a.F.) wurde an die wettbewerbsrechtlichen Richtlinienvorgaben angepasst. 88

Es reicht also oft nicht aus, auf die gesetzgeberische Umsetzung der Richtlinie ganz zu verzichten, nur weil das bereits bestehende Recht sich im Sinne der Richtlinie auslegen ließe.

### 3. Folgen von Verletzungen der Umsetzungspflicht

#### a) Unmittelbare Wirkung von privatrechtlichen Richtlinien

**Literaturhinweis:** *Hermann/Michl*, Wirkungen von EU-Richtlinien, JuS 2009, 1065 ff. 89

> **Beispiel 5:** Mitgliedstaat M kannte bisher – entsprechend der alten Verbraucherkredit-RL – kein Widerrufsrecht für Verbraucherkreditverträge. Aus verschiedenen Gründen hängt M mit der Umsetzung der neuen Verbraucherkredit-RL, die ein 14-tägiges Widerrufsrecht vorsieht, zurück.
>
> Ein Jahr nach Ende der Umsetzungsfrist ist immer noch keine Umsetzung erfolgt. Verbraucher V möchte sich einen neuen Wagen kaufen und nimmt zu diesem Zweck bei der Bank B einen Verbraucherkredit auf. Den nationalen Gesetzen entsprechend erfolgt keine Widerrufsbelehrung. Einige Tage nach Auszahlung des Kredits wird V klar, dass er sich einen Autokauf zurzeit kaum leisten kann. V möchte sich von dem Kreditvertrag lösen und das Geld umgehend an die Bank zurückzahlen.

---

4 Das folgt unmittelbar aus der richterlichen Unabhängigkeit; vgl. auch *Koenig/Sander*, EuZW 2000, 716, 720 ff. Dass der *EuGH* dennoch eine Staatshaftungspflicht annimmt, wenn Richter europarechtswidrig entscheiden, ändert daran nichts, da der Anspruch gegen den Staat und nicht gegen das Gericht besteht (vgl. zu diesem Anspruch unten Rn. 94); umfassend zur Problematik *Röthel*, Normkonkretisierung im Privatrecht, 2004, S. 344 ff.
5 *EuGH* Slg. 2001, 3541 Rn. 17 ff. (Kommission/Niederlande); zuvor etwa *EuGH* Slg. 1991, 2607 Rn. 28 (Kommission/Deutschland); vgl. aber auch *EuGH* Slg. 2002, 4165 (Kommission/Schweden), wo klargestellt wird, dass der Richtlinienanhang nicht umgesetzt zu werden braucht; auch dazu *Röthel*, Normkonkretisierung im Privatrecht, 2004, S. 348 ff.
6 Kritisch zur zunächst unvollständigen Umsetzung der Klausel-RL *Staudinger*, WM 1999, 1546; *Neu*, ZEuP 1999, 123, 138 f. zu § 3 UWG.

90 **aa) Grundlagen.** Wenn eine Richtlinie nicht ordnungsgemäß umgesetzt worden ist, kann sie unter bestimmten Voraussetzungen „unmittelbar" anwendbar sein.[7] Die **unmittelbare Wirkung** scheidet jedoch nach ständiger Rechtsprechung des EuGH und nach ganz herrschender Auffassung aus, soweit sie *zu Lasten des Bürgers* gehen würde.[8] Zu Lasten des Bürgers wirkt unter anderem jede Anwendung, die dazu führt, dass ein Anspruch gegen einen Bürger begründet wird. Da zivilrechtliche Normen typischerweise dazu führen, dass ein Anspruch eines Privaten gegen einen anderen entsteht, modifiziert wird oder auch untergeht, geht die unmittelbare Anwendung zivilrechtlicher Normen stets (auch) zu Lasten des Bürgers. Im Gegensatz zur „vertikalen Direktwirkung" im Verhältnis zwischen Staat und Bürger interessiert im Bereich des Zivilrechts die „horizontale Direktwirkung" im Verhältnis der Bürger untereinander. Eine solche **horizontale Direktwirkung von Richtlinien gibt es also nicht** (sogleich Rn. 98 zu den konkreten Auswirkungen der fehlenden Direktwirkung).

91 Im **Beispiel 5** wird sich die Bank darauf berufen, dass sie nach den Regeln des nationalen Rechts gehandelt habe und die Richtlinie nicht umgesetzt sei. Damit wird sie durchdringen. Zwar versuchen die Gerichte der Mitgliedstaaten, soweit nur möglich das nationale Recht im Sinne der Richtlinie auszulegen (dazu Rn. 86 und 123 ff.). Aber im hier gebildeten Fall werden sie damit keinen Erfolg haben. Ein Widerrufsrecht lässt sich eindeutig nicht auffinden.

92 **bb) Ausnahmefälle.** Allerdings hat eine arbeitsrechtliche Entscheidung des EuGH, nämlich die berühmte Entscheidung Mangold, dazu Beispiel 11 Rn. 265, diese Erkenntnis ins Wanken gebracht.[9] Dort war – zumindest scheinbar – ein privater Arbeitsvertrag für nichtig erklärt worden, weil er gegen eine Vorschrift aus einer Richtlinie verstieß, die (noch) nicht ins deutsche Recht umgesetzt worden war. Die dadurch **faktisch erreichte Direktwirkung** der Richtlinie ist zunächst auf zwei unterschiedliche Arten erklärt worden. Zum einen wurde darauf hingewiesen, dass nicht nur die Richtlinie, sondern **zugleich ein allgemeiner Rechtsgrundsatz** des EU-Rechts, nämlich das Diskriminierungsverbot (oder umgekehrt gesagt der Gleichbehandlungsgrundsatz) verletzt wurde (dazu oben Rn. 36 und unten Rn. 269). Zum anderen wurde aufgezeigt, dass der EuGH überhaupt keine echte Direktwirkung angenommen habe. Es handele sich vielmehr um eine automatische und unvermeidliche Konsequenz aus dem Vorrang des EU-Rechts, dass der Arbeitgeber letztlich direkt betroffen ist. Denn die Richtlinie führt dazu, dass die im nationalen Recht enthaltene Befristungsregel

---

[7] Unter anderem kommt dies nur bei einer hinreichend konkreten Richtlinie in Betracht. Vgl. erstmals zur Direktwirkung *EuGH* Slg. 1974, 1337, 1348 (van Duyn); exakter *EuGH* Slg. 1986, 723, 749 (Marshall). Siehe zur unmittelbaren Wirkung auch BVerfGE 75, 223, 235 ff. Zusammenfassend: *Scherzberg*, Jura 1993, 225; *Brechmann*, Richtlinienkonforme Auslegung, 1994, S. 14 ff.; Calliess/Ruffert/*Ruffert*, EUV/AEUV, Art. 288 AEUV Rn. 47 ff.; Gebauer/Wiedmann/*Wiedmann*, Zivilrecht unter europäischem Einfluss, Kap. 2 Rn. 18 ff.

[8] So ausdrücklich *EuGH* Slg. 1986, 723, 749 (Marshall); *EuGH* Slg. 1994, 3325 (Faccini Dori); sowie nach der Einfügung des Verbraucherschutzes in Art. 129a EGV (jetzt Art. 169 AEUV) nochmals bestätigend *EuGH* Slg. 1996, 1281 Rn. 15, 18 ff. (Corte Inglés); *EuGH* Slg. 2007, 4473 Rn. 20 (Carp); vgl. zu den Grenzen der Privatbelastung durch unmittelbar wirkende Richtlinien *Jarass/Beljin*, EuR 2004, 714.

[9] *EuGH* Slg. 2005, 9981 Rn. 67 ff. (Mangold).

unanwendbar ist, was wiederum dazu führt, dass die im Arbeitsvertrag enthaltene Befristung nichtig ist.[10] Die neuere Rechtsprechung des EuGH, wie z.B. der oben besprochene Fall Kücükdeveci, zeigt, dass diese **beiden Begründungsstränge kombiniert** verfolgt werden müssen (näher bereits Rn. 36, 83).[11]

Der EuGH wendet Richtlinien somit nie wirklich unmittelbar gegen Private an. Er wird aber nationale Normen für unanwendbar erklären, wenn sie gegen eine Richtliniennorm verstoßen, hinter der ein allgemeiner Rechtsgrundsatz steht. Das kann sich auf ein privates Vertragsverhältnis auswirken.

### b) Vertragsverletzungsverfahren

Das Vertragsverletzungsverfahren ist das eigentliche, im AEUV vorgesehene Mittel der EU zur Durchsetzung der Umsetzungspflicht. Es wird von der Kommission gegen den säumigen Mitgliedstaat durchgeführt. Das in Art. 258 ff. AEUV geregelte Vertragsverletzungsverfahren, welches in Art. 260 Abs. 2 AEUV die Möglichkeit der Verhängung eines Zwangsgeldes vorsieht, ist allerdings **schwerfällig**. Bis ins Jahr 2006 hinein hat die Kommission gegen Frankreich ein solches Verfahren zur Erzwingung der korrekten Umsetzung der Produkthaftungs-RL (von 1985!) betrieben. Es wurde ein Zwangsgeld festgesetzt und Frankreich hat das Produkthaftungsrecht schließlich korrekt umgesetzt.[12]

93

Besonders schwierig ist das Vorgehen für die Kommission, wenn es **nur um die fehlerhafte Umsetzung** einer Richtlinie und nicht um das völlige Untätigbleiben des nationalen Gesetzgebers geht. Der EuGH erlegt nämlich der Kommission auf, nachzuweisen, dass die nationalen Gerichte die umgesetzten Vorschriften – auch wenn diese von der Richtlinie deutlich abweichen – nicht doch richtlinienkonform auslegen werden.[13]

Letztendlich kann jedoch – jedenfalls für die grob fehlerhafte oder fehlende Umsetzung – von der Wirksamkeit des Verfahrens ausgegangen werden.

### c) Staatshaftungspflicht

**aa) Allgemeines.** Wenn eine unmittelbare Wirkung der Richtlinie nicht in Betracht kommt, kann die **verspätete Umsetzung** nach der gefestigten Rechtsprechung des EuGH zu einer Staatshaftung führen. Der Betroffene kann danach vom Staat Ersatz für den Schaden erlangen, der ihm entsteht, weil er sich gegenüber seinem Vertragspartner nicht auf Normen stützen kann, die zwar zu seinen Gunsten in der Richtlinie vorgesehen waren, aber in seinem Land noch nicht umgesetzt worden sind.

94

---

10 *Basedow*, ZEuP 2008, 230; *Thüsing*, ZIP 2005, 2149 (der der Entscheidung letztlich dennoch ablehnt). Der Fall Mangold weist noch eine weitere Besonderheit auf. Es ging hier nämlich um eine Richtlinie, deren Umsetzungsfrist noch nicht abgelaufen war. Daher stellte sich dort auch die Frage der Vorwirkung von Richtlinien (dazu unten Rn. 133).
11 Nur nochmals *EuGH* NZA 2014, 193 LS 2 und 4 (AMS).
12 *EuGH* Slg. 2006, 2461 (Kommission/Frankreich) – 31.650 € pro Tag des (weiteren) Verzugs.
13 *EuGH* Slg. 1997, 2649, 2672 (Kommission/Großbritannien); vgl. aber auch *EuGH* Slg. 2002, 3887 (Kommission/Griechenland), wegen teilweise fehlerhafter Umsetzung der Produkthaftungs-RL; auch schon oben Rn. 86 f.

So führte schon in den 1990er Jahren die verspätete Umsetzung der Pauschalreise-RL zu einer Schadensersatzpflicht der Bundesrepublik Deutschland gegenüber Urlaubern, die nach einem Konkurs des Reiseveranstalters in Spanien festsaßen.[14] Denn die Urlauber waren für diesen Fall im deutschen Recht nicht hinreichend abgesichert. Ähnliches hat sich Ende 2019 bei der Insolvenz des Reiseanbieters **Thomas Cook** wiederholt. Das deutsche Recht erlaubt nämlich in § 651r Abs. 3 S. 2 BGB eine Deckelung der Haftung bei Insolvenzen. Danach kann der Versicherer seine Haftung auf einen Betrag von 110 Mio. Euro pro Geschäftsjahr begrenzen.[15] Davon hatte die Versicherung wenig überraschend auch bei Thomas Cook Gebrauch gemacht. In diesem Fall reichte der Betrag aber nicht für die volle Abdeckung der riesigen durch die Insolvenz verursachten Schäden. Da Art. 17 Pauschalreise-RL einen „sicheren" Insolvenzschutz für alle nach „vernünftigem Ermessen vorhersehbaren Kosten" verlangt, ist es zumindest wahrscheinlich, dass hier ein Umsetzungsfehler vorliegt.[16] Die Bundesregierung hat daraufhin erklärt, alle Betroffenen entschädigen zu wollen. Ob sie dazu nach der Francovich-Doktrin auch verpflichtet war, wurde somit nicht abschließend geklärt.

**95** Für eine Staatshaftung reicht aber jedenfalls nicht jeder Umsetzungsfehler aus. Es muss vielmehr ein **hinreichend qualifizierter Verstoß** vorliegen, was zum Beispiel dann zu verneinen sein kann, wenn der Gesetzgeber annahm und annehmen durfte, er habe die Richtlinie richtig umgesetzt.[17]

> Im **Beispiel 5** (Rn. 89) gibt es keinerlei Ausflüchte für den Mitgliedstaat M. Er hat die Pflicht zur Umsetzung der Richtlinie verletzt. Die Richtlinie enthielt mit dem Widerrufsrecht außerdem eine Regelung, die den V im Falle der korrekten Umsetzung begünstigt hätte. Der V kann also den Schaden, den er durch die fehlende Widerrufsmöglichkeit erleidet, als Staatshaftungsanspruch gegen M geltend machen. Es handelt sich um die Zinsen, die er bezahlen muss, abzüglich eventueller Zinsgewinne, die er machen kann, wenn er die Kreditsumme seinerseits anlegt.

**96** bb) **Verletzung der Umsetzungspflicht durch nationale Gerichte.** Die Staatshaftungspflicht besteht sogar dann, wenn der Verstoß gegen das EU-Recht nicht durch den Gesetzgeber, sondern **durch die nationalen Gerichte** erfolgt.[18] Die Staatshaftungspflicht tritt also auch dann ein, wenn die nationalen Gerichte das nationale Recht in einer Art und Weise anwenden, welche erkennbar gegen das EU-Recht verstößt.

---

14 So *EuGH* Slg. 1996, 4845 (Dillenkofer); grundlegend bereits *EuGH* Slg. 1991, 5357 (Francovich).
15 Näher MünchKommBGB/*Tonner*, § 651r Rn. 4 f.; *Gorr*, VW 2020, 13.
16 Stattdessen für eine richtlinienkonforme Reduktion des § 651r Abs. 3 BGB und eine unbegrenzte Einstandspflicht der Versicherung eintretend Staudinger/*Staudinger*, BGB, § 651k Rn. 5 f.; die Bundesregierung prüft derzeit eine Neuregelung der Insolvenzsicherung im Reiserecht, BT-Drucks. 19/15995, 5.
17 Näher *Dörr*, WM 2010, 961; anwendend BGH NJW 2009, 2534; zu den Prüfungsvoraussetzungen *Herdegen*, Europarecht, § 10 Rn. 11.
18 *EuGH* Slg. 2003, 10329 Rn. 33 ff. (Köbler). Der 1. Leitsatz beginnt wie folgt: „Der Grundsatz, dass die Mitgliedstaaten zum Ersatz von Schäden verpflichtet sind, die einem Einzelnen durch ihnen zuzurechnende Verstöße gegen das Gemeinschaftsrecht entstehen, ist auch dann anwendbar, wenn der fragliche Verstoß in einer Entscheidung eines letztinstanzlichen Gerichts besteht, sofern die verletzte Gemeinschaftsrechtsnorm bezweckt, dem Einzelnen Rechte zu verleihen, der Verstoß hinreichend qualifiziert ist und zwischen diesem Verstoß und dem dem Einzelnen entstandenen Schaden ein unmittelbarer Kausalzusammenhang besteht."

cc) **Staatshaftung als wirksames Druckmittel.** Diese vom EuGH geschaffene Haftungskonstruktion wirkt als **erhebliches Druckmittel** für die rechtzeitige Umsetzung. Die Geschwindigkeit, mit der die nationalen Gesetzgeber unter diesem Druck tätig werden können, hat sich in Deutschland beispielsweise nach der Entscheidung Heininger des EuGH gezeigt. Hier schien für den Staat zunächst die Gefahr zu drohen, hunderttausende geschädigter Investoren entschädigen zu müssen. Nur wenige Monate nach der Entscheidung trat ein dreifaches „Reparaturgesetz" zur weiteren Anpassung des BGB an die Haustürgeschäfte-RL und die Verbraucherkredit-RL in Kraft (inhaltlich zur Entscheidung näher unten Rn. 363 f.).

97

dd) **Exkurs: Staatshaftung oder Direktwirkung?** In der Rechtsprechung von BGH und EuGH ist in den vergangenen Jahren immer wieder aufgefallen, dass trotz eines Umsetzungsfehlers am Ende nicht der Staat haften musste, sondern die private Vertragspartei – in **scheinbarer Direktwirkung** – zur Befolgung der Richtlinie verpflichtet wurde. Dann musste etwa der Unternehmer sich den Widerruf gefallen lassen, obwohl das Widerrufsrecht sich aus dem nationalen Recht nicht ernstlich ergab.[19]

98

Die Reichweite der „richtlinienkonformen Auslegung" hat Wissenschaft und Rechtsprechung in den letzten Jahren sehr beschäftigt (dazu näher unten Rn. 123 ff.) und es erfolgt in der Regel eine dogmatisch durchaus korrekte Abgrenzung zwischen den Fällen, in welchen noch das nationale Recht richtlinienkonform fortgebildet werden kann, und den Fällen, in denen dies nicht möglich ist, so dass die Vorgaben der Richtlinien unbeachtet bleiben müssen. Diese Abgrenzung berücksichtigt sehr wohl, dass **es im Privatrecht keine Direktwirkung** gibt. Die Gerichte unternehmen jedoch im Rahmen des Zulässigen alle Anstrengung, das nationale Recht durch Auslegung und durch Analogien so zu verstehen, dass es der Richtlinie entspricht. Wo diese Fortbildung gelingt, ist in der Tat der Unternehmer (bzw. außerhalb des Verbraucherrechts eben eine der beiden Vertragsparteien) der Leidtragende, während der Staat der Haftung entrinnt. Die durch die richtlinienkonforme Rechtsfortbildung herausgearbeiteten Rechte – oder Rechtsverluste – dürften die negativ betroffene Partei teils sehr überraschen. Daher ist sogar schon vorgeschlagen worden, dass dann, wenn durch eine Rechtsfortbildung der Norminhalt in einer Weise verändert wird, der ohne Kenntnis der Richtlinie nicht vorhersehbar war, die *benachteiligte Vertragspartei* einen Staatshaftungsanspruch haben sollte.[20] Dieser Vorschlag sollte aber eher als plakative Ermahnung denn als realistische Alternative verstanden werden. Denn die dem Vorschlag zugrundeliegende Verursachungskette grenzt doch schon an das Paradoxe. Der betroffene Unternehmer müsste nämlich einerseits argumentieren, dass die Rechtslage für ihn aufgrund der mangelnden Umsetzung nicht erkennbar gewesen sei, so dass er aufgrund des Umsetzungsfehlers einen Schaden erlitten habe. Andererseits hat das Erstgericht, welches dem Unternehmer die Befolgung der in der Richtlinie vorgesehenen Pflichten (z.B. die Gewährung eines Widerrufsrechts) auferlegt hat, genau im Gegenteil angenommen, dass man die Rechtslage bei richtlinienkonformer Auslegung dem Gesetz hätte entnehmen können. Zu Letzterem sind zumindest große

---

19 *EuGH* Slg. 2001, 9945 Rn. 47 (Heininger); *BGH* NJW 2004, 2744; in Hinsicht auf die Widerrufsfolgen auch BGHZ 179, 27 (Quelle II).
20 *Schinkels*, JZ 2011, 394, 398.

Unternehmen, wie Banken, in der Tat in der Lage. Sie beobachten die Entstehung von EU-Richtlinien genau und vermögen die sich daraus ergebenden Änderungen der Rechtslage zu erkennen, auch ohne dass es dazu einer ausdrücklichen Änderung der deutschen Gesetze bedarf.

## II. Die überschießende Umsetzung

99 Häufig werden Richtlinien nicht nur entsprechend ihrer exakten Vorgaben umgesetzt, sondern der nationale Gesetzgeber geht bei der Umsetzung **über die Vorgaben der Richtlinie hinaus**. Diese über die Vorgaben der Richtlinie hinausgehende Umsetzung wird meist als überschießende Umsetzung bezeichnet. Die überschießenden Normen werden auch Hybridnormen genannt.[21]

Dabei gibt es im Wesentlichen zwei Arten, wie eine nationale Norm über die Richtlinie hinausgehen kann. Es ist zweckmäßig, diese zu unterscheiden.

100 Die typische Form der überschießenden Umsetzung besteht darin, dass der **Anwendungsbereich** der Richtlinie ausgedehnt wird. So ist in Deutschland das der Verbrauchsgüterkauf-RL nachgebildete neue Kaufrecht zu einem großen Teil auch auf Kaufverträge anwendbar, die nicht zwischen einem Unternehmer und einem Verbraucher abgeschlossen worden sind. Das Widerrufsrecht für Verbraucherkredite, das in § 495 BGB umgesetzt ist, erfasst anders als die Richtlinie auch Immobiliarkredite (das galt auch schon vor Umsetzung der Wohnimmobilienkredit-RL, näher unten Rn. 355).

101 Es gibt aber auch eine andere Art der überschießenden Umsetzung. Bei dieser **erweitert** der Gesetzgeber die **inhaltlichen Vorgaben** der Richtlinie. Er fügt dem umsetzenden Gesetz also neue, der Richtlinie fremde Elemente hinzu. Das kann z.B. ein in der Richtlinie nicht vorgesehenes Widerrufsrecht sein oder es können über die Richtlinie hinausgehende Schadensersatzansprüche sein, wie das Verbrauchsgüterkaufrecht sie enthält. Diese (ebenfalls häufige) Form der überschießenden Umsetzung zielt auf eine Erhöhung des von der Richtlinie verlangten Standards. Sie bringt als wesentliches Problem mit sich, dass die Harmonisierung auf diese Weise nicht erreicht werden kann und das Ziel der Binnenmarktverbesserung gefährdet wird (schon oben Rn. 23).[22] Mit so genannten Vollharmonisierungs-Richtlinien versucht die EU, diese Praxis der Mitgliedstaaten einzugrenzen.

---

21 Schulze/Schulte-Nölke/*Dörner*, Schuldrechtsreform vor dem Hintergrund des Gemeinschaftsrechts, 2001, S. 177, 183.
22 *Burmeister/Staebe*, EuR 2009, 444, meinen, dass durch diese Form der überschießenden Umsetzung auch bei Mindeststandard-Richtlinien die Pflicht zur richtlinienkonformen Umsetzung aus Art. 288 Abs. 3 AEUV verletzt sein könne.

## B. Die Anwendung des EU-Privatrechts

### I. Lückenhaftes, nur mittelbar geltendes EU-Privatrecht

#### 1. Mittelbare Geltung des eigentlichen EU-Privatrechts

Der Umgang mit dem EU-Privatrecht unterscheidet sich sehr vom Umgang mit Recht, wie wir ihn sonst kennen. Da das EU-Privatrecht fast ganz aus Richtlinien besteht, stellt es so gut wie keine Normen zur Verfügung, die unmittelbar auf einen Rechtsfall angewendet werden könnten. Es handelt sich also um eine Art **Hintergrundrechtsordnung**. Vordergründig wird eine im nationalen Recht enthaltene Norm angewendet. Bei der Anwendung des nationalen Rechts muss jedoch ständig abgeklopft werden, ob auch die Vorschriften der „europäischen Hintergrundrechtsordnung" eingehalten sind.

102

Teilweise ist diese Geltung im Hintergrund mit der Geltung des **Verfassungsrechts** verglichen worden. Entsprechend wird dann auch die richtlinienkonforme Auslegung mit der verfassungskonformen Auslegung verglichen.[23] Ähnlichkeit besteht durchaus, denn auch das Verfassungsrecht wird im Privatrecht beachtet und kann die Gültigkeit privatrechtlicher Normen sowie die Auslegung des Privatrechts beeinflussen. Ein solcher Vergleich ist jedoch mit großer Vorsicht zu handhaben, da die Wertigkeit des EU-Rechts (beispielsweise die Pauschalreise-RL) mit der Wertigkeit des Verfassungsrechts **nicht auf eine Stufe gestellt** werden kann. Nützlich ist der Vergleich dennoch, da er gewissermaßen wachrüttelt. Die Konformität mit dem EU-Recht muss in der Tat immer mitberücksichtigt werden, wenn nationales Recht ausgelegt wird. Im Konfliktfall setzt sich das EU-Recht durch.

103

#### 2. Lückenhaftes Gebilde

Nicht nur ist das EU-Privatrecht kein Kodex, der auf bestimmte Rechtsfälle angewendet werden könnte. Das EU-Privatrecht ist zusätzlich auch **inhaltlich ganz bruchstückhaft**. Es ist auf Problemschwerpunkte ausgerichtet und regelt diese **punktuell**. Keinesfalls kann das EU-Privatrecht bisher als eine Rechtsordnung mit einigen Lücken angesehen werden, die durch Analogien geschlossen werden könnten. Richtig ist vielmehr die Beschreibung des EU-Rechts als einzelne, zumeist klar umgrenzte „Inseln".[24]

104

So kommt es, dass es eine Richtlinie über den Erwerb von Teilzeitnutzungsrechten gibt, aber keine Regelungen über die Miete und den Kauf von Immobilien. So erklärt sich auch, dass es zwar eine Richtlinie über Warenlieferungs- und Dienstleistungsverträge an der Haustür gibt, dass jedoch *keine* Regelung über Bürgschaftsverträge an der Haustür besteht (näher dazu unten Rn. 338). Auch die Verbraucherrechte-RL, die

---

[23] *Lutter*, JZ 1992, 593, 604; *Jarass*, Grundfragen der innerstaatlichen Bedeutung des EG-Rechts, 1994, S. 96; zur verfassungskonformen Auslegung vgl. nur BVerfGE 69, 1, 55. Die Unterschiede zur verfassungskonformen Auslegung betont *Franzen*, Privatrechtsangleichung, 1999, S. 327 f.
[24] Mit dem inzwischen verbreiteten Ausdruck der „Inseln" schon *Rittner*, JZ 1995, 849, 851; zum punktuellen Charakter, der oft kritisiert wird, auch *Müller-Graff*, NJW 1993, 13, 19; *W.-H. Roth*, FS Drobnig, 1998, S. 135, 136.

zumindest zwei Richtlinien aneinander angepasst hat, konnte nur kleinere Verbesserungen erreichen.²⁵ Im Gegenteil birgt die neue **Tendenz zum Erlass vollharmonisierender Richtlinien** die Gefahr, dass die Richtlinieninhalte im nationalen Recht **noch fremder**, und damit noch „inselartiger", wirken.

**105** Eine wirkliche Geschlossenheit des Systems („Kohärenz"), wie sie in Art. 7 AEUV übrigens sogar ausdrücklich vorgegeben ist, könnte nur durch einen völlig neuen, großen Wurf erreicht werden.

Wiewohl die Versuche, ein vollständiges „Vertragsrecht" einzuführen, seit dem Scheitern des GEK (Rn. 18, Rn. 619 und Anhang III) kaum noch verfolgt werden, wird das punktuelle Regelungskonzept allgemein als unbefriedigend empfunden. Die Kommission hat mit dem **New Deal for Consumers**²⁶ zuletzt einen Anlauf unternommen, etwas mehr Kohärenz herzustellen (dazu näher Rn. 645).

## II. Die Auslegung des EU-Privatrechts

**Literaturhinweis:** *Basedow*, Der Europäische Gerichtshof und das Privatrecht, AcP 210 (2010), 157.

### 1. Allgemeines

**106** Vielfach und eingehend wurden die Methoden untersucht, die bei der Auslegung des EU-Rechts zu verwenden sind.²⁷ Dabei steht oft die Frage im Vordergrund, wie der EuGH das EU-Recht auslegt. So anzusetzen ist zunächst richtig. Der EuGH hat nämlich das **Auslegungsmonopol** für das EU-Recht (dazu unten Rn. 139). Er bestimmt daher **auch die Methodik** der Auslegung. Gleichzeitig muss aber bedacht werden, dass der EuGH nicht sämtliche methodische (oder auch dogmatische) Arbeit allein zu leisten vermag. Auch der Wissenschaft kommt daher eine wichtige **unterstützende** Aufgabe zu.

**107** Die Methoden des EuGH werden nicht selten kritisiert. Teils ist die Kritik sogar so weit gegangen, dem EuGH jede Methodik abzusprechen.²⁸ Auf der anderen Seite hat sich aber bei allen Untersuchungen immer wieder herausgestellt, dass die Auslegung des EU-Rechts durch den EuGH deutschen Gepflogenheiten sehr nahe kommt. Die Ergebnisse lassen sich dahin zusammenfassen, dass besondere, im deutschen Recht zuvor unbekannte Methoden nicht auffindbar sind. Schon eine kurze Auswertung des Materials ergibt vielmehr, dass der EuGH **insgesamt ganz ähnlich wie die deutschen Gerichte** vorgeht.²⁹ Der EuGH äußert sich beispielsweise so: „Nach ständiger

---

25 Dazu unten Rn. 635.
26 Neugestaltung der Rahmenbedingungen für die Verbraucher, COM(2018) 183.
27 Vorerst *Franzen*, Privatrechtsangleichung, 1999, S. 291 ff.; *Buck*, Über die Auslegungsmethoden des Gerichtshofs der Europäischen Gemeinschaft, 1998.
28 *Lorenz*, NJW 2011, 2241, 2242; sehr kritisch etwa Schulze/*Hommelhoff*, Auslegung europäischen Privatrechts, 1999, S. 29.
29 So auch *Lutter*, JZ 1992, 593, 598 f.; *Hommelhoff* meint ebenfalls trotz aller Kritik: „Auch zur Auslegung des Gemeinschaftsrechts verwendet der EuGH Kriterien, die den bekannten Savignys entsprechen", Schulze/*Hommelhoff*, Auslegung europäischen Privatrechts, 1999, S. 29.

Rechtsprechung des Gerichtshofes sind bei der Auslegung einer Gemeinschaftsvorschrift nicht nur deren Wortlaut zu berücksichtigen, sondern auch der Zusammenhang, in dem sie steht, und die Ziele, die mit der Regelung, zu der sie gehört, verfolgt werden."[30]

## 2. Die Auslegungsmethoden des EuGH

### a) Wortlaut

Der EuGH betrachtet, wenn möglich, in erster Linie den Wortlaut der Normen.[31] Begrenzt wird die Bedeutung des Wortlauts allerdings dann, wenn sich bei Fragen der exakten Wortbedeutung das **Problem der Sprachenvielfalt** stellt.[32] Daher ist es bei wirklich sprachlichen Zweifelsfragen in der Regel nicht der Wortlaut, der die Entscheidung letztlich bestimmt.[33]

108

### b) Systematische Auslegung

Zwischen der Wortlautmethode und der teleologischen Methode wird manchmal die sogenannte systematische Auslegung eingefügt. Sie beginnt, wo neben dem konkreten Wortlaut der Norm **auch Nachbarnormen** mitberücksichtigt werden, erstreckt sich aber auch auf den **weiteren Zusammenhang**, in dem die Norm steht, und geht damit schließlich fließend über in die teleologischen, also den Zweck der Norm ergründenden Überlegungen.

109

Auch der EuGH verwendet die systematische Auslegung nicht wirklich gesondert, sondern fasst sie **in den Bereich der teleologischen Auslegung** mit hinein:[34] „Jede Vorschrift des Gemeinschaftsrechts ist in ihrem Zusammenhang zu sehen und im Lichte des gesamten Gemeinschaftsrechts auszulegen."[35]

---

30 *EuGH* Slg. 1999, 7081 Rn. 23 (Adidas); *EuGH* Slg. 2009, 8295 Rn. 38 (Eschig); *EuGH* Slg. 2010 3091 Rn. 25 (Fundación Gala-Salvador Dalí u.a.).
31 Aus dem Verbraucherschutz etwa die Entscheidung Travel Vac, *EuGH* Slg. 1999, 2197, in welcher der *EuGH* bei einigen der Vorlagefragen in auffälliger Weise den Gesetzeszweck unerwähnt lässt und allein den Wortlaut der Norm heranzieht (so Rn. 22 ff., 34 ff.); klar ersichtlich wird die vom *EuGH* verfolgte Reihenfolge auch in der Entscheidung Berliner Kindl, *EuGH* Slg. 2000, 1741 Rn. 18: „Da der Bürgschaftsvertrag somit bei einer Auslegung dieser Bestimmung nach ihrem Wortlaut nicht unter die Richtlinie fällt, ist zu prüfen, ob sich aus der Systematik und den Zielen der Richtlinie etwas anderes ergibt". Klar zu seinen Methoden äußert der *EuGH* sich auch in *EuGH* Slg. 1998, 8679 Rn. 25 ff. (Codan).
32 *EuGH* Slg. 1998, 1199, 1222 (Dietzinger); deutlich nochmals *EuGH* Slg. 2000, 117 Rn. 17 (Estee-Lauder): „Ist der Wortlaut einer Gemeinschaftsvorschrift in ihren verschiedenen sprachlichen Fassungen im Lichte der Entstehungsgeschichte der Vorschrift und der Materialien, auf die sich die Parteien sich in ihren beim Gerichtshof eingereichten Erklärungen gestützt haben, so widersprüchlich und mehrdeutig, dass sich ihm keine Antwort auf die Frage nach seiner Bedeutung entnehmen lässt, so ist für seine Auslegung auf den Zusammenhang der Vorschrift und auf das mit der Regelung verfolgte Ziel abzustellen."
33 Das beobachtet auch *Franzen*, in: Jahrbuch Junger Zivilrechtswissenschaftler 1997, S. 285, 286 f.; ebenso *W.-H. Roth*, BGH-Festgabe, 2000, Band 2, S. 847, 873.
34 Näher Riesenhuber/*Riesenhuber*, Europäische Methodenlehre, § 10 Rn. 22 ff.
35 *EuGH* Slg. 1982, 3415 Rn. 20 (C.I.L.F.I.T.); nochmals *EuGH* Slg. 2000, 1741 Rn. 24 ff. (Berliner Kindl); auch *EuGH* Slg. 1999, 7081 Rn. 23 (Adidas).

c) **Teleologische Auslegung**

110 aa) **Grundsätzliche Bedeutung.** Die zentrale Auslegungsmethode des EuGH ist die teleologische, also **die am Zweck des Gesetzes orientierte Methode**.[36] Dabei werden – entweder als Teil der teleologischen Methode oder in deren Nähe – einige Besonderheiten angesiedelt. Bei näherem Hinsehen zeigt sich, dass der Auslegungsvorgang, der hier als Besonderheit aufgefasst wird, nur deshalb so erscheint, weil bereits Inhalte, und zwar solche spezifisch europäischer Art, einbezogen werden.

111 bb) **Effet utile.** Der EuGH verwendet bei der Auslegung den Grundsatz des „effet utile".[37] Der „effet utile" bedeutet, dass eine Norm so verstanden werden soll, dass sie **den größten praktischen Nutzen** erreicht.[38] Was jeweils der „praktische Nutzen" ist, entnimmt der EuGH nicht nur aus der Norm selbst, sondern auch aus den allgemeinen Grundsätzen des EU-Rechts.[39] Die Norm wird jeweils so ausgelegt, dass die mit ihr angestrebten Ziele **möglichst in idealer Weise** erreicht werden können. Der Grundsatz des „effet utile" ist somit wirklich nur eine Form der teleologischen Methode, bei der inhaltliche Vorgaben mit einbezogen sind.

d) **Autonome Auslegung**

112 Als wichtiger Grundsatz der Auslegung und auch als gewisse Besonderheit ist die „autonome Auslegung" anzusehen. Sie stellt allerdings **keine eigentliche Methode** der Auslegung dar. Der Begriff autonome Auslegung wird vielmehr verwendet, um zu bezeichnen, welches Recht bei der Auslegung zugrunde gelegt wird. Autonom bedeutet im Zusammenhang des EU-Rechts, dass die Auslegung von den Inhalten der nationalen Gesetze und den Auffassungen der nationalen Gerichte *gelöst*, nämlich **allein aus dem AEUV und dem dazu gehörigen EU-Recht, erfolgt**.[40]

Vertraut ist der Begriff insbesondere in Bezug auf die prozessualen und kollisionsrechtlichen Verordnungen, wie etwa die EuGVVO (früher auch schon für das EuGVÜ) und die Rom-Verordnungen (sowie früher das EVÜ). Auch Richtlinien müssen aber jedenfalls im Ansatz autonom ausgelegt werden.[41] Die in Richtlinien

---

36 Schulze/*Schulte-Nölke*, Auslegung europäischen Privatrechts, 1999, S. 143, 159; *Schulze*, ebenda, S. 9, 13; zum vergleichsweise geringen Stellenwert der Wortlautmethode umfassend *Anweiler*, Auslegungsmethoden, 1997, S. 145 ff., 168 ff.
37 Lesenswert *Potacs*, EuR 2009, 265; auch *Franzen*, Privatrechtsangleichung, 1999, S. 452 ff.; *Streinz*, FS Everling, 1995, S. 1491.
38 *Buck*, Über die Auslegungsmethoden, 1998, S. 208 ff.; *Everling*, JZ 2000, 217, 223.
39 Nur *EuGH* Slg. 1999, 7081 Rn. 24 (Adidas); *Franzen*, Privatrechtsangleichung, 1999, S. 453.
40 Riesenhuber/*Riesenhuber*, Europäische Methodenlehre, § 10 Rn. 4 ff.; ausdrücklich verwendet der *EuGH* den Begriff der autonomen Auslegung, wenn es um Übereinkommen geht, vgl. zum EuGVÜ (jetzt EuGVVO) *EuGH* Slg. 1997, 3768, 3795 (Benincasa) (zum Verbraucherbegriff); auch bei der Auslegung des Vertrags geht er oftmals rein autonom vor, siehe etwa *EuGH* Slg. 1982, 1035, 1048 ff. (Levin); vgl. aber auch *Habersack*, WM 2000, 981, 984, der „autonom" als eigenständig *in Hinblick auf die Methode* versteht.
41 Grabitz/Hilf/Nettesheim/*Mayer*, Das Recht der EU, Band I, Art. 19 EUV Rn. 53; vgl. auch die Entscheidung *EuGH* Slg. 1994, 1311, 1321 (Christel Schmidt), die *Franzen*, in: Jahrbuch junger Zivilrechtswissenschaftler 1997, S. 285, 287 ff., gerade in der Frage der autonomen Auslegung hin analysiert hat; *ders.*, Privatrechtsangleichung, 1999, S. 478 ff., setzt sich ausführlicher und zugleich kritisch mit der autonomen Auslegung von Richtlinien durch den *EuGH* auseinander, die er wegen des den Richtlinien innewohnenden Bezugs zum nationalen Recht für bedenklich hält.

verwendeten Rechtsbegriffe können also nicht ohne weiteres den entsprechenden Begriffen des nationalen Rechts gleichgesetzt werden.[42] Die autonome Auslegung wird nicht in allen Einzelfragen verwendet, sondern nur, wenn sie **im jeweiligen Zusammenhang brauchbar** erscheint.[43]

Das Gegenstück zur autonomen Auslegung ist die vergleichende Auslegung, bei der die Lösung der Zweifelsfrage gerade nicht aus dem EU-Recht selbst, sondern aus den Rechtsordnungen der Mitgliedstaaten heraus gesucht wird.

### e) Rechtsvergleichende Auslegung

Der EuGH verwendet gelegentlich auch die rechtsvergleichende Auslegung, indem er **auf die nationalen Rechtsordnungen der Mitgliedstaaten zurückgreift** und von diesen Schlüsse auf das EU-Recht zieht.[44] Die rechtsvergleichende Auslegung wird vom EuGH besonders dann verwendet, wenn es darum geht, allgemeine Rechtsgrundsätze für das EU-Recht zu erschließen, die dieses selbst nicht – genau genommen sollte es heißen: nicht ausdrücklich – enthält.[45] Die Beispiele für diese Rechtsprechung stammen fast immer aus dem Bereich des primären Vertragsrechts.[46] So leitet der EuGH ein allgemeines Verbot des Rechtsmissbrauchs aus den Rechtsordnungen der Mitgliedstaaten ab.[47]

113

Der EuGH verwendet rechtsvergleichende Erwägungen bei der Auslegung von Richtlinien kaum.[48] Das hat seine Ursache aber nicht etwa darin, dass er Rechtsvergleichung ablehnt. Wie gezeigt zieht er rechtsvergleichende Überlegungen **bei allgemeineren Fragen** gern heran. In den Richtlinien sind dagegen oft recht spezielle Einzelfragen geregelt, für die sich die Rechtsvergleichung kaum eignet. Außerdem hat eine Richtlinie oft ein spezifisches, binnenmarktorientiertes Ziel, welches so in den einzelnen mitgliedstaatlichen Rechtsordnungen nicht vorkommt. Dann ist die Verfolgung des „effet utile" (Rn. 111) und die Autonomie der Richtlinienauslegung wichtiger als etwaige rechtsvergleichende Überlegungen.

---

42 Früh etwa *EuGH* Slg. 1982, 1363 Rn. 19 f. (Pommerehnke), wo „Kaufvertrag" ausdrücklich abweichend vom nationalen Recht verstanden wird; das aufgreifend auch *EuGH* NJW 2017, 3215 Rn. 34 (Schottelius); zum Begriff des Verkäufers *EuGH* NJW 2017, 874 Rn. 28 (Wathelet); näher *W.-H. Roth*, BGH-Festgabe, 2000, Band 2, S. 847, 873.

43 Diese Mischung aus autonomer Auslegung und anderen Erwägungen (etwa Auslegung nach der lex fori) lässt sich gut am Beispiel der EuGVVO (früher EuGVÜ) erkennen. Autonom erfolgte z.B. die Auslegung des Begriffs „Verbrauchervertrag" in *EuGH* Slg. 1993, 139 Rn. 18 (Shearson Lehman Hutton), sowie *EuGH* Slg. 2005, 439 Rn. 31 (Gruber).

44 *Everling*, ZEuP 1997, 796, 802; *Anweiler*, Auslegungsmethoden, 1997, S. 277 ff.; kritischer Riesenhuber/*Schwartze*, Europäische Methodenlehre, § 4 Rn. 24 ff.

45 *Schulze*, ZfRV 1997, 183, 188; *Grundmann*, Europäisches Schuldvertragsrecht, 1999, S. 130 ff., 138; *Franzen*, Privatrechtsangleichung, 1999, S. 454.

46 Berühmt die Rechtsprechung zur Staatshaftung, etwa im Urteil Francovich, *EuGH* Slg. 1991, 5357; ansonsten wird die Rechtsvergleichung selten benannt, wiewohl sie in der Praxis am *EuGH* stattfindet, näher *Henninger*, Europäisches Privatrecht und Methode, 2009, S. 293 f.

47 So in den Entscheidungen *EuGH* Slg. 1998, 2843, 2869 Rn. 20 (Kefalas) und *EuGH* Slg. 2000, 1705, 1734 Rn. 33 (Diamantis).

48 Ohne Begründung ging der *EuGH* in der Entscheidung Dietzinger von der Akzessorietät der Bürgschaft aus. Darin liegt nichts anderes als ein vergleichender Blick auf die mitgliedstaatlichen Rechtsordnungen, die sich insofern – wie der *EuGH* offenbar als selbstverständlich ansah – alle gleichen, *EuGH* Slg. 1998, 1199, 1221.

Das muss jedoch nicht immer der Fall sein. Gerade wenn die Richtlinien allgemeinere Inhalte haben, wie etwa die Verbrauchsgüterkauf-RL, kann es hilfreich sein, sie (wiewohl vorsichtig und wertend, ohne Aufgabe der Autonomie) rechtsvergleichend auszulegen. Da die Richtlinien in manchen Bereichen (wie bei den kaufrechtlichen Gewährleistungsrechten) auf der Basis **rechtsvergleichender Arbeit zustande gekommen** sind, entspricht es ihnen dann oftmals, auch bei der Auslegung in die Rechtsordnungen der Mitgliedstaaten zu schauen. Die autonome Auslegung führt dann also geradezu zum Rechtsvergleich.

Auch die verschiedenen wissenschaftlichen Vorarbeiten für ein europäisches Kauf- oder Schuldrecht, wie die **Lando-Grundregeln**[49] oder der **Referenzrahmen**, können gelegentlich für das Verständnis der allgemeineren Richtlinien nützlich sein. Sie haben zwar keinerlei Verbindlichkeit. Sie heranzuziehen kann aber der Vereinfachung dienen, weil sie bereits fertige, rechtsvergleichend – wiewohl zugleich auch wertend – zusammengetragene Grundgedanken europäischen Privatrechts sind.[50] Jedoch ist darauf zu achten, dass die Lando-Grundregeln nicht am Verbraucherschutz orientiert sind. Wo immer die Richtlinien verbraucherschützenden Charakter haben, muss also bei der Heranziehung der Lando-Grundregeln mit besonderer Vorsicht vorgegangen werden.

**114** Aus methodischer Sicht ist von Interesse, dass der EuGH nie in einem strengen Sinne rechtsvergleichend arbeitet. Er vergleicht nicht etwa alle zur Verfügung stehenden Rechtsordnungen, sondern er geht wertend vor und zieht **nur ausgewählte Rechtsordnungen** heran,[51] denen er Anregungen entnimmt.[52] Vor allem für die Verbrauchsgüterkauf-RL bietet sich schließlich ein Vergleich mit dem CISG an, das bei der Entstehung zumindest in einigen Fragen als (ein) Vorbild diente.[53] Insgesamt muss die (in dieser Form durchgeführte) Rechtsvergleichung als wichtige Methode eingeschätzt werden.

Zusätzlich betreibt der EuGH noch eine ganz andere Art von Vergleich. Er vergleicht, wenn nötig, auch die Fassungen des AEUV sowie des sekundären EU-Rechts in den verschiedenen Sprachen.[54] Dieser **Wortlautvergleich** gehört eher in den Bereich der wörtlichen oder auch systematischen Auslegung.[55]

---

49   Näher zu diesem Klauselwerk auch unten Rn. 615.
50   So auch *Schmidt*, FS Großfeld, 1999, S. 1017, 1026; zum Charakter der Lando-Grundregeln nur als Grundsätze des Europäischen Vertragsrechts, *von Bar/Zimmermann*, Grundregeln des Europäischen Vertragsrechts, Teil III, 2005, S. XIX.
51   Das beschreibt etwa *Grundmann*, Europäisches Schuldvertragsrecht, 1999, S. 133; *Everling*, ZEuP 1997, 796, 802; aus der Rechtsprechung selbst vgl. nur *EuGH* Slg. 1982, 1575 Rn. 18 ff. (AM&S); mehr Rechtsvergleichung fordert *Remien*, RabelsZ 62 (1998), 627, 646 vom *EuGH*.
52   Das wird ebenfalls erkennbar in *EuGH* Slg. 1982, 1575 Rn. 18 ff. (AM&S); mit weiteren Beispielen *Anweiler*, Auslegungsmethoden, 1997, S. 282 ff.; *Franzen*, Privatrechtsangleichung, 1999, S. 455, spricht daher nicht von einer Auslegungs- sondern von einer Arbeitsmethode.
53   So etwa auch *EuGH* NJW 2017, 3215 Rn. 39 (Schottelius).
54   *EuGH* Slg. 1982, 3415, 3430 (C.I.L.F.I.T.); *EuGH* Slg. 1998, 1605 Rn. 34 ff. (EMU Tabac), dazu *Schmidt*, RabelsZ 59 (1995), 576; *Schulze/Schulte-Nölke*, Auslegung europäischen Privatrechts, 1999, S. 143, 158.
55   So auch *Anweiler*, Auslegungsmethoden, 1997, S. 146 ff.

## III. Rechtsfortbildung im EU-Recht

### 1. Rechtsfortbildung

Der EuGH nimmt neben der bloßen Auslegung im engen Sinne auch eine Fortbildung des EU-Rechts vor.[56] Dabei unterscheidet der EuGH anders als die gängige deutsche Methodenlehre **nicht** zwischen beiden Vorgängen. Er bezeichnet **auch die Rechtsfortbildung als „Auslegung"**.[57] Im Folgenden sei nur noch ein Blick auf den Analogieschluss als eine Methode der Rechtsfortbildung geworfen.

115

### 2. Analogie als vom EuGH genutzte Methode

Der EuGH kennt die Analogie im klassischen Sinne.[58] Sie ist allerdings in seiner Rechtsprechung auffallend selten.[59] Greifen Normen des primären und sekundären EU-Rechts nicht ein, orientiert der EuGH sich bei seinen Entscheidungen in der Regel an allgemeinen Rechtsgrundsätzen, ohne Überlegungen zur Analogie anzustellen. Das hat einen Grund. Der EuGH muss nämlich nur selten kleine (planwidrige) Lücken stopfen.[60] Meist steht er vor **großflächig ungeregelten Rechtsbereichen**. Die Staatshaftungsrechtsprechung, die der EuGH für die Fälle fehlerhaft umgesetzter Richtlinien entwickelt hat, ist dafür ein bekanntes Beispiel.[61] Es bestand hier keine Möglichkeit, über Analogien zu etwaigen im EU-Recht geregelten Rechtsfragen zu einer Lösung zu kommen. Vielmehr musste eine auf allgemeinen Rechtsgrundsätzen aufbauende, freie Rechtsfortbildung betrieben werden. In dem Versuch, die Vorgehensweise des EuGH methodisch zu beschreiben, ist diese Technik als **prinzipiengeleiteter Analogieschluss** bezeichnet worden.[62]

116

Ob dem EuGH hier nicht zu viel der Ehre erwiesen wird, kann offenbleiben. Es ist wohl nicht falsch, die **eher vage Vorgehensweise** des EuGH methodisch zu unter-

---

56 *Anweiler*, Auslegungsmethoden, 1997, S. 35, nennt als Grund für die Häufigkeit zu Recht die Lückenhaftigkeit des EU-Rechts. Ähnlich auch *Everling*, JZ 2000, 217, 220 f., der allerdings zugleich die terminologischen Unklarheiten zwischen Rechtsfortbildung und Auslegung kurzerhand umgekehrt zum Üblichen überwindet, indem er schon die Auslegung mit unter die Rechtsfortbildung fasst (S. 218); kritisch *Möllers*, EuR 1998, 20.
57 Kritisch dazu *Schweitzer/Hummer/Obwexer*, Europarecht, Rn. 451; differenzierend dagegen *Franzen*, Privatrechtsangleichung, 1999, S. 358 f.: Während das EU-Recht keine unterschiedlichen Anforderungen an Auslegung und Rechtsfortbildung kennt, müssten bei der Rechtsfortbildung in Deutschland andere Voraussetzungen erfüllt sein als bei der Auslegung. Im Ergebnis die Übereinstimmung von Auslegung und Fortbildung des Rechts betonend *Esser*, Grundsatz und Norm, 1990, S. 259.
58 *EuGH* Slg. 1975, 261 Rn. 3 (Reich); *EuGH* Slg. 1985, 3997, LS 1 (Krohn); letztlich ablehnend *EuGH* NJW 2014, 203 Rn. 39 (Salzgitter); gern wendet der *EuGH* seine eigenen Urteile „analog" an, nur *EuGH* NJW 2013, 2653 Rn. 73 (VG-Wort).
59 Aufschlussreich die Untersuchung *Ukrows*, Richterliche Rechtsfortbildung, 1995, S. 70 ff., 109 ff., der sie zwar als dem *EuGH* geläufig erwähnt (S. 123 ff.), jedoch offenbar keiner besonderen Analyse für Wert hält.
60 Ein Beispiel für einen Fall, in dem eine Analogie durchaus möglich gewesen wäre und der *EuGH* Überlegungen dazu auffällig unterlassen hat, ist der Fall Berliner Kindl, *EuGH* Slg. 2000, 1741 (dazu näher unten Rn. 435).
61 Zur Staatshaftungsrechtsprechung im Falle der Verletzung der Pflicht zur Umsetzung von Richtlinien vgl. oben Rn. 94.
62 Im Gegensatz zu dem üblichen auf Normen (= Regeln) gestützten Analogieschluss *Langenbucher*, in: Jahrbuch junger Zivilrechtswissenschaftler 1999, S. 65, 79 ff.

mauern und so zu stabilisieren. Inhaltlich richtig ist die Beobachtung, dass der EuGH sich in typischer Weise und häufig auf allgemeine Rechtsgrundsätze stützt.

117 Bei Rechtsfragen, die sich innerhalb des Anwendungsbereichs oder zu den Grenzen des Anwendungsbereichs von Richtlinien stellen, kann die Analogie dagegen eine größere Bedeutung erhalten. Etwas umstritten ist dabei allerdings das Verhältnis zu den **Umgehungsverboten**. Ein solches Umgehungsverbot enthalten nach allgemeiner Ansicht sämtliche verbraucherschützende Richtlinien, wiewohl nicht alle es ausdrücklich benennen.[63] Im nationalen Recht wurde das Umgehungsverbot jeweils kodifiziert (vgl. insbesondere § 312k Abs. 1 BGB, § 476 Abs. 1 BGB). Ob dieses Umgehungsverbot letztlich nur deklaratorisch ist, weil das Ergebnis sich ohnehin aus einer dem Gesetzeszweck folgenden Analogie bzw. teleologischen Reduktion ergeben würde, ist streitig.[64] Soweit eine Analogie im Bereich der Tatbestandsvoraussetzungen gut zu begründen ist, tritt das Umgehungsverbot richtiger Ansicht nach zurück.[65]

### 3. Wertung

118 Auch bei der Rechtsfortbildung bestehen keine grundlegenden methodischen Unterschiede zwischen dem EU-Recht und dem nationalen Recht. Die Rechtsfortbildung wird im EU-Recht auf ähnliche Art vorgenommen wie im nationalen Recht, wenn auch **mit geringerem Begründungsaufwand**.[66] Anders als im nationalen Recht ist allerdings im EU-Recht die Rechtsfortbildung sehr häufig, weil dieses Recht, wie soeben dargestellt (Rn. 104 f.), **noch neu und sehr lückenhaft** ist. Dabei betrifft der Großteil der Rechtsfortbildung die sogenannten Grundsätze des EU-Rechts, also Bereiche des primären Rechts. Auch im Privatrecht werden aber Rechtsgrundsätze erkennbar (dazu unten Rn. 234 ff.).

## IV. Zusammenfassung

119 Die für das EU-Recht anzuwendenden Auslegungsmethoden sind den nationalen Methoden nah verwandt.[67] Inhaltlich werden sie allerdings um einige zusätzliche Erwägungen ergänzt. Wichtig ist, dass über den Grundsatz des „effet utile" die Ziele des EU-Rechts mit in die Auslegung der konkreten Norm einbezogen werden. Da diese Ziele sich von den Zielen des nationalen Privatrechts oft massiv unterscheiden, sind – trotz der Methodengleichheit – auch die Auslegungsergebnisse oft anders als bei rein nationaler Betrachtungsweise.

Ein auch methodisch wesentlicher Unterschied bei der Auslegung entsteht dadurch, dass sich das europäische Recht noch im Entstehungsprozess befindet. Das führt dazu, dass bei der Auslegung öfter weitreichendere systematische Erwägungen ange-

---

63 Art. 6 Abs. 2 Klausel-RL enthält nur ein Verbot der Umgehung durch Rechtswahl.
64 Differenzierend BeckOK/*Maume*, BGB, § 312k Rn. 8 f.; MünchKommBGB/*Wendehorst*, § 312k Rn. 14 f.; anwendend jedoch *OLG Schleswig*, CR 2003, 300.
65 MünchKommBGB/*Wendehorst*, § 312k Rn. 14 f.
66 Riesenhuber/*Leible/Domröse*, Europäische Methodenlehre, § 8 Rn. 32 ff.
67 Übereinstimmung sieht auch *Franzen*, Privatrechtsangleichung, 1999, S. 455.

stellt werden müssen, als dies bei den lückenlosen und fertigen Regeln des nationalen Rechts vorkommt. Umso mehr wird es nötig, die Ziele und allgemeinen Prinzipien des EU-Privatrechts heranzuziehen, soweit diese erkennbar sind.

## C. Die Auslegung von nationalem Recht mit EU-rechtlichem Hintergrund

### I. Europäische Auslegung

Bisher war von der Auslegung der Rechtsakte der EU die Rede. Ganz andere Auslegungsprobleme ergeben sich, wenn es darum geht, **nationales Recht „europäisch" auszulegen**. Dafür sind die Mitgliedstaaten zuständig, und es gelten die nationalen Auslegungsmethoden. Jedoch darf auch hierbei das EU-Recht nicht unberücksichtigt bleiben. Wie sich oben schon gezeigt hat (Rn. 80), müssen z.B. die Grundfreiheiten bei der Ausfüllung der Generalklauseln berücksichtigt werden. Wo Richtlinien existieren, muss das nationale Recht **richtlinienkonform** ausgelegt werden. Und ganz generell sollte im Rahmen des allgemeinen **Grundsatzes der Europarechtsfreundlichkeit** der Blick auf die Rechtsordnungen anderer Mitgliedstaaten und die allgemeinen Rechtsgrundsätze der EU verstärkt sein.

120

### II. Grundlagen der richtlinienkonformen Auslegung

Richtlinienkonforme Auslegung bedeutet, dass eine Norm des nationalen Rechts so ausgelegt wird, dass sie mit den Vorgaben aus den Richtlinien übereinstimmt.[68] Im Grundsatz ist die Notwendigkeit richtlinienkonformer Auslegung von in das nationale Recht umgesetztem Richtlinienrecht allgemein anerkannt.

121

Die richtlinienkonforme Auslegung ist dogmatisch unproblematisch, solange es um Normen geht, die der nationale Gesetzgeber **zum Zweck der Umsetzung** einer Richtlinie in das nationale Recht eingefügt hat und deren Wortlaut eine Auslegung im Sinne der Richtlinie (noch) deckt. Dann gelangt man mit den anerkannten Auslegungsmethoden ohnehin zu dem Ergebnis, dass die neue Norm im Sinne der Richtlinie zu verstehen ist: Da der nationale Gesetzgeber die Richtlinie korrekt umsetzen wollte, **entspricht es seinem Willen**, dass das nationale Recht richtlinienkonform ausgelegt wird.[69]

Die dogmatische Herleitung und die Reichweite der richtlinienkonformen Auslegung erlangen jedoch Bedeutung, wenn eine Richtlinie vom Gesetzgeber bewusst oder unbewusst **gar nicht, unvollständig oder verändert** in nationales Recht umgesetzt worden ist.

---

68 Sie hat also mit den oben (Rn. 108 ff.) vorgestellten Methoden der Auslegung des Unionsrechts selbst nichts zu tun.
69 Nur *Lutter*, JZ 1992, 593, 598; enger offenbar *Franzen*, JZ 2003, 321, 324, jedenfalls für den Fall, dass konkretere inhaltliche Erwägungen des Gesetzgebers erkennbar sind.

## III. Richtlinienkonforme Auslegung als Gebot des EU-Rechts

**122** Vereinfacht kann man sagen: Weil die Pflicht zur Umsetzung der Richtlinien besteht, besteht auch die Pflicht zur richtlinienkonformen Auslegung.

Die richtlinienkonforme Auslegung ergab sich nach ganz h.A. bereits früher aus Art. 249 EGV (nun Art. 288 AEUV) verbunden mit der Pflicht zur Loyalität (früher „Gemeinschaftstreue") nach Art. 10 EGV (nun Art. 4 Abs. 3 EUV).[70] Denn die richtlinienkonforme Auslegung vollendet erst die korrekte Umsetzung. Jetzt ist sie zusätzlich **(beinahe) ausdrücklich in Art. 291 Abs. 2 AEUV** enthalten.

Dem kann nicht entgegengehalten werden, dass die nationalen Gerichte unabhängig seien, und in ihrer Auslegung, anders als die Legislative, gerade keiner unmittelbaren Pflicht zur Umsetzung des EU-Rechts unterlägen.[71] Denn die Unabhängigkeit der Gerichte führt nicht dazu, dass sie das Recht – sei es solches deutschen oder europäischen Ursprungs – falsch anwenden oder nach Belieben auslegen könnten.[72] Es besteht also ein europarechtliches Gebot zur richtlinienkonformen Auslegung. Dieses Gebot muss **auch von den Gerichten** stets beachtet werden. Hand in Hand mit der Pflicht zur richtlinienkonformen Auslegung geht die in Art. 267 AEUV enthaltene Pflicht zur Vorlage an den EuGH bei Zweifeln über Auslegungsfragen.[73]

Dass die richtlinienkonforme Auslegung aus dem EU-Recht abzuleiten ist, hat praktische Bedeutung. Es bringt mit sich, dass der **Wille des nationalen Gesetzgebers in seiner Bedeutung für die Auslegung verliert**. Ob er allerdings ganz unbeachtlich sein soll oder ob ihm doch noch Bedeutung zukommt, ist streitig und soll im Folgenden erörtert werden.

## IV. Die Reichweite der richtlinienkonformen Auslegung nationaler Gesetze

**123** **Literaturhinweis:** *Wendel/Stöbener*, Gerichtlicher Dialog und europarechtskonforme Rechtsfortbildung (Klausur), Jura 2010, 536; *Kuhn*, Überschießende Umsetzung bei mindest- und vollharmonisierenden Richtlinien: Einheitliche oder gespaltene Anwendung?, EuR 2015, 216.

> **Beispiel 6a** – nach EuGH Slg. 2008, 2685 (Quelle): F hat sich bei Quelle einen Herd bestellt. Als dieser nach einigen Monaten kaputt geht, verlangt sie Ersatzlieferung. Quelle liefert einen Ersatzherd, verlangt aber Wertersatz in Höhe von 67,86 Euro für die Nutzung des alten Herds.

---

70 Gebauer/Wiedmann/*Gebauer*, Zivilrecht unter europäischem Einfluss, Kap. 4 Rn. 29, 32; *Jarass*, Grundfragen der innerstaatlichen Bedeutung des EG-Rechts, 1994, S. 6 ff., 9.
71 Nochmals *Ehricke*, RabelsZ 59 (1995), 599, 615 f.
72 Dazu, dass die Verletzung der europarechtlichen Umsetzungspflicht durch die Gerichte sogar Sanktionen zur Folge haben kann, schon oben Rn. 95.
73 Davon geht auch der *EuGH* aus, etwa in *EuGH* Slg. 1990, 4135 LS 2 (Marleasing); bestätigend *Basedow*, FS Brandner, 1996, S. 651, 657; *Jarass*, EuR 1991, 211, 216, spricht insgesamt von einer dem EU-Recht durch zulässige Rechtsfortbildung entnommenen Pflicht.

**Beispiel 6b:** K hat auf der kleinen Internetseite des V ein fantastisches altes Poster seiner Lieblingsband entdeckt, das er sich seit Jahren wünscht. Mit ein paar Klicks kauft er es und überweist auch gleich den Kaufpreis an V. Als das Poster nach mehreren Wochen immer noch nicht eingetroffen ist, ruft er V an und erhält folgende Information: V habe das Poster inzwischen für den doppelten Preis an den Y verkauft. Der habe sich nämlich kurz vor der Absendung des Posters an K bei V gemeldet, habe dem V erklärt, dass der Verkauf an K nach § 312j Abs. 4 BGB unwirksam sei, und ihm zu allem Überfluss den doppelten Preis bezahlt. K ist untröstlich und verlangt das Poster oder wenigstens die von Y bezahlte Summe.

## 1. Richtlinienkonforme Auslegung gegen den Willen des nationalen Gesetzgebers?

Die nationalen Gerichte sind nach Ansicht des EuGH verpflichtet, „soweit irgend möglich" einen Weg zur richtlinienkonformen Auslegung zu finden.[74]

Nach überzeugender Ansicht hat eine richtlinienkonforme Auslegung auch dann zu erfolgen, wenn der Gesetzgeber bei der Umsetzung – bzw. durch die Nichtumsetzung – *bewusst* richtlinienwidrig vorgegangen ist.[75] Denn der durch Art. 23 Abs. 1 GG ausdrücklich auch im Grundgesetz bestätigte Vorrang des EU-Rechts enthält **nicht die Möglichkeit des absichtlichen Abweichens von der Richtlinie**.[76]

## 2. Richtlinienkonforme Auslegung und andere Auslegungsmethoden

Damit ist aber noch nicht gesagt, dass das nationale Recht in jedem Fall richtlinienkonform ausgelegt werden *kann*.

Es muss vielmehr noch geklärt werden, in welchem Verhältnis die richtlinienkonforme Auslegung zu den übrigen Auslegungskriterien steht. Wie ist es etwa, wenn der Wortlaut des nationalen Gesetzes mit der Richtlinie schlichtweg unvereinbar ist? Wie ist es, wenn der Wortlaut der Norm die richtlinienkonforme Auslegung zwar noch decken würde, andere Auslegungskriterien einem solchen Normverständnis aber widersprechen würden?

Hier muss zunächst methodisch gedacht werden: *Auslegung* liegt nur vor, solange sich der Rechtsanwender **innerhalb der Wortlautgrenze** bewegt. Wird diese überschritten, handelt es sich um Rechtsfortbildung. Solange es um einfache Auslegung geht, müssen tatsächlich alle systematischen oder teleologischen Bedenken zurückstehen, wenn sie einer richtlinienkonformen Auslegung entgegenstehen. Man kann al-

---

[74] *EuGH* Slg. 1990, 4135, 4159 (Marleasing); *EuGH* Slg. 1994, 3325, 3357 (Faccini Dori); *EuGH* Slg. 2004, 8835 Rn. 113 (Pfeiffer); *EuGH* Slg. 2006, 6091 Rn. 108 (Adeneler); zum Ganzen ausführlich *Franzen*, Privatrechtsangleichung, 1999, S. 340 ff.; Riesenhuber/*W.-H. Roth/Jopen*, Europäische Methodenlehre, § 13 Rn. 26; Gebauer/Wiedmann/*Gebauer*, Zivilrecht unter europäischem Einfluss, Kap. 4 Rn. 17 ff.

[75] *EuGH* Slg. 2004, 8835 (Pfeiffer); BGHZ 179, 27 (Quelle II); *Herrmann*, Richtlinienumsetzung durch die Rechtsprechung, 2003, S. 138.

[76] *Jarass*, EuR 1991, 211, 216; *Lutter*, JZ 1992, 593, 605, spricht für einen der Umsetzung entgegenstehenden Willen von einem unbeachtlichen „venire contra factum proprium".

so sagen, dass die Auslegung im Sinne der Richtlinie **Vorrang vor den anderen Auslegungskriterien** hat.

### 3. Richtlinienkonforme Rechtsfortbildung

126 Während man sich bei der Auslegung stets auf dem Boden des Wortlauts der Norm bewegt, entfernt man sich bei der Rechtsfortbildung davon und erweitert das geschriebene Recht durch Analogie oder schränkt es durch teleologische Reduktion (als umgekehrte Analogie) ein. Daran, dass **richtlinienkonforme Rechtsfortbildung** generell möglich ist, bestehen keine Zweifel.[77] Die Grenzen richtlinienkonformer Rechtsfortbildung sind jedoch eine zentrale Streitfrage des EU-Rechts.[78] Die Frage, ob eine Rechtsfortbildung im Sinne einer Richtlinie möglich ist, selbst wenn das nationale Privatrecht sie aus sich heraus nicht hergeben würde, wird gelegentlich anschaulich unter dem Schlagwort „richtlinienkonforme Auslegung contra legem" diskutiert.[79]

Um die Diskussion gut nachvollziehen zu können, muss man beachten, dass innerhalb der Diskussion manche Begriffe sehr unterschiedlich verwendet werden. Der EuGH spricht, wie gezeigt (Rn. 115), immer von Auslegung, auch wenn es um Analogie geht. Der EuGH hat außerdem auch ausgesprochen, die richtlinienkonforme Auslegung dürfe nicht Grundlage für eine Auslegung des nationalen Rechts contra legem werden.[80] Damit meint der EuGH aber nicht die Wortlautgrenze, sondern er will nur betonen, dass **nationale Methoden die Analogie noch tragen müssen**.

127 Will man zu einer brauchbaren Lösung gelangen, so eignet sich als Ausgangspunkt aller Überlegungen der Grundgedanke, dass die richtlinienkonforme Auslegung etwas anderes ist und bleiben muss als die unmittelbare Wirkung von Richtlinien, welche es ja im Privatrecht nicht gibt.[81] Der Vertrauensschutz, den das Verbot der unmittelbaren Anwendung der Richtlinien im Privatrecht anstrebt, darf **nicht durch die übermäßige richtlinienkonforme Auslegung ausgehebelt** werden. Daher muss die richtlinienkonforme Auslegung des nationalen Rechts letztlich unbedingt aus dem nationalen Recht selbst ablesbar sein und darf nicht faktisch einer Direktwirkung der Richtlinien gleichkommen. Zutreffend ist daher die Auffassung, nach der eine richtlinienkonforme Rechtsfortbildung nationalen Rechts nur dann möglich ist, wenn sie sich mit den nationalen Normen vereinbaren lässt.[82] Das ist insbesondere dann nicht möglich, wenn der klare gesetzgeberische Wortlaut die Analogie ausschließt, etwa indem gerade der fragliche Sonderfall ausdrücklich erwähnt und einer eindeutigen Re-

---

[77] Nur BGHZ 179, 27, 35 (Quelle II): „Der Grundsatz der richtlinienkonformen Auslegung fordert deshalb auch, das nationale Recht, wo dies nötig und möglich ist, richtlinienkonform fortzubilden."
[78] Zusammenfassend Gebauer/Wiedmann/*Gebauer*, Zivilrecht unter europäischem Einfluss, Kap. 4 Rn. 37 ff.
[79] Grundlegend *Möllers*, EuR 1998, 20.
[80] *EuGH* Slg. 2006, 6057 (Adeneler).
[81] Zu diesem Zusammenhang *Lorenz*, LMK 2009, 273611; *Jarass*, EuR 1991, 211 f.; *Steindorff*, EG-Vertrag und Privatrecht, 1996, S. 450 f.; der *EuGH* verneinte in *EuGH* Slg. 1990, 4135 (Marleasing) die unmittelbare Wirkung einer Richtlinie (S. 4145) und sprach aus, dass stattdessen das nationale Recht richtlinienkonform auszulegen sei (S. 4146). Zur fehlenden Direktwirkung privatrechtlicher Richtlinien oben Rn. 90.
[82] BGHZ 179, 27, 34 f. (Quelle II).

gelung zugeführt wird.⁸³ Möglich ist die **korrigierende Rechtsfortbildung** dagegen insbesondere dann, wenn eine Umsetzung *versehentlich* unvollständig geblieben ist.⁸⁴ Damit ist aber noch nicht alles geklärt.

Streitig sind vor allem die Fälle, in denen eine Umsetzung *bewusst* fehlerhaft oder zumindest mit einem eigenständigen, der Richtlinie nicht entsprechenden Ziel erfolgte. Wollte man die oben angesprochene Ansicht, nach der ein gegen EU-Recht und Art. 23 Abs. 1 GG verstoßender Wille des Gesetzgebers letztlich unbeachtlich ist, ganz konsequent zu Ende führen, so müsste man sich selbst darüber hinwegsetzen und trotzdem das Gesetz richtlinienkonform „korrigieren".⁸⁵ Doch darf man eine klare Entscheidung des demokratischen Gesetzgebers einfach übergehen? Wirkt das EU-Recht dermaßen stark? Genau an diesem Punkt liegt die Wurzel der Streitigkeiten darüber, wo ganz genau die Grenze für die richtlinienkonforme Rechtsfortbildung liegt.

128

Im Einzelnen wird nun meist überzeugend gesagt, dass es jedenfalls dann nicht auf den Willen des Gesetzgebers ankommen könne, wenn dieser nur in den Materialien erkennbar werde. Vielmehr solle ein solcher Regelungswille nur beachtlich sein, wenn er im Gesetz auch deutlich zum Ausdruck komme.⁸⁶ Dann ist insbesondere auch der Vertrauensschutz desjenigen zu beachten, zu dessen Gunsten sich die fehlerhafte Umsetzung auswirkt.⁸⁷ In seinem eigentlichen Kern hat der Streit übrigens keine allzu große Relevanz. Denn die Vorstellung, dass der Gesetzgeber das Ziel haben könnte, eine Richtlinie falsch umzusetzen, ist ein für Deutschland eher theoretisches Szenario. Demgegenüber kann es aber doch vorkommen, dass der Gesetzgeber Einzelfragen im Ergebnis „falsch" umsetzt. Denn gerade der deutsche Gesetzgeber will bei der Umsetzung von Richtlinien manche Inhalte noch etwas formen und präzisieren. Dabei kann im Ergebnis dann etwas geregelt worden sein, was der Richtlinie nicht mehr entspricht.

Wichtig ist im Ergebnis deshalb die folgende Aussage: Wenn **nicht der klare Wortlaut des Gesetzes zeigt, dass der Gesetzgeber (in der konkreten Frage) eine von der Richtlinie abweichende Regelung treffen wollte,** dann ist die richtlinienkonforme Rechtsfortbildung nach überzeugender Ansicht immer möglich und auch nötig.⁸⁸ Es kommt nicht auf Erläuterungen in den Gesetzgebungsmaterialien an.

129

---

83 Ganz h.A.; ausführlich zu den Grenzen der europarechtskonformen Rechtsfortbildung *Herresthal*, EuZW 2007, 396, 399 f. Für die richtlinienkonforme Auslegung besonders deutlich *Herrmann*, Richtlinienumsetzung durch die Rechtsprechung, 2003, S. 138; auch Riesenhuber/*W.-H. Roth/Jopen*, Europäische Methodenlehre, § 13 Rn. 55.
84 *Herresthal*, JuS 2014, 289, 293 m.w.N.
85 Deutlich *Michael/Payandeh*, NJW 2015, 2392, 2395 (gegen Vorrang der Unionstreue); für Eingrenzung auch Riesenhuber/*W.-H. Roth/Jopen*, Europäische Methodenlehre, § 13 Rn. 57; Langenbucher/*Langenbucher*, Europäisches Privat- und Wirtschaftsrecht, § 1 Rn. 107; *Franzen*, Privatrechtsangleichung, 1999, S. 361, 403.
86 *BVerfG* NJW 2012, 669 Rn. 56; *Herresthal*, JuS 2014, 289, 293, 291 f.; es greifen dann die Instrumente der EU für die Verletzung der Umsetzungspflicht, dazu Rn. 94 ff.
87 *BVerfG* NJW 2012, 669 Rn. 60 ff.
88 BGHZ 192, 148; beispielhaft *Stürner*, Jura 2017, 777, 782; anders *Höpfner*, JZ 2009, 403, 404 f., der den Umsetzungswillen des Gesetzgebers stets hinter seine konkrete Regelungsabsicht zurücktreten lassen möchte.

> Im einleitenden **Beispiel 6a** (Rn. 123) war die gesetzliche Ausgangslage folgendermaßen: § 439 Abs. 4 BGB besagte damals: „Liefert der Verkäufer zum Zwecke der Nacherfüllung eine mangelfreie Sache, so kann er vom Käufer Rückgewähr der mangelhaften Sache nach Maßgabe der §§ 346 bis 348 verlangen." Nach § 346 Abs. 1 BGB sind im Falle des Rücktritts die empfangenen Leistungen zurück zu gewähren und die gezogenen Nutzungen herauszugeben.
>
> Bei unbefangener Lektüre ergab sich aus dem BGB also sehr deutlich der Anspruch des Verkäufers (hier Quelle) gegen den Verbraucher auf Nutzungsersatz. Der BGH hatte allerdings Zweifel, ob diese Regelung der Verbrauchsgüterkauf-RL entsprach. Er legte die Frage dem EuGH vor, der prompt bestätigte, dass die Richtlinie einen Nutzungsersatz für den Fall der Nachlieferung nicht vorsieht.[89]
>
> Der BGH korrigierte daraufhin das Gesetz, indem er § 439 Abs. 4 BGB durch Rechtsfortbildung einschränkte: Er entschied, der Verweis in § 439 Abs. 4 BGB erfasse nicht den Anspruch des Verkäufers gegen den Verbraucher auf Wertersatz für die Nutzung der mangelhaften Sache.[90]

**130** Damit hat der BGH die Grenzen der Rechtsfortbildung zwar weit gedehnt, aber wohl nicht überschritten. Es ist möglich, eine Lücke im Gesetz anzunehmen, die im Sinne der Richtlinie ausgefüllt wird. Der BGH ist dabei so vorgegangen, dass er zugleich einen ungewollten Umsetzungsfehler angenommen hat. So brauchte er sich nicht mit der Frage des entgegenstehenden gesetzgeberischen Willens auseinanderzusetzen. Nach der hier vertretenen Auffassung hätte aber selbst ein erkennbar entgegenstehender Wille des Gesetzgebers die Rechtsfortbildung nicht gehindert. Erst wenn der Gesetzgeber diesen Willen im Gesetz selbst erkennbar gemacht hätte, indem er eine klare Regelung gerade für Verbraucher aufgenommen hätte („auch der Verbraucher hat Nutzungsersatz zu leisten"), wäre der Raum für die Rechtsfortbildung versperrt gewesen.[91] Inzwischen hat der Gesetzgeber gehandelt und in § 475 Abs. 3 BGB eine Ausnahme von § 439 Abs. 4 BGB eingefügt.

> Im **Beispiel 6b** besteht ebenfalls eine Abweichung des BGB von einer Richtlinie. Nach Art. 8 Abs. 2 S. 4 Verbraucherrechte-RL soll der Verbraucher an eine Bestellung über eine Schaltfläche im Internet **nicht gebunden sein**, wenn diese Schaltfläche nicht eindeutig mit den Worten „zahlungspflichtig bestellen" (oder einem gleichbedeutenden, klaren Ausdruck) gekennzeichnet war. § 312j Abs. 4 BGB bestimmt dagegen, dass der Vertrag in einem solchen Fall gar nicht zustande kommt. Zurzeit wird lebhaft diskutiert, ob diese Norm mithilfe richtlinienkonformer Auslegung so korrigiert werden muss und kann, dass der Verbraucher ein Wahlrecht hat, ob er den Vertrag gelten lassen will.[92] Die erste Frage ist zu bejahen, denn es liegt eine Abweichung von der Richtlinie vor. Da die Verbraucherrechte-RL eine Vollharmonisierung verfolgt, kommt es nicht darauf an, ob die Abweichung zum Nachteil

---

89 *EuGH* Slg. 2008, 2713 (Quelle); näher zur Vorlagefrage Rn. 146, 150.
90 BGHZ 179, 27.
91 *Mörsdorf*, EuR 2009, 219, 230, sieht eine Grenze der richtlinienkonformen Auslegung in der Umsetzungsverweigerung des nationalen Gesetzgebers; *Grosche/Höft*, NJW 2009, 2416, äußern Bedenken an der vom *BGH* vorgenommenen Gleichsetzung des Umsetzungswillens mit dem Regelungswillen des Gesetzgebers. Deswegen könne man sich bei einem entgegenstehenden Regelungswillen nicht auf die vom Gesetzgeber zugleich beabsichtigte Richtlinienkonformität berufen.
92 Dafür MünchKommBGB/*Wendehorst*, § 312j Rn. 33; weitere Möglichkeiten vorschlagend BeckOK/ *Maume*, BGB, § 312j Rn. 31.

oder zum Vorteil des Verbrauchers erfolgt. Wie das Beispiel zeigt, kann der Verbraucher jedenfalls ein erhebliches Interesse daran haben, dass der Vertrag wirksam ist. Daher ist zu überlegen, ob eine **richtlinienkonforme Auslegung** oder **Rechtsfortbildung** möglich ist. Eine **Auslegung** würde bedeuten, dass man sich noch innerhalb des vom Wortlaut der Norm gedeckten Inhalts bewegen würde. Das ist angesichts der klaren Worte „kommt nicht zustande" kaum zu vertreten. Somit handelt es sich eher um eine Rechtsfortbildung und zwar, wie auch im Fall Quelle, im Wege einer **teleologischen Reduktion**. Man würde nämlich die Berufung auf die Nichtigkeit nur dem Verbraucher zugestehen. Die Voraussetzung der Lücke im Gesetz darf man bei der richtlinienkonformen Rechtsfortbildung einfach daraus schließen, dass das Gesetz nicht mit der Richtlinie übereinstimmt. Der Zweck der Rechtsfortbildung besteht darin, eine Übereinstimmung von Gesetz und Richtlinie zu erreichen. Die teleologische Reduktion wäre nach dem Vorstehenden nur dann abzulehnen, wenn der **klare Wortlaut** des Gesetzes und der dahinterstehende Wille des Gesetzgebers gerade eine entgegenstehende, der Richtlinie eben nicht entsprechende Auslegung verlangen würde. Das ist hier nicht der Fall. Der Gesetzgeber hat § 312j BGB mit dem Willen geschaffen und formuliert, die Richtlinie korrekt umzusetzen. Die Norm kann und muss daher so ausgelegt werden, dass der Unternehmer sich gegen den Willen des Verbrauchers nicht darauf berufen kann. Meist wird vorgeschlagen, dies im deutschen Recht über § 242 BGB zu erreichen (näher Rn. 314).[93]

### 4. Richtlinienkonforme Auslegung bei überschießender Umsetzung

Wenn über die Auslegung von überschießend umgesetztem Recht gesprochen wird, müssen die zwei oben (Rn. 99 f.) beschriebenen Arten der überschießenden Umsetzung auseinandergehalten werden. Nimmt der nationale Gesetzgeber **neue, über die Richtlinie hinausgehende Elemente** in das umsetzende Gesetz auf, so ist eine richtlinienkonforme Auslegung in Bezug auf diese neuen Elemente **nicht möglich**. Denn die Richtlinie enthält die in Frage stehenden Elemente gar nicht.

131

Anders ist es in dem „Normalfall" der überschießenden Umsetzung, also in den Fällen, in denen der nationale Gesetzgeber den **Anwendungsbereich** der Richtlinie erweitert. Typisches Beispiel ist die Umsetzung der Gleichbehandlungs-Richtlinien. In § 19 AGG wurde der Geltungsbereich zusätzlich auf Religion, Behinderung, Alter und sexuelle Identität erweitert.

132

Nach ganz herrschender Ansicht ist es in der Regel sinnvoll, solche Normen **auch im überschießenden Bereich richtlinienkonform auszulegen**.[94] Eine solche richtlinienkonforme Auslegung im überschießenden Bereich ist aber **nicht zwingend geboten**. Weder im EU-Recht noch im nationalen Recht gibt es eine Regel, die diese vorschreiben würde. Dafür spricht aber, dass eine gespaltene Auslegung ein und derselben Norm stets bedenklich ist. Bei der überschießenden Umsetzung kommt noch ein Gedanke hinzu: Der Gesetzgeber hat ja einen Grund für die überschießende Umsetzung. Sein Wille ist es, dass bestimmte, von der Richtlinie nicht erfasste Sachverhalte

---
93 Näher MünchKommBGB/*Wendehorst*, § 312j Rn. 33.
94 Umfassend Gebauer/Wiedmann/*Gebauer*, Zivilrecht unter europäischem Einfluss, Kap. 4 Rn. 22 f.; Riesenhuber/*Habersack/Mayer*, Europäische Methodenlehre, § 14 Rn. 41; *Mayer/Schürnband*, JZ 2004, 545; Palandt/*Grüneberg*, BGB, Einleitung vor § 1 Rn. 44; anregend *Büdenbender*, ZEuP 2004, 36, 47 ff., der die Möglichkeit eines europarechtlichen Gebots sehr weit verfolgt.

rechtlich ebenso geregelt sein sollen, wie die von der Richtlinie erfassten Sachverhalte.[95] Es wird also in aller Regel **dem Willen des nationalen Gesetzgebers entsprechen**, dass auch die Auslegung der Norm insgesamt einheitlich erfolgt.

### 5. Zeitlicher Beginn der richtlinienkonformen Auslegung

**133** Nach herrschender und überzeugender Ansicht dürfen nationale Vorschriften schon **vor Ablauf der Umsetzungsfrist** richtlinienkonform ausgelegt werden.[96] Eine EU-rechtliche Verpflichtung dazu besteht in aller Regel nicht.[97] Es handelt sich vielmehr um eine aus dem nationalen Recht abgeleitete **Zweckmäßigkeitserwägung**: Steht die Umsetzung einer Richtlinie bevor, so wäre es insbesondere bei neuen Rechtsfragen sinnlos, zunächst noch eine die Richtlinie ignorierende Lösung anzuwenden. Zu Recht ist allerdings aufgezeigt worden, dass dies in extremen Fällen anders sein kann, weil die Nichtbeachtung der Richtlinie eine spätere wirksame Umsetzung gerade unmöglich zu machen droht.[98] Das kann allerdings durch die *Auslegung* von nationalem Recht, um die es hier geht, nur sehr selten geschehen. Typischer ist der Fall, dass der nationale Gesetzgeber vor Ablauf der Umsetzungsfrist (vorübergehend) ein Gesetz erlässt, welches den Richtlinienzweck gerade unterläuft. In beiden Fällen spricht man von einem **„Frustrationsverbot"**. Die bekannteste Konstellation betrifft Fälle, in denen nationale Normen über die Zulässigkeit einer Befristung von Arbeitsverträgen weiterzig ausgelegt werden, kurz bevor eine Richtlinie solche Befristungen gänzlich verbietet.[99]

### 6. Zusammenfassung

**134** Die Pflicht zur richtlinienkonformen Auslegung ist Teil des Gebots zur effektiven Umsetzung, welches sich aus dem Gebot der Loyalität und dem Vorrang des EU-Rechts ergibt.

Sie ist – in ähnlicher Weise wie auch die verfassungskonforme Auslegung – vorzunehmen, **soweit es die auszulegende Norm nur zulässt**.[100] Ihre Grenzen findet die richtlinienkonforme Auslegung (einschließlich der Rechtsfortbildung) erst, wo der klare Wortlaut der Norm ein Verständnis im Sinne der Richtlinie nicht mehr zulässt.[101]

---

95 Zu dem dabei gelegentlich zutage tretenden übertriebenen Gleichbehandlungsbedürfnis *Artz*, BKR 2002, 603, 608; zum Sonderfall der kaufrechtlichen Gewährleistung Rn. 522.
96 BGHZ 138, 55, 60 f. mit zustimmender Anmerkung von *Leible/Sosnitza*, NJW 1998, 2507 jedenfalls für den Fall, dass die umzusetzende Richtlinie dem nationalen Gesetzgeber in der betroffenen Frage ohnehin keinen Spielraum lässt; aus dem Schrifttum z.B. Langenbucher/*Langenbucher*, Europäisches Privat- und Wirtschaftsrecht, § 1 Rn. 108 ff.; *Lutter*, JZ 1992, 593, 605; dagegen *Brechmann*, Richtlinienkonforme Auslegung, 1994, S. 264 f.; *Ehricke*, RabelsZ 59 (1995), 598, 621 f.
97 *Röthel*, ZEuP 2009, 34; auch *Leible/Sosnitza*, NJW 1998, 2507, 2508; für eine *Verpflichtung* zur richtlinienkonformen Auslegung auch schon vor Ablauf der Umsetzungsfrist *Franzen*, Privatrechtsangleichung, 1999, S. 300 f.
98 Näher *Röthel*, ZEuP 2009, 34.
99 So auch in *EuGH* Slg. 2006, 6057 (Adeneler); *EuGH* Slg. 2005, 9981 (Mangold).
100 Eine Gleichsetzung erfolgt in Jarass/Pieroth/*Jarass*, GG, Art. 23 Rn. 42.
101 Dazu oben Rn. 126 ff.

## V. Weitere Formen „europäischer" Auslegung des nationalen Rechts

### 1. Harmonisierende Auslegung

Neben die soeben vorgestellte „richtlinienkonforme Auslegung" können noch andere, allgemeinere und weitergehende Formen der europäischen Auslegung des nationalen Rechts treten. Insbesondere wird von der „harmonisierenden" Auslegung gesprochen.[102] Bei der harmonisierenden Auslegung geht es nicht um die zwingend vorgeschriebene Berücksichtigung von EU-Recht, sondern um ein **rechtsvergleichendes, rechtliche Gegensätze zwischen den Rechtsordnungen überwindendes Verständnis des nationalen Rechts**. Mit hierher gerechnet werden kann auch das Stichwort der Rechtsvereinheitlichung *durch Auslegung*.[103] Beides erscheint ebenso lobenswert wie utopisch, jedenfalls soweit der Wunsch nach europäischer Auslegung an die Praxis gerichtet ist.[104] Zwar ist es stets gut, wenn in der Praxis – und sei es aus einer Zufallskenntnis heraus – bei einer Zweifelsfrage der Blick auch auf das ausländische Recht gerichtet wird. Ernsthaft rechtsvergleichende Arbeit ist jedoch dermaßen aufwändig und fehlerträchtig, dass sie die Rechtspraxis allenfalls verunsichern kann. Bestehen allerdings bereits solide rechtsvergleichende Erkenntnisse durch wissenschaftliche Vorarbeit, so ist kein Grund ersichtlich, die Praxis nicht darauf zurückgreifen zu lassen. Dabei gibt es aber eine wichtige Grenze: **Das geschriebene nationale Recht muss die rechtsvergleichende Auslegung tragen.**

135

### 2. Historische Rechtsvergleichung

Sehr weit entwickelt hat sich in den letzten Jahrzehnten die Schule der historischen Rechtsvergleichung.[105] Durch die Besinnung auf das Ius commune oder gar die ursprünglichen Grundsätze des römischen Rechts sollen die **gemeinsamen Wurzeln des Rechts** wieder entdeckt und gestärkt werden. Der Rückgriff auf Grundsätze des gemeineuropäischen Privatrechts wird teils sogar als Lückenfüller[106] für das geltende Recht vorgeschlagen. Insbesondere aber wird die historische Rechtsvergleichung als idealer Weg zur Wiedererreichung des einheitlichen Privatrechts (Reeuropäisierung) verstanden.[107]

136

Die historische Rechtsvergleichung ist von großem Wert für die Aufdeckung und das Nachvollziehen von Unterschieden und Gemeinsamkeiten in den europäischen Privatrechtsordnungen. Freilich darf nicht übersehen werden, dass hier zumeist **nicht an**

137

---

102 Insbesondere *Odersky*, ZEuP 1994, 1.
103 Schon *Everling*, RabelsZ 50 (1986), 193; *Flessner*, RabelsZ 56 (1992), 243; nachdrücklich *Berger*, ERPL 2001, 21; auch *Taupitz*, Europäische Privatrechtsvereinheitlichung heute und morgen, 1993, S. 27 ff.
104 So aber *Odersky*, ZEuP 1994, 1.
105 Insb. *Coing*, Europäisches Privatrecht, Band 2, 1989, einleitend S. 2 ff., sowie umfassend S. 249 ff.; *ders.*, FS Dölle, 1995, S. 25; beschreibend *Schulze*, ZEuP 1993, 445, 464; anwendend (wenn auch nur für die „vergangenen einhundert Jahre") *Zimmermann*, JZ 2000, 853.
106 *Knütel*, JuS 1996, 768.
107 Müller-Graff/*Schulze*, Gemeinsames Privatrecht, 1999, S. 127, 143 ff.; Müller-Graff/*Kreuzer*, Gemeinsames Privatrecht, 1999, S. 457.

eine **unmittelbare Rechtsanwendung** gedacht wird.[108] Dennoch ist die Suche nach gemeineuropäischen Rechtsgrundsätzen, insbesondere nach solchen des römischen Rechts, durchaus auch auf deren Anwendung in der gegenwärtigen Rechtspraxis ausgerichtet.[109] So meint *Kötz*, dass die durch Vergleich erzielten Ergebnisse zwar „nirgends" gelten, aber bei steigender Bekanntheit durchaus Geltung erlangen könnten, indem sie von den Gerichten bei der Auslegung und Rechtsfortbildung angewendet werden und so „der Bestand gemeinsamer Regeln und Prinzipien auf diesem Gebiet ins Bewusstsein" gehoben wird.[110]

### 3. Zusammenfassung

138 Die europäische Auslegung muss, gerade angesichts des Prozesses der Vereinheitlichung des Privatrechts in der EU, unterstützt werden. Eine Pflicht zu einer solchen Auslegung besteht meist nicht. Ob sie möglich ist, hängt davon ab, ob das nationale Recht einen **entsprechenden Auslegungsspielraum** bietet. Soweit dieser besteht, kann dann jeweils für den konkreten Fall abgewogen werden, ob die europäischen Erwägungen – die im Grunde kaum mehr als Anregungen sind – zu einer sinnvollen und zukunftsgerichteten Normauslegung beitragen können.

## D. Die Vorlage an den EuGH

### I. Zuständigkeit für die Auslegung von EU-Recht

139 Nunmehr wurde gezeigt, wie EU-Recht ausgelegt wird und wie nationales Recht vor dem Hintergrund des EU-Rechts auszulegen ist. Dabei wurde schon deutlich, dass unterschiedliche Zuständigkeiten bestehen. Während nationales Recht nur von den nationalen Gerichten ausgelegt wird, darf EU-Recht **nur vom EuGH ausgelegt** werden.

Die Zuständigkeit zur Auslegung des EU-Rechts liegt nach Art. 267 Abs. 1 lit. a) AEUV allein beim EuGH. Der EuGH hat also das **Auslegungsmonopol**. Der Sinn dieser Regelung leuchtet leicht ein. Würden sich die Gerichte der Mitgliedstaaten an der Auslegung des EU-Rechts versuchen, so würden bald sehr unterschiedliche Deutungen der Normen entstehen. Die Funktion der Rechtsangleichung wäre damit sehr beeinträchtigt. Das Auslegungsmonopol des EuGH dient also der **Erzielung bzw. der Wahrung von Rechtseinheit**.

Für das Gerichtsverfahren beim EuGH gelten die Verfahrensordnung des EuGH vom 19.6.1991 sowie das Protokoll über die Satzung vom 26.2.2001 (entsprechend Art. 281 S. 1 AEUV). Die grundlegenden Normen sind in den Art. 251 ff. AEUV selbst enthalten.

---

108 Anders nur, wenn es um das Aufzeigen solcher Grundsätze geht, die bis heute gelten, dazu *Schulze*, ZEuP 1993, 442, 460 ff.; solche hat auch der *EuGH* bereits ausdrücklich erwähnt, relativierend dazu *Everling*, ZEuP 1997, 796, 801.
109 *Knütel*, JuS 1996, 768, 770 sowie *Schulze*, ZEuP 1993, 442, 460 ff.
110 Müller-Graff/*Kötz*, Gemeinsames Privatrecht, 1999, S. 155; *ders.*, JZ 2002, 257, 260.

## II. Das Vorabentscheidungsverfahren

**Literaturhinweis:** *Piekenbrock*, Vorlagen an den EuGH nach Art. 267 AEUV im Privatrecht, EuR 2011, 317; *Rösler*, Europäische Gerichtsbarkeit auf dem Gebiet des Zivilrechts, 2012.

140

> **Beispiel 7** – nach LG Darmstadt NJOZ 2011, 644: Verbraucherin V hat mit Unternehmer U in ihrer Wohnung einen Vertrag über Telekommunikationsdienstleistungen geschlossen. Da V nicht gezahlt hat, hat U ein Mahnverfahren durchgeführt und schließlich einen Vollstreckungsbescheid über 300 Euro erwirkt, aus dem er nun die Zwangsvollstreckung betreibt. Vom Gerichtsvollzieher erfährt V, dass sie möglicherweise noch ein Widerrufsrecht haben könnte. Sie sucht nun endlich einen Anwalt auf, der gleich sieht, dass der in dem Vertrag enthaltene Hinweis auf das Widerrufsrecht keine ordnungsgemäße Belehrung gem. Art. 246a EGBGB darstellt. Er meint, dass daher gemäß § 356 Abs. 3 S. 2 BGB die Widerrufsfrist noch laufe. V widerruft sogleich den Vertrag und legt sodann eine Vollstreckungsgegenklage beim zuständigen AG Buxtehude ein, um die Einstellung der Vollstreckung zu erreichen. Nun überlegt der Amtsrichter, ob die V mit dem Einwand, sie habe noch nachträglich den Widerruf erklärt, durchdringen kann. Generell möchte er der Rechtsprechung des BGH folgen. Danach kann die Vollstreckungsgegenklage nicht auf die Ausübung eines Gestaltungsrechts gestützt werden, welches der Kläger schon im Ausgangsverfahren hätte geltend machen können (§ 767 Abs. 2 ZPO). Hier hätte die V in der Tat den Vertrag sogleich widerrufen und dies (spätestens) durch Einspruch gegen den Vollstreckungsbescheid (§ 700 ZPO) geltend machen können. Das kommt dem Richter aber komisch vor, weil er der V auf diese Art eine in § 356 Abs. 3 S. 2 BGB ausdrücklich statuierte, auf Richtlinien beruhende Frist abschneiden würde. Nun überlegt er, ob er eine Vorlage an den EuGH nach Art. 267 AEUV tätigen sollte oder ob er dazu gar verpflichtet ist.

### 1. Vorlagepflicht

Nach Art. 267 Abs. 1 AEUV entscheidet der EuGH über Fragen der Auslegung der EU-Verträge sowie über die Gültigkeit und die Auslegung der Handlungen der Organe der EU. Zu diesen Handlungen gehören die Richtlinien.[111] Für die Auslegung der Richtlinien ist somit allein der EuGH zuständig. Wenn die nationalen Gerichte einen Fall zu entscheiden haben, für den die Auslegung einer Richtlinie von Bedeutung ist, dürfen sie daher die Richtlinie (in der Regel) nicht selbst auslegen, sondern sie müssen das Verfahren **aussetzen** und dem EuGH die Auslegungsfrage zur Entscheidung **vorlegen**. Dieses Vorabentscheidungsverfahren bringt einige Schwierigkeiten mit sich.[112]

141

Weitgehend geklärt scheint die Frage, welche Gerichte im Instanzenzug die Vorlage vorzunehmen haben. Nur die **letztinstanzlichen Gerichte** haben nach Art. 267 Abs. 3 AEUV die **Pflicht** zur Vorlage der Rechtsfrage an den EuGH. Es ergibt sich deutlich aus Art. 267 Abs. 2 und Abs. 3 AEUV, dass die **Untergerichte** zur Vorlage immer nur **berechtigt,** nicht aber verpflichtet sind. Es liegt also in ihrem Ermessen, ob sie die Vorlage durchführen wollen.[113]

142

---

111 Von der Groeben/Schwarze/Hatje/*Gaitanides*, Europäisches Unionsrecht, Art. 267 AEUV Rn. 18.
112 Zum Vorabentscheidungsverfahren *Pechstein*, EU-Prozessrecht, Kap. 9; Rengeling/Middeke/Gellermann/*Middeke*, Handbuch des Rechtsschutzes in der Europäischen Union, § 10; *Prütting*, GS Arens, 1993, S. 339 ff.
113 Zu der Frage, ob gegen eine Vorlage eines Untergerichts ein Rechtsmittel gegeben sein sollte, *Pfeiffer*, ZEuP 2007, 613.

**143** Umstritten ist, ob dies anders beurteilt werden muss, wenn gegen die Entscheidung des AG die Berufung nicht statthaft ist, weil der Beschwerdegegenstand 600 Euro nicht übersteigt (§ 511 Abs. 2 Nr. 1 ZPO). Für die Bestimmung des letztinstanzlichen Gerichts kommt es nach heute h.A. nicht darauf an, ob das Gericht abstrakt die letzte Instanz darstellt (wie etwa der BGH), sondern es ist darauf abzustellen, welches Gericht **im konkreten Fall die letzte mögliche Instanz** für die Parteien ist.[114] Beachtlich sind nach h.A. alle ordentlichen Rechtsbehelfe, also insbesondere auch die zivilprozessuale Nichtzulassungsbeschwerde (§ 544 ZPO).[115] Die Frage ist wohl deshalb bisher unentschieden, weil sie praktisch nicht allzu relevant ist: Indem das AG die Berufung nach § 511 Abs. 2 Nr. 2 ZPO zulässt, kann es der Vorlagepflicht in jedem Fall entkommen.

**144** Da im **Beispiel 7** der Streitwert unter 600 Euro liegt, ist die Berufung nicht automatisch statthaft (§ 511 Abs. 2 Nr. 1 ZPO). Der Amtsrichter kann die Berufung aber zulassen (§ 511 Abs. 2 Nr. 2, Abs. 4 ZPO).

Eine Vorlagepflicht besteht nach Art. 267 Abs. 3 AEUV nur, wenn der Richter die Berufung nicht zulässt, weil das AG dann im konkreten Fall die letzte Instanz ist. Daher muss der Richter sich entscheiden, ob er die Berufung zulässt oder ob er die Sache selbst dem EuGH vorlegt. Es wäre falsch, keinen dieser beiden Wege zu gehen (weiter dazu unten Rn. 146, 154 ff.).

**145** Bei der Ermessensentscheidung darüber, ob eine Vorlage schon in einer unteren Instanz erfolgen soll, muss bedacht werden, dass das Vorlageverfahren eine **erhebliche Prozessverlängerung** mit sich bringt und dass es die Prozesskosten für die Parteien erhöht.[116] Gerade in Rechtsstreitigkeiten, in denen früh zu erkennen ist, dass alles auf eine Frage der Auslegung von EU-Recht hinausläuft, kann eine Vorlage schon durch die Untergerichte aber dennoch sinnvoll sein. Es führt dann nämlich erst recht zu einer Verlängerung des Verfahrens, erst den mitgliedstaatlichen Instanzenzug zu durchlaufen, bevor letztlich doch wegen der Pflicht aus Art. 267 Abs. 3 AEUV die Vorlage an den EuGH nötig wird.[117]

---

114  Diese Auffassung lässt auch der *EuGH* selbst erkennen, vgl. *EuGH* Slg. 2002, 4839 LS 1 und Rn. 16 (Schweden/Kenny Roland Lyckeskog); Calliess/Ruffert/*Wegener*, EUV/AEUV, Art. 267 AEUV Rn. 28; Rengeling/Middeke/Gellermann/*Middeke*, Handbuch des Rechtsschutzes in der Europäischen Union, § 10 Rn. 61; für die abstrakte Abgrenzung *Bleckmann*, Europarecht, Rn. 921; *Dauses*, Vorabentscheidungsverfahren, 1995, S. 111.

115  Nochmals *EuGH* Slg. 2002, 4839 LS 1 und Rn. 16 (Schweden/Kenny Roland Lyckeskog); auch von der Groeben/Schwarze/Hatje/*Gaitanides*, Europäisches Unionsrecht, Art. 267 AEUV Rn. 63; gegen die Einbeziehung der Nichtzulassungsbeschwerde mit guten Gründen *Basedow*, Nationale Justiz und Europäisches Privatrecht, 2003, S. 13 ff.

116  Gerichtskosten für die Entscheidung des *EuGH* fallen nicht an, für die Verteilung der außergerichtlichen Kosten gilt das nationale Kostenrecht, dazu Rengeling/Middeke/Gellermann/*Middeke*, Handbuch des Rechtsschutzes in der Europäischen Union, § 10 Rn. 108 ff.

117  Ungünstig verlief etwa der Fall Heininger, in dem der *BGH* die Sache nach der Entscheidung des *EuGH* an das *OLG* zurückverwies, welches dann bei erneuten Tatsachenermittlungen einen Sachverhalt feststellte, der die gesamte Vorlage überflüssig gemacht hätte (es lag nämlich keine Haustürsituation vor); in der Sache wie hier *App*, DZWir 2002, 232, 235; zur Vorlage durch Untergerichte auch *Dauses*, Vorabentscheidungsverfahren, 1995, S. 101 f.

Im **Beispiel 7** muss der Richter also überlegen, wie das Verfahren jeweils weiterlaufen würde und welcher Weg für die Parteien die geringsten Belastungen mit sich bringt. Wenn er selbst eine Entscheidung über die Auslegung der Richtlinie trifft und sodann die Berufung zulässt, kann es bei einem niedrigen Streitwert gut sein, dass die Parteien darauf verzichten, ein Rechtsmittel einzulegen. Andererseits handelt es sich um eine wichtige, eindeutig klärungsbedürftige Frage zur Wirkung einer Richtlinie.[118] Der Amtsrichter darf hier davon ausgehen, dass auch das Berufungsgericht *sicher* wieder auf dieselbe Frage stoßen wird. Es wird in die gleiche „Zwickmühle" zwischen der gängigen BGH-Rechtsprechung und dem europäischen Richtlinienrecht geraten (zu dem hier maßgeblichen Verhältnis von Widerrufsfrist und Präklusion gem. § 767 Abs. 2 ZPO inhaltlich noch unten Rn. 366). Eine Vorlage scheint hier alles in allem gut vertretbar.

146

## 2. Die Auslegung von EU-Recht als Gegenstand der Vorlagefrage

Genauer betrachtet werden muss zunächst, welche Fragen vor den EuGH gehören. Nach Art. 267 AEUV ist der EuGH nur zur Auslegung von EU-Rechtsakten zuständig. Zur Auslegung von nationalem Recht ist er dagegen nicht befugt.[119] Da er **das nationale Recht nicht auslegen darf**, fällt auch die unmittelbare Entscheidung über die Vereinbarkeit von nationalem Recht mit dem Vertragsrecht oder einer Richtlinie **nicht in seine** Kompetenz.[120] Schließlich ist der EuGH auch für die eigentliche Rechtsanwendung, also für die Entscheidung des konkreten Falls, *nicht* zuständig.

147

Obwohl der EuGH für die Auslegung nationalen Rechts nicht zuständig ist, wendet sich das vorlegende Gericht aber typischerweise an den EuGH, weil es bei der Auslegung nationaler Bestimmungen, die in einem Bezug zum EU-Recht stehen, Probleme hat. Entsprechend häufig sind die Vorlagefragen auf die Auslegung der nationalen Norm bzw. deren Vereinbarkeit mit dem EU-Recht gerichtet.[121] Eigentlich ist das falsch. Die nationalen Gerichte müssten die Vorlagefrage stets so formulieren, dass diese sich **allein auf die Auslegung, Anwendung und Auswirkung von EU-Recht** bezieht.

Der EuGH reagiert auf diese Praxis, indem er solche Vorlagefragen in ständiger Rechtsprechung unproblematisch umdeutet.[122]

Im **Beispiel 7** (Rn. 140) besteht hierin kein Problem. Das AG Buxtehude interessiert sich nämlich für die Auslegung der Verbraucherrechte-RL. Es möchte wissen, ob die Frist für das Widerrufsrecht auch dann voll ausgeschöpft werden kann, wenn bereits ein Urteil vorliegt, in welchem der Widerruf mangels Ausübung unbeachtet blieb.

148

---

118 Der *EuGH* hat sich zuletzt häufig mit der verwandten Frage befasst, inwiefern die Nichtigkeit von AGB von Amts wegen geprüft werden muss, obwohl das Gerichtsverfahren (z.B. wie hier im Vollstreckungsverfahren) keinerlei Prüfung vorsieht, siehe nur *EuGH* EWS 2013, 481 (Banco Popular Español).
119 Von der Groeben/Schwarze/Hatje/*Gaitanides*, Europäisches Unionsrecht, Art. 267 AEUV Rn. 26; *Grundmann*, Europäisches Schuldvertragsrecht, 1999, S. 124.
120 *Dauses*, FS Everling, 1995, S. 223, 229.
121 Das beobachtend auch von der Groeben/Schwarze/Hatje/*Gaitanides*, Europäisches Unionsrecht, Art. 267 AEUV Rn. 27.
122 Schon *EuGH* Slg. 1964, 1251, 1268 (Costa); *EuGH* Slg. 1995, 4165 Rn. 19 (Gebhard); *EuGH* Slg. 2000, 8224 Rn. 16 (Echirolles).

Die Zusammenarbeit zwischen EuGH und nationalen Gerichten lohnt einen näheren Blick.

### 3. Zusammenarbeit von vorlegendem Gericht und EuGH

#### a) Technik des EuGH

149 Generell fällt auf, dass der EuGH auf das Bedürfnis der nationalen Gerichte so sehr eingeht, wie es ihm das EU-Recht und die Vorlagefrage nur erlauben. So sagt der EuGH in der Entscheidung Ambry, in welcher das nationale Gericht wie so oft etwas ungeschickt danach fragt, ob ein bestimmter Aspekt einer nationalen Norm mit einer Richtlinie vereinbar sei, selbst: „Der Gerichtshof hat im Verfahren nach Art. 177 des Vertrags (jetzt Art. 267 AEUV) nicht über die Vereinbarkeit von Vorschriften des nationalen Rechts mit dem Gemeinschaftsrecht zu entscheiden. Er kann dem vorlegenden Gericht aber **alle Hinweise zur Auslegung des Gemeinschaftsrechts** geben, damit es über die Vereinbarkeit dieser Vorschrift mit der angeführten Gemeinschaftsbestimmung entscheiden kann."[123]

Der EuGH richtet seinen Blick im Ergebnis dabei zudem oftmals sehr deutlich gerade auf das nationale Recht.[124] Die Darlegung von dessen Inhalt sieht er als **notwendigen Bestandteil einer zulässigen Vorlagefrage** an.[125] In einigen Entscheidungen hat er sogar ein auf den Sachverhalt gerichtetes, abschließendes Urteil gefällt und dem nationalen Gericht keinen Spielraum mehr gelassen.[126]

150 Die Antwort des EuGH scheint sich dann nur noch der Form nach auf die Auslegung der Richtlinie oder der sonstigen EU-rechtlichen Norm zu beziehen. Dennoch ist die Beschränkung seiner Kompetenz auf die Auslegung des EU-Rechts keinesfalls nur eine Formalie. Denn auch in den letztgenannten Entscheidungen hat der EuGH nicht wirklich nationales Recht ausgelegt oder angewendet. Vielmehr ging er davon aus, dass durch die Auslegung des EU-Rechts die Entscheidung auch zum nationalen Recht bereits eindeutig feststand, so dass er sie „nur" aussprach.[127]

#### b) Die geschickte Vorlagefrage

151 Obwohl der EuGH den nationalen Gerichten hilft, wenn sie ihre Vorlagefrage entgegen den Vorgaben des EU-Rechts formuliert haben, hat es doch große Vorteile, wenn die nationalen Gerichte die Vorlage bereits selbst geschickt anlegen. Zu bedenken ist dabei stets, dass der **EuGH kein Zivilgericht und auch kein deutsches Gericht** ist.[128] Er hat keinerlei Spezialkenntnisse, ja zumeist überhaupt keinerlei Vorkenntnisse zu der nationalen Rechtslage, in die der Fall eingebettet ist. Da der EuGH – tech-

---

[123] *EuGH* Slg. 1998, 7875 Rn. 19 (Ambry), Hervorhebung nicht im Original.
[124] Schon im Fall Marleasing hat der *EuGH* klare Aussagen zur Auslegung der betroffenen spanischen Norm (aus dem Gesellschaftsrecht) gemacht, *EuGH* Slg. 1990, 4135, LS 2; wie hier etwa *Hergenröder*, FS Zöllner, 1998, S. 1139, 1140 f.; zum Ganzen auch Rengeling/Middeke/Gellermann/*Middeke*, Handbuch des Rechtsschutzes in der Europäischen Union, § 10 Rn. 41.
[125] Vgl. nur *EuGH* Slg. 1999, 2969 Rn. 11 (Anssens).
[126] Dazu ausdrücklich *EuGH* Slg. 1998, 4657 Rn. 30 ff. (Gut Springenheide) mit Beispielen.
[127] So der *EuGH* selbst, etwa *EuGH* Slg. 2000, 6579 Rn. 19 (Geffroy); erläuternd *EuGH* Slg. 2004, 3403 Rn. 23 (Freiburger Kommunalbauten).
[128] *Basedow*, AcP 210 (2010), 157 ff.; *Lorenz*, NJW 2011, 2241.

nisch betrachtet – eine abstrakte, nur das EU-Recht betreffende Rechtsfrage zu entscheiden hat, teilt ihm das nationale Gericht oft auch den Sachverhalt nur unzureichend mit. Diese unglückliche Ausgangslage kann eine Art **„Black-Box-Effekt"** erzeugen. Der EuGH entscheidet dann isoliert und zusammenhanglos nur die ihm vorgelegte Einzelfrage, teils mit unbrauchbaren Ergebnissen.[129]

Es ist die Aufgabe des nationalen Gerichts, diesen „Black-Box-Effekt" zu vermeiden. Es muss dem EuGH daher unbedingt den zu entscheidenden **Sachverhalt einschließlich aller wichtigen Hintergrundinformationen** darlegen. Nicht selten hat das nationale Gericht sich außerdem selbst bereits eine Meinung zu der Frage gebildet, welche es dem EuGH vorlegt. Mit einer geschickten Vorlagefrage kann es viel dazu beitragen, auch dem EuGH zu derselben Ansicht zu verhelfen. Als Beispiel kann ein Vorlagebeschluss des BGH aus dem Jahr 2002 dienen.[130] Es ging um die Vereinbarkeit allgemeiner Geschäftsbedingungen in einem Bauträgervertrag mit Art. 3 Klausel-RL. In dem Vertrag war die übliche Form der Ratenzahlung nach Baufortschritt[131] abbedungen. Stattdessen sollte der Verbraucher gegen Gewährung einer Bankbürgschaft schon bei Baubeginn den gesamten Werklohn bezahlen. Da der BGH selbst der Ansicht war, die Vereinbarungen seien wirksam, hätte er seine Überlegungen dem EuGH mitteilen sollen. Der EuGH kennt das System des Grundstückserwerbs und den typischen deutschen Bauträgervertrag nicht. Insbesondere hätte er vom vorlegenden Gericht erfahren müssen, wie die (in Europa nicht verbreitete) grundbuchrechtliche Eigentumsvormerkung in Deutschland funktioniert (zum letztlich nicht auf dieser inhaltlichen Ebene entschiedenen Urteil des EuGH Freiburger Kommunalbauten näher das Beispiel 8 unten Rn. 160).

152

Vorbildlich ist der BGH dagegen in seiner Vorlage im Quelle-Fall zur Auslegung des Art. 3 Abs. 2-4 Verbrauchsgüterkauf-RL vorgegangen. Dort macht er seine Meinung ganz klar und schildert die nach seiner Ansicht zu berücksichtigenden Argumente.[132]

### 4. Möglichkeiten der Parteien

Das Vorabentscheidungsverfahren ist nicht mit einer zusätzlichen Instanz zu vergleichen. Es handelt sich um ein **Zwischenverfahren**, dessen Durchführung durch das nationale Gericht eingeleitet wird.[133] Die Parteien haben kein Recht, die Vorlage zu

153

---

[129] Der bekannteste Fall für den Black-Box-Effekt ist der Fall Christel Schmidt (*EuGH* Slg. 1994, 1311). Dort wurde der *EuGH* vom *BAG* gefragt, was ein Betriebsteil im Sinne der Betriebsübergangs-RL ist. Da der Gerichtshof nicht wusste, dass das *BAG* den Fall einer Teilzeitputzkraft zu entscheiden hatte, machte der *EuGH* sich keine Gedanken über die Größe und wirtschaftliche Bedeutung des Betriebsteils, sondern stellte allein darauf ab, ob es sich um eine „wirtschaftliche Einheit" handele. Das aber musste vom *BAG* für die Putzkraft bejaht werden.
[130] *BGH* ZIP 2002, 1197 f.
[131] Die Verordnung über Abschlagszahlungen bei Bauträgerverträgen vom 23.5.2001, BGBl. I, 981 ff., sieht nunmehr ausdrücklich vor, dass sich die in den AGB der Bauträger vorgesehenen Abschlagszahlungen an § 3 MaBV orientieren, welcher zur Absicherung des Erwerbers insbesondere eine Vormerkung voraussetzt. Zur Vereinbarkeit dieser Regelung mit der Klausel-RL nur *Staudinger*, DNotZ 2002, 166, 177 ff., der eine Verletzung des europäischen Maßstabs von Treu und Glauben ebenfalls ablehnt.
[132] *BGH* NJW 2006, 3200 (Quelle) – zu dem Fall auch schon oben Rn. 123. Zur Problematik der Vorlage noch unten Rn. 173; sehr bemüht auch die Vorlage des *OLG Stuttgart* ZIP 2006, 1943 zu einer nur noch das alte HWiG betreffenden Frage.
[133] *Prütting*, GS Arens, 1993, S. 339, 343.

beantragen oder sonst zu erreichen.¹³⁴ Auch Beschwerde gegen den Vorlagebeschluss können sie nicht einreichen.¹³⁵

## III. Reichweite der Vorlagepflicht

### 1. Allgemeines

154 Bis heute nicht völlig geklärt ist des Weiteren, bei welchen Rechtsfragen genau die (letztinstanzlichen) nationalen Gerichte eine das EU-Recht betreffende Frage dem EuGH vorlegen müssen.¹³⁶ Da der EuGH das Monopol zur Auslegung von EU-Recht hat, muss man zunächst vermuten, dass die Vorlagepflicht sehr häufig besteht. Doch kann es nicht sein, dass immer, wenn bei der Entscheidung eines Rechtsstreits eine Richtlinie berührt ist, sogleich eine Vorlage erfolgen muss. Die Vorlagepflicht muss auf die Fälle beschränkt bleiben, in welchen die Auslegung einer Richtlinie für die Fallentscheidung wirklich erforderlich ist und sich ernstliche Zweifel an der Auslegung einer Richtlinie auftun. Diese Überlegungen hat der EuGH in Doktrinen gefasst.

### 2. Keine Vorlagepflicht bei fehlender Entscheidungserheblichkeit

155 Eine erste Begrenzung der Vorlagenotwendigkeit ergibt sich daraus, dass Auslegungsfragen nur dann vorzulegen sind, wenn sie für den Fall entscheidungsrelevant sind.¹³⁷

Der EuGH nimmt eine Frage nur dann zur Vorabentscheidung an, wenn sie nicht rein hypothetisch, sondern tatsächlich entscheidungserheblich ist.¹³⁸ So hat er unter anderem ausgesprochen, dass er Fragen nicht mehr beantwortet, wenn durch den Verlauf des Verfahrens die Klärung der Rechtsfrage unerheblich wird.¹³⁹ Dabei überlässt es der EuGH allerdings weitgehend den nationalen Gerichten, zu entscheiden, ob die Vorlage für die Entscheidung des Rechtsstreits von Bedeutung ist und lehnt daher Vorlagen nur dann ab, wenn *offensichtlich* kein Zusammenhang zwischen dem zu entscheidenden Rechtsstreit und der Vorlagefrage besteht.¹⁴⁰ Das wird in der Regel

---

134 Näher zu dieser Problematik ausführlich *Dauses*, Vorabentscheidungsverfahren, 1995, S. 53 ff., 95 f.; *App*, DZWir 2002, 232, 234.
135 Näher Rengeling/Middeke/Gellermann/*Middeke*, Handbuch des Rechtsschutzes in der Europäischen Union, § 10 Rn. 90 ff.
136 Zu Änderungen der Vorlagepflicht zum *EuGH* durch den Vertrag von Lissabon *Schröder*, EuR 2011, 808.
137 Das war etwa nicht der Fall bei einer Vorlage des *LG Hannover* zur Verbrauchsgüterkauf-RL. Hier wäre die Entscheidung des *EuGH* nicht relevant gewesen, weil es im Ausgangsfall um einem Werkvertrag ging, so dass die Richtlinie gar nicht eingriff, *EuGH* NJW 2017, 3215 (Schottelius); näher Rengeling/Middeke/Gellermann/*Middeke*, Handbuch des Rechtsschutzes in der Europäischen Union, § 10 Rn. 47.
138 Ständige Rechtsprechung, etwa *EuGH* NVwZ-RR 2013, 735, Rn. 34 ff. (MA); *EuGH* Slg. 2005, 10013 Rn. 36 (Mangold); *EuGH* Slg. 2006, 6091 Rn. 42 (Adeneler) sowie m.w.N. *Heß*, Europäisches Zivilprozessrecht, § 12 Rn. 20; *Dauses*, Vorabentscheidungsverfahren, 1995, S. 104 ff.
139 *EuGH* Slg. 1995, 4921, 5060 (Bosman); dazu *Kohler*, ZEuP 1996, 452, 453.
140 Ebenfalls ständige Rechtsprechung, zuletzt deutlich *EuGH* ZUR 2014, 230, Rn. 27 ff. (Fish Legal).

erst bejaht, wenn das nationale Gericht selbst zu erkennen gibt, dass die Vorlagefrage nicht oder nicht mehr entscheidungserheblich ist.[141]

Diese Haltung des EuGH wird kontrovers diskutiert. Teilweise wird eine **Kontrolle der Erheblichkeit durch den EuGH** verlangt. Dabei muss allerdings bedacht werden, dass der EuGH ohnehin nur in beschränktem Maße die Entscheidungserheblichkeit der Vorlagefrage für ein komplexes, nach nationalem Sach- und Verfahrensrecht abzuwickelndes Verfahren beurteilen könnte.[142] Auf der anderen Seite kann es sich gelegentlich anbieten, im Interesse eines **einheitlichen Verständnisses des nationalen Rechts** oder im Interesse einer baldigen **Klärung wesentlicher Fragen zu Richtlinien** Vorlagen auch dann „für erforderlich" zu halten, wenn die Auslegung der Richtlinie nicht unbedingt entscheidungserheblich für den Rechtsstreit ist.[143]

156

### 3. Keine Vorlagepflicht bei Offensichtlichkeit des Auslegungsergebnisses

Nach ständiger Rechtsprechung des EuGH braucht eine Vorlage nicht zu erfolgen, wenn der EuGH bereits eine Entscheidung zur betreffenden Frage gefällt hat oder die Antwort offensichtlich ist. Der EuGH benutzt die Formel, dass die Antwort „derart offenkundig" sein muss, „dass für einen vernünftigen Zweifel keinerlei Raum bleibt" (C.I.L.F.I.T.-Rechtsprechung; man spricht auch von **„Acte-clair-Rechtsprechung"**).[144]

157

Trotz der Klarheit dieser Formel sind Meinungsverschiedenheiten über ihre Bedeutung aufgetreten.[145] Insbesondere der BGH hat die C.I.L.F.I.T.-Rechtsprechung gerne als Basis einer Argumentation genutzt, durch die eine an sich erforderliche Vorlage vermieden werden sollte.[146] Jedoch kann Offenkundigkeit keineswegs schon dann angenommen werden, wenn bei Anwendung nationaler Gedankengänge die Auslegung zweifelsfrei erscheint. Auch die Auslegung nur der deutschen Textfassung einer Richtlinie reicht nicht aus.[147] Wörtlich erklärt der EuGH in C.I.L.F.I.T.: „Das innerstaatliche Gericht darf jedoch nur dann davon ausgehen, dass ein solcher Fall vor-

---

141 In *EuGH* Slg. 1986, 1885, 1896 f. (Bertini) mahnt der *EuGH* zwar eine Stellungnahme des nationalen Gerichts zur Entscheidungserheblichkeit an, lehnt aber die Vorlagefrage letztlich trotz deren Fehlens nicht ab; siehe auch *EuGH* Slg. 1995, 4921, 5060 (Bosman); *EuGH* Slg. 2004, 4883 Rn. 29 (Plato).
142 So *Ress*, FS Jahr, 1993, S. 339, 347 f., 366.
143 *Basedow*, FS Brandner, 1996, S. 651, 663; *ders.*, AcP 210 (2010), 157, 163 f.
144 *EuGH* Slg. 1982, 3415, LS 5 (C.I.L.F.I.T.); auch *EuGH* Slg. 1997, 4411 Rn. 15 (Ferriere Nord); *EuGH* Slg. 2003, 10239 Rn. 118 (Köbler).
145 Die Meinungsverschiedenheiten haben allerdings ihre Wurzeln eher darin, dass die Formel des *EuGH* als zu weit empfunden wird. Dann sollte allerdings klargestellt werden, dass eine Argumentation *gegen* das C.I.L.F.I.T.-Urteil des *EuGH* vorliegt und keinesfalls *mit* diesem. Siehe etwa die Auffassung von *Heß*, ZZP 108 (1995), 59, 85 f., nur grundsätzliche Rechtsfragen sollten vorgelegt werden; zu Reformdiskussionen *Rösler*, Europäische Gerichtsbarkeit auf dem Gebiet des Zivilrechts, 2012, S. 319 ff.
146 *BGH* NJW 2005, 1045; BGHZ 110, 47, 68 ff., 72; BGHZ 129, 353, 360 f.; großzügig auch BGHZ 138, 321, 324 (mit einer Übertragung der Entscheidung Dietzinger – zur Haustürgeschäfte-RL – auf die Verbraucherkredit-RL).
147 Ausdrücklich weist der *EuGH* in *EuGH* Slg. 1997, 4411 Rn. 15 (Ferriere Nord), darauf hin, dass es nicht reicht, wenn die Sprachfassung in *einem* Mitgliedstaat klar und eindeutig ist.

liegt, wenn es überzeugt ist, dass auch für die Gerichte der übrigen Mitgliedstaaten und den Gerichtshof die gleiche Gewissheit bestünde."

158 Es ist daher missverständlich, wenn vorgeschlagen wird, eine Vorlage in einem Fall, in dem die (EU-rechtliche) Vorschrift nach nationaler Sichtweise klar, nach EU-rechtsbezogener Sichtweise aber zweifelhaft erscheint, nur dann zu tätigen, wenn bereits eine den Zweifeln Nahrung gebende, von der Ansicht des nationalen Gerichts abweichende Entscheidung des EuGH vorliegt.[148] Unsinnig wäre es aber auf der anderen Seite, ein Gericht, welches bei Berücksichtigung der deutschen Fassung einer Richtlinie und Anwendung des diese umsetzenden nationalen Rechts keine Zweifel daran hat, wie ein Fall zu entscheiden ist, dazu zu zwingen, nunmehr auch die Sichtweise zu untersuchen, die sich für andere europäische Gerichte, vielleicht französische, spanische, polnische oder griechische ergeben könnte. **Eigene Zweifel des nationalen Gerichts sind also entscheidend.** Nötig ist die Vorlage aber bei auch nur geringem Zweifel – und dazu gehören eben auch schon die Fälle, in denen man denkt, irgendjemand anders könne vielleicht ernstliche Zweifel haben.[149] Die nationalen Gerichte sollten sich stets bewusst sein, dass sie die richtlinienkonforme ebenso wie die rechtsvergleichende Sichtweise **nur unzureichend beherrschen (können)**. Das europäische Privatrecht ist in seiner ganzen Struktur, seiner Zielrichtung und seinen Prinzipien so anders als das deutsche Privatrecht, dass nicht in Parallelen gedacht werden kann.

### 4. Mindestharmonisierung, Vollharmonisierung und Vorlagepflicht

159 Eine Begrenzung der Vorlagepflicht, die eher inhaltlicher Art ist, folgt aus der Geltung des Mindeststandardgrundsatzes. Wenn das nationale Gericht lediglich Zweifel hat, ob es mit seiner Entscheidung **über den Standard der Richtlinie** hinausgehen könnte, so besteht eine Vorlagepflicht nicht, soweit die Mitgliedstaaten einen über die Richtlinie hinausgehenden Schutz vorsehen dürfen (siehe dazu oben Rn. 21 f.).

Das Gericht *darf* aber auch im Fall einer Mindestharmonisierung stets eine Vorlage an den EuGH vornehmen, wenn es erfahren möchte, wie weit genau die Vorgaben der Richtlinie gehen. Die typische Vorlage gründet auch hier darauf, dass das Gericht das nationale Recht richtlinienkonform, also genau im Sinne der Richtlinie auslegen möchte, sich über die Bedeutung der Richtlinie jedoch nicht im Klaren ist.

Für **Vollharmonisierungsrichtlinien** besteht eine wichtige Auslegungsfrage darin, welche Einzelfragen der Vollharmonisierung unterfallen und wie weit bestimmte Bereichsausnahmen reichen. Denn die Mitgliedstaaten haben oft ergänzende Normen erlassen oder beibehalten, die den Schutz der Richtlinie erweitern. Deren Vereinbarkeit

---

[148] So aber BGHZ 129, 353, 360 f.; *Coester*, FS Heinrichs, 1998, S. 99, 104; *Canaris*, EuZW 1994, 417; dagegen auch *Franzen*, Privatrechtsangleichung, 1999, S. 285 f.; *Basedow*, FS Brandner, 1996, S. 651, 664; *Lipp*, JZ 1997, 326, 331; auf abweichende Entscheidungen der Gerichte anderer Mitgliedstaaten bezogen *Schulze-Osterloh*, ZGR 1995, 170, 178 f.

[149] So auch *Basedow*, FS Brandner, 1996, S. 651, 664; *Franzen*, Privatrechtsangleichung, 1999, S. 289. Darauf, dass dieser Zweifel bestehen wird, wenn der *EuGH* sich im Bereich der betreffenden Rechtsfrage überhaupt noch nicht geäußert hat, weist *Hommelhoff* hin (BGH-Festgabe, 2000, Band 2, S. 889, 893). Für eine niedrige „Schwelle des Zweifels" auch *Dauses*, Vorabentscheidungsverfahren, 1995, S. 97.

mit der Richtlinie hängt jeweils davon ab, ob diese Regelungen außerhalb des vollharmonisierten Bereichs liegen.[150] Denn innerhalb des vollharmonisierten Bereichs sind Abweichungen nicht zulässig (mit Beispielen Rn. 228, Rn. 355, Rn. 468).

## 5. Sonderfall: Die Generalklausel in der Richtlinie

### a) Problematik

**Literaturhinweis:** Riesenhuber/*Röthel*, Europäische Methodenlehre, § 11; *Pfeiffer*, Europäisch-autonome Auslegung der Klauselrichtlinie am Beispiel der Hauptleistungsklauseln, NJW 2014, 3069.

160

> **Beispiel 8** – nach EuGH Slg. 2004, 3403 (Freiburger Kommunalbauten): Die Eheleute E haben mit dem Bauträger B einen Vertrag über die Errichtung eines Einfamilienhauses geschlossen. Der Vertrag enthält die Bestimmung, dass E den Preis unabhängig vom Baufortschritt bezahlen müssen. Im Gegenzug stellt B ihnen die Bürgschaft eines Kreditinstituts, welche die Geldansprüche sichert, die ihnen wegen mangelhafter oder unterlassener Erfüllung des Vertrags erwachsen können. Diese Klausel kehrt die in § 641 BGB vorgesehene Reihenfolge der Erbringung der Leistungen um. E sehen darin eine Verletzung des Grundsatzes der „Zug-um-Zug"-Erfüllung und fühlen sich als Verbraucher in ihrer „Waffengleichheit" beeinträchtigt. B hingegen meint, dass die von ihm gestellte Bürgschaft die Nachteile aus der Kaufpreiszahlung vor Vertragserfüllung kompensiere. Zudem könne er den Kaufpreis herabsetzen, weil er für die Baufinanzierung kein Darlehen in Anspruch nehmen müsse. Der vorlegende BGH stellt dem EuGH nun die Frage, ob diese Bauträgervertragsklausel als missbräuchlich im Sinne von Art. 3 Abs. 1 Klausel-RL anzusehen ist.

Die Problematik der Vorlage an den EuGH stellt sich besonders dringlich, wenn in Richtlinien **Generalklauseln oder auch unbestimmte Rechtsbegriffe** enthalten sind. Denn eine (neue!) Generalklausel kann ohne Auslegung – genauer wird oft von Ausfüllung oder Konkretisierung gesprochen – **überhaupt nicht angewendet** werden. Bei den unbestimmten Rechtsbegriffen ist es ähnlich. Die Frage, in welchen Fällen die Vorlage zwingend ist, stellt sich bei Generalklauseln und unbestimmten Rechtsbegriffen also in zugespitzter Weise.

161

Von den in privatrechtlichen Richtlinien enthaltenen Generalklauseln stellt **Art. 3 Klausel-RL** (umgesetzt in § 307 BGB) sicher das bedeutendste Beispiel dar.[151] Art. 3 Klausel-RL lautet wie folgt: „Eine Vertragsklausel, die nicht im Einzelnen ausgehandelt wurde, ist als missbräuchlich anzusehen, wenn sie entgegen dem Gebot von Treu und Glauben zum Nachteil des Verbrauchers ein erhebliches und ungerechtfertigtes Missverhältnis der vertraglichen Rechte und Pflichten der Vertragspartner verursacht." Der deutsche Gesetzgeber war zunächst davon ausgegangen, dass eine ausdrückliche Umsetzung dieser Vorgabe nicht erforderlich sei (dazu auch schon Rn. 88). Erst mit der Modernisierung des Schuldrechts, bei der das Recht der AGB-

---

[150] So etwa in *EuGH* NJW 2015, 927 (Novo Nordisk Pharma), wo es um die Reichweite der Produkthaftungs-RL ging; allgemein *Bülow*, WM 2013, 245.
[151] Daneben gibt es einige kollisionsrechtliche Bestimmungen, die verlangen, dass ein „enger Zusammenhang" zwischen dem Vertrag und dem Mitgliedstaat besteht: Art. 6 Abs. 2 Klausel-RL und Art. 4 Abs. 4 Rom I-VO; genannt wird weiterhin Art. 6 Produkthaftungs-RL (vgl. § 3 ProdHaftG), „Berücksichtigung aller Umstände".

Kontrolle in das BGB eingefügt wurde, erfolgte eine Ergänzung der Umsetzung. Das **Transparenzgebot** wurde als Teil der Inhaltskontrolle in § 307 Abs. 1 S. 2 BGB aufgenommen und § 309 BGB wurde in einzelnen Punkten dem Anhang zu Art. 3 Klausel-RL angepasst (vgl. § 309 Nr. 7 lit a) BGB).[152]

#### b) Vorlage von Generalklauseln und Mindeststandardprinzip

**162** Auch im Rahmen des § 307 BGB ergibt sich eine erste Einschränkung der Vorlagepflicht daraus, dass das Mindeststandardprinzip zu beachten ist (vgl. allgemein zu dessen Bedeutung für die Vorlagepflicht soeben Rn. 159). Eine Vorlagepflicht besteht also nicht, wenn das deutsche Gericht eine Klausel ohnehin für treuwidrig und daher nichtig erklären möchte.[153] Dann geht es nämlich allenfalls über den Schutzstandard der Richtlinie hinaus.

Die Vorlagepflicht wird aber relevant, wenn der BGH eine ihm vorliegende Klausel nach einer Kontrolle an § 307 BGB für wirksam befinden würde.

#### c) Vorlage von Generalklauseln und Acte-clair

**163** Wie gezeigt ist eine Vorlage außerdem generell nicht erforderlich, wenn klar und offensichtlich erkennbar ist, wie die EU-Norm ausgelegt werden muss (siehe dazu soeben Rn. 157). Das ist nicht nur der Fall, wenn der EuGH über die Frage bereits entschieden hat, sondern es kann sich bei Betrachtung der Richtlinie selbst ergeben. Im Beispiel des Art. 3 Klausel-RL ist diese Regel besonders relevant. Denn von den unendlich vielen Klauseln, die im Geschäftsleben verwendet werden, besteht bei den meisten ohnehin kein Zweifel daran, dass sie auch am Maßstab der Richtlinie gemessen wirksam sind.

Aber für die Klausel-RL lassen sich noch konkretere Aussagen treffen. Der Anwendungsbereich des Art. 3 Klausel-RL ist nämlich **eindimensionaler als der Anwendungsbereich des § 307 BGB**. Erkennbar wird dies aus der Präambel der Richtlinie sowie, noch deutlicher, aus den im Anhang zu Art. 3 Klausel-RL genannten Fallbeispielen.

Die Richtlinie will die direkte Übervorteilung des Verbrauchers verhindern. Die Richtlinie ist also auf Klauseln ausgerichtet, welche Rechte des Verbrauchers in erheblichem Maße beeinträchtigen, ohne dass irgendein Ausgleich dafür geleistet wird.

Die Acte-clair-Doktrin muss aber vorsichtig angewendet werden. Wenn auch der Maßstab der Richtlinie im Allgemeinen weniger streng ist als der Maßstab der §§ 307 ff. BGB, so muss dennoch für jede einzelne zu prüfende Klausel überlegt werden, ob auch gerade diese sich im Richtlinienrahmen hält.[154]

---

152 Zum Transparenzgebot als Prinzip des Verbrauchervertragsrechts auch noch unten Rn. 260 ff.
153 Vorsicht muss hier in Bezug auf die Grundfreiheiten gelten. Steht zu befürchten, dass diese durch die Entscheidung beeinträchtigt werden, so kann sich daraus ein eigenständiger Grund zur Vorlage ergeben!
154 Keinerlei Beschränkung der Vorlagepflicht durch die Acte-clair-Doktrin sieht aber *Röthel*, Normkonkretisierung im Privatrecht, 2004, S. 384.

Im Ergebnis bleibt so noch eine große Anzahl von Fällen übrig, in denen die Ausfüllung der EU-rechtlichen Generalklausel für die Entscheidung des nationalen Rechtsstreits erheblich ist und das Gericht Zweifel hat.

### d) Vorlagepflicht bei Generalklauseln in sonstigen Fällen

**aa) Ausgangsüberlegung.** Es fragt sich nun, ob ein nationales Gericht wirklich jedes Mal eine Vorlage vornehmen muss, wenn es sich über die Anwendung einer Generalklausel im konkreten Rechtsstreit unsicher ist. Für die Klausel-RL würde dies bedeuten, dass das Gericht jedes Mal vorlegen müsste, wenn für es Zweifel daran bestehen, ob die dem nationalen Gericht vorliegende Vertragsklausel missbräuchlich im Sinne der Klausel-RL ist.[155]

164

Lange Zeit ging die h.M. davon aus, dass wirklich **alle Zweifelsfragen** zur Ausfüllung von Generalklauseln in vollem Umfang der Vorlagepflicht an den EuGH unterlägen.[156]

**bb) Grundlegende Gegenansicht.** Dem haben nicht wenige Autoren widersprochen.[157] Am meisten Beachtung gefunden hat der Ansatz *Wulf-Henning Roths*, der die Befugnis des EuGH zur Konkretisierung von Generalklauseln verneint.[158]

165

Er argumentiert aus der Rechtsform der Richtlinie heraus. Die Richtlinie räume grundsätzlich dem nationalen Gesetzgeber **Umsetzungsspielraum** ein. Die Verwendung von Generalklauseln in Richtlinien sei ein typisches Beispiel für einen solchen Spielraum. Der Gesetzgeber könne diesen nutzen, indem er bereits selbst eine konkretere Norm als die in der Richtlinie enthaltene Generalklausel in das nationale Recht aufnehme, er könne aber auch den Richtlinienwortlaut übernehmen und damit die Konkretisierung den nationalen Gerichten überlassen. Dieser den Mitgliedstaaten vom EU-Gesetzgeber eingeräumte Spielraum dürfe ihnen nun nicht dadurch wieder genommen werden, dass dem EuGH eine Kompetenz zur Auslegung der Generalklausel zugesprochen werde.[159]

Allerdings schränkt *Roth* seine Auffassung insofern ein, als er die Kompetenz bei einer ganzen Anzahl von Konstellationen dennoch dem EuGH zuspricht. Dazu gehören insbesondere alle Fälle, in denen das Ziel der Richtlinie nur bei einer einheitlichen Auslegung des unbestimmten Rechtsbegriffs bzw. wohl auch der Generalklausel erreicht werden kann.

---

155 Umfassend dazu *Röthel*, Normkonkretisierung im Privatrecht, 2004, S. 353 ff.
156 So Schulze/*Brandner*, Auslegung europäischen Privatrechts, 1999, S. 131, 136; *Coester*, FS Heinrichs, 1998, S. 9, 104; *Coester-Waltjen*, Jura 1997, 272, 275; Wolf/Horn/Lindacher/*Wolf*, AGB-Recht, 1999, Art. 3 RL Rn. 2; *Basedow*, Nationale Justiz und Europäisches Privatrecht, 2003, S. 9 f.; Müller-Graff/*Müller-Graff*, Gemeinsames Privatrecht, 1999, S. 9, 64; *Weatherill*, ERPL 1995, 307, 316 ff.
157 *Franzen*, Privatrechtsangleichung, 1999, S. 536 ff.; *Heinrichs*, NJW 1998, 1447, 1454 f.; *Borges*, Die Inhaltskontrolle von Verbraucherverträgen, 2000, S. 81; *Joerges*, ZEuP 1995, 181, 199; *H. Roth*, JZ 1999, 529, 535 f. (keine Kompetenz des *EuGH*); eine pragmatische Haltung (Vorlage nur in geeigneten Fällen) vertritt Grabitz/Hilf/*Pfeiffer*, Das Recht der EU, Band IV, 2009, A 5 Rn. 41.
158 *W.-H. Roth*, FS Drobnig, 1998, S. 135.
159 Ebenda, S. 135, 141 ff. Diesen Lösungsweg deutet auch schon *Canaris* an, EuZW 1994, 417.

**166** **cc) Die Rechtsprechung des EuGH.** Der EuGH hatte bereits mehrfach über die Auslegung von Art. 3 Klausel-RL zu entscheiden. Die Entscheidungen sind nicht völlig stringent, aber man kann doch die wesentlichen Antworten daraus entnehmen.

> In dem einleitenden **Beispiel 8** (Rn. 160, Freiburger Kommunalbauten) hat der EuGH zum ersten Mal die Gelegenheit genutzt, sich zu der Kompetenzverteilung zwischen nationalen Gerichten und EuGH zu äußern. Dabei hat er sich recht weitgehend aus der Klauselkontrolle zurückgezogen: Er hat ausgesprochen, dass er sich nur zur *Definition* der „missbräuchlichen Klausel" äußern wird. Dagegen will er die *Anwendung* der Definition – soweit die Definition Anwendungsspielraum offen lässt – den nationalen Gerichten überlassen.[160] Im Fall der vom BGH vorgelegten Klausel aus einem Bauträgervertrag stellte der EuGH daher zunächst (unter Berufung auf Vorarbeiten der Kommission) fest, dass „die streitige Klausel jedenfalls zu einem Nachteil für den Verbraucher führe." Er entschied aber nicht selbst darüber, ob dieser Nachteil erheblich und ungerechtfertigt im Sinne von Art. 3 Abs. 1 der Richtlinie sei. Vielmehr sprach er aus, es handele sich dabei um „eine Wertungsfrage, die zu beantworten Sache des nationalen Richters sei."[161] Die nationalen Gerichte müssen also letztlich selbst entscheiden, ob die Klausel hier die Eheleute E in treuwidriger Weise benachteiligt. Im konkreten Fall wurde die Revision zurückgenommen, so dass es zu keiner abschließenden Entscheidung gekommen ist.[162]

**167** Der EuGH nahm in „Freiburger Kommunalbauten" auch Bezug auf die noch frühere Entscheidung Océano, in welcher er eine Gerichtsstandsklausel direkt verworfen hatte. Er erklärte dazu, dass der EuGH ausnahmsweise eine Klausel selbst beurteilen dürfe, wenn das Missverhältnis **ganz klar und deutlich** sei.[163]

Diese Linie vertritt der EuGH im Grunde wohl weiterhin, auch wenn er in aktuelleren Entscheidungen gegenüber Océano noch etwas weiter „zurückgerudert" ist.[164] Wenn er nun offenbar vorhat, Klauseln nicht mehr selbst zu verwerfen, sondern dem vorlegenden Gericht **nur deutlich die Verwerfung aufzugeben**, ist dies formal zu begrüßen, im Ergebnis aber kein Unterschied.[165]

**168** **dd) Begründung.** Die Entscheidungen des EuGH sind zutreffend. Im Folgenden sei aber noch begründet, warum der EuGH Vertragsklauseln in aller Regel nicht kontrollieren darf, sondern die eigentliche Kontrolle durch das nationale Gericht erfolgen muss. Dieser Grund lässt sich nicht in allgemeinen Regeln (wie dem Subsidiaritätsprinzip) finden. Es muss vielmehr auf die **konkrete Richtlinie** selbst geschaut werden, um zu erkennen, wie tief die Auslegungskompetenz des EuGH für die bestimmte Generalklausel reicht.[166] Bei der Klausel-RL ist ein wichtiger Teil des Kontrollmaßstabs die Frage, ob die Klausel in treuwidriger Weise vom geschriebenen Recht abweicht. Es geht dann also gar nicht um einen feststehenden, vom Gesetz losgelösten

---

160 *EuGH* Slg. 2004, 3403 (Freiburger Kommunalbauten).
161 Ebenda, Rn. 21.
162 *BGH* ZfIR 2005, 300; zu einer anderen Konstellation *BGH* NJW-RR 2005, 1292.
163 *EuGH* Slg. 2000, 4941 Rn. 21 ff. (Océano). Der *EuGH* fand, bei der dort zu prüfenden Gerichtsstandsklausel stehe das Missverhältnis außer Frage; so ausdrücklich auch in der Entscheidung Freiburger Kommunalbauten, *EuGH* Slg. 2004, 3403 Rn. 23.
164 *EuGH* Slg. 2009, 4713 (Pannon); *EuGH* Slg. 2010, 10847 (VB Pénzügyi Lízing).
165 Ähnlich wie hier *Pfeiffer*, NJW 2009, 2369.
166 Näher Riesenhuber/*Röthel*, Europäische Methodenlehre, § 11 Rn. 12 ff.

Maßstab von Treu und Glauben, sondern es muss beurteilt werden, was **Inhalt und Leitbild des nationalen Gesetzes** ist, und wie erheblich die Klausel von diesem abweicht.[167] In § 307 Abs. 2 BGB ist sogar der Versuch unternommen worden, diese Relation ausdrücklich zu regeln. In der Richtlinie fehlt ein konkreter Hinweis auf dieses Abhängigkeitsverhältnis. Immerhin wird allerdings darauf hingewiesen, dass eine Klausel niemals treuwidrig sein kann, wenn sie gar nicht vom geschriebenen Recht abweicht. Aber auch darüber hinausgehend ist klar, dass die Treuwidrigkeit einer von einer Partei gestellten Vertragsbedingung erst bei einer signifikanten Abweichung vom geschriebenen Recht anzunehmen ist. Die Klausel muss zu Lasten des Verbrauchers so deutlich vom geschriebenen Recht abweichen, dass diese Abweichung treuwidrig bzw. missbräuchlich erscheint. Es kommt somit stets auf einen **Vergleich der Klausel mit dem sonst geltenden Recht** an. Und das ist das nationale Zivilrecht.

Zu Unrecht wird nun oft gefragt, ob der EuGH einen solchen Vergleich mit dem nationalen Recht leisten „könne". Denn um das Können geht es nicht. Der **EuGH *darf* diesen Vergleich überhaupt nicht vornehmen**. Dieser ist nämlich nicht mehr eine Auslegung der Richtlinie, sondern es muss nationales Recht ausgelegt werden.[168] Es kommt ja darauf an, welches die wesentlichen Gedanken der nationalen Rechtsnorm sind, von der abgewichen wird. Wie gezeigt darf der Gerichtshof nach Art. 267 AEUV aber nur über die Auslegung von EU-Recht entscheiden (dazu oben Rn. 147).

169

ee) **Verbleibende Fälle notwendiger Vorlagen.** Damit bleiben für die Vorlage zwei Komplexe übrig. Zum einen sind dies die sehr allgemeinen Fragen, die sich auf das Verständnis der Generalklausel selbst beziehen: Was enthält sie für Grundgedanken? Letztlich kann man mit gewisser Vorsicht sagen, dass sich hier ein **europäischer Grundsatz von Treu und Glauben** niederschlägt (näher dazu unten Rn. 300). Für die Klausel-RL könnte beispielsweise gefragt werden, ob die Klauseln anhand des Prinzips der *legitimen Erwartungen* des Verbrauchers beurteilt werden müssen (inhaltlich dazu unten Rn. 284).

170

Zum anderen sind es die Fälle, in denen die Klausel nicht (nur) von nationalem, sondern gerade von EU-Recht – also insbesondere von einer Richtlinie – abweicht. Denn es ist Aufgabe des EuGH, zu beurteilen, ob diese **Abweichung vom EU-Recht** missbräuchlich ist. Der EuGH legt dann aber **nicht die Generalklausel** aus, sondern bestimmt die wesentlichen Grundgedanken der Normen, von denen durch die AGB abgewichen wird. Das allerdings wird vorerst selten vorkommen, da der ganz überwiegende Teil des EU-Privatrechts zwingendes Recht ist und daher durch AGB ohnehin nicht abbedungen werden kann. Ein denkbares Beispiel ist aber die in Art. 7 Abs. 1 Zahlungsverzugs-RL vorgesehene Inhaltskontrolle. Hier ist der Vergleich der privaten Vereinbarung mit den dispositiven Regelungen der Zahlungsverzugs-RL sogar ausdrücklich vorgesehen (dazu auch noch unten Rn. 425).

171

---

167 Nur Staudinger/*Wendland*, BGB, § 307 Rn. 119.
168 Nochmals *EuGH* Slg. 2004, 3403 Rn. 21 (Freiburger Kommunalbauten); *Franzen*, Privatrechtsangleichung, 1999, S. 554 ff.

## 6. Zusammenfassung

### a) Allgemeines

**172** Eine Vorlage an den EuGH ist zwingend vorgeschrieben, wenn das nationale Gericht Zweifel hat, ob die von ihm favorisierte Auslegung des nationalen Rechts **im Widerspruch zum Inhalt einer Richtlinie** steht.

Entbehrlich ist die Vorlage jedoch oftmals dann, wenn die Abweichung allenfalls dazu führen könnte, dass das von der Richtlinie vorgegebene Schutzniveau erhöht wird. Viele privatrechtliche Richtlinien enthalten nämlich weiterhin den **Mindeststandardgrundsatz** (dazu Rn. 159).

**173** Nutzlos ist die Vorlage übrigens auch dann, wenn eine Auslegung des nationalen Rechts im Sinne der Richtlinie ausgeschlossen ist, weil das nationale Recht eindeutige Vorgaben enthält und eine Auslegung im Sinne der Richtlinie ohnehin nicht möglich wäre. Dann enthält das nationale Recht einen **Umsetzungsfehler**. Dennoch muss der Rechtsstreit zunächst auf der Basis des nationalen Rechts entschieden werden (also z.B. gegen den klagenden Verbraucher). Aus der Verletzung der Umsetzungspflicht kann die betroffene Partei dann – wenn die Voraussetzungen erfüllt sind – einen Staatshaftungsanspruch ableiten (dazu oben Rn. 94).

Mit der Annahme, dass eine richtlinienkonforme Auslegung nicht möglich sei, muss man allerdings **sehr zurückhaltend** sein. Das zeigte sich besonders schön in der Vorlage des BGH im Quelle-Fall. Der BGH erklärte ausdrücklich, er sehe sich an einer richtlinienkonformen Auslegung gehindert, falls der EuGH entscheide, die Richtlinie sehe einen Nutzungsersatz durch den Verbraucher nicht vor (zum Fall oben Rn. 123).[169] Dass er dennoch vorlegte, war in sich widersprüchlich.[170]

Nachdem das Urteil ergangen war und der EuGH den Nutzungsersatz verneint hatte, fand der BGH dann allerdings doch einen Weg, das nationale Recht richtlinienkonform fortzubilden. Wie oben gezeigt, kann eine richtlinienkonforme Rechtsfortbildung nämlich sehr weit gehen (Rn. 126 ff.).

### b) Generalklauseln

**174** Auch bei Generalklauseln ist der EuGH grundsätzlich zur Ausfüllung zuständig. Zu beachten ist aber, dass es sich bei den meisten Streitfragen hier gar nicht um die eigentliche Ausfüllung der Generalklausel handelt, sondern dass es um die **Anwendung der Generalklausel auf das nationale Recht** geht. Der EuGH vertritt sogar die Auffassung, dass die Entscheidung darüber, ob die Generalklausel im konkreten Fall eingreift, stets Rechts*anwendung* sei. Zugleich hat er aber ausgesprochen, dass es Fälle gebe, in denen die Generalklausel nur eine ganz bestimmte Entscheidung zulasse.

---

[169] *BGH* NJW 2006, 3200.
[170] So auch *Lorenz*, NJW 2006, 3203.

## IV. Sonderfall: Die Vorlage an den EuGH bei überschießender Umsetzung

### 1. Grundsätzliche Zulässigkeit der Vorlage bei überschießender Umsetzung

Oben (Rn. 131 ff.) wurde bereits dargestellt, dass das nationale Recht auch dann meist richtlinienkonform ausgelegt werden muss, wenn es sich um **überschießend umgesetztes Recht** handelt. Dürfen die nationalen Gerichte in diesen Fällen auch eine Vorlage an den EuGH vornehmen? Diese Frage ist klar zu bejahen. Tatsächlich sind solche Vorlagen sogar **häufig**. In der Regel werden sie gar nicht als Besonderheiten wahrgenommen. So hätte zum Beispiel im bekannten Fall Berliner Kindl (dazu näher Rn. 435) die alte Verbraucherkredit-RL ohnehin keine Anwendung gefunden, da sie nur Kredite bis zu einer Höhe von 20.000 ECU erfasste, es in dem Fall aber um 90.000 DM ging.[171]

175

Vorlagen zu Fällen im überschießenden Umsetzungsbereich sind sinnvoll. Es ist eine **Vereinfachung**, eine zu einer Richtlinie auftretende Auslegungsfrage sogleich dem EuGH vorlegen zu können, auch wenn der Fall eigentlich nicht von der Richtlinie erfasst würde.[172] Ansonsten müssten die nationalen Gerichte zunächst selbst eine Lösung finden, die dann unter Umständen der widerspräche, die der EuGH in einer späteren Entscheidung zu einem von der Richtlinie erfassten Fall bevorzugen würde.[173] Die **einheitliche Behandlung der unterschiedlichen Sachverhalte**, die der nationale Gesetzgeber eigentlich angestrebt hat, würde so verfehlt.

Eine Grenze für seine eigene Zuständigkeit hat der EuGH allerdings gesetzt, als ein ungarisches Gericht eine Vorlage in einem Fall vornahm, der sich bereits **vor dem Beitritt** Ungarns zur EU ereignet hatte. Er nahm die Vorlagefrage nicht an.[174]

### 2. Grenzen der Vorlage bei überschießender Umsetzung

Der EuGH nimmt grundsätzlich auch Vorlagefragen zur Entscheidung an, welche außerhalb des Anwendungsbereichs der Richtlinie liegen. Ihm kommt es darauf an, dass die Entscheidung über die Auslegung der Richtlinie für die Entscheidung des nationalen Rechtsstreits (unmittelbar) Bedeutung hat.[175] Davon allerdings geht der EuGH immer dann aus, wenn das nationale Gericht die Entscheidung **in unmittelbarem Bezug zu einem europäischen Rechtsakt** sieht. Nicht angenommen hatte der EuGH aber eine Vorlagefrage in der Entscheidung Kleinwort Benson. Dort war er zur Auslegung eines an das EuGVÜ (jetzt EuGVVO) angelehnten, dieses aber modifizieren-

176

---

171 *EuGH* Slg. 2000, 1741 (Berliner Kindl); Art. 2 Abs. 1 lit f) der alten Verbraucherkredit-RL; vgl. auch die Entscheidung Heininger, *EuGH* Slg. 2001, 9945 und dazu ausdrücklich BGHZ 150, 248.
172 Schulze/*Schulze*, Auslegung europäischen Privatrechts, 1999, S. 9, 18 f.
173 Noch deutlicher *Schulze*, ebenda.
174 *EuGH* Slg. 2006, 371 (Ynos).
175 Vgl. zu den Entscheidungen des *EuGH* schon vorstehend; siehe ausführlich auch *EuGH* Slg. 1997, 4291 Rn. 23 ff. (Giloy); *EuGH* Slg. 1997, 4161, LS 1 (Leur-Bloem); aus dem Schrifttum nur *Büdenbender*, ZEuP 2004, 36, 53 ff.

den Abkommens befragt worden. Diese bloße Ähnlichkeit war dem EuGH zu wenig.[176]

**177** Dass für den EuGH die *unmittelbare* Bedeutung seines Urteils für die Entscheidung des nationalen Gerichts ausschlaggebend ist, lässt sich gut aus der Entscheidung Pfennigmann ablesen.[177] Dort ging es um die **Auslegung eines eigenständigen Übereinkommens zwischen einigen Mitgliedstaaten**, welches sich in seiner Präambel auf eine Richtlinie bezieht.[178] Hier hatte der EuGH die Auslegung des *Abkommens* zunächst mehrfach abgelehnt, weil er unzuständig sei.[179] Die ihm in der Sache Pfennigmann schließlich vorgelegte direkte Frage nach der Auslegung der *Richtlinie*, auf die das Abkommen sich bezieht, nahm er dagegen an. Er ging davon aus, dass die Auslegung der Richtlinie für die nationalen Gerichte verbindlich sein würde. Dass es auch hier letztlich erkennbar nur um die Auslegung des über die Richtlinie hinausgehenden, ja davon im Grunde ganz abgekoppelten Abkommens ging, war für den EuGH unerheblich.

Bei einer solchen Vorlage erbringt der EuGH letztlich eine Art **zusätzlichen Service** für die Mitgliedstaaten. Er liefert eine Auslegung der Richtlinie, wiewohl der eigentlich zu entscheidende Fall außerhalb von deren Anwendungsbereich liegt, weil die nationalen Gerichte diese Auslegung aus den soeben (1.) beschriebenen Gründen zur Grundlage ihrer Entscheidung machen möchten.

### 3. Überschießende Umsetzung und gesetzlicher Richter

**178** Wenn ein weites Vorlagerecht angenommen wird und nationale Gerichte das Verfahren an den EuGH „abgeben", kann man sich fragen, ob das **Gebot des gesetzlichen Richters aus Art. 101 Abs. 1 S. 2 GG** gewahrt ist.[180] Anders als im umgekehrten Fall der vermiedenen Vorlage (dazu gleich), besteht hier aber kein echtes Problem. Zunächst ist der **EuGH vom BVerfG als gesetzlicher Richter anerkannt**.[181] Das heißt zwar nicht, dass ein deutsches Gericht in jedem beliebigen Rechtsstreit Fragen dem EuGH zur Entscheidung vorlegen kann, anstatt diese selbst zu entscheiden. Die Zuständigkeit ist vielmehr auf einen bestimmten, abgrenzbaren Bereich von Rechtsfragen festgelegt. Dabei macht die Grenzziehung kaum Probleme. Denn dem EuGH können ausschließlich Fragen zur Auslegung von *EU-Recht* vorgelegt werden. Genau dies geschieht aber auch dann, wenn in Bezug auf überschießende Umsetzung vorgelegt wird. Über andere Fragen wird der EuGH nicht entscheiden. Die Auslegung nati-

---

176 *EuGH* Slg. 1995, 615 (Kleinwort Benson); zur Abgrenzung auch *EuGH* Slg. 2003, 1 Rn. 89 ff. (BIAO).
177 *EuGH* Slg. 1999, 7748 Rn. 19 ff. (Pfennigmann).
178 Das Übereinkommen betrifft Gebühren für die Nutzung von Straßen und bezieht sich auf die Richtlinie 93/89/EWG des Rates vom 25. Oktober 1993 über die Besteuerung bestimmter Kraftfahrzeuge zur Güterbeförderung sowie die Erhebung von Maut- und Benutzungsgebühren für bestimmte Verkehrswege durch die Mitgliedstaaten (ABl. 1993 L 279 S. 32).
179 Vgl. nur *EuGH* Slg. 1998, 7083 (Hartmann); dazu auch *EuGH* Slg. 1999, 7748 Rn. 19 ff. (Pfennigmann) – das ist unproblematisch, da das Abkommen eindeutig kein EU-Recht ist.
180 BVerfGE 133, 277 Rn. 91; hinweisend auch BVerfGE 135, 155 Rn. 177.
181 BVerfGE 73, 366 (Solange II); BVerfGE 135, 155 Rn. 177 ff.

onalen Rechts und die Recht*anwendung* des EU-Rechts muss das nationale Gericht ohnehin stets selbst durchführen.[182]

## V. Verletzung der Vorlagepflicht und gesetzlicher Richter

Nach der Rechtsprechung des BVerfG kann eine Verletzung des Rechts auf den gesetzlichen Richter aus Art. 101 Abs. 1 S. 2 GG gegeben sein, wenn ein nationales Gericht eine an sich zwingende Vorlage unterlässt.[183] Nachdem dies lange Zeit als eher theoretische Möglichkeit erschien, hat das BVerfG die Maßstäbe für eine solche Verletzung nunmehr deutlich gestrafft und an die Rechtsprechung des EuGH angelehnt. Ein nationales Gericht darf nur dann davon ausgehen, dass die richtige Anwendung des EU-Rechts offenkundig ist, wenn es überzeugt ist, dass diese **Offensichtlichkeit auch aus Sicht der Gerichte der übrigen Mitgliedstaaten sowie des EuGH** gegeben ist. Es muss zudem die fehlende Vorlage gerade damit begründen, dass die Beantwortung der Frage entweder offensichtlich ist oder bereits vom EuGH vorgenommen wurde, und darf **keinesfalls eine eigene Lösung** entwickeln.[184] Ansonsten ist Art. 101 Abs. 1 S. 2 GG verletzt.[185]

179

## VI. Wirkung der Entscheidungen des EuGH

### 1. Rechtskraft im engen Sinne

Dogmatische Schwierigkeiten bereitet die Bindungswirkung der Urteile des EuGH. Nach wohl h.A. muss zwischen der **Rechtskraft im engen Sinne** und der **Bindungswirkung** der Entscheidungen des EuGH unterschieden werden.[186] Eigentliche Rechtskraft kommt den Urteilen des EuGH nach dieser differenzierenden Auffassung nur in dem Verfahren zu, in welchem die Vorlage erfolgt. In diesem Verfahren und in weiteren Verfahren über den gleichen Streitgegenstand sind die Gerichte an die Entscheidung des EuGH gebunden.[187] Soweit der Blickwinkel der Parteien betroffen ist, kommt dem Gegenstand des Verfahrens beim EuGH gegenüber dem Gegen-

180

---

182 Im Ergebnis ebenso *Schnorbus*, RabelsZ 65 (2001), 656, 700 ff.
183 BVerfGE 75, 223, 245; BVerfGE 135, 155 Rn. 177 ff.
184 *Calliess*, NJW 2013, 1905; *Finck/Wagner*, NVwZ 2014, 1286; auch *BVerfG* NJW 2010, 1268, dazu *Thomale*, JuS 2010, 339 (Klausur).
185 So *BVerfG* NJW 2001, 1267 f.; skeptisch zur Möglichkeit der Verfassungsbeschwerde insgesamt *Hirte*, Wege zu einem europäischen Zivilrecht, 1996, S. 43 f. m.w.N.; zur jüngeren Rechtsprechung vgl. auch *BVerfG* NJW 2011, 288, Rn. 45 ff.; mit Anmerkung *Bäcker*, NJW 2011, 270.
186 *Heß*, ZZP 108 (1995), 59, 69; *Dauses*, Vorabentscheidungsverfahren, 1995, S. 153 ff.; *Everling*, Vorabentscheidungsverfahren, 1986, S. 63 f.; Rengeling/Middeke/Gellermann/*Middeke*, Handbuch des Rechtsschutzes in der Europäischen Union, § 10 Rn. 101; anders aber *Pechstein*, EU-Prozessrecht, Rn. 866 ff. sowie auch Rn. 906 f., der für die Auslegungsfrage von einer echten Rechtskraft „erga omnes" ausgehen will.
187 Siehe z.B. *EuGH* Slg. 1981, 1191 (ICC); *EuGH* Slg. 1986, 947 (Wünsche); dazu auch Rengeling/Middeke/Gellermann/*Middeke*, Handbuch des Rechtsschutzes in der Europäischen Union, § 10 Rn. 102; *Everling*, Vorabentscheidungsverfahren, 1986, S. 61; genauer *Dauses*, Vorabentscheidungsverfahren, 1995, S. 148 ff. Zur Wirkung grundlegend BVerfGE 73, 339, 370 (Solange II); anwendend z.B. BVerfGE 75, 223, 234.

stand des Verfahrens bei dem nationalen Gericht, welches die Vorlagefrage gestellt hat, ohnehin keine eigenständige Bedeutung zu.[188]

181 Daraus darf aber nicht geschlossen werden, dass die Urteile des EuGH keine andere – und zwar insbesondere keine weiterreichende – Wirkung als die Urteile deutscher Obergerichte hätten.[189] Ein so enges Verständnis der Bindungswirkung der Urteile des EuGH kann allerdings nur mühsam und wenig überzeugend prozessrechtsdogmatisch begründet werden.

Zwar könnte man versuchen, zu argumentieren, dass der Gegenstand des Verfahrens vor dem EuGH doch über den Gegenstand des Ausgangsverfahrens hinausgehe. Der Gegenstand des Verfahrens müsste dann als **abstrakte Auslegungsfrage** begriffen werden. Ginge man so vor, wäre es konsequent, eine **echte Bindungswirkung der Auslegung** anzunehmen.[190] Dagegen spricht aber, dass eine solche am Gegenstand des Verfahrens orientierte Rechtskraft zumindest dem deutschen Recht völlig fremd ist. Die Rechtskraft ist an die Parteien gebunden. Ob der EuGH diese Sichtweise in jedem Fall teilt, unterliegt zwar Zweifeln.[191] Eine allgemeine Rechtskraftwirkung seiner die Richtlinien auslegenden Urteile hat er aber bisher nicht bestätigt. Dazu besteht auch keine Notwendigkeit, da sich die Bindungswirkung, wie im Folgenden gezeigt wird, aus anderen Erwägungen ergibt.

### 2. Bindungswirkung der Urteile des EuGH nach den EU-Verträgen

182 Der EUV und der AEUV enthalten für die Bindungswirkung der Urteile des EuGH im Vorabentscheidungsverfahren **keine ausdrückliche gesetzliche Grundlage**. Dass die Entscheidungen verbindliche Wirkung haben müssen, ergibt sich aber mittelbar aus der alleinigen Kompetenz des EuGH zur Auslegung von EU-Recht.[192] Da die nationalen Gerichte selbst nicht über die Auslegung des EU-Rechts entscheiden dürfen, sind sie darauf angewiesen, den Entscheidungen des EuGH zu folgen.[193] Die **allgemeine Verpflichtung zur Loyalität** aus Art. 4 Abs. 3 EUV sichert, dass die Entscheidungen des EuGH nicht nur – nach Art. 267 AEUV – eingeholt, sondern auch

---

188 Von einer „Einheit" spricht *Prütting*, GS Arens, 1993, S. 339, 343. Zum Charakter als Zwischenverfahren schon soeben Rn. 153.
189 *Everling*, Vorabentscheidungsverfahren, 1986, S. 66; *Dauses*, Vorabentscheidungsverfahren, 1995, S. 155; ähnlich auch von der Groeben/Schwarze/Hatje/*Gaitanides*, Europäisches Unionsrecht, Art. 267 AEUV Rn. 90 ff., die von einer nur tatsächlich rechtsbildenden Kraft spricht.
190 So vor allem *Pechstein*, EU-Prozessrecht, Rn. 862 ff.
191 So hat er, ganz im Gegensatz zu dem in Deutschland üblichen Verständnis (und über § 11 UKlaG hinausgehend), entschieden, dass die Wirkung eines Urteils, das die Nichtigkeit einer AGB feststellt, von Amts wegen auch allen anderen von der Klausel betroffenen Verbrauchern zugutekommen müsse, EuZW 2012, 786 (Invitel).
192 *Hergenröder*, FS Zöllner, 1998, S. 1139, 1143 f.; Rengeling/Middeke/Gellermann/*Middeke*, Handbuch des Rechtsschutzes in der Europäischen Union, § 10 Rn. 104.
193 Ähnlich *Langenbucher*, in: Jahrbuch junger Zivilrechtswissenschaftler 1999, S. 65, 76. Zu „rechtskulturellem Widerstand" gegen diese Rechtslage hat *Bydlinski*, BGH-Festgabe, 2000, Band 1, S. 3, 6 aufgerufen. Er erkennt in den Entscheidungen des *EuGH* eine Bindungswirkung, die stärker sei als die gesetzliche, weil selbst eine Überprüfung auf ihre Verfassungsmäßigkeit nicht möglich sei.

beachtet werden. Ein anderes Verständnis einer EU-rechtlichen Norm als das vom EuGH vorgegebene kann sogar zu Schadensersatzpflichten führen.[194]

Da der EuGH die Normauslegung festlegt, kommt es für seine Urteile zu einer Besonderheit, die den Mitgliedstaaten nicht selten große Sorgen macht: Sie wirken **nicht nur für die Zukunft, sondern auch zurück**. Nur in extremen Ausnahmefällen hat der EuGH sich darauf eingelassen, die Wirkung einer Entscheidung auf die Zukunft zu beschränken.[195]

**183**

So entsteht eine Bindungswirkung, die sich in ihrer Qualität von der Bindungswirkung der Urteile nationaler Obergerichte und insbesondere des BGH unterscheidet.[196] Was der EuGH entschieden hat, erlangt in gewisser Weise **ähnliche Bedeutung wie das geschriebene Recht**.[197] Allerdings ist es den Gerichten erlaubt, eine bereits vom EuGH entschiedene Frage erneut vorzulegen und auf eine Änderung der Rechtsprechung hinzuwirken.[198] Zwar kann und wird der EuGH in diesen Fällen oftmals durch Beschluss auf die vorangegangene Entscheidung verweisen.[199] Er darf seine Rechtsprechung aber auch jederzeit ändern. Sinnvoll und erfolgversprechend ist die erneute Vorlage z.B. dann, wenn die bisherige Rechtsauffassung des EuGH im zu entscheidenden Fall zu unbrauchbaren Ergebnissen führen würde.

**184**

---

194 Denn dann liegt ein offenkundiger und erheblicher Verstoß gegen EU-Recht vor, vgl. ausführlich die Entscheidung *EuGH* Slg. 1996, 1026, 1032 (Brasserie du Pêcheur); anwendend etwa auch *EuGH* Slg. 1998, 1531, 1534 (Norbrook Laboratories).
195 Ablehnend m.w.N. *EuGH* Slg. 2010, 10309 Rn. 33 ff. (Albron Catering); *EuGH* Slg. 2010, 2735 Rn. 91 ff. (Bressol); *EuGH* Slg. 2006, 199 Rn. 49 ff. (Skov); besonders umstritten war die Frage des Wirkungsbeginns der Urteile des *EuGH* für die in einigen Mitgliedstaaten (wie in Deutschland) geltenden Wettverbote, dazu *EuGH* Slg. 2007, 2271 (Unibet) sowie aus deutscher Sicht BVerfGE 115, 276.
196 Gelegentlich wird ein Vergleich zum *BVerfG* gezogen. Dort bietet allerdings § 31 BVerfGG eine klare und zugleich differenzierende Rechtsgrundlage.
197 Nochmals *Bydlinski*, BGH-Festgabe, 2000, Band 1, S. 3, 6 f.
198 *EuGH* Slg. 1981, 1191 (ICC); auch schon *EuGH* Slg. 1963, 63, 81 (Costa).
199 Art. 99 VerfO-EuGH; dazu z.B. *EuGH* EuZW 2015, 28 Rn. 12 f. (BestWater International).

# § 5 Allgemeine Rechtsgrundsätze des EU-Privatrechts

## A. Regelungsziele des EU-Privatrechts

### I. Privatrecht als Binnenmarktrecht

185 Die Funktion des nationalen Privatrechts ist eine sehr zurückhaltende. Klassischerweise wird angenommen, es solle möglichst einen idealen Rahmen, einen Wirkungsraum für die **Entfaltung der Privatautonomie** bilden.[1] Das europäische Privatrecht weicht von diesem Modell ab. Es ist geprägt von dem Ziel, dass die aus einer Vielzahl von Staaten bestehende Europäische Union zu einer **einheitlichen Wirtschaftsgemeinschaft** werden soll. Auch hier ist die Privatautonomie Grundlage des Privatrechts. Aber vielleicht lässt sich – wiewohl etwas überspitzt – sagen, dass das nationale Privatrecht in der Tendenz gerade der Privatautonomie dient, während das EU-Recht die **Privatautonomie eher als Mittel zur Erreichung eines idealen Binnenmarkts** ansieht.

186 Das EU-Privatrecht ist konkret auch davon geprägt, dass es auf einer Kompetenzgrundlage beruht, welche der Verbesserung des Binnenmarkts dient.[2] Dass Art. 114 AEUV die Kompetenzgrundlage für das Privatrecht ist, hat auch inhaltliche Auswirkungen (näher zur Reichweite des Art. 114 AEUV oben Rn. 14). Ein Privatrecht, welches in seinen Inhalten nicht binnenmarktorientiert wäre, dürfte die EU überhaupt nicht schaffen.

### II. Privatrechtsordnung und Wettbewerb

187 Die Marktorientierung des EU-Privatrechts hat verschiedene Aspekte. Ein ganz wesentliches Ziel des EU-Privatrechts besteht in der Erreichung **gleicher Wettbewerbsbedingungen** für alle Anbieter. Denn der grenzüberschreitende Wettbewerb wird nicht nur durch das eigentliche Wettbewerbsrecht geprägt, sondern auch durch sonstige Unterschiede in den Rechtsordnungen. Insbesondere können Unterschiede bei privatrechtlichen Normen spürbare Auswirkungen auf den Preis haben, zu dem ein Produkt angeboten werden kann.[3] So kann beispielsweise eine strengere oder längere Mängelhaftung zu höheren Preisen führen.

Außerdem wird in den Richtlinien oft eine **enge gedankliche Verbindung zwischen privatem Vertragsrecht und Lauterkeitsrecht** verfolgt. Vertragsrechtliche und lau-

---

[1] Genauer *Bork*, BGB AT, Rn. 99 ff.; *Wolf/Neuner*, BGB AT, § 10 unter deutlicher Betonung der sozialstaatlichen Elemente; *Rüthers/Stadler*, BGB AT, § 2, auch zu den Möglichkeiten der politischen Gestaltung durch Privatrecht; im Zusammenhang der Grundfreiheiten *Remien*, Zwingendes Vertragsrecht und Grundfreiheiten, 2003, S. 533.

[2] Noch stärker als hier *Kilian*, Europäisches Wirtschaftsrecht, Rn. 716, der von einem „Marktprivatrecht" spricht.

[3] Dazu auch *Canaris*, AcP 200 (2000), 273, 363 sowie *Grundmann/Martinek*, Systembildung und Systemlücken, 2000, S. 511, 537 ff.; Verbraucherpolitische Strategie 2002-2006, KOM (2002) 208, S. 9 f.

terkeitsrechtliche Regelungen sind sogar manchmal in einer Art gemischt, die dem deutschen Recht – trotz wachsender Diskussion – weiterhin fremd ist. So ist es etwa bei den Regeln zu den Garantien im Verbrauchsgüterkaufrecht (näher dazu Rn. 426).

Inzwischen wird diese Verknüpfung teilweise auch in Deutschland begrüßt, weil sie wirklich dazu führen kann, dass der Verbraucherschutz lückenloser und einfacher funktioniert.[4] So ist es etwa praktisch, wenn der Verstoß einer Vertragsklausel gegen die Vorschriften des UWG zugleich eine Unwirksamkeit nach den §§ 307 ff. BGB mit sich bringt.[5]

## III. Zielsetzung und Dogmatik

Die Zielsetzung der jeweiligen Richtlinie – sei es die verbraucherfreundliche Ausgestaltung des Warenkaufs, sei es die Verhinderung von missbräuchlichen AGB oder die Angleichung des Rechts des E-Commerce – dominiert den Inhalt der Richtlinie. Dogmatische Überlegungen, selbst solche allergrundsätzlichster Art, treten dahinter zurück. In den Richtlinien finden sich daher **strafrechtliche, wettbewerbsrechtliche, öffentlich-rechtliche und privatrechtliche Normen nebeneinander**.[6] Die Aufgabe, die jeweiligen Normen an den richtigen Platz im Rechtssystem einzufügen, bleibt den Mitgliedstaaten überlassen.

188

Die neue Digitale-Inhalte-RL bildet hierfür ein besonders deutliches Beispiel. Sie gilt für alle Verträge, bei welchen ein Unternehmer einem Verbraucher digitale Inhalte oder digitale Dienstleistungen bereitstellt und der Verbraucher dafür entweder Geld oder Daten als Gegenleistung hingibt. Es war der Kommission ein Anliegen, für alle diese Verträge einige Mindestanforderungen an die Pflichten des Unternehmers und die Haftung im Mangelfall zu kodifizieren. Denn erst durch eine solche verbraucherfreundlich ausgestaltete, europaweite Vereinheitlichung der wichtigsten vertraglichen Rechte kann nach Ansicht des europäischen Gesetzgebers das notwendige Verbrauchervertrauen entstehen, durch das der digitale Binnenmarkt „angekurbelt" wird.[7] Für die entsprechenden Regelungen differenziert die Richtlinie in keiner Weise nach Vertragstyp. Aus deutscher Sicht können also etwa Kaufverträge, Werkverträge, Mietverträge, Dienstverträge, Tauschverträge oder auch typengemischte Verträge betroffen sein. Selbst innerhalb Deutschlands ist die Zuordnung zu einem bestimmten Vertragstyp nicht für alle Verträge unstreitig. Andere Mitgliedstaaten nehmen teils außerdem noch deutlich andere Einordnungen vor.

189

Hätte der Richtliniengeber versucht, vertragstypologisch zu unterscheiden, oder vielleicht auch einen eigenen „Vertrag über digitale Inhalte" zu schaffen, wären die Eingriffe in die Rechtsordnungen der Mitgliedstaaten groß gewesen. Zumindest in einigen Mitgliedstaaten wäre es notwendigerweise zu Systembrüchen im Privatrecht ge-

---
4 *Micklitz/Reich*, EWS 2012, 257.
5 *EuGH* NJW 2012, 1781 (Pereničová) „ein[en] Anhaltspunkt unter mehreren" und *EuGH* EuZW 2012, 786 (*Invitel*).
6 Phasenweise können Bemühungen des Richtliniengebers beobachtet werden, systematischer vorzugehen. Zu Diskussionen über die Dogmatik kam es etwa bei der Lauterkeits-RL.
7 Erwägungsgründe 1-8.

kommen. Gegenwärtig hat der deutsche Gesetzgeber dafür nun die Aufgabe, die Richtlinie auf möglichst systemgerechte Weise in das BGB umzusetzen. Es ist sehr spannend, die verschiedenen Optionen durchzuspielen. Sollte doch ein ganz eigener Vertragstyp eingeführt werden? Oder sollen bei allen in Betracht kommenden Vertragsarten jeweils der Richtlinie entsprechende Sonderregelungen für digitale Inhalte eingeführt werden? Vielleicht kann man sogar einige Fragen in den allgemeinen Teil des Schuldrechts einstellen, und die Besonderheit der digitalen Inhalte damit „vor die Klammer" ziehen.[8]

## B. Unternehmerrecht und Verbraucherrecht

**Literaturhinweis:** *Rösler*, Schutz des Schwächeren im Europäischen Vertragsrecht, RabelsZ 73 (2009), 889.

### I. Unternehmerrecht

190 Von dem Gedanken ausgehend, dass das Privatrecht der EU den Binnenmarkt fördern soll, liegt es nahe, hinter den europäischen Privatrechtsakten hauptsächlich **Wirtschaftsrecht im engen Sinne** zu vermuten. Große Teile der Privatrechtsakte der EU sind in der Tat auch dem Wirtschaftsrecht zuzuordnen. Es gibt u.a. gesellschaftsrechtliche, wettbewerbsrechtliche, arbeitsrechtliche, versicherungsrechtliche und vergaberechtliche Vorschriften.

Gerade vor dem Hintergrund der soeben angesprochenen Wettbewerbsfreiheit ist sogar das **Verbraucherschutzrecht**, welches ebenfalls einen großen Teil des EU-Privatrechts ausmacht, **schon als einseitiges Unternehmerrecht** bezeichnet worden.[9] Falsch ist so ein Name nicht, denn im Verbrauchervertragsrecht steht immer auf einer Seite ein Unternehmer.

191 Jedoch ist der Name nicht wirklich treffend. Denn es ist so, dass die meisten Richtlinien aus den hier interessierenden Kernbereichen des Privatrechts, also insbesondere des europäischen Vertragsrechts, Normen enthalten, die bewusst gerade **auf die Rechtsstellung des Verbrauchers ausgerichtet** sind. Es geht hier um die Stärkung des *Verbrauchers*.[10] Der Gedanke, dass zugleich auch für die Unternehmen einheitliche Rechtsregeln gelten – und der Wettbewerb dadurch offener wird – tritt dahinter zurück. Erkennbar ist das insbesondere an den Mindeststandardregelungen. Diese Regelungen bewirken nämlich, dass oberhalb des festgelegten Sockels an Verbraucherschutz in allen Mitgliedstaaten weiterhin unterschiedliche Regelungen gelten kön-

---

[8] Mit Gedanken zu dieser Frage *Faust*, Digitale Wirtschaft – Analoges Recht: Braucht das BGB ein Update? Gutachten A zum 71. Deutschen Juristentag 2016, A 91; *Metzger*, JZ 2019, 577; *Wendehorst*, NJW 2016, 2609, 2611.

[9] In diese Richtung Heusel/*Hoffmann*, Neues europäisches Vertragsrecht und Verbraucherschutz, 1999, S. 39; Schulze/Schulte-Nölke/*Dörner*, Schuldrechtsreform vor dem Hintergrund des Gemeinschaftsrechts, 2001, S. 177; *Grundmann*, FS Fikentscher, 1998, S. 671, 680.

[10] Dazu, dass dahinter allerdings keine sozialen, sondern wirtschaftliche Gedanken stehen, sogleich Rn. 192; Grundmann/Bianca/*Grundmann*, EU-Kaufrechts-Richtlinie, 2002, Einl. Rn. 24, betont daher, auch das Verbrauchervertragsrecht sei Wirtschaftsrecht.

nen.[11] Insbesondere können im jeweiligen nationalen Recht zusätzliche Pflichten auf den Unternehmer zukommen. All diesen muss der grenzüberschreitend tätige Unternehmer gerecht werden.[12] Für die Unternehmer wird daher durch die klassischen Mindeststandardregelungen nicht allzu viel erreicht (auch noch Rn. 210). Oben (Rn. 12 ff., 21 ff.) wurde schon gezeigt, dass sich das Richtlinienrecht insofern in den letzten Jahren verändert hat. Heute wird auf Vollharmonisierung gesetzt, so dass neben dem Verbraucher auch der Unternehmer von der Angleichung profitiert.

## II. Verbraucherrecht als Marktrecht – Modell der Konsumentensouveränität

Das EU-Privatrecht dient insgesamt der Marktverbesserung. Bedenkt man nun, dass ein großer Teil des europäischen Privatrechts Verbraucherschutzrecht ist, so verwundert das zunächst. Denn das nationale Verbraucherschutzrecht wird in der Regel nicht in den Zusammenhang der Marktverbesserung gestellt. Es gilt als **eher wettbewerbsstörend** und ist vom **Sozialstaatsgedanken** geprägt. Es hat zum Ziel, den Schwächeren zu schützen.[13]

192

Kann also Verbraucherschutzrecht den Markt fördern? Diese Frage ist klar zu bejahen. Jedenfalls im Privatrechtskonzept der EU ist der **Verbraucherschutz sogar ein wichtiger Baustein der Binnenmarktförderung**.

Hier herrscht nämlich die Vorstellung von der **Konsumentensouveränität**.[14] Ohne einen grenzüberschreitend konsumierenden Verbraucher kann der grenzenlose Binnenmarkt nicht verwirklicht werden. Um den Verbraucher dazu anzuregen, verstärkt zu konsumieren, und insbesondere auch grenzüberschreitend zu konsumieren, soll sein **Vertrauen** in den Binnenmarkt verbessert werden.[15] Es wird angenommen, dass das Vertrauen des Verbrauchers wächst, wenn seine **Rechtsstellung besonders sicher, transparent und günstig** ist.[16] Das Verbraucherschutzrecht dient also dem

193

---

11 Vgl. hierzu auch die Ausführungen zum Mindeststandardgrundsatz oben Rn. 21.
12 Verstärkt wird diese „Benachteiligung" durch das EU-Kollisionsrecht, welches die Wirkungen der Rechtswahl gegenüber dem Verbraucher sehr beschränkt, dazu unten Rn. 585.
13 Eine knappe Gegenüberstellung von deutschen und europäischen Zielen des Verbraucherschutzes bei MünchKommBGB/*Säcker*, 5. Aufl. 2006, Einl. Rn. 207 ff.
14 Nur *Rösler*, Europäisches Konsumentenvertragsrecht, 2004, S. 140 ff.; kritisch hinterfragt wird dies von *Doehner*, Die Schuldrechtsreform vor dem Hintergrund der Verbrauchsgüterkauf-Richtlinie, 2004, S. 76 ff., der von einem „nachfrageorientierten Binnenmarktkonzept" spricht.
15 Neugestaltung der Rahmenbedingungen für die Verbraucher, COM(2018) 183, S. 4 f.; VO 254/2014/EU des Europäischen Parlaments und des Rates vom 26. Februar 2014 über ein mehrjähriges Verbraucherprogramm für die Jahre 2014-2020 und zur Aufhebung des Beschlusses Nr. 1926/2006/EG, Erwägungsgrund 6; Eine Europäische Verbraucheragenda für mehr Vertrauen und mehr Wachstum, COM(2012) 225, S. 1; Verbraucherpolitische Strategie der EU 2007-2013, KOM (2007) 99, S. 6 (dort insb. Nennung als erstes Ziel; deutlich auch schon der verbraucherpolitische Aktionsplan 1999-2001: „Das Vertrauen der Verbraucher ist für den Erfolg der Wirtschaft von vitaler Bedeutung"; näher *Rösler*, Europäisches Konsumentenvertragsrecht, 2004, S. 188 ff.
16 Auch Grünbuch – Die Überprüfung des gemeinschaftlichen Besitzstands im Verbraucherschutz, KOM (2006) 744, S. 4; Neugestaltung der Rahmenbedingungen für die Verbraucher, COM(2018) 183, S. 5 f.; Verbraucherpolitische Strategie der EU 2007-2013, KOM (2007) 99, S. 3 f.; Mitteilung zum europäischen Vertragsrecht, KOM (2004) 651, S. 3; Verbraucherpolitische Strategie 2002-2006, KOM (2002) 208, S. 15.

Ziel, die Rechtsstellung des Verbrauchers so günstig und zuverlässig auszugestalten, dass der Verbraucher sorglos grenzüberschreitend konsumieren kann.[17]

Für die jüngeren Richtlinien, wie die Richtlinie über die Finanzdienstleistungen im Fernabsatz (= FAF-RL) und die Verbraucherrechte-RL, gilt dies ohne Einschränkung. In der Präambel der FAF-RL ist gleich zweimal von dem Vertrauen der Verbraucher die Rede.[18] In der Erwägung 8 der Verbraucherkredit-RL heißt es wörtlich: „Zur Sicherung des Vertrauens des Verbrauchers ist es wichtig, dass der Markt ein ausreichendes Verbraucherschutzniveau bietet." Auch in der neuen Warenkauf-RL und der Digitale-Inhalte-RL wird das Vertrauen mehrfach erwähnt.[19] Das Vertrauen des Verbrauchers ist also gleichsam der **Dreh- und Angelpunkt des gesamten Verbrauchervertragsrechts**. Über Vertrauen wird die Verknüpfung zwischen Verbraucherschutz und Binnenmarkt hergestellt.[20]

Dieser Gedanke hat sich allerdings erst nach und nach in vollem Umfang entwickelt. Er ist auch heute noch durchmischt mit weiteren, allgemeineren Gedanken. Zum einen wird immer auch die Angleichung der Wettbewerbsbedingungen hervorgehoben, die ihrerseits dem Verbraucher zu besseren Konsumbedingungen verhilft (dazu schon oben Rn. 16 und soeben Rn. 187).

**194** Es treten noch weitere, wenn auch wesentlich blassere Elemente hinzu. Sie spiegeln wider, dass die Idee des europäischen Markts nicht nur von einem hohen Handelsvolumen geprägt ist, sondern darüber hinausgehende Charakteristika enthält. In Art. 3 Abs. 3 und 4 EUV ist dieser Markt beschrieben. Angestrebt sind nicht nur ein „ausgewogenes Wirtschaftswachstum und eine in hohem Maße wettbewerbsfähige soziale Marktwirtschaft, die auf Vollbeschäftigung und sozialen Fortschritt abzielt", sondern **auch Umweltschutz, wissenschaftlicher und technischer Fortschritt, Gleichbehandlung und soziale Gerechtigkeit**. Der europäische Markt soll also eben auch „schön" sein. Anders ausgedrückt kennt er eine **Werteordnung**.[21]

**195** In der Gesamtschau schließt sich der Kreis: Der vertrauensvolle Verbraucher wird auf dem angenehmen und sicheren Markt noch mehr konsumieren und so zugleich auch das Handelsvolumen noch weiter steigern. Das Verbraucherrecht der Union ist somit insgesamt vom **Gedanken der Marktförderung** geprägt. Dagegen beruht es jeden-

---

17 Besonders plastisch Grabitz/Hilf/*Tonner*, Das Recht der EU, Band IV, A 12, Vor Art. 1 Rn. 35 ff.: gerade auch durch ein hohes Verbraucherschutzniveau entstehe ein Haftungsstandard, an den der Verbraucher sich gewöhne und den er gerne in Anspruch nehme.
18 Erwägungsgrund 3: „Um den Verbrauchern die Freiheit der Wahl zu gewährleisten, die für sie ein wesentliches Recht darstellt, ist ein hohes Verbraucherschutzniveau erforderlich, damit das Vertrauen des Verbrauchers in den Fernabsatz wächst." Und Erwägungsgrund 5: „Auch dürfte die Schaffung eines rechtlichen Rahmens für den Fernabsatz von Finanzdienstleistungen das Vertrauen der Verbraucher in die Nutzung der neuen Fernabsatztechniken für Finanzdienstleistungen wie beispielsweise des elektronischen Geschäftsverkehrs stärken."
19 Digitale-Inhalte-RL, Erwägungsgrund 5, Warenkauf-RL, Erwägungsgründe 8, 32 und 41; noch deutlicher die Entwürfe, etwa COM(2015) 635, S. 9 und 13.
20 Nur Digitale-Inhalte-RL, Erwägungsgrund 5.
21 In Bezug auf das Verbraucherrecht insb. *Rösler*, Europäisches Konsumentenvertragsrecht, 2004, S. 80 ff.; im Tonfall sehr „behütend" die Verbraucherpolitische Strategie der EU 2007-2013, KOM (2007) 99, S. 6: „Verbesserung des Verbraucherwohls in punkto Preis, Wahlmöglichkeiten, Qualität, Vielfalt, Erschwinglichkeit und Sicherheit. Das Wohl der Verbraucher ist das Kernstück gut funktionierender Märkte."

falls bisher **nicht auf dem Sozialstaatsgedanken**. Auch Art. 12 AEUV, der den Grundsatz des Verbraucherschutzes im primären Vertragsrecht verankert (früher Art. 153 Abs. 2 EG), enthält keine Anbindung an den Gedanken des Schwächerenschutzes.

Da in Art. 3 EUV anders als früher in Art. 4 EG von „sozialer" Marktwirtschaft gesprochen wird, besteht hier allerdings nunmehr ein gewisses Veränderungspotential.

## III. Verbraucher- und Unternehmerbegriff

**Literaturhinweis:** *Pfeiffer*, Was kann ein Verbraucher? Zur Relevanz von Informationsverarbeitungskapazitäten im AGB-Recht und darüber hinaus, NJW 2011, 1.

196

**Beispiel 9** – nach *EuGH* Slg. 2005, 439 (Gruber): Der österreichische Bauer G bewohnt und bewirtschaftet einen Vierseithof. Er beauftragt ein bayerisches Unternehmen mit der Neueindeckung des Dachs. Es kommt zum Streit und G erhebt Klage in Österreich, die er auf Art. 17 Abs. 1 lit c), Art. 18 Abs. 1 EuGVVO als Zuständigkeitstatbestand stützt (zur Lösung Rn. 215).

### 1. Vorüberlegungen

#### a) Rollenspezifische Begrifflichkeit

Der Verbraucherbegriff und der Unternehmerbegriff sind **rollenspezifisch**. Es ist also falsch, von den Verbrauchern als einer „sozialen Gruppe" oder etwas ähnlichem zu sprechen. Jede natürliche Person ist immer dann Verbraucher, wenn sie ein Geschäft zu privaten Zwecken tätigt. Unternehmer ist jeder, der ein Geschäft im Rahmen seiner gewerblichen oder beruflichen Tätigkeit abschließt.

197

Ganz korrekt wäre es daher, zu sagen, dass eine Person **„als Verbraucher"** ein Rechtsgeschäft schließt, nicht aber, dass eine Person „Verbraucher" ist.[22]

#### b) Der Verbrauchervertrag

Oft wird von einem „Verbrauchervertrag" gesprochen. Das ist ein Vertrag, bei dem auf der einen Seite eine Person als Verbraucher handelt und auf der anderen Seite eine natürliche oder juristische Person unternehmerisch tätig ist. Am häufigsten kauft eine Person einen Gegenstand für private Zwecke von einem gewerblich tätigen Verkäufer. Natürlich können nicht nur Kaufverträge Verbraucherverträge sein, sondern auch Dienstverträge, Werkverträge, Mietverträge, Leasingverträge usw. Für die Einordnung als Verbrauchervertrag ist es aber wichtig, dass der **Unternehmer die vertragscharakteristische Leistung** erbringt – wie z.B. den Dienst, das Werk, die Reise oder das Teilzeitnutzungsrecht. Das ergibt sich jeweils aus den einzelnen Richtlinien. Auch bei der Verbraucherrechte-RL sind umgekehrte Geschäfte nicht erfasst. Bei manchen, eher neuen Geschäftsmodellen wird man allerdings überlegen müssen,

198

---

22 Vorbildlich der *BGH*, vgl. nur *BGH* NJW 2010, 2426.

ob einzelne Normen nicht analog angewendet werden sollten. So kann es sein, wenn der Unternehmer den Verbraucher im Internet dazu auffordert, gebrauchte Waren zu *ver*kaufen.[23]

Für den Verbrauchervertrag spricht man auch von einem B2C-Vertrag (business to consumer). Erbringt der Verbraucher die charakteristische Leistung, spricht man von einem C2B-Vertrag, bei einem Vertrag zwischen zwei Verbrauchern von einem C2C-Vertrag und bei einem Vertrag zwischen zwei Unternehmern von einem B2B-Vertrag.

### c) Uneinheitliche Definition

**199** Schwierigkeiten kann die genaue Abgrenzung von Unternehmer und Verbraucher machen. Einen wirklich einheitlichen unionsrechtlichen Verbraucher- und Unternehmerbegriff gibt es nicht. Vielmehr definiert **jede Richtlinie von neuem, wer Verbraucher im Sinne der Richtlinie sein soll**.[24] Die Definitionen sind vielfach, aber doch nicht in allen Richtlinien gleich.[25] Allgemein ist der **Verbraucherbegriff eher eng**. Besonders deutlich zeigt das Art. 2 Abs. 1 Verbraucherrechte-RL, der betont, der Vertragszweck müsse außerhalb der „gewerblichen, geschäftlichen, handwerklichen oder beruflichen Tätigkeit" liegen. Für den Unternehmerbegriff herrscht **noch größere Uneinheitlichkeit**: Selbst der Begriff „Unternehmer" wird nicht regelmäßig benutzt. Es werden viele unterschiedliche Bezeichnungen verwendet, von Gewerbetreibender[26] über Unternehmer, Verkäufer oder Lieferant bis hin zu konkreten Beschreibungen wie dem Diensteanbieter (E-Commerce), Zahlungsdiensteanbieter, Dienstleistungserbringer oder Kreditgeber. Wichtig ist insbesondere, dass unternehmerisches Handeln im Sinne der Richtlinien **nicht voraussetzt, dass eine Gewinnerzielungsabsicht besteht**.[27]

**200** Besonders problematisch ist die genaue Grenzziehung zwischen noch „privatem" und schon „beruflichem" Handeln. Als vereinfachte Faustformel kann man sich stets fragen, ob die betroffene Person im Zeitpunkt des Vertragsschlusses gerade **„professionell" handelt**. Letzteres kann man auch bejahen, wenn es sich um eine Nebentätigkeit handelt. Verkauft etwa eine Mutter die gebrauchten Kleider ihrer Kinder bei eBay und kleidet sie diese dort auch wieder ein, um etwas Geld zu sparen, so ist sie noch privat tätig. Fängt sie dagegen an, systematisch zu handeln, den Freundeskreis mit zu versorgen und regelmäßig Zeit für diese Geschäfte einzuplanen, so dass man vielleicht von einer Nebentätigkeit sprechen könnte, befindet sie sich bereits im Bereich des unternehmerischen Handelns.[28]

---

23 Für eine Analogie MünchKommBGB/*Wendehorst*, § 312 Rn. 29; auch im internationalen Privat- und Verfahrensrecht (Art. 6 Rom I-VO, Art. 17 EuGVVO) wird häufiger gesagt, dass der Schutz sich auch auf C2B-Konstellationen erstreckt: NK-BGB/*Leible*, Art. 6 Rom I-VO Rn. 31.
24 Vgl. etwa Art. 2 lit b) Klausel-RL, Art. 2 Nr. 2 Fernabsatz-RL, Art. 1 Abs. 2 lit a) Verbrauchsgüterkauf-RL, Art. 2 Abs. 1 Verbraucherrechte-RL; Art. 2 Nr. 2 Warenkauf-RL; Art. 2 Nr. 6 Digitale-Inhalte-RL; polemisch *Dreher*, JZ 1997, 167.
25 Zu den Unterschieden anschaulich *Leible*, German Law Journal 2003, 1256, 1258.
26 So auch Art. 2 Abs. 2 Verbraucherrechte-RL.
27 BGHZ 167, 40.
28 *EuGH* GRUR 2018, 1154 Rn. 37 ff. (zur Lauterkeits-RL); zur Abgrenzung bei der Wohnungsvermietung *OLG Braunschweig* MDR 2018, 1450 sowie grundlegend BGHZ 149, 80; mit vielen weiteren Beispielen Palandt/*Ellenberger*, BGB, § 14 Rn. 2.

### d) Problembereiche

Dass der Verbraucher- sowie der Unternehmerbegriff heute nur noch selten als Problem gesehen werden, liegt wohl zum einen daran, dass zu einigen konkreten Zweifelsfragen Entscheidungen des EuGH ergangen sind. Danach ist auch der **Kleinstgewerbetreibende** grundsätzlich kein Verbraucher – selbst dann nicht, wenn er sein gesamtes Gewerbe verkauft oder seine Existenz gerade erst aufbaut.[29] Außerdem ist der Verbraucher stets nur eine natürliche Person.[30] Zum anderen ist mit den §§ 13, 14 BGB eine verhältnismäßig **klare Regelung für das nationale Recht** erfolgt.

201

Problematisch ist noch, inwieweit die Regelung des § 13 BGB, welche nur die zur *selbstständigen* beruflichen Tätigkeit gehörenden Geschäfte von den Verbraucherverträgen ausschließt, den Richtlinien entspricht.[31] Im Wortlaut der Richtlinien wird nämlich allein auf die berufliche Tätigkeit abgestellt.[32] Zumeist wird daher angenommen, dass die Richtlinien die Verbraucherstellung auch bei einem Rechtsgeschäft, welches in Zusammenhang mit **abhängiger beruflicher Tätigkeit** eingegangen wird, verneinen.[33] Streitig ist schließlich die Frage der Einordnung von Geschäften, bei denen der Kaufgegenstand sowohl privat als auch beruflich genutzt werden soll („dual use"). Die meisten Richtlinien treffen hierzu keine Regelung, während das nationale Recht seit der Umsetzung der Verbraucherrechte-RL eine Regelung enthält, die neue Fragen aufwirft.

202

Gewissen Diskussionsstoff bringt außerdem immer wieder die im nationalen Recht nicht ausdrücklich geregelte Frage, ob der Unternehmer bei **Vertretung durch einen Verbraucher** zum Verbraucher wird und umgekehrt. Ausdrücklich wird in Art. 2 Nr. 2 Verbraucherrechte-RL bestimmt, dass die Unternehmereigenschaft auch bestehen bleibt, wenn dieser sich vertreten lässt. Obwohl alle Richtlinien einen eigenen Verbraucher-/Unternehmerbegriff kennen, ist davon auszugehen, dass diese Stellvertreterbehandlung im EU-Recht allgemein so gewollt ist. Ansonsten entstünde ein Schlupfloch, durch welches der Unternehmer sich zum Verbraucher machen könnte. Das kann nicht erwünscht sein. Die umgekehrte Frage dagegen – also die Vertretung des Verbrauchers durch einen Unternehmer – ist bisweilen ausgesprochen problematisch (dazu Rn. 219 ff.). Diskutiert wird in diesem Zusammenhang zudem, ob sich bei einer Abtretung von Verbraucherrechten die Verbrauchereigenschaft auf den Zessionar überträgt.

203

Alle diese Fragen lassen sich nicht unmittelbar aus dem Wortlaut des Gesetzes heraus beantworten. Sie können vielmehr erst dann sinnvoll geklärt werden, wenn eine Ver-

204

---

29 *EuGH* Slg. 1991, 1189 (di Pinto) dazu näher Rn. 217; *EuGH* Slg. 1997, 3768, 3795 (Benincasa): Existenzgründer nicht als Verbraucher im Sinne des EuGVÜ; so auch BGHZ 162, 253; siehe näher unten Rn. 232.
30 *EuGH* Slg. 2001, 9049 (Cape).
31 Dafür die wohl h.A., MünchKommBGB/*Micklitz*, § 13 Rn. 58 f. m.w.N., § 14 Rn. 32; dagegen *Doehner*, Die Schuldrechtsreform vor dem Hintergrund der Verbrauchsgüterkauf-Richtlinie, 2004, S. 131 f.
32 Vgl. beispielhaft Art. 2 lit c) Verbrauchsgüterkauf-RL, Art. 3 Abs. 2 lit a) und b) Verbraucherkredit-RL.
33 So etwa Grabitz/Hilf/Nettesheim/*Pfeiffer*, Das Recht der EU, Band II, Art. 169 AEUV Rn. 29; anders gerade auch für die Richtlinien MünchKommBGB/*Micklitz*, § 13 Rn. 59, § 14 Rn. 32.

knüpfung mit den Gründen hergestellt wird, aus welchen das EU-Recht gerade den Verbraucher herausgreift und ihn besonders schützt. Diese Verknüpfung hilft dabei, das Verbraucherleitbild zu skizzieren, welches dann wiederum angewendet werden kann, um Abgrenzungsprobleme beim Verbraucherbegriff zu klären (zu den Einzelfragen unten Rn. 213).

### 2. Das Verbraucherleitbild

205 **Literaturhinweis:** *Beck*, Behavioral Economics, 2014; *Steinbeck/Lachenmaier*, Verhaltensökonomik im Gerichtssaal, NJW 2014, 2086.

Das Leitbild des Verbrauchers legt fest, *wie* der Verbraucher geartet ist. Es geht also darum, ob der europäische Normgeber einen ganz dummen, unaufmerksamen Menschen vor Augen hat oder vielleicht einen wachen und intelligenten; einen armen und hilflosen oder einen zahlungskräftigen und patenten? Das zu wissen, ist für das Normverständnis wichtig.[34]

Sehr bekannt ist die Diskussion um das Leitbild des Verbrauchers im Recht der Werbung geworden. Hier musste deutsche Werbung traditionell so ausgerichtet sein, dass auch ein „dummer" Verbraucher dadurch nicht irregeführt werden konnte. Das Leitbild des alten UWG war also der unterdurchschnittliche Verbraucher. Das EU-Recht dagegen nahm den **durchschnittlichen, mündigen und informierten Verbraucher** als Maßstab. Nur langsam und unter starkem Druck aus der EU gelang es den deutschen Gerichten, sich auf diesen neuen Maßstab umzustellen.[35]

Im Verbrauchervertragsrecht wird das Verbraucherleitbild ebenfalls wichtig. Es prägt auch hier die **Auslegung des Gesetzes** – z.B. wenn ermittelt werden muss, welche Normen i.S.d. § 307 Abs. 1 S. 2 BGB unverständlich und (auch i.V.m. § 307 Abs. 3 S. 2 BGB) schon daher unwirksam sind.[36] Ist eine Norm zum Schutz des schwächsten Verbrauchers gemacht, muss sie auch im Privatrecht anders ausgelegt werden als eine Norm, deren Zweck der Schutz des mündigen und informierten Verbrauchers ist.

206 Da das Ziel des EU-Privatrechts die Marktförderung ist, kann der Adressat nur eine Person sein, die diesen gemeinsamen, also grenzüberschreitenden Markt potentiell auch nutzt und deren Marktverhalten durch Rechtsvorschriften überhaupt beeinflussbar ist. Daher ist zunächst grundsätzlich davon auszugehen, dass die Regelungen des europäischen Verbrauchervertragsrechts den **wachen, überhaupt international agierenden und konsumierenden Verbraucher** erreichen sollen. Das Leitbild des europäischen Verbrauchervertragsrechts ist also grundsätzlich der **mündige Verbraucher**.[37]

---

[34] Kritisch zur Orientierung an einem Verbraucherleitbild *Riesenhuber*, Europäisches Vertragsrecht, Rn. 214 ff.
[35] Zur durch das EU-Recht erzwungenen Änderung der deutschen Rechtsprechung nur *Emmerich*, Unlauterer Wettbewerb, § 14 Rn. 24 ff.
[36] Näher *Pfeiffer*, NJW 2011, 1, 3, der darauf hinweist, dass es *nicht* auf einen individuellen Maßstab ankommt.
[37] Ausdrücklich Europäische Verbraucheragenda, COM(2012) 225, S. 1; zu Recht weist *Pfeiffer*, NJW 2011, 1 darauf hin, dass dieses Leitbild sich nicht etwa automatisch aus dem wettbewerbsrechtlichen Leitbild ableitet. Beide Verbraucherleitbilder ähneln sich zwar, sind aber nicht identisch.

Merkwürdig im Widerspruch dazu scheint es auf den ersten Blick zu stehen, dass die **207** Richtlinien ein **eher hohes Schutzniveau** bieten. Der mündige Verbraucher würde ein solches Schutzniveau nicht unbedingt brauchen. Teilweise wird deshalb sogar gesagt, dass es doch eigentlich den „schwachen Verbraucher" gebe.[38] Richtigerweise ist aber das Verbraucherleitbild nur um ein wichtiges Element zu ergänzen: Der europäische Verbraucher ist **zwar mündig, er ist grundsätzlich informationsfähig und auch informationswillig, aber ihm wird nicht viel zugemutet**. Das europäische Verbrauchervertragsrecht ist keinesfalls darauf ausgerichtet, nur diejenigen Verbraucher zu unterstützen, welche mit großer Achtsamkeit Verträge abschließen. Im Gegenteil hat es sich zum Ziel gemacht den Verbraucher eben von dieser Notwendigkeit, nur mit großer Vorsicht und Achtsamkeit Verträge zu schließen, zu entlasten. Es ist darauf gerichtet, dass der Verbraucher **sorglos, entspannt** und ohne große Aufmerksamkeit Verträge abschließen kann. Als unübertrefflicher Vergleich ist das Bild vom **Spaziergänger (Verbraucher)** und vom **Autofahrer (Unternehmer)** geprägt worden.[39] Sobald eine Person in beruflicher Funktion tätig wird, muss sie – wie ein Autofahrer – die volle Aufmerksamkeit erbringen. Dazu kommt es (wie beim Auto) weder auf die Größe (des Unternehmens) an, noch darauf, ob die Person im (Geschäfts-)Verkehr eher unerfahren ist.[40]

Wer sich mit Verbraucherrecht beschäftigt, sollte in jedem Fall auch einen Blick auf **208** die Ergebnisse der Verhaltensökonomik (Behavioral Economics) zum Verhalten von Verbrauchern werfen. Dort wurde und wird viel dazu geforscht, inwiefern ein Verbraucher – richtiger muss man sagen: ein Mensch – überhaupt rational handelt. In Hinblick auf bestimmte Denk- oder Verhaltensmuster spricht diese Wissenschaft von „Anomalien", weil das durchschnittlich gezeigte Verhalten irrational ist.[41] Nur beispielhaft seien drei immer wieder beobachtete Phänomene kurz beschrieben: Sehr bekannt ist das **Anchoring**, bei dem sich bestimmte Vorabinformationen gleichsam im Gehirn festsetzen und später Entscheidungen massiv beeinflussen (z.B. eine einmal in den Raum gestellte Schmerzensgeldsumme). Bekannt ist auch, dass die Bewertung von Gütern davon abhängig sein kann, ob man sie bereits besitzt („**endowment effect**"). Der Wert eines Gutes, das man schon hat, wird typischerweise für höher eingeschätzt als der Wert eines Gutes, das man erst erwerben möchte.[42] Auch das „**nudging**" wird inzwischen in der Rechtswissenschaft diskutiert. Danach kann Verhalten durch bestimmte minimale Anreize in erheblichem Maße gesteuert werden – man braucht dem Verbraucher also manchmal nur einen „Stupser" zu geben, damit er ein bestimmtes Verhalten zeigt. Ganz allgemein handelt der Mensch oft sehr optimistisch, was etwa in Hinblick auf Zinsentwicklungen gefährlich werden kann.

Mehrere populärwissenschaftliche Werke zur Verhaltensökonomik[43] haben in den letzten Jahren dazu beigetragen, dass Rechtswissenschaft und Rechtspolitik sich stär-

---
38 Näher *Schmitt*, Das unionsrechtliche Verbraucherleitbild, 2018, S. 391 ff.
39 *Teichmann*, FS Kraft, 1998, S. 629, 634; ähnlich *Gärtner*, JZ 1992, 73, 75 f.; *Kappus*, NJW 1997, 2653; *Howells/Wilhelmsson*, EC Consumer Law, 1997, S. 102 (insb. für die Klausel-RL).
40 *Teichmann*, FS Kraft, 1998, S. 629, 634.
41 Näher *Schäfer/Ott*, Lehrbuch der ökonomischen Analyse des Zivilrechts, S. 103 ff., insb. S. 105 ff.
42 Dazu *Eidenmüller*, JZ 2005, 216, 218.
43 *Kahneman*, Schnelles Denken, langsames Denken, 2012; *Ariely*, Denken hilft zwar, nützt aber nichts – warum wir immer wieder unvernünftige Entscheidungen treffen, 2008; *Thaler/Sunstein*, Nudge: Wie man kluge Entscheidungen anstößt, 2008.

ker als zuvor mit den wenig rationalen Verhaltensweisen und dem Problem der nur begrenzt erfolgenden Verwertung von Informationen beschäftigt haben. Es ist gut, wenn das Verbraucherrecht nicht auf dem völlig unzutreffenden Bild eines informationswilligen, rational handelnden Verbrauchers beruht. Das Recht sollte insbesondere nur maßvolle Anforderungen an rationales, informationsbasiertes Handeln stellen. Wichtig erscheint es aber zugleich, die Erkenntnisse nicht als Freibrief dafür zu nutzen, die Vertragsfreiheit des Verbrauchers – mit den besten Absichten – übermäßig zu beschränken. Derzeit geschieht dies auch noch nicht.[44] Die Rechtsordnung hat vielmehr zu Recht ein eigenes Menschenbild, das die Selbstverantwortlichkeit betont. Privatrecht muss daher auch weiterhin auf dem Leitgedanken beruhen, dass der Mensch eigenverantwortlich und frei Verträge schließt. Es braucht daher erst dann regulierend einzugreifen, wenn das vertragliche Gleichgewicht in spezifischer und signifikanter Weise gestört ist. Spannend sind die Überlegungen dazu, ob das Verbraucherrecht selbst das „nudging" verwenden könnte, etwa um den Verbraucher zur Durchsetzung seiner Rechte zu bewegen. Auch dabei ist aber Vorsicht geboten. Es kann ja sein, dass es effizienter und für den Rechtsfrieden günstiger ist, den kollektiven Rechtsschutz auszubauen als die individuelle Rechtsdurchsetzung zu fördern (Rn. 306 ff.).

209 Gerade vor dem Hintergrund der Verhaltensforschung könnte man auf den Gedanken kommen, dass es falsch ist, nur den Verbraucher als schützenswerte Person zu identifizieren. Auch ein unternehmerisch handelnder Mensch kann die beschriebenen typischen Fehlentscheidungen treffen. Es kommt dafür mehr auf die Situation an als auf die Rolle, in der ein Mensch handelt.[45] Bevor man einen solchen Gedanken weiterführt, muss man sich auf die oben beschriebenen Ziele des EU-Verbrauchervertragsrechts zurückbesinnen. Dieses Recht ist eben kein originäres Schwächerenschutzrecht, sondern es identifiziert den Verbraucher als eine zentrale Figur im Binnenmarkt. Gerade der Verbraucher soll in seiner Bedeutung als Endabnehmer von Gütern und Dienstleistungen gestärkt werden und den Freiraum erhalten, ohne komplizierte Informationsbemühungen grenzüberschreitend zu konsumieren.

### 3. Das Unternehmerleitbild

210 Das allgemeine EU-Privatrecht nimmt zumeist deutlich die Perspektive des Verbrauchers ein. Das Unternehmerleitbild erfährt **wenig eigenständige Aufmerksamkeit**. Nur so lässt sich auch erklären, dass oft auch solche Personen als Unternehmer eingeordnet werden, bei denen eine erhöhte Verantwortlichkeit oder Kompetenz nicht feststellbar ist. Auch derjenige, der einen Nebenverdienst dadurch erarbeitet, dass er (ohne jede Ausbildung) Gebrauchtwaren auf Internetauktionen verkauft, muss die Vorgaben des durch die Richtlinien bestimmten Fernabsatz- und des E-Commerce-Rechts beachten.[46]

In Gegenüberstellung mit dem Verbraucherleitbild kann also gesagt werden, dass der Unternehmer **nicht allgemein als überlegen angesehen** wird. Das Leitbild des Un-

---

44 *Wiedemann/Wank*, JZ 2013, 340.
45 In diese Richtung *Engel/Stark*, ZEuP 2015, 32.
46 Gerade zu dieser Konstellation aber großzügig *LG Hof* VuR 2004, 109.

ternehmers ist nicht geprägt von Macht und Know-how. Jedoch wird dem Unternehmer – ähnlich einem Autofahrer – stets volle Aufmerksamkeit zugemutet. Nicht selten muss er auch Risiken tragen, die er faktisch nicht kontrollieren kann.

Der Unternehmerbegriff lässt sich nur dann begreifen, wenn er nicht als eigenständig verstanden wird, sondern wenn die **Perspektive des Verbrauchers** eingenommen wird. Der Unternehmer hat nicht deshalb die vermehrten Informations-, Belehrungs- und Haftpflichten, weil er geschäftlich erfahren ist, sondern allein deshalb, weil der *Verbraucher* die entsprechenden Informationen, Belehrungen und Rechte erhalten soll. Es wird also nicht danach gefragt, ob dem Unternehmer die erhöhte Verantwortung zugemutet werden kann, sondern es muss immer gefragt werden, ob der Verbraucher **diese Verantwortung erwarten darf** (relevant wird diese Verlagerung der Gewichtung etwa in Art. 3 Abs. 3 Verbrauchsgüterkauf-RL, umgesetzt in § 439 Abs. 1, 3 BGB – inhaltlich näher Rn. 519 ff.). 211

Erst nach und nach hat die EU ihre Aufmerksamkeit mehr auf die Position des Unternehmers und auf dessen **Schutzbedürfnisse** gerichtet. Dass dies zum einen zu der verstärkten Vollharmonisierung geführt hat, wurde schon erläutert (Rn. 12 ff., 20 ff.). Im **„New Deal for Consumers"** (auf Deutsch: „Neugestaltung der Rahmenbedingungen für die Verbraucher") wird außerdem eine unmittelbare Entlastung des Unternehmers thematisiert. Als Maßnahmen werden eine flexiblere Ausgestaltung der Informationspflichten und sogar ein Ausschluss des Widerrufsrechts für den Fall angedacht, dass der Verbraucher die Waren benutzt und nicht bloß geprüft hat.[47] In der schließlich erlassenen Richtlinie 2019/2161 vom 27.11.2019 ist davon kaum mehr etwas zu sehen. Eher fällt auf, dass neue Informationspflichten hinzugekommen sind (neuer Art. 6a Verbraucherrechte-RL). 212

Zum anderen wurde immer wieder eine verstärkte direkte Förderung der sogenannten KMU (kleinen und mittleren Unternehmen) geplant.[48] Die digitale Agenda spricht klar aus, dass gezielt auch das Handelsvolumen dieser Unternehmen im Internet gesteigert werden solle. Es ist aber sehr problematisch, vertragsrechtliche Instrumente zur Unterstützung der KMU einzusetzen. Sie sind äußerst schwer abgrenzbar und die Sicherheit des Rechtsverkehrs würde unverhältnismäßig leiden.[49]

Es gibt aber inzwischen doch einige vertragsrechtliche Richtlinien, die **gerade nur zwischen Unternehmern** gelten. In den geregelten Konstellationen sind die betroffenen Unternehmer meist sehr unterschiedlich „mächtig", was auch den wesentlichen Grund für die Regelungen bildet. So ist es bei der Zahlungsverzug-RL. Auch die P2B-VO, die ab dem 12.7.2020 gilt, bezieht sich gerade auf Verträge zwischen zwei – typischerweise unterschiedlich „mächtigen" – Unternehmern.

Schließlich ist immer wieder darüber nachgedacht worden, zumindest **Kleinstunternehmer** als Verbraucher zu behandeln und sie so in den Schutzbereich von Richtlinien einzubeziehen. Meist wurde dies am Ende dann nicht realisiert.[50]

---
47 Neugestaltung der Rahmenbedingungen für die Verbraucher, COM(2018) 183, S. 6 f.
48 „Small Business Act" für Europa, KOM (2008) 394, S. 15 oben; dazu auch schon oben Rn. 22.
49 Kritisch zur Förderung der KMU im Entwurf des GEK: *Stadler*, AcP 212 (2012), 473, 489 f.
50 Die Warenkauf-RL überlässt die Entscheidung den Mitgliedstaaten, siehe Erwägungsgrund 21; zur Abgrenzung im Einzelnen auch noch gleich Rn. 217, 229.

## 4. Einzelfragen der Abgrenzung von Verbraucher und Unternehmer im EU-Recht

### a) Allgemeine Schlussfolgerungen

213 Wendet man den Begriff des entspannten, privat handelnden Verbrauchers an,[51] so lassen sich die eingangs gestellten Fragen recht sicher beantworten. **Wichtig ist, dass es nicht auf die konkrete Schutzwürdigkeit** ankommt, sondern darauf, ob der vom EU-Privatrecht erwünschte private Endverbrauch stattfindet. Auch der EuGH hat bereits mehrfach entschieden, dass die Verbrauchereigenschaft unabhängig ist von den Kenntnissen der konkret betroffenen Person oder den Informationen, über die sie tatsächlich verfügt.[52]

### b) Mischgeschäfte

214 Wer ein Mischgeschäft tätigt, also beispielsweise einen Computer erwirbt, den er sowohl für seine selbstständige berufliche Tätigkeit als auch für private Zwecke nutzen möchte, ist nach diesem Abgrenzungskriterium **kein Verbraucher**. Wenn eine Person auch nur teilweise in ihrer unternehmerischen Funktion tätig wird, so unterfällt sie nach dem EU-Recht bereits nicht mehr dem besonderen Schutz des „Spaziergängers". Ihr wird dann bereits die volle Aufmerksamkeit zugemutet, die im „Autoverkehr" nötig ist – sie ist wie ein Unternehmer zu behandeln.[53]

215 Im **Beispiel 9** (Rn. 196) hat daher der EuGH in Gruber entschieden, dass der Kläger hätte beweisen müssen, dass das Geschäft ganz überwiegend privaten Zwecken diente. Da er dies nicht tat, lag kein Verbrauchervertrag vor und Art. 17 EuGVVO (damals noch Art. 15) griff nicht ein.[54] In der hier gebildeten Variante des Originalfalls greift allerdings Art. 7 Nr. 1 EuGVVO. Danach sind auch die Gerichte am Erfüllungsort zuständig. G kann also letztlich doch in Österreich Klage erheben, obwohl er nicht Verbraucher i.S.d. EuGVVO ist.

Nun muss die Entscheidung Gruber des EuGH zur EuGVVO nicht unbedingt auch für das Vertragsrecht gelten. Dies gilt umso mehr, als sich die Rechtslage im Vertragsrecht neuerdings geändert hat. In Erwägungsgrund 17 Verbraucherrechte-RL findet sich nämlich eine etwas andere Abgrenzung, die der deutsche Gesetzgeber in § 13 BGB übernommen hat. Danach soll eine Person als Verbraucher behandelt werden, wenn der unternehmerische Charakter **nicht „überwiegend"** ist. Das ist eine sehr einfache und leicht vermittelbare Sichtweise, die aber im Grunde der Schutzrichtung des Verbrauchervertragsrechts nicht entspricht.

Ob der Verbraucherbegriff zukünftig – sogar über die Verbraucherrechte-RL hinaus – so verstanden wird, wie die Definition in Erwägungsgrund 17 Verbraucherrechte-RL es formuliert, oder ob der EuGH seine Rechtsprechung beibehalten wird, ist derzeit noch offen. Die Neufassung des § 13 BGB war jedenfalls ein recht beherzter Schritt des deutschen Gesetzgebers. Denn § 13 BGB geht in seiner Geltung weit über den

---

51 Dazu oben Rn. 207.
52 *EuGH* EuZW 2015, 767 Rn. 21 (Costea); *EuGH* NJW 2018, 1003 Rn. 39 (Schrems).
53 *EuGH* Slg. 2005, 439 (Gruber); zum Streitstand in Deutschland MünchKommBGB/*Micklitz*, § 13 Rn. 52 ff.
54 *EuGH* Slg. 2005, 439 (Gruber).

Bereich der Verbraucherrechte-RL hinaus, und es ist gut möglich, dass der EuGH zumindest außerhalb dieser Richtlinie den bisherigen, engeren Verbraucherbegriff weiterverfolgt.[55] Die Warenkauf-RL und die Digitale-Inhalte-RL übernehmen die in Art. 2 Nr. 1 Verbraucherrechte-RL enthaltene Definition. Sie überlassen jedoch die konkretere Ausgestaltung des Verbraucherbegriffs nun ausdrücklich dem nationalen Gesetzgeber.[56]

Davon zu trennen ist die Frage, wie es sich verhält, wenn ein Verbraucher **aus dem Empfängerhorizont** seines Vertragspartners **wie ein Unternehmer wirkt**.[57] Den BGH hat ein Fall beschäftigt, in dem eine Rechtsanwältin unter Verwendung ihrer beruflichen E-Mail- und Lieferadresse Lampen für die private Nutzung gekauft hatte.[58] Im Kern geht es hier darum, ob eine Art Verkehrsschutz für den Vertragspartner bestehen kann, der möglicherweise gar nicht auf den Gedanken gekommen ist, sein Vertragspartner könne als Verbraucher handeln und daher beispielsweise eine notwendige Widerrufsbelehrung unterlässt. Der BGH hat die Frage weitgehend offengelassen und gemeint, eine Zurechnung des falschen Scheins komme allenfalls in Betracht, wenn „die dem Vertragspartner erkennbaren Umstände eindeutig und zweifelsfrei darauf hinweisen", dass unternehmerisches Handeln vorliegt.[59] Letztlich betrifft die Frage die Auslegung des Verbraucherbegriffs, weil es darum geht, ob die Verbrauchereigenschaft immer objektiv oder – zumindest auch – unter Berücksichtigung der Sicht des Vertragspartners zu bestimmen ist. Sie müsste also vom EuGH entschieden werden. In der Sache scheint ein Mittelweg, wie der BGH ihn andeutet, aber richtig. Der Verbraucherbegriff sollte objektiv verstanden werden, denn nur so ist der Verbraucher umfassend geschützt. Nur in eng umrissenen Ausnahmefällen – zu denen sicherlich das missbräuchliche Erwecken eines falschen Anscheins gehört – kann diese Bewertung zugunsten des Verkehrsschutzes durchbrochen werden.[60]

216

### c) Existenzgründer

Ähnliches ergibt sich bezüglich der Existenzgründer. Sie **verlieren bereits in dem Moment, in dem sie den Aufbau des Geschäfts beginnen, die Verbrauchereigenschaft**. Denn die Entspanntheit des privat konsumierenden Endverbrauchers, der als Marktsouverän „gehätschelt" werden soll, steht ihnen schon dann nicht mehr zu. Aus dem gleichen Grund können auch andere Personen, die besonders schutzwürdig erscheinen, nicht den Verbrauchern gleichgesetzt werden. So war es in dem Fall di Pinto, in welchem einem Kleinstunternehmer an der Haustür sein gesamtes Geschäft abgekauft worden war.[61] Wer im Rahmen seiner beruflichen oder gewerblichen Tä-

217

---

55 Zweifelnd auch *Wendehorst*, NJW 2014, 577; nachdrücklich für die neue Regelung *Beck*, Jura 2014, 666, 668 ff.
56 Digitale-Inhalte-RL, Erwägungsgrund 17; Warenkauf-RL, Erwägungsgrund 22.
57 *Faust*, JuS 2010, 254.
58 *BGH* NJW 2009, 3780.
59 Zur Beweislast Rn. 224.
60 Weiterführend *Pfeiffer*, LMK 2010, 296275.
61 Nicht so deutlich wie hier allerdings der *EuGH* selbst in der Entscheidung *EuGH* Slg. 1991, 1189 (di Pinto), wo es heißt, es sei „davon auszugehen, dass ein durchschnittlich erfahrener Gewerbetreibender den Wert seines Gewerbebetriebs und die Bedeutung aller Rechtsgeschäfte, die dessen Verkauf erfordert, kennt, so dass er entsprechende Verpflichtungen nicht unüberlegt und nur aufgrund eines Überraschungseffekts eingehen wird."

tigkeit auftritt, muss aufmerksam sein. Auf Unerfahrenheit kommt es dagegen nicht an.

Manche der neueren Richtlinien erlauben den Mitgliedstaaten aber inzwischen auch an diesem Punkt eine Erweiterung des Anwendungsbereichs. So ist es etwa in Art. 38 Abs. 2 Zahlungsdienste-RL. Dort wird den Mitgliedstaaten ausdrücklich die Option eingeräumt, den Schutz auf „Kleinstunternehmen" auszudehnen.[62]

Diese Feststellungen gelten für das EU-Recht. Ob das Ergebnis auf den nationalen Verbraucherbegriff übertragbar ist, bedarf noch der Überprüfung (dazu unten Rn. 231).

### d) Beruflich handelnder Arbeitnehmer

218  Auch der Arbeitnehmer, der in Ausübung seiner **abhängigen beruflichen Tätigkeit** im eigenen Namen Verträge abschließt – beispielsweise weil er Arbeitsmittel, wie einen Computer oder Werkzeuge, selbst kaufen muss – ist nach dem EU-Recht **kein Verbraucher**. Das lassen die Definitionen in den Richtlinien durchgängig erkennen.[63] Diese Einordnung ist auch nachvollziehbar, denn der beruflich handelnde Arbeitnehmer erfüllt nicht die Funktion des privaten, vertrauensvoll und reichlich konsumierenden Endverbrauchers.[64]

### e) Stellvertretung zwischen Verbraucher und Unternehmer

219  **Beispiel 10** – nach BGH NJW 2005, 1039: K erwarb vom Gebrauchtwagenhändler G ein Auto. Dabei verwendete G ein Vertragsformular, welches die Bezeichnung „Kaufvertrag für den privaten Verkauf eines Kraftfahrzeugs" trug. Darin war als Verkäufer die Privatperson P benannt. Weiter hieß es: „Das Kraftfahrzeug wird unter Ausschluss der Sachmängelhaftung verkauft". Als der Wagen wenige Wochen später Mängel zeigte, verlangte K nach erfolglosem Ablauf einer Reparaturfrist Schadensersatz von G.

220  Es wurde bereits darauf hingewiesen, dass ein Unternehmer auch dann wie ein Unternehmer behandelt wird, wenn er sich durch einen Verbraucher vertreten lässt (ausdrücklich Art. 2 Nr. 2 Verbrauchsgüterkauf-RL). Der BGH hatte allerdings zuletzt über einen Fall zu entscheiden, in dem der Vertrag so konstruiert war, dass der Verbraucher nicht als Vertreter des unternehmerisch handelnden Verkäufers auftrat, sondern als eine Art Strohmann anstatt des Unternehmers den Vertrag im eigenen Namen mit dem ebenfalls als Verbraucher handelnden Käufer abschloss. Hier ließ sich nichts daran ändern, dass ein C2C-Geschäft zustande gekommen war.[65]

Als Grundregel muss allgemein gelten, dass es **auf den Vertragspartner selbst** ankommt.[66]

---

62 Näher dazu noch unten Rn. 228 ff. und Rn. 444.
63 Nur nochmals Art. 2 Abs. 1 Verbraucherrechte-RL.
64 A.A. Gebauer/Wiedmann/*Leible*, Zivilrecht unter europäischem Einfluss, Kap. 10 Rn. 137; zum deutschen Recht sogleich.
65 *BGH* ZIP 2013, 269.
66 So auch Erman/*Saenger*, BGB, § 13 Rn. 11; auf den Schutzzweck des konkreten Gesetzes abstellend Soergel/*Pfeiffer*, BGB, § 13 Rn. 51.

Diese Grundregel gilt nicht nur, wenn der Verbraucher auf der Käuferseite steht und  **221**
etwas von einem „echten" Unternehmer erwirbt, sondern auch im umgekehrten Fall.
Wenn ein Verbraucher etwas an einen anderen Verbraucher verkauft, bleibt der Vertrag ein privater Vertrag (C2C), auch wenn der Verkäufer dabei von einem Unternehmer vertreten wird. Ein Verbraucher, der seinen alten Wagen nicht selbst verkauft, sondern ihn durch einen Gebrauchtwagenhändler verkaufen lässt, haftet nicht wie ein Unternehmer.[67] Nur weil ein Händler den eigentlichen Verkauf für den Verbraucher übernimmt, können nicht dem Verbraucher die verschärften Informations- und Gewährleistungsrechte des Unternehmers auferlegt werden. Denn der Verbraucher bleibt der **schützenswerte und entspannte Teilnehmer des Rechtsverkehrs**,[68] auf dessen Schutz die Richtlinien gerade abzielen. Ein Problem stellt allerdings der Schutz des kaufenden Verbrauchers dar, der unter Umständen noch nicht einmal wahrnimmt, dass der Verkäufer ebenfalls Verbraucher ist. Zu seinem Schutz muss an eine **Eigenhaftung des vertretenden Unternehmers** gedacht werden. Eine solche konstruiert die Rechtsprechung über den auf Art. 7 Verbrauchsgüterkauf-RL beruhenden § 476 BGB. Danach haftet der Unternehmer als Verkäufer, wenn er das **wirtschaftliche Risiko des Vertrags** trägt. Denn dann ist davon auszugehen, dass das Agenturgeschäft nur vorgeschoben wurde, um die verschärfte unternehmerische Haftung auszuschließen.[69]

Im **Beispiel 10** ist daher entscheidend, ob G das wirtschaftliche Risiko des Verkaufs trägt.  **222**
In dem vom BGH zu entscheidenden Fall gab es dafür keinerlei Anhaltspunkte. G muss sich somit nicht gem. § 476 Abs. 1 S. 2 BGB so behandeln lassen, als sei er der Verkäufer. Damit kann K keinen Schadensersatz von G verlangen.

Geht es um Schutzpflichtverletzungen, so kann die Eigenhaftung des Unternehmers unproblematisch aus § 280 Abs. 1 i.V.m. § 311 Abs. 3 BGB abgeleitet werden.

### e) Abtretung einer „Verbraucherforderung"

Der Fall **Schrems** betraf noch eine weitere interessante Konstellation.[70] Dort hatten  **223**
etwa 25.000 Verbraucher ihre Ansprüche (die sich auf die Rechtswidrigkeit eines Datentransfers bei Facebook stützten) an eine Privatperson, nämlich den in Österreich lebenden Herrn Schrems, abgetreten. Dieser wollte sich um die gerichtliche Geltendmachung kümmern. Es ging nun darum, ob Herr Schrems den Verbrauchergerichtsstand des Art. 18 EuGVVO nutzen und in Österreich Klage erheben durfte. Für die abgetretenen Forderungen versagte der EuGH ihm dies jedoch. Herr Schrems konnte daher nur seine eigenen Ansprüche in Österreich geltend machen.[71] Ob das bedeutet, dass Forderungen eines Verbrauchers sich bei Abtretung auch materiell-rechtlich verwandeln, ist sehr zweifelhaft. Immerhin geht es bei Art. 18 EuGVVO ja darum, den

---

67 Jauernig/*Berger*, BGB, § 476 Rn. 6; Grabitz/Hilf/Nettesheim/*Pfeiffer*, Das Recht der EU, Band II, Art. 169 AEUV Rn. 29; *Katzenmeier*, NJW 2004, 2632 f.
68 Dazu oben Rn. 207.
69 *BGH* NJW 2005, 1039; BGHZ 170, 67; näher (und streng) zu den Anforderungen *BGH* ZIP 2013, 269.
70 *EuGH* NJW 2018, 1003 Rn. 42 ff. (Schrems) – noch mit Bezug zu Art. 15 EuGVVO a.F.
71 Zur Abtretung an einen Unternehmer schon *EuGH* Slg. 1993, 139 (Shearson Lehman Hutton).

individuellen Verbraucher davor zu schützen, dass er zur Durchsetzung seiner Forderung gegen den Unternehmer im Ausland Klage erheben muss. Dieses Ziel erledigt sich nach einer Abtretung. Auf das materielle Recht lässt sich diese Beobachtung kaum übertragen. Zumindest sobald ein Anspruch (z.B. aus Widerruf) einmal entstanden ist, kann er unverändert abgetreten werden.[72]

### f) Beweislast bei Zweifelsfällen

**224** Wenn zwischen den Parteien Streit darüber besteht, ob ein Vertragspartner als Verbraucher oder als Unternehmer gehandelt hat, spielt die Beweislastverteilung eine große Rolle. Im Grundsatz ist die Beweislast in Bezug auf die Verbraucherstellung ganz einfach. Wie immer muss die Partei, welche sich auf eine für sie vorteilhafte Norm beruft, deren Voraussetzungen beweisen. Der Verbraucher, der sich auf eine verbraucherschützende Norm beruft, muss also beweisen, dass er selbst Verbraucher und sein Vertragspartner Unternehmer ist. Leider gibt es aber doch gewisse Probleme.

In Hinblick auf die Beweislast für die Verbraucherstellung der Partei, die eine verbraucherschützende Norm in Anspruch nehmen möchte, hat der BGH nämlich verwirrende Aussagen gemacht. Es ging um den oben bereits erwähnten Fall, in dem eine Rechtsanwältin unter Angabe ihrer beruflichen Anschrift Lampen bestellt hatte, die sie angeblich privat nutzen wollte. Der BGH meinte hierzu, „Unsicherheiten und Zweifel auf Grund der äußeren, für den Vertragspartner erkennbaren Umstände des Geschäfts" würden nach der „negativen Formulierung des Gesetzes nicht zu Lasten des Verbrauchers" gehen.[73] Was will der BGH damit sagen? Es scheint überhaupt nicht zusammenzupassen, dass eine Partei die Beweislast trägt, aber verbleibende Zweifel zu Lasten der anderen Partei gehen. Daher hat die Äußerung auch viel Kritik ausgelöst. Der BGH wollte aber wohl wirklich nur gerade auf die „negative" Formulierung des § 13 BGB („weder ihrer gewerblichen noch ihrer selbstständigen beruflichen Tätigkeit") Bezug nehmen. Möglicherweise hat er diese Formulierung, so wie es bei anderen Gesetzen (z.B. § 280 Abs. 1 S. 2 BGB) der Fall ist, als Hinweis auf eine Beweislastumkehr für die betroffenen Fallkonstellationen angesehen. Zweifel würden dann in den Fällen zulasten des Vertragspartners gehen, in denen feststeht, dass der vermeintliche Verbraucher jedenfalls auch unternehmerisch oder selbstständig tätig ist, und nur unklar ist, in welchen Bereich der Vertrag fiel.[74]

Mit § 13 BGB ist eine solche Deutung vereinbar. Besonders sinnvoll erscheint sie jedoch nicht. Denn dann würde ausgerechnet der Beweis solcher Tatsachen dem Vertragspartner auferlegt, die für diesen kaum durchschaubar sind. Für den vermeintlichen Verbraucher wäre das Handeln für private Zwecke dagegen leicht zu belegen.

**225** In der Praxis kommt nun aber nicht selten der noch problematischere Fall vor, dass Unternehmer, die Waren professionell im Internet anbieten, sich zu Unrecht den Anschein einer Privatperson geben, damit sie die Verbraucherrechte nicht gewähren

---

72 Vorsichtiger MünchKommBGB/*Micklitz*, § 13 Rn. 30; wie hier BeckOGK/*Alexander*, BGB, § 13 Rn. 198 f.
73 *BGH* NJW 2009, 3780, 3781.
74 So auch *Bülow*, WM 2011, 1349, 1350.

müssen. Behauptet der klagende Verbraucher dann, die andere Partei sei unternehmerisch tätig, muss entschieden werden, ob die Person, die sich als „Privatperson" bezeichnet, dennoch die Voraussetzungen des § 14 BGB erfüllt und als Unternehmer anzusehen ist.[75] Nach den gerade dargestellten Regeln hat der Verbraucher, der einen Anspruch aus einer verbraucherschützenden Norm ableitet, auch hier die Beweislast dafür, dass die andere Vertragspartei Unternehmer ist.

Wenn der vermeintliche Unternehmer eine natürliche Person ist, wird dem klagenden Verbraucher ein unmittelbarer Vollbeweis allerdings kaum gelingen. Denn die dazu erforderlichen Fakten sind für ihn nicht zu ermitteln. Wie auf diese Situation zu reagieren ist, ist sehr streitig. Am weitesten würde es gehen, eine **Beweislastumkehr** anzunehmen. Das muss man aber ablehnen, wenn man daran denkt, dass ja anfänglich völlig *offen* ist, ob der Verkäufer wirklich Unternehmer ist oder einfacher Verbraucher. Es gibt keinen Grund dafür, ihn einseitig zu belasten. Richtigerweise muss der kaufende Verbraucher **Indizien** vortragen.[76] Dazu gehören die Tatsachen, dass der Verkäufer sehr viele Käufe tätigt, dass er mit Neuwaren handelt, dass er nicht nur verkauft, sondern auch einkauft, oder dass er gar „power seller" ist.[77] Sehr deutliche Indizien liegen ebenfalls vor, wenn er einen Mitarbeiter beschäftigt oder wenn er in Vollzeit als Verkäufer tätig ist. So ein Indizienbeweis ist im Grunde keine Besonderheit. Der Richter muss aufgrund der Indizien zur Überzeugung kommen, dass die Unternehmereigenschaft gegeben ist. Der vermeintliche Unternehmer hat das Recht, die Indizien zu erschüttern.[78]

226

## 5. Auswirkungen auf die Rechtsanwendung in Deutschland

### a) Vorüberlegung

Das europäische Verbraucherleitbild weicht mit seiner Ausrichtung auf die konsumfreudige, mündige Privatperson deutlich von dem deutschen Bild des sozial schutzbedürftigen Verbrauchers ab. Da das nationale Verbraucherschutzrecht auf dem **Gedanken des sozialen Schwächerenschutzes** beruht, wäre es konsequent, im nationalen deutschen Recht eine Erweiterung des Verbraucherbegriffs auf weitere, dem Verbraucher in der Schutzbedürftigkeit vergleichbare Personen vorzunehmen. Der ganz unerfahrene Kleinstunternehmer, dem gerade an der Haustür sein Geschäft abgekauft wird, der Existenzgründer und der Arbeitnehmer, der sich sein eigenes Arbeitswerkzeug kaufen muss, sollten nach deutschem Recht den Verbraucherschutz erlangen können.

227

Auch der Unternehmerbegriff des EU-Rechts erscheint aus deutscher Sicht hölzern und gelegentlich zu weit. Dass dem Unternehmer nicht nur der Schutz der Richtlinien

---

[75] *LG Hof* VuR 2004, 109 (bei 41 Geschäften) mit Anm. *Mankowski*, VuR 2004, 79; im Ergebnis umgekehrt *LG Schweinfurt* WRP 2004, 654 (bei wesentlich mehr Geschäften).
[76] *Szczesny/Holthusen*, NJW 2007, 2586, 2590 f.; das verlangt letztlich auch das *OLG Koblenz* NJW 2006, 1438, selbst wenn es, wenig überzeugend, von einer Beweislastumkehr spricht.
[77] *BGH* MDR 2009, 993 (in einem Markenrechtsfall); auch *OLG Hamm* MMR 2011, 537, wo nicht deutlich genug gemacht wird, dass der Verkäufer gerade *nicht* nur seine persönliche Schallplattensammlung aufgelöst hat. Darin läge nämlich kein unternehmerisches Handeln.
[78] MünchKommZPO/*Prütting*, § 284 Rn. 24 f.

vorbehalten bleibt, sondern dass ihm auch erhebliche Pflichten aufgebürdet werden, erscheint oftmals – wie beispielsweise bei dem Unternehmer ohne Gewinnerzielungsabsicht[79] – zu hart.

Es fragt sich daher, wie sich die **eher engen unionsrechtlichen Begriffe** auf das nationale Recht auswirken und inwieweit Erweiterungen möglich sind.

### b) Reichweite der Anwendbarkeit des Mindeststandardgrundsatzes in Hinblick auf den in Deutschland anzuwendenden Verbraucher- und Unternehmerbegriff

228 Zunächst erscheint es so, als dürfe das nationale Recht den Verbraucherbegriff etwas weiter ziehen als das EU-Recht. Denn damit geht das deutsche Recht **nur über die Richtlinien hinaus** und beschränkt deren Wirkung nicht. Jedoch ist die Rechtslage wesentlich komplizierter.

Zuerst muss beachtet werden, dass die neueren Richtlinien wie gezeigt (Rn. 23) **nicht mehr dem Mindeststandardprinzip** folgen. In Deutschland entspricht es aber der ganz herrschenden Meinung, dass die Mitgliedstaaten dennoch berechtigt bleiben, den Verbraucherbegriff zu erweitern.[80] Denn es handele sich dabei um eine **eigenständige Regelung**, die ganz außerhalb des Anwendungsbereichs der Richtlinie liege. Es gibt allerdings recht viele Argumente, die man dem entgegenhalten kann. Schon dem Hauptziel der Vollharmonisierung, das darin besteht, dem Unternehmer Sicherheit über das in anderen Mitgliedstaaten anwendbare Recht zu geben, entspricht eine solche Erweiterung nicht. Außerdem fällt auf, dass die Richtlinien – gerade etwa auch die neue Warenkauf-RL – den Mitgliedstaaten teilweise eine genauere Bestimmung des Verbraucherbegriffs explizit freistellen.[81] Dazu passt es kaum, in diesem Bereich von einer generellen Regelungsfreiheit für die Mitgliedstaaten auszugehen.

229 Bleibt man mit der h.A. dennoch einmal dabei, dass der **Verbraucherbegriff grundsätzlich erweitert werden darf**, ganz gleich ob eine Vollharmonisierung oder eine Mindestharmonisierung vorliegt, so gelten dennoch wichtige Einschränkungen.

Denn es ist Folgendes zu bedenken: Die Erweiterung des Verbraucherbegriffs hat auch eine Kehrseite. Unproblematisch ist die folgende Konstellation: Der Kleinstunternehmer steht einer großen Bank oder einem sonstigen Unternehmen gegenüber. Hier darf das nationale Verbraucherschutzrecht angewendet werden. Anders ist aber folgende Konstellation: Der Kleinstunternehmer steht einem Verbraucher gegenüber. Hier hat das nationale Recht – soweit die Richtlinie den Mitgliedstaaten keine Erweiterungsmöglichkeiten gestattet – keinen Spielraum. Da die Richtlinien zwingend vorgeben, dass auch der Kleinstunternehmer als Unternehmer anzusehen ist, ist das nationale Recht daran gebunden. Denn sonst würde dem „echten Verbraucher", der dem

---

[79] Näher oben Rn. 199 f.
[80] *Schwab/Hromek*, JZ 2015, 271, 272; Jauernig/*Mansel*, BGB, § 13 Rn. 3; BeckOK/*Bamberger*, BGB, § 13 Rn. 17 m.w.N.
[81] Erwägungsgrund 22 der Warenkauf-RL für „dual use"-Verträge; Art. 38 Abs. 2 Zahlungsdienste-RL erlaubt die Erweiterung auf „Kleinstunternehmen", während dies in anderen Richtlinien nicht der Fall ist.

Kleinstunternehmer gegenübersteht, der von der Richtlinie vorgeschriebene Schutz entzogen.

Beim Verbrauchervertrag sind also zwei Seiten zu trennen. Geht es um die **Erwerberseite**, auf welcher der Verbraucher in aller Regel steht,[82] ist eine Erweiterung zulässig. Geht es dagegen um die **Seite des Verkäufers, des Lieferanten, des Diensteanbieters**, der einem Verbraucher gegenübertritt, müssen die Definitionen der Richtlinie übernommen werden.

### c) Keine Spiegelbildlichkeit von Verbraucher- und Unternehmerbegriff

Die vorstehenden Überlegungen können dazu führen, dass die Abgrenzung zwischen Verbraucher und Unternehmer für die „Verbraucherseite" des Vertrags anders ausfällt als für die „Unternehmerseite". Dazu drängen sich einige Fragen auf: Muss nicht ein **Verbraucher stets Verbraucher** sein, egal auf welcher Seite des Vertrags er steht? Und muss nicht ein **Unternehmer stets Unternehmer** sein? Muss nicht jede Person je nach Art des Vertrags entweder Verbraucher oder Unternehmer sein?

230

Nicht alle Fragen können bejaht werden. Eine „Spiegelbildlichkeit" der Begriffe kann nur insoweit angenommen werden, dass eine **Person nie *zugleich* als Verbraucher und als Unternehmer** handeln kann. Dagegen kann eine Person sehr wohl **weder Verbraucher noch Unternehmer** sein. Das beste Beispiel hierfür ist die juristische Person. Sie ist nie Verbraucher, da nur natürliche Personen Verbraucher sein können. Sie handelt aber dadurch noch nicht immer unternehmerisch. Unternehmer ist sie vielmehr nur dann, wenn sie gewerblich handelt.

Da somit ohnehin keine Einheitlichkeit gegeben ist, sollte die **Freiheit zur Erweiterung des Verbraucherbegriffs auf der „Verbraucherseite"** des Vertrags genutzt werden. Wie bereits gezeigt, indiziert es die soziale Zielrichtung des nationalen Rechts den Verbraucherbegriff auf bestimmte schutzwürdige Personen zu erstrecken, welche das EU-Recht nicht erfasst.

Insgesamt drängen sich aus deutscher Sicht Erweiterungen des Verbraucherbegriffs immer dort auf, wo eine nicht als Verbraucher handelnde Person ebenso schutzwürdig erscheint wie ein Verbraucher. Alle diese erweiternden Überlegungen müssen aber angesichts der unionsrechtlichen Vorgaben **auf die Verbraucherseite beschränkt** bleiben.[83]

231

Nicht möglich sind dagegen Einengungen des Unternehmerbegriffs. Richtig hat daher der BGH entschieden, dass es für den Unternehmerbegriff im Rahmen des Verbrauchsgüterkaufs nicht auf die Gewinnerzielungsabsicht ankomme. Eine solche einengende Auslegung würde nämlich dazu führen, dass das nationale Recht im Schutzniveau hinter der Richtlinie zurückbliebe.[84]

---

82  Zu Ausnahmen oben Rn. 198.
83  Schulte-Nölke/Schulze/*Pfeiffer*, Europäische Rechtsangleichung und nationale Privatrechte, 1999, S. 21, 29 ff.; umfassend und sehr informativ MünchKommBGB/*Micklitz/Purnhagen*, 7. Aufl. 2015, Vor §§ 13, 14 Rn. 53 ff.
84  BGHZ 167, 40; zum Verbraucherkreditrecht schon BGHZ 155, 240.

#### d) Einzelfälle

**232** Entsprechend dem Grundgedanken des Schwächerenschutzes ordnet § 13 BGB insbesondere den **Arbeitnehmer** als Verbraucher ein.[85] Nach dem Vorstehenden ist das unproblematisch, soweit der Arbeitnehmer auf der „Verbraucherseite" des Vertrags steht, da damit der Verbraucherschutz nur erweitert wird. Es ist auch inhaltlich überzeugend, da der Arbeitnehmer nicht weniger schutzwürdig ist als der privat handelnde Verbraucher. Fraglich ist allerdings, ob der gleiche Arbeitnehmer Unternehmer ist, wenn er einen zuvor beruflich genutzten Computer an einen Verbraucher weiterverkauft. Das muss man bejahen. Da das EU-Recht den Arbeitnehmer als Unternehmer ansieht, kann das nationale Recht dahinter nicht zurückbleiben. Sonst würde dem Käufer des Computers (soweit dieser ein Verbraucher ist) der von den Richtlinien zwingend vorgesehene Schutz entzogen. Das Ergebnis ist freilich sehr unbefriedigend.

Ähnliche Überlegungen können für **Existenzgründer** angestellt werden. Dennoch geht die Rechtsprechung davon aus, dass Existenzgründer nach deutschem Recht – ebenso wie nach dem EU-Recht – nicht als Verbraucher angesehen werden sollten.[86] Für die wohl wichtigsten Fälle enthält allerdings § 513 BGB eine ausdrückliche Regelung, dergemäß das Verbraucherkreditrecht anzuwenden ist.

### IV. Zusammenfassung

**233** Europäisches Privatrecht ist im Ansatz anders als nationales. Es braucht nicht den Rahmen für die wirtschaftliche Entfaltung der Privaten zu bilden. Denn ein solcher Rahmen besteht in den Mitgliedstaaten bereits. Es greift vielmehr punktuell Regelungsbereiche heraus und verfolgt mit seinen Normen konkrete Ziele, die stets wenigstens mittelbar auf die Verbesserung des Binnenmarkts bezogen sind. Jeder einzelne unionsrechtliche Privatrechtsakt strebt eine **konkrete Marktverbesserung** an.

Zugleich ist das europäische Verbraucherschutzrecht nicht vom Sozialstaatsgedanken getragen, sondern von der Idee, dass der **Verbraucher als Endpunkt des Markts ideale Konsumbedingungen** vorfinden soll. Das hat nicht nur zur Folge, dass der allgemeine Gedanke des Schwächerenschutzes bei der Auslegung des EU-Privatrechts nur eingeschränkt herangezogen werden kann. Es bringt auch mit sich, dass der **Sozialstaatsgedanke weiterhin voll vom nationalen Privatrecht verwirklicht werden muss**. Die bloße Menge an EU-Verbraucherschutzrecht darf darüber nicht hinwegtäuschen!

---

85  Das gilt insb. auch für das Arbeitsrecht, siehe nur *BAG* NJW 2005, 3305.
86  BGHZ 162, 253; für das deutsche Recht wird häufig im Umkehrschluss zu § 513 BGB der Existenzgründer vom Verbraucherbegriff ausgenommen, so etwa Staudinger/*Fritzsche*, BGB, § 13 Rn. 59; zum Teil wird – u.a. unter Berufung auf den Wortlaut des § 13 BGB – für das deutsche Recht die Verbraucherstellung bejaht, so MünchKommBGB/*Micklitz*, § 13 Rn. 62 ff. m.w.N.

## C. Einzelne erkennbare Rechtsprinzipien

**Literaturhinweis:** *Reich,* General Principles of EU Civil Law, 2014.

**234**

Ein großer Nachteil des EU-Rechts besteht darin, dass seine Begrifflichkeit noch nicht klar ist und dass auch seine Grundsätze noch nicht hinreichend erkennbar sind. Das liegt nicht nur daran, dass dieses Recht neu ist, sondern auch daran, dass es oft in sich **keine Einheitlichkeit** aufweist. Begriffe bedeuten nicht in allen Normen dasselbe, grundlegende Ziele haben sich in der kurzen Zeit, die das EU-Recht überhaupt existiert, immer wieder verschoben.[87]

Wenn im Folgenden dennoch versucht wird, Prinzipien darzustellen, die im EU-Privatrecht bereits erkennbar sind, dann geschieht dies nicht als Selbstzweck.

Vielmehr ist das Erkennen solcher Prinzipien unentbehrlich, wenn es gelingen soll, das EU-Privatrecht einheitlich anzuwenden. Es geht darum, im EU-Privatrecht bereits erkennbare allgemeine Ziele und Grundsätze zu finden und zu beschreiben, um mit deren Hilfe das bestehende **EU-Privatrecht besser anwenden** zu können. Der Begriff des „Rechtsprinzips" wird damit hier im Ansatz in einem klassischen Sinne verwendet. Gemeint sind nicht Regeln – wie dies etwa bei den Lando-Prinzipien der Fall ist – sondern hinter den Regeln stehende allgemeinere Inhalte. Dennoch soll die Frage gänzlich außer Acht gelassen werden, ob die Grundsätze, die sich erkennen lassen und die hier herausgearbeitet werden, sich im rechtstheoretischen Sinne wirklich jeweils als Prinzip einordnen lassen würden.[88] Die Begriffe „Grundsatz" und „Prinzip" werden hier gleichbedeutend verwendet.

Wichtig ist, dass man diese privatrechtlichen Grundsätze (oder Prinzipien) nicht mit den Grundsätzen des primären EU-Rechts verwechselt. Die „allgemeinen Rechtsgrundsätze des Unionsrecht" sind vom EuGH der gemeinsamen Verfassungsüberlieferung der Mitgliedstaaten entnommen worden und haben, wie Art. 6 EUV klarstellt, Verfassungsrang.[89] Beide können sich zwar inhaltlich überschneiden (ein Beispiel wäre das Verbot des Rechtsmissbrauchs), aber sie wirken völlig unterschiedlich. Ein privatrechtliches Prinzip hat keinerlei Vorrangwirkung. Es kann nur bei der Auslegung und Anwendung im Rahmen teleologischer Erwägungen die Argumentation lenken.[90]

Die hier zusammengestellten Prinzipien sollen also dazu dienen, dass die Anwendung des Privatrechts der EU möglichst konsistent und vorhersehbar wird. Es darf dabei natürlich nicht vergessen werden, dass das Privatrecht der EU ein übergreifendes und

---

[87] Umfassend *Metzger,* Extra legem, intra ius, 2009, S. 325 ff.; *Schillig,* Konkretisierungskompetenz und Konkretisierungsmethoden im europäischen Privatrecht, 2009.
[88] Mit einem schönen Überblick über die zum Begriff und zur Bedeutung des „Rechtsprinzips" seit Esser geführten Diskussion *Metzger,* Extra legem, intra ius, 2009, S. 13 ff.; ähnlich wie hier vorgehend auch *Reich,* General Principles of EU Civil Law, 2014, S. 2 ff. (mit einem insgesamt etwas engeren Begriffsverständnis); knapp *Wendehorst,* GPR 2015, 55, 57.
[89] *Herdegen,* Europarecht, § 8 Rn. 15 ff.
[90] *Wendehorst,* GPR 2015, 55, 58 ff. beschäftigt sich in Hinblick auf die Verbraucherrechte-RL sehr klar unterscheidend mit beiden Arten von Grundsätzen; sie konzentriert sich – unter Berufung auf das Urteil *EuGH* Slg. 2009, 9823 (Audiolux) – auf Rechtsprinzipien, die so stark sind, dass sie sogar der Anwendung von Richtlinienvorschriften entgegenstehen würden.

wesentliches Ziel verfolgt, nämlich die bereits oben hinreichend beschriebene **Stärkung des Binnenmarkts**.

235  Schließlich muss man sich im Klaren darüber sein, dass in Hinblick auf die Prinzipien des EU-Privatrechts nur vorläufige Erkenntnisse möglich sind. Alle Anstrengungen der letzten Jahre, übergreifende Begriffsverständnisse und Grundsätze zu erarbeiten, haben nur mäßigen Erfolg gebracht. Zwar liegen der Referenzrahmen und die Machbarkeitsstudie vor,[91] die wesentliche allgemeine Fragen, wie das Verständnis von Vertragsfreiheit, Bindungswirkung, Treu und Glauben und Ähnliches gründlich behandeln. Doch prägen sie das geltende Recht und die gegenwärtige Rechtssetzung bisher wenig.

Einige besonders wichtige der doch schon recht gut erkennbaren Grundsätze sollen im Folgenden näher betrachtet werden. Dabei kann **Vollständigkeit leider nicht erreicht** werden. Vielmehr gibt es andere – vielleicht gleichermaßen bedeutende – Begriffe und Prinzipien, zu denen hier nicht Stellung genommen wird. Als Beispiel sei der Begriff „vertraglich" genannt. Im Kollisionsrecht (dazu unten Rn. 558 ff.) und im Zivilprozessrecht wird die „culpa in contrahendo", die nach deutschem Verständnis traditionell dem Vertrag nahesteht, eindeutig den außervertraglichen Ansprüchen zugeordnet. Ganz anderer Art ist der Grundsatz der **Effektivität**, den *Reich* zu den Prinzipien des EU-Privatrechts zählt.[92] Auch dieser wird hier als solcher nicht näher behandelt. Das liegt daran, dass er weniger als inhaltlicher privatrechtlicher Grundsatz, denn als allgemeines prozedurales Prinzip wirkt (siehe daher auch schon oben bei den Grundsätzen der Auslegung, Rn. 111). Wenn es um die Rechtsfolgen von Informationspflichtverletzungen geht, wird der Gedanke aber auch hier aufgegriffen (Rn. 327).

236  Die hier angestellten Überlegungen beziehen die Vorschläge für das GEK, den Referenzrahmen und die Machbarkeitsstudie (näher zu diesen Rn. 632) jeweils mit ein. Denn wenn diese Vorschläge und Studien bisher auch wenig Einfluss auf die Rechtssetzung erreicht haben, handelt es sich doch um wichtige, über die geltenden Richtlinien hinausweisende Vorarbeiten für eine Weiterentwicklung des EU-Privatrechts.

Es wäre allerdings falsch, anzunehmen, dass die Definitionen des Referenzrahmens oder der anderen Texte identisch mit den Inhalten sind, die sich im existierenden Privatrecht der EU wiederfinden. Gerade der Referenzrahmen, als ein von Wissenschaftlern geschaffener Regelkatalog, zeigt natürlich oft eher Ideale auf, die den Autoren vorschweben, aber nicht zur politischen Zielsetzung der real erfolgenden Gesetzgebung passen. Nicht verkennen darf man auch, dass die Kataloge häufig auf Kompromissen beruhen, die der Größe und Internationalität des Kreises der Autoren geschuldet sind.

## I. Vertragsfreiheit

237  Die Vertragsfreiheit ist die **Grundlage des deutschen Privatrechts und des EU-Privatrechts**. Das EU-Privatrecht zielt darauf ab, einen Gemeinsamen Markt zu errichten. Dieser Markt, der gemäß Art. 119 Abs. 1 AEUV auch ausdrücklich „dem Grund-

---

91 Zu beidem Anhang III.
92 *Reich*, General Principles of EU Civil Law, 2014, S. 89 ff.

satz einer offenen Marktwirtschaft mit freiem Wettbewerb verpflichtet" ist, kann ohne ein auf die Vertragsfreiheit aufbauendes Vertragsrecht nicht entstehen.[93] Das EU-Privatrecht ist daher zweifellos der Vertragsfreiheit verpflichtet, ja es ist **auf ihr gegründet**.[94] Auch der Referenzrahmen nennt die Freiheit an erster Stelle.[95]

Dennoch wird behauptet, das EU-Privatrecht garantiere die Vertragsfreiheit nicht oder nicht in ausreichendem Maße.[96] Diese Kritik hat verschiedene Ursachen. 238

Verursacht ist sie zum einen, weniger wichtigen Teil wohl dadurch, dass die Vertragsfreiheit im EU-Recht nur sehr **selten ausdrücklich genannt** wird. In den vom EuGH geprägten Grundrechten ist sie nur bruchstückhaft anzutreffen,[97] im Vertrag von Lissabon und in der Grundrechtecharta taucht sie zumindest nicht ausdrücklich auf. Der EUV und die Charta enthalten aber viele Bezüge zur Freiheit – wie in Art. 2 und Art. 3 Abs. 2 EUV sowie in Art. 6 ff. GRCh. Man muss einräumen, dass **auch im Grundgesetz die Vertragsfreiheit nicht auf den ersten Blick aufzufinden** ist, so dass es nicht überrascht, wenn bereits vermutet wird, dass die Vertragsfreiheit von den europäischen Grundrechten erfasst sein müsse – nur ebenso gut versteckt wie im Grundgesetz.[98] Zugleich muss beachtet werden, dass der deutsche, verfassungsrechtlich geprägte Begriff der Vertragsfreiheit (Privatautonomie) wegen des Vorrangs des EU-Rechts trotz Art. 53 GRCh nicht auf das EU-Privatrecht durchschlagen kann (vgl. zur eingeschränkten Wirkung deutscher Grundrechte auf das EU-Privatrecht oben Rn. 37 ff.).

Zum anderen, wichtigeren Teil ist die Kritik aber wohl dadurch verursacht, dass die privatrechtlichen Richtlinien **weitgehend zwingendes Recht** enthalten und teilweise **detaillierte Vorgaben für den Vertragsinhalt** machen. Gerade Letzteres deutet darauf hin, dass im EU-Recht eine andere Sichtweise auf die Vertragsfreiheit herrscht als im nationalen Recht.

---

93 Ähnlich *Schmidt-Leithoff*, FS Rittner, 1991, S. 597, 604; *Lorenz*, Der Schutz vor dem unerwünschten Vertrag, 1997, S. 22. Insbesondere die Grundfreiheiten sollen die grenzüberschreitende Privatautonomie ermöglichen, so auch Müller-Graff/*Müller-Graff*, Gemeinsames Privatrecht, 1999, S. 9, 14, 28 f.; *Mülbert*, ZHR 159 (1995), 2, 8; *von Wilmowsky*, Europäisches Kreditsicherungsrecht, 1996, S. 32 ff., 42.
94 Für den Referenzrahmen (dazu unten Rn. 632 und Anhang III) KOM (2005) 456, S. 6; aus dem Schrifttum von der Groeben/Schwarze/Hatje/*Müller-Graff*, Europäisches Unionsrecht Art. 34 AEUV Rn. 7 f.; ders., Gemeinsames Privatrecht, 1999, S. 9, 14, spricht von der „Grundlagenrolle" der Privatautonomie im Integrationsprozess; *Remien*, Zwingendes Vertragsrecht und Grundfreiheiten, 2003, S. 178; *Reich*, ZEuP 1994, 381; den Willen zur Verbesserung der Privatautonomie anerkennt auch *H. Roth*, JZ 1999, 529, 538.
95 DCFR, Outline Edition, 2009, S. 60 ff.; in der Machbarkeitsstudie (siehe unten Anhang III) dagegen rückt sie in Art. 7.
96 Nachdrücklich *Schwintowski*, EWS 2001, 201; gerade den Gegensatz zwischen dem angestrebten Ziel und dem erreichten Ergebnis betonend *H. Roth*, JZ 1999, 529, 538; *Heiderhoff*, Grundstrukturen des nationalen und europäischen Verbrauchervertragsrechts, 2004, S. 318 ff. m.w.N.
97 Einzelne Ausschnitte aus dem Bereich der Vertragsfreiheit sind vom *EuGH* als „Grundrecht" bezeichnet worden, so die freie Wahl des Geschäftspartners – *EuGH* Slg. 1991, 3617, 3638 (Neu/Secrétaire d'Etat à l'Agriculture) – sowie die freie Wahl des Arbeitgebers – *EuGH* Slg. 1992, 6577, 6609 (Katsikas/Konstantinides).
98 Etwa *Remien*, Zwingendes Vertragsrecht und Grundfreiheiten, 2003, S. 178.

## 1. Die Vertragsabschlussfreiheit

239 Die Wahlfreiheit des Verbrauchers bei seiner wirtschaftlichen Tätigkeit, seine *Freiheit*, mit beliebigen Personen *Verträge abzuschließen*, interessiert aus der marktorientierten Sicht des europäischen Privatrechts sehr.[99] Vor allem der Abschluss grenzüberschreitender Verträge soll nicht nur erlaubt sein, sondern wird **gezielt attraktiv gemacht** (dazu oben Rn. 193).

## 2. Die Vertragsausgestaltungsfreiheit

240 Bei der Vertragsausgestaltungsfreiheit handelt es sich um die Freiheit, den Inhalt des Vertrags individuell gestalten zu können. Sie erfährt im Recht der EU **keine ausreichende eigenständige Wertschätzung**.[100] Dies lässt sich nicht durch den Hinweis darauf entkräften, dass die Richtlinien gerade nur solche Rechtsgebiete beträfen, welche nach zwingenden Regelungen verlangten.[101] So macht die Zahlungsverzugs-RL, die nur für Rechtsverhältnisse zwischen zwei Unternehmern gilt, es selbst in diesem Verhältnis fast unmöglich, Zahlungsfristen von über 60 Tagen zu vereinbaren. Die Vereinbarung von Zahlungsfristen wurde im Rahmen der Neufassung deutlich eingeschränkt bzw. – gegenüber der öffentlichen Hand – sogar ausgeschlossen.[102]

Zwar trifft es zu, dass schon vor Beginn der europäischen Angleichung des Privatrechts einige nunmehr durch Richtlinien geregelte Rechtsfragen im deutschen Recht ebenfalls zwingend ausgestaltet waren. Der Umfang des zwingenden Rechts wurde aber durch die Richtlinien deutlich gesteigert.

Und es trifft zwar auch zu, dass in der deutschen Dogmatik zwingende Normen in vielen Fällen gerade der **Verbesserung der – materialen – Vertragsfreiheit** dienen sollen.[103] Ein Beispiel ist das Widerrufsrecht des Verbrauchers bei außerhalb von Geschäftsräumen geschlossenen Verträgen: Formal schränkt es die Freiheit der Vertragsgestaltung ein, da die Parteien es nicht abbedingen können. Material ist es aber darauf ausgerichtet, dem Verbraucher einen wahrhaft freien – nämlich nicht im Zustand der Überrumplung getroffenen, sondern wohl erwogenen – Willensentschluss zu ermöglichen. Aber das ist ein Gedanke, den das EU-Recht nicht verfolgt. Diese material ausgerichtete Art der Verbesserung der Vertragsfreiheit ist **im europäischen Privatrecht nicht intendiert**. Was durch das EU-Privatrecht verbessert werden soll,

---

99 Erstes Programm für eine Politik zum Schutz und zur Unterrichtung der Verbraucher, ABl. EG 1975, C 92/S. 1 ff., insb. S. 3; auch noch Grünbuch zum Verbraucherschutz in der Europäischen Union, KOM (2001) 531, S. 3.
100 Zu den Aspekten der Vertragsfreiheit *Lorenz*, Der Schutz vor dem unerwünschten Vertrag, 1997, klarstellend insb. S. 17; näher zum Ganzen *Heiderhoff*, ZEuP 2003, 769, 776 ff.; anders als hier *Grundmann*, JZ 2000, 1133; *Knobel*, Wandlungen im Verständnis der Vertragsfreiheit, 2000, S. 201 ff., 204, die meint, die Wahl- und Entscheidungsfreiheit werde intensiviert; eine größere Sammlung von Normen mit Bezug zur Vertragsfreiheit findet sich bei *Schulze/Zoll*, Europäisches Vertragsrecht, § 2 Rn. 94 ff.
101 So aber *Grundmann*, Europäisches Schuldvertragsrecht, 1999, S. 31; ähnlich auch *Basedow*, AcP 200 (2000), 445, 485.
102 Näher unten Rn. 474.
103 Dogmatisch zum Ganzen *Enderlein*, Rechtspaternalismus und Vertragsrecht, 1996, S. 232 ff.; *Singer*, Selbstbestimmung und Verkehrsschutz, 1995, S. 43 f.; *Drexl*, Die wirtschaftliche Selbstbestimmung des Verbrauchers, 1998, S. 303 ff.; *Reiner*, AcP 203 (2003), 1, 15 ff.

ist „die Freiheit zum Abschluss grenzüberschreitender Rechtsgeschäfte". Nun muss bedacht werden, dass diese Vertragsabschlussfreiheit auch schon vorher kaum Beschränkungen unterlag. Die nationalen (Privat-)Rechtsordnungen engten die Vertragsabschlussfreiheit nicht ein.[104] Jedoch sieht das EU-Privatrecht verstärkt die faktische Seite der Vertragsabschlussfreiheit: Auch wenn grenzüberschreitende Verträge nie verboten waren, schreckten (und schrecken) nämlich viele Verbraucher davor zurück. Zu der „Freiheit" muss daher noch ein weiteres Element hinzutreten, nämlich die **„Zuversicht"**, also das bereits erwähnte Verbrauchervertrauen.[105] Dieses im Grunde außerrechtliche, nämlich emotional Vertrauen soll durch eine Verdichtung und Vereinheitlichung rechtlicher Strukturen erzielt werden.

Dabei wird im Verbrauchervertragsrecht kein Problem darin gesehen, dass dieses sichere Rechtsnetz **zugleich einengend** wirken kann.[106] In der Präambel zur Verbrauchsgüterkauf-RL wird klar ausgesprochen, „dass es den Verbrauchern aus einem Mitgliedstaat möglich sein muss, auf der Grundlage *angemessener einheitlicher Mindestvorschriften* über den Kauf von Verbrauchsgütern im Hoheitsgebiet eines anderen Mitgliedstaats frei einzukaufen".[107] Der ganz große Schwerpunkt liegt darauf, die rechtliche Position des Verbrauchers unmittelbar zu verbessern.[108] Er bekommt also nicht die kraftvolle Position, die ihm das Aushandeln von günstigen Vertragskonditionen ermöglichen könnte, sondern er bekommt sogleich (feststehende) günstige Vertragskonditionen. Freiheit wird dagegen mit Eigenverantwortung assoziiert und diese wird teilweise gar als Last klassifiziert.[109]

241

### 3. Neuere Entwicklungen und Diskussion

Aus deutscher Sicht ist dieser Umgang mit Vertragsfreiheit ungewohnt und sogar erschreckend. In der Tat muss dem Richtliniengeber vorgeworfen werden, dass die Problematik der Vertragsfreiheit nicht hinreichend berücksichtigt oder gar wahrgenommen wird.

242

---

104 Näher *Heiderhoff*, Grundstrukturen des nationalen und europäischen Verbrauchervertragsrechts, 2004, S. 318 ff.
105 Auch *Rösler*, ZEuS 2006, 341, 345, unter Hinweis auf die Ausführungen des Generalanwalts im Verfahren *EuGH* Slg. 2006, 371 (Ynos).
106 Das deutet sich manchmal in den Erwägungsgründen der Richtlinien an. So heißt es in Erwägungsgrund 9 Verbrauchsgüterkauf-RL vorsorglich: „Diese Richtlinie berührt nicht den Grundsatz der Vertragsfreiheit in den Beziehungen zwischen dem Verkäufer, dem Hersteller, einem früheren Verkäufer oder einer anderen Zwischenperson." Dass im Gegensatz dazu die Vertragsfreiheit des Verbrauchers betroffen ist, wird offenbar wahrgenommen, aber keiner gesonderten Überlegung unterzogen.
107 Erwägungsgrund 2.
108 Anders als hier hat Müller-Graff/*Müller-Graff*, Gemeinsames Privatrecht, 1999, S. 9, 33, den „Ausschluss von missbräuchlicher Nutzung der Privatautonomie" als eines der Leitprinzipien des europäischen Verbraucherschutzrechts bezeichnet. Auch dies wäre gefährlich. Denn bei einem solchen Prinzip muss unbedingt bedacht werden, dass die Verhinderung der „missbräuchlichen" Nutzung leicht zur uferlosen Eingriffslegitimierung werden kann. Allgemein dazu *Bork*, BGB AT, Rn. 105.
109 Vgl. den Verbraucherpolitischen Aktionsplan 1999-2001, wo es heißt: „Den Verbrauchern obliegt eine gewisse Eigenverantwortung, wo es darum geht, ihre Interessen geltend zu machen." (KOM (1998) 696, S. 10); etwas weniger hart die Verbraucherpolitische Strategie 2002-2006, KOM (2002) 208, S. 6: „Oft sollten die Verbraucher durch entsprechende Maßnahmen in die Lage versetzt werden, ihre Interessen selbst wahrzunehmen [...]".

Vor diesem Hintergrund ist es auch von Interesse, welcher Stellenwert der Vertragsfreiheit bei der Entwicklung eines einheitlichen europäischen Vertragsrechts beigemessen wurde. In den Dokumenten der Kommission war zeitweise eine schon deutliche **Vernachlässigung der Vertragsfreiheit** erkennbar. Zum Beispiel wurde dort der Vorschlag gemacht, einheitliche AGB für alle Verträge zu erarbeiten.[110] Es finden sich jedoch auch andere Stimmen. So trat der Rat in der Frage der einheitlichen AGB der Kommission ganz klar entgegen. Er betonte, die Vertragsfreiheit müsse wichtiger genommen werden, und gerade AGB müssten grundsätzlich von den Vertragsparteien entwickelt werden.[111]

Den Referenzrahmen und die Machbarkeitsstudie (zu den Begriffen Anhang III) muss man genauer lesen, um zu bemerken, dass die hier aufgezeigte eingeschränkte Wertschätzung der Inhaltsfreiheit dort bestätigt wird. Zwar kommt die Vertragsfreiheit wie schon erwähnt gleich ganz am Anfang vor. Jedoch wird sie in Art. II. 102 des Referenzrahmens und Art. 1 Abs. 1 der Machbarkeitsstudie in einer Weise definiert, die jede Aushöhlung ermöglichen würde. So wird schon in der im ersten Absatz enthaltenen Definition selbst die Vertragsfreiheit eingegrenzt – sie gelte **im Rahmen der Grenzen des zwingenden Rechts**. Im Weiteren befassen sich die jeweiligen Normen mit dem zwingenden Recht. Auch Art. 1 GEK ist der Vertragsfreiheit gewidmet und ähnlich einschränkend formuliert: „Den Parteien steht es, vorbehaltlich einschlägiger zwingender Vorschriften, frei, einen Vertrag zu schließen und dessen Inhalt zu bestimmen."

243 Der hier vertretenen Sichtweise auf das EU-Recht wird teils aber auch grundlegend widersprochen. Von einigen Autoren werden die Verbesserungen der Vertragsfreiheit, die durch das EU-Recht erreicht werden, für das wichtigste Charakteristikum der Richtlinien gehalten.[112] Das mag sich weitgehend auf die Vertragsabschlussfreiheit beziehen. Aber wie bereits angesprochen, gibt es in den Richtlinien auch Instrumente, die sehr wohl geeignet sein könnten, die individuelle, materiale Vertragsfreiheit des Verbrauchers zu verbessern. Das gilt besonders für das Widerrufsrecht. Zuallererst hat dieses allerdings Folgen für ein weiteres wichtiges Rechtsprinzip, nämlich die Bindungswirkung des Vertrags.

## II. Bindungswirkung des Vertrags

### 1. Pacta sunt servanda im EU-Recht?

244 Bei der Betrachtung des Grundsatzes der Bindungswirkung trifft man auf einen ähnlichen Befund wie bei der Vertragsfreiheit: Auch der Grundsatz „pacta sunt servanda" ist **im EU-Privatrecht zweifelsfrei enthalten**. Die Bindungswirkung der Verträge ist einer der tragenden Grundsätze des europäischen Privatrechts. Der Referenzrahmen

---

110 Mitteilung der Kommission an das Europäische Parlament und den Rat, Ein Kohärentes Europäisches Vertragsrecht – Ein Aktionsplan, KOM (2003) 68, Rn. 81 ff.
111 ABl. EG 2003, C 246 Erwägungen IV. 2. und 3.; vgl. auch den Aktionsplan KOM (2003) 68 Rn. 62, 81 sowie 93; in den neueren Dokumenten fehlt die Thematik meist gänzlich.
112 Schulte-Nölke/Schulze/*W.-H. Roth*, Europäisches Vertragsrecht im Gemeinschaftsrecht, 2002, S. 23, 35.

enthält sie in Art. II 1.03 – und zwar ohne Einschränkung. Die Richtlinien bauen stillschweigend auf die Bindungswirkung auf. Auch in den früheren europäischen Normkatalogen ist der Grundsatz enthalten. Die Lando-Grundregeln setzen die Bindungswirkung ganz klar voraus,[113] in den UNIDROIT-Grundregeln ist sie sogar ausdrücklich normiert.[114] Zugleich wird jedoch die **Vernachlässigung auch dieses Grundsatzes** durch das EU-Recht häufig beobachtet und nicht selten beklagt.[115]

Diese Kritik überrascht nicht. Denn Kernstück der Veränderungen im Bereich des Verbraucherschutzes ist die Einführung von Widerrufsrechten für immer mehr Verbraucherverträge. Jedoch beruht es auf einer zu oberflächlichen Betrachtung, wenn man meint, die Widerrufsrechte würden den Grundsatz „pacta sunt servanda" schwächen. Um das nachvollziehen zu können, müssen Vertragsfreiheit und Bindungswirkung in ihrem Zusammenhang verstanden werden.

## 2. Bindungswirkung des Vertrags als notwendige Ergänzung der Vertragsfreiheit

Für den Grundsatz der Bindungswirkung von Verträgen ist der enge **Zusammenhang mit dem Grundsatz der Vertragsfreiheit** von großer Bedeutung. Allgemein wird nämlich angenommen, das System der Vertragsfreiheit sei ohne Bindungswirkung des Vertrags nicht denkbar.[116] Denn gäbe es die Bindungswirkung der übereinstimmenden Willenserklärungen nicht, könnten die Parteien auf privatautonomem Wege letztlich doch nicht rechtlich verbindlich agieren.[117] Grund für die Bindungswirkung ist damit ihre Funktion als notwendige Ergänzung im System der Vertragsfreiheit.[118]

245

Von dieser Basis ausgehend steht einerseits schon fest, dass auch das EU-Privatrecht die Bindungswirkung des Vertrags braucht. Andererseits lässt sich auf dieser Basis aber auch die Begrenzung der Bindungswirkung von Verbrauchererklärungen gut nachvollziehen: Besteht die Notwendigkeit der Bindungswirkung darin, die Vertragsfreiheit zur Vollendung zu bringen, so ist sie also **dort nicht notwendig – oder gar falsch –, wo bei Vertragsschluss keine Vertragsfreiheit bestand**.[119] Gäbe es nicht

---

113 Vgl. Art. 2:101 und 2:107 PECL.
114 In Art. 1.3 UNIDROIT-Grundregeln heißt es: „Ein Vertrag, der wirksam geschlossen worden ist, bindet die Parteien. Er kann nur gemäß seinen Bedingungen oder durch Vereinbarung oder nach Maßgabe der in diesen Grundregeln vorgesehenen Gründe abgeändert oder aufgehoben werden."
115 *Eidenmüller*, AcP 210 (2010), S. 67 ff.; *Bülow/Artz*, NJW 2000, 2049; *Henrich*, FS Medicus, 1999, S. 199, 204; zum Einfluss des Verbraucherschutzes auf die Bindungswirkung des Vertrags schon vor der Europäisierung *Dauner-Lieb*, Verbraucherschutz durch Ausbildung eines Sonderprivatrechts für Verbraucher, 1983, S. 116 ff.
116 *Bülow*, FS Söllner, 2000, S. 189; *Bülow/Artz*, Verbraucherprivatrecht, Rn. 4; *Lorenz*, Der Schutz vor dem unerwünschten Vertrag, 1997, S. 28 ff.; *Canaris*, BGH-Festgabe, 2000, Band 1, S. 129, 147 ff.; *Riesenhuber*, System und Prinzipien des europäischen Vertragsrechts, 2003, S. 345.
117 Auch *Singer*, Selbstbestimmung und Verkehrsschutz, 1995, S. 7; *Canaris*, BGH-Festgabe, 2000, Band 1, S. 129, 147 ff.; bildlich *Basedow*, in: Europäisches Vertragsrecht für europäische Märkte, 1996, S. 22, der sonst nur die Möglichkeit des sofortigen Leistungsaustauschs sieht; auch *von Koppenfels*, WM 2001, 1360, 1366.
118 *Lorenz*, Der Schutz vor dem unerwünschten Vertrag, 1997, S. 1; vertiefend *Weller*, Die Vertragstreue, 2009, S. 153 ff.
119 Zu dieser Seite des gegenseitigen Verhältnisses näher *Lorenz*, Der Schutz vor dem unerwünschten Vertrag, 1997, S. 35 ff.

auch weitere Gründe für die Bindungswirkung (z.B. das Vertrauen des anderen Vertragspartners, dazu sogleich Rn. 248), so wäre es sogar konsequent, die Bindungswirkung immer abzulehnen, wenn die (materiale) Vertragsfreiheit nicht gewährleistet ist.[120]

246 Das EU-Privatrecht erkennt diesen Zusammenhang und baut darauf auf. Wie mühsam die sichere Implementierung solcher im Grunde einfacher Zusammenhänge bei der Richtliniensetzung ist, zeigt aber etwa der (letztlich nicht angenommene) zweite Vorschlag für die Neuregelung der Verbraucherkredit-RL aus dem Jahr 2005. Dort heißt es als Begründung für das Widerrufsrecht, dass der Verbraucher sich nach Abschluss des Vertrags nach besseren Angeboten umschauen dürfe. Dadurch solle der Wettbewerb gestärkt werden.[121]

In der Verbraucherrechte-RL werden die Zusammenhänge nicht offengelegt, sondern es wird bodenständig, aber zutreffend formuliert. Danach soll beim Fernabsatz das durch die Unkenntnis von der „realen" Ware entstehende Informationsdefizit das Widerrufsrecht erforderlich machen, bei außerhalb von Geschäftsräumen geschlossenen Verträgen dagegen eine Überrumplungssituation (Erwägungsgrund 37).

Aufschlussreich ist die Machbarkeitsstudie. Dort ist die Bindungswirkung nicht als Rechtsprinzip aufgeführt, sondern das zweite Kapitel ist mit **„Making a binding contract"** überschrieben. Es enthält sämtliche Voraussetzungen für den Abschluss eines bindenden Vertrags, die Widerrufsrechte sind hier mit einbezogen.

### 3. Bewertung

247 Versteht man den Zusammenhang zwischen Widerrufsrecht und Vertragsfreiheit wie hier, so bringt das **Widerrufsrecht eine Stärkung der Vertragsfreiheit** mit sich.[122] Denn der Verbraucher gewinnt durch den Widerruf die Freiheit, eine seinem wirklichen Willen entsprechende Entscheidung zu treffen, und – beispielsweise – einen anderen, günstigeren Vertrag abzuschließen. Hier führt also das EU-Privatrecht zu einer Verbesserung der Vertragsfreiheit, die auch den Inhalt des Vertrags mit betrifft. Erst ein aus dieser Freiheit resultierender, „gestärkter" Vertrag rechtfertigt die Wirkungen des „pacta sunt servanda"-Grundsatzes.

Die Widerruflichkeit ist somit ein brauchbares Instrument des Verbraucherschutzes, welches sich zugleich dogmatisch plausibel einordnen lässt. Freilich ist die Vorstellung, der Verbraucher sei bei Abschluss des betroffenen Geschäfts in seiner Entscheidungsfreiheit beeinträchtigt gewesen, **stark typisierend**.[123] Diese Typisierung ist im EU-Privatrecht jedoch, wie gezeigt, gar nicht so problematisch wie im nationalen Recht. Denn das EU-Privatrecht sieht den Verbraucher nicht deshalb für generell

---

120 Ähnlich von *Koppenfels*, WM 2001, 1360, 1366 f., mit einer deutlicheren Betonung des Schwächerenschutzes. Den Gedanken enthalten auch die Lando-Grundsätze. Dort lautet Art. 2:101: „Ein Vertrag ist geschlossen, wenn a) die Parteien den Willen haben, rechtlich gebunden zu sein [...]." Erst der Bindungswille bringt hier also die Bindung.
121 KOM (2005) 483, Vorüberlegung 5.7.
122 Teils wird diese Sichtweise auch gänzlich abgelehnt. So versucht *Eidenmüller*, AcP 210 (2010), 67 ff. eine ökonomische Rechtfertigung, wobei er der Typisierung sehr kritisch gegenübersteht.
123 So auch von *Koppenfels*, WM 2001, 1360, 1366 f.

schutzbedürftig an, weil er „dumm" oder „ungeschickt" ist, sondern es gewährt das Widerrufsrecht, weil es jedem Verbraucher im Rechtsverkehr jederzeit unkonzentriertes Verhalten zubilligt (vgl. schon oben Rn. 207) und ihm das Ausbessern von Fehlern erleichtern will.

### 4. Widerruflichkeit der Erklärung des Verbrauchers als Rechtsprinzip?

#### a) Bindungswirkung und Vertrauensschutz

Nun könnte man meinen, es sei unter dem Aspekt der Vertragsfreiheit sinnvoll, dass alle „unfrei" abgeschlossenen Verträge widerruflich sein müssten. Es gibt aber verschiedene Gründe dafür, dass das BGB und auch das europäische Verbrauchervertragsrecht so in der Regel nicht vorgehen. Dass beispielsweise auch ein irrtümlich abgeschlossener Vertrag zunächst wirksam ist, beruht unter anderem auf der **Notwendigkeit der Sicherheit des Rechtsverkehrs** sowie vor allem auf dem Vertrauensschutz.[124]

248

#### b) Widerruflichkeit des Verbrauchervertrags und Vertrauensschutz

Dennoch drängt sich aber die Frage auf, ob nicht wenigstens jede Willenserklärung, die ein Verbraucher gegenüber einem Unternehmer abgibt, widerruflich sein sollte. Denkbar wäre ein solches Modell durchaus. Die soeben erläuterte, typisierende Vorstellung, dass der Verbraucher die zusätzliche Zeit bekommen sollte, um sich seiner Erklärung wirklich sicher zu werden, ließe sich über den Rahmen der existierenden Richtlinien hinaus ausdehnen. Jedoch ist dem EU-Recht dieser Grundsatz **bisher nicht zu entnehmen**. Zum einen beschränken sich die Widerrufsrechte weiterhin auf Situationen, in denen nicht allein ein Verbrauchervertrag besteht, sondern **zusätzliche Erschwernisse** für den Verbraucher hinzukommen. Zum Teil sind diese situativ im engen Sinne: Der Vertragsschluss geschieht in einer besonderen (Überrumplungs-) Situation, wie eben an der Haustür. Und zum Teil sind sie situativ im weiten Sinne, weil der Vertrag inhaltlich besonders riskant und verführerisch ist – wie beim Kauf auf Kredit.

249

#### c) Begrenzung der Widerruflichkeit durch Unternehmerinteressen

Schließlich ist das Widerrufsrecht nicht nur durch den Vertrauensschutz des Unternehmers begrenzt, sondern auch durch **weitere Unternehmerinteressen**. So wäre es dem Unternehmer nicht zuzumuten, wenn der im Internet abgeschlossene Vertrag über die Lieferung einer Pizza innerhalb der nächsten 45 Minuten nach 40 Minuten widerrufen werden würde. Auch Verträge über speziell angefertigte Produkte und über Produkte, die sich, z.B. wegen Verderblichkeit, nicht zurücksenden lassen, sind nicht widerruflich, ebenso wie solche, bei denen sich der Nutzwert der Sache schnell erlangen lässt (entsiegelte Software), so dass eine hohe Missbrauchsrate drohen würde, wenn man den Widerruf zuließe.

250

---

124 Nur *Bork*, BGB AT, Rn. 107, 787.

## 5. Zusammenfassung

**251** Das Widerrufsrecht des Verbrauchers schränkt die Bindungswirkung des Vertrags nur in einer systemimmanenten Art und Weise ein. Es basiert auf der – stark typisierenden – Annahme, dass die Erklärung des Verbrauchers zunächst **nicht ausreichend frei** getroffen wurde. Obwohl diese Annahme auch weit über den Rahmen des geschriebenen Verbrauchervertragsrechts hinausreichen könnte, besteht das Widerrufsrecht nur dort, wo es gesetzlich vorgesehen ist.

Nach deutschem Recht ist eine **erweiternde Auslegung** der Widerrufstatbestände oder auch eine Analogie zu den bestehenden Widerrufsrechten durchaus denkbar. Wegen der sozialen Zielrichtung des nationalen Verbraucherschutzrechts drängt sie sich immer dann auf, wenn das Schutzbedürfnis des Verbrauchers in einem ungeregelten Fall das Schutzbedürfnis des Verbrauchers im gesetzlich geregelten Fall überwiegt (so wie z.B. bei der Bürgschaft an der Haustür, vgl. dazu auch unten Rn. 338).

Aus dem europäischen Recht selbst dagegen kann eine Erweiterung der Widerrufstatbestände kaum abgeleitet werden. Die Widerruflichkeit der Erklärung des Verbrauchers ist also nicht Rechtsprinzip des EU-Rechts.

## III. Informationsprinzip – Transparenzgebot

### 1. Information als Rechtsprinzip

**252** Die Bedeutung der Information im EU-Privatrecht – und gerade im Verbrauchervertragsrecht – ist nicht zu übersehen. Die Information des Verbrauchers wird im EU-Privatrecht **beinahe stets an erster Stelle** genannt.[125] Durch Art. 169 AEUV ist der Grundsatz der Information sogar im primären Vertragsrecht selbst enthalten.[126] In den Richtlinien taucht er stets auf; teils auf dominierende Art und Weise, wie in der Verbraucherkredit-RL, teils sogar in Detailregelungen, wie bei der Regelung über die mangelhafte Montageanweisung in Art. 2 Abs. 5 S. 2 Verbrauchsgüterkauf-RL. Es ist daher sicher richtig, die Existenz des Grundsatzes der Information des Verbrauchers im EU-Recht anzuerkennen.

**253** Jedoch ist die Bedeutung des Informationsgrundsatzes im EU-Privatrecht letztlich **weit geringer, als es zunächst den Anschein hat**.

Das liegt vor allem daran, dass die Informationspflichten **nicht systematisch** eingesetzt werden. In den Richtlinien findet sich nicht selten eine wahre Überfülle von Informationspflichten. Diese sind auch nicht etwa in jeder Richtlinie deckungsgleich.[127] Man muss sich nun klarmachen, dass die Information so nicht nur in ihrer Funktion als Mittel zur Stärkung der Entscheidungsfreiheit des Verbrauchers versagt, sondern

---

[125] Vgl. nur beispielhaft die Verbraucherpolitische Strategie 2007-2013, KOM (2007) 99, S. 6, 9; auch Europäische Verbraucheragenda, COM(2012) 225, insb. S. 5, 9; zum Ganzen auch *Heiderhoff*, Grundstrukturen des nationalen und europäischen Verbrauchervertragsrechts, 2004, S. 266 ff.; Grundmann/*Martinek*, Systembildung und Systemlücken, 2000, S. 511, 518; Riesenhuber/*Grundmann*, Europäische Methodenlehre, § 9 Rn. 41.
[126] Zur Frage von dessen unmittelbarer Geltung schon oben Rn. 8.
[127] Vorerst *Fleischer*, ZEuP 2000, 772 m.w.N.

nicht selten **gerade das Gegenteil erreicht**. Dass eine Überzahl von Informationen zu einer noch größeren Unsicherheit führen kann, ist wissenschaftlich nachgewiesen und bereits in den Bereich der rechtlichen Überlegungen übernommen worden.[128] So geschieht es häufig, dass der Verbraucher bei zu vielen Informationen „abschaltet" und auf diese Art überhaupt keine Informationen aufnimmt. Selbst wenn er sich doch noch bemühen sollte, durchschaut der durchschnittliche Verbraucher die Informationen nicht oder versteht sie sogar falsch. Dennoch mag er sich in der irrigen Sicherheit wiegen, ein seriöses Geschäft abgeschlossen zu haben.[129] Vereinfacht lässt sich sagen: aus Überinformation folgt, dass die Information ihren Sinn verliert.

Dies scheint bei der Richtliniengebung lange Zeit völlig übersehen worden zu sein. *Martinek* hat schon früh aufgezeigt, dass in der (alten) Teilzeitnutzungsrechte-RL 90 jeweils im Prospekt und im Vertrag zu bringende Informationen vorgeschrieben waren.[130] Auch ohne eine eingehende Untersuchung der Aufnahmefähigkeit des Verbrauchers wird klar, dass hier nur Verwirrung, nicht Erleuchtung erreicht werden kann.

Immerhin lassen sich in den letzten Jahren deutliche Bemühungen beobachten, die Informationen dadurch handhabbar zu machen, dass sie **besser strukturiert und in mehreren Etappen** vermittelt werden. Die Verbraucherrechte-RL hat hier Fortschritte mit sich gebracht. Sie hat dazu geführt, dass in § 312a Abs. 2 BGB i.V.m. Art. 246 EGBGB nun ein Katalog von allgemeinen Informationspflichten aufgenommen wurde, der für alle Verbraucherverträge gilt, die nicht sofort zu erfüllende Geschäfte des täglichen Lebens sind (Art. 246 Abs. 2 EGBGB).[131] Art. 246a § 3 EGBGB, der Art. 8 Abs. 4 Verbraucherrechte-RL umsetzt, enthält zudem Vereinfachungen für Geschäfte, bei denen die Vermittlung von Information aufgrund des genutzten Kommunikationsmittels besonders schwierig ist. Beim Verbraucherkreditvertrag wird deutlich zwischen vorvertraglichen Informationen und solchen Informationen, die im Vertrag selbst enthalten sein müssen, getrennt. Ein weiteres Beispiel für dieses Modell bietet die neue Teilzeitnutzungsrechte-RL.[132]

Im Ergebnis muss man dennoch kritisch bleiben. Der in Deutschland ganz anerkannte Gedanke, dass der Verbraucher im Idealfall durch Information dazu befähigt werden soll, eine wahrhaft freie, seinen Wünschen entsprechende Willenserklärung abzugeben,[133] lässt sich bei komplexen Geschäften schwer verwirklichen. Immerhin wurde das im EU-Recht jetzt erkannt und es wird versucht, die Informationen durch geeignete Darstellung, Portionierung und Abstufung besser verwertbar zu machen. Die vorgesehenen Informationskataloge sind dennoch immer noch abenteuerlich lang (siehe nur Art. 246b § 1 EGBGB).

---

128 Mit Blick auf das europäische Verbrauchervertragsrecht insb. Grundmann/*Martinek*, Systembildung und Systemlücken, 2000, S. 511, 521 ff.; auch *Kind*, Die Grenzen des Verbraucherschutzes durch Information – aufgezeigt am Teilzeitwohnrechtegesetz, 1998, S. 442 ff.; *Fleischer*, Informationsasymmetrie im Vertragsrecht, 2001, S. 110 ff., 115.
129 Genauer *Wendtland*, VuR 2004, 117.
130 Grundmann/*Martinek*, Systembildung und Systemlücken, 2000, S. 511, 521 ff.
131 Kritisch dazu inhaltlich aber unten Rn. 321.
132 Dazu *Franzen*, NZM 2011, 217, 222.
133 Nur *Dauner-Lieb*, Verbraucherschutz durch Ausbildung eines Sonderprivatrechts für Verbraucher, 1983, S. 62 ff.; *Fleischer*, Informationsasymmetrie im Vertragsrecht, 2001, S. 203 ff.

## 2. Vorrang der Information vor anderen Schutzinstrumenten

254 Von besonderer Bedeutung für das Verständnis des EU-Privatrechts wäre es, wenn die Information eine **Vorrangstellung vor anderen Verbraucherschutzinstrumenten** einnähme.

In Deutschland wird dieser Vorrang der Information vorsichtig bejaht werden können. Da es immer in erster Linie darum geht, die Vertragsfreiheit des Verbrauchers zu stärken, ist die Information das Mittel erster Wahl. Vermag das Ungleichgewicht der Vertragsparteien schon durch Information – als dem **geringsten Eingriff in die formale Freiheit der Parteien** – ausgeglichen zu werden, so ist diese vorrangig zu gewähren. Dass die Information im deutschen Recht letztlich oft durch Schutzelemente ersetzt wird, wird aus dem sozialen Anliegen des Schwächerenschutzes oder gar Schwäch*sten*schutzes heraus verständlich. Denn gerade der Schwächstenschutz ist auf dem Wege der Information oft kaum zu erreichen, das Informationspotential wird daher niedrig angesetzt.

Auch im EU-Recht besteht die Vorstellung, dass die Information dem zwingenden Schutz vorzuziehen ist.[134] Für die Mitgliedstaaten hat der EuGH es zur Wahrung der Grundfreiheiten für zwingend gehalten, das Mittel der Information zu verwenden, wenn dadurch ausreichender Schutz des Verbrauchers gewährleistet ist.[135]

255 Im gemeinschaftlichen Verbrauchervertragsrecht selbst ist diese gedankliche Reihenfolge nicht so klar vorhanden. Vielmehr treten Informationsrechte und zwingende vertragliche Rechte **oft unkoordiniert nebeneinander** auf. So ist es vor allem in der Verbrauchsgüterkauf-RL. Dort ist einerseits bestimmt, dass eine Garantie klar und deutlich sein muss (Art. 6 Abs. 2 Verbrauchsgüterkauf-RL). In Art. 6 Abs. 2 ist also der Transparenzgedanke vorherrschend. Es handelt sich um eine rein wettbewerbsrechtliche, aus dem Kontext vertraglicher Sanktionen herausfallende Informationspflicht: An einen Verstoß knüpfen sich keine vertraglichen, sondern nur wettbewerbsrechtliche Folgen.[136] Zwingendes Recht liegt aber bei der zweijährigen Mängelhaftung vor, die unabdingbar gesetzlich vorgeschrieben ist (Art. 5 Verbrauchsgüterkauf-RL). Es reicht – obwohl dies auch bei einer kritischen Einschätzung der Informierbarkeit des Verbrauchers sicherlich möglich wäre – nicht aus, ihn klar und deutlich über eine kürzere Mängelhaftungsfrist zu informieren. Hier ist die Information also kein vorrangiges Instrument.

## 3. Notwendigkeit von Information über das geschriebene Recht hinaus?

256 Dass die Information des Verbrauchers ein allgemeiner Grundsatz des EU-Privatrechts ist, könnte auch praktische Auswirkungen haben. So ist bereits untersucht worden, ob neben die oft unsinnigen Informationskataloge der Richtlinie noch die **Pflicht**

---

134 So *Oppermann*, Europarecht, § 36 Rn. 7; *Riesenhuber*, System und Prinzipien des europäischen Vertragsrechts, 2003, S. 566 f.; auch *EuGH* Slg. 1990, 667, Rn. 14 (GB-Inno-BM).
135 Das findet sich bereits in *EuGH* Slg. 1979, 649, Rn. 13 (Cassis de Dijon) und ist ständige Rspr. des *EuGH*, vgl. nur *EuGH* Slg. 2000, 10663, Rn. 31 ff. (Guimont).
136 Möglich ist auch eine Unterlassungsklage nach dem UKlaG. Die unklare Garantie ist aber, wie Art. 6 Abs. 5 Verbrauchsgüterkauf-RL (§ 479 Abs. 3 BGB) ausdrücklich klarstellt, (selbstverständlich) wirksam.

zur **Vermittlung einiger verständlicher Schlüsselinformationen** tritt.[137] Zu Recht ist allerdings befunden worden, dass sich ein solcher Schluss aus dem EU-Recht nicht ablesen lässt. Richtig wäre es, darüber nachzudenken, ob ein Recht auf verständliche Schlüsselinformationen nicht aus dem nationalen Recht abgeleitet werden könnte.

### 4. Informationsmodell kontra Konsensprinzip?

#### a) Formbindung und Widerrufsrecht als Ausfluss des Informationsprinzips

Das Informationsprinzip findet nicht nur in den ausdrücklichen Informationspflichten seinen Niederschlag, sondern **auch das Widerrufsrecht und die Formerfordernisse** stehen in engem Zusammenhang mit dem Informationsgedanken. 257

#### b) Verhältnis von Informationsprinzip und Konsensprinzip

Es ist kritisiert worden, dass das Informationsprinzip des EU-Privatrechts, welches die Wirksamkeit des Vertrags an eine Vielzahl von verschiedenen Informationspflichten knüpft, im **Widerspruch zum Konsensprinzip** stehe. Durch das Konsensprinzip wird die rechtsgeschäftliche Privatautonomie geradezu verkörpert.[138] Es besteht in dem Gedanken, dass durch zwei übereinstimmende Willenserklärungen ein Vertrag zustande kommt. Wenn nun durch zwei Willenserklärungen kein bindender Vertrag mehr geschlossen werden könnte, wäre die Vertragsfreiheit ausgehöhlt. Bei formaler Betrachtung ist es in der Tat so, dass die Maßnahmen, die der Information des Verbrauchers dienen sollen, zunächst den Abschluss des Vertrags erschweren. Dennoch wäre es falsch, eine Gegenläufigkeit zwischen dem Informationsprinzip und dem Konsensprinzip anzunehmen. Das wird deutlich, wenn der Grund berücksichtigt wird, aus welchem die Informationspflichten zu einer zusätzlichen Voraussetzung des Vertragsschlusses gemacht wurden. Sinn der Informationspflichten ist es ja, den Verbraucher in eine Position zu bringen, in der ein „echter" Konsens zweier, in der Willensentschließung gleichermaßen informierter und überlegter Vertragspartner überhaupt erst erreicht werden kann. Ähnlich wie die formale Vertragsfreiheit wird somit quasi auch das „formale" Konsensprinzip zugunsten der materialen Verbraucherinteressen und insbesondere der materialen Vertragsfreiheit eingeschränkt. 258

Das EU-Privatrecht übertreibt diese Einschränkungen des Konsensgrundsatzes im Übrigen zumeist nicht. Denn das Fehlen von ausreichenden Informationen führt nach den Richtlinien nicht zur Nichtigkeit des Vertrags (näher zu den Folgen fehlender Information Rn. 327).[139] Ein Beispiel für eine Modifikation des Vertragsschlussmechanismus, die besonders weit geht, findet sich in Art. 8 Abs. 2 S. 3 Verbraucherrechte-RL. Wie gezeigt wurde die Norm in § 312j Abs. 4 BGB unzureichend umgesetzt (dazu oben Beispiel 6b Rn. 123 ff., zur Anwendung im Einzelnen Rn. 314). Es lohnt aber, nun noch einmal Art. 8 Abs. 2 S. 3 Verbraucherrechte-RL selbst anzusehen und zu überlegen, was genau durch diese Norm erreicht werden soll. Die Norm sieht vor, 259

---

137 So *Wendlandt*, VuR 2004, 117, 123.
138 Nur *Bydlinski*, System und Prinzipien, 1996, S. 149 m.w.N.
139 So etwa in der E-Commerce-RL, wo die Verletzung von Informationspflichten zivilrechtlich teilweise sanktionslos bleibt, dazu näher unten Rn. 322 f.

dass der Verbraucher einen ganz bestimmten Button drücken muss, um an seine Erklärung gebunden zu sein. Man kann das auch so beschreiben, dass der Verbraucher berechtigt ist, von dem Geschäft Abstand zu nehmen, wenn er nicht den mit der glasklaren Information „zahlungspflichtig bestellen" gekennzeichneten Button gedrückt hat. Wieder geht es also darum, eine informierte Entscheidung des Verbrauchers zu sichern. Nur wenn der Verbraucher wirklich wissen muss, dass er einen zahlungspflichtigen Vertrag abschließt, ist er gebunden.

Das GEK sieht in Art. 29 und 30 GEK Abweichungen vom Konsensprinzip nicht vor. Dort werden nur Schadensersatz- und gewisse Erfüllungspflichten an die fehlende oder irreführende Information geknüpft.

Die Modifikation des Konsensprinzips darf daher insgesamt nicht überschätzt werden. Der gewisse Eingriff in Rechtsgrundsätze, der durch das Widerrufsrecht des Verbrauchers erfolgt, sollte eher im Bereich der Bindungswirkung des Vertrags als im Bereich des Konsensprinzips angesiedelt werden.

### 5. Transparenz als Prinzip des Verbrauchervertragsrechts

260 Das Transparenzgebot ist mit dem Informationsprinzip eng verwandt. Denn die Klarheit und Verständlichkeit vertraglicher Regelungen ist gerade dazu da, dass der Verbraucher sich informieren kann. Das Gebot der Transparenz ist ein **ganz allgemeiner Gedanke**, der auf gesetzliche Regelungen ebenso angewendet werden soll wie auf private Verträge. Auch die Gesetze sollen dem Verbraucher also verständlich und zugänglich sein. Im nationalen Recht hat sich dieser Gedanke mit niedergeschlagen, als man sich für die Aufnahme der verbraucherschützenden Normen in das BGB entschied. So sollten alle Regelungen an einem Ort auffindbar sein.[140]

Das Transparenzgebot gilt aber **auch für die privaten Verbraucherverträge**. Die dem Verbraucher zustehenden Rechte und die ihm obliegenden Pflichten müssen stets zugänglich, klar und verständlich geregelt sein.

261 Das Transparenzgebot ist bereits als ein Prinzip des europäischen Vertragsrechts eingeordnet worden.[141] Dem ist zuzustimmen. Es findet sich in der Rechtsprechung des EuGH sowie in den Richtlinien wieder. Es gilt auf allen Ebenen des EU-Rechts.

So hat der EuGH aus dem Transparenzgedanken die **Pflicht zur klaren und deutlichen Umsetzung der Richtlinien** abgeleitet.[142] Aber auch die konkreten Inhalte des Verbrauchervertragsrechts berücksichtigen das Gebot der Transparenz. Ein Beispiel hierfür sind die hohen **Anforderungen an die Widerrufsbelehrung**. Über das Widerrufsrecht muss klar und eindeutig ohne weitere Zusätze belehrt werden (ausdrück-

---

140 BT-Drucks. 14/6040, S. 166 – ob dies auch erfolgreich war, sei dahingestellt.
141 Schulte-Nölke/Schulze/*Coelho de Sousa Ribeiro*, Europäisches Vertragsrecht im Gemeinschaftsrecht, 2002, S. 213, 226; *Micklitz*, ZEuP 1998, 253, 266; *Klauer*, Europäisierung des Privatrechts, 1998, S. 110, spricht gar von dem „wichtigsten gemeinsamen Charakteristikum" des Gemeinschaftsprivatrechts.
142 Insbesondere zur Klarheit der Umsetzung von Richtlinien: *EuGH* Slg. 2001, 3541 Rn. 17 ff. (Kommission/Niederlande) und *EuGH* Slg. 2002, 4147 Rn. 18 (Kommission/Schweden) zur Umsetzung der Klausel-RL; im Verhältnis zu Deutschland *EuGH* Slg. 1991, 2607 Rn. 28 (Kommission/Deutschland).

lich noch Art. 4 Abs. 2 Fernabsatz-RL; nunmehr allgemeiner Art. 7 Abs. 1 S. 2 Verbraucherrechte-RL).[143] In Art. 5 Klausel-RL ist das Transparenzgebot schließlich sogar ausdrücklich enthalten. Dort ist bestimmt, dass alle schriftlichen, einseitig gestellten Vertragsklauseln – und das umfasst auch Klauseln, welche die Hauptleistungspflichten selbst betreffen – auf ihre Transparenz hin zu kontrollieren sind. Das bedeutet letztlich, dass Verbraucherverträge **komplett der Transparenzkontrolle unterliegen**. Vordergründig scheint es zwar, als wären nur die einseitig gestellten Klauseln zu überprüfen. Da aber nach Art. 3 Abs. 2 Klausel-RL hohe Anforderungen an das Aushandeln zu stellen sind, wird man eine Klausel, die unklar war und die der Verbraucher gar nicht verstanden hat, wohl kaum je als ausgehandelt betrachten können.

Das Transparenzgebot ist aus deutscher Sicht nicht völlig neu.[144] Es hatte aber dort **ursprünglich nicht den Stellenwert, den das EU-Privatrecht ihm einräumt**. Erkennbar wurde das bei der Umsetzung der Klausel-RL: Hier wurde das Transparenzgebot zunächst nicht ausdrücklich normiert, weil man meinte, es sei bereits von der Rechtsprechung ausreichend entwickelt. Später wurde es dann aber doch in § 307 Abs. 1 S. 2 BGB aufgenommen, um seiner erhöhten Bedeutung gerecht zu werden (zur verzögerten Umsetzung schon oben Rn. 88).  262

Schwierigkeiten bringt das Transparenzgebot auf der Seite der Rechtsfolgen mit sich. Es kann keineswegs sein, dass alle intransparenten Rechtsakte oder Vertragsbedingungen nichtig sind, denn oftmals entstünden dem Verbraucher dadurch nur zusätzliche Nachteile.[145] Geht es um AGB, so hat der EuGH bisher nur angedeutet, wie bei der Nichtigkeit von Preisvereinbarungen vorgegangen werden kann. Er hat immerhin nun klargestellt, dass gesetzliche Regeln anstelle der weggefallenen nichtigen Klausel eingreifen können.[146] Sehr oft werden sich, wie dies in Art. 6 Verbrauchsgüterkauf-RL (umgesetzt in § 479 Abs. 3 BGB) für Garantien ausdrücklich bestimmt ist, keine vertraglichen, sondern **nur wettbewerbsrechtliche Folgen** an die Intransparenz knüpfen lassen (vgl. dazu auch noch unten Rn. 308).  263

### 6. Zusammenfassung

Die Information des Verbrauchers ist ein wichtiger Grundsatz des EU-Privatrechts. Sie wird im europäischen Verbrauchervertragsrecht ebenso wie im deutschen Recht als der zunächst **beste Weg zur Erzielung von Verbraucherschutz** angesehen. Erst nachrangig sollen weitere Schutzmechanismen hinzutreten. Die Rechtsetzung selbst ist allerdings **nicht immer konsequent** auf diese Erkenntnis aufgebaut.  264

---

143 Das ist auch im deutschen Recht längst anerkannt; zur Deutlichkeit der Belehrung schon BGHZ 126, 56; *BGH* NJW 1996, 1964; vgl. jetzt Art. 246a § 4 Abs. 1 EGBGB.
144 So bezeichnet *Köndgen*, NJW 1989, 943, 946 es als eines der tragenden Prinzipien der AGB-Kontrolle; vorsichtiger *Westermann*, FS Steindorff, 1990, S. 817. Der *BGH* verwendet das Transparenzprinzip in ständiger Rechtsprechung, so z.B. BGHZ 106, 42, 49 ff.; BGHZ 115, 177, 185; *BGH* NJW 2015, 2244; *BGH* NJW 2019, 3582 Rn. 14 ff.
145 Umfassend dazu Ulmer/Brandner/Hensen/*Fuchs*, AGB-Recht, § 307 BGB Rn. 323 ff., 360. Unter anderem die „bunte Mischung", die sich hinter den verschiedenen Transparenzgeboten versteckt, veranlasst *Riesenhuber*, System und Prinzipien des Europäischen Vertragsrechts, 2003, S. 574, dazu, die Transparenz als Rechtsprinzip abzulehnen.
146 *EuGH* NJW 2014, 2335 (Kásler).

Es muss eingeräumt werden, dass die bloßen Informationsrechte zur Erreichung des Zieles des EU-Privatrechts auch nicht ausreichen würden. Eingriffe in die Vertragsfreiheit sind erforderlich. Denn der angestrebte entspannte „Spaziergang"[147] des Verbrauchers kann mit Informationen nicht immer angenehm genug ausgestaltet werden. Dazu sind Informationen schon als solche oft zu anstrengend zu verarbeiten.

Die Information bleibt somit zwar ein wichtiges Element des europäischen Verbraucherschutzrechts. Der **Vorrang der Information** vor eingreifenden Maßnahmen – wie zwingendem Recht – kann aber **nicht als konsistentes Prinzip** verstanden werden.

## IV. Gleichbehandlungsgrundsatz oder Diskriminierungsverbot

**265** **Literaturhinweise:** *Basedow*, Der Grundsatz der Nichtdiskriminierung, ZEuP 2008, 230 ff.; *Seifert*, „Mangold und kein Ende – Entscheidung Kücükdeveci", EuR 2010, 802.

> **Beispiel 11** – nach *EuGH* Slg. 2005, 9981 (Mangold): Am 26. Juni 2003 stellte der Unternehmer U den 54-jährigen M ohne weitere Begründung befristet für drei Jahre ein. Dabei stützte er sich auf eine Norm, die eine solche grundlose Befristung ausnahmsweise erlaubte, wenn der Arbeitnehmer bei Beginn des Arbeitsverhältnisses das 52. Lebensjahr vollendet hatte (§ 14 Abs. 3 TzBfG).
>
> Nach dem zu diesem Zeitpunkt in Deutschland noch nicht umgesetzten Art. 6 Abs. 1 Gleichbehandlungsrahmen-RL dürfen Ungleichbehandlungen wegen des Alters nur erfolgen, soweit sie angemessen und erforderlich sind und durch rechtmäßige Ziele aus den Bereichen Beschäftigungspolitik (…) gerechtfertigt sind. Die Umsetzungsfrist für die Richtlinie endete am 2. Dezember 2003 (Art. 18 Abs. 1).[148]

### 1. Gleichbehandlung im geschriebenen Recht

**266** Ein weiteres Prinzip, welches im deutschen und im europäischen Recht einen hohen Stellenwert hat, bei dem die Schwerpunkte jedoch merklich unterschiedlich gesetzt werden, ist das **Prinzip der Gleichbehandlung**. Oftmals wird auch vom **Diskriminierungsverbot** gesprochen.

In Deutschland ist der Gleichbehandlungsgrundsatz in Art. 3 GG verankert. Das könnte durchaus auch das Privatrecht prägen, denn wie oben bereits angesprochen wurde, können Grundrechte generell auch in das Privatrecht ausstrahlen (Rn. 42). Gerade für den allgemeinen Gleichheitssatz des Art. 3 Abs. 1 GG wird dies jedoch nur sehr eingeschränkt angenommen. Zwar darf eine privatrechtliche Norm nicht dazu führen, dass gleiche Sachverhalte willkürlich ungleich zu behandeln sind. Anders ist es aber, wenn es wirklich um das Rechtsverhältnis zwischen zwei Privatleuten geht. Dann wird eine so genannte mittelbare Drittwirkung des Gleichheitssatzes meist ab-

---
147 Dazu oben Rn. 207.
148 Zur Lösung eines vergleichbaren Falls nach geltendem Arbeitsrecht *Jacobs/Krois*, JuS 2010, 228.

gelehnt.¹⁴⁹ Im Normalfall (und soweit nicht das AGG eingreift) darf also ein Privater sich seinen Vertragspartner nach unsachlichen Kriterien aussuchen und z.B. auch willkürlich mit unterschiedlichen Vertragspartnern unterschiedliche Vertragsbedingungen vereinbaren. Denn bei privaten Vertragsverhältnissen wird die Privatautonomie im Verhältnis zur Nichtdiskriminierung als höherrangig angesehen.

Im EU-Privatrecht hat der Gleichbehandlungsgrundsatz demgegenüber eine andere, eigenständigere Qualität. Schon sehr früh hat sich das EU-Privatrecht der **Gleichbehandlung von Mann und Frau** zugewandt. Durch den am 1.5.1999 in Kraft getretenen Vertrag von Amsterdam wurde diese Zielsetzung ausdrücklich in das Primärrecht aufgenommen. Heute findet sich die Kompetenznorm in Art. 19 AEUV, die Entgeltgleichheit ist in Art. 157 AEUV verankert. Das Diskriminierungsverbot ist ein im primären und sekundären Recht der EU gesicherter Grundsatz (oben Rn. 31, 49).

Viele privatrechtliche Richtlinien sind gerade darauf ausgerichtet, dass auch im Bereich privater Verträge Frauen und Männer sowie **Personen unterschiedlicher Rasse**¹⁵⁰ oder ethnischer Herkunft gleich behandelt werden.

Besonders das **europäische Arbeitsrecht** hat sich die Gleichbehandlung von Mann und Frau im Berufsleben zur Aufgabe gemacht. Mitte der siebziger Jahre entstanden bereits die ersten Richtlinien über die Gleichbehandlung hinsichtlich des Zugangs zum Arbeitsplatz, der Arbeitsbedingungen und der Bezahlung.¹⁵¹ Seitdem kamen immer wieder neue Richtlinien hinzu, zuletzt die allgemeine Gleichbehandlungs-RL (Religion, Weltanschauung, Behinderung, Alter, sexuelle Ausrichtung)¹⁵² und die erweiterte „allgemeine Gleichbehandlungs-RL (Geschlecht)".¹⁵³

267

Inzwischen ist auch über das Arbeitsrecht hinaus die Gleichbehandlung von Menschen unterschiedlicher Rasse und ethnischer Herkunft sowie von Frauen und Männern zum Gegenstand von Richtlinien geworden. Sowohl in der Gleichbehandlungs-RL (Rasse) als auch in der Gleichbehandlungs-RL (Geschlecht) werden ein **Großteil der privaten Verträge** dem Gleichbehandlungsgrundsatz unterstellt. Im Ansatz geht es bei beiden Richtlinien darum, dass die Versorgung mit Gütern und Dienstleistungen ohne Diskriminierung erfolgt. Beide Richtlinien reichen dabei jedoch weit in das Privatrecht hinein. Erfasst sind alle der Öffentlichkeit zur Verfügung stehenden Güter

268

---

149 Selbst das Urteil des *BVerfG* zum Stadionverbot, BVerfGE 148, 267, hat geradezu Schockwellen ausgelöst. Dort hatte das *BVerfG* aber den Vorrang der Privatautonomie an sich ebenfalls betont und lediglich eine Ausnahme für Fälle gemacht, in denen eine Veranstaltung (wie eben ein Fußballspiel) für ein großes Publikum ohne Ansehen der Person geöffnet ist und „der Ausschluss für die Betroffenen in erheblichem Umfang über die Teilhabe am gesellschaftlichen Leben entscheidet". In der Hausverbot-Entscheidung hat es klargestellt, dass Art. 3 Abs. 1 GG für Hausverbote im Hotel nicht gilt, *BVerfG* NJW 2019, 3769.
150 Zur Verwendung des Begriffs „Rasse" vgl. Erwägungsgrund 6 der Gleichbehandlungs-RL (Rasse).
151 So die Richtlinie 1976/207/EWG des Rates zur Verwirklichung des Grundsatzes der Gleichbehandlung von Männern und Frauen hinsichtlich des Zugangs zur Beschäftigung, zur Berufsbildung und zum beruflichen Aufstieg sowie in Bezug auf die Arbeitsbedingungen; auch die Richtlinie 75/117/EWG zur Angleichung der Rechtsvorschriften der Mitgliedstaaten über die Anwendung des Grundsatzes des gleichen Entgelts für Männer und Frauen (Lohngleichheits-RL). Beide Richtlinien wurden durch die Richtlinie 2006/54/EG ersetzt.
152 Richtlinie 2000/78/EG des Rates vom 27.11.2000 zur Festlegung eines allgemeinen Rahmens für die Verwirklichung der Gleichbehandlung in Beschäftigung und Beruf.
153 Zu allen Richtlinien Anhang I, VIII.

oder Dienstleistungen. Erfasst sind so alltägliche und zugleich wesentliche Dinge wie die Wohnung,[154] die Versorgung mit Lebensmitteln im Supermarkt, die Versorgung mit allgemeinen Dienstleistungen (etwa Friseur, Restaurant oder Hotel), mit Versicherungen sowie schließlich der Arbeitsplatz.[155] Wer solche Güter anzubieten hat, darf die potentiellen Vertragspartner nicht nach Rasse oder Geschlecht unterschiedlich behandeln. Ausnahmen sind **geschlechtsspezifische Angebote**, also etwa die Damensauna, der Herrenfriseur und ähnliches.

In Deutschland hat man sich mit der Umsetzung der Richtlinien dort besonders schwer getan, wo auch private Verträge unter das Gleichbehandlungsgebot fallen. Das lag keinesfalls allein daran, dass befürchtet wurde, die Kontrolle der privaten Verträge würde zu übermäßiger Bürokratie führen. Die **Freiheit des Einzelnen, seinen Vertragspartner selbst auszusuchen**, wird in Deutschland von Vielen **für wertvoller gehalten, als die Gleichbehandlung im Bereich privater Rechtsverhältnisse**.[156]

### 2. Auswirkungen des allgemeinen Gleichbehandlungsgrundsatzes des EU-Rechts auf das Privatrecht

269 Eine Zeit lang sah es so aus, als wolle der EuGH einen aus Art. 19 AEUV (früher Art. 13 EGV) abgeleiteten, **unmittelbar im Privatrecht geltenden allgemeinen Gleichbehandlungsanspruch** annehmen.[157] Das lag besonders an der Entscheidung Mangold, die in vielen Punkten so unklar war, dass sie Fehldeutungen auslöste (dazu bereits oben Rn. 92).

> In dem der Entscheidung Mangold nachgebildeten **Beispiel 11** (Rn. 265) hat der EuGH eine Nichtigkeit der Befristung angenommen. Dabei durfte er sich aus zwei Gründen nicht ohne weiteres auf die Richtlinie stützen.
>
> Zum einen ging es um das Verhältnis zwischen zwei Privatpersonen. Richtlinien entfalten keine horizontale Direktwirkung. Dieses Problem überwindet der EuGH, wie bereits oben gezeigt wurde (Rn. 36, 83), indem er die Dinge anders betrachtet. Er meint, der Grundsatz des Diskriminierungsverbots könne dann in ein privates Rechtsverhältnis hineinwirken, wenn durch die Richtlinie ein Anspruch auf Gleichbehandlung so konkret ausgestaltet sei, dass es sich als subjektives Recht des Einzelnen begreifen lasse. Dann muss insbesondere, wie im Fall Mangold, entgegenstehendes nationales Recht, wie es § 14 Abs. 3 TzBfG darstellt, unanwendbar bleiben. Zum anderen war hier aber die **Umsetzungsfrist für die Richtlinie** noch nicht einmal abgelaufen. Viele nahmen daher zunächst an, der EuGH habe sich in der Entscheidung Mangold unmittelbar auf den allgemeinen Gleichbehandlungs-

---

154 Zu weit geht wohl die Auffassung von *Riesenhuber/Franck*, JZ 2004, 529, 531, eine Studentin dürfe nun nicht mehr nach einer „Mitbewohner*in*" für ihre WG suchen. Soll eine Frauen-WG gegründet werden, handelt es sich um ein geschlechtsspezifisches Angebot. Außerdem stellt der Abschluss eines derartigen Mietvertrags kein Massengeschäft dar, bei dem das Diskriminierungsverbot in vollem Umfang gilt; zum „Massengeschäft" Schmidt-Futterer/*Blank*, Mietrecht, Vorbem. zu § 535 BGB Rn. 182 ff.
155 Letzteres nur Gleichbehandlungs-RL (Rasse).
156 Nur *Säcker*, ZRP 2002, 286; *Ring*, ZGS 2006, 371, 375; *Schwab*, DNotZ 2006, 649. Dies bestätigend nun auch BVerfGE 148, 267 sowie *BVerfG* NJW 2019, 3769.
157 Kritisch *Basedow*, ZEuP 2008, 230.

grundsatz gestützt. Zumindest im Nachhinein hat aber der EuGH mehrfach ausdrücklich festgestellt, dass der Gleichbehandlungsgrundsatz aus Art. 19 AEUV nicht unmittelbar gelte.[158] Art. 19 AEUV sei vielmehr eine Ermächtigungsgrundlage für die Rechtssetzung. Der EuGH hat nachträglich auch erläutert, warum im Fall Mangold eine Vorwirkung angenommen werden musste.[159] Die Vorwirkung der Richtlinie war danach ausnahmsweise anzunehmen, weil die befristete Einstellung eines älteren Arbeitnehmers weit in den Geltungszeitraum der Richtlinie hinein ausgestrahlt hätte.[160] Eine Gleichbehandlung des älteren Arbeitnehmers – dessen Vertrag im Gegensatz zu den Verträgen jüngerer Mitarbeiter befristet war und blieb – wäre auch für die Zeit nach dem Inkrafttreten der Richtlinie ausgeschlossen gewesen.

Es ist somit heute geklärt, dass auch der allgemeine Gleichbehandlungsgrundsatz des primären EU-Rechts nicht unmittelbar im Privatrecht gilt.

Damit ist aber noch nichts dazu gesagt, ob es ein eigenständiges privatrechtliches Prinzip der Gleichbehandlung gibt. Immerhin bestehen, wie gezeigt, viele Richtlinien, die dieses Ziel verfolgen. In Deutschland sind wesentliche Elemente der privatrechtlichen Gleichbehandlung im **AGG** gebündelt worden. Aber es ist kaum überraschend, dass ein Prinzip der Gleichbehandlung für das allgemeine Privatrecht meist abgelehnt wird.[161] Denn, wie schon eingangs erläutert (Rn. 266), werden der Charakter des Privatrechts als Rahmen für die selbstbestimmte wirtschaftliche Tätigkeit und die Vertragsfreiheit in ihrer überragenden Bedeutung, meist für überragend wichtig gehalten. Ein privatrechtlicher Gleichbehandlungsgrundsatz – der ja Vorgaben für die Wahl des Vertragspartners und für die Inhalte der Verträge mit sich bringen würde – wird daher als systemwidrig abgelehnt.

### 3. Zusammenfassung

Im Recht der EU gibt es einen allgemeinen Rechtsgrundsatz der Gleichbehandlung. Man spricht auch von einem **Grundsatz der „Nichtdiskriminierung"**. In Hinblick auf die Wirkung dieses Grundsatzes im Privatrecht verwendet der EuGH jedoch ein ziemlich kompliziertes Modell. Er hält den Grundsatz nicht für so stabil, dass er allein daran mitgliedstaatliche Normen messen würde. Er verlangt vielmehr zusätzlich, dass der Grundsatz **in einer Richtlinie konkretisiert** sein müsse. Ist er einmal konkretisiert, dann bringt seine Kraft mitgliedstaatliches Recht allerdings sehr wohl zu Fall. Das machen die Fälle Mangold und Kücükdeveci (Rn. 31) deutlich.

270

Im Privatrecht wird die Gleichbehandlung nur punktuell über die Vertragsfreiheit gestellt. Das gilt besonders im Bereich des Arbeitsrechts. Ein privatrechtliches Prinzip der Gleichbehandlung kann darin kaum gesehen werden.

---

158 *EuGH* Slg. 2008, 7245 (Bartsch); nochmals *EuGH* Slg. 2011, 3591 (Römer).
159 *EuGH* Slg. 2008, 7245 Rn. 16, 18, 25 (Bartsch); auch *EuGH* Slg. 2011, 3591 Rn. 61 ff. (Römer).
160 So deutlich *EuGH* Slg. 2008, 7245 (Bartsch).
161 Wie hier *Basedow*, ZEuP 2008, 230, 244 ff.; anders aber *Grünberger*, Personale Gleichheit: Der Grundsatz der Gleichbehandlung im Zivilrecht, 2013, S. 1004 ff.

## V. Schutz des Verbrauchers als Rechtsprinzip?

**271** Angesichts der Fülle der verbraucherschützenden Richtlinien könnte daran gedacht werden, im Schutz des Verbrauchers einen **eigenen Rechtsgrundsatz** zu sehen. In der Rechtsprechung des EuGH wird dieser gelegentlich genannt.[162] Es gibt auch einige Fallkonstellationen, in welchen über das in den Richtlinien Geschriebene hinaus Schutz für den Verbraucher gewährt wurde. Das gilt besonders für die Entscheidungen Schulte und Crailsheimer Volksbank, in denen der EuGH ausspracht, dass der Unternehmer, der den Verbraucher nicht über sein Widerrufsrecht aufklärt, für dessen dadurch verursachten Vermögensverluste einstehen muss.[163]

Fraglich ist nur, was ein solcher Rechtsgrundsatz aussagen würde. Oben ist schon gezeigt worden, dass es ein Rechtsprinzip der „Widerruflichkeit" des Verbrauchervertrags nicht gibt. Ein Grundsatz des Verbraucherschutzes, der von solcher Wirkungskraft ist, dass jenseits von gesetzlichen Regelungen der Verbraucher vor allen Nachteilen bewahrt werden muss, besteht ebenfalls nicht. Richtlinienregelungen müssen daher nicht etwa auf ungeregelte Fälle ausgedehnt werden. Das bekannteste Beispiel ist die Bürgschaft an der Haustür.[164] Auch Immobilienkaufverträge sind von den Richtlinien nicht erfasst. Darüber kann kein Grundsatz hinweghelfen.

Überprüft man, ob der EuGH das Prinzip des Verbraucherschutzes in ähnlicher Weise anwendet, wie es soeben für den im Primärrecht angelegten Gleichbehandlungsgrundsatz dargestellt wurde, so dass man von einem allgemeinen Rechtsgrundsatz des Unionsrechts sprechen könnte, wird man auch nicht fündig. Der EuGH hat bisher nie nationale Normen für nichtig erklärt, weil sie gegen den in einer Richtlinie konkretisierten Grundsatz des Verbraucherschutzes verstoßen würden.

Ein allgemeines Rechtsprinzip des Verbraucherschutzes – sei es auf primärer Ebene, sei es auf privatrechtlicher Ebene – ist auch **nicht erforderlich**, um zu begründen, dass die Richtlinien zugunsten des Verbrauchers eher weit auszulegen sind. Das kann im Rahmen des bloßen **effet utile** aus den Zielen der Richtlinie selbst herausgelesen werden. Ebenso ist es mit der vom EuGH oft gebrauchten Formel, dass die in Richtlinien genannten Ausnahmen eng zu verstehen seien.[165] Insofern kann also davon gesprochen werden, dass innerhalb des Anwendungsbereichs der Richtlinien das Prinzip der vollen Durchsetzung der Verbraucherrechte besteht.

**272** Auf das EU-Privatrecht im Ganzen bezogen ist es aber überzeugender, einen Grundsatz des Verbraucherschutzes **klar abzulehnen**. Denn sonst entstünde der unrichtige Eindruck, dass der Verbraucherschutz auch außerhalb von konkreten Richtlinien verfolgt werden muss.

Anstatt den Verbraucherschutz zum allgemeinen Rechtsprinzip zu erheben, lohnt es, innerhalb des geltenden Verbraucherschutzrechts – also soweit es zunächst eingreift –

---

162 *EuGH* Slg. 2005, 1947 Rn. 21 (easyCar).
163 *EuGH* Slg. 2005, 9215 (Schulte); *EuGH* Slg. 2005, 9293 (Crailsheimer Volksbank); dazu ausführlich unten Rn. 394.
164 Rn. 338.
165 Insofern doppelt *EuGH* Slg. 2005, 1947 Rn. 21 (easyCar): Eine Ausnahme „von einem allgemeinen Grundsatz oder, spezifischer, von gemeinschaftsrechtlichen Verbraucherschutzvorschriften" ist danach eng auszulegen.

nach bestimmten Grundsätzen zu suchen. Diese können dann zwar nicht die Kraft eines Grundsatzes des Unionsrechts entfalten (also etwa nicht zur Nichtigkeit einer nationalen Norm führen), sie vermögen aber, die bestehenden Regelungen zu durchziehen und können insbesondere als Auslegungshilfe dienen.

## VI. Berechtigte Erwartungen

### 1. Verbrauchervertrauen und Verbrauchererwartungen

Das EU-Privatrecht ist legitimiert durch seine Aufgabe, den Markt zu verbessern. Dies erreicht es unter anderem, indem es das **Vertrauen der Verbraucher** erhöht.[166] Auf der einen Seite geschieht dies durch Angleichung des Rechts der unterschiedlichen Mitgliedstaaten. Es wird ähnlicher, und der Verbraucher kann die eventuelle Angst vor dem ausländischen Rechtssystem ablegen. Auf der anderen Seite geschieht dies aber auch durch eine inhaltlich verbraucherfreundliche Ausgestaltung. Vor Machtmissbrauch, Übervorteilung, treuwidrigen Klauseln und Ähnlichem soll er sicher geschützt sein. Viele Regelungen sind also gerade darauf ausgerichtet, dem Verbraucher eine Rechtsposition zu sichern, in die er voll vertrauen kann.

273

Teilweise ist nun vertreten worden, hier lasse sich das Prinzip ablesen, dass das EU-Recht die **berechtigten Verbrauchererwartungen** (oft wird auch von legitimen Erwartungen gesprochen) verstärkt berücksichtigt.[167] Vertrauen und Erwartungen können dann als zwei zusammengehörige Gedanken begriffen werden: Gerade dadurch, dass die Erwartungen des Verbrauchers sich erfüllen, gewinnt der Verbraucher Vertrauen (und wird wirtschaftlich aktiver).[168] Die berechtigten Erwartungen des Verbrauchers werden sowohl **in den Normen als auch in den Präambeln der Richtlinien und Verordnungen immer wieder ausdrücklich benannt** und gewürdigt.[169] Auch in den allgemeinen Stellungnahmen der Organe der Union findet der Begriff der Erwartungen des Verbrauchers gelegentlich ausdrückliche Erwähnung.[170]

274

Ob die berechtigten Erwartungen ein Prinzip des EU-Privatrechts sind, ist streitig.[171] Es ist jedoch zu unterscheiden: Dass die Interessen des Verbrauchers im EU-Privatrecht einen hohen Stellenwert haben, kann richtigerweise nicht bezweifelt werden. Als Schlagwort für diese verbraucherfreundliche Gewichtung eignet sich der Begriff

275

---

166 Dazu schon oben Rn. 17.
167 Allen voran *Micklitz*, ZEuP 1998, 253, 264; *ders.*, FS Reich, 1997, S. 245; *ders.*, EuZW 1997, 229; *Rösler*, Europäisches Konsumentenvertragsrecht, 2004, S. 190 ff.; kritisch zum Ganzen: Schulte-Nölke/Schulze/*W.-H. Roth*, Europäische Rechtsangleichung und nationale Privatrechte, 1999, S. 45 ff.
168 So auch *Howells/Wilhelmsson*, EC Consumer Law, 1997, S. 320: Diese Art des Vertrauens (in den Markt) soll erreicht werden, indem sich die Erwartungen der Verbrauchers stets erfüllen.
169 Vorerst nur die Produkthaftungs-RL, Erwägungsgrund 6, Art. 6 Abs. 1; Digitale-Inhalte-RL, Erwägungsgrund 20; deutlich auch der Vorschlag für die Rom II-VO, KOM (2003) 427, S. 13 ff.; näher sogleich Rn. 276 ff.
170 Verbraucherpolitische Strategie 2007-2013, KOM (2007) 99, S. 3; Verbraucherpolitische Strategie 2002-2006, KOM (2002) 208, S. 2, 4, 12.
171 Ablehnend *Riesenhuber*, System und Prinzipien des Europäischen Vertragsrechts, 2003, S. 571 f.; näher zum Ganzen *Heiderhoff*, Grundstrukturen des nationalen und europäischen Verbrauchervertragsrechts, 2004, S. 331 ff.

der „berechtigten Erwartungen" gut. Jedoch erscheint die Ausrichtung von Norminhalten an den Erwartungen des Verbrauchers aus nationaler Sicht problematisch. Wenn die „berechtigten Erwartungen" nun als Rechtsprinzip des EU-Privatrechts anerkannt werden, besteht die **Gefahr, dass dies zugleich als inhaltliche Zustimmung verstanden wird**. Diese zwei Dinge dürfen jedoch nicht verwechselt werden.

## 2. Ablesbarkeit des Prinzips der „berechtigten Erwartungen" im Verbraucherprivatrecht

### a) Berechtigte Erwartungen in den Richtlinien

276 **Beispiel 12** – nach OLG Frankfurt EuZW 2010, 77: Autohändler A warb im Internet mit einer „Neuwagengarantie" für Gebrauchtfahrzeuge. Unter anderem hieß es dort: „Wir scheuen uns nicht, eine Fahrzeuggarantie von drei Jahren bis 100.000 km zu gewähren. Die Neuwagen-Garantie wird in Erweiterung zur gesetzlichen Gewährleistung gewährt". B kaufte bei A einen gebrauchten Wagen. Eine Garantieurkunde erhielt sie nicht. Im Kfz lag jedoch ein Zettel mit folgender Information: „Fahrzeug-, Lack- und Anschlussgarantie: Falls an Ihrem Fahrzeug innerhalb der Garantiezeit ein Mangel auftritt, kann dieser bei jedem X-Partner kostenlos behoben werden…". 25 Monate nach dem Kauf wurde eine Reparatur nötig. A führte diese durch und verlangte Bezahlung. B berief sich auf die Garantie.

277 Dass die Richtlinien bei den auf die Ausgestaltung der Verträge gerichteten Vorschriften die Erwartungen des Verbrauchers berücksichtigen, lässt sich ohne Schwierigkeiten erkennen.

In Erwägungsgrund 8 Verbrauchsgüterkauf-RL werden die Verbrauchererwartungen ausdrücklich genannt. Dementsprechend finden sich dort auch Beispiele für die Auswirkungen dieses Prinzips. Dazu gehört die **zweijährige Mängelhaftungsfrist**. Der Richtliniengeber ging nämlich davon aus, dass der Verbraucher die berechtigte Erwartung haben darf, dass er Mängel der Kaufsache zwei Jahre lang geltend machen kann. Auffällig und durchaus ernst zu nehmen ist die Tatsache, dass diese Gewährleistungsfrist (bei Neuwaren) nicht durch Einigung der Vertragsschließenden verkürzt werden kann. Es wäre durchaus möglich gewesen, die Vorgabe der zweijährigen Mängelhaftung nicht gänzlich zwingend, sondern nur klauselfest auszugestalten. Dann wäre die Frist zwar nicht durch AGB, aber durch Individualvertrag abdingbar (näher Rn. 534). Diese Lösung ist jedoch bei der Richtlinienentstehung noch nicht einmal erörtert worden. Im Ergebnis tritt nun also die **Freiheit bei der Vertragsausgestaltung hinter den vom Richtliniengeber festgesetzten typisierten Verbrauchererwartungen zurück**. Das ist eine Betrachtungsweise, die sich von der deutschen sehr unterscheidet.

278 Deutlich wird die Ausrichtung an den berechtigten Erwartungen auch an dem **unionsrechtlichen Mangelbegriff**. Für den Verbrauchsgüterkauf wird die Vertragswidrigkeit der Kaufsache unter anderem als Abweichung von den Erwartungen, die der Verbraucher vernünftigerweise haben kann, verstanden (Art. 2 Abs. 2 lit d) Verbrauchsgüterkauf-RL).[172] Die Richtlinie beschreibt sogar noch näher, woraus berechtigte Er-

---

[172] Anfangs sollte sogar ganz auf die berechtigten Erwartungen des Käufers abgestellt werden, vgl. Grünbuch, KOM (1993) 509, S. 109 f.

wartungen des Käufers entstehen können. Geschützt werden insbesondere auch solche Erwartungen, die durch in der Werbung gemachte Äußerungen des Verkäufers oder des Herstellers entstanden sind. Ein weiteres Detail, welches die Verschiebung der Interessenbeurteilung erkennen lässt, hat *Schlechtriem* aufgezeigt. Dazu hat er die grundsätzlich an der Struktur des CISG (UN-Kaufrecht) orientierte[173] kaufrechtliche Mängelhaftung der Richtlinie mit der Regelung des CISG verglichen: Die Haftung für die nach dem Vertrag vorausgesetzte Verwendung endet gemäß Art. 35 Abs. 1 lit b) CISG, wo der Käufer auf die Sachkenntnis des Verkäufers nicht vertraut hat oder „vernünftigerweise" nicht vertrauen durfte. Wenn der Himalaya-Experte im Sportgeschäft einen Schlafsack kauft, weiß er selbst besser über die Verwendbarkeit dieses Schlafsacks in extremen Höhen Bescheid als der Verkäufer.[174] Diese Regelung ist also gut ausgewogen. Die Verbrauchsgüterkauf-RL – und entsprechend das umgesetzte deutsche Mängelhaftungsrecht – verzichtet auf eine solche Einschränkung. Die „echte" Abwägung zwischen Käufer- und Verkäuferinteressen fehlt.

Auch die **Digitale-Inhalte-RL**[175] und die **Warenkauf-RL** betonen die Ausrichtung an den Erwartungen des Verbrauchers. Spannend ist hier, dass nun stärker zwischen „echt" subjektiven Elementen (vereinbarten Eigenschaften) und generell geltenden Elementen der Vertragsmäßigkeit getrennt wird. Diese generell geltenden Elemente werden in den Richtlinien als „objektive Anforderungen" bezeichnet (Art. 8 Digitale-Inhalte-RL und Art. 7 Warenkauf-RL). Hier sind die Verbrauchererwartungen explizit als Kriterium normiert. Es geht also nicht um die individuellen Erwartungen im konkreten Vertrag, sondern um typisierte, vernünftige Verbrauchererwartungen an das jeweilige Produkt.

Der **Fehlerbegriff der Produkthaftungs-RL** stellt ebenfalls auf die Erwartungen des Verbrauchers ab. Fehlerhaft ist das Produkt nach Art. 6 Produkthaftungs-RL, wenn es nicht die Sicherheit bietet, die „man zu erwarten berechtigt ist".[176]

Bei der **Klausel-RL** lässt sich die Verfolgung der berechtigten Erwartungen des Verbrauchers ebenfalls entdecken.[177] Zunächst kann man grundsätzlich sagen, dass der Verbraucher legitimerweise erwarten darf, dass sein Vertrag keine treuwidrigen Klauseln enthält. Aber auch die im Anhang der Richtlinie enthaltenen konkreten Vorgaben für den Maßstab der Inhaltskontrolle sind klar an den Interessen des Verbrauchers ausgerichtet. Dem darf freilich keine übertriebene Bedeutung beigemessen werden. Der Grund dafür, dass alle Beispiele auf den Verbraucher bezogen sind, liegt zunächst darin, dass die gesamte europäische Klauselkontrolle – anders als die vielschichtig motivierte nationale Klauselkontrolle – ohnehin nur für die gegenüber einem Verbraucher verwendeten Klauseln gilt. Dennoch gibt es auch bei dem inhaltlichen Maßstab der Treuwidrigkeit den Beiklang der Verbraucher*erwartungen*. So heißt es in der Präambel in Bezug auf den Maßstab von Treu und Glauben, dass der

279

---

173 Zur Ausrichtung der Verbrauchsgüterkauf-RL am CISG auch unten Rn. 437.
174 Mit diesem Beispiel auch Ernst/Zimmermann/*Schlechtriem*, Zivilrechtswissenschaft und Schuldrechtsreform, 2001, S. 205, 215.
175 Erwägungsgrund 45; zur Richtlinie Rn. 189, Rn. 652 und Anhang III.
176 Deutlich nun *EuGH* NJW 2015, 1163 (Boston Scientific Medizintechnik).
177 So auch *Micklitz*, FS Reich, 1997, S. 245, 272.

Gewerbetreibende sich „gegenüber der anderen Partei, deren *berechtigten Interessen* er Rechnung tragen muss, loyal und billig" verhalten solle.

280 In der **Verbraucherrechte-RL** sind die berechtigten Erwartungen an keiner Stelle explizit genannt. Das passt damit zusammen, dass auch das Verbrauchervertrauen nicht zur Grundlage der Regelungen gemacht wird. In die Machbarkeitsstudie haben die „vernünftigen Erwartungen" (Art. 4 Abs. 2) jedoch ausdrückliche Aufnahme gefunden.

### b) Berechtigte Erwartungen in der Rechtsprechung des EuGH

281 Schließlich ist das Prinzip der berechtigten (man spricht auch von „legitimen") Erwartungen auch in der Rechtsprechung des EuGH erkennbar. Dass der EuGH bei seiner Auslegung der Haustür-RL in der **Entscheidung Heininger** einseitig die Interessen des Verbrauchers bedenkt und die wirtschaftliche Situation der Banken außer Acht lässt, ist allgemein beklagt worden.[178] Der EuGH tut dies jedoch bewusst und in Übereinstimmung mit den Vorgaben der Richtlinien. Auch andere Entscheidungen basieren auf einer Abwägung zugunsten der Erwartungen des Verbrauchers.[179]

### 3. Abgrenzung des Grundsatzes der berechtigten Erwartungen zu anderen Rechtsgrundsätzen

282 Die Tendenz zur Orientierung an den (einseitigen) Erwartungen des Verbrauchers, die sich in den Richtlinien beobachten lässt, muss nun noch nicht bedeuten, dass unmittelbar darin ein neuer Rechtsgrundsatz gesehen werden kann. Denn auch im nationalen Recht gibt es Rechtsgrundsätze, die ähnliche Ergebnisse bewirken. So sind Willenserklärungen nach §§ 133, 157 BGB vom Horizont des objektiven Empfängers her auszulegen. Die Auslegung mit Blick auf den objektiven Empfänger und die Auslegung mit Blick auf die legitimen Verbrauchererwartungen sollten jedoch nicht gleich gesetzt werden.[180] Denn es ist ein **ganz entscheidender Unterschied, ob auf den „objektiven Empfänger" abgestellt wird, oder auf das, was der Verbraucher erwarten darf**. Dieser Unterschied ist kein bloß formaler. Er ändert auch die Ergebnisse: Der Verbraucher darf aufgrund von Willensäußerungen des Unternehmers mehr erwarten als dies der „objektive Empfängerhorizont" hergeben würde. Das zeigen die Vorschriften über die Bindung des Unternehmers an *in der Werbung* gemachten Aussagen.[181]

Es gibt im nationalen Recht außerdem den Grundsatz des Schwächerenschutzes und den Vertrauensgrundsatz. Beide unterscheiden sich jedoch ebenfalls deutlich vom Grundsatz der berechtigten Erwartungen des Verbrauchers. Dass der nationale Gedanke des Schwächerenschutzes vom europäischen Gedanken des Verbraucherschutzes ganz klar unterschieden werden muss, wurde oben schon dargelegt. Das EU-Pri-

---

178 *EuGH* Slg. 2001, 9945 Rn. 47 (Heininger); kritisch zur Einseitigkeit etwa *Franzen*, JZ 2003, 321, 331; auch *Piekenbrock/Schulze*, WM 2002, 521, 522; *Staudinger*, NJW 2005, 3521.
179 *EuGH* Slg. 2005, 9273 (Crailsheimer Volksbank); *EuGH* Slg. 2008, 2685 (Quelle).
180 Gleichsetzend aber *Riesenhuber*, Europäisches Vertragsrecht, Rn. 469.
181 Näher schon soeben Rn. 276.

vatrecht interessiert sich für den Verbraucher vor allem, weil es an die Konsumentensouveränität glaubt und diese als das „Lebenselixier" des Binnenmarkts betrachtet (näher oben Rn. 193). Der Grundsatz des **Vertrauensschutzes** ist mit dem Grundsatz der berechtigten Erwartungen dagegen durchaus **nah verwandt**. Man kann sagen, dass der allgemeine Grundsatz des Vertrauensschutzes zugunsten des Verbrauchers modifiziert (um nicht zu sagen: verzerrt) wird. Anstatt das Vertrauen beider Parteien ganz gleich zu bewerten, werden „die Erwartungen" des Verbrauchers nun höher bewertet als die Interessen des Unternehmers. Der Unternehmer muss den Erwartungen des Verbrauchers gerecht werden.

Der Grundsatz der berechtigten Erwartungen vermischt sich in der Rechtsanwendung schließlich stark mit dem Ziel der **effektiven Durchsetzung** der Ziele der Verbraucherschutzrichtlinien (Rn. 271). Wenn der Verkäufer gemäß der Entscheidung Weber/Putz des EuGH im Rahmen der Nacherfüllungspflicht nach Art. 3 Verbrauchsgüterkauf-RL unter bestimmten Umständen auch die Aus- und Einbaukosten für ein Ersatzprodukt tragen muss,[182] oder wenn gemäß der oben näher behandelten Entscheidung Quelle der Verbraucher keinen Ersatz dafür leisten muss, dass er ein Verbrauchsgut mehrere Monate genutzt hat,[183] dann wird nämlich ebenfalls **einseitig** auf die Rechte des Verbrauchers geschaut. Es mag weniger darauf ankommen, was der Verbraucher im Einzelfall vernünftigerweise erwarten kann, als darauf, dass die ihm von der jeweiligen Richtlinie in Hinblick auf ein abstraktes Vertrauen gewährten Vorteile auch voll gewährt werden. Diese beiden Aspekte können jedoch leicht verschwimmen. Das zeigt sich ebenfalls in der Entscheidung Weber/Putz, wenn der EuGH dort abschließend einräumt, die Kosten für die Nacherfüllung dürften auf einen angemessenen Betrag begrenzt werden. Es findet jeweils keine gleichmäßige Abwägung der Interessen beider Parteien statt, sondern eine weitgehend einseitige Betrachtung der Rechtssituation im Lichte des umfassenden Schutzes des Verbrauchers. 283

### 4. Auswirkungen des Grundsatzes der berechtigten Erwartungen im Vertragsrecht

#### a) An den berechtigten Erwartungen ausgerichtetes Recht

Der Grundsatz der berechtigten oder „legitimen" Erwartungen sagt aus, dass die Rechte und Pflichten des Verbrauchers, etwa die Art und Weise der Erfüllung des Vertrags durch den Unternehmer, sich nach dem richten, was der Verbraucher berechtigterweise erwarten kann. Freilich kann nicht darauf abgestellt werden, was der einzelne Verbraucher gerade in einem konkreten Fall zufällig erwartet. Vielmehr werden zunächst schon die gesetzlichen Vorschriften so angelegt, dass sie das **Vertrauen des Verbrauchers** schützen. 284

Die angeglichenen Rechtsvorschriften sind also so ausgestaltet, dass die Pflichten des Unternehmers dem entsprechen, was der Verbraucher berechtigterweise erwarten darf. Das bedeutet allerdings nicht, dass die Erwartungen des Verbrauchers in unbe-

---
182 *EuGH* Slg. 2011, 5257 (Weber/Putz); dazu näher Rn. 519.
183 *EuGH* Slg. 2008, 2685 (Quelle); dazu näher Rn. 123.

grenzter Weise zu berücksichtigen sind. Sie werden auf das „berechtigte" Maß beschränkt.[184]

Diese Begrenzung auf das berechtigte Maß führt dazu, dass eine **Typisierung und Wertung** erfolgt. Die Pflichten sind nicht an den realen Verbrauchererwartungen ausgerichtet, sondern sie sind vom Gesetzgeber so angelegt, wie sie nivellierten, vermutlichen und letztlich vernünftigen Verbrauchererwartungen entsprechen dürften. Ganz besonders deutlich wird dies in der Machbarkeitsstudie. Dort heißt es in Art. 4 Abs. 2, dass es für die Erwartungen einer Person (oder an eine Person) immer auf die „vernünftigen" Erwartungen ankomme.

### b) Berechtigte Erwartungen als Grundsatz für die Auslegung des EU-Privatrechts

285 Der Grundsatz der legitimen Erwartungen kann immer dann wirklich wichtig werden, wenn es gilt, die Richtlinien auszulegen oder Analogien zu bilden. Er mischt sich dann, wie gezeigt, stark mit dem Streben nach effektivem Verbraucherschutz.

Diese einseitige Betrachtungsweise ersetzt zwar nicht die klassischen privatrechtlichen Auslegungsziele, aber sie führt doch zu einer **deutlichen Modifikation**.[185] Der Grundsatz, dass die Interessen beider Parteien gegeneinander abgewogen werden und zu einem gerechten Ausgleich gebracht werden müssen, bleibt nur grundsätzlich bestehen.[186] Anders als im klassischen Privatrecht wird diese Interessenabwägung aber eben nicht mehr unter gleichmäßiger Berücksichtigung beider Parteien durchgeführt.[187] Vielmehr wird die gleichmäßige Interessenabwägung nun durch eine **„schiefe", nämlich von den Verbrauchererwartungen** und von dem Ziel der effektiven Durchsetzung der Verbraucherinteressen **geleitete Betrachtung** ersetzt. Es findet dadurch auch inhaltlich eine Gewichtsverlagerung zugunsten des Verbrauchers statt.

286 Diese Sichtweise nachzuvollziehen, fällt sowohl dem deutschen Gesetzgeber als auch dem BGH außerordentlich schwer. Wo immer möglich, wird bei der Richtlinienumsetzung und bei der Anwendung des umgesetzten Rechts versucht, den Verbraucher und den Unternehmer möglichst gleich zu behandeln. Wieder und wieder hat der EuGH im Rahmen von Vorlageverfahren diese Vorgehensweise korrigiert. So war es schon bei den Widerrufsfristen, die nur langsam an die Vorgaben der Richtlinie angepasst wurden[188] und auch schon in der oben näher dargestellten Rechtssache Quelle[189], wo der BGH es richtig fand, dass ein Verbraucher für die Nutzung eines Verbrauchsguts bezahlt, während der EuGH darauf abstellte, dass das Nachlieferungsrecht möglichst günstig ausgestaltet sein sollte.

---

184 *Micklitz*, EuZW 1997, 229, 237; bestätigend *Howells/Wilhelmsson*, EC Consumer Law, 1997, S. 321; ähnlich auch die Einschätzung bei *Riesenhuber*, System und Prinzipien des Europäischen Vertragsrechts, 2003, S. 570.
185 Dagegen geht *Micklitz* davon aus, dass der Grundsatz von Treu und Glauben mittelfristig sogar ersetzt wird, so in ZEuP 1998, 253, 264; ähnlich wie hier dagegen *ders.*, FS Reich, 1997, S. 245, 267 f.
186 Zum „Balancing" *Reich*, General Principles of EU Civil Law, 2014, S. 132 ff.
187 Zum nationalen Recht MünchKommBGB/*Schubert*, § 242 Rn. 46 ff.
188 Vorerst nur *EuGH* Slg. 2001, 9945 Rn. 52 ff. (Heininger), wo das unbefristete Widerrufsrecht bei fehlender Belehrung festgestellt wurde; auch Rn. 364.
189 *EuGH* Slg. 2008, 2685 (Quelle); schon Rn. 123.

Vorsicht wäre für den BGH daher geboten gewesen, als er ohne Vorlage an den EuGH meinte, der Verbraucher, der dem unternehmerischen Vertragspartner vorspiegelt, er sei Unternehmer, müsse sich – auch aus dem Blickwinkel des EU-Rechts heraus – nach *Treu und Glauben* als Unternehmer behandeln lassen.[190] Ob der Grundsatz von *Treu und Glauben* im EU-Privatrecht überhaupt vollständig gilt, wird gleich noch zu behandeln sein. Schon jetzt darf aber festgestellt werden, dass der BGH zumindest im Ergebnis doch richtig lag: Auch wenn man darauf abstellt, was ein Verbraucher berechtigterweise erwarten darf, kann ein Verbraucher, der sich bewusst als Unternehmer ausgibt, das Eingreifen von verbraucherschützenden Normen nämlich *nicht* erwarten.

Will man bewerten, wie sehr sich das Privatrecht durch den Grundsatz der „berechtigten Erwartungen" verändert hat, so muss man bedenken, dass gerade das Vertrauen der Gegenseite, also der Vertrauensgrundsatz, im deutschen Recht ebenfalls bereits ein wesentliches Kriterium bei der Interessenabwägung ausmachte. Die legitimen Erwartungen des Verbrauchers zu berücksichtigen, ist daher auch insofern **nicht völlig neu**.

Zusammengefasst lässt sich also sagen: Es bleibt bei dem Grundsatz der Abwägung der Parteiinteressen. Jedoch muss die Abwägung im Verbrauchervertrag vor dem Hintergrund des EU-Rechts **verstärkt aus dem Blickwinkel der legitimen Erwartungen des Verbrauchers** erfolgen. **287**

Eine praktisch relevante Fallkonstellation, in welcher der Grundsatz der berechtigten Erwartungen vom BGH hätte angewendet werden müssen, ist das Problem des Anspruchs auf Nacherfüllung oder Schadensersatz, nachdem der Käufer – ohne dem Verkäufer zunächst eine Frist zur Nacherfüllung zu setzen – den Mangel der Sache **bereits selbst beseitigt** hat. Der BGH befand hierzu, dass der Käufer keinen Ersatzanspruch haben könne, wenn er dem Verkäufer die Chance zur Nachbesserung nicht gewährt habe.[191] Selbst einen Anspruch auf Auszahlung der Ersparnisse, die der Verkäufer durch die Selbstvornahme der Reparatur gehabt habe, lehnt der BGH ab. Jedenfalls beim Verbrauchsgüterkauf kann jedoch durch die – aus Unwissenheit heraus vorgenommene – eigenhändige Reparatur ein Anspruch gegen den Verkäufer nicht vollkommen ausgeschlossen sein. Das muss aus der Richtlinie abgeleitet werden, obwohl sie Schadensersatzansprüche gar nicht unmittelbar umfasst und obwohl sie grundsätzlich den Vorrang der Nacherfüllung kennt.[192] Plakativ lässt sich sagen: Die Richtlinie erlaubt es auch jenseits der in ihr ausdrücklich getroffenen Regelungen nicht, dass der Verbraucher in eine derartige Falle geraten kann. Das wäre dem Verbrauchervertrauen nämlich völlig abträglich. **288**

### c) Auswirkung auf die Vertragsauslegung

Noch nicht geklärt ist, inwieweit sich das Prinzip der berechtigten Erwartungen auch auf die Auslegung von Verträgen auswirkt. Richtigerweise ist eine Berücksichtigung **289**

---
190 So *BGH* NJW 2005, 1045; zustimmend im Ergebnis, aber auch eine Vorlage an den *EuGH* vermissend MünchKommBGB/*Micklitz*, § 13 Rn. 46 f.
191 BGHZ 162, 219; dagegen *Lorenz*, NJW 2005, 1321.
192 Genauer (im Ergebnis teils anders als hier) *Gsell*, ZIP 2005, 922, 927.

wiederum zu bejahen.[193] Darin liegt kein großer Unterschied zu den allgemeinen Auslegungsgrundsätzen, die wir kennen. Sie werden nur fortgedacht: Die Auslegung erfolgt im deutschen Recht ohnehin aus der Sicht des (objektiven) Empfängerhorizonts. Werden AGB ausgelegt, so wird sogar **automatisch die für den Kunden günstigste Auslegung** gewählt.

Ist der Empfänger ein Verbraucher, so braucht nunmehr anstelle der Perspektive des „objektiven Empfängers" nur die Perspektive des „vernünftigen Verbrauchers" eingenommen zu werden.

290   Das **Beispiel 12** (Rn. 276) gibt einen realen Fall wieder, den das OLG Frankfurt zu entscheiden hatte. Es meinte überzeugend, dass eine Garantie auch aufgrund bloßer entsprechender Werbeversprechen angenommen werden dürfe.[194] Es zog dabei nicht nur § 443 BGB, sondern besonders auch Art. 6 Verbrauchsgüterkauf-RL heran. Es stützte seine Entscheidung wesentlich auf den Gedanken, dass der Verbraucher sonst „in seinen berechtigten Erwartungen" enttäuscht werde. Da A der B somit eine dreijährige Garantie gab, kann er keine Bezahlung für die Reparatur verlangen. Hier hat also das OLG die Erklärungen des Verkäufers vor dem Hintergrund der berechtigten Erwartungen des Verbrauchers ausgelegt.

### 5. Zusammenfassung und Bewertung

291   Oben wurde gezeigt, dass der Grundsatz der individuellen, freien Entscheidung der Vertragsschließenden auch im EU-Privatrecht gilt. Es wurde auch gezeigt, dass diese Freiheit im europäischen Verbrauchervertragsrecht nicht immer so verstanden wird, wie im deutschen Privatrecht. Nun konnte beobachtet werden, wodurch diese individuelle Freiheit ersetzt wird. Es handelt sich um **vorgefertigte, dem vermeintlichen Verbraucherinteresse entsprechende zwingende gesetzliche Regelungen**. Diese Regelungen sind darauf ausgerichtet den Erwartungen des Verbrauchers zu genügen.

Diese Vorgehensweise des europäischen Gesetzgebers ist sehr bedenklich, weil der Gesetzgeber die Interessen der Verbraucher nicht wirklich richtig einschätzen kann. Die Interessen sind ja auch gar nicht bei allen Verbrauchern gleich, sondern individuell sehr verschieden. Wie falsch der Richtliniengeber mit seiner Einschätzung gerade bei der Mängelhaftung lag, kann man erkennen, wenn man einen in sich geschlossenen Marktplatz wie etwa eBay beobachtet. Dort halten sich die Handelnden oft nicht an das geschriebene Recht (obwohl sie dies durchaus müssten). Es ist dort völlig gängig, dass die Gewährleistung für die angebotenen Produkte ausgeschlossen wird. Der Verbraucher nimmt das Risiko bewusst in Kauf, weil er das Produkt so günstiger bekommt. (Dass das Risiko nur ein vermeintliches ist, weil der Gewährleistungsausschluss nach § 476 BGB wirkungslos bleibt, weiß der Verbraucher dagegen in der Regel nicht.)

---

193   Zu dieser Frage auch *Howells/Wilhelmsson*, EC-Consumer Law, 1997, S. 321.
194   *OLG Frankfurt* EuZW 2010, 77.

## VII. Vertragliche Solidarität

Ein weiteres Prinzip, das dem EU-Privatrecht zugeschrieben worden ist, ist das Prinzip der vertraglichen Solidarität. Es handelt sich dabei um ein Vertragskonzept, in dem das **Gleichgewicht zwischen den Parteiinteressen Leitfunktion für den Vertragsinhalt** hat.[195] Wichtigste Elemente der „vertraglichen Solidarität im weiten Sinne" sind die Gleichberechtigung der Parteien, das Gleichgewicht des Vertragsinhalts und die vertragliche Solidarität im engen Sinne, wie z.B. Fairness und Offenheit einander gegenüber. Die Lehre von der vertraglichen Solidarität hängt der bewusst idealisierenden Vorstellung an, dass der vertragliche Mechanismus gar nicht erst von einer überlegenen Partei missbraucht, sondern **bereits durch Selbstkontrolle der Parteien nur angemessen genutzt** werden würde. Auf diese Art könnten gerechte Verträge erzielt werden.

292

Der Begriff der Solidarität wird insbesondere in der Grundrechtecharta in den Zusammenhang mit dem Verbraucherschutz gebracht. Denn das 4. Kapitel, dem auch Art. 38 zum Verbraucherschutz unterstellt ist, trägt die Überschrift „Solidarität".[196]

Auch die vertragliche Solidarität ist kein vollkommen neuer Rechtsgrundsatz. Viele Facetten der Solidarität sind in den nationalen Rechtsordnungen enthalten. Der Grundsatz von Treu und Glauben umfasst im hohen Maße auch solidarische Elemente, wie Ehrlichkeit und Rücksichtnahme.

Anders als der Grundsatz der berechtigten Erwartungen scheint der Grundsatz der vertraglichen Solidarität dennoch **nicht typisch für das EU-Privatrecht**. Er ist vielmehr geeignet, in die Irre zu führen. Zum einen besteht bei der Verwendung des Begriffs „Solidarität" die Gefahr, dass darüber hinweggetäuscht wird, dass Solidarität zwischen Parteien eines Vertrags zunächst gerade nicht besteht. Beide haben genau gegensätzliche Interessen. Die gewiss teilweise erforderliche Solidarität kann vom Recht nur in bestimmtem, im Grunde auf Extremfälle beschränktem Maße verlangt werden. Mit dem Konzept der Solidarität wird der Rahmen von Treu und Glauben überstrapaziert und klare Regeln werden verwischt.[197]

293

Zum anderen ist das Unionsvertragsrecht geprägt von der Idee, dass der Unternehmer gegenüber dem Verbraucher nicht missbräuchlich handeln darf. Der Unternehmer soll in einen Rahmen gezwängt werden, während die Pflichten des Verbrauchers begrenzt bleiben. Auch diese Besonderheit wird durch den Gedanken der Solidarität nicht treffend charakterisiert. Überzeugender kann von einer **Fürsorgepflicht des Unternehmers** gesprochen worden.[198]

---

195 *Lurger*, Vertragliche Solidarität, 1998, insb. S. 128 ff.; auch schon *Thibierge-Guelfucci*, Rev. trimestrielle de Droit Civil 1997, 357, 377 ff. Die vertragliche Solidarität als (eine) neue Tendenz im Privatrecht nennt auch *Collins*, ERPL 1995, 353, 364. Wilhelmsson/*Reifner*, From Dissonance to Sense, 1999, S. 117, 120 ff., 170, sieht die Brüderlichkeit oder Solidarität jedenfalls als wichtiges Ziel des EU-Privatrechts an.
196 Die „zwangsläufige" solidarische Komponente sehr wichtig nehmend *Rösler*, Europäisches Konsumentenvertragsrecht, 2004, S. 87.
197 Ähnlich kritisch auch *Fleischer*, ZEuP 2000, 772, 798.
198 So *Rösler*, ZEuP 2006, 868, 887.

In Art. 2 Nr. 10 Machbarkeitsstudie (dazu Anhang III) wird Treu und Glauben allerdings so definiert, dass die vertragliche Solidarität deutlich anklingt: Danach handelt es sich um einen Verhaltensmaßstab, der Ehrlichkeit, Loyalität und Berücksichtigung der Interessen des Vertragspartners umfasse.

## VIII. Umfassender Schadensersatz

### 1. Grundsatz der Schadensersatzpflicht?

294 Beginnt man damit, über einen „Grundsatz der Schadensersatzpflicht" im Recht der EU nachzudenken, wird man vielleicht als erstes bemerken, dass das EU-Privatrecht **auffallend wenige Normen enthält, die sich mit dem Schadensersatz befassen**. Wo in den Richtlinien bestimmte Pflichten oder auch Verbote vorgesehen sind – wie die Pflicht zur Weitergabe von Informationen oder das Verbot der Zusendung unbestellter Waren – ist die Form der Durchsetzung meist vollständig den Mitgliedstaaten überlassen (näher unten Rn. 319). Aus der Verbrauchsgüterkauf-RL ist der Schadensersatz, der eigentlich Teil der Mängelhaftung ist, bewusst ausgeklammert. An diese Vorgaben der Richtlinien hält sich auch der EuGH.

295 Dennoch gibt es klare Anzeichen dafür, dass der EuGH grundsätzlich von einem **EU-rechtlichen Grundsatz zur Schadensersatzpflicht** ausgeht. Erfasst davon sind die Fälle, in welchen gegen ein Gesetz verstoßen wird, welches den Schutz des Geschädigten bezweckt. Den Anfangspunkt für diese Rechtsprechung bildete die Annahme eines Staatshaftungsanspruchs bei mangelhafter Umsetzung von Richtlinien durch den EuGH (dazu oben Rn. 94). Diese Rechtsprechung hat der EuGH erweitert. Wo Normen des EU-Rechts unmittelbar auch für Private gelten, muss auch ein Schadensersatzanspruch gegen Private entstehen, die diese Normen verletzen.[199] Das führt beispielsweise dazu, dass bei Kartellverstößen neben dem Bußgeld nunmehr die deliktischen Ansprüche der Geschädigten drohen, die inzwischen in der Richtlinie 2014/104/EU näher geregelt sind.[200]

296 Es gibt auch noch einen weiteren Bereich, in welchem der EuGH sich mit ungeschriebenen Schadensersatzpflichten auseinandergesetzt hat. Es handelt sich um die **Schadensersatzpflicht als Teil der effektiven Umsetzung von Richtlinien**. Hier sind die Richtlinien betroffen, bei denen die Art und Weise der Durchsetzung der in ihnen enthaltenen Ziele den Mitgliedstaaten überlassen bleibt. Es ist also etwa die Gleichbehandlung von Mann und Frau vorgegeben, jedoch offen gelassen, auf welchem Weg diese erreicht werden soll. Der EuGH hat hierzu ausgesprochen, dass die von den Mitgliedstaaten festgelegten Schadensersatzpflichten effektiv – also ausreichend hoch – sein müssen.[201] Als Äußerung zum Grundsatz der Schadensersatzpflicht kön-

---

199 Z.B. *EuGH* Slg. 2001, 6297 LS 2 (Courage); *EuGH* Slg. 2006, 6619 LS 2 und 5 (Manfredi); *Weyer*, ZEuP 2003, 318.
200 Richtlinie 2014/104/EU des Europäischen Parlaments und des Rates vom 26. November 2014 über bestimmte Vorschriften für Schadensersatzklagen nach nationalem Recht wegen Zuwiderhandlungen gegen wettbewerbsrechtliche Bestimmungen der Mitgliedstaaten und der Europäischen Union, ABl. EU 2014 L 349, S. 1.
201 Nur *EuGH* Slg. 1997, 2195 (Draehmpaehl); näher zum Effektivitätskriterium *Heinze*, Schadensersatz im Unionsprivatrecht, 2017, 20 ff.

nen diese Entscheidungen freilich nicht gedeutet werden. Denn es bleibt den Mitgliedstaaten in aller Regel selbst überlassen, ob sie die Durchsetzung der Vorgaben – betroffen ist insbesondere die Gleichbehandlung im Arbeitsrecht – *überhaupt* durch Schadensersatzpflichten erreichen wollen, oder ob sie andere, aus ihrer Sicht effektivere Mittel (wie etwa strafbewehrte Verbote) verwenden möchten.

### 2. Grundsatz des umfassenden Ersatzes bei ersatzpflichtigen Schäden

#### a) Allgemeines

Auch zu der Frage, wie der genaue Umfang des zu ersetzenden Schadens zu bestimmen ist, lassen sich vereinzelte unionsrechtliche Grundgedanken aufspüren. Zum einen ist zu erkennen, dass das EU-Recht **nur den Ersatz des realen Schadens** kennt und bei der Bemessung des Schadensersatzes nicht die sanktionierenden Elemente der punitive-damages-Lehre übernimmt. Zum anderen hat der EuGH ausgesprochen, dass der **umfassende Ersatz des Schadens erfolgen** muss und das nationale Recht nicht zur Ausklammerung bestimmter Schäden führen darf.[202]

297

#### b) Ersatz immaterieller Schäden

Ob immaterielle Schäden zu ersetzen sind, ist **im Recht der Mitgliedstaaten weiterhin unterschiedlich** geregelt. Von besonderem Interesse ist daher die Frage, ob und wann diese immateriellen Schäden nach dem EU-Privatrecht zu ersetzen sind.

298

Der EuGH hat in der Entscheidung Leitner ausgesprochen, dass entgangene Urlaubsfreude ein immaterieller, ersatzfähiger Schaden im Sinne der Pauschalreise-RL sei.[203] Die spannende Frage ist, ob in dieser Entscheidung ein allgemeiner Gedanke enthalten ist.[204] Das muss wohl angenommen werden. Denn wenn auch die Entscheidung samt der Argumentation ausdrücklich auf die alte Pauschalreise-RL (RL 90/314/EWG) und dort insbesondere auf Art. 5 Abs. 2, 4. Unterabsatz bezogen ist, so beruht doch die Gesamtbewertung der Rechtsfrage auf allgemeinen – auch rechtsvergleichend zusammengetragenen – Überlegungen zur Ersatzfähigkeit immaterieller Schäden in den Mitgliedstaaten.[205] Ein Anzeichen dafür findet sich auch in der Rechtsprechung zu Fragen des Schadensersatzes im Bereich des öffentlichen Rechts. Für das Beamtenrecht hat das EuG (1. Instanz) ausgesprochen, dass auch immaterielle Schäden, die sich aus einer rechtswidrigen Handlung eines Gemeinschaftsorgans ergeben, zu ersetzen sind.[206] Anknüpfend an die Rechtsprechung des EuGH statuiert nunmehr

---

202 *EuGH* Slg. 2006, 6619 LS 5 (Manfredi) – zur Durchsetzung von Normen dürfen aber die Mitgliedstaaten, die Strafschadensersatz kennen, diesen heranziehen; *EuGH* Slg. 2001, 3569 Rn. 32 (Veedfald).
203 *EuGH* Slg. 2002, 2631 (Leitner).
204 Dazu näher *Tonner*, ZEuP 2003, 619.
205 Wie hier *Tonner*, ZEuP 2003, 619, 630; vgl. insb. die Schlussanträge des Generalanwalts *Tizzano* in *EuGH* Slg. 2002, 2631 Rn. 41 ff. (Leitner); dagegen meinen *Kohler/Knapp*, ZEuP 2004, 705, 722, der *EuGH* habe sich auffällig zurückgehalten, um einer Diskussion zum europäischen Schadensbegriff nicht vorzugreifen; zum Ersatz immaterieller Schäden in den europäischen Rechtsordnungen vergleichend insb. *Wagner*, ZEuP 2000, 200; *ders.*, JZ 2004, 319.
206 *EuG* Slg. 2004 II, 1669 Rn. 110 (François).

Art. 82 DSGVO ausdrücklich einen weiten Schadensbegriff, der auch immaterielle Schäden umfasst (dazu Rn. 654).

Insgesamt kann gegenwärtig nur festgehalten werden, dass der EuGH eine **Tendenz zu einem möglichst weiten Schadensbegriff** hat. Wichtig ist allerdings, dass gerade die im Bereich des Schadensersatzes bedeutsame Produkthaftungs-RL – anders als die Pauschalreise-RL und die DSGVO – immaterielle Schäden ausdrücklich aus ihrem Regelungsbereich ausklammert. Hier greift daher allein das Recht der Mitgliedstaaten.[207]

## IX. Verbot des Rechtsmissbrauchs

299 **Literaturhinweis:** *Fleischer*, Der Rechtsmissbrauch zwischen Gemeineuropäischem Privatrecht und Gemeinschaftsprivatrecht, JZ 2003, 865.

Ein in der Literatur bereits gelegentlich aufgearbeitetes Rechtsprinzip, welches sowohl im **Primärecht der EU** als auch im EU-Privatrecht erkennbar ist, ist das Verbot des Rechtsmissbrauchs.[208]

Das Verbot des Rechtsmissbrauchs lässt sich nicht aus den Richtlinien herleiten. Es ist vielmehr ein Grundsatz, welcher als in allen Mitgliedstaaten anerkanntes Rechtsprinzip auch in das EU-Recht hinübergewachsen ist. Der EuGH hat bereits erkennen lassen, dass er den Grundsatz anwenden will, wenn auch **bisher noch nicht im Verbrauchervertragsrecht**.[209] Es ist aber nicht zu bezweifeln, dass es auch dort gilt.

Das Prinzip des Rechtsmissbrauchsverbots ist im EU-Privatrecht wichtig, weil dort Einzelfälle, wie ein Rechtsmissbrauch sie meist darstellt, nur selten ausdrücklich geregelt sind. Ein Beispiel bietet der Lauf der 30-tägigen Frist in der Zahlungsverzugs-RL. Sie beginnt nicht vor Lieferung der Waren zu laufen. Verweigert der Gläubiger jedoch die Annahme der Waren, so wäre es rechtsmissbräuchlich, wenn er sich später auf den fehlenden Fristbeginn berufen würde.[210] Inzwischen wird das Verbot des Rechtsmissbrauchs auch bei der Ausübung des Widerrufsrechts immer wieder ins Gespräch gebracht, weil es Verbraucher gibt, die dieses Recht ausnutzen, etwa, indem sie für eine Feier ein Kleidungsstück kaufen und das Geschäft nach der Feier widerrufen.[211]

Auch in die Diskussion zur Auslegung der Verbrauchsgüterkauf-RL ist das Prinzip eingebracht worden. So ist es für die Auslegung des Art. 3 Abs. 1 Verbrauchsgüterkauf-RL herangezogen worden. Nach dieser Vorschrift kommt es darauf an, dass die Ware *bei Ablieferung* mangelfrei ist. Wenn der Verbraucher eine Verzögerung bei der

---

207 Nochmals *EuGH* Slg. 2001, 3569 Rn. 32 (Veedfald).
208 Dazu besonders *Fleischer*, JZ 2003, 865; umfassend *Zimmermann*, Das Rechtsmißbrauchsverbot im Recht der Europäischen Gemeinschaften, 2002, insb. S. 199 – dort zur Entscheidung *EuGH* Slg. 1998, 2843 Rn. 20 (Kefalas) – sowie auswertend S. 222 ff.; knapp auch *Riesenhuber*, System und Prinzipien des Europäischen Vertragsrechts, 2003, S. 412 ff.
209 *EuGH* Slg. 1998, 2843 Rn. 20 (Kefalas); *EuGH* Slg. 2000, 1705 Rn. 33 (Diamantis); auch *EuGH* Slg. 2003, 10155 Rn. 136 (Inspire Art).
210 *Schmidt-Kessel*, NJW 2001, 97, 98; *Riesenhuber*, Europäisches Vertragsrecht, Rn. 713.
211 Generalanwältin *Trstenjak*, in *EuGH* Slg. 2009, 7315 Rn. 88 ff. (Messner).

Ablieferung verursacht und an der Ware daraufhin noch vor der Ablieferung ein Mangel auftritt, dann kann die Geltendmachung eines Mängelhaftungsanspruchs rechtsmissbräuchlich sein.[212] Im deutschen Recht bleibt der allgemeine Grundsatz des Rechtsmissbrauchs in diesem Fall allerdings ohne Auswirkungen. Denn hier trifft § 446 S. 3 BGB die konkrete Regelung, dass die Preisgefahr nicht erst mit Übergabe, sondern gegebenenfalls bereits mit Annahmeverzug übergeht.

## X. Allgemeiner Grundsatz von Treu und Glauben

Das soeben beschriebene Prinzip des Rechtsmissbrauchs wird im deutschen Recht als Teil des allgemeinen Grundsatzes von Treu und Glauben verstanden. Es ist vielfach überlegt worden, ob es im EU-Privatrecht auch einen **eigenständigen, allgemeinen Grundsatz von Treu und Glauben** gibt.[213] Der Klarheit halber müssen hier mehrere Dinge getrennt werden.      300

Dass es den Grundsatz von Treu und Glauben im EU-Recht gibt, kann nicht bezweifelt werden. Er kommt in mehreren Richtlinien vor[214] und wird vom EuGH zumindest gelegentlich verwendet.[215] Auch Art. 2 GEK enthält die Verpflichtung der Parteien, sich nach den Grundsätzen von Treu und Glauben zu verhalten.

Häufig wird aber zunächst betont, dass dieser Grundsatz als solcher nicht zu den „allgemeinen Rechtsgrundsätzen oberster Stufe" gehöre, sondern lediglich auf sekundärrechtlicher Ebene wirke.[216] Es handelt sich also um einen nur innerhalb des EU-Privatrechts wirkenden Grundsatz (Rn. 234).

Es gibt außerdem verschiedene inhaltliche Unterschiede zum umfassenden deutschen Verständnis des Begriffs. So wird eingewendet, dass der EuGH den Grundsatz nicht flächendeckend anwende, sondern nur für bestimmte Bereiche, und zwar allem voran für die AGB-Kontrolle.[217] Dem lässt sich entgegnen, dass eine AGB-Kontrolle am Maßstab von Treu und Glauben nur möglich sein kann, wenn es einen solchen Maßstab im EU-Privatrecht in umfassendem Umfang gibt. Schließlich betreffen AGB alle möglichen unterschiedlichen Rechtsfragen. Dennoch fällt auf, dass der EuGH den Begriff „Treu und Glauben" eher meidet und dass er stattdessen konkretere Einzelelemente aus dem Konzept von Treu und Glauben herausgreift und anwendet.

In der Rechtssache **Messner** hat der EuGH aber dann doch in einem außerhalb der AGB-Kontrolle gelagerten Fall dem Grundsatz von Treu und Glauben ausdrücklich einen Platz eingeräumt. In Hinblick auf Nutzungsersatzansprüche bei einem erst nach      301

---

212 Näher *Schmidt-Kessel*, in: Jahrbuch junger Zivilrechtswissenschaftler 2000, S. 61, 82.
213 Dafür ausdrücklich *BGH* NJW 2005, 1045, 1046; aufschlussreich insb. Schulte-Nölke/Schulze/*Sanz*, Europäisches Vertragsrecht im Gemeinschaftsrecht, 2002, S. 127 ff.; *Riesenhuber*, Europäisches Vertragsrecht, Rn. 542 ff.
214 Insb. Art. 3 Klausel-RL; vgl. aber auch Art. 3 Abs. 1 Handelsvertreter-RL; Art. 5 Abs. 1 lit a), Art. 6 Abs. 2 DSGVO.
215 *EuGH* Slg. 2004, 3403 (Freiburger Kommunalbauten); vgl. aus dem Bereich des Zivilverfahrensrechts auch *EuGH* Slg. 2004, 3565 (Turner) zur Treuwidrigkeit der englischen „antisuit injunction".
216 Näher *Wendehorst*, GPR 2015, 55, 57, 59.
217 *Reich*, General Principles of EU Civil Law, 2014, S. 195.

acht Monaten ausgeübten Widerrufsrecht hat er den nationalen Gerichten den Freiraum gewährt zu berücksichtigen, ob der Verbraucher die Ware auf eine mit den Grundsätzen des bürgerlichen Rechts wie denen von Treu und Glauben oder der ungerechtfertigten Bereicherung unvereinbare Art und Weise benutzt hat.[218] Zwar hat der EuGH die Beschränkung durch Treu und Glauben nicht in der Richtlinie selbst festgemacht, aber er hat mit der Entscheidung doch geklärt, dass auch Ansprüche, die aus Richtlinien abgeleitet sind, dem Grundsatz von Treu und Glauben unterliegen.

Eine andere Frage ist, ob sich bereits ein eigener europäischer *Maßstab* von Treu und Glauben herausgebildet hat. Genau das lässt sich angesichts der Entscheidung Messner bezweifeln. Trotzdem soll diese Frage hier noch etwas näher betrachtet werden. Ausgangspunkt muss dabei sein, dass ein solcher **Maßstab angestrebt** wird. Da das EU-Recht die Privatrechtsangleichung erreichen will, muss es langfristig auch einen eigenständigen, autonomen Begriff von Treu und Glauben ausbilden. Ob dabei diese Bezeichnung verwendet wird oder Alternativen wie „Rechtsmissbrauch", „Unverhältnismäßigkeit" oder „Unbilligkeit", ist unerheblich. Gegenwärtig muss die Existenz eines solchen Maßstabs allerdings noch verneint werden.

302 Es gibt jedoch zum einen bestimmte Tendenzen innerhalb des Begriffs von Treu und Glauben, die europäisch gefärbt sind. Das ist etwa die oben ausführlich dargelegte **Tendenz zur Orientierung an den berechtigten Erwartungen des Verbrauchers**. Und es gibt zum anderen auch einzelne Bausteine des Gesamtkomplexes Treu und Glauben, die sich bereits erkennbar konkretisiert haben. Der für das Privatrecht wichtigste Baustein ist der vorstehend erörterte **Rechtsmissbrauch**. Von großem Interesse sind auch Überlegungen, ob der europäische Maßstab von Treu und Glauben die **Pflicht zur Information** des Geschäftspartners umfasst.[219] Das entspricht dem hohen Stellenwert, den die Information im EU-Privatrecht innehat. Für den Verbrauchervertrag entspricht es zugleich auch der oben angesprochenen Prägung des Maßstabs von Treu und Glauben durch den Grundsatz der legitimen Erwartungen. Denn nach unionsrechtlichen Grundvorstellungen kann der Verbraucher umfassende und verständliche Information erwarten.

303 Die Herausbildung eines Maßstabs von Treu und Glauben ist – wie oben im Zusammenhang der Auslegung des Art. 3 Klausel-RL bereits angedeutet (Rn. 161 ff., auch noch unten Rn. 416) – nicht einfach, weil dieser Maßstab von den Regelungen der anwendbaren Rechtsordnung abhängt. Solange noch unterschiedliche Privatrechtsordnungen in Europa gelten, wird auch der Maßstab von Treu und Glauben **nicht zu vereinheitlichen** sein.[220] Auch der EuGH hat, wie gezeigt, deutlich seine Zurückhaltung signalisiert, indem er betonte, dass bei der Prüfung einer Vertragsklausel für die Beur-

---

218 *EuGH* Slg. 2009, 7315 LS 2 (Messner); näher dazu auch unten Rn. 375.
219 So für das *europäische* Privatrecht *Fleischer*, Informationsasymmetrie im Vertragsrecht, 2001, S. 982 f.
220 Schulte-Nölke/Schulze/*Sanz*, Europäisches Vertragsrecht im Gemeinschaftsrecht, 2002, S. 127, 130; genauer und im konkreten Zusammenhang mit der Frage, ob Informationspflichten als Teil des Grundsatzes von Treu und Glauben angesehen werden sollten, *Fleischer*, Informationsasymmetrie im Vertragsrecht, 2001, S. 979 ff.; erschreckend die Pläne im Grünbuch – Die Überprüfung des gemeinschaftlichen Besitzstands im Verbraucherschutz, KOM (2006) 744, S. 10, 4.3.

teilung der Treuwidrigkeit auch das nationale Recht von erheblicher Bedeutung sei.[221]

## XI. Verhaltenssteuerung durch EU-Privatrecht

**Literaturhinweis:** *Wagner*, Prävention und Verhaltenssteuerung durch Privatrecht – Anmaßung oder legitime Aufgabe?, AcP 206 (2006), 352.

### 1. Paternalistische Tendenzen im Recht der EU

Wenn das Recht den Bürgern Verbote auferlegt, die allein deren eigenem Besten dienen sollen, spricht man von **Rechtspaternalismus**. Der Gesetzgeber erhebt sich zum Vormund der Bürger. Bei Rechtspaternalismus denkt man zunächst an die Anschnallpflicht oder das Rauchverbot.[222] Es gibt auch noch bedeutendere Rechtsbereiche, in denen die Autonomie des Bürgers durch selbstschützende Zwangsmaßnahmen oder Verbote eingeschränkt wird. So ist es, wenn psychisch Kranke bei Selbstgefährdung – unter strengen Voraussetzungen – „untergebracht" werden dürfen oder wenn nicht das Recht besteht, einem Freund ein Organ zu spenden.[223] Aber auch im EU-Privatrecht kann man paternalistische Tendenzen erkennen. So ist es, wenn der Verbraucher einen Ausschluss der Gewährleistung nicht mehr wirksam vereinbaren kann. Oder wenn der Kleinstunternehmer seinem Auftraggeber keine mehrmonatige Zahlungsfrist mehr einräumen darf.

**304**

Wieweit Paternalismus wünschenswert ist, ist eine sehr umstrittene, grundlegende gesellschaftliche Frage, der hier nicht nachgegangen zu werden braucht. Es lässt sich jedenfalls nicht übersehen, dass beim Paternalismus **unbedingt Maß gehalten werden muss**.[224]

Von Paternalismus kann man aber nur solange sprechen, wie es gerade um den Selbstschutz des Betroffenen geht. Geht es auch um die Rechte anderer oder um ein Verhalten von ganzen Gruppen, so will Recht zwar nicht paternalistisch, aber dennoch **verhaltenssteuernd** wirken.

### 2. Verhaltenssteuerung durch Privatrecht

EU-Privatrecht will auch über den Selbstschutz hinaus verhaltenssteuernd wirken. Am deutlichsten lässt sich das an einer Formel erkennen, die oben eingehend besprochen wurde: Die Richtlinien verlangen den Mitgliedstaaten wieder und wieder ab, dass bei der Umsetzung Maßnahmen ergriffen werden, die **hinreichend wirksam** sind, um das Ziel der Richtlinie – etwa die Gleichbehandlung von Arbeitnehmern oder die zügige Bezahlung von Geldforderungen im Geschäftsverkehr – zu errei-

**305**

---

221 *EuGH* Slg. 2004, 3403 Rn. 19 ff. (Freiburger Kommunalbauten); dazu auch oben Rn. 160 ff.
222 Näher *Kirste*, JZ 2011, 805.
223 Dazu *BVerfG* NJW 1999, 3399.
224 Mit der Untersuchung eines „liberalen" Paternalismus *Eidenmüller*, JZ 2011, 814 ff.; siehe umfassend auch *Enderlein*, Rechtspaternalismus und Vertragsrecht, 1996.

chen.²²⁵ Die Richtlinien verwenden dabei nicht nur den Begriff der „Sanktion", sondern immer auch den Begriff **„abschreckend"**.

Ob Privatrecht überhaupt verhaltenssteuernd wirken darf und ob es im klassischen BGB Normen gibt, die gerade darauf abzielen, sind für das nationale Recht ebenfalls hochgradig umstrittene Fragen.²²⁶ Für das Privatrecht der EU wird man diesen Streit kaum aufnehmen können. Es trägt zu eindeutig präventive Elemente in sich. Wie wollte man dagegen argumentieren, dass der bei der Umsetzung der Fernabsatzrichtlinie entstandene § 241a BGB den Zweck hat, zu verhindern, dass einem Verbraucher Waren zugesandt werden, die er nicht bestellt hat? Klar verhaltenssteuernden Charakter haben auch einige Regeln in der Verbraucherrechte-RL. So etwa Art. 14 Abs. 2, Abs. 4 Verbraucherrechte-RL, die dazu führen, dass ein Unternehmer bei der Verletzung bestimmter Normen (insbesondere bei einer Leistung vor Ablauf der Widerrufsfrist und ohne die entsprechende Information des Verbrauchers vorzunehmen) keinerlei Bezahlung für seine Leistung erhält.²²⁷

Jeder sollte sich selbst fragen, ob er diese Veränderung positiv oder negativ beurteilen will. Es lässt sich die Meinung vertreten, dass es richtiger sei, klar zwischen Sanktionsgedanken und dem zivilrechtlichen Ausgleichsgedanken zu trennen. Man kann aber auch die gegenteilige Auffassung vertreten. Danach sind imperative, hoheitliche Strafnormen vielleicht sogar „veraltet". Ein System, in dem durch die Auseinandersetzung zwischen Privaten (also z.B. durch Schadensersatzansprüche) Verhalten gesteuert wird, kann man dann auch als fortschrittlichere Lösung ansehen.

## XII. Problem der Rechtsdurchsetzung

### 1. Der zögerliche Verbraucher

**306** All die zusätzlichen Rechte des Verbrauchers haben den Nachteil, dass sie sehr oft nicht durchgesetzt werden. Das hat viele Gründe. Natürlich kann der Verbraucher seine Rechte nicht durchsetzen, wenn er sie nicht kennt. Sein **Informationsdefizit** schließt dann eine Rechtsverfolgung durch ihn selbst aus. Aber es hat sich gezeigt, dass Verbraucher ihre Rechte auch dann nicht durchsetzen, wenn sie sie ganz genau kennen. Sie schrecken spätestens vor den Mühen und Risiken des Gerichtsverfahrens zurück. Selbst einfachere Verfahren, wie die Anrufung einer Beschwerdestelle oder sogar das Einreichen eines Rückforderungsformulars (wie bei Verspätungen der Deutschen Bahn) werden erstaunlich selten genutzt.

Daher muss überlegt werden, wie die Verbraucherrechte auch durchsetzbar ausgestaltet werden können. Vor dem Hintergrund der Digitalisierung könnten hierbei möglicherweise zukünftig digitale Hilfsinstrumente eine erhebliche Verbesserung bewir-

---

225 Vgl. *EuGH* Slg. 1984, 1891 (Von Colson und Kamann) zur Europarechtswidrigkeit des § 611a BGB a.F. wegen fehlender wirksamer Umsetzung des Art. 6 Gleichbehandlungs-RL (Beschäftigung); dazu *Wagner*, AcP 206 (2006), 352, 387 ff.
226 Sehr ablehnend z.B. *Honsell*, Eckpfeiler des Zivilrechts, 2018, Kap. A, Rn. 46; viel offener, mit vielen Beispielen auch aus dem klassischen BGB *Wagner*, AcP 206 (2006), 352, 364 ff.
227 Höchst kritisch *Wendehorst*, GPR 2015, 55, 59.

ken. Stellt man sich vor, dass im Rahmen eines **Smart Contracts** ein Verbraucher, dessen Flug verspätet ist, immer sogleich „automatisch" eine Entschädigung auf sein Konto überwiesen erhält, so wäre das Problem komplett beseitigt. Es wäre dann stets der Unternehmer, der den Rechtsweg bestreiten müsste, wenn es zu einem Streit über die Rechtmäßigkeit der Zahlung käme.[228] Auch eine Weiterentwicklung und rechtliche „Einrahmung" der sich schnell entwickelnden Online-Dienste zur Rechtsdurchsetzung (flightright, wenigermiete) scheint nicht ausgeschlossen.[229] Der BGH hat solche Dienste zumindest unter bestimmten Bedingungen gebilligt.[230] Auf EU-Ebene sind Regelungen für solche Instrumente aber noch nicht vorgesehen. Die EU plant vielmehr im Rahmen des **„New Deal for Consumers"** noch wesentlich klassischer.[231] Sie setzt weiterhin auf **Streitbelegungsinstrumente**, sei es online oder „offline".[232] Vor allem aber liegt derzeit ein Entwurf für ein stark erweitertes Verbandsklageverfahren vor.

## 2. Kollektive Gerichtsverfahren

Ein altbekanntes, im EU-Recht in der Unterlassungsklage-RL geregeltes Instrument ist die **Verbandsklage**, die durch Verbraucherverbände erhoben werden kann. Nach § 2 UKlaG, der die Unterlassungsklage-RL insofern umsetzt, kann sie bei jeder Zuwiderhandlung gegen ein Verbraucherschutzgesetz erhoben werden. Sie ist aber stets nur auf Unterlassung der Verletzung gerichtet. Wirklich effektiv ist dieses Instrument damit nicht, weil dem Unternehmer höchstens droht, dass er die Kosten des Verfahrens tragen muss.[233]

307

In Deutschland ist dann im Jahr 2018 zunächst die Musterfeststellungsklage eingeführt worden. Diese hat keinen europäischen Hintergrund. Sie erlaubt nach §§ 606 ff. ZPO, dass bestimmte qualifizierte Verbände für eine Gruppe von mindestens zehn Verbrauchern eine Klage auf „Feststellung des Vorliegens oder Nichtvorliegens" der Voraussetzungen für das Bestehen oder Nichtbestehen von Ansprüchen zwischen Verbrauchern und einem Unternehmer begehren. Sie hat aber den Nachteil, dass sie nur zur Feststellung von Rechtsverhältnissen führen kann, und ein Verbraucher, der sich dem Verfahren anschließt, somit nicht unbedingt sein Rechtsziel – wie etwa Zahlung von Schadensersatz – erreicht.

In der EU soll gegenwärtig ein anderes Kollektivverfahren gestärkt werden. Art. 6 des Richtlinienentwurfs über **Verbandsklagen zum Schutz der Kollektivinteressen der Verbraucher**[234] sieht vor, dass der Verband sogleich eine Leistungsklage erhe-

---

228 Dazu etwa *Fries*, NJW 2019, 901.
229 Zumindest gibt es eine Entschließung des Bundesrats zu dieser Thematik, BR-Drucks. 571/18 (Beschluss).
230 *BGH* NJW 2020, 208 zu wenigermiete.de.
231 Neugestaltung der Rahmenbedingungen für die Verbraucher, COM(2018) 183, S. 4 f.
232 Neugestaltung der Rahmenbedingungen für die Verbraucher, COM(2018) 183, S. 8 (auch mit Nennung der verschiedenen bestehenden Rechtsinstrumente).
233 *Hoffmann*, ZIP 2005, 829, 834 m.w.N.
234 Vorschlag der Europäischen Kommission vom 11.4.2018 für eine Richtlinie des Europäischen Parlaments und des Rates über Verbandsklagen zum Schutz der Kollektivinteressen der Verbraucher und zur Aufhebung der Richtlinie 2009/22/EG, COM(2018) 184.

ben soll. Problemlos ist so eine Regelung nicht, denn man muss bedenken, dass der Schaden jedes Verbrauchers unterschiedlich hoch ausfallen kann. Der Entwurf will es zudem den Mitgliedstaaten überlassen, ob eine opt-out Lösung gewählt wird, also automatisch alle betroffenen Verbraucher in das Verfahren einbezogen werden, oder nur diejenigen, die sich ausdrücklich anschließen (opt-in Lösung). Bei einer opt-out-Lösung würde dem eingangs beschriebenen Problem der Trägheit der Verbraucher natürlich besser begegnet. In Deutschland wird allerdings oftmals davor gewarnt, dem Verbraucher, der einfach „schweigt", das Verfahren und sein Ergebnis gleichsam „überzustülpen".[235]

### 3. Wettbewerbsrecht

**308** Schließlich ist es unerlässlich, dass die Erfüllung der sich aus den Richtlinien ergebenden Pflichten auch durch **parallele wettbewerbsrechtliche Instrumente** abgesichert ist. Als wettbewerbsrechtliche Sanktionen kommen neben Unterlassungspflichten sowohl Schadensersatz als auch Gewinnabschöpfung in Frage.[236] Es fällt auf, dass sich die Rechtsprechung zu den Informationspflichten ganz **überwiegend im Bereich des UWG** abspielt.[237] Auch der „New Deal for Consumers" setzt auf eine weitere Stärkung dieses Instruments.[238]

Vor allem bei den Informationspflichten, bei denen die Unterlassungsklage besonders wichtig ist, kann die Erheblichkeitsklausel in § 3a UWG („spürbar") eine gewisse Hürde darstellen, die der Verfolgbarkeit in Einzelfällen entgegenstehen mag. Jedoch kann gerade in Bezug auf Informationspflichten § 5a UWG greifen, der Art. 7 Lauterkeits-RL umsetzt. In § 5a Abs. 3 Nr. 5 UWG ist die Nichtbelehrung über das Widerrufsrecht ausdrücklich benannt. Auch die Verletzung von sonstigen Informationspflichten durch Unterlassen wird zumindest dann generell als wesentlich im Sinne der Norm angesehen, wenn dadurch auf verbraucherschützenden Richtlinien beruhende Pflichten verletzt werden. Dieses Verständnis entspricht Art. 7 Abs. 5 Lauterkeits-RL, der genau auf die verbraucherschützenden vertraglichen Informationspflichten abzielt und deren Wesentlichkeit statuiert.[239]

Zumindest für die Durchsetzung von Informationspflichten wurden so insgesamt große Fortschritte erzielt.[240]

---

235 Schon wegen des rechtlichen Gehörs, näher *Meller-Hannich*, NJW-Beilage 2018, 29, 31 m.w.N.
236 *Hoffmann*, ZIP 2005, 829, 834 f. m.w.N.
237 Nur beispielhaft BGHZ 209, 68; *BGH* NJW 2012, 1814; zur AGB-Kontrolle etwa *BGH* ZIP 2018, 376.
238 Dort S. 9 – vor allem geht es um eine Vereinheitlichung bei den Sanktionen; dazu nun die Richtlinie (EU) 2019/2161, die hohe Bußgelder vorsieht.
239 Im Einzelnen *Busch*, GPR 2008, 158, 162 f.
240 Dazu nur Köhler/Bornkamm/Fedderson/*Köhler*, UWG, § 5a Rn. 3.1 ff.

## XIII. Zusammenfassung: Vernunft statt Freiheit?[241]

Das EU-Privatrecht will mehr als nur ein Rahmen für die freie Entfaltung der Privatautonomie sein. In seinen Zielen unterscheidet es sich deutlich vom nationalen Privatrecht. Zwar ist auch das nationale Privatrecht (oder genau genommen Vertragsrecht) **keinesfalls inhaltsneutral**. Dort sind – neben dem Freiheitsgedanken – ebenfalls deutliche Wertungen verwirklicht, wie z.B. sozialstaatliche Ideale.[242]

309

Das EU-Privatrecht ist jedoch *viel stärker* an Inhalten ausgerichtet als das **nationale Privatrecht**. Es enthält sogar überhaupt nur punktuelle, auf die Lösung bestimmter Probleme ausgerichtete Normen. Der Grundgedanke ist der **Ausbau des Binnenmarkts**. Dieser Gedanke ist jedoch vielschichtig. Nicht selten dominieren die allgemein ethischen Gedanken über die rein wirtschaftlichen Gedanken. Der Schutz vor Rechtsmissbrauch und Übervorteilung, Gleichbehandlung von Mann und Frau sowie von Menschen aller Herkunft und Religion, also die **Verknüpfung von Grundrechtsschutz und Privatrecht**,[243] aber auch **die Erhaltung oder Verbesserung des Lebensstandards** sind die wesentlichen Anliegen dieser Normen. Letztlich führen aber auch diese Werte wieder auf den Gedanken der Binnenmarktförderung zurück, denn nur ein Markt, der nicht willkürlich diskriminiert und die Lebensgrundlagen seiner Teilnehmer zerstört, kann sein volles wirtschaftliches Potential ausnutzen.

Es muss jedoch mit Nachdruck darauf hingewiesen werden, dass eine solche Ausrichtung des Privatrechts **zugleich riskant** ist. Zum einen stehen die hohen und konkreten inhaltlichen Ziele im Widerspruch zur Privatautonomie, die dem Einzelnen sehr weitgehenden Freiraum auch bei der Bewertung von Sachverhalten lässt. Zum anderen können ausgeprägte Inhalte auch dazu führen, dass Normen sich besonders schnell überholen oder einfach an der Realität des Alltags vorbeigehen.

Zumindest muss man also Folgendes sagen: Wenn ein Privatrecht in so konkreter Form Werte verkörpert, wie es das europäische Privatrecht versucht, muss sehr darauf geachtet werden, dass es **demokratisch legitimiert** ist und die in der Gesellschaft anerkannten Werte enthält.

---

241 So *Säcker*, ZRP 2002, 286: „Vernunft statt Freiheit – Die Tugendrepublik der neuen Jakobiner" (zum Entwurf für ein Antidiskriminierungsgesetz).
242 Nur nochmals *Wolf/Neuner*, BGB AT, § 10.
243 So schon *Baer*, ZRP 2002, 290.

# § 6 Die einzelnen Regelungen des EU-Privatrechts und ihre Auswirkungen auf die Rechtsanwendung

## A. Die Regelungen des sekundären EU-Privatrechts zum Abschluss und zur Wirksamkeit von Verträgen

### I. Allgemeine Rechtsgeschäftslehre

#### 1. Fehlen von Regelungen in den Richtlinien

310   Ein Vertrag wird grundsätzlich dadurch geschlossen, dass zwei oder mehrere Vertragsparteien **übereinstimmende Willenserklärungen** abgeben. Der von den Parteien unter Nutzung ihrer Vertragsfreiheit geschlossene Vertrag entfaltet Bindungswirkung. Diese Grundsätze verändert das Recht der EU nicht.

Die Richtlinien enthalten aber – ebenso wie auch das nationale Recht – eine Fülle von Normen, welche das Grundmodell des Abschlusses von Verträgen modifizieren. So gibt es **zusätzliche Anforderungen** an den Vertragsschluss, wie z.B. besondere Formvorschriften oder besondere Informationspflichten (dazu generell bereits Rn. 252 ff., näher Rn. 319 ff.) und vielfältige Widerrufsrechte, die die Bindungswirkung modifizieren (dazu bereits Rn. 245 ff.).

Sehr weit reicht jedoch die Regelung in Art. 8 Abs. 2 Verbraucherrechte-RL. Danach ist der Verbraucher an eine „Bestellung" nur gebunden, wenn er einen Button verwendet hat, der „ausschließlich mit den Worten zahlungspflichtig bestellen oder einer entsprechenden eindeutigen Formulierung" gekennzeichnet war (umgesetzt in § 312j Abs. 4 BGB, dazu sogleich Rn. 314).

Gänzlich eigenständige Modelle des Vertragsschlusses finden sich in den Richtlinien bisher nicht. In Erwägungsgrund 14 Verbraucherrechte-RL wird sogar ausdrücklich betont, dass die Regelungen zum Abschluss und zur Gültigkeit von Verträgen dem nationalen Recht vorbehalten bleiben.

Der erste Vorschlag zur E-Commerce-RL hatte demgegenüber in Art. 11 Nr. 1 lit a) noch eine grundlegende Abweichung vom klassischen Modell (Angebot und Annahme) vorgesehen. Ein elektronischer Vertrag sollte danach erst dann als abgeschlossen gelten, wenn der Nutzer, nachdem er ein Angebot des Diensteanbieters angenommen hatte, von diesem die Bestätigung des Empfangs der Annahme erhalten und deren Empfang wiederum bestätigt hatte. Infolge heftiger Kritik wurde die Regelung fallen gelassen. Nach dem Gemeinsamen Standpunkt des Rates erschien eine Rechtsangleichung in Bezug auf den „Zeitpunkt" des Vertragsschlusses nicht sinnvoll.[1]

---

[1] ABl. EG 2000 C 128/32, 49.

## 2. Elektronischer Vertragsschluss

Die E-Commerce-RL enthält einige Regelungen, die den Bereich des Vertragsschlusses betreffen, aber dennoch keinen unmittelbaren Einfluss auf das Zustandekommen des Vertrags haben. So heißt es in Art. 11 Abs. 1 1. Spiegelstrich, dass der Diensteanbieter den Eingang der Bestellung des Nutzers **unverzüglich bestätigen** muss. Das Fehlen der Bestätigung beeinflusst jedoch den Vertragsschluss nach wohl allgemeiner Ansicht nicht.[2] 311

Des Weiteren gibt es eine aus deutscher Sicht etwas **rätselhafte Norm zum Zugang von Willenserklärungen** (Art. 11 Abs. 1 2. Spiegelstrich). Diese Regelung wurde bei der Umsetzung nicht ganz wörtlich übernommen (§ 312i Abs. 1 S. 1 Nr. 3 sowie S. 2 BGB). Während es in der Richtlinie heißt, dass die Bestellung und die Empfangsbestätigung als eingegangen gelten, „wenn die Parteien, für die sie bestimmt sind, sie abrufen können", hat der deutsche Gesetzgeber ergänzend hinzugefügt „sie unter gewöhnlichen Umständen abrufen können". Nach überwiegender Ansicht ist diese Umsetzung ausreichend – und allenfalls überflüssig, weil sie nur das bestätigt, was im deutschen Recht für den Zugang unter Abwesenden ohnehin gilt.[3] Inzwischen wird jedoch häufiger angenommen, dass der Zugang gerade auch dann anzunehmen sei, wenn nur „theoretisch" Kenntnis von der Willensklärung genommen werden könne, selbst wenn dies üblicherweise nicht erfolge, wie nachts oder an Sonn- und Feiertagen.[4] Auch dieses überzeugende Verständnis lässt sich mit der deutschen Fassung noch vereinbaren. Man muss dazu nur die „gewöhnlichen Umstände" auf die technische Möglichkeit des Abrufs beziehen, und nicht auf die typischen Schlafzeiten des Nutzers.[5] 312

In Art. 11 Abs. 2 E-Commerce-RL findet sich schließlich eine Regelung zur **obligatorischen Korrekturmöglichkeit** für Eingabefehler. Umgesetzt ist diese in § 312i Abs. 1 Nr. 1 BGB. In Hinblick auf diese Regelung, die den Unternehmer verpflichtet, eine Möglichkeit zur Korrektur der elektronischen Erklärung vorzusehen, wurde anfänglich die Rechtsfolge diskutiert, die eintritt, wenn die Korrekturmöglichkeit fehlt und der Verbraucher seine Erklärung daher nicht verbessern oder noch zurücknehmen kann. Inzwischen wird von der ganz h.M. vertreten, dem Betroffenen ein Recht zur Anfechtung aus § 119 Abs. 1 2. Alt BGB zu gewähren und die Pflicht zum Ersatz des Vertrauensschadens nach § 122 BGB auszuschließen. Das überzeugt, weil der Anfechtungsgegner nicht auf den Bestand der Erklärung vertrauen durfte.[6] 313

Art. 8 Abs. 2 Verbraucherrechte-RL ist darauf ausgerichtet zu verhindern, dass Unternehmer durch unklare Gestaltungen einen Vertragsschluss gleichsam **„erschleichen"**. Daher soll der Verbraucher nur dann an den Vertrag gebunden sein, wenn ganz klar gekennzeichnet war, dass er zahlungspflichtig bestellt hat (**„Buttonlösung"**). 314

---

2 *Spindler*, MMR 2000, Beilage 7, 4, 11; *Dörner*, AcP 202 (2002), 363, 377.
3 Nachdrücklich *Bülow/Artz*, Verbraucherprivatrecht, Rn. 111; *Glatt*, Vertragsschluss im Internet, 2002, S. 85 ff., sieht eine Bedeutung nur in Hinblick auf die Frist für die Bestätigungserklärung.
4 BeckOK/*Maume*, BGB, § 312i Rn. 27.
5 MünchKommBGB/*Wendehorst*, § 312i Rn. 92.
6 Näher und m.w.N. MünchKommBGB/*Wendehorst*, § 312i Rn. 106 (wegen venire contra factum proprium); BeckOK/*Maume*, BGB, § 312i Rn. 35.

Die Norm wurde oben bereits näher dargestellt, weil sie fehlerhaft umgesetzt wurde (Beispiel 6b, Rn. 123, 130). Leider ist die Norm auch vor dem Hintergrund der deutschen Dogmatik schwer zu handhaben. Der deutsche Gesetzgeber hat die Vorgabe der Richtlinie bei der Umsetzung in § 312j Abs. 4 BGB wie eine Formvorschrift behandelt. Der Vertrag sollte daher – so wie es auch nach § 125 BGB vorgesehen ist – nichtig sein, wenn der Verbraucher nicht eine entsprechend gekennzeichnete Schaltfläche angeklickt hat. Oben wurde gezeigt, dass diese Lösung nicht mit der Richtlinie übereinstimmt und korrigiert werden muss. Will man bei der im deutschen Recht bekannten, und daher unproblematischen Einordnung als Formvorschrift bleiben, ist es schwer, eine der Richtlinie wirklich entsprechende Lösung zu finden. Es ist vorgeschlagen worden, dem Verbraucher bei Nichtigkeit des Vertrags zugleich ein Schadensersatzrecht einzuräumen, das auf Durchführung des Vertrags gerichtet sei.[7] Das ist umständlich und für den Verbraucher kaum zu verstehen. Eine andere Möglichkeit bestünde darin, Art. 8 Abs. 2 Verbraucherrechte-RL als echte **Modifikation des Vertragsschlussmechanismus** zu verstehen. Wenn der Verbraucher nicht ausdrücklich erklärt, zahlungspflichtig bestellen zu wollen, ist seine Erklärung nur für ihn nicht bindend (dazu auch schon Rn. 123 ff., 259). Er hat ein nachträgliches Entscheidungsrecht. Das entspricht vielleicht dem Sinn der Richtlinie, ist aber doch kritisch zu sehen, weil es eine ganz neue dogmatische Konstruktion wäre. Eine solche einfach unauffällig für eine Sondersituation im BGB „zu verstecken", wäre doch allzu systemwidrig – und ist auch von der Richtlinie letztlich wie gezeigt doch nicht gewollt (Rn. 310). Schließlich ist eine Lösung über § 242 BGB wohl am überzeugendsten.[8] Wenn der Verkäufer sich nicht an die Regeln für den Vertragsschluss im Internet hält, soll er nicht selbst dadurch Vorteile erlangen.

## II. Wirksamkeitsvoraussetzungen

### 1. Allgemeines

315 Bestimmungen, welche die Nichtigkeit von Verträgen anordnen, werden der Zielrichtung des EU-Rechts im Allgemeinen nicht entsprechen. Denn es soll eine **Erhöhung der Zahl der Vertragsschlüsse** und insbesondere der grenzüberschreitenden Vertragsschlüsse erreicht werden. Daher soll eher versucht werden, alle Verträge in ein **enges Gefüge an Voraussetzungen** zu zwingen, welches sie dann jeweils für den Verbraucher attraktiv werden lässt. Deutlich lässt sich dies an der Präambel der Teilzeitnutzungsrechte-RL ablesen. Hier hat der Richtliniengeber versucht, einen Vertragstyp, der geradezu symbolisch für den Machtmissbrauch stehen könnte, so zu kanalisieren, dass er doch noch für den Binnenmarkt nutzbar bleibt.

Nichtsdestotrotz ist es für die Zukunft vorstellbar, dass die Union sich auch Unwirksamkeitsgründen wie gerade der Sittenwidrigkeit zuwenden wird. Es wird davon ausgegangen, dass ein unterschiedlich strenger Sittenwidrigkeitsmaßstab dazu führen kann, dass die *Grundfreiheiten* beeinträchtigt werden (dazu oben Rn. 61). Zudem würde es auch in die Vorstellung des in Art. 3 EUV beschriebenen Marktes mit sei-

---

[7] *Weiss*, JuS 2013, 590; Palandt/*Grüneberg*, § 312j Rn. 8.
[8] MünchKommBGB/*Wendehorst*, § 312j Rn. 33.

nen Idealen von Gleichbehandlung und hohem sozialen Schutz – hier wird der Anschaulichkeit halber von „schönem Markt" gesprochen – passen, dass ein darauf abgestimmter eigener Sittenwidrigkeitsmaßstab angenommen würde.

Bisher fehlen jedoch unionsrechtliche Vorschriften zur Sittenwidrigkeit ganz. Dies ist auch kein Zufall. Der Maßstab der Sittenwidrigkeit wird als ein **Herzstück im Privatrecht verkörperter nationaler Identität** angesehen. Die Lando-Grundregeln[9] nehmen in Art. 4:101 die Ungültigkeit des Vertrags aufgrund von Rechtswidrigkeit, Sittenwidrigkeit oder fehlender Rechts- und Geschäftsfähigkeit sogar gezielt aus ihrem Regelungsbereich aus. Auch das GEK spart die Frage explizit aus (Präambel 14).

## 2. Gleichbehandlung als Wirksamkeitsvoraussetzung?

Der Gleichbehandlungsgrundsatz prägt, wie oben gezeigt (Rn. 266), das EU-Privatrecht deutlich. Nach den Gleichbehandlungs-Richtlinien dürfen auch bei privaten Verträgen, welche Güter der Grundversorgung betreffen, potentielle Vertragspartner nicht aufgrund ihrer Rasse oder ihres Geschlechts diskriminiert werden.[10] Zu den erfassten Verträgen gehören ausdrücklich die den Wohnraum und die Bildung betreffenden Verträge, wohl aber auch alle Verträge, welche sich auf Waren und Dienstleistungen des täglichen Bedarfs beziehen (auch schon oben Rn. 268). Ein privater Vertrag, bei dem der Vertragspartner entgegen dem Gebot der Gleichbehandlung ausgewählt wird, ist also **rechtswidrig**. Die diskriminierende Auswahl des Vertragspartners führt aber **nicht zur Nichtigkeit des Vertrags**.[11] Denn Art. 9 Gleichbehandlungs-RL (Rasse) und Art. 8 Gleichbehandlungs-RL (Geschlecht) schreiben jeweils nur vor, dass der Diskriminierte gerichtlichen Rechtsschutz und wirksamen Ausgleich erlangen kann. Gemäß Art. 15 Gleichbehandlungs-RL (Rasse) sowie Art. 14 Gleichbehandlungs-RL (Geschlecht) obliegt es den Mitgliedstaaten, wirksame Sanktionen zu verhängen. Diese Art der Richtlinienvorgabe ist aus den arbeitsrechtlichen Gleichbehandlungs-Richtlinien bekannt. Nach gefestigter Ansicht bleibt es den Mitgliedstaaten überlassen, ob sie die Nichtigkeit des Vertrags oder andere Sanktionen vorsehen. Wichtig ist, dass die Sanktionen **effektiv** sind und dazu führen, dass die in den Richtlinien vorgesehenen Verbote durchgesetzt werden.[12] In Deutschland sieht § 21 AGG für das allgemeine zivilrechtliche Benachteiligungsverbot vor, dass der Benachteiligte die Beseitigung der Benachteiligung, Schadensersatz und – für den immateriellen Schaden – eine angemessene Entschädigung in Geld verlangen kann. Das entspricht den Vorgaben der Richtlinie.[13] Zu der Streitfrage, ob aus § 21 Abs. 1 AGG auch ein **Kontrahierungszwang** abgeleitet werden kann, gibt die Richtlinie nichts her. Denn ihren Vorgaben ist durch die Einführung von Schadensersatzansprüchen ohnehin bereits Genüge getan.[14]

316

---

9 Dazu Rn. 615.
10 Zur Umsetzung der Gleichbehandlungs-Richtlinien schon oben Rn. 85.
11 *Riesenhuber*, Europäisches Vertragsrecht, § 6 Rn. 33 ff.
12 *EuGH* Slg. 1984, 1891 (von Colson und Kamann); *EuGH* Slg. 1997, 2195 (Draempaehl).
13 Richtlinienwidrig ist allerdings wohl § 19 Abs. 5 S. 3 AGG, der Vermieter, die unter 50 Wohnungen vermieten, von der Anwendung des Gesetzes ausnimmt.
14 Zum Kontrahierungszwang *Wendt/Schäfer*, JuS 2009, 206; *Kossak*, Rechtsfolgen eines Verstoßes gegen das Benachteiligungsverbot im allgemeinen Zivilrechtsverkehr, 2009, S. 141 ff.; generell zur Rechtsprechung des *EuGH* zur Sanktionierung von Diskriminierungen ebenda, S. 20 ff.

Obwohl die Richtlinie im Grunde ein gesetzliches Verbot der Diskriminierung enthält, sind Verträge, durch welche eine Diskriminierung erfolgt, nach gegenwärtigem Verständnis also nicht nach § 134 BGB nichtig.[15]

### 3. Wirksamkeitsgebote

317 Umgekehrt enthält das Richtlinienrecht einzelne Vorschriften, welche die **Wirksamkeit** von bestimmten Verträgen **anordnen**. So sieht Art. 9 E-Commerce-RL vor, dass Verträge auch auf elektronischem Wege abgeschlossen werden können. Die Mitgliedstaaten müssen also, selbst wenn ihre Rechtsordnung das traditionell nicht vorsieht, für den Vertragsschluss den elektronischen Weg ermöglichen. Nur wenige Vertragsgegenstände sind davon ausgenommen, insbesondere Immobiliengeschäfte, Bürgschaften sowie familien- und erbrechtliche Regelungen.

Auch die Grundfreiheiten können eine solche Wirkung entfalten. So hat der EuGH in der DocMorris-Entscheidung die Unwirksamkeit des Verbots des Verkaufs von Arzneien über das Internet direkt auf Art. 28 EG (jetzt Art. 34 AEUV) gestützt.[16] Entsprechende Kaufverträge sind folglich wirksam.

### 4. Zusammenfassung

318 Das EU-Privatrecht sieht **kaum echte Wirksamkeitsvoraussetzungen** für Verträge vor. Dies hat verschiedene Gründe. Zum einen passt oftmals die Nichtigkeit von Verträgen nicht zum Ziel der Marktverbesserung. Zum anderen aber halten sich die Richtlinien mit der Vorgabe der Nichtigkeit auch deshalb zurück, weil die Mitgliedstaaten dadurch sehr eingeengt würden. Sie sollen die Möglichkeit behalten, die ihrem Rechtssystem entsprechende Sanktion für das von der Richtlinie abweichende Verhalten zu wählen. Für die Mitgliedstaaten kommt deshalb die **Umsetzung durch Anordnung der Nichtigkeit** zwar durchaus in Betracht.[17] Denkbar ist aber jeweils **auch die Einführung von privat- oder öffentlich-rechtlichen Sanktionen**.

## III. Informationspflichten und Vertragsschluss

**Literaturhinweis:** *Stürner*, Informationspflichten bei Außergeschäftsraumverträgen und Fernabsatzverträgen, Jura 2015, 1045.

### 1. Bedeutung der Information für die Wirksamkeit des Vertrags

319 Dass die Information des Verbrauchers ein wichtiger Grundsatz des EU-Privatrechts ist, wurde oben dargelegt. Angesprochen wurde auch, dass in den Richtlinien gelegentlich eine **Überfülle von Informationspflichten** enthalten ist. Von dem Instrument der Information wird jedoch zunehmend geschickter Gebrauch gemacht (schon

---

15 Näher für gegen das AGG verstoßende Versicherungsverträge *Purnhagen*, NJW 2013, 113, 116.
16 *EuGH* Slg. 2003, 14887 (Deutscher Apothekerverband/DocMorris); allg. auch oben Rn. 61.
17 Etwa die Regelung in § 507 Abs. 2 BGB; dazu BGHZ 167, 239.

oben Rn. 253). Insgesamt muss man immer daran denken, dass Informationen nur einer von mehreren Bausteinen im EU-Verbrauchervertragsrecht sein können. Denn Sicherheit und Vertrauen lassen sich allein durch Information des Verbrauchers nicht vollständig erreichen.

Zu der grundlegenden Problematik, dass Informationen nicht immer „ankommen", tritt hinzu, dass in den Richtlinien häufig nicht bestimmt ist, welche Rechtsfolgen ein Fehlen der vorgeschriebenen Informationen hat. Diese Richtlinien geben den Mitgliedstaaten nur allgemein vor, dass die **Durchsetzung jedenfalls irgendwie gewährleistet** sein muss (näher dazu noch Rn. 327 und im Einzelnen unten Rn. 448). Deutschland hat den Umsetzungsspielraum bisher nicht dazu genutzt, aus einem Fehlen von Informationen die Nichtigkeit des Vertrags abzuleiten (vgl. aber die Ausnahme in § 494 Abs. 1 BGB für noch nicht ausgezahlte Verbraucherkredite). Bei der Wirksamkeit des Vertrags bleibt es auch dann, wenn die für Informationspflichten vorgegebene Form (z.B. auf einem dauerhaften Datenträger, Art. 246 § 4 Abs. 2, Art. 246b § 2 Abs. 2 EGBGB, § 126b BGB) fehlt. Das überzeugt, denn eine Nichtigkeit des Vertrags würde dem Verbraucher meist mehr schaden als helfen.[18] **Anders** ist es in der **Verbraucherrechte-RL**. Diese enthält mehrere Vorgaben für den Fall der Informationspflichtverletzung. Es wurde schon gezeigt, dass Art. 8 Abs. 2 Verbraucherrechte-RL ein einseitiges Lösungsrecht des Verbrauchers vorsieht.

Für den Fall der Informationspflichtverletzung kann der Unternehmer nach Art. 6 Abs. 6 Verbraucherrechte-RL außerdem etwaige Fracht-, Liefer- oder Versandkosten sowie sonstige Kosten nur verlangen, soweit er den Verbraucher über diese Kosten entsprechend Art. 6 Abs. 1 lit e) Verbraucherrechte-RL informiert hat. Das weicht zumindest dann von der allgemeinen Vertragslehre ab, wenn der Unternehmer entgegen den Vorgaben der Richtlinie die Zustimmung mit Hilfe von Voreinstellungen im elektronischen Bestellvorgang eingeholt hat. Das Vorliegen von zwei übereinstimmenden Willenserklärungen müsste man dann nämlich an sich bejahen. **320**

Außerdem kommt es teilweise vor, dass **Informationen**, die im Vorfeld des Vertragsschlusses gegeben werden, nach der Richtlinie **zum Vertragsinhalt** werden sollen. Dieser Gedanke findet sich in Erwägungsgrund 25 Verbraucherkredit-RL. Dort wird den Mitgliedstaaten eingeräumt, den Kreditgeber, der dem Kunden fehlerhafte Informationen gibt, **an diese Informationen zu binden**. Das bedeutet, dass der Kreditgeber den Kredit zu den Bedingungen auszahlen muss, die er angegeben hat. Ein jeweils verwandter Gedanke findet sich in Art. 2:207 Abs. 3 Acquis Principles, Art. 3:107 DCFR sowie Art. 25 Abs. 1 Machbarkeitsstudie (zu den Begriffen unten Anhang III). Für Verbraucherkreditverträge findet sich dieses überzeugende Instrument in der deutschen Umsetzung in spezifizierter Form wieder. So wird bei einer Falschangabe des effektiven Jahreszinses der geschuldete Zinssatz entsprechend gemindert (§ 494 Abs. 3 BGB) und bei fehlenden Angaben über Kosten werden diese nicht geschuldet (§ 494 Abs. 4 BGB). Für Fernabsatz- und Haustürgeschäfte wird die Bindungswirkung in § 312d Abs. 1 S. 2 BGB auf sämtliche nach Art. 246a EGBGB zu gebende Informationen ausgeweitet. Vorgesehen ist dieser Mechanismus auch nach Art. 3 Abs. 2 S. 2 Pauschalreise-RL. Auch in dieser Form der Sanktionierung kann man eine

---
18  Zu eventuellen Schadensersatzansprüchen bei Informationspflichtverletzungen unten Rn. 448.

deutliche Modifikation des normalen Vertragsschlussmechanismus sehen. Bei der Umsetzung führt aber die deutsche Dogmatik dazu, dass solche Vorschriften als **Haftungstatbestände** verstanden werden (dazu insgesamt näher Rn. 448).

Eine gewisse Auswirkung auf das dauerhafte und bindende Zustandekommen des Vertrags hat schließlich die **Verlängerung der Widerrufsfrist**, die in § 356 Abs. 3 BGB i.V.m. Art. 246b § 2 Abs. 1 EGBGB bei Außergeschäftsraum- und Fernabsatzverträgen über Finanzdienstleistungen für den Fall unvollständiger Informationen vorgesehen ist (dazu Rn. 327).

Somit beeinflussen die Informationspflichten den Vertragsschluss immerhin in manchem Fällen sogar unmittelbar. Auch soweit dies nicht der Fall ist, gehören die Informationspflichten systematisch in den Bereich des Vertragsabschlusses. Sie seien daher im Folgenden noch näher betrachtet.

## 2. Informationspflichten in der Verbraucherrechte-RL

### a) Allgemeine Informationspflichten

321 Art. 5 Verbraucherrechte-RL enthält zunächst Informationspflichten gerade für die Verbraucherverträge, die nicht im Fernabsatz oder in einer AGV-Situation geschlossen werden. Das reicht außerordentlich weit. Aus dem Zusammenhang ergibt sich zwar, dass von der Richtlinie insgesamt nur Warenlieferungs- und Dienstleistungsverträge (im weiten Sinne) erfasst sind. Außerdem sind gemäß Art. 3 Abs. 3 Verbraucherrechte-RL eine Vielzahl von Verträgen aus dem Anwendungsbereich der Richtlinie ganz ausgenommen. Das gilt etwa für soziale Dienstleistungen, notarielle Verträge, Glücksspiel und den Kauf von Lebensmitteln zum Sofortverzehr. Dennoch verbleibt Art. 5 Verbraucherrechte-RL ein weiter Anwendungsbereich. Es geht um die „ganz normalen" (stationären) Kauf-, Werk- und Dienstverträge. Schließlich dürfen die Mitgliedstaaten nach Art. 5 Abs. 3 Verbraucherrechte-RL Ausnahmen für die Geschäfte machen, die „die Geschäfte des täglichen Lebens zum Gegenstand haben und zum Zeitpunkt des Vertragsabschlusses sofort erfüllt werden". Davon hat der deutsche Gesetzgeber mit Art. 246 Abs. 2 EGBGB Gebrauch gemacht. Doch bleiben letztlich viele ungewohnte Informationspflichten bestehen. Die recht detaillierten Vorgaben der Richtlinie sind in § 312a BGB und Art. 246 EGBGB umgesetzt worden.

Um nicht unnötige, für niemanden hilfreiche Verzögerungen beim Vertragsschluss zu verursachen, sollte hier ein großzügiges Normverständnis erfolgen. Der Wortlaut der Norm lässt dies ohne weiteres zu. So soll über die Eigenschaften der Ware in „angemessenem Umfang" informiert werden (Art. 5 Abs. 1 lit a) Verbraucherrechte-RL). Schwieriger ist es mit der Information über die Haftungsvorschriften. Art. 5 Abs. 1 lit e) Verbraucherrechte-RL spricht vom gesetzlichen Gewährleistungsrecht, was wohl das Verbrauchsgüterkaufrecht meint (umgesetzt in Art. 246 Abs. 1 Nr. 5 EGBGB. Soll der Unternehmer dies dem Verbraucher jeweils im Detail erläutern müssen? In Deutschland wird derzeit meist angenommen, dass nur auf das Bestehen gesetzlicher Ansprüche im Allgemeinen hingewiesen werden müsse. Versteht man die Norm so weit, was mit der Richtlinie gut vereinbar scheint, ist sie zumindest handhabbar, wenn vielleicht auch nicht sehr hilfreich für den Verbraucher.

Dennoch verstärkt Art. 5 Verbraucherrechte-RL die oben geschilderte Gefahr der **Überinformation des Verbrauchers**. Allein dadurch, dass viele selbstverständliche Dinge gesagt werden müssen, wird sich die Wirkung der Information als ein Schutzinstrument abschleifen. Müde wird der Verbraucher Zettel um Zettel mit Informationen entgegennehmen und überhaupt nicht mehr merken, wenn eines Tages eine wirklich relevante Information darunter ist.[19]

### b) Informationspflichten für Fernabsatzverträge und Haustürgeschäfte

Früher waren Fernabsatzverträge und Haustürverträge sehr unterschiedlich geregelt. Das lag vor allem daran, dass die Haustürgeschäfte-RL schon von 1985 stammte und nur sehr grobe Regelungen enthielt. Die Verbraucherrechte-RL nähert das Recht für beide Vertragsschlusssituationen stark aneinander an. Sie regelt insbesondere die Informationspflichten für Fernabsatzverträge und für außerhalb von Geschäftsräumen geschlossene Verträge[20] gemeinsam (so jetzt auch die umsetzenden Normen § 312d BGB i.V.m. Art. 246a EGBGB). 322

Im Grundsatz ist es dabei so, dass alle in Art. 6 Verbraucherrechte-RL genannten Informationen vor Vertragsschluss gegeben werden müssen. Für die Form differenzieren Art. 7 und 8 Verbraucherrechte-RL nach der Art des Vertragsschlusses. In jedem Fall muss der Unternehmer dem Verbraucher spätestens nach Abschluss des Vertrags in einer dauerhaft lesbaren Fassung die Informationen zur Verfügung stellen (zu Einzelheiten Rn. 324; zur Form näher Rn. 328).

Die Verbraucherrechte-RL verfolgt dabei gerade im Bereich der Informationspflichten den **Vollharmonisierungsansatz**, um die Unternehmer davor zu bewahren, beim grenzüberschreitenden Handel stets neue, nationale Informationspflichten vorzufinden (zu den möglichen nachteiligen Auswirkungen des Mindeststandardgrundsatzes bereits oben Rn. 22 f.). Ausnahmen werden aber gemacht, damit die Mitgliedstaaten nicht von gewohnten Schutzstandards abweichen müssen (z.B. Art. 6 Abs. 7 – sprachliche Anforderungen an die Information).

Die Umsetzung in Deutschland machte weniger inhaltliche als vor allem formale Probleme, weil die langen Kataloge und Detailregelungen nicht in das BGB aufgenommen werden sollten. Seit 2002 waren die Informationspflichten zunächst in der BGB-InfoV umgesetzt worden, wofür mit Art. 245 EGBGB eine Ermächtigungsgrundlage geschaffen worden war. Schon im Rahmen der Umsetzung der zweiten Verbraucherkredit-RL sind die Vorschriften jedoch **in das EGBGB überführt** worden. Dort finden sich inzwischen die Informationspflichten aus allen Richtlinien, wie etwa der Verbraucherrechte-RL (Art. 246, 246a EGBGB), der FAF-Richtlinie (Art. 246b EGBGB), der Verbraucherkredit-RL (Art. 247 EGBGB) sowie der Pauschalreise-RL (Art. 250 EGBGB). All diese Normen gelten jeweils in Verbindung mit der auf sie verweisenden Grundnorm im BGB.

---

19 Sehr kritisch zu den vergleichbaren Regelungen des GEK auch *Eidenmüller/Jansen/Kieninger/Wagner/Zimmermann*, JZ 2012, 269. Dazu, wann ein Verbraucher aufgeklärt werden muss, *Pfeiffer*, NJW 2011, 1.
20 Zum neuen Begriff des „Haustürgeschäfts" in der Richtlinie, dazu unten Rn. 348.

Durch diese Aufnahme in das EGBGB haben die Kataloge der Informationspflichten – aber auch die Mustertexte – **Gesetzesrang** erhalten. Das war wichtig, weil zuvor unklar blieb, ob ein Unternehmer, der sich – zum Beispiel bei einer Widerrufsbelehrung – genau an die BGB-InfoV hielt, dennoch seine vertraglichen Informationspflichten verletzen konnte.[21] Inzwischen handelt der Unternehmer, der sich an die im EGBGB enthaltenen Listen, insbesondere an die im Anhang zum EGBGB aufgenommenen Formulartexte, hält, dagegen stets rechtmäßig.

323 Bei den Informationspflichten steht die **angemessene Beschreibung des Vertragsgegenstands** an erster Stelle. Es folgen die Identität und Kontaktdaten des Unternehmers sowie die Angaben zum Preis samt Kosten und Lieferbedingungen. Hinzu kommt die **Belehrung über das Widerrufsrecht**. Neu ist gegenüber den früheren Richtlinien, dass auch über das *Nicht*bestehen eines Widerrufsrechts belehrt werden muss (Art. 6 Abs. 1 lit k) Verbraucherrechte-RL, umgesetzt in Art. 246a § 1 Abs. 3 EGBGB, dazu auch Rn. 347).

Die Bestellung von Waren über den so genannten **Dash-Button**, also über einen vernetzten Bestellknopf, der zum Beispiel an der Waschmaschine oder am Kühlschrank angebracht sein kann, damit der Verbraucher schnell die benötigten Waschmittel oder Getränke (etwa bei Amazon) nachbestellen kann, ist wegen dieser Informationspflichten nicht rechtmäßig möglich.[22]

Die Anforderungen an eine korrekte Belehrung über das Widerrufsrecht sind hoch. Nach Art. 6 Abs. 1 lit h) Verbraucherrechte-RL, der im Wesentlichen in Art. 246a § 1 Abs. 2 EGBGB umgesetzt wurde, muss der Verbraucher über die Bedingungen, Fristen und Verfahren für die Ausübung dieses Rechts informiert werden sowie das Muster-Widerrufsformular erhalten.[23] Wenn der Unternehmer bestimmte Kosten (wie für die Rücksendung der Ware) vermeiden möchte, muss er auch hierüber klar und deutlich belehren. Dabei muss die Belehrung in aller Regel bereits vor Vertragsschluss erfolgen. Nachvertragliche Informationspflichten treten jedoch ergänzend hinzu (umgesetzt in § 312f BGB).

324 Der EuGH musste sich in der Entscheidung **Walbusch** auf Vorlage des BGH damit befassen, wie umfangreich vorvertragliche Informationspflichten ausfallen müssen, wenn das verwendete Medium (hier ein kleiner Werbeprospekt mit einer Bestellkarte) wenig Raum bietet.[24] Muss auch dann die gesamte Musterwiderrufsbelehrung abgedruckt sein, wenn daneben kaum Platz für die eigentliche Werbung bleibt? Zunächst sieht Art. 6 Abs. 1 lit h) Verbraucherrechte-RL insbesondere auch den Abdruck der Widerrufsbelehrung vor. Doch erlaubt Art. 8 Abs. 4 Verbraucherrechte-RL die Reduktion auf einige wesentliche Informationspflichten, wenn das genutzte Fernkommunikationsmittel nur beschränkten Raum oder beschränkte Zeit bietet (umgesetzt in Art. 246a § 3 EGBGB). Der EuGH entschied, dass zumindest die Musterwiderrufsbe-

---

21 Nur *OLG Frankfurt* NJW-RR 2010, 637.
22 *OLG München* VuR 2019, 429; die Anforderungen des § 312j Abs. 3 BGB ließen sich durch entsprechenden Aufdruck wohl erfüllen; dazu auch Staudinger/*Thüsing*, BGB, § 312j Rn. 21.
23 Der *EuGH* hat klargestellt, dass die Belehrung inhaltlich der Richtlinie entsprechen muss, und nicht einem fehlerhaft umgesetzten nationalen Recht, *EuGH* NJW 2019, 3290 Rn. 47 ff. (Romano).
24 *EuGH* NJW 2019, 1363 (Walbusch).

lehrung weggelassen werden dürfe, wenn deren Abdruck unangemessen viel Raum einnehme. Die „Bedingungen, Fristen und Verfahren für die Ausübung dieses Rechts" müssten aber genannt werden. Darüber hinaus müssen die nationalen Gerichte entscheiden, in welchem Umfang die Informationen noch angemessen dargestellt werden können. Der BGH meinte, mehr als ein Fünftel der Druckfläche brauche dafür nicht genutzt zu werden.[25] Die Informationen müssen dem Nutzer aber später auf eine geeignete Art mitgeteilt werden. Zu beachten ist dabei, dass ein Medienwechsel nicht ohne weiteres möglich ist. Man darf insbesondere (noch) nicht davon ausgehen, dass jeder Verbraucher das Internet jederzeit nutzen kann.

### 3. Informationspflichten im elektronischen Geschäftsverkehr

Die E-Commerce-RL befasst sich nicht nur mit dem Vertragsschluss im E-Commerce, sondern auch mit der Haftung sowie der Befreiung von nationalen Sonderregelungen. Entsprechend enthält sie zunächst **allgemeine Informationspflichten**, welche nicht unmittelbar den Vertragsschluss betreffen (Art. 5 E-Commerce-RL). So soll sichergestellt werden, dass die Grundinformationen wie die Identität und Anschrift der Anbieter und der Preis der angebotenen Waren oder Dienste stets leicht zugänglich sind. Art. 6 E-Commerce-RL enthält zusätzliche Informationspflichten für die kommerzielle Kommunikation, welche sich insbesondere als solche zu erkennen geben muss. 325

Die **eigentlichen vertraglichen Informationspflichten** sind im dritten Abschnitt (Art. 10 E-Commerce-RL) geregelt. Diese Informationspflichten haben eine andere Zielrichtung als die (im Verbrauchervertrag daneben geltenden) Informationspflichten der Fernabsatz- bzw. Verbraucherrechte-RL. Es geht hier hauptsächlich um die **technische Durchführung des Geschäftsschlusses** im Internet. Die zum Vertragsschluss führenden technischen Schritte müssen dargelegt werden und der Nutzer muss über Mittel zur Erkennung und zur Korrektur von Eingabefehlern informiert werden.

### 4. Informationspflichten bei sonstigen Verträgen

Erwartungsgemäß enthalten auch die anderen Richtlinien meist zahlreiche Informationspflichten. Sie sind bisher jeweils uneinheitlich geregelt und **fast immer (zu) umfangreich** (dazu oben Rn. 253). Wie für den Fernabsatz eben schon erläutert wird jeweils zwischen der vorvertraglichen Informationserteilung und der nachträglichen Übergabe der Informationen in dauerhafter Form unterschieden (so z.B. Art. 4, 5 Teilzeitnutzungsrechte-RL). Dahinter steckt auch bei den anderen Verträgen immer der Gedanke der unproblematischen Kommunikation. Insbesondere wenn der Vertrag mündlich abgeschlossen wird, muss es reichen, dass die Informationen klar und deutlich erfolgen. Der Datenträger zur dauerhaften Übergabe der Informationen darf dann nachgereicht werden. 326

---

25 *BGH* ZIP 2019, 1669.

## 5. Sanktionen bei der Verletzung von Informationspflichten

**327** Wie bereits angesprochen, überlassen die Richtlinien die Sanktionen für die Verletzung von Informationspflichten weitgehend den Mitgliedstaaten. Ganz typisch ist Art. 24 Verbraucherrechte-RL, der bestimmt, dass die Mitgliedstaaten für Verstöße gegen die durch die Richtlinie vorgegebenen Pflichten Sanktionen festlegen, die „wirksam, angemessen und abschreckend" sind. Einzelne Sanktionen sind allerdings schon in den Richtlinien selbst vorgegeben. Dazu gehören zum einen die oben schon beschriebenen Konsequenzen für den Inhalt und die Wirksamkeit des Vertrags (Rn. 319).

Früher wurde an das Fehlen bestimmter Informationen im **elektronischen Geschäftsverkehr** auch eine Verlängerung der Widerrufsfrist geknüpft (§ 312g Abs. 6 S. 2 BGB a.F.). In Deutschland ist – entsprechend der jeweiligen Richtlinie – mit der Nichterfüllung der nun in § 312i Abs. 1 BGB geregelten Pflichten im Gegensatz zum alten Recht keine Verlängerung der Widerrufsfrist mehr verbunden. Anders ist es bei Verträgen über Finanzdienstleistungen (siehe § 356 Abs. 3 i.V.m. § 312d Abs. 2 BGB, Art. 246b § 2 Abs. 1 EGBGB) und Verbraucherkreditverträgen. Dort führt das Fehlen der erforderlichen allgemeinen Informationen dazu, dass die Widerrufsfrist nicht zu laufen beginnt. Bei allen anderen Verträgen kommt es zu dieser Verzögerung nur, wenn der Unternehmer gerade die Informationspflichten in Bezug auf das Widerrufsrecht selbst nach §§ 312d Abs. 1, 356 Abs. 3 BGB i.V.m. Art. 246a § 1 Abs. 2 S. 1 Nr. 1 EGBGB verletzt (näher dazu unten Rn. 363).

Bei der Verletzung seiner Pflichten aus § 312i BGB verliert der Unternehmer zudem wie oben (Rn. 313) schon gezeigt unter Umständen den Anspruch auf Ersatz des Vertrauensschadens nach § 122 BGB, wenn der Verbraucher wegen eines Erklärungs- oder Inhaltsirrtums nach § 119 Abs. 1 BGB anficht.

Die weiteren Sanktionen, insbesondere Art und Umfang von Schadensersatzansprüchen und wettbewerbsrechtliche Sanktionen, sind ganz den Mitgliedstaaten überlassen. Insbesondere kommt ein Anspruch nach §§ 311 Abs. 2, 241 Abs. 2, 280 BGB wegen Verletzung vorvertraglicher Pflichten in Betracht (dazu unten Rn. 449).

## IV. Formvorschriften

**328** Mit den Informationspflichten geht auch noch eine weitere, deutlich erkennbare Tendenz einher: Verträge sind in höherem Maße als bisher an die Einhaltung von Formvorschriften gekoppelt.[26] Anders als die nationalen Formvorschriften, die verschiedene Funktionen verfolgen (z.B. Warn- oder Beweisfunktionen), sind die Formvorschriften des EU-Rechts **fast immer auf die effektive Vermittlung von Informationen gerichtet**.[27]

Dabei folgen die Formvorschriften den praktischen Anforderungen, die sich aus der für den Vertragsschluss genutzten Kommunikationsform ergeben. Dementsprechend

---

[26] Das arbeitet insbesondere *Schwintowski* heraus, EWS 2001, 201, 202.
[27] Ausführlich Schulte-Nölke/Schulze/*Mankowski*, Europäisches Vertragsrecht im Gemeinschaftsrecht, 2002, S. 181.

ordnet Art. 246a § 4 Abs. 3 EGBGB Erleichterungen in Hinblick auf die Form der Informationsübermittlung an, wenn das konkrete Fernkommunikationsmittel dies erforderlich macht. Die Information kann also, etwa am Telefon, auch mündlich erfolgen. Der Datenträger zur dauerhaften Übergabe der Informationen darf innerhalb einer angemessenen Frist nach § 312f Abs. 2 S. 1 BGB nachgereicht werden. Die Definition der Begriffe Textform und Datenträger zur dauerhaften Übergabe[28] hat dem deutschen Gesetzgeber gewisse Schwierigkeiten gemacht. Jetzt ist aber eine Definition des dauerhaften Datenträgers in § 126b S. 2 BGB erfolgt.[29]

Es gibt aber noch eine andere Gruppe von unionsrechtlichen Formvorschriften. Dazu gehört die Signatur-RL, welche sich unmittelbar mit der Form rechtsgeschäftlicher Erklärungen befasst. Hier geht es allerdings, ebenso wie auch bei den Formvorschriften in der E-Commerce-RL, um einen anderen Zweck. Es werden mit diesen Richtlinien keine neuen Formvorschriften eingeführt, sondern **nur bestehende Vorschriften für den Bereich des elektronischen Handels vereinheitlicht und vereinfacht**. So soll der elektronische Handel gefördert werden.

## V. Widerrufsrechte

**Literaturhinweis:** *Mätzig*, Das neue Widerrufsrecht in der Falllösung, Jura 2015, 233.

329

**Beispiel 13a:** Der recht wohlhabende, gutmütige B freut sich sehr, als seine Enkelin E ihn zum Kaffeetrinken in ein schönes Café einlädt. Das Treffen verläuft dann aber anders als erwartet, denn im Café erscheint nach kurzer Zeit auch die X. X ist Mitarbeiterin der U-Bank und erläutert dem B, dass die U-Bank der E einen größeren Kredit für eine Geschäftseröffnung gewähren wolle, dafür aber den B als Bürgen benötige. B will E angesichts der schönen Einladung nicht enttäuschen. Ohne lange nachzudenken, sagt er ihr die Unterschrift zu. Es wird ein Termin in der Bank für den nächsten Morgen vereinbart, wo B die Bürgschaft unterschreibt. Später bereut er dies sehr, denn bei näherem Hinsehen erscheint ihm das Geschäftsmodell der E unsicher.

**Beispiel 13b:** Wie wäre es, wenn B noch in dem Café der ebenfalls anwesenden Freundin F der E, eine formgerechte Vollmacht zur Abgabe der Bürgschaftserklärung in seinem Namen erteilen würde?

### 1. Überblick

#### a) Regelungstechnik in den Richtlinien und in der deutschen Umsetzung

Schon oben wurden die Systematik des Widerrufsrechts und seine Funktion als ein im EU-Vertragsrecht weit verbreitetes Instrument zur Stärkung der **echten Entscheidungsfreiheit des Verbrauchers** geschildert (Rn. 240). Die Voraussetzungen und Folgen des Widerrufsrechts sind im Privatrecht der EU jedoch nicht gebündelt und

330

---

28 Dazu etwa *EuGH* NJW 2012, 2637 (Content Services): Hyperlink zu Internetseite reicht nicht aus.
29 Zu den bleibenden Schwierigkeiten bei der Begriffsverwendung *Wendehorst*, NJW 2014, 577.

einheitlich geregelt, sondern in jeder einzelnen Richtlinie gesondert. Anfangs wichen die Regelungen in den unterschiedlichen Richtlinien zudem erheblich voneinander ab. Das galt insbesondere bei den Fristen und den Folgen der Rückabwicklung.

In den jüngeren Richtlinien wurde verstärkt darauf geachtet, eine Vereinheitlichung der Widerrufsrechte zu erreichen. Ein großer Schritt dabei ist durch die Verbraucherrechte-RL getan worden, die das Widerrufsrecht für die Fernabsatzverträge und die Haustürverträge einheitlich regelt.

331 In Deutschland sind die einzelnen **Widerrufstatbestände** im Zusammenhang mit den betroffenen Vertragstypen geregelt (z.B. § 312g BGB für Fernabsatz- und Haustürgeschäfte; § 495 BGB für den Verbraucherkreditvertrag; § 485 BGB für den Teilzeitnutzungsrechtevertrag). Die **Ausübung** und die **Rechtsfolgen des Widerrufs** sind dagegen **einheitlich** in den §§ 355 ff. BGB umgesetzt.

### b) Übersicht über die Problembereiche

332 **aa) Von der Mindest- zur Vollharmonisierung.** Viele Jahre lang ging das deutsche Recht im Bereich der Widerrufsrechte in vielen Punkten über die Vorgaben der Richtlinien hinaus. Insbesondere waren die einzelnen **Widerrufstatbestände** schon im Gesetz oft weiter gefasst als in den Richtlinien. Wo dies nicht der Fall war, wurden gelegentlich Analogien zugunsten des Verbrauchers vorgenommen. Das geschah, weil man einen systematischen Schutz des Schwächeren erreichen wollte, wie ihn die Richtlinien nicht verfolgen (dazu oben Rn. 227). Es war zu dieser Zeit noch ohne weiteres zulässig, über die Richtlinien hinauszugehen. Denn es ging immer um eine Erweiterung des Verbraucherschutzes und alle betroffenen Richtlinien verfolgten den Grundsatz der Mindestharmonisierung.

Inzwischen verfolgen die beiden im Bereich der Widerrufsrechte wichtigsten Richtlinien (Verbraucherrechte-RL und Verbraucherkredit-RL) jedoch die **Vollharmonisierung**. Es ist nun nicht mehr zulässig, einfach aus dem deutschen Recht heraus eine Erweiterung von Widerrufstatbeständen zu begründen. Vielmehr muss jedes Mal überprüft werden, ob die Richtlinie ein solches Verständnis der Norm entweder selbst abdeckt, oder ob sie in dem konkreten Fall eine Ausnahme vom Prinzip der Vollharmonisierung zulässt.

333 Dass der Wechsel von der Mindest- zur Vollharmonisierung trotzdem kaum zu einer Absenkung des Verbraucherschutzstandards bei den Widerrufsrechten geführt hat, beruht darauf, dass die vollharmonisierenden Richtlinien (vor allem die Verbraucherrechte-RL und die zweite Verbraucherkredit-RL) die Widerrufstatbestände gegenüber den früheren Richtlinien deutlich erweitert haben. Ein besonders bekanntes Beispiel ist das Widerrufsrecht bei den **Internetauktionen**, das früher aus dem autonomen deutschen Recht abgeleitet wurde und inzwischen auch nach der Verbraucherrechte-RL besteht (dazu oben Rn. 23).

Auch im Bereich der Telefonverträge konnte das in Deutschland gewünschte besonders hohe Schutzniveau beibehalten werden. Zwar kennt die Verbraucherrechte-RL **keinen besonderen Schutz vor Telefonverträgen**, während dem deutschen Gesetzgeber diese Verträge sogar Anlass zu einem eigenen Gesetz gegeben haben.[30] Es ging dabei besonders um den Verkauf von Zeitschriftenabonnements am Telefon, die entgegen den damals geltenden allgemeinen Regeln im Fernabsatz widerruflich sein sollten. Die Verbraucherrechte-RL sieht aber vor, dass Verträge über Zeitschriftenabonnements an der Haustür oder im Fernabsatz generell widerruflich sind. Die Abonnementverträge sind von dem Ausnahmetatbestand für den Verkauf von Zeitschriften in Art. 16 lit j) Verbraucherrechte-RL explizit ausgeschlossen („Rückausnahme"). Das ist in § 312g Abs. 2 Nr. 7 BGB umgesetzt. Das deutsche Bedürfnis nach erhöhtem Schutz in diesem Bereich ist somit erfüllt. Auch das ebenfalls zunächst nur in Deutschland eingeführte **Widerrufsrecht für Wett- und Lotterie-Dienstleistungen, die am Telefon** vermarktet werden, gerät nicht in Konflikt mit der Verbraucherrechte-RL, da diese für Lotterien explizit strengere nationale Regelungen erlaubt.[31] In Deutschland gibt § 312g Abs. 2 Nr. 12 BGB nun nicht nur für Telefon-, sondern auch für Haustürverträge ein Widerrufsrecht bei Wett- und Lotterie-Dienstleistungen.

Viele der Neuerungen in der Verbraucherrechte-RL gingen aber sogar auch deutlich über die zuvor in Deutschland bestehenden Regelungen hinaus. Das betrifft zum einen die Lieferung von **Strom, Gas und Wasser**, die große praktische Relevanz haben, weil diese Verträge häufig im Internet und in Haustürsituationen abgeschlossen werden. Noch wichtiger sind die Erweiterungen des Verbraucherschutzes, die sich für typische **Handwerkerverträge**, insbesondere aus dem großzügigen Verständnis der AGV-Situation, ergeben. Selbst dann, wenn der Verbraucher den Handwerker selbst bestellt hat, besteht hier meist ein Widerrufsrecht. 334

Weil eine Rückabwicklung im Widerrufsfall bei Dienstleistungen, aber auch bei der Lieferung von Strom, Gas und Wasser jedoch kaum möglich ist oder jedenfalls den Widerruf wirtschaftlich sinnlos machen würde, nutzt die Verbraucherrechte-RL hier übrigens einen besonderen Schutzmechanismus. Danach erhält der Verbraucher die Lieferung im Normalfall erst nach Ablauf der Widerrufsfrist. Vor Ablauf dieser Frist leistet der Unternehmer nur, **wenn der Verbraucher dies ausdrücklich verlangt**. Soweit der Verbraucher ordnungsgemäß belehrt wurde und die Leistung ausdrücklich verlangt hat, muss er im Falle des Widerrufs für die erbrachten Leistungen bezahlen (siehe Art. 7 Abs. 3, Art. 8 Abs. 8, Art. 14 Abs. 4 Verbraucherrechte-RL).[32] Bei vollständig erbrachter Leistung erlischt das Widerrufsrecht ganz.

Dem Verbraucher wird also überzeugend eine selbstverantwortliche Entscheidung darüber zugetraut, ob er sich lieber das **kostenfreie Widerrufsrecht** erhalten oder lieber die **sofortige Dienstleistung** entgegennehmen möchte (dazu näher Rn. 379, 385).

Wenn auch die mehrfache Neuregelung des Widerrufsrechts und der Widerrufsfolgen in vielen Punkten Klärung gebracht hat, so stellen sich doch weiterhin immer wieder Zweifelsfragen. Wie zu verfahren ist, wenn der Verbraucher außerhalb von Geschäftsräumen eine Bürgschaft erklärt (dazu Rn. 338) oder eine Vollmacht erteilt

---
30 Gesetz zur Bekämpfung unerlaubter Telefonwerbung und zur Verbesserung des Verbraucherschutzes bei besonderen Vertriebsformen vom 29. Juli 2009, BGBl. I, 2413.
31 Erwägungsgrund 31.
32 Nur *Wendelstein/Zander*, Jura 2014, 1191, 1207.

(Rn. 340), sollte man sich ansehen, auch wenn es nicht mehr so streitig ist wie früher einmal. Zur Außergeschäftsraumsituation kann man diskutieren, ob ein Vertragsschluss in einer anderen Privatwohnung als der des Verbrauchers immer unter § 312b BGB fällt (Rn. 350), und es kann außerdem fraglich sein, ob Messestände und ähnliche Einrichtungen immer Geschäftsräume sind (Rn. 350). Auch zu den Ausnahmetatbeständen in § 312g Abs. 2 BGB gibt es zahlreiche Diskussionen (Rn. 343 ff.). Manche Probleme, wie die Rückabwicklung im Fall des Beitritts zu einem Immobilienfonds (dazu Rn. 397), werden einfach deshalb weniger relevant, weil die zweifelhaften Praktiken nicht mehr so häufig vorkommen.

335  bb) **Einzelfragen bei den Widerrufsvoraussetzungen und -folgen.** Bei den Widerrufs**fristen** hatte der deutsche Gesetzgeber gerade anders als bei den Widerrufstatbeständen stets die Tendenz, sie kürzer zu halten, als die Richtlinien dies verlangten. Das hatte seine Ursache in dem Bedürfnis nach Rechtssicherheit, aber auch in einer Interessenabwägung zwischen Unternehmer und Verbraucher. Ein „unendliches" Widerrufsrecht widerstrebte dem deutschen Gesetzgeber stark. Jahrelange Diskussionen, einige noch heute berühmte Entscheidungen des EuGH und mehrere Anpassungen des BGB hatten schließlich dazu geführt, dass die Vorgaben der Richtlinien bezüglich Frist und Durchführung der Rückabwicklung **endlich gewahrt** waren, als durch die Verbraucherrechte-RL erneute Änderungen nötig wurden. Der Gesetzgeber hat sich bei deren Umsetzung endlich eng an die europäischen Vorgaben gehalten und es scheint, dass dabei zumindest weitgehend Übereinstimmung mit den Richtlinien erreicht worden ist (dazu näher unten Rn. 359 ff.).

Bei den Widerrufs**folgen** sieht die Situation ganz ähnlich aus. Auch dort haben erst viele Entscheidungen des EuGH dafür gesorgt, dass die deutschen Normen nach und nach immer besser an die Vorgaben der Richtlinien angepasst wurden. Im Rahmen der Umsetzung der Verbraucherrechte-RL sind die Normen dann nochmals komplett geändert worden. Sie sind heute nicht mehr an das Rücktrittsrecht angelehnt, sondern in sich völlig eigenständig. Im Wortlaut orientieren sie sich viel enger an den Richtlinien, als es bisher üblich war. Das heißt aber nicht, dass alle Probleme gelöst wären.

So bleibt es weiterhin schwierig, abzugrenzen, wann der Verbraucher eine Sache bereits so genutzt hat, dass **Wertersatz** geleistet werden muss (dazu Rn. 367 ff.). Außerdem gibt es Fälle, in denen die Rückabwicklung einfach nicht befriedigend zu erreichen ist, wie beim Beitritt zu einem Immobilienfonds an der Haustür (dazu Rn. 389).

Schließlich ist durch die erhebliche Besserstellung, die der Verbraucher im Rahmen der Verbraucherrechte-RL erfahren hat, ein ganz neues Problem aufgekommen: Wann müssen die Ergebnisse, die bei strenger Anwendung des Gesetzeswortlauts erreicht werden, durch allgemeine Rechtsgrundsätze, wie **Treu und Glauben oder das Verbot des Rechtmissbrauchs** zugunsten des Unternehmers korrigiert werden (dazu Rn. 386)?

## 2. Die einzelnen Widerrufstatbestände und ihre Umsetzung in das deutsche Recht

### a) Das Widerrufsrecht bei außerhalb von Geschäftsräumen geschlossenen Geschäften und Fernabsatzgeschäften

#### aa) Erfasste Rechtsgeschäfte.

**(1) Übersicht.** Der Gesetzgeber hat bei der Umsetzung der Verbraucherrechte-RL für die Bestimmung der Verträge, bei denen ein Widerrufsrecht besteht, eine abschichtende Technik verwendet, die das Lesen des Gesetzes nicht unbedingt erleichtert. Zunächst ist in § 310 Abs. 3 BGB geregelt, was überhaupt ein Verbrauchervertrag ist. Dann wird in § 312 BGB der Anwendungsbereich des Kapitels über die „Grundsätze bei Verbraucherverträgen", in dem auch Widerrufsrechte enthalten sind, noch weiter eingeengt. Zunächst muss der Vertrag nach § 312 Abs. 1 BGB „entgeltlich" sein. Außerdem müssen die vielen Ausnahmen in § 312 Abs. 2 BGB beachtet werden. Und schließlich benennt § 312g Abs. 2 BGB viele Verträge, in denen gerade das Widerrufsrecht ausnahmsweise nicht besteht.

336

Dementsprechend muss also auch bei der Prüfung eines Widerrufsrechts in der Klausur immer zunächst geprüft werden, ob überhaupt ein Verbrauchervertrag i.S.d. §§ 310 Abs. 3, 312 Abs. 1 BGB vorliegt, sodann ob eine Ausnahme aus dem allgemeinen Ausnahmekatalog in § 312 Abs. 2 BGB eingreift und schließlich ob sich nicht aus dem besonderen Ausnahmekatalog in § 312g Abs. 2 BGB noch ein Entfallen des Widerrufsrechts ergibt.

**(2) Entgeltlichkeit des Vertrags (§ 312 Abs. 1 BGB).** Schon § 312 Abs. 1 BGB bringt Schwierigkeiten mit sich. Anders als Art. 1 Verbraucherrechte-RL, wo ganz allgemein von Verträgen gesprochen wird, verwendet § 312 Abs. 1 BGB zur Bestimmung der erfassten Verbraucherverträge die Einschränkung, dass die Verträge eine „entgeltliche Leistung des Unternehmers" zum Gegenstand haben müssten.

337

Dieser **enge Wortlaut**, der auch schon in den Vorgängernormen so verwendet worden war, hat schon früh zu der Streitfrage geführt, ob bei unentgeltlichen Geschäften, bei denen der Verbraucher ebenfalls schutzwürdig sein kann, eine entsprechende Anwendung erfolgen sollte. Es scheint, als läge ein Argument für eine Erweiterung des Schutzes geradezu auf der Hand: Wenn der Verbraucher eine Leistung erbringt, ohne dass er etwas dafür erhält, ist er in der Regel noch schutzwürdiger, als in den Fällen, in denen er eine Gegenleistung bekommt. Doch muss man bedenken, dass das Gesetz zumindest typischerweise nur die Geschäfte erfasst, in denen der Unternehmer die charakteristische Leistung erbringt. Soll der Verbraucher auch geschützt werden, wenn er diese unentgeltlich erhält?

In jedem Fall muss **„entgeltlich" weit zu verstehen** sein. Immer wenn der Verbraucher sich irgendeinen Vorteil von seiner Leistung verspricht, sollte er geschützt werden. In § 514 Abs. 2 S. 2 BGB geht auch der Gesetzgeber selbst für unentgeltliche Verbraucherdarlehensverträge von so einem weiten Verständnis aus. Denn diese Norm ergibt nur Sinn, wenn bei unentgeltlichen Darlehen ein Widerrufsrecht aus § 312g i.V.m. §§ 312b oder c BGB bestehen kann.

In der Praxis wird die Frage im Wesentlichen für **Bürgschaften** und teilweise auch für **Vollmachten** diskutiert, die der Verbraucher außerhalb von Geschäftsräumen erteilt hat. Diese Problematiken seien im Folgenden noch näher erörtert.

### (3) Insbesondere: Der Widerruf von Bürgschaften und Vollmachten.

338 Literaturhinweis: *Hoffmann*, Personalsicherheiten als Außergeschäftsraumverträge, ZIP 2015, 1365; *Meier*, Sind Bürgschaften wieder unwiderruflich?, ZIP 2015, 1156.

Die Frage, ob eine **Bürgschaft**, die außerhalb von Geschäftsräumen übernommen wurde, widerruflich sei, hat die deutschen Gerichte schon früh beschäftigt. Der EuGH, dem der IX. Senat des BGH die Frage schließlich vorlegte, tat sich mit einer Einbeziehung in den Anwendungsbereich der damaligen Haustür-RL sehr schwer. Er ging nämlich davon aus, dass eine Bürgschaft schon aufgrund der Art des Vertrags nicht unter die Haustür-RL fallen könnte und meinte deshalb, man müsse über die Argumentationsbrücke der Akzessorietät der Bürgschaft mit einem „echten" Haustürgeschäft (Kreditvertrag) die Anwendbarkeit konstruieren. Dementsprechend verlangte er (wohl, denn ganz ausdrücklich hat der EuGH dies nie gesagt), dass die Forderung, für die der Bürge einstehen sollte, ebenfalls durch ein Haustürgeschäft entstanden sein musste.[33] Der BGH folgte dem zunächst, hat dann aber einige Jahre später doch seine Rechtsprechung geändert und über dieses Urteil des EuGH hinausgehend dennoch allgemein die Widerruflichkeit von durch einen Verbraucher in einer Haustürsituation erklärten Bürgschaften bejaht.[34] Das ist interessant, weil man hier erkennen kann, dass der EuGH – zu Recht – bei seiner Entscheidung ausschließlich europäische Prinzipien anwendete. Diese Prinzipien enthalten keinen allgemeinen Grundsatz des Schwächerenschutzes (ausführlich oben Rn. 192 ff.). Insofern war eine volle Analogie für Bürgschaften europarechtlich nicht zu begründen. Im deutschen Privatrecht ist das anders und somit hat der BGH – ebenfalls zu Recht – gerade anders entschieden. In Deutschland kann die soziale Gerechtigkeit ausschlaggebend sein: Derjenige, der an der Haustür eine Bürgschaft übernimmt, ist nämlich, da er keine Gegenleistung erhält, noch schutzwürdiger als derjenige, der an der Haustür etwas kauft.[35] Dieser Gerechtigkeitsgedanke wird durch das EU-Privatrecht nicht aus dem deutschen Recht herausgedrängt. Er wird noch nicht einmal ersetzt. Generell lässt sich Folgendes sagen: Soweit nicht ein vollharmonisierter Bereich betroffen ist, dürfen sich die nationalen Gerichte bei der abschließenden Fallentscheidung nicht allein auf das Urteil des EuGH stützen, sondern sie *müssen* überlegen, ob zusätzliche, nationale Gesichtspunkte einen erweiterten Schutz vorgeben.

Nach dem Inkrafttreten der Verbraucherrechte-RL ist dieser Unterschied zwischen den Prinzipien des deutschen und des EU-Privatrechts unverändert geblieben. Verändert haben sich aber die rechtlichen Rahmenbedingungen. Vor dem Hintergrund der Vollharmonisierung und der Neudefinition der Haustürgeschäfte wird nun lebhaft diskutiert, ob die **Bürgschaft** in den Anwendungsbereich der Verbraucherrechte-RL und des deutschen § 312 Abs. 1 BGB einbezogen ist.[36]

---

33 *EuGH* Slg. 1998, 1199 Rn. 22 (Dietzinger).
34 *BGH* NJW 2007, 2110; dem *EuGH* zunächst folgend BGHZ 139, 21.
35 Nur *Medicus*, EWiR 1991, 693 f.
36 Aus der Vielzahl der Beiträge nur beispielhaft *Hoffmann*, ZIP 2015, 1365; *Meier*, ZIP 2014, 1156; *Schürnbrand*, WM 2014, 1157; *von Loewenich*, WM 2015, 113; *Stackmann*, NJW 2014, 2403.

Nach einer verbreiteten Auffassung fällt die Bürgschaft nunmehr unmittelbar unter die Verbraucherrechte-RL. Anders als die Haustür-RL sei diese nämlich nicht mehr auf Verträge beschränkt, in denen der Unternehmer sich zu einer Warenlieferung oder Dienstleistung verpflichtet habe. Dies ergebe sich unter anderem aus Art. 2 Nr. 8 Verbraucherrechte-RL („jeder Vertrag").[37] Insbesondere erfasse die Richtlinie damit auch Verträge, bei denen der Unternehmer überhaupt nicht die vertragscharakteristische Leistung erbringe (C2B im Gegensatz zu B2C). Obwohl bei der Bürgschaft der Verbraucher die vertragscharakteristische Leistung, nämlich das Versprechen, für die Erfüllung der Verbindlichkeit eines Dritten einzustehen, erbringe, gelte also die Richtlinie. Hiergegen wendet die Gegenauffassung ein, dass die Richtlinie nach ihrer gesamten Stoßrichtung nur Geschäfte erfasse, in welchen der Unternehmer die charakteristische Leistung erbringe.[38] Dies ergebe sich zum einen daraus, dass sie der Verbesserung des Binnenmarktes für Verbraucher diene. Zum anderen sprechen dafür viele Einzelregelungen in der Richtlinie. Oben wurde hierzu schon Stellung bezogen: Die Ansicht, dass die Richtlinie zumindest im Bereich der Haustürgeschäfte auch C2B-Geschäfte erfasse, verfolgt zwar ein sehr nachvollziehbares Ziel, aber sie geht wohl über den Rahmen der Richtlinie hinaus.[39]

339

Damit fragt sich, ob das deutsche Recht eine Anwendung auf den Bürgschaftsvertrag weiterhin trägt. Der Wortlaut des § 312 Abs. 1 BGB steht dem allerdings zunächst deutlich entgegen. Denn hier wird, viel eindeutiger als in der Richtlinie, eine entgeltliche Leistung des Unternehmers verlangt. Eine solche liegt bei der Bürgschaft nicht vor.

In Betracht kommt somit nur eine Analogie. Dabei kann nach der hier vertretenen Ansicht zum begrenzten Anwendungsbereich der Richtlinie nicht etwa an eine richtlinienkonforme Rechtsfortbildung gedacht werden.[40] Vielmehr muss die Analogie aus dem deutschen Recht heraus begründet werden. Im Ergebnis würde man dann eine überschießende Umsetzung annehmen. Dem stünde die Vollharmonisierung nicht entgegen, da die Verbraucherrechte-RL eine Erweiterung auf andere Vertragsarten ausdrücklich zulässt.[41] Dies würde der bisherigen BGH-Rechtsprechung und herrschenden Ansicht entsprechen.

Gegen eine Fortführung der alten Rechtsprechung spricht einzig, dass die Beschreibung der von §§ 312 ff. BGB erfassten Geschäfte in § 312 Abs. 1 BGB nun gegenüber früher noch etwas präzisiert wurde, und damit die Bürgschaften noch etwas deutlicher ausschließt. Da aber ohnehin die Bürgschaft vom Wortlaut nie gedeckt war, und auch schon früher eine Analogie gebildet werden musste, ist dieses Argument für sich genommen nicht durchschlagend. Wichtiger ist, dass der Gesetzgeber in Hinblick auf die Bürgschaft keine Änderung herbeiführen wollte. Die Gründe für die

---

[37] *Hoffmann*, ZIP 2015, 1365, 1367 f.; *Meier*, ZIP 2015, 1156, 1159 f.; *Schürnbrand*, WM 2014, 1157, 1159; auch schon oben Rn. 198.
[38] MünchKommBGB/*Wendehorst*, § 312 Rn. 28 ff., 34; *von Loewenich*, WM 2015, 113 ff.; *Stackmann*, NJW 2014, 2403.
[39] Schon Rn. 198.
[40] Auf der Basis der Gegenauffassung nehmen *Hoffmann*, ZIP 2015, 1365, 1368 f.; *Meier*, ZIP 2014, 1156, 1161 f.; *Schürnbrand*, WM 2014, 1157, 1159 f. eine solche dagegen konsequent vor.
[41] Erwägungsgrund 13.

Analogie, die im System des Schwächerenschutzes liegen, sind demgegenüber völlig gleich geblieben.[42] Eine analoge Anwendung des Widerrufsrechts auf Bürgschaften ist daher zu bejahen.

> Im **Beispiel 13a** können also §§ 312, 312b, 312g BGB zunächst entsprechend herangezogen werden.

**340** Bei der Erteilung einer **Vollmacht** an der Haustür besteht eine etwas andere Rechtslage, aber die Diskussion weist auch viele Parallelen auf. Dabei soll es hier vorerst nicht um das Problem gehen, in welchen Fällen das *Hauptgeschäft* widerruflich ist, wenn es von einem Vertreter abgeschlossen wurde.[43] Nach Art. 2 Nr. 2 Verbraucher-RL, § 312b Abs. 1 S. 2 BGB ist das zumindest dann ganz einfach, wenn statt des Unternehmers ein Vertreter in der Haustürsituation agiert hat (näher zu den Anlageberaterfällen Rn. 351 f.).

Jetzt sollen aber erst einmal die Fälle behandelt werden, in denen, wie im Beispiel, der Verbraucher in einer Außergeschäftsraumsituation wirklich nur eine Vollmacht an einen Dritten erteilt – also noch kein „entgeltliches" Rechtsgeschäft abschließt, sondern mit der Erteilung der Vollmacht nur eine Art „Vorbereitungshandlung" tätigt. Wenn der Vertreter von dieser Vollmacht bereits Gebrauch gemacht hat, hilft ein einfacher Widerruf nach § 168 S. 2 BGB nicht mehr. Man könnte dann wiederum an eine analoge Anwendung des § 312 Abs. 1 BGB denken. Aber das ginge wohl zu weit. Man müsste zumindest in einem ergänzenden Auslegungsakt die Ausnahmen des § 312 Abs. 2 BGB, die sich ja alle auf Hauptgeschäfte beziehen, ebenfalls anpassen. Das ist kompliziert und strapaziert die Grenzen der Analogie stark. Es erscheint richtiger, bei Vollmachten nicht generell § 312 Abs. 1 BGB analog anzuwenden, sondern in jedem einzelnen Fall auf die inhaltliche Verbindung zwischen der Vollmacht und dem Vertrag, für dessen Abschluss die Vollmacht erteilt wird, abzustellen.[44] Die Widerruflichkeit der Vollmacht kann sich dann (ausnahmsweise) nur ergeben, wenn der Verbraucher im konkreten Fall gleichermaßen schutzbedürftig ist, wie er es bei der unmittelbaren Eingehung des Geschäfts gewesen wäre. Außerdem darf der Schutz des Unternehmers, mit dem der Bevollmächtigte später einen Vertrag abgeschlossen hat, nicht überwiegen. Denn der Bevollmächtigte wird zum Vertreter ohne Vertretungsmacht und der Unternehmer verliert den Vertragspartner, mit dem er ursprünglich kontrahieren wollte.[45]

**341** Nach wohl überwiegender Ansicht kann also eine Vollmacht allenfalls dann widerrufen werden, wenn der Vertreter Unternehmer ist, und wenn das **Hauptgeschäft** – bei Abschluss in einer vergleichbaren Situation – **widerruflich** gewesen wäre. Dem BGB wird man diese Lösung durch entsprechende Auslegung entnehmen können. Ob dies auch für die EU-Richtlinien gilt, ist vorsichtiger zu betrachten. Dafür spricht aber die erkennbare Parallele zur Rechtssache Dietzinger. Dort hatte der EuGH die Bürgschaft

---

[42] MünchKommBGB/*Wendehorst*, § 312 Rn. 35; *Schürnbrand*, WM 2014, 1157, 1161.
[43] Zu den unterschiedlichen Konstellationen etwa *Hoffmann*, JZ 2012, 1156.
[44] *Hoffmann*, JZ 2012, 1156, 1161; für Anwendung des § 312 BGB aber Erman/*Koch*, BGB, § 312 Rn. 9.
[45] Dies stark betonend Staudinger/*Thüsing*, BGB, § 312b Rn. 46.

mit dem Argument der „Akzessorietät" mit in den Anwendungsbereich der Haustür-RL hineingezogen.[46] Mit dem Argument der „engen Verbindung" zum Hauptgeschäft könnte er auch die Vollmacht in die Verbraucherrechte-RL hineinziehen.

> Im **Beispiel 13b** scheidet ein verbraucherschützendes Widerrufsrecht der Vollmacht aus. Denn ein solches kann jedenfalls nur dann bestehen, wenn der Bevollmächtigte Unternehmer ist und wenn die Vollmacht zum Abschluss eines Vertrags verwendet werden soll, der seinerseits widerruflich wäre. Nach hier vertretener Ansicht wäre zwar die zweite dieser Voraussetzungen erfüllt, denn der Bürgschaftsvertrag an der Haustür ist widerruflich. Aber es ist davon auszugehen, dass F nicht unternehmerisch tätig ist.
> Der B kann also nur versuchen, die Vollmacht noch rechtzeitig nach § 168 S. 2 BGB zu widerrufen.

Leicht lassen sich bei Bevollmächtigungen übrigens auch Fälle konstruieren, in denen ein **Umgehungsgeschäft i.S.d. § 312k Abs. 1 S. 2 BGB** angenommen werden muss. So wäre es, wenn der Unternehmer den Vertrag nicht mithilfe eines eigenen Vertreters in der Außergeschäftsraumsituation abschließen würde, sondern wenn er den Verbraucher dort nur auffordern würde, eine Mittelsperson für den Abschluss des Vertrags zu bevollmächtigen. Ebenso könnte der Kreditgeber bei einem Verbraucherkreditvertrag nicht direkt mit dem Verbraucher den Kreditvertrag abschließen, sondern diesen nur um Bevollmächtigung einer Mittelsperson bitten. In solchen Fällen besteht nach § 312k Abs. 1 S. 2 BGB sogar ein Recht, unmittelbar den Kreditvertrag zu widerrufen. Es kommt dann nicht darauf an, ob die Mittelsperson Verbraucher oder Unternehmer ist.

**(4) Ausnahmen vom Anwendungsbereich des gesamten Kapitels (§ 312 Abs. 2 BGB).** Wie schon oben angesprochen, enthält § 312 Abs. 2 BGB eine lange Liste von Verträgen, die aus dem Verbraucherschutzregime weitgehend ausgenommen sind. Das ist meist unproblematisch. Denn hier finden sich zum einen viele Verträge, für die **andere Richtlinien** greifen, zum anderen Verträge, für die der **umfassende Verbraucherschutz und das Widerrufsrecht nicht passen**. Zur letzten Gruppe gehören insbesondere Verträge, die vor dem Notar geschlossen werden, Verträge über die Lieferung von Lebensmitteln des täglichen Bedarfs, die „im Rahmen häufiger und regelmäßiger Fahrten" erfolgen sowie viele Dienstleistungsverträge. 342

**(5) Ausnahmen vom Anwendungsbereich des Widerrufsrechts (§ 312g Abs. 2 BGB).** Näher betrachtet seien nun noch die Verträge, für welche die Richtlinie zwar gilt, für die aber dennoch kein Widerrufsrecht besteht. Die Ratio für alle diese Ausnahmen liegt im Bereich der **Unternehmerinteressen**. Sie erfassen die Verträge, bei denen ein Widerrufsrecht ganz unpraktikabel wäre oder den Unternehmer übermäßig belasten würde. 343

Ganz besonders deutlich ist das bei der Lieferung von Tonträgern und Software (Art. 16 lit i) Verbraucherrechte-RL), bei denen durch die Entsiegelung das Widerrufsrecht untergeht und bei digitalen Inhalten, lit m), bei denen ab Ausführungsbe-

---
46 Dazu soeben Rn. 338.

ginn der Widerruf ausscheidet. Die Ausnahmen sind vor diesem Hintergrund aber möglichst **eng gefasst und auch bei der Auslegung eng zu verstehen**. Denn wie oben ausführlich dargelegt (Rn. 211, 283), überwiegt das Regelungsziel, Verbrauchervertrauen zu erreichen, in den meisten Fällen die Interessen des Unternehmers. Dass die für den Unternehmer durch den Widerruf bei manchen Waren entstehenden Kosten dazu führen könnten, dass Fernabsatzverträge für diese Waren unattraktiv werden, scheint der Richtliniengeber derzeit nicht zu befürchten.[47]

344 Zunächst sei erwähnt, dass in Art. 16 lit k) Verbraucherrechte-RL die Ausnahme für Versteigerungen endlich so umformuliert wurde, dass sie nur noch öffentlich zugängliche Versteigerungen erfasst. Damit ist nun auch im EU-Recht ein **Widerrufsrecht bei Internetauktionen** vorgesehen. Gemäß Art. 3 Abs. 1 Spiegelstrich 5 Fernabsatz-RL waren früher nämlich Verträge, die „bei einer Versteigerung geschlossen werden", von der Widerruflichkeit ausgeschlossen. Das hatte in Deutschland zu einer erheblichen Diskussion geführt.[48] Der BGH löste das Problem schließlich, indem er ein Widerrufsrecht aus nationalen Normen ableitete.[49] Wie bereits oben gezeigt, wurde § 312g Abs. 2 Nr. 10 BGB daran angepasst.

Interessant ist auch die Ausnahme in Art. 16 lit c) Verbraucherrechte-RL, die Waren betrifft, die **vorgefertigt** sind und für deren Herstellung eine **individuelle Auswahl oder Bestimmung durch den Verbraucher** maßgeblich ist oder die eindeutig auf die persönlichen Bedürfnisse des Verbrauchers zugeschnitten sind (umgesetzt in § 312g Abs. 2 Nr. 1 BGB). Diese Ausnahme muss ganz zweckorientiert verstanden werden. Solange der Unternehmer den gelieferten Gegenstand ohne größere Kosten **in wiederverwertbare Bausteine** zurückbauen kann, muss er ein Widerrufsrecht einräumen.[50] Die Zahl der Anwendungsfälle ist dadurch signifikant geschmälert, dass die Norm nicht gilt, wenn der Vertrag kein Kauf-, sondern **ein Werkvertrag** ist. Dann gelten die Regeln über den Widerruf von Dienstleistungsverträgen (dazu Rn. 379). Der BGH hat dies für einen Fall angenommen, in dem Verbraucher in einer AGV-Situation einen Senkrechtlift bestellt hatten, der in ihr Einfamilienhaus eingebaut werden sollte.[51]

345 Der EuGH musste sich in der Entscheidung **Slewo** damit befassen, wie weit die Ausnahme in Art. 16 lit e) Verbraucherrechte-RL reicht, die bestimmt, dass das Widerrufsrecht entfällt, wenn die Versiegelung von Waren entfernt wird, die aus Gründen des Gesundheitsschutzes oder aus Hygienegründen nicht zur Rückgabe geeignet sind.[52] Konkret ging es dabei um den Widerruf des Kaufs einer versiegelten Matratze. Der EuGH stellte hier überzeugend darauf ab, ob die betroffene Ware auch nach dem Entsiegeln (und Ausprobieren) noch vermarktet werden könne. Das bejahte er für die Matratze, da diese sich reinigen lasse und dann von einem Dritten verwendet werden könne.

---

47 Sehr kritisch *Föhlisch*, NJW 2011, 30.
48 Mit umfassender Darstellung des Diskussionsstands nur *Hoffmann*, ZIP 2004, 2337.
49 *BGH* NJW 2005, 53.
50 Nur BGHZ 154, 239.
51 *BGH* NJW 2018, 3380.
52 *EuGH* NJW 2019, 1507 (Slewo).

Man kann sich übrigens sowohl für die Hygieneartikel als auch für die Ausnahme in Art. 16 lit i) Verbraucherrechte-RL, die für versiegelt verpackte Ton- oder Videoaufnahmen oder Computersoftware gilt, fragen, was überhaupt eine **„Versiegelung"** im Sinne der Norm ist. Man wird dann wohl für die beiden Tatbestände zu unterschiedlichen Anforderungen gelangen. Die Versiegelung für Hygieneartikel umfasst jede verschlossene, schützende Verpackung, während bei den Tonträgern bzw. der Software nur erkennbare „Siegel" gemeint sein können, die dem Verbraucher als hinreichende Warnung dienen.[53]

Große Reichweite hat die Ausnahme für Dienstleistungen im Bereich der Freizeitgestaltung, die etwas versteckt – nämlich in **§ 312g Abs. 2 Nr. 9 BGB** – umgesetzt wurde. Danach entfällt das Widerrufsrecht, wenn der Vertrag für die Erbringung einer Dienstleistung, die im Zusammenhang mit Freizeitbetätigungen steht, einen spezifischen Termin oder Zeitraum vorsieht. Ganz gleich, ob auf Theaterkarten, Sprachreisen, Segelkurse oder Yoga an der Volkshochschule wird sie sehr breit angewendet. Wichtigster Grund für diese Ausnahme ist das Bedürfnis des Unternehmers nach **Planungssicherheit**. Diese ließe sich allerdings auch dann gut erreichen, wenn nur eine **zeitliche Begrenzung für das Widerrufsrecht** (etwa „bis zu zwei Monaten vor Beginn der Dienstleistung") vorgesehen wäre.

346

Merkwürdige Widersprüchlichkeiten können sich hier ergeben, wenn eine Dienstleistung einen **Bezug zum Beruf** aufweist, aber doch von einem Verbraucher in Anspruch genommen wird. Kann diese Dienstleistung die „Freizeitgestaltung" betreffen? Ein Beispiel dafür wäre ein Arbeitnehmer, der einen berufsbezogenen Sprachkurs im Internet bucht. Der Arbeitnehmer hätte, weil der Kurs nicht seine Freizeitgestaltung betrifft, nach dem strengen Wortlaut der Norm ein Widerrufsrecht. Im Gegensatz dazu bestünde für die Rentnerin, die den gleichen Kurs aus privater Freude besucht, kein Widerrufsrecht, weil es sich für sie um „Freizeitbetätigungen" handelt? Ein solches Widerrufsrecht für berufsbezogene Dienstleistungen wäre unsinnig, systemwidrig und für den Dienstleistenden unzumutbar. Der Begriff der Freizeit ist also nicht im Sinne von „Privatvergnügen" zu verstehen. Vielmehr ging es dem Richtliniengeber darum, die Art der Dienstleistung näher zu beschreiben – gemeint sind Angebote, die ihrer Art nach als Freizeitbeschäftigung nachgefragt werden, und nicht medizinische, kosmetische oder sonstige Dienstleistungen, die ebenfalls terminiert werden.

Dadurch, dass die Verbraucherrechte-RL in Art. 6 Abs. 1 lit k) vorsieht, dass immer dann, wenn das Widerrufsrecht gemäß Art. 16 Verbraucherrechte-RL *nicht* besteht, ein **Hinweis auf das Nichtbestehen** erforderlich ist, wird zugleich die **Rechtssicherheit** für den Verbraucher signifikant erhöht. Die Norm wurde in Art. 246a § 1 Abs. 3 EGBGB umgesetzt. Wohl überwiegend wird aber angenommen, dass ein fehlender Hinweis auf die Ausnahmen – genauso wie übrigens auch die Belehrung über ein nicht bestehendes Widerrufsrecht – nicht dazu führt, dass das Widerrufsrecht dann entsteht. Hier werden vielmehr die allgemeinen Regelungen zur Auslegung von Willenserklärungen angewendet. Der XI. Senat des BGH meint, dass eine Belehrung trotz eigentlich nicht bestehendem Widerrufsrecht aus Sicht „eines durchschnittlichen

347

---
53 Wie hier und näher MünchKommBGB/*Wendehorst*, § 312g Rn. 25 f., 33.

Kunden bei der gebotenen objektiven Auslegung nicht als Angebot auf Vereinbarung eines voraussetzungslosen vertraglichen Widerrufsrechts zu verstehen" sei.[54] Ob das so allgemein gelten kann, ist sehr zweifelhaft. Man sollte auf den Einzelfall abstellen.[55]

### bb) Begriff des „Außergeschäftsraumvertrags".

**348** **(1) Entstehungsgeschichte.** Die Haustür-RL von 1985 war die **erste europäische Richtlinie, die ein Widerrufsrecht vorschrieb**. Bei ihrer Entstehung hatte man den inzwischen selten gewordenen Fall vor Augen, dass ein Unternehmer (damals wurden diese Haustürhändler „Vertreter" genannt) dem Verbraucher im wörtlichen Sinne „an der Haustür" etwas verkauft hatte. Nach der Richtlinie sollte der Verbraucher einen solchen Vertrag binnen sieben Tagen widerrufen dürfen. In Deutschland trat nur wenig später das Haustürwiderrufsgesetz in Kraft. Das Widerrufsrecht wurde eingeführt, weil man erkannt hatte, dass der Verbraucher in einer solchen Situation in besonderem Maße „überrumpelt" wird. Er schließt einen Vertrag nicht, weil er die Ware braucht, sondern weil er sich unter Druck fühlt.

Im Jahr 2002 wurde das Haustürwiderrufsrecht in das BGB integriert. Im Jahr 2014 wurden die Normen (§§ 312 ff., §§ 355 ff.) wie bereits erläutert stark überarbeitet, weil die **Verbraucherrechte-RL** umgesetzt werden musste. Obwohl die Fernabsatz- und Haustürgeschäfte nun grundsätzlich gemeinsam behandelt werden, enthält § 312b BGB noch eigenständige Bestimmungen dazu, wann eine **„Außergeschäftsraum-Situation"** vorliegt. Dies sei im Folgenden behandelt.

**349** **(2) Die Außergeschäftsraumsituation.** Der Begriff „Haustürgeschäft" trifft nur noch einen kleinen Teil der von der Richtlinie und von § 312b BGB umfassten Abschlusssituationen. Der Verbraucher soll in allen typischen Überrumplungssituationen geschützt werden und dazu gehören nach der Vorstellung des Richtliniengebers die meisten Fälle von Vertragsschlüssen außerhalb der Geschäftsräume des Unternehmers. Heute wird daher anstelle des Begriffs „Haustürgeschäft" der dem Gesetz genauer entsprechende Begriff „Außergeschäftsraumvertrag"[56] oder kurz AGV (für „außerhalb von Geschäftsräumen geschlossenen Vertrag") und entsprechend AGV-Situation oder Außergeschäftsraumsituation verwendet. Wenn stattdessen – auch hier – parallel teilweise noch vereinfachend von Haustürgeschäft sowie Haustürsituation gesprochen wird, ist dies bildhaft gemeint und an sich nicht ganz präzise.

Wann genau eine AGV-Situation im Sinne der Richtlinie bzw. des § 312b BGB gegeben ist, verursacht trotz der recht genauen Beschreibung im Gesetz einige Abgrenzungsprobleme.[57] Zu beachten ist, dass die Richtlinie bei dieser Frage wieder keine Vollharmonisierung verlangt, sondern den Mitgliedstaaten den Spielraum belässt, weitere Geschäfte unter die Haustürgeschäfte zu fassen.[58]

---

54 *BGH* NJW 2019, 1739 mit zustimmender Anm. *Omlor*, NJW 2019, 1741; anders aber *BGH* NJW 2019, 356.
55 Ebenso und mit Einzelheiten BeckOGK/*Mörsdorf*, BGB, § 355 Rn. 34.
56 *Hoffmann*, ZIP 2015, 1365; *Stürner*, Jura 2015, 1045.
57 Dazu ausführlich *Bülow/Artz*, Verbraucherprivatrecht, Rn. 225 ff.; *Wendelstein*, Jura 2014, 1191; mit einer Fülle von Beispielen für Detailprobleme auch *Brinkmann/Ludwigkeit*, NJW 2014, 3270.
58 MünchKommBGB/*Wendehorst*, § 312b Rn. 10.

Im **Beispiel 13a** (Rn. 329) ist das Café ohne Zweifel kein Geschäftsraum, in dem die X ihre Tätigkeit gemäß § 312b Abs. 1 Nr. 1, Abs. 2 BGB dauerhaft ausübt.

Früher kannte das deutsche Recht eine **Nachwirkung** der Haustürsituation. Es reichte aus, wenn der Vertragsschluss durch eine Haustürsituation **vorbereitet oder gar nur mitverursacht** wurde.[59] Die Verbraucherrechte-RL verfolgt ein engeres Verständnis und verlangt, wie Erwägungsgrund 21 näher beschreibt, dass der Verbraucher die Erklärung zumindest „unmittelbar danach" abgegeben haben muss, damit noch eine AGV-Situation angenommen werden kann. Der deutsche Gesetzgeber hat in § 312b Abs. 1 Nr. 1-3 BGB in enger Anlehnung an die Richtlinie diese Vorgabe übernommen. Es ist also erforderlich, dass der Verbraucher seine Willenserklärung **in der Überrumplungssituation selbst** abgegeben hat oder, dass die Überrumplung, wie § 312b Abs. 1 Nr. 3 BGB nun formuliert, **„unmittelbar zuvor"** stattgefunden haben muss. Diese Änderung ist erfolgt, obwohl nach einhelliger Ansicht die Verbraucherrechte-RL ein Festhalten an dem bisherigen weiten Verständnis zugelassen hätte, weil sie den Begriff des AGV nicht abschließend regeln will.

Im **Beispiel 13a** (Rn. 329) hat der B die Bürgschaftserklärung erst am nächsten Tag in der Bank abgegeben. Er hat also seine eigentliche Willenserklärung nicht außerhalb der Geschäftsräume des Unternehmers abgegeben. Auch § 312b Abs. 1 Nr. 3 BGB greift nicht ein, weil der Besuch in der Bank nicht unmittelbar nach dem Ansprechen im Café erfolgte. Obwohl B laut Sachverhalt noch nicht in Ruhe nachgedacht hatte, hilft ihm daher § 312g BGB nicht.

350

Im **Beispiel 13b** dagegen hat B die Vollmacht außerhalb der Geschäftsräume des Unternehmers erteilt.

Insgesamt ist die Definition der Außergeschäftsraumsituation in der Verbraucherrechte-RL schlecht geglückt. Unsystematisch erscheint vor allem das Abstellen darauf, ob die Geschäftsräume beweglich sind und *gewöhnlich* genutzt werden, oder ob sie unbeweglich sind und *dauerhaft* genutzt werden. Schon die Unterscheidung zwischen „beweglich" und „unbeweglich" ist ungünstig, weil es letztlich eher darum geht, ob die Räume temporär oder dauerhaft genutzt werden.[60] Die Verbraucherrechte-RL wählt außerdem eine Definition, die ganz auf den Unternehmer und dessen übliches Verhalten abstellt. Für den Verbraucher ist womöglich überhaupt nicht erkennbar, ob ein Unternehmer einen Geschäftsraum regelmäßig oder unregelmäßig nutzt. Hier müssen Unstimmigkeiten durch eine an dem Ziel der Verbraucherrechte-RL orientierten, das Vertrauen des Verbrauchers verfolgenden Auslegung geklärt werden.[61] Damit musste sich in der Entscheidung **Grüne Woche II** auch bereits der EuGH beschäftigen. Er nahm dabei überzeugend an, dass es bei „beweglichen" Geschäftsräumen – was alle Geschäftsräume erfasst, die nicht dauerhaft genutzt werden – auf die **Erwartungen des Verbrauchers** ankommen müsse.[62] Es ging um einen Messestand,

---

59 Dazu z.B. *BGH* NJW-RR 2005, 180.
60 Klarstellend *EuGH* EuZW 2018, 742 (Unimatic) für einen Messestand; näher BeckOK/*Maume*, BGB, § 312b Rn. 32 ff.
61 Näher MünchKommBGB/*Wendehorst*, § 312b Rn. 11 ff.
62 *EuGH* EuZW 2018, 742 (Unimatic) auf Vorlage des *BGH* EuZW 2017, 809.

bei dem ein Verbraucher einen Dampfstaubsauger gekauft hatte. Die Frage war, ob es sich möglicherweise nicht um einen Geschäftsraum handelte, weil der Anschein einer reinen Beratungsstelle erweckt wurde. Der EuGH entschied, dass es darauf ankomme, ob ein „normal informierter, angemessen aufmerksamer und verständiger Verbraucher vernünftigerweise damit rechnen konnte, dass der betreffende Unternehmer dort seine Tätigkeiten ausübt und ihn anspricht, um einen Vertrag zu schließen". Wie stets blieb es die Aufgabe des nationalen Gerichts, diesen Maßstab auf den konkreten Fall anzuwenden. Auf den typischen großen Messen in Deutschland muss ein Verbraucher damit rechnen, dass ihm an den Ständen Verkaufsangebote gemacht werden und nicht nur Beratung erfolgt.[63] Anders ist das, wie der EuGH gesondert klarstellte, wenn das Ansprechen im Gang erfolgt.[64]

Früher war auch die Konstellation problematisch, dass der Vertrag nicht in der Wohnung des Verbrauchers, sondern in der Wohnung des Unternehmers abgeschlossen wurde, etwa im Verlauf einer zunächst rein privat ausgesprochenen Einladung.[65] Denn die Haustür-RL erfasste diese Situationen nach ihrem Wortlaut wiederum nicht. Dieses Problem ist nun entfallen, weil die Verbraucherrechte-RL nur darauf abstellt, dass der Vertragsschluss **außerhalb** der unternehmerischen **Geschäftsräume** stattgefunden hat. Es ist aber bereits darauf hingewiesen worden, dass sich ein neues Problem ergeben kann, wenn ein Unternehmer seine eigene **Wohnung stets geschäftlich** nutzt. Es muss dann wiederum auf den äußeren Anschein ankommen, der beim Verbraucher erweckt wird. Erst wenn die Räume klar und für den Verbraucher erkennbar als Geschäftsräume gekennzeichnet sind, können sie als solche gelten.[66]

351 **(3) Zurechenbarkeit des Handelns eines Dritten.** Leicht vorstellbar sind Fälle, in denen nicht der Unternehmer selbst, sondern sein **Vertreter bzw. ein sonstiger Dritter** die AGV-Situation herbeigeführt hat. Dieses Problem nimmt § 312b Abs. 1 S. 2 BGB in Umsetzung des Art. 2 Nr. 2 Verbraucherrechte-RL auf. Es heißt dort, dass dem Unternehmer solche Personen gleich stehen, die im Namen oder im Auftrag des Unternehmers handeln.

Leider wird damit aber ein Problem, dass den BGH und den EuGH seit vielen Jahren beschäftigt hat, gerade nicht geklärt. Es gibt nämlich bei Bankgeschäften typische Geschäftsmodelle, bei denen ein selbstständiger Anlageberater weder im Auftrag der Bank, noch als ihr Vertreter handelt, aber doch objektiv die Interessen der Bank wahrnimmt. Oft sind solche Personen der Bank recht eng verbunden, rechtlich agieren sie aber nicht als Vertreter.

352 Die Rechtsprechung nahm hier eine recht mühsame Entwicklung. Zunächst arbeitete der BGH für die Widerruflichkeit von Verträgen in solchen Fällen mit dem Institut

---

63 Im Fall „Grüne Woche II" war die Revision zurückgenommen worden; siehe aber *BGH* NJW-RR 2019, 753 zu einem Küchenkauf auf der Messe Rosenheim.
64 *EuGH* ZIP 2020, 180 (B&L Elektrogeräte).
65 Dazu BGHZ 144, 133 (kein Haustürgeschäft); auch *Micklitz*, LM HWiG Nr. 16 (befürwortend).
66 Wie hier MünchKommBGB/*Wendehorst*, § 312b Rn. 17; a.A. *Brinkmann/Ludwigkeit*, NJW 2014, 3270, 3271, die meinen, einem solchen Verständnis stehe der Wortlaut des § 312b Abs. 2 BGB („Gewerberaum") entgegen.

der **Zurechenbarkeit gem. § 123 Abs. 2 BGB**.[67] Vor dem Hintergrund des Prinzips der gleichmäßigen oder jedenfalls gleichmäßig gemeinten Interessenabwägung im deutschen Privatrecht sah er die generelle Haftung der Bank für das Verhalten der Anlageberater als unzumutbar an. Diese Rechtsprechung musste er jedoch nach dem Crailsheimer Volksbank-Urteil des EuGH aufgeben.[68] Denn der EuGH entschied, dass es nach der Haustür-RL bei Handeln eines Dritten „für Rechnung eines Gewerbetreibenden" nicht darauf ankommt, ob der Gewerbetreibende (Unternehmer) wusste, dass der Vertrag in einer Haustürsituation geschlossen wurde.[69] Für die Entscheidung des EuGH war maßgeblich, dass nur so der vollständige Schutz des Verbrauchers erreicht werden könne. Wendet man die oben herausgearbeiteten Prinzipien an, so muss man dem beipflichten: Dem Verbraucher sind die im Hintergrund stattfindenden Geschäftsbeziehungen unbekannt. Um sein Vertrauen vollständig zu erreichen, müssen solche Interna unerheblich bleiben.

Aufgrund der Änderung des Wortlauts in Art. 2 Nr. 2 Verbraucherrechte-RL, die ein Handeln des Unternehmers „durch" einen Dritten in seinem „Namen oder Auftrag" verlangt, wird zum Teil davon ausgegangen, dass fortan für eine Zurechenbarkeit auf europäischer Ebene ein vom Unternehmer autorisiertes Handeln nötig sei.[70] Gegen diese Auffassung spricht jedoch, dass Art. 2 Nr. 2 Verbraucherrechte-RL kaum so verstanden werden kann, dass er eine Aussage zu den Anlageberaterfällen treffen wollte.[71] Sie bietet keine Grundlage dafür, die Haftung des Unternehmers gerade an diesem Punkt zu beschränken. Es entspricht der Intention der Verbraucherrechte-RL viel eher, bei der Rechtsprechung des EuGH im Urteil Crailsheimer Volksbank zu bleiben. Überwiegend wird daher die **Fortgeltung dieser Rechtsprechung** unter der Verbraucherrechte-RL angenommen.[72]

**cc) Begriff des Fernabsatzvertrags.**

**(1) Entstehungsgeschichte.** Im Fernabsatz ist das Widerrufsrecht ebenfalls besonders erforderlich, wenn auch aus anderen Gründen als bei Haustürgeschäften. Hier herrscht nämlich die Besonderheit, dass der Verbraucher die Ware üblicherweise **erst nach Abschluss des Vertrags erstmals in die Hand** bekommt. Vorher hat er nur Bilder und Beschreibungen im Internet oder einem Katalog angesehen. Fernabsatzgeschäfte gab es zwar lange vor der Entwicklung des Internethandels, dennoch wurde das Problem durch das Internet erst richtig virulent. Das Fernabsatzgesetz, das die Fernabsatz-RL umsetzte, trat zum 30. Juni 2000 in Kraft.

353

Die damalige Umsetzung des Widerrufsrechts aus der Fernabsatz-RL hat in Deutschland übrigens zu einem **Wechsel der dogmatischen Konstruktion** geführt, der bis heute fortgilt. Früher war nämlich angenommen worden, dass der Vertrag bis zum

---

67 So *BGH* ZIP 2003, 1741; BGHZ 159, 280; dagegen *Weiler*, BB 2003, 1397, 1400 f. (aus dem nationalen Recht heraus).
68 *BGH* NJW 2006, 1340, 1341; *BGH* NJW 2007, 364; *BGH* NJW 2008, 3423, 3424 f.; *BGH* NJW-RR 2009, 836.
69 *EuGH* Slg. 2005, 9273 (Crailsheimer Volksbank); Vorlage des *OLG Bremen* NJW 2004, 2238.
70 *Schwab/Hromek*, JZ 2015, 271, 275.
71 *Hoffmann*, ZIP 2015, 1365, 1371.
72 BeckOK/*Maume*, BGB, § 312b Rn. 27; *Hoffmann*, ZIP 2015, 1365, 1371.

Ablauf der Widerrufsfrist schwebend unwirksam sei. Mit dem Fernabsatzgesetz wurde der damalige § 361a BGB (jetzt § 355 BGB) dahin geändert, dass der Vertrag **schon während des Laufs der Widerrufsfrist wirksam** ist.

354 **(2) Bestimmung des Fernabsatzvertrags.** Fernabsatzgeschäfte i.S.d. § 312c BGB, der Art. 2 Nr. 7 Verbraucherrechte-RL umsetzt, sind Verträge, welche **ausschließlich auf dem Wege der Fernkommunikation**, also ohne gleichzeitige körperliche Anwesenheit der Vertragsparteien, abgeschlossen worden sind. Es handelt sich unter anderem um Geschäfte, die schriftlich (z.B. Bestellung nach einem Katalog), telefonisch (z.B. Bestellung aufgrund von Fernsehwerbung) oder auch elektronisch (z.B. Bestellung im Internet) zustande kommen.[73] Schwierigkeiten machen die Fälle, in denen es vor Vertragsschluss zu einer persönlichen Begegnung gekommen ist. Maßgeblich sind hier die Vorgaben der Verbraucherrechte-RL, die allerdings nicht leicht zu deuten sind. Ein Fernabsatzvertrag liegt nach Erwägungsgrund 20 vor, wenn der Verbraucher die **Geschäftsräume „zum Zwecke der Information über die Waren oder Dienstleistungen aufgesucht hat"**, aber die Vertragsverhandlungen „aus der Ferne" geführt hat. Dagegen liegt kein Fernabsatzgeschäft vor, wenn in den Geschäftsräumen des Unternehmers verhandelt wurde, und nur der Abschluss des Vertrags über ein Mittel der Fernkommunikation erfolgte. Auch vor dem Hintergrund des Ziels, den Verbraucher zu schützen, scheint diese Umschreibung sehr weitgehend.[74] Man sollte die Abgrenzung vor dem Hintergrund treffen, dass der Verbraucher schutzwürdig ist, weil er die Ware beim Fernabsatzgeschäft typischerweise nicht kennt. Dann kann man Erwägungsgrund 20 nur so verstehen, dass er einem praktischen Bedürfnis Rechnung trägt: Im anonymen Geschäftsverkehr wäre es nicht möglich, das Widerrufsrecht davon abhängig zu machen, ob der Verbraucher zuvor im Geschäft die Waren besichtigt hat oder nicht. Denn das lässt sich in der Regel nicht überprüfen oder erkennen. Daher bleibt auch der Verbraucher geschützt, der in einem bestimmten Bekleidungsgeschäft eine Hose anprobiert und dasselbe Modell dann später auf dessen Homepage bestellt. Wer aber bereits persönlich mit dem Verkäufer in Kontakt getreten ist, und dann in Fortführung dieses Kontakts in die Fernkommunikation übergeht, der kann nicht geschützt werden. Als Beispiel mag der Verbraucher dienen, der sich im Einzelhandel ein Fahrrad vorführen und erklären lassen hat. Wenn dieser Verbraucher am nächsten Tag den Händler anruft, um genau dieses Rad zu kaufen, kann er selbst dann nicht geschützt sein, wenn die eigentlichen Verhandlungen über Preis und Konditionen erst am Telefon beginnen. Er ist in keiner Weise schutzwürdig. Für eine endgültige Klärung der Frage wird es einer Entscheidung durch den EuGH bedürfen.[75]

**b) Widerrufsrecht in der Verbraucherkredit-RL und der Wohnimmobilienkredit-RL**

355 Art. 14 Verbraucherkredit-RL (dazu näher unten Rn. 428 ff.) enthält seit der Neufassung im Jahr 2008 ebenfalls ein Widerrufsrecht, das – im Normalfall – innerhalb einer Frist von 14 Kalendertagen ab Abschluss des Kreditvertrags ausgeübt werden

---

73 Näher zum Anwendungsbereich etwa *Bülow/Artz*, Verbraucherprivatrecht, Rn. 254 ff.
74 MünchKommBGB/*Wendehorst*, § 312c Rn. 22 f.; für einen Darlehensvertrag, bei dem die Interessenlage anders ist als beim Warenkauf, eher eng BGH NJW 2018, 1387.
75 Zum Ganzen auch *Brinkmann/Ludwigkeit*, NJW 2014, 3270, 3273 ff.

kann. Dieses in der alten Verbraucherkredit-RL noch nicht vorgesehene Widerrufsrecht war aus deutscher Sicht keine große Neuerung, da das deutsche Recht ein solches Widerrufsrecht für Verbraucherkreditverträge bereits enthielt. Etwas problematischer war die **Umsetzung der Regeln über die verbundenen Verträge**. Nach der Richtlinie darf der Verbraucher bei Widerruf des Kreditvertrags **stets zugleich das verbundene Geschäft** widerrufen. Darauf muss er auch bei der Belehrung bereits hingewiesen worden sein. In Deutschland geht dieser Durchgriff jedoch noch etwas weiter. Insbesondere wird auch ein umgekehrter Durchgriff (bei Widerruf des Kaufvertrags schlägt dies auf den Kreditvertrag durch) gewährt.

Dadurch, dass die Richtlinie eine Vollharmonisierung verlangt, darf die deutsche Lösung auch bei den Verbraucherkrediten nur dort über die Richtlinie hinausgehen, wo entweder eine Öffnung vorliegt, oder der Regelungsbereich der Richtlinie gar nicht betroffen ist. Gerade für das genannte Beispiel (umgekehrter Durchgriff) bringt Erwägungsgrund 37 Verbraucherkredit-RL eine solche Öffnung.

Die Wohnimmobilienkredit-RL stellt es den Mitgliedstaaten frei, ob sie ein Widerrufsrecht oder eine andere Form der Bedenkzeit einführen.[76] Der deutsche Gesetzgeber hat sich auch hier für ein Widerrufsrecht entschieden. Er hat die „Immobiliar-Verbraucherdarlehensverträge" weitgehend parallel zum Widerrufsrecht bei Verbraucherkrediten geregelt.[77]

### c) Das Widerrufsrecht in der Teilzeitnutzungsrechte-RL

Die Teilzeitnutzungsrechte-RL stammt ursprünglich aus dem Jahr 1994 und wurde 2009 neu gefasst. Hierbei wurde unter anderem die Skurrilität behoben, dass für das Widerrufsrecht (das es auch früher schon gab) der Begriff „Rücktritt" verwendet wurde. Nun besteht das **übliche 14-tägige Widerrufsrecht** (Art. 6 Teilzeitnutzungsrechte-RL). Hinzu kommt nach Art. 10 Teilzeitnutzungsrechte-RL für die „langfristigen Urlaubsverträge" (Art. 2 lit b) Teilzeitnutzungsrechte-RL) ein **Beendigungsrecht**, das ab der zweiten Ratenzahlung jederzeit entschädigungslos ausgeübt werden darf.

356

Als eine Besonderheit enthält Art. 11 Teilzeitnutzungsrechte-RL des Weiteren eine Vorschrift über verbundene Geschäfte. Bekannt ist das im deutschen Recht für Kredite: Wenn der Verbraucher das Teilzeitnutzungsrecht durch einen Kredit finanziert hat, kann er auch den Kreditvertrag entschädigungsfrei auflösen (§ 358 BGB, dazu soeben Rn. 355). Die Teilzeitnutzungsrechte-RL erweitert dies aber **auch auf sonstige Verträge, die mit dem Teilzeitnutzungsrecht im Zusammenhang stehen**. Der Verbraucher kann sich also z.B. von dem Vertrag mit dem Fitnessclub der Wohnanlage ebenfalls lösen.[78]

Die 14-tägige Widerrufsfrist verlängert sich im Fall der fehlenden Information. Auch hier beträgt sie nach Art. 6 Abs. 3 Teilzeitnutzungsrechte-RL selbst bei völlig fehlender Widerrufsbelehrung aber maximal ein Jahr und 14 Tage.

357

---

76 Erwägungsgrund 23, Art. 14 Abs. 6.
77 Näher Rn. 430.
78 Mit weiteren Details *Franzen*, NZM 2011, 224.

#### d) Das Widerrufsrecht in der FAF-RL

**358** Das Widerrufsrecht in der Richtlinie über den Fernabsatz von Finanzdienstleistungen (FAF-RL) stellte bei Schaffung der Richtlinie eine Besonderheit dar, weil es bewusst so ausgestaltet wurde, wie sich die Kommission ein zukünftiges einheitliches Widerrufsrecht vorstellte.

Der Verbraucher hat gemäß Art. 6 Abs. 1 FAF-RL ein 14-tägiges, bei bestimmten Lebensversicherungen bzw. Altersversorgung sogar ein 30-tägiges, Widerrufsrecht. Die Mitgliedstaaten haben gemäß Art. 6 Abs. 1 S. 4 FAF-RL die Möglichkeit, zusätzlich zum Widerrufsrecht vorzusehen, dass die Wirksamkeit von Fernabsatzverträgen über Geldanlagedienstleistungen für die Dauer der Widerrufsfrist ganz ausgesetzt wird.

Gemäß Art. 6 Abs. 8 und Art. 7 Abs. 1 FAF-RL kann – ähnlich der eben angesprochenen Regelung in der Verbraucherrechte-RL – auf ausdrücklichen Wunsch des Verbrauchers der Vertrag von beiden Seiten **sofort vollständig erfüllt** werden. Im Falle des Widerrufs muss der Verbraucher die bereits erbrachte Dienstleistung dann bezahlen (näher zur Höhe der Zahlungspflicht Art. 7 FAF-RL).

### 3. Widerrufsfrist und Widerrufserklärung und ihre Umsetzung in das deutsche Recht

#### a) Allgemeines

**359** Die Widerrufsfrist, die Widerrufserklärung und die Rechtsfolgen des Widerrufs sind im deutschen Recht in den **§§ 355 ff. BGB** geregelt. Wegen der Vollharmonisierung bestand dabei kein Gestaltungsspielraum für den deutschen Gesetzgeber. Er ging aber insofern über die von der Verbraucherrechte-RL unmittelbar vorgegebenen Inhalte hinaus, als auch die Widerrufsrechte für die in anderen Richtlinien geregelten Verträge (Verbraucherdarlehensvertrag, Teilzeitnutzungsrechte) in die Neufassung einbezogen wurden.

Die neuen Regelungen unterscheiden sich vor allem darin signifikant vom bisherigen Recht, dass das Widerrufsrecht bei Haustür- und Fernabsatzgeschäften auch bei vollständig versäumter Belehrung über sein Bestehen nach zwölf Monaten und 14 Tagen endet (näher sogleich Rn. 361).

#### b) Die Widerrufserklärung

**360** Nach altem Recht war eindeutig geregelt, dass der Widerruf auch durch die Rücksendung der Ware erklärt werden konnte (§ 355 Abs. 1 S. 2 BGB a.F.). Fast überall wird vertreten, dass dies nun nicht mehr möglich sei.[79] Das beruht nicht allein auf der Streichung der Norm, sondern auch auf der dazu gehörigen Erläuterung in der Gesetzesbegründung zum Umsetzungsgesetz.[80] Dort wird in der Tat angenommen, die Verbraucherrechte-RL verbiete einen Widerruf durch konkludente Erklärung. Es ist zweifelhaft, ob das zutrifft. Immerhin ist allgemein anerkannt, dass Willenserklärungen auch konkludent abgegeben werden können. Wenn dies gerade beim Verbrau-

---

[79] Palandt/*Grüneberg*, BGB, § 355 Rn. 5 f.; BeckOK/*Müller-Christmann*, BGB, § 355 Rn. 23.
[80] BT-Drucks. 17/12637, 60.

cherwiderruf anders sein sollte, müsste es deutlich geregelt sein. Zudem widerspricht eine solche Annahme den Grundgedanken des EU-Verbrauchervertragsrechts. Sendet der Verbraucher die Ware zurück, sei es ohne Worte, sei es mit irgendwelchen Worten, wie „passt leider nicht" oder „Gruß und Dank" hat er allen Grund, darauf zu vertrauen, den Widerruf korrekt ausgeübt zu haben.[81]

Es lohnt also, die Verbraucherrechte-RL näher auf ihre Aussagen zur Form der Widerrufserklärung zu untersuchen. Die eigentliche Regelung findet sich in Art. 11 Verbraucherrechte-RL, der besagt, dass der „Verbraucher [...] den Unternehmer [...] über seinen Entschluss, den Vertrag zu widerrufen" informiert. Weiter heißt es, der Verbraucher könne zu diesem Zweck entweder das Muster-Widerrufformular verwenden oder „eine entsprechende Erklärung in beliebiger anderer Form abgeben, aus der sein Entschluss zum Widerruf des Vertrags eindeutig hervorgeht." Hieraus lässt sich das Erfordernis für eine ausdrückliche Erklärung keinesfalls entnehmen. Etwas anders klingt es im Erwägungsgrund 44. Dort heißt es, die Widerrufserklärung müsse „unmissverständlich" sein. Eine deutliche Widerrufserklärung „könnte" durch einen „Brief, einen Telefonanruf oder durch die Rücksendung der Waren, *begleitet von einer deutlichen Erklärung*, erfüllt sein". Ergänzt wird ein Hinweis auf die Beweislast des Verbrauchers. Es liege deshalb in seinem Interesse „für die Mitteilung des Widerrufs an den Unternehmer einen dauerhaften Datenträger zu verwenden".

Diese Ausführungen, die jedoch nur in den Erwägungsgründen enthalten sind und sich so nicht im eigentlichen Text wiederfinden, deuten in der Tat stark darauf hin, dass der Richtliniengeber eine bloße Rücksendung der Ware für zumindest ungeeignet hält. Sie dürften aber nicht dazu ausreichen, bei einer wortlosen Rücksendung der Ware durch den Verbraucher von einer Unwirksamkeit seiner Erklärung auszugehen. Denn in so gut wie allen Fällen ist die bloße Rücksendung ebenso eindeutig, wie die Rücksendung mit einer beiliegenden Notiz. Was außer dem Widerruf sollte der Verbraucher gemeint haben? Es ist damit zu rechnen, dass diese wichtige Frage schon in Kürze gerichtlich geklärt werden wird – denn man muss davon ausgehen, dass viele Verbraucher allein aus Gewohnheit Waren weiterhin ohne beigelegte Erklärungen zurücksenden.[82]

#### c) Die Widerrufsfrist

Die Widerrufsfrist beträgt gemäß § 355 Abs. 2 S. 1 BGB für alle Widerrufsrechte **14 Tage** und beginnt mit dem **Vertragsschluss** zu laufen (§ 355 Abs. 2 S. 2 BGB). Diese allgemeine Grundregel kennt viele Ausnahmen. Insbesondere beginnt die Widerrufsfrist nicht, wenn der Verbraucher nicht **ordnungsgemäß** über sein Widerrufsrecht **belehrt** worden ist. Hierbei kann es nicht auf die vorvertraglich, teils sogar mündlich mögliche Information ankommen. Vielmehr muss es, auch wenn das in § 356 Abs. 3 BGB nicht hinreichend klar erkennbar wird, auf die unter Umständen erst nachträglich erfolgende Belehrung auf einem dauerhaften Datenträger ankommen. Denn erst dadurch wird für den Verbraucher die Ausübung des Widerrufsrechts

---

81 Näher *Hoffmann/Schneider*, NJW 2015, 2529, 2530.
82 Nachdrücklich dafür, dass die bloße Rücksendung ausreicht, *Hoffmann/Schneider*, NJW 2015, 2529 ff.

hinreichend vereinfacht.⁸³ So ist es für außerhalb von Geschäftsräumen geschlossene Verträge (§ 312b BGB) und Fernabsatzverträge (§ 312c BGB) in § 356 Abs. 2, Abs. 3 S. 1 BGB, für Teilzeitnutzungsrechteverträge (§ 481 BGB) in § 356a Abs. 1–4 BGB, für Verbraucherdarlehensverträge (§ 491 BGB) in § 356b Abs. 1–3 BGB und für Ratenlieferungsverträge (§ 510 BGB) in § 356c Abs. 1 BGB zu finden.

**362** Je nach Widerrufsrecht gelten weitere Besonderheiten für den **Zeitpunkt des Fristbeginns**.

Für den Zeitpunkt des Beginns der Widerrufsfrist ist bei außerhalb von Geschäftsräumen geschlossenen Verträgen und Fernabsatzverträgen gemäß § 356 Abs. 2 Nr. 1 a)–d) BGB nicht der Vertragsschluss, sondern der **Erhalt der Ware** maßgeblich. Für den Fernabsatz bestand diese Regelung schon früher, denn hier dient das Widerrufsrecht vor allem dazu, dass der Verbraucher die **Ware prüfen** kann. Daher ist es wichtig, dass die Frist nicht vor Eingang der Waren beim Empfänger zu laufen beginnt. Für die Außergeschäftsraumverträge ist es nun entsprechend geregelt, was für den Verbraucher einen großen Vorteil bringt, wenn er die Ware erst später zugeschickt bekommt. Es ist auch inhaltlich überzeugend, weil der Verbraucher in der Überrumpelungssituation die Ware oft gar nicht richtig wahrgenommen haben wird. Eine Besonderheit besteht schließlich bei Verträgen über Gegenstände, die nicht zurückgegeben werden können, wie Wasser, Strom und Dienstleistungen. Hier erlischt das Widerrufsrecht nach § 356 Abs. 4, sobald die Leistung vollständig erbracht ist. Allerdings gilt das nur, wenn der Verbraucher verlangt hat, dass die Leistung vor Ende der Widerrufsfrist erbracht wurde, und der Unternehmer ihn darüber belehrt hat, dass das Widerrufsrecht in diesem Fall verfrüht endet (zum Wertersatzanspruch noch Rn. 379). § 356 Abs. 4 BGB setzt damit Art. 7 Abs. 3 (für AGV) bzw. Art. 8 Abs. 8 (für Fernabsatzverträge) korrekt um. Die beiden Richtliniennormen wurden nun aber nochmals geändert, um die formalen Anforderungen klarer zu gestalten. Nach Art. 4 Nr. 6 der „Korrektur-RL" (EU) 2019/2161 soll der Unternehmer den Verbraucher, wenn dieser sofortige Lieferung wünscht, dazu auffordern, ein „entsprechendes ausdrückliches Verlangen auf einem dauerhaften Datenträger zu erklären" und außerdem die Bestätigung einholen, „dass dieser zur Kenntnis genommen hat, dass er das Widerrufsrecht mit vollständiger Vertragserfüllung durch den Unternehmer verliert."⁸⁴

Bei Teilzeitnutzungsrechteverträgen hängt der Beginn der Widerrufsfrist gemäß § 356a BGB vom Zeitpunkt des **Abschlusses des Vorvertrags** oder des **Erhalts einer Vertragsurkunde** ab. Schließlich gibt es auch bei Verbraucherdarlehensverträgen eine Besonderheit gemäß § 356b Abs. 1 BGB. Grundsätzlich beginnt die Widerrufsfrist mit dem Vertragsschluss, sie läuft jedoch nur, wenn dem Darlehensnehmer die in § 356b Abs. 2 BGB genannte Urkunde zur Verfügung steht.

### d) Die Widerrufsfrist bei nachgeholter Belehrung

**363** aa) **Nachholung der Belehrung.** Eine fehlende oder fehlerhafte Widerrufsbelehrung kann **grundsätzlich nachgeholt** werden. Sobald eine ordnungsgemäße Belehrung nachträglich erfolgt ist, beginnt die Widerrufsfrist **ab dem Datum der Beleh-**

---

83 BeckOK/*Müller-Christmann*, BGB, § 356 Rn. 14 f. m.w.N.
84 Dies muss mit Wirkung zum 28.5.2022 ins nationale Recht umgesetzt werden.

rung zu laufen und beträgt dann die **normalen 14 Tage** gem. § 355 Abs. 2 S. 1 BGB. Eine Ausnahme von dieser Grundregel gibt es beim **Widerruf von Verbraucherdarlehensverträgen**. Bei diesen besteht weiterhin im Falle des Nachholens der Belehrung eine längere Widerrufsfrist von einem Monat gem. § 356b Abs. 2 S. 3 BGB i.V.m. § 492 Abs. 6 S. 4 BGB.

bb) **Fehlende Nachholung der Belehrung.** Früher lief das Widerrufsrecht, wenn keine Belehrung erfolgt war, quasi unendlich.[85] Nunmehr gibt es bei den meisten Widerrufsrechten trotz des fehlenden Nachholens der Belehrung eine **Höchstfrist für die Geltendmachung des Widerrufsrechts**. Das Widerrufsrecht erlischt danach spätestens **zwölf Monate und 14 Tage** nach Vertragsschluss bzw. dem Zeitpunkt des Beginns der Frist nach den Sonderregelungen der §§ 356–356c BGB (siehe für außerhalb von Geschäftsräumen geschlossene Verträge und Fernabsatzverträge § 356 Abs. 3 S. 2 BGB, für Teilzeit-Wohnrechteverträge § 356a Abs. 3 S. 2 BGB und für Ratenlieferungsverträge § 356c Abs. 2 S. 2 BGB).

364

Die Abschaffung des unbefristeten Widerrufsrechts für Haustür- und Fernabsatzgeschäfte entspricht Art. 10 Verbraucherrechte-RL. Die fehlerhafte oder fehlende Belehrung wird also nun **nicht mehr** durch Fristverlängerung **sanktioniert**. Wenn die Belehrung nachgeholt wird, löst sie die „normale" 14-tägige Widerrufsfrist aus. Wird sie nicht nachgeholt, so scheidet ein Widerruf dennoch nach einem Jahr und 14 Tagen aus. Als Grund für diese Regelung wird in Erwägungsgrund 43 die Rechtssicherheit genannt. Es muss eingeräumt werden, dass das gänzlich unbefristete Widerrufsrecht, dass nach der **Entscheidung Heininger** für Haustürgeschäfte gegolten hatte (früher § 355 Abs. 3 S. 3 BGB)[86], erhebliche Unsicherheit mit sich gebracht hatte.[87]

Für den Unternehmer ist es trotz der nun überschaubaren Fristen nicht ratsam, die Belehrung zu unterlassen. Ganz abgesehen von den **wettbewerbsrechtlichen** Sanktionen, die ihn treffen können, wird auch die Rechtsposition des Verbrauchers, der nicht belehrt wurde, erheblich gestärkt. Wenn dieser trotz der fehlenden Belehrung von seinem Widerrufsrecht erfährt, was angesichts der inzwischen weitverbreiteten Kenntnis von diesem Recht leicht geschehen kann, dann kann er nicht nur bis zu ein Jahr und 14 Tage lang den Vertrag widerrufen. Er braucht für die Nutzung der Ware und deren Verschlechterung dann auch keinen Wertersatz zu leisten. Der Verbraucher hat zudem unter Umständen Schadensersatzansprüche (dazu näher unten Rn. 449).

In einigen wichtigen Ausnahmefällen ist das „ewige" Widerrufsrecht aber immer noch vorgesehen. So ist es im **Bereich der Verträge über Finanzdienstleistungen**. Dort gilt nach § 356 Abs. 3 S. 3 BGB das „ewige" Widerrufsrecht, wenn die Belehrung nicht nachgeholt wird. Auch bei **Verbraucherdarlehensverträgen** gibt es gemäß § 356b Abs. 2 BGB keine absolute zeitliche Grenze für die Ausübung des Widerrufsrechts. Anders ist es aber nach § 356b Abs. 2 S. 4 BGB bei den Immobiliar-Verbraucherdarlehensverträgen. Die Unterscheidung beruht darauf, dass nur die Wohnimmobilienkredit-RL den Mitgliedstaaten diese Option offenlässt, während die Verbraucherkredit-RL das unbegrenzte Widerrufsrecht zwingend verlangt.

365

---

85  Dies beruhte auf der Entscheidung des *EuGH* Slg. 2001, 9945 (Heininger).
86  *EuGH* Slg. 2001, 9945 (Heininger).
87  Auch noch Rn. 388 zu einer möglichen Verwirkung.

### e) Widerrufsfrist und Präklusion nach § 767 Abs. 2 ZPO

**366** Ein weiteres Problem besteht in der Frage, ob nach materiellem Recht noch nicht verfristete Widerrufsrechte durch prozessuale Regeln ausgeschlossen sein können.[88] Zentral ist dabei die Frage, ob ein Widerrufsrecht noch in der **Zwangsvollstreckung** ausgeübt werden kann. Es geht hier darum, ob die Vollstreckungsgegenklage nach § 767 ZPO darauf gestützt werden kann, dass das Widerrufsrecht nunmehr ausgeübt worden sei (dazu schon oben Rn. 140, Beispiel 7). Das ist zweifelhaft, weil der Schuldner nach § 767 Abs. 2 ZPO Einwendungen nur dann noch während der Zwangsvollstreckung geltend machen kann, wenn sie auf Gründen beruhen, die **erst nach dem Schluss der letzten mündlichen Verhandlung** entstanden sind. Der BGH hatte sich mit dem Fall zu befassen, dass eine Verbraucherin, gegen die ein Vollstreckungsbescheid vorlag, noch den Widerruf ausübte. Der Fall ist praktisch bedeutsam, weil viele Verbraucher zu diesem Zeitpunkt erstmals „rechtlichen Beistand" erhalten, und zwar vom Gerichtsvollzieher. Der **BGH** vertritt in ständiger Rechtsprechung die Ansicht, dass es bei Gestaltungsrechten darauf ankomme, ob sie *objektiv* bereits vor dem Ende der mündlichen Verhandlung geltend gemacht werden konnten.[89] Da dies bei Widerrufsrechten der Fall ist, **lehnte er vor vielen Jahren einmal die Zulässigkeit der Vollstreckungsgegenklage ab**.[90]

Schon früher bestanden **erhebliche Zweifel** daran, ob diese Rechtsprechung richtliniengemäß war.[91] Der EuGH hat inzwischen mehrfach nationale Ausschlussfristen für die Geltendmachung von Verbraucherschutzrechten für unzulässig erklärt, da sie gegen den Grundsatz der effektiven Umsetzung verstießen.[92] Diese Argumentation ist verallgemeinerungsfähig. Eine Vollstreckungsgegenklage **muss möglich sein**, wenn ein Verbraucher den Widerruf erst während der Zwangsvollstreckung erklärt.

### 4. Die Rechtsfolgen des Widerrufs und ihre Umsetzung in das deutsche Recht

**367** **Literaturhinweis:** *Schwab*, Der verbraucherschützende Widerruf und seine Folgen für die Rückabwicklung des Vertrags, JZ 2015, 644; *Wendehorst*, Dauerbaustelle Verbrauchervertrag: Wertersatz bei Widerruf von Fernabsatzverträgen, NJW 2011, 2551.

> **Beispiel 14** – nach BGH NJW 2011, 56: Verbraucherin V hat sich bei Unternehmer U im Internet ein Wasserbett für 1.500 Euro bestellt. V wird ordnungsgemäß über ihr Widerrufsrecht belehrt.

---

[88] Für die Geltendmachung in der Berufungsinstanz trotz § 531 Abs. 2 ZPO hat der *BGH* das jetzt klar bejaht, BGHZ 220, 77.
[89] BGHZ 42, 37; BGHZ 125, 351.
[90] BGHZ 131, 82.
[91] Dazu *Heiderhoff*, ZEuP 2001, 276, 286 ff.
[92] So *EuGH* Slg. 2002, 10875 (Cofidis) zur Klausel-RL; *EuGH* Slg. 2006, 10421 (Mostaza Claro); *Metzger*, ZEuP 2004, 134; *Rott*, EuZW 2003, 5; im Ergebnis wie hier *Fischer*, VuR 2004, 322. Zur vergleichbaren Problematik der Prüfung der Missbräuchlichkeit von Gerichtsstandsklauseln in Verbraucherverträgen von Amts wegen *EuGH* Slg. 2009, 4713 (Pannon) und *EuGH* Slg. 2010, 10847 (VB Pénzügyi Lízing).

> Als das Wasserbett geliefert wird, befüllt sie gleich die Matratze mit Wasser und verbringt zur Probe drei Nächte auf dem Bett. Sie bekommt starke Rückenschmerzen und erklärt fristgerecht den Widerruf.
> Leider war inzwischen die dreijährige Tochter der V, die T, auf das Bett gestiegen und hatte mit einem Filzstift darauf herumgeschmiert. Diese Bemalung würde sich durch eine professionelle Reinigung zum Preis von 100 Euro wieder spurlos entfernen lassen.
> Auch nach dem Widerruf geht nicht alles gut.
> Als V den U zur Rückzahlung der 1.500 Euro und zur Erstattung der Versandkosten auffordert, bezahlt dieser ihr nur 300 Euro, da das Bett nach dem Befüllen nicht mehr verkäuflich sei. Lediglich die Heizung mit einem Wert von 300 Euro sei wiederverwertbar.

### a) Vorüberlegung zur Systematik des BGB

Der deutsche Gesetzgeber hatte bei der Schuldrechtsmodernisierung versucht, eine Regelung „aus einem Guss" für alle drei Arten der vertraglichen Rückabwicklung zu schaffen. Dabei ging er so vor, dass er an einer zentralen Stelle, nämlich im Rücktrittsrecht (§§ 346 ff. BGB), die Einzelheiten bestimmte und für die Durchführung der kaufrechtlichen Nacherfüllung (§ 439 Abs. 4 BGB) sowie für die Folgen des Widerrufs (§ 357 Abs. 1 BGB) darauf verwies. Es zeigte sich jedoch bald, dass diese Regelungstechnik nicht den Richtlinien entsprach. Immer wieder mussten nach Urteilen des EuGH Änderungen vorgenommen und **Sonderregelungen** eingefügt werden. Daher hat der Gesetzgeber sich mit der Umsetzung der Verbraucherrechte-RL dazu entschieden, **gesonderte Regeln für die Rückabwicklung nach einem Widerruf** einzuführen. Diese sind eng an Art. 14 Verbraucherrechte-RL angelehnt und verweisen nicht mehr auf die §§ 346 ff. BGB.

368

Nach § 355 Abs. 1 BGB gilt im Grundsatz, dass ein Vertrag, auch wenn ein Widerrufsrecht besteht, zunächst voll wirksam ist. Der Verbraucher kann ihn durch einseitige Gestaltungserklärung, nämlich die Ausübung des Widerrufsrechts, ex nunc in ein Rückabwicklungsschuldverhältnis verwandeln. Nach h.A. hat der Verbraucher kein Leistungsverweigerungsrecht bis zum Ablauf der Widerrufsfrist.[93] Art. 9 Abs. 3 Verbraucherrechte-RL enthält dazu nur die Regelung, dass die Mitgliedstaaten die Erfüllung innerhalb der Widerrufsfrist nicht verbieten dürfen.[94] In Deutschland bestehen keinerlei gesonderte Vorschriften, so dass es keine Grundlage für ein Leistungsverweigerungsrecht gibt.

Da die Richtlinien auch bei den Widerrufsfolgen noch Unterschiede vorsehen, mussten in den §§ 357–357c BGB wiederum für die Einzelfragen jeweils **gesonderte Tatbestände für die verschiedenen Richtlinien** aufgenommen werden.

Im Folgenden werden die entsprechenden Regelungen im BGB als ein zentrales Element des auf EU-Richtlinien beruhenden deutschen Privatrechts näher dargestellt. Dabei geht es aber nicht um eine vollständige Darstellung des deutschen Rechts, son-

---

93 A.A. Palandt/*Grüneberg*, BGB, § 355 Rn. 3.
94 Näher schon oben Rn. 75 zur Rechtssache Gysbrechts. Nur bei Haustürverträgen dürfen die Mitgliedstaaten gemäß Art. 9 Abs. 3 Verbraucherrechte-RL Vorschriften beibehalten, die es dem Unternehmer verbieten, während der Widerrufsfrist bereits Erfüllung zu verlangen.

dern immer darum, Besonderheiten und Auslegungsfragen aufzugreifen, die sich gerade aufgrund des europäischen Hintergrunds ergeben.

### b) Nutzungs- und Wertersatz bei Widerruf

369 aa) **Regelung in den Richtlinien und im BGB.** Die Einzelheiten der Rückabwicklung nach einem Widerruf sind in §§ 357 ff. BGB geregelt. § 357 BGB gilt für Haustür- und Fernabsatzgeschäfte. Für im Fernabsatz geschlossene Geschäfte über Finanzdienstleistungen gilt § 357a BGB. Die §§ 357 b–d enthalten dann noch einige ergänzende Regelungen für Teilzeitwohnrechte, Ratenlieferungsverträge und Verbraucherbauverträge.

Durch die Neuregelung sind viele Vereinfachungen erreicht worden. Es ist auch davon auszugehen, dass die §§ 357–357d BGB weitgehend richtlinienkonform sind, da sie sich sehr eng an die jeweiligen Vorgaben anlehnen. Die Probleme liegen daher eher in der Klärung der vielen auch in der Richtlinie selbst offengelassenen Zweifelsfragen.

Um zu verstehen, warum die Anpassung des deutschen Rechts an die Richtlinie anfänglich so schwer fiel, hilft es, sich einmal mehr die deutschen vertragsrechtlichen Prinzipien anzusehen, und diese mit denen des EU-Privatrechts zu vergleichen. Den Prinzipien des BGB entspricht es, dass eine Person – und sei es auch ein Verbraucher – den Vorteil ausgleichen muss, den sie dadurch erlangt, dass sie eine Sache von wirtschaftlichem Wert, etwa einen Fernseher, längere Zeit in Gebrauch hat. Selbst das Verbraucherschutzrecht ist **nicht darauf ausgerichtet, dem Verbraucher „Geschenke" zu machen**.

Das Privatrecht der EU kennt diesen Gedanken natürlich auch. Aber dort tritt er hinter den vorrangigen Zielen der Richtlinien deutlich zurück. Für das Richtlinienrecht ist es von höchster Bedeutung, dass das Widerrufsrecht effektiv funktioniert. Wert- oder Nutzungsersatzansprüche des Unternehmers müssen daher eng begrenzt werden. Denn es würde ein **spürbares Hindernis** bei der Ausübung des Widerrufsrechts darstellen, wenn der Verbraucher erhebliche Zahlungen leisten müsste. In vielen Fällen wird daher der Verbraucher von Ersatzpflichten, sei es für die Nutzung der Sache, sei es bei Schäden an der Sache, weitgehend freigestellt.

Anders als die alten Richtlinien enthalten die Verbraucherrechte-RL und die Verbraucherkredit-RL einige Einzelregelungen dazu, wann genau der Verbraucher doch Ersatz leisten muss. Das betrifft nicht nur den Ersatz für die Nutzung der Sache (dazu Rn. 370 ff.), sondern auch die Kosten für den Transport (dazu Rn. 380 ff.).

370 bb) **Regelungen zum Nutzungsersatz in der Verbraucherkredit-RL und der Teilzeitnutzungsrechte-RL.** Die Verbraucherkredit-RL sei hier an den Anfang gestellt. Denn bei ihrer Neufassung wurde das Problem der Nutzungen gesehen und für regelungsbedürftig gehalten. Bei einem Kredit drängt sich die Notwendigkeit eines Anspruchs für die Nutzung auch ganz besonders auf, da der Nutzungsvorteil dort durch die Zinsen abgegolten wird. Wenn der Verbraucher einen Kredit bei Widerruf nur zinsfrei zurückbezahlen müsste, dann ergäbe sich die Möglichkeit eines gezielten Missbrauchs. Der Verbraucher könnte bewusst Darlehensverträge abschließen und

diese jeweils zum Fristende widerrufen, um so kurz- oder bei entsprechend häufiger Wiederholung sogar längerfristig einen zinsfreien Kredit zu erlangen. Art. 14 Abs. 3 lit b) Verbraucherkredit-RL regelt daher, dass der Verbraucher zur Zahlung der Zinsen verpflichtet ist, die er für den Zeitraum der Inanspruchnahme des Kredits auf der Grundlage des vereinbarten effektiven Jahreszinses schuldet.[95]

Auch in Art. 8 **Teilzeitnutzungsrechte-RL** gibt es eine ausdrückliche Regelung. Dort ist gerade umgekehrt bestimmt, dass der Verbraucher für bereits erbrachte Leistungen **keinen Ersatz** leisten muss. Bei den **riskanten Geschäften des Timesharings** war es dem Richtliniengeber offenbar am wichtigsten, den Verbraucher davor zu schützen, dass der Unternehmer in missbräuchlicher Ausnutzung der Schwebephase bereits Leistungen erbringen und abrechnen könnte. Nur wenn der Verbraucher die Unterkunft durch nicht bestimmungsgemäße Nutzung beschädigt, muss er Ersatz leisten (umgesetzt in § 357b Abs. 2 BGB).

Die gegensätzlichen Regelungen in der Verbraucherkredit-RL und der Teilzeitnutzungsrechte-RL zeigen anschaulich die Betrachtungsweise des Richtliniengebers. Bei den **Verbraucherkrediten** ist die Abwägung zulasten des Verbrauchers ausgefallen. Denn bei diesen kann der Verbraucher nicht davon ausgehen, das Geld kostenfrei zur Verfügung gestellt zu bekommen. Außerdem ist die Berechnung des Nutzungsersatzes ganz einfach und die Kosten werden sich normalerweise insgesamt in Grenzen halten, weil innerhalb von kurzen Zeiträumen nur geringe Zinsen auflaufen. Schließlich gibt es das bereits beschriebene Missbrauchsrisiko. Bei den **Teilzeitnutzungsrechten** können die Kosten für die Nutzung der Unterkunft demgegenüber schnell recht hoch werden. Sie sind für den Verbraucher zudem viel schlechter einzuschätzen. Damit könnte der Nutzungsersatz ein erhebliches Hindernis für einen Widerruf werden. Außerdem wird das Risiko des Missbrauchs durch den Unternehmer für so hoch eingeschätzt, dass ein ebenfalls denkbarer Missbrauch durch den Verbraucher hingenommen wird. 371

### cc) Wertersatz nach der Verbraucherrechte-RL.

(1) **Wertersatz bei Kauf- und Dienstleistungsverträgen.** Bei **Waren** ist die Rückabwicklung im Grunde einfach. Die Ware muss nur zurückgegeben werden. Dass darüber hinaus Zahlungen wegen eines Wertverlusts zu erfolgen haben, ist die Ausnahme. Bei **Dienstleistungen** ist die Lage ganz anders. Wenn ein Dienst bereits erbracht wurde (die Haare sind geschnitten, der Computer ist repariert, der Unterricht wurde bereits erteilt) dann kann die erhaltene Leistung nicht einfach zurückgegeben werden (dazu schon Rn. 362 und gleich Rn. 379). Deshalb müssen die Regelungen für Kauf- und Dienstleistungsverträge unterschiedlich aussehen. Art. 14 Abs. 2 Verbraucherrechte-RL bestimmt, in welchen Fällen der Verbraucher beim Kaufvertrag Ersatz für **Wertminderungen der Ware** leisten muss. Wenn der Verbraucher über sein Widerrufsrecht belehrt wurde, muss er danach Ersatz für den durch einen über eine Prüfung hinausgehenden Umgang mit der Ware eingetretenen Wertverlust leisten. Wenn der Verbraucher nicht über sein Widerrufsrecht belehrt wurde, entfällt diese Zahlungspflicht (dazu gleich Rn. 373). 372

---

95 Zu den Vorüberlegungen vgl. den ersten Vorschlag, KOM (2002) 443.

**373**   **(2) Wertersatz für die Nutzung der Ware.**   Im deutschen Recht regelt § 357 Abs. 7 BGB abschließend, in welchen Fällen Wertersatz bei einem widerrufenen Verbrauchsgüterkauf zu leisten ist. Genau wie nach der Richtlinie kommt es nun darauf an, ob der Verbraucher die Ware in einer Weise genutzt hat, die zur Prüfung der Beschaffenheit, der Eigenschaften und der Funktionsweise nicht notwendig war.

Mit dieser Regelung ist klargestellt, dass der Verbraucher jedenfalls keinen Ersatz für von ihm gezogene Nutzungen oder Gebrauchsvorteile leisten muss. Ein Ersatz für die Nutzungen, wie er in § 346 Abs. 2 Nr. 1 BGB erfolgt, kommt somit beim Widerruf nicht in Betracht.

Für die Wertersatzpflicht ist stets Voraussetzung, dass der Verkaufsgegenstand tatsächlich im Wert gemindert ist. Die Wertminderung muss außerdem auf einem „Umgang" des Verbrauchers mit den Waren beruhen. Schließlich muss dieser Umgang über das hinausgehen, was zur **Prüfung der Beschaffenheit**, der Eigenschaften und der Funktionsweise der Waren notwendig ist. Von offensichtlichem Interesse ist daher, was genau die Norm mit der notwendigen Prüfung meint. Darf man auch ein Auto oder eine Zahnbürste ausprobieren? Bedeutet ausprobieren das Testen über mehrere Tage oder nur ein ganz kurzes Ausprobieren?

Es kann jedenfalls nicht darauf ankommen, ob die Prüfung eine Wertminderung mit sich bringt. Denn es ist klar, dass bei der Prüfung von Waren sehr schnell erhebliche Wertverluste eintreten können. Nach der Norm soll der Verbraucher trotzdem in der Lage sein, die ihm zugesandten Waren zu kontrollieren und zu prüfen.

**374**   Ob eine Prüfung noch im Rahmen des Zulässigen lag, muss im Einzelfall entschieden werden. Einen Hinweis darauf, was gemeint ist, gibt Erwägungsgrund 47 Verbraucherrechte-RL. Danach muss dem Verbraucher ein Ausprobieren und Testen der Ware **wie im Laden** möglich sein. Da allerdings zu Hause Vergleichs- und Beratungsmöglichkeiten fehlen, kann dies nur eine idealisierte Vorstellung sein, so dass auch eine intensivere Prüfung im konkreten Fall möglich sein kann.

So ist bei Kleidungsstücken das Anprobieren wie in der Umkleide vom Prüfungsumfang gedeckt.[96] Eine Zahnbürste darf hingegen nicht zur Probe verwendet werden, da dies auch im Laden nicht möglich wäre. Bei Elektronikgeräten gehören das Anschließen und die Inbetriebnahme zum Prüfungsumfang, wohingegen Printartikel lediglich durchgeblättert werden dürfen.[97]

Eine Prüfung der Ware ist auch dann möglich, wenn der Aufbau oder das Testen zu einem totalen Wertverlust der Ware führen, wie es zum Beispiel bei Möbelstücken (Ikea) der Fall sein kann.

**375**   Im **Beispiel 14** (Rn. 367) kommt eine Ersatzpflicht nach § 357 Abs. 7 BGB in Betracht. V war hier, so wie es § 357 Abs. 7 Nr. 2 BGB verlangt, über ihr Widerrufsrecht belehrt worden. Davor, dass bei einer Nutzung gegebenenfalls Kosten entstehen können, braucht nach neuem Recht der Unternehmer den Verbraucher nicht mehr gesondert zu warnen.

---

96   Erwägungsgrund 47 der Verbraucherrechte-RL.
97   *Schwab*, JZ 2015, 644, 648 mit vielen weiteren Beispielen; Palandt/*Grüneberg*, BGB, § 357 Rn. 9.

Sowohl in Hinblick auf das Befüllen als auch auf das Bemalen des Betts muss daher überlegt werden, ob ein Umgang mit dem Bett vorliegt, der zur Prüfung der Beschaffenheit, der Eigenschaften und der Funktionsweise der Waren nicht notwendig war.

Konzentriert man sich zunächst auf das Befüllen des Betts so war dies sicherlich ein „Umgang mit der Ware". Ob dieser Umgang für die Prüfung notwendig war, oder ob eine darüber hinausgehende Handlung vorlag, muss aber näher erörtert werden. Der BGH hatte über einen dem Beispielsfall ähnlichen Fall zu entscheiden, bevor § 357 Abs. 7 BGB in Kraft trat. Er meinte, so wie es jetzt Erwägungsgrund 47 Verbrauchsgüterkauf-RL besagt, dass das Prüfrecht dem Umfang nach einer Prüfung, wie sie im traditionellen Handel möglich sei, entsprechen müsse.[98]

Im Handel würde man ein Wasserbett allerdings niemals befüllen können. Der Vergleich mit dem Handel ist eher allenfalls als Verbildlichung gemeint: Die Kaufsache tritt an die Stelle eines Vorführgeräts.[99] So kann ein Wasserbett eben nicht nur ausgepackt, sondern auch befüllt, ein Regal aufgebaut und ein Fotoapparat ausprobiert werden. Der EuGH hat in der Entscheidung **Messner** eine andere Beschreibung gewählt, die auch Ursache für die Änderung des § 357 Abs. 3 BGB a.F. war. „Prüfen" heißt nach Auffassung des EuGH „ausprobieren"[100] und ist damit sehr weit zu verstehen. Ob dieser weite Begriff gänzlich mit der neuen Verbraucherrechte-RL übereinstimmt, braucht hier nicht entschieden zu werden.

Bei dem Wasserbett ist ein Prüfen jedenfalls nicht möglich, ohne dass man das Bett befüllt. Man kann sonst nicht sehen, ob es funktioniert, ob es dicht ist und ob man den Liegekomfort mag. Das Prüfungsrecht des Verbrauchers kann auch nicht deswegen eingeschränkt werden, weil eine erhebliche Wertminderung schon allein durch den für Prüfzwecke erforderlichen Aufbau der Kaufsache eintritt.[101]

Deshalb muss V für die Wertminderung infolge der Befüllung der Matratze zu Prüfzwecken keinen Ersatz leisten.

Hier hat allerdings V laut Sachverhalt das Bett dann noch drei Tage benutzt. Das ging über die notwendige Prüfung hinaus. Wäre durch diese Nutzung eine weitere Wertminderung eingetreten, so müsste V dafür Ersatz leisten. Dafür gibt der Sachverhalt aber nichts her. Ein etwaiges Entgelt für die bloße Nutzung sieht § 357 BGB dagegen nicht vor.

**376** Zur Feststellung, ob eine übermäßige Prüfung der Ware stattgefunden hat, muss in der Praxis die Gesamtsituation beachtet werden.[102] Die Beweislage dürfte oft schwierig sein. Neben übermäßigen Gebrauchsspuren können auch zeitliche Aspekte oder die Verkehrssitte in diese Gesamtschau einfließen. Die Beweislast liegt entsprechend der allgemeinen Regeln beim Unternehmer.

**377** **(3) Wertminderung aufgrund anderer Ursachen.** Die Neuartigkeit des § 357 Abs. 7 BGB zeigt sich erst, wenn man die Norm genauer liest. Die Wertersatzpflicht hängt nämlich davon ab, dass die Wertminderung überhaupt auf einem **Umgang des Verbrauchers mit der Sache** beruht. Wenn der Kaufgegenstand durch eine andere Ursache beschädigt wurde oder gar untergangen ist, haftet der Verbraucher nicht.[103]

---

98 BGHZ 187, 268.
99 *Schinkels*, LMK 2011, 312902.
100 *EuGH* Slg. 2009, 7315 Rn. 25 (Messner).
101 BGHZ 187, 268.
102 Palandt/*Grüneberg*, BGB, § 357 Rn. 9.
103 BeckOK/*Müller-Christmann*, BGB, § 357 Rn. 22; Palandt/*Grüneberg*, BGB, § 357 Rn. 9.

Der Gegenstand kann ja zum Beispiel, während er im Besitz des Verbrauchers ist, von einem Dritten zerstört werden (Autounfall), er kann, während er noch verpackt an der Haustür liegt, gestohlen werden, er kann rein zufällig zerstört werden oder einfach durch Zeitablauf verderben.

Die Haftung des Verbrauchers wird also stark eingeschränkt, indem er nur für solche Wertverluste Ersatz leisten muss, die er selbst durch den Umgang mit der Sache verursacht hat. Es würde gegen die Richtlinie verstoßen, neben § 357 Abs. 7 BGB allgemeine Regeln, wie z.B. § 283 BGB anzuwenden.

Interessant und in der Verbraucherrechte-RL nicht ausdrücklich geregelt ist die Frage, inwiefern dem Verbraucher das Handeln Dritter zugerechnet werden muss. Der Wortlaut der Richtlinie, der wörtlich in § 357 Abs. 7 BGB übernommen wurde, erlaubt zumindest, dem Verbraucher auch mittelbare Folgen zuzurechnen, die sich durch seine Benutzung der Ware ergeben haben. Denn erfasst sind alle Wertminderungen, die auf den „nicht notwendigen Umgang mit den Waren *zurückzuführen*" (Art. 14 Abs. 2 S. 1 Verbraucherrechte-RL) sind. Bestellt ein Verbraucher also einen WLAN Subwoofer, um diesen auf einer Party zu verwenden und das Geschäft dann zu widerrufen, und wird das Gerät auf der Party beschädigt, so ist es vollkommen unerheblich, wie genau es zu der Beschädigung gekommen ist. Sie beruht auf dem Umgang des Verbrauchers mit der Ware.

Schwieriger wird es, wenn der Verbraucher selbst die Sache überhaupt nicht über das zur Prüfung Notwendige hinaus verwendet hat. Stattdessen hat ein Dritter die Wertminderung verursacht. Auch wenn die Norm nichts dergleichen erkennen lässt, müssen dem Verbraucher Handlungen anderer in gewissem Maße zugerechnet werden können.

Die Haftung **für Zufall** trägt der Verbraucher dagegen nicht.

378 Im **Beispiel 14** verbleibt die Frage, ob V Ersatz für die Wertminderung leisten muss, die aufgrund der Bemalung durch die Tochter der V eingetreten ist. Hier könnte man Zweifel daran haben, ob überhaupt ein „Umgang" der V mit dem Bett vorlag. Denn V hat selbst gar nicht gehandelt.
Eine Wertersatzpflicht ergibt sich nur dann, wenn man der V das Handeln der T zurechnen kann. Hier ist V mit dem Bett in einer Weise umgegangen, die über die Prüfung hinausging. Sie hat es drei Nächte lang benutzt. In dieser Zeit hat T es bemalt. Insofern ist die Bemalung auf einen Umgang der V mit der Ware zurückzuführen, der über die Prüfung hinausging. Sie muss die Kosten für die Reinigung in Höhe von 100 Euro also tragen.

Es ist sehr interessant, zu überlegen, wie das Beispiel 14 ausgegangen wäre, wenn die T das neben der Tür stehende, von V nur kurz geprüfte Bett bemalt hätte. Wie wäre es, wenn der 16-jährige Sohn die vom Vater nur kurz anprobierte, nicht passende und schon wieder zusammengefaltete Jeans genommen und zu einer Party getragen hätte? Wie wäre es, wenn die Haushaltshilfe das von der Tochter schon zur Rücksendung der Ware neu gepackte, zerrupft aussehende Paket versehentlich in das Altpapier gegeben hätte?

Der Wortlaut der Richtlinie ist rigide und der Schutz des Verbrauchers darf nicht beeinträchtigt werden. Ob es die Ziele der Richtlinie wirklich verlangen, dass der Verbraucher für das Handeln Dritter nicht einstehen muss, außer wenn es auf seinen eigenen, über die Prüfung hinausgehenden Umgang mit der Ware zurückzuführen ist, mag der EuGH eines Tages beantworten. Zumindest darf man nicht die allgemeinen deutschen Vorschriften (§§ 832, 278 BGB) gänzlich unkritisch heranziehen.

**(4) Wertersatz bei Dienstleistungsverträgen.** Die Wertersatzpflicht bei Dienstleistungsverträgen und für bestimmte Waren, die nicht zurückgegeben werden können (wie Wasser und Strom) ist in § 357 Abs. 8 BGB geregelt. Ausgangspunkt ist hier die Vorstellung, dass im Normalfall die Dienste überhaupt erst erbracht werden sollen, nachdem die Widerrufsfrist abgelaufen ist. Damit korrespondiert übrigens auch die Ausnahme für dringende Reparaturen in § 312g Abs. 2 Nr. 11 BGB. Dort müssen die Dienste ohne Verzug erfolgen, und deshalb hat der Verbraucher schon überhaupt kein Widerrufsrecht. Bei allen anderen Diensten kann aber theoretisch natürlich auch die sofortige Leistung erfolgen. Hier besteht das Widerrufsrecht zunächst weiter (siehe § 356 Abs. 4 BGB, dazu Rn. 362). Es fragt sich daher, wann und in welcher Höhe Wertersatz für die erhaltenen Leistungen erbracht werden muss. Art. 14 Abs. 3 Verbraucherrechte-RL (umgesetzt in § 357 Abs. 8 BGB) sieht vor, dass eine solche Wertersatzpflicht dann besteht, wenn der Verbraucher ausdrücklich verlangt hat, dass der Unternehmer mit der Leistung vor Ablauf der Widerrufsfrist beginnt, obwohl der Unternehmer den Verbraucher ordnungsgemäß über die Wertersatzpflicht informiert hat. Die formalen Anforderungen an die Belehrung sind dabei hoch (§ 357 Abs. 8 S. 2 und 3 BGB i.V.m. Art. 246a § 1 Abs. 2 EGBGB). Wenn die Belehrung ordnungsgemäß erfolgt ist, richtet die Wertersatzpflicht sich in der Höhe nach der vereinbarten Vergütung, so dass der Unternehmer keine Nachteile erleidet.

§ 357 Abs. 8 BGB stellt letztlich sehr hohe Anforderungen an den Unternehmer. Man muss bedenken, dass es sich hier häufig um Handwerker oder Kleingewerbetreibende handeln wird (zu denkbaren Missbrauchsfällen Rn. 385).

### c) Versandkosten bei Widerruf

Wird ein Fernabsatzvertrag widerrufen, muss auch entschieden werden, wer die Kosten für die **Zusendung** der Ware an den Verbraucher und die **Rücksendung** der Ware durch den Verbraucher bezahlen muss.

Das war lange unklar gewesen, und der BGH legte die Frage im Rahmen des **Vorabentscheidungsverfahrens Heine** sogar einmal dem EuGH vor.[104] Der EuGH hatte damals entschieden, dass die Kosten für die Hinsendung dem Verbraucher nicht auferlegt werden dürften.[105] Anderenfalls werde der Verbraucher entgegen der Zielsetzung des Art. 6 Fernabsatz-RL von der Ausübung seines Widerrufsrechts abgehalten.[106]

Die **Verbraucherrechte-RL** übernimmt diese Perspektive. Art. 13 Abs. 1 Verbraucherrechte-RL stellt klar, dass der Unternehmer dem Verbraucher auch die Kosten für die Hinsendung der Ware zu erstatten hat. Das gilt nur dann nicht, wenn die Kosten

---
104 *EuGH* Slg. 2010, 3047 (Heine).
105 Ebenda Rn. 40 ff., Rn. 49 ff.
106 Ebenda Rn. 54.

der Zusendung über denen einer Standardsendung lagen und dies auf Wunsch des Verbrauchers geschah (Beispiel Expresssendungen). Der Unternehmer muss dann lediglich die Kosten einer Standardversendung tragen, welche fiktiv zu bestimmen sind.[107] § 357 Abs. 2 BGB setzt diese Vorgaben um.

Parallel dazu hat der Gesetzgeber auch die Kosten für die Rücksendung der Waren nach erfolgtem Widerruf in § 357 Abs. 6 BGB an die Richtlinie angepasst. Der Verbraucher hat diese danach ohne Abhängigkeit vom Wert der Waren zu tragen, soweit er hierüber vom Unternehmer nach Art. 246a § 1 Abs. 2 S. 1 Nr. 2 EGBGB unterrichtet wurde.[108] Die Richtlinie macht keine Ausführungen dazu, warum die Regelung der Rücksendekosten damit gegenüber der Fernabsatz-RL für die Verbraucher ungünstiger gestaltet wurde. Man kann sich aber leicht denken, dass es aufgrund der erheblichen Klagen der Versandunternehmen geschah. In manchen Branchen, vor allem bei Bekleidung und Schuhen, ist die Widerrufsquote sehr hoch. Das ist auch grundsätzlich richtig, denn diese Waren müssen ausprobiert werden. Dennoch konnten die Kosten für die Hin- und Rücksendung der Ware so erheblich werden, dass sie nicht ohne eine signifikante, alle Verbraucher betreffende und den Versandhandel insgesamt schwächende Preiserhöhung tragbar waren.

Ausnahmen von dieser Verteilung der Hin- und Rücksendekosten gelten dann, wenn der Unternehmer sich bereit erklärt hat, die Kosten für die Rücksendung zu tragen (§ 357 Abs. 6 S. 2 BGB) oder bei Außergeschäftsraumverträgen mit sofortiger Warenübergabe, bei denen die Waren nicht mit der Post zurückgesendet werden können. In letzterem Fall muss der Unternehmer die Waren auf eigene Kosten beim Verbraucher abholen (§ 357 Abs. 6 S. 3 BGB).

### d) Verbundene Verträge

382 Enorme Bedeutung haben für den Verbraucher die Regeln über die verbundenen (die Verbraucherrechte-RL spricht in Art. 15 von „akzessorischen") Verträge. Es geht dabei vor allem um die häufigen Fälle, in denen ein Verbraucher einen Verbraucherkreditvertrag abgeschlossen hat, weil er mit dem Geld eine andere Leistung finanzieren wollte.

Wenn nämlich der Verbraucher einen Kreditvertrag nach § 495 BGB widerruft, hat dies die unmittelbare Folge, dass er die Darlehensvaluta zurückzahlen muss. Dazu wird er typischerweise nicht in der Lage sein, weil er diese für die Bezahlung einer anderen Leistung ausgegeben hat. Auch der umgekehrte Fall ist vorstellbar: Wenn der Verbraucher einen Haustür- oder Fernabsatzvertrag widerruft, können auch andere Verträge (wie wiederum ein Darlehensvertrag oder etwa ein Sachversicherungsvertrag) für ihn sinnlos werden. Hier greifen die Regeln über die verbundenen Verträge (Art. 14 Verbraucherkredit-RL, §§ 358, 360 BGB). Sie führen dazu, dass der Verbraucher auch an den jeweils anderen Vertrag nicht mehr gebunden ist, soweit die Beziehung zwischen den beiden Verträgen bestimmten Anforderungen genügt. Wer einen Kredit aufnimmt, um ein Auto zu kaufen, darf also im Fall des Widerrufs des Verbraucherkreditvertrags auch den Autokauf rückabwickeln. Das deutsche Recht

---

107 Palandt/*Grüneberg*, BGB, § 357 Rn. 3.
108 Palandt/*Grüneberg*, BGB, § 357 Rn. 7.

geht hier mit § 358 Abs. 4 S. 5 BGB sogar so weit, dass – unter den Voraussetzungen des § 358 Abs. 3 BGB – der Verbraucher dem Kreditgeber anstelle der Darlehensvaluta das Auto übergeben darf.

Zusätzlich zu dem **Widerrufsdurchgriff** gibt es auch noch einen **Einwendungsdurchgriff**: Wenn die mit dem Darlehen finanzierte Leistung mangelhaft ist, und der Verbraucher deshalb zur Leistungsverweigerung oder gar zum Rücktritt berechtigt ist, kann der Verbraucher dies ebenfalls auch dem Kreditgeber entgegenhalten. Er braucht also den Kredit nicht oder jedenfalls nicht vollständig zurückzuzahlen (§ 359 BGB). Der Kreditgeber muss sich dann anstelle des Verbrauchers mit dem anderen Unternehmer auseinandersetzen. Hier besteht zurzeit ein Umsetzungsproblem.

383

Die Richtlinien enthielten lange Zeit keinerlei Vorgaben zu den verbundenen Geschäften. Nun aber finden sich Regeln in vielen Richtlinien, darunter auch in der Verbraucherkredit-RL und in der Verbraucherrechte-RL. Diese enthalten wenige Einzelheiten zu der Ausgestaltung der Rückabwicklung. Insbesondere die Verbraucherkredit-RL geht aber in Bezug auf die betroffenen Geschäfte weiter als das bisherige deutsche Recht. Nach Art. 3 lit n) Verbraucherkredit-RL liegt ein verbundener Vertrag vor, wenn der Kredit zur Finanzierung einer bestimmten Ware oder Dienstleistung dient und die Verträge „eine wirtschaftliche Einheit bilden". Davon soll auch bereits auszugehen sein, wenn „im Kreditvertrag ausdrücklich die spezifischen Waren oder die Erbringung einer spezifischen Dienstleistung angegeben sind."

Der deutsche Gesetzgeber hat dem in § 360 BGB etwas zögerlich Rechnung getragen. Er übernimmt die Definition der Richtlinie für einen verbundenen Kreditvertrag in § 360 Abs. 2 S. 2 BGB im Einzelnen. Jedoch wird für diese Verträge nicht auf den Einwendungsdurchgriff in § 359 BGB verwiesen. Art. 15 Abs. 2 S. 1 Verbraucherkredit-RL verlangt aber genau das. Es wird leicht erkennbar, aus welchem Grund der deutsche Gesetzgeber hier zögerlich war. Denn für den Unternehmer stellt es eine ungeheure Belastung dar, wenn er letztlich das Risiko für die Leistung eines Unternehmers trägt, den er gar nicht kennt. Dieses Risiko erlegt die Richtlinie dem Unternehmer aber grundsätzlich auf, selbst wenn sie bei den Einzelheiten der Ausgestaltung dem nationalen Gesetzgeber ausdrücklich Spielraum gewährt.[109] Erneut lässt sich also erkennen, dass die Interessen des Unternehmers zurücktreten müssen, um den Schutz des Verbrauchers zu verbessern.

Fragt man sich nun, ob § 360 BGB richtlinienkonform ausgelegt werden kann, trifft man einmal mehr auf das Problem der Grenzen dieser Technik (Rn. 126 ff.). Der Wortlaut der Norm mit dem klaren Verweis nur auf § 358 Abs. 4 S. 1–3 BGB erlaubt eine einfache richtlinienkonforme Auslegung nicht, so dass jedenfalls eine Analogie erforderlich wird. Diese kann hier nach den oben erläuterten weitgehenden Maßstäben erfolgen, obwohl der Gesetzeswortlaut zugegebenermaßen recht deutlich eingeschränkt ist.[110] Hier hilft, dass der Gesetzgeber die Norm gerade mit dem Ziel einge-

384

---

109   Art. 15 Abs. 2 S. 2 Verbraucherkredit-RL: „Die Mitgliedstaaten bestimmen, in welchem Maße und unter welchen Bedingungen diese Rechtsmittel ausgeübt werden können." Dies wie hier deutend MünchKommBGB/*Habersack*, § 360 Rn. 24 – genauer zum bestehenden Spielraum Erwägungsgrund 38.
110   MünchKommBGB/*Habersack*,§ 360 Rn. 24; a.A. jurisPK-BGB/*Hönninger*, § 360 Rn. 12.

führt hat, die Verbraucherkredit-RL korrekt umzusetzen. Er unterlag lediglich einem Irrtum in Hinblick auf den in Art. 15 Abs. 2 S. 2 gewährten Umsetzungsspielraum.[111]

### e) Rechtsmissbrauch

385 **Beispiel 15** – nach *Wendehorst*, GPR 2015, 55, 56: Die Klempnermeisterin K ist wegen eines verstopften Badewannenabflusses zum Haus des Amtsrichters A geeilt. Als das Problem behoben war, kamen die beiden ins Gespräch über eine Sanierung des Badezimmers. A beauftragte K schließlich, die gesamten Sanitärobjekte auszuwechseln und das Bad komplett zu renovieren. K machte sich gleich wenige Tage später an die Arbeit und ist bereits nach 10 Tagen fertig. A findet den Preis allerdings nun doch recht hoch und entschließt sich, den Vertrag zu widerrufen. Kann K Bezahlung oder Wertersatz für die erbrachten Leistungen verlangen?

386 Schon im Zusammenhang des Wasserbettfalls (Rn. 367) war aufgefallen, dass es infolge des Widerrufs zu Härten für den Unternehmer kommen kann. Ihren Höhepunkt finden die Gefahren für den Unternehmer, wenn dieser aufgrund der Art des Geschäftsschlusses selbst gänzlich übersieht, dass ein Widerrufsrecht besteht und eine Widerrufsbelehrung erfolgen müsste (zum Wertersatz schon Rn. 379). Dies kann dadurch relativ leicht eintreten, dass die Außergeschäftsraumsituation nun sehr weit reicht.

Im **Beispiel 15** besteht ein Widerrufsrecht nach § 312g BGB. Denn das Geschäft wurde in einer Haustürsituation i.S.d. § 312b Abs. 1 Nr. 1 BGB geschlossen. § 312g Abs. 2 Nr. 11 BGB zeigt deutlich, dass gerade Handwerkerverträge nur dann vom Widerrufsrecht ausgenommen sind, wenn der Verbraucher den Unternehmer herbeigerufen hat, um dringende Reparatur- oder Instandhaltungsarbeiten vorzunehmen. Alle weiteren Arbeiten, und seien sie auch bei diesem Anlass vereinbart worden, fallen unter den Begriff der Außergeschäftsraumverträge i.S.d. § 312b Abs. 1 Nr. 1 BGB.

Das Widerrufsrecht wurde auch fristgerecht ausgeübt. Da der A gar nicht belehrt worden war, hatte der Lauf der Frist noch nicht einmal begonnen.

Die Zahlungspflicht des A richtet sich nach § 357 Abs. 8 BGB. Danach wäre eine Wertersatzpflicht für die bereits erbrachten Leistungen nur entstanden, wenn der A die K auf einem dauerhaften Datenträger zur sofortigen Leistungserbringung aufgefordert hätte.

A muss also keinen Wertersatz für die bereits erhaltenen Leistungen bezahlen.

387 Dieses Ergebnis ist kritisiert worden, weil der Unternehmer gleichsam in eine Falle getappt ist.[112] Die Folgen für ihn sind ausgesprochen hart, selbst wenn man im Beispielsfall vielleicht helfen kann, indem man einen Vertrag mit kaufvertraglichen und werkvertraglichen Anteilen annimmt, so dass K eventuell die Sanitärobjekte herausverlangen könnte (wobei sie die Rückbaukosten wegen der fehlenden Belehrung ebenfalls tragen müsste).

Die Verbraucherrechte-RL hat die rigiden Regeln eingeführt, um unternehmerischen Missbrauch zu verhindern. Nun wird jedoch ein Missbrauch durch den Verbraucher

---

111 BT-Drucks. 17/12637, 68.
112 *Wendehorst*, GPR 2015, 55 ff.

möglich. Es ist vorgeschlagen worden, mithilfe der allgemeinen Rechtsgrundsätze des EU-Vertragsrechts zu helfen. Hier käme dann ein **Rechtsmissbrauch** in Betracht (Rn. 299).[113] Man muss aber ganz klar erkennen, dass ein solcher Rechtsmissbrauch voraussetzen würde, dass der Verbraucher von Anfang an planmäßig den Unternehmer in eine Art Falle lockt, um Dienstleistungen kostenfrei zu erhalten. Im Beispielsfall ist das in keiner Weise erkennbar.

Insofern kann man nur konstatieren, dass die Richtlinie bei Dienstleistungen äußerst streng ist. Bei Kaufverträgen wurde nämlich eine ganz andere Lösung gewählt: Dort besteht kein Widerrufsrecht, wenn die Ware nach Kundenspezifikation angefertigt wurde.[114]

Eine weitere große Härte für den Unternehmer kann sich aus dem unbefristeten Widerrufsrecht ergeben, dass es insbesondere bei Verbraucherkreditverträgen gibt. Teilweise wird hier die Möglichkeit einer **Verwirkung** des Widerrufsrechts durch den Verbraucher erwogen.[115] Das ist aber aus verschiedenen Gründen zweifelhaft. Zum einen muss bedacht werden, dass die Verbraucherkredit-RL das unbefristete Widerrufsrecht bei Allgemein-Verbraucherdarlehensverträgen eindeutig vorgibt. Zum anderen sind die Voraussetzungen einer Verwirkung stets sehr eng zu ziehen. Sie kann nur greifen, wenn der Verpflichtete sich darauf verlassen durfte, der Ausübung des Widerrufsrechts nicht mehr ausgesetzt zu werden. Hinzu kommt noch, dass der Unternehmer nur eingeschränkt schutzwürdig ist, weil er gemäß § 356b Abs. 2 BGB durch eine nachträgliche Belehrung eine Frist von einem Monat (§ 356b Abs. 2 S. 3 BGB) auslösen kann, nach welcher das Widerrufsrecht endet.

388

Der EuGH hat eine Verkürzung bisher nur dann für zulässig erklärt, wenn die beiderseitigen Verpflichtungen vollständig erfüllt waren.[116] Entgegen dem ersten Anschein gibt auch die Entscheidung des EuGH in der Rechtssache Romano, nach der ein Widerruf eines im Fernabsatz geschlossenen Immobiliar-Verbraucherdarlehensvertrags ausgeschlossen ist, wenn dieser Vertrag auf ausdrücklichen Wunsch von beiden Seiten bereits voll erfüllt ist,[117] zu der Frage der Verwirkung keinen weiteren Aufschluss. Die Entscheidung bezieht sich auf die verworrene alte Rechtslage, in der einerseits das autonome deutsche Recht bereits allgemein einen Widerruf eines Verbraucherdarlehensvertrags vorsah – und zwar vorrangig zu dem Fernabsatzwiderruf –, andererseits das Unionsrecht in der vollharmonisierenden Richtlinie über den Fernabsatz von Finanzdienstleistungen (FAF-RL) (siehe Rn. 358) ein Widerrufsrecht vorerst nur für im Fernabsatz abgeschlossene Verbraucherkredite vorgab. Seit der Verbraucherkredit-RL II besteht das verbraucherkreditrechtliche Widerrufsrecht auch auf unionsrechtlicher Ebene und sieht einen Vorrang zu dem fernabsatzrechtlichen Widerruf vor. Wie gezeigt (siehe Rn. 365) kann hiernach gem. §§ 356b Abs. 2 S. 1, 492 Abs. 2 BGB weiterhin ein „ewiges" Widerrufsrecht bestehen. Im Anwendungsbereich der Verbraucherkredit-RL II ändert daran auch die vollständige Abwicklung des Ge-

---

113 *Wendehorst*, GPR 2015, 58 ff., zieht noch weitere Rechtsgrundsätze in Erwägung.
114 Auch dazu näher *Wendehorst*, GPR 2015, 63 ff.
115 Im Überblick zum Meinungsstand und zur Rspr.-Entwicklung *Feldhusen*, BKR 2018, 284 ff.; *Herresthal*, NJW 2019, 13 ff.
116 *EuGH* Slg. 2008, 2383 (Hamilton).
117 *EuGH* NJW 2019, 3290 (Romano); dazu instruktiv *Gutzeit*, JuS 2020, 68 ff.

schäfts nichts, weshalb der Weg über die Verwirkung überhaupt erst in Erwägung gezogen wird. Die Entscheidung des EuGH betrifft also einen Altfall, der wegen der zwischenzeitlichen Umsetzung unionsrechtlicher Vorgaben (insb. der Verbraucherkredit-RL II und der Wohnimmobilienkredit-RL, dazu Rn. 355) praktisch nicht mehr bedeutsam ist.[118] Aussagekraft für die Frage der Verwirkung des Widerrufsrechts bei Verbraucherdarlehensverträgen entfaltet die Entscheidung des EuGH jedenfalls nicht.

Hingegen hat sich der BGH zu der Thematik in mehreren Entscheidungen positioniert. Er steht auf dem Standpunkt, dass auch das Widerrufsrecht bei einem Verbraucherdarlehensvertrag aus § 495 Abs. 1 BGB grundsätzlich verwirkt werden kann. Dabei könne das Vertrauen des Unternehmers auf ein Unterbleiben des Widerrufs auch dann schutzwürdig sein, wenn die von ihm erteilte Widerrufsbelehrung ursprünglich fehlerhaft war und er es in der Folgezeit versäumt hat, den Verbraucher nachzubelehren.[119] Ohne je eine Vorlage an den EuGH vorzunehmen, hat der BGH dies insbesondere für bereits beendete Verbraucherdarlehensverträge konkretisiert.[120] Es müsse Berücksichtigung finden, dass das Ziel der Nachbelehrung, die fortbestehende Widerruflichkeit der Willenserklärung des Verbrauchers in sein Bewusstsein zu rücken, bei diesen nicht mehr sinnvoll erreicht werden kann. Obwohl der EuGH in der Rechtssache Home Credit Slovakia im Kontext der Verbraucherkredit-RL II bei einer Verletzung der Informationspflicht auch einmal darauf abgestellt hat, ob diese Information für den Verbraucher überhaupt relevant war,[121] erscheint diese Rechtsprechung des BGH riskant.

Im Sinne der Richtlinien sollte man besser bei dem Instrument des Rechtsmissbrauchs bleiben, als eine Widerrufsfrist trotz fehlender Belehrung „durch die Hintertür" und ohne Vorlage an den EuGH einzuführen. Eine Verwirkung sollte daher nur in den Fällen angenommen werden, in denen die hohen Voraussetzungen eines Rechtsmissbrauchs vorliegen.[122]

### f) Insbesondere: Der Widerruf in den Schrottimmobilienfällen

389 **Literaturhinweis:** *Armbrüster*, Rückabwicklung von Fondsbeteiligungen – deutsches Gesellschaftsrecht modifiziert europäisches Verbraucherschutzrecht, EuZW 2010, 614; *Möllers/Grassl*, Europarechtswidrigkeit der Schrottimmobilien-Rechtsprechung des XI. Senats, VuR 2010, 3.

> **Beispiel 16** – nach EuGH Slg. 2010, 2947 (Friz): Anleger A erhält im Jahr 1991 ungebetenen Hausbesuch von X, der den Immobilienfonds I vertritt. Es gelingt dem X, A zum Beitritt zu diesem Immobilienfonds, der in der Rechtsform einer GbR geführt wird, zu überre-

---

118 Dazu eingehend *Wendehorst*, NJW 2019, 3423 ff.; siehe auch *Poelzig/Reimschüssel*, NJW 2019, 3290, 3293.
119 *BGH* NJW 2018, 1390 Rn. 16; BGHZ 211, 105 Rn. 41; siehe auch BGHZ 211, 123 Rn. 37 f.; kürzlich *BGH* NJW 2019, 66 Rn. 12 f.
120 Freilich nicht darauf beschränkt, s. *BGH* NJW 2018, 1390 Rn. 16: „gerade bei beendeten Verbraucherdarlehensverträgen"; BGHZ 211, 105 Rn. 41; auf Kenntnis des Verbrauchers von dem Widerrufsrecht kommt es dabei nicht an, nur *BGH* NJW 2018, 1390 Rn. 17; *BGH* NJW 2018, 223 Rn. 19; a.A. und m.w.N. *Knops*, NJW 2018, 425 ff.
121 *EuGH* NJW 2017, 45 Rn. 72 (Home Credit Slovakia); darauf hinweisend *Herresthal*, NJW 2019, 13.
122 Siehe auch *Feldhusen*, BKR 2018, 284, 291.

> den. A unterschreibt den Vertrag am Küchentisch und zahlt 100.000 Euro in den Fonds ein. Später merkt A, dass der Fonds sich sehr ungünstig entwickelt. Er widerruft seine Beitrittserklärung.
>
> I fordert von A daraufhin die Zahlung von 20.000 Euro. Es handele sich um ein so genanntes negatives Auseinandersetzungsguthaben, welches er als ausscheidender Gesellschafter nach §§ 739, 735 BGB auszugleichen habe, weil das Gesellschaftsvermögen sich entsprechend vermindert habe.

**aa) Übersicht.** Unter dem Stichwort „Schrottimmobilienfälle" kann man vereinfachend die Fälle zusammenfassen, in denen (typischerweise) Anlageberater mit zweifelhaften Versprechungen Verbraucher außerhalb von Geschäftsräumen zum Kauf einer (häufig steuerlich begünstigten) nicht unbedingt werthaltigen Immobilie oder eines Fondsanteils überreden. In diesen Fällen bestanden nach altem und bestehen auch nach neuem Recht in Hinblick auf das Widerrufsrecht so viele und komplexe Probleme, dass es lohnt, sich zuerst eine Übersicht zu verschaffen. **390**

In den betroffenen, vor allem in den 1990er Jahren massenhaft aufgetretenen und berühmt gewordenen Fällen, ist (und war) zwar stets klar, dass der Immobilienkaufvertrag selbst nicht unter einen Widerrufstatbestand fällt (nun § 312 Abs. 2 Nr. 2 BGB). Häufig war aber **gleichzeitig ein Realkreditvertrag** vermittelt worden. Dann können sich letztlich lehrbuchartig beinahe alle Rechtsfragen stellen, die beim Widerrufsrecht überhaupt auftreten können. So stellt sich zunächst die Frage, ob überhaupt ein Widerrufstatbestand eingreift. Dabei muss neben dem Haustürwiderrufsrecht auch das Widerrufsrecht für Verbraucherkreditverträge (§ 495 BGB) im Auge behalten werden. Daneben ist fraglich, ob eine im Verlauf der Vertragsanbahnung aufgetretene Haustürsituation auch dann ausschlaggebend ist, wenn die **eigentlichen Verträge in der Bank bzw. beim Notar unterzeichnet** wurden (dazu Rn. 349). Wird ein Haustürgeschäft bejaht, so kommt häufig die Problematik hinzu, dass nicht der Vertragspartner (nämlich die Bank) in der Haustürsituation agiert hat, sondern dass ein **selbstständiger Anlageberater** den Kunden aufgesucht hat, und zwar manchmal ohne das Wissen der Bank. Es ist dann problematisch, ob **der Bank das Verhalten** des Anlageberaters, der an der Haustür aggressiv wirbt, ohne weiteres **zuzurechnen ist** (dazu schon Rn. 352).

Ist schließlich ein Widerrufsrecht bejaht und auch die Ausübung des Widerrufs fristgerecht erfolgt, gelangt man zu den knifflichsten Problemen. Die **Rückabwicklung nach Ausübung des Widerrufsrechts** macht schon bei einfachen Krediten Schwierigkeiten. Denn nach einem Widerruf muss der Verbraucher das, was er erhalten hat, an den Unternehmer zurückerstatten. Bei einem Kredit würde das bedeuten, dass der gesamte Geldbetrag dem Unternehmer unverzüglich zurückgezahlt werden müsste (dazu oben Rn. 382). Gerade bei einem Realkreditvertrag hat der Verbraucher das Geld immer in eine Immobilie investiert. Bestand das widerrufliche Rechtsgeschäft darin, dass der Verbraucher einem **Immobilienfonds** beigetreten ist, so erscheint es zwar einfach für ihn, den Fondsanteil „zurückzugeben". Aber hier muss beachtet werden, dass es sich bei dem Fonds um eine Gesellschaft bürgerlichen Rechts handelt, deren andere Gesellschafter meist ebenfalls Verbraucher sind. Eine Rückzahlung der Einlage an den Verbraucher würde zu Lasten dieser anderen Verbraucher gehen (dazu unten Rn. 397).

**391** Wichtig ist, sich an dieser Stelle Folgendes vor Augen zu führen: Bei den Anlageberaterfällen mischen sich **rechtliche mit rechtspolitischen Fragen**. Im Grunde handelt es sich um Fälle von vielleicht sogar systematischen Täuschungen über die Gewinnchancen, die sich beim Kauf der Immobilie bzw. des Fondsanteils ergeben sollten.[123] Diese Täuschungen sind jedoch im Einzelnen für den Verbraucher kaum nachweisbar. Aus dem dringenden Bedürfnis, dem Verbraucher zu helfen, ist der Druck entstanden, ein Widerrufsrecht für den Verbraucher zu konstruieren. Dieses Widerrufsrecht läuft unbefristet, weil die Bank den Verbraucher darüber nicht belehrt hat.[124] Der Widerruf soll den Verbraucher nach Möglichkeit zugleich von der Pflicht zur Rückzahlung des Kredits befreien.

Wenn diese Lösung über das Widerrufsrecht auch dem Verbraucher hilft, und sogar mit dem geltenden Recht erzielt werden kann, so muss doch daran gedacht werden, dass es sich dabei um eine **reine Notlösung** handelt. Denn in der fehlenden Belehrung über das Widerrufsrecht lag nicht der zentrale Fehler, den die Bank gemacht hat. Vielmehr waren es die irreführenden, unter Verwendung falscher Informationen über die Kontrolle der Mittelverwendung aufgestellten, finanziellen Berechnungen, welche die Anlageberater den Verbrauchern vorlegten. Außerdem hätte die Belehrung über das Widerrufsrecht dem Verbraucher kaum geholfen. Trotz einer Belehrung hätten nur wenige der heute überschuldeten Verbraucher den Kauf- oder Kreditvertrag widerrufen. Denn die Nachteile der Geschäfte zeigten sich nicht innerhalb von 14 Tagen, sondern erst viel später (zu dieser Problematik für Schadensersatzansprüche näher unten Rn. 449).

**392** **bb) Verbundenes Geschäft zwischen Realkreditvertrag und Immobilienkaufvertrag?** Der EuGH hat im Jahr 2001 in der Sache Heininger zur damaligen Haustür-RL entschieden, dass Realkreditverträge, die in einer Haustürsituation abgeschlossen wurden, widerruflich sind.[125] Betroffen davon waren vor allem die soeben beschriebenen „**Schrottimmobilien-Fälle**".

Ein auf einen Darlehensvertrag gerichtetes Widerrufsrecht allein ist für den Verbraucher jedoch keine Hilfe. Bejaht man nämlich isoliert nur das Recht zum Widerruf des Darlehensvertrags und bleibt die Wirkung des Widerrufsrechts ebenfalls auf den Darlehensvertrag beschränkt, wäre es für den Verbraucher wirtschaftlich sinnlos. Durch den Widerruf würde nur der Darlehensvertrag gemäß § 355 Abs. 3 BGB in ein **Rückabwicklungsschuldverhältnis** umgewandelt. Das würde einzig dazu führen, dass der Verbraucher das Darlehen **sofort zurückzahlen** müsste.

Diese Situation hat die nationalen Gerichte und den EuGH viele Jahre lang lebhaft beschäftigt. Anfangs konzentrierte die Diskussion sich weitgehend darauf, wann ein **verbundener Vertrag** im Sinne des § 358 BGB anzunehmen ist. Denn wenn ein verbundenes Geschäft angenommen werden dürfte, würde der Widerruf sich automatisch auf den Kaufvertrag erstrecken (siehe schon Rn. 382). Es wäre dem Verbraucher

---

123 Zur Strafbarkeit bejahend jetzt BGHSt 60, 1.
124 Schon oben wurde gezeigt, dass die Banken von dem Widerrufsrecht auch kaum etwas ahnen konnten (Rn. 98).
125 *EuGH* Slg. 2001, 9945 (Heininger); dazu auch schon oben Rn. 98. Der Widerruf des Immobilienkaufvertrags ist wie bereits soeben gezeigt ausgeschlossen.

insbesondere erlaubt, anstelle der Darlehensvaluta die Immobilie an die Bank zurückzugeben (§ 358 Abs. 4 S. 5 BGB).

**cc) Reaktion der deutschen Rechtsprechung auf die Entscheidung Heininger.** Der BGH hatte in seiner abschließenden Entscheidung in der Sache Heininger sowie in einigen nachfolgenden Entscheidungen ein „verbundenes Geschäft" i.S.d. § 358 BGB zwischen dem Immobilienerwerb und dem Realkredit abgelehnt.[126] Das bedeutete, wie soeben aufgezeigt, dass der Widerruf dem Verbraucher letztlich keinerlei Vorteile brachte.[127] Auch andere Gründe für eine Haftung der Banken sah der BGH nicht.

Diese Rechtsprechung des BGH wurde von vielen Stimmen in der Literatur und schließlich auch von einigen Gerichten in Frage gestellt. Auch **innerhalb des BGH selbst** entschieden verschiedene Senate uneinheitlich. So war vom II. Senat doch ein verbundenes Geschäft zwischen dem Realkredit und dem Immobilien- bzw. Fondsanteilskauf angenommen worden.[128] Schließlich beschlossen das LG Bochum und das OLG Bremen zu der Problematik erneut Vorlagen an den EuGH.[129]

**dd) Die Urteile Schulte und Crailsheimer Volksbank.** In seinen Entscheidungen bezog der EuGH weit deutlicher Stellung, als erwartet worden war.[130] Das zuerst ergangene, ausführlichere Urteil in der Sache **Schulte** beginnt allerdings zurückhaltend. Die in § 358 BGB gewählte Lösung über die verbundenen Geschäfte sah der EuGH zu Recht als **im EU-Recht nicht verankert** an. Diese Aussage ist weiterhin zutreffend. Zwar haben die Verbraucherkredit-RL und die Verbraucherrechte-RL verbundene Geschäfte nun in erheblichem Maße geregelt (dazu Rn. 382), aber für Realkredite gelten diese Regelungen nicht.

393

394

Der EuGH machte dann aber doch noch eine ganz wesentliche Aussage: Wenn der Verbraucher aufgrund einer fehlenden Belehrung sein Widerrufsrecht nicht ausüben kann, „verpflichtet die Richtlinie die Mitgliedstaaten, geeignete Maßnahmen zu treffen, damit der Verbraucher nicht die Folgen der Verwirklichung derartiger Risiken zu tragen hat". Mit derartigen Risiken sind die **wirtschaftlichen Verluste** gemeint, die die Verbraucher in den Schrottimmobilienfällen durch den Wertverlust der Immobilien typischerweise erlitten haben. „Die Mitgliedstaaten müssen also dafür sorgen, dass unter diesen Umständen das Kreditinstitut, das seiner Belehrungspflicht nicht nachgekommen ist, die Folgen der Verwirklichung dieser Risiken trägt, damit der Pflicht, die Verbraucher zu schützen, genügt wird."[131]

---
126 BGHZ 150, 248, 263; das Urteil wird (zu Recht) viel gescholten, weil der *BGH* ausführt: „Bei einem Immobilienkauf weiß auch der rechtsunkundige und geschäftsunerfahrene Laie, dass der Kreditgeber und der Immobilienverkäufer in der Regel zwei verschiedene Personen sind". Darum geht es natürlich nicht. Und es ist davon auszugehen, dass auch der *BGH* dies wusste. Es handelt sich wohl lediglich um eine ungeschickte Formulierung dafür, dass der Verbraucher nach Ansicht des *BGH* beide Verträge für voneinander unabhängig einschätzen kann.
127 Genauer zu den wirtschaftlichen Folgen *Schlachter*, RIW 2004, 655, 656.
128 BGHZ 156, 46; dazu *Doehner/Hoffmann*, ZIP 2004, 1884.
129 *LG Bochum* NJW 2003, 2612; kritisch zu dieser Vorlage *Ehricke*, ZIP 2004, 1025; *OLG Bremen* NJW 2004, 2238.
130 Sehr skeptisch noch der Generalanwalt; ganz anders dagegen die Stellungnahme der Kommission, abgedruckt in ZGS 2004, 98.
131 *EuGH* Slg. 2005, 9215 Rn. 99 ff. (Schulte); darauf aufbauend *EuGH* Slg. 2005, 9293 Rn. 47 ff. (Crailsheimer Volksbank).

**395** Der EuGH liest also in die Haustür-RL und insbesondere in die Pflicht zur Belehrung über das Widerrufsrecht eine allgemeine Vertragspflicht des Unternehmers hinein. Der Unternehmer muss den Verbraucher durch die Einräumung des Widerrufsrechts **vor den wirtschaftlichen Risiken des Vertrags schützen**. Nur wenn der Verbraucher das Widerrufsrecht hat und aufgrund der ordnungsgemäßen Widerrufsbelehrung auch kennt, gehen die wirtschaftlichen Risiken auf ihn über. Das ist vollkommen richtig und entspricht dem Sinn des Widerrufsrechts: Der Verbraucher soll nach der Überrumplung in der Haustürsituation einige Tage Zeit haben, sich genau zu überlegen, ob er an den abgeschlossenen Vertrag gebunden sein möchte. Erst in dieser Zeit ist er in der Lage, eine freie und verantwortliche Entscheidung zu treffen, deren wirtschaftliche Folgen er später selbst tragen muss. Hat der Verbraucher die Möglichkeit der nachträglichen freien Entscheidung nicht, weil er das Widerrufsrecht nicht kennt, dann entsteht nicht nur kein bindender Vertrag, sondern die Risiken des Vertrags gehen auch nicht auf ihn über.

Die für den Unternehmer entstehende Belastung nimmt das EU-Recht in seiner oben beschriebenen, einseitig auf den Verbraucher ausgerichteten Sichtweise auch hier hin.

**396** **ee) Reaktion der deutschen Rechtsprechung auf die Entscheidungen Schulte und Crailsheimer Volksbank.** Seit dieser Vorgabe des EuGH musste die deutsche Rechtsprechung nach Lösungswegen suchen. Dabei war der Spielraum groß, denn der EuGH hat **nicht ausdrücklich festgelegt**, auf welche Weise der Verbraucher geschützt werden soll. Er spricht nur von „geeigneten Maßnahmen", die durch die Mitgliedstaaten getroffen werden müssen.[132]

Der BGH entschied sich unter anderem für einen auf die Verletzung der Belehrungspflicht gerichteten **Schadensersatzanspruch aus Verschulden bei Vertragsschluss**. Er verlangt dabei allerdings, dass der Verbraucher beweist, dass er den Darlehensvertrag bei ordnungsgemäßer Belehrung tatsächlich widerrufen hätte.[133]

Das wird dem Verbraucher selten gelingen, so dass ihm mit der neuen Rechtsprechung wenig geholfen ist (näher unten Rn. 449). Bisher ist aber keine weitere Vorlage erfolgt, um klären zu lassen, ob die Rechtsprechung nun unionsrechtlichen Maßstäben genügt.[134] Da die Richtlinien in Bezug auf die Rechtsfolgen sehr vage sind, würde der EuGH vermutlich auch keine präziseren Vorgaben machen.

**397** **ff) Sonderfall: Rückabwicklung bei Beteiligung an einem Immobilienfonds.** Für einen Fondsbeitritt vertritt der EuGH zunächst, dass ebenfalls ein Widerruf möglich sei. Dazu ist allerdings ein gewisser Begründungsaufwand erforderlich, wie an dem Beispielsfall deutlich wird.

---

132 *EuGH* Slg. 2005, 9215 Rn. 100 (Schulte).
133 Aus der Fülle der Entscheidungen nur BGHZ 169, 109; a.A. *OLG Bremen* NJW 2006, 1210, 1216, das zugunsten des Verbrauchers ein aufklärungsrichtiges Verhalten vermutet; *Rösler*, ZEuP 2006, 868; *Röthel*, GPR 2006, 184.
134 Mit erheblichen Zweifeln an der Unionsrechtskonformität etwa *Jungmann*, NJW 2007, 1562; *Möllers/Grassl*, VuR 2010, 3, 11 ff.

Im **Beispiel 16** (Rn. 389) trat ein Anleger einem Immobilienfonds bei. Die Verhandlungen fanden im Rahmen eines Hausbesuchs statt und somit außerhalb von Geschäftsräumen, so dass die §§ 312b ff. BGB Anwendung finden. Problematisch ist aber, ob es sich überhaupt um ein Rechtsgeschäft zwischen einem Unternehmer und einem Verbraucher handelt.

Das Problem liegt dabei weniger auf der Seite des A. Wer sein Geld anlegt, handelt in aller Regel als Verbraucher. Mehr Zweifel kann man in Hinblick auf den Fonds haben. Denn ein Immobilienfonds ist eine GbR, und seine Gesellschafter werden häufig andere Verbraucher sein. Jedoch hat der EuGH hierzu geäußert, dass es reiche, dass die Verwaltung der GbR unternehmerisch erfolgt und gerade der Verwalter an A herangetreten ist. Ferner hat eine GbR zumindest zwei Gründungsgesellschafter, die unternehmerisch tätig sind.[135]

Demnach würde dem A hier ein Widerrufsrecht gem. § 312g Abs. 1 BGB zustehen. Das Widerrufsrecht dürfte auch nicht ausgeschlossen sein. Weder für den Gesellschaftsbeitritt noch allgemein für Gesellschaftsverträge finden sich in § 312g Abs. 2 BGB Ausschlussgründe. § 312 Abs. 2 Nr. 2 BGB schließt zwar den Erwerb von Immobilien aus dem Anwendungsbereich der §§ 312-312h BGB aus. Damit ist jedoch der unmittelbare Erwerb von Grundstücken gemeint und nicht eine mittelbare schuldrechtliche Beteiligung, wie sie durch den Beitritt zu einer Gesellschaft erfolgt, die Immobilien hält und verwaltet.

Mit dem Bestehen des Widerrufsrechts allein ist dem A allerdings leider noch wenig geholfen. Offen ist nämlich die Frage, wie die Rückabwicklung zu erfolgen hat.

Die Situation des Verbrauchers in Hinblick auf die Rückabwicklung ist ungünstig. Der EuGH formuliert hier deutlich, dass die Richtlinie einer nationalen Regelung nicht entgegenstehe, die den gerechten Ausgleich der Interessen des Verbrauchers, der den Fondsanteil zurückgebe und der anderen Beteiligten zum Ziel habe. Daher sind für den Widerruf des Kaufs eines Fondsanteils die Vorschriften über die **fehlerhafte Gesellschaft** anzuwenden. Danach kann der Verbraucher keine einfache Rückabwicklung der jeweils erbrachten Leistungen („Rückzahlung der Einlage gegen Rückgabe des Gesellschaftsanteils") nach § 355 Abs. 3 BGB verlangen.[136]

Vielmehr wird nach den §§ 735, 739 BGB so abgewickelt wie bei dem Ausscheiden eines Gesellschafters. Der Verbraucher kann somit lediglich nach § 738 Abs. 1 S. 2 BGB verlangen, dass ihm das Auseinandersetzungsguthaben ausgezahlt wird. Auf den ersten Blick wird man sich darüber vielleicht wundern, denn der Widerruf wird auch hier für den Verbraucher **wirtschaftlich sinnlos**.

Man muss sich aber klarmachen, dass die Rückabwicklung beim Fondsbeitritt nicht zwischen Verbraucher und Unternehmer erfolgt, sondern **zwischen dem Verbraucher und der Gesellschaft**. Die Gesellschaft wiederum besteht aus den anderen – oft ebenfalls privaten – Anlegern. Könnte der Verbraucher, der zuerst widerruft, seine Anzahlung heraus verlangen, ginge dies also **zulasten der übrigen Verbraucher**.[137] Die Vorschriften der Verbraucherrechte-RL sind auf ein zweiseitiges Verhältnis ausgelegt und lassen die Besonderheiten des Gesellschaftsvertrags unbeachtet, was zu unbilligen Ergebnissen in den Immobilienfonds-Fällen führen würde. Da die Verbraucherrechte-RL keine auf diese besondere Situation anwendbaren Vorschriften

---

135 *EuGH* Slg. 2010, 2947 Rn. 28 (Friz); *Armbrüster*, EuZW 2010, 614.
136 *EuGH* Slg. 2010, 2947 (Friz).
137 *Armbrüster*, EuZW 2010, 614, 616.

enthält und solche auch nicht in die §§ 312 ff. BGB aufgenommen wurden, besteht weiterhin eine Regelungslücke. Diese kann auch zukünftig nur durch die Anwendung der Lehre von der fehlerhaften Gesellschaft geschlossen werden.

398 Der A hat im **Beispiel 16** also keinen Anspruch aus § 355 Abs. 3 BGB auf Rückzahlung seiner ursprünglichen Einlage. Vielmehr gelten die Regeln über die „fehlerhafte Gesellschaft". Danach kann A als ausscheidender Gesellschafter eine Abfindung verlangen. Da bei deren Berechnung jedoch der Wert der Gesellschaft zum Zeitpunkt des Widerrufs zugrunde gelegt wird, treffen ihn die Verluste der Gesellschaft.[138]

Er kann versuchen, Schadensersatzansprüche geltend zu machen, falls er nicht über die wirtschaftlichen Einschränkungen des Widerrufsrechts belehrt wurde (näher Rn. 449).

## VI. Die Einbeziehung von Allgemeinen Geschäftsbedingungen (AGB) in den Vertrag

### 1. Einbeziehung von AGB nach der Klausel-RL

399 Das EU-Privatrecht enthält mit der Klausel-RL auch Regelungen zur Überprüfung von AGB. Die Klausel-RL beschränkt sich allerdings anders als das in den §§ 305 ff. BGB enthaltene AGB-Recht **allein auf Verbraucherverträge**. Anders als das deutsche Recht unterscheidet sie nicht zwischen Normen über die Einbeziehung und Normen über die Inhaltskontrolle von AGB. In Art. 6 Abs. 1 Klausel-RL ist vielmehr nur vorgesehen, dass „missbräuchliche Klauseln für den Verbraucher unverbindlich" sind. Man darf sich dadurch aber nicht täuschen lassen. Es sind doch einige Fragen umfasst, welche aus deutscher Sicht eher die Einbeziehung betreffen.

Insbesondere sieht § 305c Abs. 1 BGB vor, dass *überraschende* Klauseln gar nicht in den Vertrag einbezogen werden. Mit Art. 6 Abs. 1 Klausel-RL ist diese Sichtweise ohne weiteres vereinbar.

In der Präambel zur Klausel-RL ist außerdem statuiert, dass der Verbraucher tatsächlich die Möglichkeit haben muss, **von allen Vertragsklauseln Kenntnis zu nehmen**. Auch das ist ein Punkt, den das deutsche Recht als Frage der Einbeziehung versteht. § 305 Abs. 2 Nr. 2 BGB bestimmt hier seit der Schuldrechtsmodernisierung sogar, dass eine für den Verwender erkennbare körperliche Behinderung der anderen Vertragspartei angemessen berücksichtigt werden muss. Dies geschah zwar nicht ausdrücklich in Hinblick auf die Richtlinie, schließt aber jedenfalls ein Umsetzungsdefizit an diesem Punkt aus.[139]

### 2. Einbeziehung von AGB im Fernabsatz und E-Commerce

400 Auch die Verbraucherrechte- und die E-Commerce-RL enthalten keine genauen Regelungen dazu, auf welche Weise Vertragsbedingungen für den Verbraucher im E-Commerce zugänglich sein müssen, damit sie Vertragsbestandteil werden. Art. 10

---

138 *Miras*, NJW 2010, 1513.
139 BT-Drucks. 14/6040, 150.

Abs. 3 E-Commerce-RL (umgesetzt in § 312i Abs. 1 S. 1 Nr. 4 BGB) verlangt immerhin, dass die AGB speicherbar und reproduzierbar sein müssen. Für die Einbeziehung der AGB in den Vertrag sind daher die Grundsätze der Klausel-RL an die **besondere Situation des Fernabsatzes** anzupassen. Hier wird es als ausreichend angesehen, wenn auf der Bestellseite ein deutlich erkennbarer Link eingerichtet ist, der die Öffnung der AGB in gut lesbarer Form bewirkt.[140] Mehr setzen auch die Richtlinien nicht voraus. Die Klausel-RL verlangt lediglich die bloße Möglichkeit der Kenntnisnahme.

### 3. Sonderfall: Einbeziehung von AGB bei Internetauktionen

Wenn bei Internetauktionen AGB gestellt werden, ist nicht nur die Frage der inhaltlichen Wirksamkeit interessant, sondern man muss auch näher untersuchen, wie diese AGB überhaupt in den Vertrag einbezogen werden können. Dabei ist zu unterscheiden zwischen der Einbeziehung von **AGB des Auktionshauses** und der Einbeziehung von **AGB der Vertragsschließenden** selbst.

401

Die Richtlinien enthalten für keinen der beiden Punkte eine ausdrückliche Vorgabe. Solange es um die eigenen AGB des Warenanbieters geht, ist das unschädlich. Denn diese werden Vertragsbestandteil, wenn die allgemeinen, für alle E-Commerce-Geschäfte vorgesehenen Regeln eingehalten wurden.

Schwieriger ist die Frage, wie die AGB des Diensteanbieters, also des Internetauktionshauses, auf den Inhalt des zwischen zwei Nutzern abgeschlossenen Vertrags einwirken.[141] Das ist wichtig, weil sich dort oft entscheidende Regeln finden, wie z.B. eine Beschreibung des Vertragsschlussmechanismus, der für die Auktion gelten soll. **Der BGH verneint eine unmittelbare Wirkung der AGB des Auktionshauses** auf das Vertragsverhältnis von Verkäufer und Käufer. Er meint, die AGB müssten aber **bei der Vertragsauslegung wesentlich berücksichtigt** werden, weil sie den Empfängerhorizont prägen.[142] Diese Auffassung überzeugt zunächst, da sie den allgemeinen Regeln zum Vertragsschluss entspricht. Es ist dann auch richtig, dass der Verkäufer die AGB des Plattformbetreibers „ausschalten" kann, indem er sehr deutlich eigene Bedingungen verwendet.[143]

402

Schwierigkeiten entstehen erst, wenn eine Inhaltskontrolle der AGB der Internetauktions-Plattform erfolgen soll. Wenn ein Verbrauchervertrag geschlossen wird, ist zweifelhaft, ob eine Sichtweise, die den Verkäufer nicht als Verwender der AGB ansieht, auch der Klausel-RL gerecht wird. Denn die Klauseln des Auktionshauses betreffen im Ergebnis sehr klar gerade die Verträge, die bei den Auktionen zwischen Käufer und Verkäufer geschlossen werden. Es wird geregelt, wann und auf welche

---

140 *BGH* NJW 2006, 2976; Palandt/*Grüneberg*, BGB, § 305 Rn. 36 m.w.N.; näher Hoeren/Sieber/Holznagel/*Föhlisch*, Hdb. Multimedia-Recht, Teil 13.4 Rn. 115 f.
141 Umfassend *Heitbaum*, Zur Anwendbarkeit des § 156 BGB sowie zur Inhaltskontrolle bei privaten Online-Auktionen, 2003, S. 112 ff.
142 *BGH* NJW 2017, 1660; *BGH* NJW 2014, 1292 Rn. 18; BGHZ 189, 346 Rn. 21; *BGH* NJW 2011, 2643 Rn. 15; vorsichtiger noch BGHZ 149, 129 (ricardo.de).
143 So war es in *BGH* NJW 2017, 1660.

Weise der Vertrag zustande kommt, wer die Gebühren trägt, wie die Ware zu beschreiben ist und Ähnliches mehr.

Nach Art. 3 Abs. 2 Klausel-RL unterliegen auch Klauseln, die ein Dritter gestellt hat, der Inhaltskontrolle. Diese sehr weit gefasste Regelung greift wohl auch für die AGB der Auktionsplattformen ein. Dafür spricht zusätzlich, dass die Inhaltskontrolle der Bedingungen des Auktionshauses auch nötig ist, um den Verbraucher effektiv vor Missbrauch (etwa durch einen Haftungsausschluss) zu schützen. Außerdem **erwartet der Verbraucher**, der bei der Auktion einen Kaufvertrag abschließt, zu Recht die Geltung dieser AGB für seinen Vertrag.

Man kann eine Einbeziehung in den Vertrag konstruieren, indem man, entgegen der Sichtweise des BGH, davon ausgeht, dass der **Anbieter sich die AGB vollends zu eigen macht**, so dass sie Teil seines Angebots werden, und nicht nur davon ausgeht, dass sie durch Auslegung den Vertragsinhalt prägen.

Wichtig wird eine genaue Analyse des Einbeziehungsmechanismus insbesondere dann, wenn der unternehmerische Verkäufer bei seinem Angebot **eigene, abweichende AGB** verwendet. Diese dürfen sich nicht ohne weiteres gegen die Bedingungen des Auktionshauses durchsetzen – denn dann würden die **berechtigten Erwartungen des Verbrauchers an die Vertragsbedingungen empfindlich erschüttert**. Auch dieses Ziel lässt sich am besten erreichen, wenn man die AGB des Auktionshauses als in die Einzelverträge einbezogen betrachtet.

Dass diese Sichtweise für den Unternehmer eine Härte bedeuten kann, nimmt das EU-Recht auch hier in Kauf.[144]

## VII. Sonderfall: Die Regelung über unbestellt zugesandte Leistungen und ihre Umsetzung in Deutschland

**Literaturhinweis:** *Ulber/Lukes*, „Unbestelltes aus Europa", JA 2016, 255; *Schmidt*, „Inertia selling" de lege lata und de lege ferenda – die Reform im europäischen und deutschen Recht, GPR 2014, 73.

### 1. Regelung in der Fernabsatz- und der Verbraucherrechte-RL

403 Art. 27 Verbraucherrechte-RL konkretisiert eine ganz ähnlich in der alten Fernabsatz-RL enthaltene Regelung, indem er bestimmt, dass Verbraucher für unbestellte Waren und Dienste nicht *zur Gegenleistung* verpflichtet sind.

An der Entwicklung dieser Vorschrift von der ersten Fassung in der Fernabsatz-RL zur jetzigen Fassung in der Verbraucherrechte-RL lässt sich zunächst erkennen, dass der Richtliniengeber darum bemüht ist, einen **systematischeren Regelungsstil** zu erreichen. Im alten Art. 9 Fernabsatz-RL hatte es noch geheißen, die Mitgliedstaaten sollten „unbestellte Lieferungen, die zugleich mit einer Zahlungsaufforderung verbunden sind", *untersagen*. Ein solches Verbot passte nicht in den privatrechtlichen

---

144 Näher dazu *Heiderhoff*, ZIP 2006, 793.

5ontext. Gleichzeitig kann man natürlich bemängeln, dass die neue Regelung nun etwas völlig Selbstverständliches aussagt: Eine Gegenleistungspflicht entsteht nur, wenn ein Vertrag abgeschlossen wird. Wenn Waren einseitig übersendet werden, fehlt es ohnehin an einem Vertragsschluss.

Dem deutschen Gesetzgeber war schon die Umsetzung der alten Fernabsatz-RL nicht gut gelungen. Das gilt schon für die bloße Stellung der Norm. § 241a BGB wurde zwischen die zwei sehr grundlegenden Regelungen in den §§ 241 und 242 BGB in das BGB hineingezwängt. Vor allem aber hat der Gesetzgeber sich – verursacht sicher durch den Wortlaut der Fernabsatz-RL – dazu hinreißen lassen, die privatrechtlichen Regelungsmechanismen ebenfalls zu vernachlässigen. Er hat auch seinerseits eine **Sanktionsnorm in das Vertragsrecht eingefügt**, indem er nicht nur den Anspruch auf die Gegenleistung ausgeschlossen hat, sondern, wie sich in einem Umkehrschluss aus § 241a Abs. 2 BGB ergibt, auch alle Rückgabeansprüche des Unternehmers (näher dazu gleich Rn. 406).[145]

Im Zuge der Umsetzung der Verbraucherrechte-RL wurde diese strenge Rechtsfolge unverändert beibehalten. Die wesentliche Änderung besteht darin, dass § 241a Abs. 3 BGB a.F. ersatzlos gestrichen wurde. Diese Regelung betraf Fälle, in denen innerhalb eines Vertragsverhältnisses eine andere als die bestellte Sache als gleichwertiger Ersatz übersendet wurde. Sie beruhte auf dem nicht in die Verbraucherrechte-RL übernommenen Art. 7 Abs. 3 Fernabsatz-RL.[146]

Im Schrifttum wird viel Kritik an § 241a BGB geübt. Insbesondere wird versucht, die Reichweite der Norm einzuengen. Diese Diskussionen haben einen neuen Anschub erhalten, weil die Regelung in der Verbraucherrechte-RL etwas von der Regelung in der Fernabsatz-RL abweicht und zugleich wegen des Grundsatzes der Vollharmonisierung unter Umständen eine erweiternde Umsetzung ausschließt.

## 2. Die Reichweite des § 241a BGB vor dem Hintergrund der Richtlinienvorgaben

### a) Möglichkeit der konkludenten Annahme

Etwa streitig ist zunächst, ob und unter welchen Voraussetzungen eine die Zahlungspflicht auslösende Annahme bei unbestellten Waren trotz § 241a BGB erfolgen kann. Insbesondere fragt sich, ob eine **konkludente Annahme** des in der Übersendung von Waren zu erblickenden Angebots möglich ist.[147] Konkret betrifft dies den Fall, dass der Verbraucher, dem die Ware unbestellt zugesandt wurde, diese Ware in Gebrauch nimmt. Dieser Streit basiert nicht nur darauf, dass § 241a BGB prinzipiell als zu weit empfunden wird. Ursache ist vielmehr auch der **verunglückte Wortlaut der Norm**. Denn diesem kann in der Tat nichts zu der Frage des Vertragsschlusses entnommen werden. Dass durch die *Lieferung* unbestellter Waren ein Anspruch auf Bezahlung nicht begründet wird, war auch schon vor der Einführung der Norm eine Selbstverständlichkeit. Eine unbestellte Lieferung konnte auch schon früher höchstens ein An-

404

---

145 Nur *Wagner*, AcP 206 (2006), 352, 369.
146 *Köhler*, JuS 2014, 865, 866.
147 Dafür *Berger*, JuS 2001, 649, 654; *Löhnig*, JA 2001, 33, 34 (bei dauerhafter Benutzung).

gebot sein. Kann in der Lieferung der Waren nun weiterhin ein Angebot zum Vertragsabschluss liegen, welches durch bloßes Benutzen der Sache konkludent angenommen werden kann? Die Frage sollte auch vor dem Hintergrund des insofern deutlich veränderten Textes der Verbraucherrechte-RL **klar verneint** werden.[148]

405 Die Richtlinie regelt zentral gerade **das Fehlen der Gegenleistungspflicht** (so deutlich Art. 27 S. 1 Verbraucherrechte-RL). In Erwägungsgrund 60 Verbraucherrechte-RL wird erläutert, dass der Verbraucher „von der Verpflichtung zur Erbringung der Gegenleistung für derartige unbestellte Lieferungen oder Erbringungen befreit" sein soll. Da diese Verpflichtung, ebenso wie im deutschen Recht auch in den anderen europäischen Rechtsordnungen überhaupt erst durch die Annahme des Vertrags entstehen könnte, soll also offenbar diese Wirkung der Annahme gerade ausgeschlossen sein. Zuzugeben ist, dass Art. 27 S. 2 Verbraucherrechte-RL insofern zumindest missverständlich formuliert ist. Denn dort heißt es, bei der unbestellten Übersendung von Waren gelte „das Ausbleiben einer Antwort des Verbrauchers" nicht als Zustimmung.

Die Vorschrift sollte dennoch insgesamt vor dem Hintergrund der allgemeinen Zielsetzung des EU-Privatrechts dahingehend verstanden werden, dass dem Verbraucher ein **entspanntes Verhalten im Rechtsverkehr** zugestanden werden soll.[149] Er darf die zugesandte Sache verwenden, wegwerfen oder auch verschenken, ganz nach seinem Belieben.

### b) Gesetzliche Ansprüche

406 Heftiger umstritten ist die Frage, ob durch § 241a BGB nur der vertragliche Anspruch auf Bezahlung der Sache ausgeschlossen sein soll, oder ob **auch alle sonstigen Ansprüche des Unternehmers**, wie insbesondere die Ansprüche auf **Rückgabe der Sache** aus § 985 und § 812 Abs. 1 BGB, **ausscheiden**. § 241a BGB ist insofern recht deutlich. Aus der Zusammenschau von § 241a Abs. 1 und Abs. 2 BGB lässt sich die Erstreckung auf gesetzliche Ansprüche klar entnehmen: Die Rückausnahme für die gesetzlichen Ansprüche in Abs. 2 lässt erkennen, dass diese von Abs. 1 im Grundsatz ausgeschlossen sind.[150]

Die Richtlinien weichen davon ab. Schon Art. 9 Fernabsatz-RL ordnete lediglich eine Befreiung von „jedweder Gegenleistung" an. Der deutsche Gesetzgeber hatte diese Beschränkung der Fernabsatz-RL wahrgenommen. In **weitherziger Manier** legte er jedoch die Richtlinie aus und nahm an, die Richtlinie müsse wohl auch alle Herausgabeansprüche umfassen.[151]

Die Diskussion wurde auf Grundlage der Verbraucherrechte-RL neu entfacht. Bei der Umsetzung der Verbraucherrechte-RL wurde § 241a BGB zwar in diesem Punkt nicht geändert.[152] Teilweise wird jedoch vertreten, die Richtlinie verbiete den Ausschluss gesetzlicher Ansprüche. Denn Art. 27 Verbraucherrechte-RL bestimmt ein-

---

148 Wie hier die h.A., Palandt/*Grüneberg*, BGB, § 241a Rn. 6; MünchKommBGB/*Finkenauer*, § 241a Rn. 26; Staudinger/*Olzen*, BGB, § 241a Rn. 31.
149 Dazu oben Rn. 207.
150 Ganz h.A., Palandt/*Grüneberg*, BGB, § 241a Rn. 7 m.w.N.
151 BT-Drucks. 14/2658, 23 f.
152 BT-Drucks. 17/12637, 37; *Köhler*, JuS 2014, 865, 866.

zig, dass „der Verbraucher von der Pflicht zur Erbringung der Gegenleistung befreit" ist. Erwägungsgrund 60 spricht zudem von einem „vertraglichen Rechtsbehelf". Da eine Vollharmonisierung zu erfolgen habe, scheide eine Erweiterung durch das nationale Recht aus. Dementsprechend müsse § 241a BGB in richtlinienkonformer Auslegung so korrigiert werden, dass er gesetzliche Ansprüche auf Rückgabe der Ware oder Dienstleistung nicht mehr ausschließe.[153]

Dem wird zum einen entgegengehalten, dass der Zweck der Verbraucherrechte-RL (vgl. Art. 1) die Gewährleistung eines hohen Verbraucherschutzniveaus sei. Nur bei Ausschluss auch gesetzlicher Ansprüche könne ein solches effektiv erreicht werden. Im Wege einer über den Wortlaut hinausgehenden Auslegung lasse sich auch aus der Richtlinie ein Ausschluss gesetzlicher Ansprüche herleiten.[154] Ob das zutrifft, kann offenbleiben. Denn die Richtlinienkonformität von § 241a BGB kann auch damit begründet werden, dass Art. 27 Verbraucherrechte-RL nur die vertraglichen Rechtsfragen regeln will. Sie überlässt es ganz den Mitgliedstaaten, die Rechtsdurchsetzung und Sanktionierung zu gestalten.[155] Insbesondere greift sie nicht in die nationalen Rechtsvorschriften für gesetzliche Ansprüche ein.[156]

Zu allerletzt kann man auch noch einmal daran denken, wozu die Vollharmonisierung, um deren Reichweite es hier geht, eigentlich dienen soll: Sie ist darauf gerichtet, dem grenzüberschreitend tätigen, korrekt handelnden Unternehmer Sicherheit zu geben. Er soll nicht in unterschiedlichen Staaten unterschiedlichen rechtlichen Anforderungen ausgesetzt sein. Bei dem Unternehmer, der Verbrauchern gezielt unbestellte Waren zusendet, dürfte dieser Schutz des Unternehmers nicht gewünscht sein, denn er verwendet eine Methode, die von der EU nicht gebilligt wird. Daher verbietet die Richtlinie nicht, § 241a BGB so zu verstehen, dass er auch gesetzliche Ansprüche auf Rückgabe der Ware ausschließt.

# B. Allgemeine Regelungen zum Inhalt von Verträgen

## I. Die Inhaltskontrolle nach der Klausel-RL

**Literaturhinweis:** *Jansen*, Klauselkontrolle im europäischen Privatrecht, ZEuP 2010, 69.    **407**

**Beispiel 17** – nach EuGH NJW 2013, 2253 (**RWE Vertrieb**): Der Energieversorger E beliefert alle Kunden der Region „Nord III" mit Gas. Für die Vertragsbedingungen gilt kraft Gesetzes die Gasgrundversorgungsverordnung (GasGVV). Der Verbraucher V wohnt außerhalb dieser Region, soll jedoch an die Versorgung angeschlossen werden. Er unterzeichnet einen individuellen Vertrag, welcher in den AGB die Geltung der GasGVV auch für ihn bestimmt. Nach einem Jahr erhöht E unter Verweis auf die GasGVV, welche tatsächlich die Möglichkeit einer regelmäßigen Erhöhung vorsieht, die Gaspreise. V meint, die Vereinbarung in den AGB sei unwirksam, denn sie sei intransparent und die Anhebung der Preise verstoße auch inhaltlich gegen Treu und Glauben.

---

153 *Köhler*, JuS 2014, 865, 868 f.
154 *Jäckel/Tonikidis*, JuS 2014, 1064, 1065.
155 *Schmidt*, GPR 2014, 73, 78.
156 BeckOK/*Sutschet*, BGB, § 241a Rn. 9.

## 1. Grundlagen

**408** Das EU-Privatrecht enthält mit der Klausel-RL eigenständige Regelungen über die Kontrolle von AGB in Verträgen zwischen Verbrauchern und Unternehmern.

Die durch Art. 3 Abs. 1 Klausel-RL **vorgeschriebene Inhaltskontrolle** macht das zentrale Element der Klausel-RL aus. Dabei beschränkt sich die Richtlinie, anders als das nationale Recht, welches die Klauselkataloge in den §§ 308, 309 BGB kennt, ausschließlich auf eine **Generalklausel**. Konkretisiert wird diese allerdings durch eine Liste von Beispielen, welche im Anhang zu Art. 3 Klausel-RL enthalten ist.

Immer wieder ist in der EU intensiv diskutiert worden, ob es **Kataloge verbotener Klauseln** (schwarze Listen) oder von **Klauseln mit Unwirksamkeitsvermutungen** (graue Listen) geben sollte. Bis zuletzt war darum gerungen worden, solche Kataloge in die Verbraucherrechte-RL aufzunehmen. Schließlich ist mit Art. 8a Abs. 1, 2. Spiegelstrich Klausel-RL nur ein Minimalkonsens erreicht worden. Mitgliedstaaten, die selbst solche Listen haben, müssen die Kommission ständig über deren Inhalt informieren, damit sie EU-weit zugänglich gemacht werden können.[157]

**409** In ihrer heutigen Form und Zielsetzung kommt die Inhaltskontrolle in der Richtlinie dem schon **seit Jahrzehnten kodifizierten deutschen Recht der AGB-Kontrolle** nahe. Im Anfangsstadium der Richtlinienentstehung waren jedoch viel weitergehende Regelungen überlegt worden. So wurde die Kontrolle aller, also auch der individuell vereinbarten Vertragsklauseln ernsthaft diskutiert. Darüber hinaus sollten nicht nur die rechtlichen Vertragsbedingungen, sondern auch die Äquivalenz von Preis und Leistung überprüft werden. Zugleich waren Elemente materiellen Gewährleistungsrechts mit geregelt.[158]

Die Klausel-RL deckt allerdings nur ein Segment der in Deutschland bestehenden Regelungen ab, da sie **nur das B2C Verhältnis** umfasst. Zugleich aber ist der in der Richtlinie verwendete Begriff der AGB deutlich weiter als der klassische deutsche Begriff, welcher nur die für eine Vielzahl von Verträgen vorformulierten, einseitig verwendeten Klauseln umfasst.

**410** Häufig musste der EuGH sich damit befassen, wie die Gerichte die Klauselkontrolle im Verfahren durchführen. Er hat bereits mehrfach ausgesprochen, dass die **Kontrolle von Amts wegen** erfolgt, sobald das Gericht Kenntnis von Umständen hat, die auf eine Treuwidrigkeit der Klausel schließen lassen.[159] Allerdings geschieht dies nicht, wenn der Verbraucher sich dem entgegenstellt. In der Entscheidung VB Pénzügyi Lízing nahm der EuGH dann darüber hinausgehend etwas erschreckend an, dass auch „**Untersuchungen**" angestellt werden müssten.[160] Das wäre für die meisten europäischen Prozessordnungen eine systemwidrige Aufgabe, da im Zivilprozess der **Beibringungsgrundsatz** herrscht, demgemäß die Parteien die Tatsachen vortragen müs-

---

157 Art. 32 Verbraucherrechte-RL verlangte diese Änderung der Klausel-RL.
158 Ausführlich *Kapnopoulou*, Das Recht der mißbräuchlichen Klauseln in der Europäischen Union, 1997, S. 52 ff.; in KOM (1984) 55 wird deutlich, dass die Angleichung des Vertragsrechts eine wichtige Bedeutung hatte (Erwägungsgrund 17); auch KOM (1990) 322.
159 *EuGH* Slg. 2009, 4713 (Pannon); *EuGH* NJW 2019, 207 (Ilyés).
160 *EuGH* Slg. 2010, 10847 (VB Pénzügyi Lízing).

sen. Im Fall VB Pénzügyi Lízing ging es aber um eine Gerichtsstandsvereinbarung und damit um eine das Verfahren betreffende Klausel. Unter Umständen erscheint der Verbraucher aufgrund dieser Klausel gar nicht erst vor Gericht, so dass ihm besonders geholfen werden muss. Da der EuGH diese Ansicht bisher nur in Hinblick auf diese eine, das Verfahren betreffende Klausel ausgesprochen hat, ist sehr zu hoffen, dass er in Hinblick auf materiell-rechtliche Klauseln vor einem so erheblichen Eingriff in das nationale Verfahrensrecht zurückschrecken wird.[161]

Wichtig ist die Rechtsprechung des EuGH auch, soweit es um die Folgen der Nichtigkeit von AGB geht. In Deutschland hat man traditionell das dispositive Recht herangezogen und damit die Nachteile, die sich aus der Nichtigkeit der Klausel für den Verwender ergeben, oftmals abgemildert. Der EuGH sieht diese Technik wohl eher kritisch und erlaubt sie jedenfalls nicht in jedem Fall (dazu Rn. 420).

### 2. Ziele der Klausel-RL

Die Klausel-RL will Rechtsangleichung bewirken, hat aber **nur sehr begrenzte Möglichkeiten**, dieses Ziel zu erreichen. Denn wo das materielle nationale Recht unterschiedlich ist, kann auch die Klauselkontrolle nicht zu einer Vereinheitlichung beitragen. Dass die Kontrolle überhaupt in einheitlicher Art und anhand eines in der Struktur einheitlichen Maßstabs erfolgt, ist dennoch bereits ein wesentlicher Schritt bei der Rechtsangleichung. Zu Recht wird der Klausel-RL eine hohe Bedeutung beigemessen, da durch sie die ganz überwiegende Zahl der in Europa abgeschlossenen Verträge – nämlich alle Verträge, die Klauseln im Sinne der Richtlinie enthalten – einer europäischen Inhaltskontrolle unterworfen wird.

**411**

Gemäß der Präambel liegen die Ziele der Richtlinie darin, **durch Rechtsangleichung den Wettbewerb zu fördern**. Zugleich soll durch die Entfernung von missbräuchlichen Klauseln aus den Verträgen das Verbrauchervertrauen gestärkt und der Verbraucher auch allgemein vor Machtmissbrauch geschützt werden.

### 3. Erfasste Klauseln

#### a) Kontrolle kurzer und klarer Vertragsbedingungen

Nicht mit der Richtlinie vereinbar ist die gelegentlich vertretene Auffassung, wonach **klare und deutliche Klauseln** generell aus der Klauselkontrolle ausgenommen sein sollen.[162] Begründet wird diese Auffassung damit, dass eine Inhaltskontrolle in solchen Fällen nicht erforderlich sei. Da der Verbraucher klare, deutliche und zugleich kurze Klauseln (etwa ein Schild mit der Aufschrift: „Die Haftung ist ausgeschlossen") verstehen und vergleichen könne, könne er frei entscheiden, ob er die Vertragsbedingung akzeptiere oder ob er lieber mit einem anderen Vertragspartner, der andere Bedingungen verwendet, kontrahieren wolle. Somit bestehe in Bezug auf die Klausel

**412**

---

161 Wie hier auch *Pfeiffer*, LMK 2010, 311868.
162 *Grundmann*, Europäisches Schuldvertragsrecht, 1999, S. 271 f.; *Wackerbarth*, AcP 200 (2000), 45, 69 ff., 81 ff.

Wettbewerb. Der Wettbewerb führe bereits zu einer hinreichenden Kontrolle, weshalb die gerichtliche Inhaltskontrolle entbehrlich sein soll.[163]

Eine solche Differenzierung zwischen kurzen Klauseln auf der einen und umfangreicheren Klauseln auf der anderen Seite kennt die Richtlinie jedoch nicht. Hier wird vielmehr allein darauf abgestellt, ob die **Klausel verhandelbar** ist.

### b) Notarielle Verträge als Klauseln im Sinne der Richtlinie

413   Geklärt ist inzwischen, dass auch **notariell beurkundete Verbraucherverträge** dem § 310 Abs. 3 BGB bzw. dem Begriff der Vertragsklausel i.S.d. Klausel-RL unterliegen.[164]

Die Richtlinie ist hierbei klarer formuliert als die mehrstufige deutsche Umsetzungsregelung in § 310 Abs. 3 Nr. 1 und Nr. 2 BGB und unterwirft ganz deutlich jede „Vertragsklausel, die nicht im Einzelnen ausgehandelt wurde", der Kontrolle (Art. 3 Abs. 1 Klausel-RL).

Dieses Ergebnis entspricht auch dem Sinn und Zweck der Klauselkontrolle im Ganzen. Missbräuchliche Klauseln sollen EU-weit bekämpft werden, um dem Verbraucher zu ermöglichen, vertrauensvoll und ohne Angst vor missbräuchlichen Bedingungen Verträge abzuschließen. Dieses Vertrauen wird bei notariellen Verträgen nicht etwa unwichtiger, sondern es muss erst recht geschützt sein, wenn der Vertrag bei einem Notar abgeschlossen worden ist.[165]

### c) Vom nationalen Gesetzgeber geschaffene Vertragsbedingungen

414   Eine grundsätzliche Frage besteht darin, wie damit umzugehen ist, wenn der nationale Gesetzgeber **Vertragsbedingungen in Gesetzen oder Verordnungen** regelt, oder sie sonst in vorverfassten Katalogen als Ganzes zur Verfügung stellt, und sie damit aus der Inhaltskontrolle ausnimmt. Art. 1 Abs. 2 Klausel-RL enthält dazu zunächst die klare Regelung, dass Vertragsklauseln, die auf bindenden Rechtsvorschriften beruhen, nicht der Inhaltskontrolle unterliegen. Es verbleiben aber doch unklare Konstellationen.

In Deutschland wurde die Vereinbarkeit mit der Klausel-RL früher besonders für die **VOB/B** diskutiert, welche nach § 309 Nr. 8 lit b) ff. BGB a.F. dann nicht der Inhaltskontrolle unterlag, wenn sie als Ganzes vereinbart wurde.[166] Inzwischen ist diese Privilegierung aufgrund der Zweifel an der Vereinbarkeit mit der Klausel-RL für den Bereich der Verbraucherverträge durch das Forderungssicherungsgesetz (FoSiG) ab-

---

163   *Wackerbarth*, ebenda, 81 ff.
164   Dafür Palandt/*Grüneberg*, BGB, § 310 Rn. 12; zwischen notariellen Einzelverträgen und Standardverträgen differenzierend MünchKommBGB/*Basedow*, § 310 Rn. 94; für den typischen Bauträgervertrag stellt sich die Frage nicht, da dieser vom Bauträger selbst vorformuliert wird, vgl. nur *BGH* ZIP 2002, 1197.
165   Für das nationale Recht hatte der *BGH* diese Argumentation anfangs ebenfalls erwogen, verwarf sie dann jedoch. Das liegt daran, dass der *BGH* die Grundlage der AGB-Kontrolle im nationalen Recht in der einseitigen übermäßigen Ausnutzung von Vertragsfreiheit sah. Diese aber ist bei notariellen Verträgen (im Regelfall) nicht zu befürchten.
166   Gegen die Wirksamkeit *Micklitz*, VuR 2004, 313.

geschafft worden.¹⁶⁷ Damit unterliegen die einzelnen Klauseln der VOB/B nun einer Inhaltskontrolle nach AGB-Recht.¹⁶⁸

Der BGH hat dem EuGH aber noch eine andere interessante Frage mit Bezug zu in einer Verordnung bestimmten Vertragsbedingungen vorgelegt.¹⁶⁹ **415**

Der Fall ähnelte dem **Beispiel 17** (Rn. 407). Es ging um die Konstellation, dass eine staatliche Verordnung über Vertragsbedingungen vom AGB-Verwender auf einen Vertrag übertragen wird, der außerhalb ihres eigentlichen Anwendungsbereichs liegt.

Dabei war zunächst klar, dass für alle Verträge, die unmittelbar von der staatlichen Verordnung erfasst sind, nach Art. 1 Abs. 2 Klausel-RL eine Inhaltskontrolle ausscheidet. Wenn eine Preiserhöhung entsprechend der Vorgaben der Verordnung erfolgt, müssen die betroffenen Verbraucher die Preiserhöhung also hinnehmen.

Hier hatte nun aber der Energieversorger E versucht, die GasGVV auch zum Bestandteil individuell vereinbarter Verträge mit außerhalb des Geltungsbereichs der Verordnung wohnenden Verbrauchern zu machen.

Der BGH fragte daher den EuGH, ob bei einem solchen privat vereinbarten Verweis auf die GasGVV deren Bedingungen nach der Klausel-RL nun doch zu kontrollieren seien. Das ist eine wirklich sehr schwierige Frage, denn die spontane Antwort („Ja, weil die Ausnahme des Art. 1 Abs. 2 Klausel-RL nur Fälle erfasst, in denen ein Gesetz unmittelbar gilt.") bringt ein unangenehmes Ergebnis mit sich. Die Gerichte tun dann am Ende nämlich doch genau das, was eigentlich verhindert werden sollte: Sie überprüfen Regelungen des Gesetzes (wiewohl nur einer Verordnung) darauf, ob sie treuwidrig sind. Anders als bei den Klauseln des Notarvertrags wird dadurch nicht nur die Tätigkeit eines Organs der Rechtspflege, welches von den Parteien beigezogen wurde, sondern zumindest indirekt die Arbeit des Gesetz- bzw. Verordnungsgebers¹⁷⁰ im Rahmen des Verfahrens zur Kontrolle von unfairen Vertragsbedingungen überprüft. Das ist eine Aufgabe, die an sich gerade nicht dem Sinn der AGB-Kontrolle entspricht. Daher stand der BGH, obwohl er die Klauseln als solche durchaus problematisch fand, lange auf dem Standpunkt, sie seien der Kontrolle entzogen.

Der EuGH hat trotz der Parallele zur gesetzlichen Regelung die Kontrollpflicht der Gerichte bejaht. Er meinte, dies müsse schon deshalb möglich sein, weil sich durch den Verweis auf staatlich gebilligte Regeln sonst Umgehungsmöglichkeiten für den Unternehmer ergeben können.¹⁷¹

(zur inhaltlichen Beurteilung von Preiserhöhungsklauseln unten Rn. 424)

## 4. Der unionsrechtliche Maßstab von Treu und Glauben nach Art. 3 Klausel-RL

### a) Treuwidriges Abweichen vom dispositiven Recht

Treu und Glauben bilden auch im EU-Privatrecht den Maßstab der Inhaltskontrolle. Anders als in § 307 Abs. 2 BGB werden in Art. 3 Klausel-RL keine weiteren Angaben dazu gemacht, wie eine treuwidrige Klausel zu erkennen ist. Es kann jedoch kein **416**

---

167 BT-Drucks. 16/511, 31 f. Aus § 310 Abs. 1 S. 1 und 3 BGB geht hervor, dass die Privilegierung nur noch bei einer Verwendung gegenüber Unternehmern gilt.
168 So auch BGHZ 178, 1.
169 *BGH* NJW 2011, 1392.
170 Die GasGVV wurde vom Bundesministerium für Wirtschaft und Technologie mit Zustimmung des Bundesrates auf der Grundlage des § 39 Abs. 2 EnWG erlassen.
171 *EuGH* NJW 2013, 2253 Rn. 30 ff. (RWE Vertrieb).

Zweifel daran bestehen, dass auch hier das Abweichen vom Leitbild des dispositiven Rechts die zentrale Aussagekraft haben muss.

Soweit in treuwidriger Weise von **dispositivem EU-Recht** abgewichen wird (solches ist sehr selten), kann von einem **eigenständigen unionsrechtlichen Maßstab** des Art. 3 Klausel-RL gesprochen werden.

Zumeist wird allerdings eine Abweichung vom dispositiven **nationalen** Recht zu beurteilen sein. Dann greift zwar ebenfalls Art. 3 Klausel-RL als im Ansatz eigenständiger Maßstab der Treuwidrigkeit ein. Jedoch hat es der EuGH, wie oben ausführlich dargelegt, **den nationalen Gerichten überlassen**, zu beurteilen, ob eine Klausel im Sinne des Art. 3 Klausel-RL in treuwidriger Weise von den dispositiven Regelungen des nationalen Rechts abweicht (Rn. 166).

### b) Eigenständiger europäischer Maßstab von Treu und Glauben

**417** Ob es bei der Klauselkontrolle neben dem relativen, am dispositiven Recht gemessenen Maßstab der Treuwidrigkeit auch einen abstrakten, vom dispositiven Recht losgelösten Maßstab von Treu und Glauben gibt, ist **schon für das nationale Recht** umstritten.[172] Die Frage kann hier nicht aufgegriffen werden. Es gibt jedenfalls bereits Ansätze für einen europäischen Maßstab von Treu und Glauben. Dieser wird nicht unmittelbar aus dem geschriebenen EU-Recht abgeleitet, sondern beruht ganz wesentlich auf **rechtsvergleichenden Gedanken** (vgl. schon oben Rn. 303).

Dieser Maßstab, der etwa das Verbot des Rechtsmissbrauchs und das Prinzip der legitimen Erwartungen kennt, aber sicherlich auch ein allgemeines Diskriminierungsverbot umfasst, muss im Rahmen des Art. 3 Klausel-RL bei der Klauselkontrolle beachtet werden.[173]

### c) Der Anhang zu Art. 3 Klausel-RL

**418** Zum Charakter des Anhangs hat der EuGH sich bereits geäußert. Er betont, dass der Anhang **keine bindende Wirkung** habe, sondern beispielhafte Hinweise gebe.[174] Insbesondere sei er nicht abschließend. Der EuGH sprach sogar aus, dass die Liste nicht den „Ermessensspielraum" einschränke, den die Mitgliedstaaten bei der Umsetzung der Richtlinie hätten. Selbst Klauseln, die den im Anhang genannten Beispielen entsprächen, müssten nicht zwingend missbräuchlich sein. Die Funktion des Anhangs ist damit eine weitgehend informative. Eine echte Basis für einen europäischen Maßstab kann der Anhang nicht bieten, obwohl der EuGH doch die nationalen Gerichte selbst gelegentlich deutlich darauf verweist.[175]

---

172 Das Gesetz als Maßstab ansehend etwa BeckOK/*Schmidt*, BGB, § 307 Rn. 12; vgl. allgemein zum Treuemaßstab auch MünchKommBGB/*Schubert*, § 242 Rn. 32 ff., 48.
173 Wie hier *Röthel*, Normkonkretisierung im Privatrecht, 2004, S. 362.
174 *EuGH* Slg. 2002, 4147 Rn. 20 ff. (Kommission/Schweden); auch *EuGH* Slg. 2009, 4713 (Pannon).
175 *EuGH* EuZW 2013, 464 Rn. 74 (Aziz).

## 5. Der Maßstab des Art. 5 Klausel-RL – Transparenz

Art. 5 Klausel-RL statuiert neben der in Art. 3 Klausel-RL enthaltenen allgemeinen Generalklausel noch ein speziell ausgeformtes Transparenzprinzip. Danach müssen schriftliche Klauseln **stets klar und verständlich** abgefasst sein.

419

Dass damit auch die bloße Intransparenz einer Klausel, also ihre Unklarheit oder Unverständlichkeit allein zur Nichtigkeit führen kann, ist ein Gedanke, der sich in Deutschland erst langsam durchgesetzt hat. Die Schwierigkeiten im Umgang mit dem Transparenzgebot steigern sich dann, wenn die Klausel **nicht vom Gesetz abweicht**, sondern z.B. Hauptleistungspflichten der Parteien beschreibt.

Der EuGH hat zur Transparenzkontrolle bereits mehrfach entschieden. Insbesondere in der Entscheidung **Kásler** hat er betont, dass eine echte Verständlichkeit für den Verbraucher gemeint sei.[176] Es reiche nicht, „dass die betreffende Vertragsklausel [...] in grammatikalischer Hinsicht für den Verbraucher nachvollziehbar" sei. Vielmehr müsse der Verbraucher in die Lage versetzt werden, die sich aus der Klausel ergebenden wirtschaftlichen Folgen „auf der Grundlage genauer und nachvollziehbarer Kriterien einzuschätzen".

## 6. Rechtsfolgen der Nichtigkeit von AGB

Wenn eine AGB treuwidrig ist, reicht es oft aus, sie einfach nicht anzuwenden, während der restliche Vertrag wirksam bleibt (so auch § 306 Abs. 1 BGB). Der BGH hat dabei stets deutlich das **Verbot der geltungserhaltenden Reduktion** betont. Der EuGH hat das bestätigt.[177] Das Gericht darf also auf die Treuwidrigkeit keinesfalls reagieren, indem es die Klausel auf ein erträgliches Maß zurechtstutzt. Das wäre etwa dann der Fall, wenn z.B. zu hohe Verzugszinsen herabgesetzt oder zu lange Fristen gekürzt würden.

420

Aber die bloße Nichtigkeit der Klausel anzunehmen, funktioniert mit Abstand nicht immer. Gerade bei der Transparenzkontrolle von Hauptleistungspflichten passt die **Rechtsfolge der Nichtigkeit oftmals nicht.** Auch bei der Kontrolle von Preisnebenabreden stellt sich das Problem. Im Einzelnen ist hierbei zu unterscheiden:

Handelt es sich um unklare Leistungs*versprechen* des Verwenders, wie sie durchaus in AGB vorkommen,[178] so würde die Nichtigkeit bewirken, dass der Verbraucher die versprochene Leistung *nicht* erhält. In diesen Fällen passt somit die Nichtigkeit als Rechtsfolge von vornherein nicht. Jedenfalls wenn die Klausel im Rahmen eines Individualverfahrens kontrolliert wird, scheidet sie aus. Denn dort wird darum gestritten, welche Leistungen der Verbraucher zu bekommen hat. Dabei kann es einzig um die angemessene Auslegung der unklaren Klausel gehen.

Interessanter und natürlich viel häufiger sind die umgekehrten Fälle. Wie ist es, wenn es sich um unklare **Preisabreden oder Leistungsbeschränkungen** handelt, die den

---
176  *EuGH* NJW 2014, 2335 (Kásler).
177  *EuGH* NJW 2013, 2579 LS 3 (Asbeek Brusse); *EuGH* EuZW 2017, 148 (Gutiérrez Naranjo).
178  Ein Beispiel sind unklare Garantien, vgl. dazu die ausdrückliche Regelung in § 479 BGB.

Verbraucher benachteiligen? Das können Angaben in Bezug auf den Gesamtpreis sein, die intransparent sind, aber beispielsweise auch treuwidrig überhöhte Verzugszinsen. Die Nichtigkeit der Klausel bewirkt hier, dass der Verbraucher den in der Klausel „versteckten" Preis nicht zu bezahlen braucht bzw. die Leistung unbeschränkt verlangen kann. Dieses Ergebnis kann allerdings manchmal deutlich zu weit führen. Man ist sich allgemein einig, dass die Nichtigkeit des Gesamtvertrags anzunehmen sein kann, wenn die Wirksamkeit ohne die Klausel nicht realisierbar oder auch einfach erkennbar unangemessen wäre. Schon lange war allerdings zweifelhaft, ob das deutsche Recht hier den Anforderungen der Richtlinie genügt.

§ 306 BGB sieht vor, dass der Gesamtvertrag im Zweifel wirksam bleibt und zudem dispositives Recht an die Stelle der nichtigen Klausel tritt. Der BGH hat dies noch ausgebaut.

Er belässt es insbesondere in den Fällen einer intransparenten Preisnebenabrede nicht bei der Nichtigkeit des Vertrags, sondern er nimmt eine **ergänzende Vertragsauslegung** vor.[179] Ziel der ergänzenden Vertragsauslegung ist dabei, eine Lösung zu finden, die nicht – wie die verbotene geltungserhaltende Reduktion der Klausel – den Unternehmer bevorzugt, sondern einen angemessenen Ausgleich der Parteiinteressen bietet.[180]

**421** Ob eine derartige ergänzende Vertragsauslegung von intransparenten, die Hauptleistungspflichten betreffenden Klauseln der Klausel-RL bzw. den allgemeinen europäischen Rechtsgrundsätzen entspricht, muss zunehmend hinterfragt werden. Die Klausel-RL enthält zwar keine konkreten Aussagen hierzu. Sie macht **eher vage Vorgaben** für die Rechtsfolgen der Missbräuchlichkeit von Vertragsklauseln. Solche Klauseln sollen gemäß Art. 6 Abs. 1 1. Hs. Klausel-RL für den Verbraucher „unverbindlich" sein. Der Vertrag soll dennoch bindend bleiben, wenn er ohne die missbräuchlichen Klauseln bestehen kann. Das ähnelt zunächst dem § 306 BGB. Der EuGH hat dazu jedoch inzwischen mehrmals entschieden. Die ergänzende Auslegung selbst war zwar noch nicht Gegenstand einer Entscheidung.[181] Aber der EuGH hat sogar die Zulässigkeit des Rückgriffs auf dispositives Recht deutlich eingegrenzt.[182] Das betraf etwa einen Fall, in dem vertraglich vereinbarte Verzugszinsen unwirksam waren und sich fragte, ob stattdessen gesetzlich vorgesehene Verzugszinsen geschuldet wurden. Der EuGH hat in diesem und anderen Fällen klar ausgesprochen, dass die Ergänzung mit dispositivem Recht nur dann möglich sein soll, wenn die „Ungültigerklärung der missbräuchlichen Klausel das Gericht verpflichten würde, den Vertrag insgesamt für nichtig zu erklären, wodurch der Verbraucher Konsequenzen ausgesetzt würde, die derart sind, dass er dadurch bestraft würde".[183] Trotz Mahnungen aus der Literatur sah der BGH bisher von einer Vorlage ab, so dass nicht sicher gesagt werden kann, wie der EuGH zu den deutschen Fällen steht.

---

179 Nur beispielhaft BGHZ 209, 337 (Dreijahresfrist für die Rüge); auch *BGH* NJW 2019, 2602 (Kürzung der Laufzeit eines Wiederkaufsrechts); grundlegend BGHZ 90, 69, 80 ff. (Tagespreisklausel).
180 Insgesamt zustimmend Ulmer/Brandner/Hensen/*Schmidt*, AGB-Recht, § 306 Rn. 34-38a.
181 Zumindest sehr nahe daran gelangt aber *EuGH* EuZW 2017, 148 (Gutiérrez Naranjo).
182 Schon *EuGH* NJW 2014, 2335 (Kásler); umfassend *Gsell*, JZ 2019, 751.
183 Z.B. *EuGH* BeckRS 2015, 80134 Rn. 33 (Unicaja Banco).

Man wird kaum annehmen können, dass der EuGH eine ergänzende Auslegung befürworten würde, wenn er schon die Anwendung dispositiven Rechts deutlich eingrenzt. Diese härtere Haltung des EuGH beruht darauf, dass er eine Sanktionswirkung der Klauselkontrolle für viel unproblematischer hält als der BGH. Er fokussiert auf den Verbraucher und will, dass dieser möglichst gut gestellt wird. Die ergänzende Auslegung ist demgegenüber ein **reines Zugeständnis an den Unternehmer**. Ein solches zu machen, ist der EuGH aber vermutlich nicht bereit, weil der Unternehmer zuvor eine missbräuchliche Geschäftspraxis verfolgt hat und dafür nun Nachteile in Kauf nehmen muss. Die sich hier zeigende Einschätzung, dass ein Verstoß gegen Verbraucherschutznormen als zu sanktionierendes Fehlverhalten anzusehen ist, ist nicht neu. Er scheint etwa auch in der Entscheidung Heininger durch, und in Art. 7 Klausel-RL klingt er zumindest an. Im Ergebnis ist nach diesen Grundüberlegungen davon auszugehen, dass der EuGH eine ergänzende Vertragsauslegung bei missbräuchlichen Klauseln **ablehnen wird**, wenn sie **sich zu Lasten des Verbrauchers auswirkt**. Auch die Füllung von Regelungslücken, die durch die Unwirksamkeit von AGB entstehen, mit dispositivem Recht lässt er nur ausnahmsweise zu. Ob man § 306 BGB im Wege der richtlinienkonformen Rechtsfortbildung an dieses Verständnis der Klausel-RL anpassen kann, ist fraglich.[184]

422

Letztlich darf man aber nicht zu viel „Angst" vor den Entscheidungen des EuGH haben. Auch der EuGH geht nicht davon aus, dass der Verbraucher Leistungen dauerhaft umsonst erhalten soll, bei denen objektiv klar ist, dass sie bezahlt werden müssen. Der EuGH lässt insbesondere eine Nichtigkeit des Gesamtvertrags zu, wenn sonst das Vertragsgefüge völlig verschoben würde. Er schließt zudem die Anwendung dispositiven Rechts nicht völlig aus, sondern er sieht sie nur – insofern aber gerade anders als § 306 BGB – als nachrangig gegenüber der Gesamtnichtigkeit an. Man mag nun meinen, diese Rechtsprechung gehe über den Regelungsbereich der Richtlinie hinaus.[185] Damit wird man aber dem EuGH nicht beikommen können. Wichtiger ist es, sich die Bedeutung und Auswirkungen seiner Rechtsprechung genauer zu überlegen. Was gilt, wenn eine Klausel über Verzugszinsen bei verspäteter Zahlung des Verbrauchers nichtig ist? § 288 BGB kann dann wohl nicht mehr einfach als dispositive Regelung herangezogen werden. Aber wie wäre es mit einem Schadensersatzanspruch aus §§ 280 Abs. 1, 2, 286 BGB? Dann könnte der Unternehmer zumindest den Schaden geltend machen, den er wirklich erlitten hat.[186]

423

Im **Beispiel 17** (Rn. 407) ist es zu einer ganz ähnlichen Problematik gekommen. Denn nachdem der BGH infolge der Entscheidung des EuGH die Klausel für treuwidrig und unwirksam erklärt hatte, fehlte in den Verträgen zunächst jegliche Möglichkeit der Preiserhöhung. Würde man es bei der reinen Nichtigkeit belassen, so müsste E dem V für alle Zeiten das Gas zum beim Vertragsschluss geltenden Preis liefern, obwohl sich auch für ihn selbst die

424

---

184 Dagegen und daher nachdrücklich eine Änderung des § 306 BGB verlangend v. *Westphalen*, BB 2019, 67.
185 Dazu auch Grabitz/Hilf/*Pfeiffer*, Das Recht der EU, Band IV, 2009, A 5, Art. 5 Rn. 22 ff., der die Rechtsfolgen der Transparenzkontrolle (insb. Unwirksamkeit und fehlende Einbeziehung) weitgehend den Mitgliedstaaten überlassen will; dort auch zur Frage der kundenfeindlichsten Auslegung, die zwar von der Richtlinie selbst nicht vorgesehen ist, in Deutschland aber unter Ausschöpfung des Mindeststandardgrundsatzes zulässig bleibt, Rn. 50 f.
186 Vorsichtig dafür *Gsell*, JZ 2019, 751, 755.

Gaseinkaufspreise womöglich erheblich erhöhen. Die Frage ist daher, ob das Gericht hier durch ergänzende Vertragsauslegung eingreifen darf.

Der BGH brauchte in dem ersten betroffenen Verfahren noch nicht abschließend zu entscheiden.[187] Er hat aber von Anfang an die Haltung eingenommen, dass dem Lieferanten die Weitergabe der eigenen Kostenerhöhungen möglich sein müsse.[188] In ständiger Rechtsprechung setzt der BGH an die Stelle des Anfangspreises nun eine „Dreijahreslösung": Wenn der Verbraucher drei Jahre lang eine Preiserhöhung nicht gerügt hat, kann er dies später nicht mehr tun und der drei Jahre lang bezahlte Preis wird als Anfangspreis angesehen.[189]

Es ist zu bedauern, dass der BGH diese Fragen bisher nicht dem EuGH vorgelegt hat.

## II. Klauselverbote in anderen Richtlinien

425 Viele der Verbraucherschutzrichtlinien machen **zwingende Vorgaben für die Ausgestaltung von Verträgen**. Hier sind also zumeist nicht nur Abweichungen vom Gesetz in AGB verboten, sondern auch Vereinbarungen im **Individualvertrag** (vgl. Art. 7 Abs. 1 Verbrauchsgüterkauf-RL; Art. 25 Abs. 1 Verbraucherrechte-RL; Art. 12 Abs. 1 Teilzeitnutzungsrechte-RL).

Anders ist es bei der (zweiten) **Zahlungsverzugs-RL**. Diese enthält zwar grundsätzlich dispositives Recht, in Art. 7 Zahlungsverzugs-RL ist jedoch die Inhaltskontrolle von solchen Vertragsvereinbarungen vorgesehen, welche den Gläubiger grob benachteiligen. Art. 7 Abs. 2 enthält darüber hinaus die Fiktion, dass Vereinbarungen, die Verzugszinsen ausschließen, immer grob benachteiligend sind. Darin liegt also ein explizites Klauselverbot. Davon sind, im Unterschied zur Klausel-RL, alle, also auch individuelle, Vereinbarungen erfasst. Diese Vorgabe wurde in § 288 Abs. 6 S. 1 BGB in das deutsche Recht übernommen.

426 Zuletzt sei noch eine merkwürdige Diskussion erwähnt, die zu **Art. 6 Verbrauchsgüterkauf-RL** (§ 479 BGB) geführt wird. Darin wurde nämlich vorgeschlagen, die Norm als eine Vorschrift zur Inhaltskontrolle von Klauseln zu verstehen.[190] Das passt aber überhaupt nicht, denn die Inhaltskontrolle würde ja zur Nichtigkeit von Klauseln – hier also zur Nichtigkeit einer Garantie – führen. Das wäre kontraproduktiv und ist auch in Art. 6 Verbrauchsgüterkauf-RL und § 479 Abs. 3 BGB gerade ausgeschlossen.

Richtig ist aber, dass eine Inhaltskontrolle nötig ist, wenn eine vermeintliche „Garantie" in Wirklichkeit **deckungsgleich mit den gesetzlichen Gewährleistungsrechten** ist. In diesem Fall muss zumindest ausdrücklich darauf hingewiesen werden, dass die Garantie nicht über die gesetzlichen Rechte hinausgeht.[191] Wenn ein Unternehmer eine solche „Garantie" einräumt, ohne darauf hinzuweisen, dass sie nicht über das Gesetz hinausgeht, so handelt er wettbewerbswidrig. Die Klausel ist außerdem im

---

187 BGHZ 198, 111.
188 BGHZ 204, 325.
189 Zusammenfassend und m.w.N. BGHZ 209, 337 Rn. 21.
190 *Haar*, VuR 2004, 161.
191 Gebauer/Wiedmann/*Leible*, Zivilrecht unter europäischem Einfluss, Kap. 10 Rn. 178; teils wird eine solche „Garantie" sogar für stets unzulässig gehalten, so BeckOK/*Faust*, BGB, § 479 Rn. 10.

kollektiven Inhaltskontrollverfahren zu verwerfen. Schließlich schuldet der Unternehmer auch Schadensersatz aus § 280 Abs. 1 BGB, falls der Verbraucher durch das Vertrauen in die vermeintliche Garantie einen Schaden erleidet (z.B. weil er nicht bei einem anderen, billigeren Händler gekauft hat).

## C. Besondere Vertragsarten im EU-Privatrecht

### I. Einführung

Das EU-Privatrecht regelt **marktrelevante Problemschwerpunkte** und beschäftigt sich daher nicht zentral mit der Einführung oder Ausgestaltung bestimmter Verträge. Einige Richtlinien, wie die Verbraucherkredit-RL oder die Pauschalreise-RL, beschäftigen sich aber mit ganz bestimmten Verträgen. Diese Verträge müssen nicht deckungsgleich mit den im nationalen Recht bekannten Vertragstypen sein. Vereinzelt bestehen sogar Umsetzungsdefizite, die gerade darauf beruhen, dass der nationale Gesetzgeber sich nicht hinreichend mit dem Vertragsbegriff der jeweiligen Richtlinie auseinandergesetzt hat. 427

### II. Der Verbraucherkreditvertrag

**Literaturhinweis:** *Welter*, Verbraucherkredit (§§ 491 bis 512 BGB), in: Gebauer/Wiedmann, Zivilrecht unter europäischem Einfluss, Kap. 12, S. 551. 428

**Beispiel 18:** Existenzgründerin E hat bei Unternehmer U einen Kredit in Höhe von 20.000 Euro aufgenommen. Als selbstschuldnerische Bürgin konnte sie ihre beste Freundin, die B gewinnen, die derzeit noch studiert. Zudem hat ein Geschäftspartner der E (G), der sehr interessiert an ihrem neuen Laden ist, den Schuldbeitritt erklärt. Leider klappt es mit der Existenzgründung nicht. Zum Entsetzen der E werden die Bürgin B und der Beigetretene G in Anspruch genommen. B und G wollen sich nun darauf berufen, dass ihnen gegenüber die Pflicht zur Information über den effektiven Jahreszins nicht gewahrt worden ist. Sie meinen, sie müssten nach § 494 Abs. 2 S. 2 BGB nun nur den gesetzlichen Zinssatz bezahlen.

#### 1. Entstehungsgeschichte und Ziele der Verbraucherkredit-RL

Die erste Verbraucherkredit-RL stammt aus dem Jahr 1986 und war somit **eine der ersten Richtlinien des Verbraucherschutzrechts**. Sie ließ die Verknüpfung von Rechtsangleichung, Verbraucherschutz und Binnenmarkt noch nicht deutlich erkennen. Ihr in der Präambel erklärtes Ziel war einfach der „Schutz" des Verbrauchers. Zugleich war das **Schutzniveau noch recht niedrig**. Nach jahrelangen Vorarbeiten ist die Richtlinie dann im Jahr 2008 durch eine **neue Verbraucherkredit-RL** ersetzt worden. Diese erhöht das Schutzniveau und lässt die Binnenmarktorientierung klar erkennen. 429

Interessant an der Entwicklung dieser zweiten Verbraucherkredit-RL ist vor allem, dass der Richtliniengeber zunächst einen sehr umstrittenen Grundsatz verfolgte, näm- 430 lich den **„Grundsatz der verantwortlichen Kreditvergabe"**.[192] Der Kreditgeber soll dabei nur solche Kredite vergeben dürfen, deren Rückzahlung durch den Kunden realistisch und angemessen ist. Verstößt der Kreditgeber gegen entsprechende Prüf- und Beratungspflichten, kann ihm das Risiko für die Rückzahlung des Kredits überbürdet werden. Dem auf diesen Grundsatz gestützten Richtlinienentwurf wurde zum einen eine Überregulierung vorgeworfen, zum anderen wurde befürchtet, dass er den Zugang zahlungsschwacher Verbraucher zu Krediten enorm erschweren könnte.[193]

Dieser Ansatz konnte sich in der Verbraucherkredit-RL zunächst nicht durchsetzen, wiewohl sie doch von Anfang an Elemente davon enthalten hat.[194] So sind die Mitgliedstaaten nach Erwägungsgrund 26 gehalten, verantwortungsvolle Verfahren in allen Phasen der Kreditvergabe zu fördern. Außerdem verpflichtet Art. 8 Verbraucherkredit-RL zu einer Kreditwürdigkeitsprüfung vor jedem Verbraucherkreditvertrag.[195] Wesentlich deutlicher wird der Grundsatz der verantwortungsvollen Kreditvergabe in der **Wohnimmobilienkredit-RL**. Sie hat dazu geführt, dass die Pflicht zur **Kreditwürdigkeitsprüfung** für alle Kreditverträge in §§ 505a ff. BGB geregelt wurde.[196] Der Maßstab ist aber bei Allgemein-Verbraucherkreditverträgen nicht so streng wie bei Immobiliar-Verbraucherdarlehensverträgen. Schon seit der Entscheidung **Crédit Lyonnais**[197] des EuGH wurde vermehrt vertreten, dass bei Beratungsfehlern eine privatrechtliche Wirkung vorgesehen werden müsse, um der Richtlinie zu entsprechen. Die jetzt in § 505d BGB vorgesehenen Wirkungen, mit einer Herabsetzung der Zinsen, einem Kündigungsrecht für den Verbraucher und eingeschränkten Rechten des Kreditgebers im Fall des Verzugs mit der Rückzahlung, greifen dies auf.

### 2. Strategie der Vollharmonisierung

**431** Die alte Verbraucherkredit-RL hatte einen so niedrigen Schutzstandard, dass viele Mitgliedstaaten darüber hinausgingen. So war der Rechtsvereinheitlichungseffekt gering, eine **grenzüberschreitende Kreditvergabe** blieb selten. Um wirklich den Binnenmarkt für Verbraucherkredite zu fördern, hielt es die Kommission für nötig, in den Kernbereichen des Verbraucherkreditrechts eine vollständige Harmonisierung zu verlangen.[198] Zugleich werden den Mitgliedstaaten in vielen Bereichen **Sonderwege** ermöglicht. Das führt zu dem typischen Problem, dass bei jeder Einzelfrage überlegt werden muss, ob die Richtlinie hierfür eine Regelung enthält, und ob diese Regelung vollharmonisiert ist oder doch strengeres nationales Recht zulässt. In Deutschland unterfallen anders als nach der Richtlinie insbesondere auch Kredite für Beträge über 75.000 Euro dem vollen Verbraucherschutz. Das ist – wie auch der Erwägungsgrund 10 der Richtlinie zeigt – unproblematisch, weil die Richtlinie für diese Kredite nicht gilt.[199]

---

192 Dazu ausführlich *Schürnbrand*, ZBB 2008, 383, 388 ff.
193 Dazu und zum Gegenvorschlag des Rechtsausschusses des Europaparlaments *Reifner*, VuR 2004, 85; *ders.*, VuR 2006, 121; Dauses/Ludwigs/*Micklitz/Rott*, EU-Wirtschaftsrecht, H. V., Rn. 458 f. m.w.N.
194 Zu der Thematik auch *EuGH* NJW 2019, 2455 (Schyns).
195 *Buck-Heeb*, BKR 2015, 177, 181; *Rott*, EuZW 2015, 193; auch *Schürnbrand*, ZBB 2008, 383, 388.
196 BT-Drucks. 18/5922, 11 ff.
197 *EuGH* NJW 2014, 1941 (Crédit Lyonnais).
198 *Siems*, EuZW 2008, 454, 455.
199 Gebauer/Wiedmann/*Welter*, Zivilrecht unter europäischem Einfluss, Kap. 12 Rn. 30.

## 3. Der Verbraucherkreditvertrag

### a) Begriff und erfasste Verträge

Die Verbraucherkredit-RL findet auf Kreditverträge zwischen einem Verbraucher und einem „Kreditgeber" Anwendung – auch hier hat man sich also nicht auf eine einheitliche Terminologie für alle Richtlinien eingelassen. Beide Begriffe werden in Art. 3 Verbraucherkredit-RL legal definiert.

432

Der Begriff **„Kreditvertrag" wird weit verstanden** und erfasst Zahlungsaufschübe, Darlehen und ähnliche Finanzierungshilfen in einer Höhe von 200 bis 75.000 Euro. Zinsfreie Darlehen (Art. 2 Abs. 2 lit f) Verbraucherkredit-RL) und Kredite zum Zweck des Grundstückserwerbs (Art. 2 Abs. 2 lit b) Verbraucherkredit-RL) sind ausgenommen.[200] Des Weiteren sieht die Richtlinie nun auch eine Ausnahme für grundpfandrechtlich gesicherte Verträge vor (Art. 2 Abs. 2 lit a) Verbraucherkredit-RL). Wie bereits angesprochen ändert sich dies durch die Wohnimmobilienkredit-RL.

**Leasingverträge** erfasst die Richtlinie nur, wenn eine Erwerbsverpflichtung besteht (Art. 2 Abs. 2 lit d) Verbraucherkredit-RL) – dies hat der deutsche Gesetzgeber mit § 506 Abs. 2 Nr. 3 BGB erweitert und alle Finanzierungsleasingverträge den Verbraucherkreditverträgen im Wesentlichen gleichgestellt, um mögliche Umgehungen der verbraucherschützenden Vorschriften entgegenzuwirken.[201] Auch dies ist in Hinblick auf die Vollharmonisierung unproblematisch, da die betreffenden Leasingverträge ja gerade aus dem (sachlichen) Geltungsbereich der Richtlinie herausgenommen sind.

Es ist daher ebenfalls mit dem Grundsatz der Vollharmonisierung vereinbar, dass das deutsche Recht in § 513 BGB den persönlichen Anwendungsbereich auch auf **Existenzgründer** erstreckt.[202]

433

> Im **Beispiel 18** (Rn. 428) gelten damit für den Vertrag zwischen E und U die §§ 491 ff. BGB. E musste daher gemäß § 492 Abs. 2 BGB i.V.m. Art. 247 § 3 Abs. 1 EGBGB unter anderem über den effektiven Jahreszins informiert werden.

### b) Sonderprobleme: Vollmacht, Bürgschaft und Schuldbeitritt durch einen Verbraucher

Die **Stellvertretung** beim Abschluss des Verbraucherkreditvertrags ist als solche nicht annähernd so problematisch, wie die oben (Rn. 352) behandelte Konstellation der Anlageberatung an der Haustür. Will der Verbraucher sich vertreten lassen, gelten nach § 492 Abs. 4 BGB für die Erteilung der Vollmacht die strengen Formerfordernisse, die auch für den Verbraucherkreditvertrag selbst gelten. Insofern kommt die Stellvertretung auf Seiten des Verbrauchers selten vor. Dass der Unternehmer durch einen Vertreter handelt, ist, weil es sich in aller Regel bei Kreditgebern um große Gesellschaften oder Banken handelt, vollkommen üblich. Sonderfragen ergeben sich daraus in der Regel nicht.

434

---

200 *Bülow/Artz*, Verbraucherprivatrecht, Rn. 295a ff.; in Deutschland greift für zinsfreie Darlehen § 514 BGB.
201 BT-Drucks. 16/11643, 92.
202 Zur besonderen Stellung von Existenzgründern bereits oben Rn. 217, 232.

**435** Das Problem, ob bei Bürgschaften ein Widerrufsrecht bestehen kann, ist dagegen auch in Hinblick auf die Verbraucherkredit-RL ein Klassiker des EU-Privatrechts. In der Entscheidung **Berliner Kindl** musste der EuGH sich schon im Jahr 2000 mit der Frage beschäftigen, ob auch ein Bürgschaftsvertrag von der Verbraucherkredit-RL erfasst wird. Der EuGH verneinte dies. Er begründete seine Auffassung damit, dass „die Richtlinie zum einen in der Liste der für den Kreditnehmer wesentlichen Bestimmungen des Kreditvertrags die Sicherheiten nennt und zum anderen keine ausdrückliche Bestimmung zur Regelung der Bürgschaft oder einer anderen Form der Sicherheitsleistung enthält." Das zeige, dass die Bürgschaft **bewusst vom Anwendungsbereich der Richtlinie ausgenommen** worden sei.

Die Richtlinie sei auch **nicht entsprechend** auf die Bürgschaft anzuwenden, da sie sich „praktisch ausschließlich auf die Unterrichtung des Hauptschuldners über den Umfang seiner Verpflichtung" beschränke und kaum Bestimmungen enthalte, „die den Bürgen sinnvoll schützen könnten – dieser will vor allem über die Zahlungsfähigkeit des Kreditnehmers informiert sein, um die Wahrscheinlichkeit seiner Inanspruchnahme beurteilen zu können".[203] Teilweise wird dies allerdings für das deutsche Recht bestritten, weil bei der Bürgschaft das Risiko, dass sich aus der Ausgestaltung des Kreditvertrags ergebe, dem des Kreditnehmers gleiche und weil der Unternehmer die Möglichkeit habe, auch den Bürgen vollständig zu belehren.[204]

Letztlich ist die engere Bewertung des EuGH angesichts der **Binnenmarktorientierung** des EU-Rechts nachvollziehbar. Angeglichen werden sollten die Bedingungen für Verbraucherkredite. Die Informationspflichten und das Widerrufsrecht des Verbraucherkreditvertragsrechts sind dabei in erster Linie für den Kreditnehmer sinnvoll. Er soll nach eigener Marktanalyse eine rationale Entscheidung treffen bzw. eine getroffene Entscheidung noch zeitnah korrigieren können. Die Entscheidung des Bürgen hingegen folgt der Entscheidung des Kreditnehmers und basiert nicht auf einer vergleichbaren Marktauswertung.[205]

**436** Die Akzessorietät der Bürgschaft zum Kreditvertrag, die für den EuGH noch in der Entscheidung Dietzinger[206] besondere Bedeutung hatte, erklärte er hier ausdrücklich für unerheblich. Die Akzessorietät hilft dem Bürgen nur, wenn der Hauptschuldner seinerseits weniger Zinsen bezahlen muss. Das tritt aber nur in dem Ausnahmefall ein, dass auch der Hauptschuldner nicht ordnungsgemäß belehrt wurde.

> Folgt man der Rechtsprechung des EuGH, so gilt im **Beispiel 18** (Rn. 428) die Informationspflicht aus § 492 Abs. 2 BGB nicht gegenüber der Bürgin B. Sie kann sich daher nicht darauf berufen, gemäß § 494 Abs. 2 S. 2 BGB nur den gesetzlichen Zinssatz zahlen zu müssen.
>
> Anders könnte es hingegen für den **der Schuld beigetretenen G** aussehen: Nach h.M. bewirkt ein Schuldbeitritt, dass der Beitretende nicht akzessorisch wie ein Bürge, sondern aus dem Kreditvertrag haftet.[207] Dies hat zur Folge, dass nun die Vorschriften des Verbraucher-

---

203 *EuGH* Slg. 2000, 1741 Rn. 23, 26 (Berliner Kindl).
204 *Bülow/Artz*, Verbraucherprivatrecht, Rn. 326.
205 Dazu auch *Madaus*, BKR 2008, 54.
206 *EuGH* Slg. 1998, 1199 (Dietzinger).
207 Nur Palandt/*Sprau*, BGB, Einf. vor § 765 Rn. 15; differenzierend Staudinger/*Looschelders*, § 427 Rn. 14 ff.

kreditrechts gelten und zwar unabhängig davon, ob der Beitretende selbst Verbraucher ist. Nach ganz h.A. kann sich G – obwohl er als Geschäftspartner mit eigenem wirtschaftlichem Interesse kein Verbraucher ist – auf die Formnichtigkeit des Verbrauchervertrags berufen. Ihm gegenüber soll zudem § 494 Abs. 2 BGB nicht eingreifen, weil er nicht die Darlehensvaluta ausbezahlt bekommt, so dass kein Grund für eine Heilung gegeben ist.[208]

Die Gegenansicht lehnt dies ab. Sie argumentiert, dass die h.A. auf einem Verständnis des Schuldbeitritts beruhe, welches dessen sichernden Charakter übergehe.[209] Nach der Gegenansicht könnte sich auch G nicht auf die Vorschriften des Verbraucherkreditrechts berufen und müsste, genauso wie B, den zwischen E und U vereinbarten Zinssatz entrichten.

## III. Der Verbrauchsgüterkaufvertrag

### 1. Entstehungsgeschichte und Ziele der Verbrauchsgüterkauf-RL

Die Verbrauchsgüterkauf-RL hat Kernbereiche des nationalen Schuldrechts verändert. Die mit der Richtlinie europaweit eingeführte zwingende zweijährige Gewährleistung für neu gekaufte Sachen hat auch auf den Rechtsalltag des Verbrauchers großen Einfluss. Das Ziel der Richtlinie, die Zuversicht und das Vertrauen des Verbrauchers zu stärken und ihn so zu vermehrtem Konsum anzuregen, dürfte wohl erreicht worden sein. Gesicherte Erkenntnisse über die Auswirkungen der Rechtsänderung auf die Warenpreise und das Konsumverhalten bestehen allerdings noch nicht.

437

Obwohl die Richtlinie mit dem Mängelhaftungsrecht im Kaufvertrag in einen zentralen Bereich des Privatrechts eingreift, zeigt sie zugleich deutliche **Zurückhaltung in ihrem Regelungsumfang**. Die Richtlinie erfasst den Anspruch auf Nachbesserung bzw. -lieferung sowie Minderung und Rücktritt. **Schadensersatzansprüche** sind gänzlich **ausgeklammert**. Diese Begrenzung bleibt auch in der neuen Warenkauf-RL bestehen.

### 2. Der Verbrauchsgüterkaufvertrag

Die Richtlinie erfasst alle Verträge, die zwischen einem Unternehmer und einem Verbraucher über ein Verbrauchsgut geschlossen werden. Dabei entspricht der Begriff des Kaufvertrags im Sinne der Richtlinie nicht dem tradierten deutschen Verständnis des Kaufvertrags. Er umfasst gemäß Art. 1 Abs. 4 Verbrauchsgüterkauf-RL vielmehr auch „Verträge über die Lieferung herzustellender oder zu erzeugender Verbrauchsgüter". Es kann sich also, in deutscher Terminologie, um einen **Kaufvertrag i.S.d. § 433 BGB oder einen Werklieferungsvertrag i.S.d. § 650 BGB** handeln. Dabei ist die Richtlinie noch weiter als Art. 3 CISG und erfasst alle „auf die Warenherstellung" bezogenen Werkverträge,[210] nicht nur die, bei denen der Schwerpunkt letztlich doch auf dem Verkauf des Materials liegt.[211]

438

---

208 Grundlegend BGHZ 133, 71; näher und zum Meinungsstand MünchKommBGB/*Schürnbrand/Weber*, § 494 Rn. 19 f.
209 So etwa *Madaus*, BKR 2008, 54; gegen die h.M. auch MünchKommBGB/*Habersack*, Vor §§ 765 ff. Rn. 12 ff.
210 So Grundmann/Bianca/*Grundmann*, EU-Kaufrechts-Richtlinie, 2002, Einl. Rn. 26.
211 Ebenda Art. 1 Rn. 16.

## IV. Der Pauschalreisevertrag

### 1. Ziele der Pauschalreise-RL

439 Bei der Schaffung eines Binnenmarkts drängt sich die Verbesserung der Bedingungen für den **Tourismussektor**, der **typischerweise grenzüberschreitend** ist, geradezu auf. Für die Pauschalreiseverträge sollten daher zum einen die Wettbewerbsbedingungen durch die Beseitigung ganz erheblicher Rechtsunterschiede verbessert werden. Zum anderen war es wichtig, einen hohen Schutzstandard für die Reisenden zu erreichen.[212] Am 25.11.2015 wurde eine Neufassung der Pauschalreise-RL verabschiedet. Diese verfolgt – anders als die erste Pauschalreise-RL – eine weitgehende Vollharmonisierung, und Reisebuchungen im Internet werden stärker geschützt als zuvor. Die Umsetzung dieser Neufassung in §§ 651a ff. BGB ist mit Wirkung zum 1.7.2018 erfolgt.

Eine beachtliche Besonderheit der Richtlinie besteht darin, dass sie nicht nur für Verbraucherverträge gilt. Vielmehr gilt sie nach Art. 2 für alle Pauschalreisen, die ein Unternehmer an einen „Reisenden" verkauft, und das ist nach Art. 3 Nr. 6 Pauschalreise-RL – vereinfacht gesagt – jede reisende Person.[213] Im Klartext bedeutet das, dass der **Geltungsbereich der Richtlinie personal fast nicht eingeschränkt** ist. Sie gilt für privat (z.B. vom Sportverein) organisierte Reisen ebenso wie für als Pauschalreisen gebuchte Geschäftsreisen.[214]

### 2. Der Pauschalreisevertrag

440 Das charakteristische Element des Pauschalreisevertrags besteht darin, dass ein Reisender im Voraus **mehrere Reiseleistungen** bei einem Veranstalter oder Vermittler bucht. Der Begriff des Pauschalreisevertrags ist in Art. 3 Nr. 2 lit a) und b) Pauschalreise-RL gründlich beschrieben. Es müssen für eine Reise mindestens zwei Reiseleistungen gemeinsam gebucht (die Richtlinie sagt „gekauft") werden. Doch wird dies erweitert und ausreichend für ein Eingreifen der Richtlinie ist insbesondere auch die schrittweise Buchung über einen bestimmten Zeitraum (24 Stunden) bei unterschiedlichen, nur im Rahmen des Online-Buchungsverfahrens verbundenen Reiseanbietern. Dass **auch untypische Pauschalreisen** von der Richtlinie erfasst werden, hat der EuGH in der Entscheidung **Pammer/Alpenhof** klargestellt: Es ging dabei um eine Passage auf einem Frachtschiff, die wegen der enthaltenen Beförderungs- und Unterkunftsleistung ebenfalls mehrere Reiseleistungen umfasste.[215]

## V. Der Zahlungsdienstevertrag

**Literaturhinweis:** *Omlor*, Aktuelles Gesetzgebungsvorhaben: Umsetzung der zweiten Zahlungsdiensterichtlinie, JuS 2017, 626.

---

212 Zur Entstehung Grabitz/Hilf/*Tonner*, Das Recht der EU, Band IV, 2009, A 12, Vorbem. Rn. 1, 10 ff.; *Grundmann*, Europäisches Schuldvertragsrecht, 1999, S. 604.
213 Dazu auch *Bülow/Artz*, Verbraucherprivatrecht, Rn. 597.
214 Kritisch Gebauer/Wiedmann/*Tonner*, Zivilrecht unter europäischem Einfluss, Kap. 14 Rn. 13.
215 *EuGH* Slg. 2010, 12527 Rn. 45 (Pammer/Alpenhof).

## 1. Ziele der Zahlungsdienste-RL I und II

Die Zahlungsdienste-RL I (2007) beruhte auf der Überlegung, dass der Binnenmarkt nicht funktionieren kann, wenn es nicht möglich ist, schnell und preiswert Zahlungen in das Ausland vorzunehmen.[216] Die Zahlungsdienste-RL II (2015),[217] welche die vorherige RL abgelöst hat und deren Vorgaben durch das Gesetz zur Umsetzung der Zweiten Zahlungsdiensterichtlinie vom 17. Juli 2017[218] in das nationale Recht umgesetzt wurden, greift diesen Gedanken auf. Sie hat zum Ziel, den Rechtsrahmen für Zahlungsdienste an die Entwicklungen des elektronischen und mobilen Massenzahlungsverkehrs anzupassen.[219]

441

Schon die Zahlungsdienste-RL I hatte im Rahmen der **SEPA** (Single Euro Payment Area) die Vorschriften für Zahlungsdienste vereinheitlicht. Die Ausführungsfristen sind kurz, um eine **schnelle Abwicklung von Geschäften** zu sichern. Ebenso der Vereinheitlichung dient der in der Umsetzung der Zahlungsdienste-RL II neu eingefügte § 270a BGB, der ein Verbot zusätzlicher Entgelte (sog. surcharging) für die Nutzung bestimmter Zahlungsmittel enthält.[220] Durch die Vereinheitlichung des Zahlungsverkehrs soll zugleich der Wettbewerb zwischen den Zahlungsdienstleistern verbessert werden. Um diese Ziele zu erreichen, sieht die Zahlungsdienste-RL II ebenso wie schon Zahlungsdienste-RL I eine Vollharmonisierung vor.

Eine wesentliche Änderung hat sich durch die Zahlungsdienste-RL II für den räumlichen Anwendungsbereich ergeben.[221] Während Zahlungsdienste-RL I sich nur auf grenzüberschreitende, innereuropäische Zahlungsvorgänge bezog, sind nach der neuen RL nunmehr auch Zahlungsvorgänge mit Nicht-EU-Elementen erfasst (vgl. Art. 2 Abs. 2-4).[222] Demnach fallen auch solche Zahlungsvorgänge in Nicht-EU-Währungen unter die Richtlinie, bei denen der zahlende *oder* empfangende Zahlungsdienstleister in der EU ansässig ist. Bildlich spricht man von „one-leg-transactions". Der deutsche Gesetzgeber hatte aber schon unter Geltung der Zahlungsdienste-RL I die umgesetzten Regelungen auch auf innerdeutsche Zahlungsvorgänge und – mit gewissen Einschränkungen – solche mit Drittstaaten übertragen.

442

## 2. Der Zahlungsdienstevertrag

Der in den §§ 675f-675i BGB umgesetzte Zahlungsdienstevertrag ist ein **neuer Vertragstyp**, der alle Arten von Zahlungsdiensten umfasst (so etwa die Überweisung, Kartenzahlungsvorgänge und Lastschriftverfahren). Das Verständnis des Rechtsvorgangs eines Zahlungsdienstes hat sich durch die EU-Richtlinien in Deutschland

443

---

216 Dazu *Grundmann*, WM 2009, 1109 und 1157.
217 Einführend zur neuen Richtlinie und dem deutschen Umsetzungsgesetz *Omlor*, JuS 2017, 626; *Zahrte*, NJW 2018, 337.
218 BGBl. 2017 I, 2446 ff.
219 Dazu insb. Erwägungsgrund 2.
220 Ist § 270a BGB tatbestandlich nicht einschlägig (beachte S. 2 für die Nutzung von Zahlungskarten), bleiben § 675f Abs. 6 und § 312a Abs. 4 Nr. 1 BGB bedeutsam, s. dazu MünchKommBGB/*Krüger*, § 270a Rn. 1.
221 Im Überblick *Zahrte*, NJW 2018, 337.
222 Dies hat die Frage einer ausreichenden Rechtsetzungskompetenz (vgl. Art. 114 AEUV) aufgeworfen, dazu etwa krit. *Zahrte*, NJW 2018, 337; offener *Omlor*, ZIP 2016, 558, 560.

grundlegend verändert. Schon durch die alte Überweisungsrichtlinie (97/5/EG) hatte sich die Dogmatik des BGB deutlich geändert und der zunächst in § 676a BGB geregelte Überweisungsvertrag war in das deutsche Recht aufgenommen worden. Nunmehr ist die konstruktive Doppelung von Giro- und Überweisungsvertrag wieder aufgehoben worden und die Überweisung **nur noch eine bloße Weisung i.S.d. § 665 BGB** im Rahmen eines Einzelzahlungsdienste- oder eines Zahlungsdiensterahmenvertrags.

444 Die Richtlinie ist auf die Ausgestaltung von Verträgen zwischen Zahlungsdienstleistern (meist Banken, siehe genauer Art. 1 Zahlungsdienste-RL II) und Verbrauchern ausgerichtet.[223] Allerdings hat der Richtliniengeber eine **neuartige Regelungstechnik** gewählt. Die Richtlinie gilt danach zunächst für alle Verträge, also auch für Verträge zwischen zwei Unternehmern. Nach Art. 38 Abs. 1 S. 2, Art. 61 Abs. 2 Zahlungsdienste-RL II sind die wesentlichen Vorschriften in Unternehmerverträgen aber abdingbar. Besonders ist auch die Behandlung der „Kleinstunternehmer". Es bleibt nämlich den Mitgliedstaaten überlassen, ob die Regelungen für diese zwingend oder abdingbar gelten sollen (Art. 38 Abs. 2, Art. 61 Abs. 3 Zahlungsdienste-RL II). Deutschland hat sich für eine disponible Regelung entschieden.

Obwohl die Zahlungsdienste-RL letztlich auch Verbraucherschutz erreichen möchte, bietet sie kein hohes Schutzniveau. Geschwindigkeit und Vereinfachung grenzüberschreitender Zahlungen sind vorrangig.[224] Erkennbar wird dies auch anhand der in der Zahlungsdienste-RL II vorgesehenen starken Kundenauthentifizierung, die zum Zwecke des Schutzes der Nutzer allgemein und zur Entwicklung eines „soliden Umfelds für den elektronischen Geschäftsverkehr" eingeführt wird.[225] Etwa wegen der drohenden Haftung des Zahlungsdienstleisters nach § 675v Abs. 4 BGB ist der Anreiz zu der Implementierung hoch (zur Haftung s. Rn. 538 f.).

Wesentlich für den Schutz des Verbrauchers sind umfangreiche Informationspflichten, die Zahlungsdienstleister erfüllen müssen, um die Markttransparenz zu erhöhen und so dem Verbraucher eine wirtschaftlich sinnvolle Entscheidung zu ermöglichen.[226]

## VI. Der Teilzeitnutzungsrechtevertrag

### 1. Ziele der Teilzeitnutzungsrechte-RL

445 Die Teilzeitnutzungsrechteverträge, oft auch Timesharing-Verträge genannt, können beinahe symbolisch für den missbräuchlichen Vertrag als solchen stehen. Das Ziel der Teilzeitnutzungsrechte-RL ist es dennoch nicht, diesen Vertragstypus abzuschaffen. Vielmehr sieht man darin ein **wirtschaftliches Potential,** und zwar insbesondere im grenzüberschreitenden Bereich.[227]

---

223 Dazu insb. Erwägungsgrund 53.
224 Dies kritisierend auch *Nobbe*, WM 2011, 961, 963 f., 968.
225 Erwägungsgrund 95.
226 Umgesetzt wird Titel III der Richtlinie („Transparenz der Vertragsbedingungen und Informationspflichten für Zahlungsdienste") in § 675d BGB i.V.m. Art. 248 §§ 1-16 EGBGB.
227 Dem zustimmend Grabitz/Hilf/*Martinek*, Das Recht der EU, Band IV, 2009, A 13, Rn. 2 ff.

Daher ist die Richtlinie darauf ausgerichtet, Regelungen zu setzen, um die missbräuchliche Ausnutzung des Teilzeitnutzungsrechtevertrags zu verhindern. Die **Erhöhung des Schutzniveaus für den Verbraucher** sollte also den Anreiz zum (insbesondere grenzüberschreitenden) Abschluss des entsprechenden Rechtsgeschäfts steigern. Sie enthält damit die dem EU-Recht typische Verknüpfung, dass ein hohes Schutzniveau zu erhöhtem Konsum führen soll, in besonders deutlicher Form.

### 2. Der Teilzeitnutzungsrechtevertrag

Die neue Teilzeitnutzungsrechte-RL erfasst nicht mehr nur klassische Teilzeitnutzungsverträge, bei denen ein Verbraucher von einem Unternehmer das Recht kauft, in wiederholten Fällen für einen bestimmten Zeitraum in einer Immobilie zu wohnen (Art. 2 Abs. 1 lit a) Teilzeitnutzungsrechte-RL). Vielmehr sind auch weitere „langfristige Urlaubsprodukte" (z.B. Boote), wechselnde Unterkünfte und sogar Unterkunftstauschsysteme einbezogen worden.[228] Um einen **möglichst weiten Anwendungsbereich** zu erfassen und Umgehungsmöglichkeiten auszuschließen, kommt es auf die rechtliche Ausgestaltung des Nutzungsrechts nicht an. Ganz gleich, ob der Erwerb schuldrechtlich, dinglich oder gesellschaftsrechtlich erfolgt, sind die entsprechenden Verträge von der Richtlinie erfasst.[229]

446

Bei der Umsetzung der Richtlinie kann man **nur kleinere Ungenauigkeiten** auffinden, die durch richtlinienkonforme Auslegung „behoben" werden können. Wenn z.B. die deutsche Umsetzung als Gegenleistung für die Einräumung des Teilzeitnutzungsrechts verlangt, dass ein „Gesamtpreis" zu zahlen ist – so dass die Leistung für die gesamte Vertragslaufzeit damit abgegolten wird –, entspricht das nicht ganz der Richtlinie. Denn diese will auch Konstruktionen erfassen, bei welchen einmalige und nutzungsabhängige Zahlungen kombiniert werden.[230]

## D. EU-Vorschriften zur vertraglichen Haftung

### I. Übertragung des Rechtsfolgenbereichs in den Umsetzungsspielraum der Mitgliedstaaten

Nur wenige Richtlinien enthalten Vorgaben dazu, welche Rechtsfolgen sich an die Verletzung der vorgesehenen Pflichten durch den Unternehmer knüpfen.

447

In der Regel findet sich nur die Aussage, dass die Sanktionen für eine solche Verletzung „wirksam, verhältnismäßig und abschreckend" sein müssen – so z.B. Art. 23 Verbraucherkredit-RL; Art. 24 Verbraucherrechte-RL; Art. 15 S. 2 Gleichbehandlungs-RL (Rasse); Art. 14 S. 2 Gleichbehandlungs-RL (Geschlecht). Noch offener bleibt beispielsweise die Dienstleistungs-RL, die stets nur formuliert: „Die Mitgliedstaaten stellen sicher…" (Art. 20 ff. Dienstleistungs-RL). In Art. 7 Zahlungsverzugs-

---

228 Mit weiteren Beispielen die Begründung zum Umsetzungsgesetz, BT-Drucks. 17/2764, 16.
229 Dazu auch Erwägungsgrund 5; zur deutschen Umsetzung MünchKommBGB/*Franzen*, § 481 Rn. 2 ff.
230 Wie hier *Franzen*, NZM 2011, 217, 219.

RL wird den Mitgliedstaaten zur Auswahl gestellt, missbräuchliche Vertragsklauseln entweder als **unwirksam** anzusehen oder **Schadensersatzansprüche** vorzusehen.

Unmittelbare Vorgaben machen die Richtlinien **nur vereinzelt**. Das gilt für die soeben erwähnte Zahlungsverzugs-RL, soweit es nicht um Informationen und Klauseln, sondern um die unpünktliche Zahlung selbst geht (dazu sogleich II.). Konkrete Haftungsregelungen enthält auch die Zahlungsdienste-RL. Sie sieht eine Haftung für zu Unrecht durchgeführte sowie für nicht oder fehlerhaft durchgeführte Dienste vor.

## II. Haftung bei der Verletzung von Informationspflichten

### 1. Schadensersatzpflicht als Folge von Informationspflichtverletzungen

448   Geht es um die Verletzung von Informationspflichten, sind die Vorgaben in den Richtlinien wie bereits aufgezeigt eher dürftig. Angesichts dieser Offenheit der Richtlinien verwundert es nicht, dass die Mittel zur Durchsetzung von Informationspflichten in den Mitgliedstaaten **besonders unterschiedlich** sind. Sie reichen von Strafbewehrung auf der einen Seite bis zu bloßen wettbewerbsrechtlichen Konsequenzen auf der anderen Seite.[231]

Die meisten der in den deutschen Umsetzungsgesetzen verwendeten Sanktionsmechanismen wurden bereits oben behandelt. So wurde gezeigt, dass fehlerhafte Informationen zugunsten des Verbrauchers zum Vertragsinhalt gemacht werden können. **Sanktionscharakter** hat auch die Verlängerung der Widerrufsfrist, die in manchen Fällen sogar unbegrenzt erfolgt.[232]

Im Folgenden ist noch zu überlegen, ob sich aus der Verletzung von Informationspflichten auch Schadensersatzansprüche ergeben können und ob solche ein geeignetes Instrument zur Sanktionierung von Informationspflichtverletzungen sind.

### 2. Informationspflichtverletzung als Pflichtverletzung i.S.d. § 280 Abs. 1 BGB

449   Als **Schadensersatzanspruch** wegen einer Informationspflichtverletzung kommt ein Anspruch aus **c.i.c.**, §§ 311 Abs. 2, 241 Abs. 2, 280 Abs. 1 BGB in Betracht. Erste Voraussetzung des Anspruchs aus § 280 Abs. 1 BGB ist dabei das Vorliegen einer Pflichtverletzung. Um eine Pflichtverletzung bejahen zu können, muss daher zunächst gefragt werden, ob Informationspflichten dogmatisch als vertragliche Pflichten anzusehen sind, so dass ihre Verletzung eine Pflichtverletzung i.S.d. § 280 Abs. 1 BGB darstellt. Dazu muss man wissen, dass ein Vertragspartner keine generelle Pflicht hat, den anderen über Einzelheiten zum Vertragsschluss oder zum Vertragsgegenstand zu informieren. Nun sind aber im Verbrauchervertragsrecht viele Informationen vorgesehen. Ob diese „Informationspflichten" echte Vertragspflichten sind, war in Deutschland lange umstritten. Inzwischen hat aber der EuGH erkennen lassen, dass

---

231   Einen schnellen Überblick verschafft das Verbraucherrechtskompendium, S. 815 ff.
232   Näher bereits oben Rn. 364.

er in der Informationspflicht wirklich eine Vertragspflicht des Unternehmers sieht, deren (schuldhafte) Verletzung zu einem Schadensersatzanspruch führt.[233]

Dem folgend geht auch der BGH seit Jahren davon aus, dass in einer **unterlassenen Widerrufsbelehrung** die Verletzung einer vorvertraglichen Pflicht liegt.[234] Ist diese Pflicht schuldhaft verletzt worden, kann ein Schadensersatzanspruch aus §§ 311 Abs. 2, 241 Abs. 2, 280 Abs. 1 BGB entstehen. Auch bei anderen verbrauchervertraglichen Informationspflichten wird inzwischen angenommen, dass es eine vorvertragliche Pflichtverletzung darstellt, wenn die Informationen nicht oder fehlerhaft erteilt werden. Es gibt aber auch einige Informationspflichten, wie Art. 246a § 1 Abs. 1 Nr. 1-3 EGBGB, die weitgehend gar nicht auf den Schutz des Verbrauchers vor Vermögensnachteilen ausgerichtet sind und insofern keine Schadensersatzpflicht auslösen können.[235]

450

### 3. Kausal verursachter Schaden

Der Anspruch wird in der Praxis jedoch fast immer daran scheitern, dass es dem Verbraucher nicht möglich ist, einen kausal verursachten Schaden nachzuweisen.[236]

451

Das lässt sich besonders gut an der fehlenden Widerrufsbelehrung zeigen. Um die Kausalität der fehlenden Belehrung für seinen Schaden nachzuweisen, müsste der Verbraucher beweisen können, dass er den Vertrag widerrufen hätte, wenn er ordnungsgemäß belehrt worden wäre. Dafür spricht **keinesfalls ein Anscheinsbeweis**, denn der Widerruf ist insgesamt ein seltener Vorgang. Für die in Deutschland überwiegend betroffenen Fälle von unwirtschaftlichen Immobilienkäufen ist zu Recht aufgezeigt worden, dass dem Verbraucher die Nachteile seines Geschäfts in der Regel erst Monate oder Jahre später auffallen konnten.[237] Richtigerweise muss man wohl sagen, dass *nicht* der *Nachweis* der fehlenden Schadensfolge das Problem ist, sondern dass tatsächlich die Informationspflichtverletzung *keinen Schaden ausgelöst hat*.

Auch das Fehlen anderer Informationen führt nur selten dazu, dass dem Verbraucher ein Schaden entsteht. Anders kann es zum Beispiel sein, wenn der Verbraucher zwischen zwei Kreditangeboten wählt und aufgrund fehlerhafter Informationen zu dem teureren greift. Hier hilft es dem Verbraucher sehr, dass es den Grundsatz des **aufklärungsrichtigen Verhaltens** gibt. Das bedeutet, dass die Gerichte davon ausgehen, dass der Verbraucher sich so verhalten hätte, wie es bei Vorliegen der Information wirtschaftlich günstig gewesen wäre.[238]

Damit lässt sich insgesamt feststellen, dass es zwar **richtig und begrüßenswert** ist, in der Verletzung wichtiger Informationspflichten aus dem Verbraucherschutzrecht

---
233 *EuGH* Slg. 2005, 9215 (Schulte); *EuGH* Slg. 2005, 9273 (Crailsheimer Volksbank).
234 BGHZ 168, 1; ausdrücklich BGHZ 169, 109 (jeweils zu den Schrottimmobilien); jetzt auch ausdrücklich Art. 246a § 1 Abs. 2 EGBGB.
235 Anders mag das bezüglich der Nennung von Kontaktdaten sein; näher Palandt/*Grüneberg*, BGB, Einf. vor Art. 238 EGBGB Rn. 7 ff.
236 Lesenswerte Anmerkung *Geibel*, ZJS 2008, 409.
237 *BGH* NJW 2008, 1585; *Kulke*, EWiR 2008, 35.
238 *Hoffmann*, ZIP 2005, 829, 838.

zugleich eine echte Pflichtverletzung i.S.d. § 280 Abs. 1 BGB zu sehen. Die Durchsetzbarkeit von Informationspflichten hat sich dadurch aber kaum erhöht.

## III. Haftung bei der Verletzung von Gleichbehandlungspflichten

452 **Literaturhinweis:** *Looschelders*, Diskriminierung und Schutz vor Diskriminierung im Privatrecht, JZ 2012, 105.

> **Beispiel 19:** Der afrikanisch-stämmige A möchte in der Diskothek D tanzen und Freunde treffen. Jedoch wird er vom Türsteher T abgewiesen, weil T meint, es seien schon zu viele Ausländer anwesend. Diese Entscheidung hat T aus eigenen Stücken getroffen, obwohl er bei seiner Einstellung darauf aufmerksam gemacht wurde, dass bei der Einlasskontrolle keine Diskriminierung erfolgen sollte.

Die Haftung bei der Verletzung von Gleichbehandlungspflichten wirft nur scheinbar ganz andere Streitfragen auf. Denn auch hier ist es für den Verletzten oft überhaupt nicht nachweisbar, dass er einen Schaden erlitten hat. Dennoch wird die von den Richtlinien vorgegebene, wirksame und abschreckende Sanktionierung auch über die **Implementierung von Schadensersatzansprüchen** versucht (§ 21 Abs. 2 AGG). Der Gesetzgeber, der sich der Problematik bewusst war, hat dabei bestimmt, dass auch ein Nichtvermögensschaden „angemessen" ausgeglichen werden muss (§ 21 Abs. 2 S. 3 AGG).

453 Umstritten ist an der deutschen Umsetzung allerdings, dass der Schadensersatzanspruch in § 21 Abs. 2 S. 2 AGG ein (vermutetes) **Verschulden** voraussetzt. Dies ist jedenfalls kein direkter Verstoß gegen die Richtlinie, da diese nur verlangt, dass wirksame Maßnahmen gegen Benachteiligungen getroffen werden. Unter Bezugnahme auf die **Draehmpaehl**-Entscheidung des EuGH[239] wird das Verschuldenserfordernis jedoch als europarechtswidrig angesehen.[240] Allerdings ist es nicht sicher, ob die arbeitsrechtliche Rechtsprechung des EuGH auf das allgemeine Zivilrecht zu übertragen ist. Meist wird darauf verwiesen, dass die Exkulpation kaum gelingen wird, und, da andere, verschuldensunabhängige Ansprüche bestehen, insgesamt von einer Richtlinienkonformität der Umsetzung ausgegangen.[241]

454 Im **Beispiel 19** kann der A also grundsätzlich eine angemessene Entschädigung verlangen. Die Höhe zu bestimmen, ist den Gerichten überlassen, wobei sie den Hintergrund der Regelung (Richtlinie) berücksichtigen müssen, um die korrekte Umsetzung der Richtlinie zu gewährleisten. Es ist jedenfalls nicht richtlinienkonform, überhaupt keinen Ausgleich zuzusprechen.

455 Da hier nicht D selbst, sondern der T handelte, ist noch eine weitere, bisher nicht erwähnte Frage relevant. Es kommt nämlich darauf an, ob eine vertragliche Pflicht verletzt wurde

---

239 *EuGH* Slg. 1997, 2195 (Draehmpaehl); das Urteil bezog sich auf das Verschuldenserfordernis des Schadensersatzanspruchs in § 611a BGB a.F.
240 MünchKommBGB/*Thüsing*, § 21 AGG Rn. 39 ff.
241 So etwa *Kossak*, Rechtsfolgen eines Verstoßes gegen das Benachteiligungsverbot im allgemeinen Zivilrechtsverkehr, 2009, S. 185 ff. m.w.N.; zur Entwurfsfassung des AGG bereits *Busche*, in: Leible/Schlachter, Diskriminierungsschutz durch Privatrecht, 2006, S. 159, 176.

oder ob es um eine außervertragliche Pflicht geht. Denn davon hängt ab, nach welchen Regeln D für das Verhalten des T einzustehen hat. Bei vertraglicher Einordnung würde § 278 BGB greifen. Bei außervertraglicher Einordnung griffe dagegen § 831 BGB und D hätte die Möglichkeit, sich zu entlasten. Für eine außervertragliche Einordnung spricht, dass es sich aus deutscher Perspektive stets um eine Persönlichkeitsrechtsverletzung handelt.[242] Für eine vertragliche Betrachtung spricht es, dass eine große Nähe zum Vertragsrecht vorliegt. A wollte schließlich einen Vertrag mit D abschließen. Überzeugend ist daher vorgeschlagen worden, sowohl eine deliktische als auch eine vertragliche Haftung zu bejahen.[243]

## IV. Leistungsfristen und Verzug

### 1. Überblick: Vorschriften zu Leistungsfristen und Verzug im EU-Privatrecht

In den Richtlinien finden sich einige Vorschriften über Liefer- und Zahlungsfristen. Schon nach Art. 7 Fernabsatz-RL sollten Lieferungen binnen 30 Tagen erfolgen.[244] In Deutschland setzte man diese Vorschrift nicht um, weil die Frist sehr lang erschien. Art. 18 Verbraucherrechte-RL hat diese Frist aber übernommen und zugleich noch weitere Vorgaben für die Fristsetzung bei Nichtlieferung sowie bei Schlechtleistung eingeführt. Alle diese Vorgaben sind vollharmonisierend gemeint, so dass ein Abweichen davon dem deutschen Gesetzgeber nun nicht mehr möglich war. Diese Regelungen führen zu einigen Zweifelsfragen und werden unten daher näher dargestellt.

456

Geradezu auf Fristen ausgerichtet ist die **Zahlungsdienste-RL** (dazu bereits oben Rn. 441). Sie enthält präzise Fristen zur Ausführung von Geldtransfers. So muss nach Art. 83 Abs. 1 Zahlungsdienste-RL der Zahlungsdienstleister des Zahlenden sicherstellen, dass der Betrag spätestens am Ende des folgenden Geschäftstags dem Konto des Zahlungsdienstleisters des Empfängers gutgeschrieben ist. Es ist dann Aufgabe des Zahlungsdienstleisters des Zahlungsempfängers, den Betrag dem Empfängerkonto unverzüglich gutzuschreiben (Art. 83 Abs. 2, Art. 87 Zahlungsdienste-RL).

457

Diese straffen Vorgaben dienen – der Zielsetzung der Richtlinie entsprechend – der **Verbesserung grenzüberschreitenden Kapitalverkehrs.** Allerdings werden sie erst durch eine Vereinfachung der Prüfungspflichten der Geldinstitute ermöglicht und bergen daher für den Verbraucher auch Risiken (dazu noch Rn. 538).

Mit dem Verzug als solchem befasst sich schließlich die **Zahlungsverzugs-RL**. Diese Richtlinie, die der Verbesserung der Zahlungsmoral im Binnenmarkt dient, bezieht sich nur auf den Verzug bei der Zahlung des Entgelts für Handelsgeschäfte. Sie ist gezielt auf den Schutz der kleinen und mittleren Unternehmer ausgerichtet, die nach den Erkenntnissen der EU-Kommission oft sehr lange auf die Bezahlung durch größere Unternehmen und die öffentliche Hand warten müssen. Einige Einzelfragen, die sich für die Umsetzung ergeben, sind in Rn. 475 ff. zusammengestellt.

---
242 *OLG Köln* NJW 2010, 1676.
243 *Kossak*, Rechtsfolgen eines Verstoßes gegen das Benachteiligungsverbot im allgemeinen Zivilrechtsverkehr, 2009, S. 76 f.
244 Zur Umsetzung *Kamanabrou*, WM 2000, 1417, 1425 f.

## 2. Lieferfristen in der Verbraucherrechte-RL

**458** **Literaturhinweis:** *Koch*, Die nicht fristgemäße Lieferung beim Verbrauchsgüterkauf: Art. 18 Verbraucherrechterichtlinie und die Umsetzung im BGB, GPR 2015, 228.

> **Beispiel 20:** K bestellt für seine Privatwohnung bei dem Teppichhändler V einige Teppiche. Er teilt dem V mit, dass er die Teppiche gern innerhalb einer Woche abholen würde. V sagt ihm das zu und verspricht, sich zu melden, sobald die Teppiche, die er sich selbst noch besorgen müsse, angekommen seien. Als sich V nach zehn Tagen immer noch nicht gemeldet hat, wird K langsam unruhig. Er ruft den V an und fragt, ob die Teppiche schon da seien. V hat die Teppiche nicht, will aber dennoch gern erreichen, dass K im Laden vorbeikommt, um ihm eventuell noch weitere Teppiche verkaufen zu können. V antwortet deshalb dem K: „Ja, Sie können gern vorbeikommen." Im Laden verbeißt sich der höfliche K seinen Ärger und sieht sich einige Teppiche an. Allerdings tätigt er keinen weiteren Kauf. Er vereinbart erneut mit V, dass dieser ihn anruft, sobald die Teppiche eingetroffen sind. V ist durch dieses Verhalten ermutigt. Obwohl die Teppiche weiterhin auf sich warten lassen, ruft er den K nach einigen Tagen erneut an. K fährt wieder in den Laden. Als er erfährt, dass die Teppiche weiterhin nicht geliefert worden sind, wird er nun doch ärgerlich. Er erklärt, dass er sich von dem Vertrag lösen wolle. Kann K Abnahme und Bezahlung der einige Tage später eingetroffenen Teppiche verlangen?

### a) Überblick

**459** Art. 18 Verbraucherrechte-RL enthält zwei Regelungen zur Fristsetzung, die beide bei der Umsetzung Schwierigkeiten verursacht haben. In Art. 18 Abs. 2 Unterabs. 2 Verbraucherrechte-RL sind die Gründe für die Entbehrlichkeit der Fristsetzung etwas anders gefasst als in § 323 Abs. 2 BGB a.F. Es gibt die Leistungsverweigerung des Verkäufers sowie die erkennbare Wichtigkeit des Liefertermins. Dagegen ist eine Abwägung aller Umstände, wie sie bisher im deutschen Recht auch bei der Nichtleistung vorgesehen war, dort nicht erwähnt.

Diese Vorgaben des Art. 18 Abs. 2 Verbraucherrechte-RL wurden in § 323 Abs. 2 BGB nicht nur für Verbrauchsgüterkaufverträge, sondern überschießend für alle Verträge umgesetzt. Dabei bestehen zwei wesentliche Unstimmigkeiten. Zum einen erlaubt die Richtlinie einen fristlosen Rücktritt bei Nichtleistung schon dann, „wenn sich der Unternehmer geweigert hat, die Waren zu liefern". In § 323 Abs. 2 Nr. 1 BGB wird aber die in Deutschland traditionelle Formulierung „wenn der Schuldner die Leistung **ernsthaft und endgültig** verweigert" weiterverwendet. Hier ist für die Fälle der Nichtleistung im Verbrauchervertrag eine richtlinienkonforme Auslegung erforderlich. Die Ansprüche an die Leistungsverweigerung dürfen nicht mehr so hoch angesetzt werden wie bisher.[245] Problematischer ist die ebenfalls im Zuge der Umsetzung erfolgte Einschränkung des § 323 Abs. 2 Nr. 3 BGB (dazu sogleich).

Schließlich ist in Art. 18 Abs. 1 Verbraucherrechte-RL eine allgemeine Vorschrift zur Lieferfrist bei Verbrauchsgüterkaufverträgen enthalten. Diese verwendet das Kriterium der „Unverzüglichkeit", das ebenfalls nicht leicht zu fassen ist. Es wurde in § 475 Abs. 1 BGB nur für Verbrauchsgüterkaufverträge umgesetzt (dazu das **Beispiel 21** Rn. 466).

---

[245] *Koch*, GPR 2015, 228, 230 f.

### b) Entbehrlichkeit der Fristsetzung über § 323 Abs. 2 Nr. 3 BGB hinaus

Eine etwas verblüffende Veränderung einer zentralen Regelung des allgemeinen Schuldrechts hat der Gesetzgeber im Zuge der Umsetzung der Verbraucherrechte-RL in § 323 Abs. 2 Nr. 3 BGB vorgenommen. Dort ist bestimmt, in welchen Fällen die Fristsetzung beim Rücktritt entbehrlich ist. Es gibt drei Fallgruppen, von denen die letzte im Zuge der Umsetzung der Verbraucherrechte-RL eingeengt wurde. Früher war es auch im Fall einer Nichtleistung oder bei einer nicht vertragsgemäß erbrachten Leistung möglich, ohne Fristsetzung zurückzutreten, wenn besondere Umstände vorlagen, die unter Abwägung der beiderseitigen Interessen den sofortigen Rücktritt rechtfertigten. Nach § 323 Abs. 2 Nr. 3 BGB aber besteht diese Möglichkeit nur noch, wenn eine *nicht vertragsgemäße* Lieferung erfolgt ist. Dreht man die Aussage herum, so bedeutet sie: Bei einer Nichtleistung darf man auch dann nicht ohne Fristsetzung zurücktreten, wenn besondere Umstände vorliegen, die unter Abwägung der beiderseitigen Interessen eigentlich einen sofortigen Rücktritt rechtfertigen würden.  **460**

Der Gesetzgeber war bei der Umsetzung der Verbraucherrechte-RL der Ansicht, dass diese Einschränkung aufgrund von Art. 18 Abs. 2 Unterabs. 2 Verbraucherrechte-RL zwingend vorgegeben war, da dieser für den Fall der nicht oder nicht rechtzeitig erbrachten Leistung die Gründe, bei denen der Rücktritt ohne Fristsetzung möglich ist, abschließend aufzählen soll und keine Interessenabwägung entsprechend des § 323 Abs. 2 Nr. 3 BGB nennt.[246]

Meist wird davon ausgegangen, dass die Verbraucherrechte-RL dem Gesetzgeber bei der Umsetzung in Hinblick auf Verbrauchsgüterkaufverträge tatsächlich keine Abweichungsmöglichkeit gegeben habe.[247] Schon das kann man hinterfragen. Denn es ist zweifelhaft, ob die Richtlinie wirklich darauf abzielt, vom Verbraucher für den Rücktritt auch dann eine Fristsetzung zu verlangen, wenn bei der Abwägung der beiderseitigen Interessen ein sofortiger Rücktritt gerechtfertigt wäre. Damit würde die Richtlinie den Verbraucher entgegen der allgemeinen Grundsätze des Privatrechts – die einen Ausgleich der Interessen der Vertragsparteien anstreben – schlechter stellen. Es liegt daher näher, anzunehmen, dass der Richtliniengeber den Fall für nicht regelungsbedürftig hielt. Er wollte vielmehr nur eine ausschnitthafte Grundregel für den Fall treffen, dass eine Ware bei einem Verbrauchsgüterkauf nicht geliefert wird. Wie in Ausnahmefällen, wie etwa – um ein wichtiges Beispiel zu nennen – bei Arglist vorzugehen ist, lag außerhalb des Normprogramms. Die Darstellung dieser komplexen Problematik in der Fallbearbeitung sei am **Beispiel 20** demonstriert.  **461**

> Im **Beispiel 20** kommt ein Rücktritt vom Vertrag nach § 323 Abs. 1 BGB wegen der Nichtleistung des V in Betracht. V und K hatten sich hier auf eine Lieferfrist von circa einer Woche geeinigt, so dass die Leistung nach § 475 Abs. 1 BGB fällig war. Problematisch ist dabei, dass K dem V keine Frist (§ 323 Abs. 1 BGB) gesetzt hat. Daher stellt sich die Frage nach der Entbehrlichkeit der Fristsetzung (§ 323 Abs. 2 BGB). Eine ernsthafte und endgültige Erfüllungsverweigerung (§ 323 Abs. 2 Nr. 1 BGB) kann selbst dann nicht angenommen werden, wenn man den Begriff entsprechend Art. 18 Abs. 2 Unterabs. 2 Verbraucherrechte-RL weit auslegt. V will ja noch leisten.

---

246 BT-Drucks. 17/12637, 59.
247 *Weiss*, NJW 2014, 1212, 1213; *Riehm*, NJW 2014, 2065 f.

Auch liegt kein Fall des § 323 Abs. 2 Nr. 2 BGB vor, der die Fristsetzung bei Vorliegen eines relativen Fixgeschäfts entbehrlich werden lässt. Zwar haben V und K sich vertraglich über die Bereitstellung der Teppiche innerhalb der Frist von einer Woche geeinigt. Anders als noch vor der Anpassung der Norm im Zuge der Umsetzung der Verbraucherrechte-RL reicht es zudem aus, wenn aus den den Vertragsschluss begleitenden Umständen hervorgeht, dass die Leistungsfrist für den Gläubiger von wesentlicher Bedeutung ist. Jedoch kann aus der Aussage des K, er würde sich über die Bereitstellung innerhalb einer Woche freuen, nicht geschlossen werden, dass die Einhaltung der Frist für ihn wesentlich ist.[248]

Insofern ist zu fragen, ob § 323 Abs. 2 Nr. 3 BGB eingreift. Dieser eröffnet die Möglichkeit der Abwägung der Interessen von Gläubiger und Schuldner. Auf Grundlage der Norm wäre vorliegend sehr gut vertretbar, von besonderen Umständen auszugehen, die nach Abwägung der Interessen einen sofortigen Rücktritt des K rechtfertigen würden. K wurde hier zwei Mal von V über die Leistungsfähigkeit getäuscht. Dies geschah vorsätzlich und aus ausschließlich eigennützigen Motiven. Die Vertrauensgrundlage ist hier nachhaltig gestört. Von einem redlichen Verhalten des Schuldners V könnte im weiteren Verlauf einer Vertragsdurchführung nicht mehr ausgegangen werden.

Allerdings umfasst der klare Wortlaut der neuen Fassung des § 323 Abs. 2 Nr. 3 BGB nur noch die Fälle der nicht vertragsgemäßen (Schlecht-)Leistung. Hier wurde aber gar nicht geleistet, so dass der vorliegende Fall nicht unter den Wortlaut von Nr. 3 subsumiert werden kann. Das würde wegen der Entscheidung des nationalen Gesetzgebers auch dann gelten, wenn man annehmen würde, dass die Verbraucherrechte-RL diese Einschränkung des § 323 Abs. 2 Nr. 3 BGB nicht zwingend vorgeben hätte. Folglich durfte V nach § 323 Abs. 2 BGB nicht ohne Fristsetzung zurücktreten (Fortsetzung Rn. 464).

**462** Wenn man nun überlegt, wie mit den Fällen umzugehen ist, die nach der neuen Regelung keinem befriedigenden Ergebnis zugeführt werden können, so ist es von entscheidender Bedeutung, was die Richtlinie erreichen wollte. Diejenigen, die davon ausgehen, dass Art. 18 Verbraucherrechte-RL eine vollständige und abschließende Regelung für die Nichtleistung enthält, haben bei der Auslegung des deutschen Rechts keinen Spielraum. Es ist dann auch nicht möglich, ergänzend andere Normen, wie § 324 BGB oder § 242 BGB heranzuziehen.[249] Gegen § 324 BGB, dessen Anwendung häufiger vorgeschlagen wird,[250] spricht außerdem, dass es dort um die Verletzung von Pflichten aus § 241 Abs. 2 BGB und nicht um die Verletzung der Hauptleistungspflicht geht. Es sind ziemliche Verrenkungen nötig, um aus dem pflichtwidrigen Verhalten in Bezug auf die Hauptleistungspflicht eine Nebenleistungspflicht zu konstruieren.[251] Insofern scheint § 242 BGB besser zu passen. Dann muss man aber im Einzelnen prüfen, ob es wirklich treuwidrig wäre, eine Fristsetzung zu verlangen. Das kann man bei arglistigem oder widersprüchlichem Verhalten annehmen.[252]

Und eine interessante weitere Option könnte man zusätzlich noch in Erwägung ziehen. Um diese aufzudecken, lohnt es sich, zunächst § 323 Abs. 2 BGB mit § 281

---

248 Erwägungsgrund 52 Verbraucherrechte-RL nennt als Bsp. ein Hochzeitskleid.
249 Für § 242 BGB BeckOGK/*Looschelders*, BGB, § 323 Rn. 202 ff.; MünchKommBGB/*Ernst*, § 323 Rn. 127; anders *Weiss*, NJW 2014, 1212, 1215, der meint, dass bei Arglist trotz der seiner Ansicht nach zwingend vorgegebenen Neufassung von § 323 Abs. 2 Nr. 3 BGB eine Lösung über § 324 BGB zu suchen sei; ähnlich auch *Schmitt*, VuR 2014, 90, 96.
250 Auch *Koch*, GPR 2015, 228, 230.
251 Dagegen gerade für eine Täuschung *BGH* NJW 2010, 2503, 2505.
252 Genauer hierzu BeckOGK/*Looschelders*, BGB, § 323 Rn. 206 f.

Abs. 2 BGB zu vergleichen. § 281 Abs. 2 BGB enthält die parallele Regelung für den Anspruch auf Schadensersatz statt der Leistung. § 281 BGB musste im Rahmen der Umsetzung der Verbraucherrechte-RL nicht verändert werden, weil diese, genau wie die Verbrauchsgüterkauf-RL, Schadensersatzansprüche des Käufers aus ihrem Regelungsbereich ausnimmt. Die Fälle, in denen die Fristsetzung entbehrlich ist, waren in § 281 Abs. 2 BGB schon früher etwas anders geregelt als in § 323 Abs. 2 BGB. Das führte zu einigen Diskussionen über die Auslegung, aber es führte nicht zu Wertungswidersprüchen, da die Anforderungen an die Entbehrlichkeit der Fristsetzung beim Schadensersatz jedenfalls nicht niedriger waren als beim Rücktritt. Das hat sich durch die Einengung des § 323 Abs. 2 Nr. 3 BGB geändert.

Die Änderung des Gesetzes führt dazu, dass in Fällen der nicht oder nicht rechtzeitig erbrachten Leistung über den Umweg des Schadensersatzes statt der Leistung die wirtschaftlichen Folgen des Rücktritts wegen des weiter gefassten § 281 Abs. 2 BGB auch ohne Fristsetzung herbeigeführt werden können, obwohl der § 323 Abs. 2 Nr. 3 BGB den Rücktritt gerade nicht ermöglicht. **463**

Von denjenigen, die die Richtlinie für abschließend halten, wird teilweise vorgeschlagen, diesen Wertungswiderspruch so zu lösen, dass im Bereich von Art. 18 Abs. 2 Verbraucherrechte-RL aufgrund des Effektivitätsgrundsatzes der § 281 Abs. 2 BGB richtlinienkonform parallel zum neuen § 323 Abs. 2 Nr. 3 BGB zu reduzieren ist. Außerhalb des Anwendungsbereichs soll hingegen § 281 Abs. 2 BGB im Rahmen des § 323 Abs. 2 Nr. 3 BGB analog anzuwenden sein.[253] Ob eine so weitgehende Auslegung mit dem Willen des nationalen Gesetzgebers vereinbar ist, ist allerdings zweifelhaft. Nach hier vertretener Ansicht wird sie von der Richtlinie in keinem Fall verlangt.

Fraglich ist im **Beispiel 20**, ob andere Normen, wie etwa § 324 BGB oder § 242 BGB herangezogen werden können, um das Fehlen der Fristsetzung zu überbrücken. **464**

Zunächst ist dazu zu prüfen, ob die Verbraucherrechte-RL den Rückgriff auf solche Regelungen zulässt. Geht man davon aus, dass die Richtlinie in Art. 18 Abs. 2 Unterabs. 2 die Gründe, bei deren Vorliegen die Frist entbehrlich ist, abschließend aufzählt, dann kann man aufgrund der Vollharmonisierung durch die Richtlinie, entgegen der Gesetzesbegründung[254], die Entbehrlichkeit der Frist auch nicht über § 242 BGB erreichen.[255] Es ist gut vertretbar, von einer abschließenden Regelung auszugehen. Jedoch sprechen die besseren Gründe dafür, dass die Änderung des § 323 Abs. 2 Nr. 2 BGB schon gar nicht zwingend von der Richtlinie vorgegeben war. Es ist kein sachlicher Grund ersichtlich, warum der Richtliniengeber den Verbraucher, der gar keine Leistung erhält, schlechter stellen wollte. Dies kann schon gar nicht für Fälle angenommen werden, in denen „bei der Abwägung der beiderseitigen Interessen" ein sofortiger Rücktritt gerechtfertigt erscheint.

Vielmehr war es wohl nur das Ziel, eine ausschnitthafte Regelung für einige Fallgruppen der Nichtleistung vorzugeben. Fälle der Arglist hielt der Richtliniengeber dabei nicht für gesondert regelungsbedürftig.[256]

---

253 *Riehm*, NJW 2014, 2065, 2068; überlegend *Kuhn*, EuR 2015, 216, 223 f.
254 BT-Drucks. 17/12637, 59.
255 So auch Palandt/*Grüneberg*, BGB, § 323 Rn. 22.
256 Letztlich ist dies aber eine Frage, die sich für eine Vorlage an den *EuGH* gemäß Art. 267 AEUV anbietet, *Schmitt*, VuR 2014, 90, 91.

Den Grundsatz von Treu und Glauben bedarf es nicht, wenn ein Rücktritt nach § 324 BGB möglich ist. Nimmt man an, dass die Verbraucherrechte-RL dem § 323 Abs. 2 Nr. 3 BGB in seiner alten Fassung gar nicht entgegengestanden hätte, ist der Rückgriff auf den insofern offenen § 324 BGB auch im Lichte der Richtlinie zunächst nicht unzulässig.[257] Geht man davon aus, dass die Täuschung durch V in isolierter Form und nicht die nicht erbrachte Leistung der Grund für die Unzumutbarkeit des Festhaltens am Vertrag ist, kann von einer schwerwiegenden Verletzung der Rücksichtnahmepflicht des V gegenüber dem K ausgegangen werden und § 324 BGB bejaht werden.[258] Wer diese Isolierung der Täuschung von der eigentlich im Vordergrund stehenden Nichtleistung nicht vornehmen möchte, muss § 242 BGB heranziehen.[259] Danach hat der V sich, indem er den K zweimal bewusst irreführend in das Ladenlokal gelockt hat, obwohl die Teppiche nicht geliefert worden waren, in solcher Weise treuwidrig verhalten, dass er sich einem Rücktritt nicht entgegenstellen kann. Die Rücktrittsvoraussetzungen lagen somit hier vor. Im Ergebnis ist K nicht mehr an den Kaufvertrag gebunden.

Schließlich kann für K dasselbe Ergebnis erreicht werden, wenn man seinen Rücktritt in ein Verlangen nach Schadensersatz statt der ganzen Leistung (§§ 280 Abs. 1, 3, 281 BGB) umdeutet. Dieses hätte die gleichen Wirkungen wie ein Rücktritt nach § 323 BGB. Denn auch hier entfallen die Leistungspflichten und eine Rückabwicklung erfolgt, wenn nötig, nach §§ 281 Abs. 5, 346 ff. BGB. Nun könnte zwar der Effektivitätsgrundsatz verlangen, dass im Bereich der Verbraucherrechte-RL § 281 Abs. 2 BGB teleologisch zu reduzieren ist, da dieser es bei Nichtleistung ermöglicht, rücktrittsähnliche Wirkungen herbeizuführen.[260] Das ist aber selbst dann zu weitgehend, wenn man – anders als hier vertreten – davon ausgeht, dass die Richtlinie einem Rücktritt entgegensteht. Die Richtlinie äußert sich nicht zum Schadensersatz. Zudem erfordert der Schadensersatz im Gegensatz zum Rücktritt ein Vertretenmüssen des Schuldners und setzt somit höhere Anforderungen.

**465** Zuletzt ist noch zu bedenken, dass die Richtlinie bewusst überschießend im allgemeinen Teil des Schuldrechts und nicht lediglich im Verbrauchsgüterkaufrecht umgesetzt wurde, so dass sie jetzt auch für alle Verträge Wirkung entfaltet.[261] Auch für den überschießend umgesetzten Bereich können sich die bezeichneten Auslegungsprobleme stellen.

Soweit die Richtlinie überschießend umgesetzt wurde, kann die Auslegung im Grundsatz viel freier erfolgen. Wenn ein Vertrag betroffen ist, der nicht in den harmonisierten Bereich fällt, sei es ein Kaufvertrag zwischen zwei Unternehmern oder zwei Verbrauchern, sei es ein ganz anderer Vertragstyp, wie etwa ein Werkvertrag, so verlangt die Richtlinie bei der Auslegung des deutschen Rechts keine Beachtung. Nur im deutschen Recht selbst könnte daher eine einheitliche Auslegung vorgegeben sein. In der Tat heißt es in der Gesetzesbegründung, die Entbehrlichkeit der Fristsetzung müsse für alle Verträge einheitlich geregelt sein. Aber zugleich wird angedeutet, dass die bisher mit § 323 Abs. 2 Nr. 3 BGB zu lösenden Fälle in Zukunft über § 323 Abs. 2

---

257 *Weiss*, NJW 2014, 1212, 1215 geht davon aus, dass Arglist-Fälle, trotz der seiner Ansicht nach zwingend vorgegebenen Neufassung von § 323 Abs. 2 Nr. 3 BGB, über § 324 BGB zu lösen sind, da die Richtlinie nur Vorgaben für den Bereich der Nichtleistung, nicht aber für die Verletzung des Integritätsinteresses macht; ähnlich auch *Schmitt*, VuR 2014, 90, 96.
258 In diesem Sinne *Schmitt*, VuR 2014, 90, 96.
259 Staudinger/*Schwarze*, BGB, § 323 Rn. A 53, B 107 ff.
260 *Riehm*, NJW 2014, 2065, 2068.
261 BT-Drucks. 17/12637, 59; *Riehm*, NJW 2014, 2065, 2066.

Nr. 1 BGB sowie über den nunmehr erweiterten § 323 Abs. 2 Nr. 2 BGB bzw. über § 242 BGB zu lösen seien.[262] Man sollte die Gesetzesbegründung an diesem Punkt nicht überbewerten. Vielmehr muss außerhalb der Richtlinie auch auf die Konsistenz des deutschen Leistungsstörungsrechts geachtet werden und außerdem eine den Grundregeln des Privatrechts folgende Interessenabwägung vorgenommen werden. Wertungsmäßig erscheint dann die Schlechterstellung desjenigen Gläubigers, der den Rücktritt erklärt, gegenüber demjenigen, der Schadensersatz verlangt, nicht zu rechtfertigen.[263] Je nach Fall kann die Anwendung von § 324 Abs. 1 BGB oder § 242 BGB passender sein.

### c) Pflicht zur unverzüglichen Lieferung nach § 475 Abs. 1 BGB

**Beispiel 21:** K hat bei dem Unternehmer V ein Fahrrad gekauft, welches er aber mangels Transportmöglichkeit nicht gleich mitnehmen kann. Als er dieses am nächsten Tag ohne vorherige Absprache mit V abholen möchte, öffnet V nicht. K setzt dem V noch am selben Abend per E-Mail eine Nachfrist von zwölf Tagen, tritt nach deren Ablauf vom Vertrag zurück und verlangt die Erstattung des Kaufpreises.
V weigert sich den Kaufpreis zu erstatten. Er behauptet, ohne dafür einen Nachweis erbringen zu können, er hätte aufgrund einer in der Nacht nach dem Verkauf eingetretenen unvorhergesehenen schweren Erkrankung drei Tage bewusstlos in seiner Wohnung gelegen und sich in keiner Weise um sein Geschäft kümmern können. Danach habe er aus dem Krankenbett die wichtigsten Dinge organisiert, aber die Lieferung des Rads an K dabei übersehen. Kann K Rückzahlung des Kaufpreises verlangen?

466

Zur Umsetzung des Art. 18 Abs. 1 Verbraucherrechte-RL wurde mit § 475 Abs. 1 BGB eine eigenständige Regelung zur Bestimmung des Fälligkeitszeitpunkts bei einem Verbrauchsgüterkauf in das BGB eingefügt. Es gilt also nicht die allgemeine Regelung des § 271 Abs. 1 BGB, nach der im Zweifel die Fälligkeit *sofort* eintritt. Nach § 475 Abs. 1 S. 1 BGB kann der Gläubiger vielmehr abweichend von § 271 Abs. 1 BGB nur verlangen, dass die vertraglichen Pflichten *unverzüglich* erfüllt werden. Das gilt allerdings nur, wenn die Vertragsparteien keine Leistungszeit vereinbart haben und sich eine solche auch nicht aus den Umständen ergibt. Die entscheidende Abweichung von § 271 Abs. 1 BGB ist die Abkehr von einer objektiven Bestimmung der Leistungszeit („sofort") hin zu einer subjektiven Bestimmung. Denn die Norm verwendet den Begriff „unverzüglich", der in § 121 Abs. 1 BGB definiert ist und „ohne *schuldhaftes* Zögern" bedeutet.[264] Für den Unternehmer wird allerdings dieser „Zeitpuffer" in § 475 Abs. 1 S. 2 BGB beschränkt. Der Unternehmer muss die Kaufsache spätestens 30 Tage nach Vertragsschluss dem Verbraucher übergeben und ihm das Eigentum an ihr übertragen.

467

Im Gegensatz zu der europäischen Vorgabe gilt § 475 Abs. 1 S. 1 BGB nicht nur für die Primärleistungspflicht des Verkäufers, sondern auch für die Verpflichtung des Käufers, den Kaufpreis zu zahlen und die Ware abzunehmen.[265] Die Intention des

468

---
262 BT-Drucks. 17/12637, 59.
263 *Riehm*, NJW 2014, 2065, 2067.
264 BT-Drucks. 17/12637, 70; *Tonner*, VuR 2013, 443, 448; aufgrund einer richtlinienkonformen Auslegung der „Unverzüglichkeit" i.E. ebenfalls *Windorfer*, VuR 2014, 216, 219.
265 Palandt/*Weidenkaff*, BGB, § 475 Rn. 2.

deutschen Gesetzgebers bei dieser Erweiterung des Geltungsbereichs ist leicht nachzuvollziehen. Es schien ihm nicht mit dem Verbraucherschutzgedanken zu vereinbaren, dass der Unternehmer lediglich unverzüglich liefern müsse, während den Verbraucher hinsichtlich seiner Zahlungspflicht der strengere Fälligkeitsmaßstab treffe.[266] Ein Problem mit der Vollharmonisierungspflicht besteht darin nicht, weil es sich um eine Regelung handelt, die außerhalb des harmonisierten Bereichs liegt.

§ 475 Abs. 1 S. 1 BGB ist jedoch aus anderen Gründen als problematisch einzustufen. Bedenken ergeben sich zum einen in Bezug auf die richtige Umsetzung der Richtlinie und zum anderen aus dem zu Wertungswidersprüchen führenden Inhalt:

469 Die korrekte Umsetzung ist deshalb fraglich, weil es gar nicht so sicher ist, dass die Verbraucherrechte-RL tatsächlich die Fälligkeit verschuldensabhängig ausgestaltet. Der deutsche Text scheint dies zwar nahezulegen. Man muss aber daran denken, dass es sich um eine Übersetzung handelt. Die englische und die französische Fassung verwenden die Begriffe „undue" bzw. „injustifié" und teilweise wird zu bedenken gegeben, dass diese Ausdrücke auch auf objektiv zu bestimmende Umstände abstellen könnten.[267] Der praktische Unterschied, der sich aus einem solchen objektiven Verständnis der Verzögerungsgründe ergäbe, wäre allerdings nicht allzu groß. Durch die plötzliche, schwere Erkrankung im Beispielsfall würde sich sicherlich bei objektiver wie bei subjektiver Betrachtung der Fälligkeitszeitpunkt verschieben. Dennoch muss man im Auge behalten, dass womöglich bereits die deutsche Übersetzung und daraus resultierend auch die Umsetzung in § 475 Abs. 1 S. 1 BGB inkorrekt ist.

In Hinblick auf die Umsetzung fällt zudem auf, dass Art. 18 Abs. 1 sowie Erwägungsgrund 52 Verbraucherrechte-RL die Pflicht zur unverzüglichen Leistung statuieren, sofern die Vertragsparteien keine *Vereinbarung* über einen bestimmten Fälligkeitszeitpunkt getroffen haben. Nach § 475 Abs. 1 S. 1 BGB soll dagegen ein anderer Zeitpunkt auch „aus den Umständen" entnommen werden können.

Bei der Umsetzung hat der deutsche Gesetzgeber also eine deutliche Erweiterung vorgenommen. Weder in der deutschen, noch in der englischen oder französischen Sprachfassung dieser Richtlinie findet sich ein Anhaltspunkt dafür, dass sich die Fälligkeit auch aus den Umständen ergeben kann. Es wird daher vertreten, dass § 475 Abs. 1 S. 1 BGB einschränkend auszulegen sei. In Konstellationen, in denen sich ein bestimmter Fälligkeitszeitpunkt ausschließlich **aus den Umständen** ergebe, sei dies nicht relevant und die Leistungszeit sei trotzdem verschuldensabhängig zu bestimmen.[268] Das schießt aber vielleicht doch über das Ziel hinaus. Denn man wird kaum einen Fall konstruieren können, in dem sich ein Fälligkeitszeitpunkt zwar aus den Umständen entnehmen lässt, aber die Parteien diesen nicht, zumindest konkludent, auch vereinbart haben.

470 Die zentrale Problematik der Anwendung des § 475 Abs. 1 S. 1 BGB sind die **Wertungswidersprüche** innerhalb des deutschen Rechts, welche durch die Pflicht zur Umsetzung der europäischen Vorgabe hervorgerufen werden. Denn die Fälligkeitsbe-

---

266 BT-Drucks. 17/12637, 69 f.
267 *Kohler*, NJW 2014, 2817, 2818; *Windorfer*, VuR 2014, 216, 218.
268 *Windorfer*, VuR 2014, 216, 219; zu diesem Umsetzungsproblem auch *Kohler*, NJW 2014, 2817, 2818.

stimmung in § 475 Abs. 1 S. 1 BGB ist im Vergleich zu § 271 Abs. 1 BGB milder. Indem sie beim Verbrauchsgüterkauf für den Unternehmer gilt, schwächt sie die Stellung des Verbrauchers. Anders als bei einem Vertrag zwischen zwei Verbrauchern, bei dem beide Parteien sofort leisten müssen, profitiert der Verbraucher, der bei einem Unternehmer kauft, nicht von der sofortigen Fälligkeit nach § 271 Abs. 1 BGB, sondern ist bei nicht zu vertretener Nichtlieferung gezwungen, bis zu 30 Tage zu warten.[269] Er kann im Gegensatz zu Käufern bei B2B- und C2C-Geschäften erst zu einem deutlich späteren Zeitpunkt wirksam vom Vertrag zurücktreten bzw. Ersatz eines Verzögerungsschadens geltend machen. Diese Wirkung steht dem Schutzgedanken des Verbrauchsgüterkaufrechts und der Verbraucherrechte-RL, die den Verbraucher eigentlich stärken soll, klar entgegen.[270]

Des Weiteren wird für das Rücktrittsrecht aus §§ 437 Nr. 2, 323 BGB, das eigentlich gerade nicht von Verschuldenselementen abhängig sein soll, für den Fall, dass verspätet geliefert wurde, doch „durch die Hintertür" wieder ein Verschulden des Schuldners vorausgesetzt.[271]

Wie groß die Bedeutung des § 475 Abs. 1 S. 1 BGB ist, wird erst deutlich, wenn man sich vorstellt, wer im Prozess die Beweislast trägt. Das zeigt sich bei der Lösung des Beispielsfalls.

Im **Beispiel 21** ist K wegen der aus seiner Sicht verspäteten Lieferung vom Vertrag zurückgetreten. Er macht den Rückzahlungsanspruch aus §§ 346 Abs. 1, 323 BGB geltend. 471

Voraussetzungen für den Rücktritt sind nach § 323 Abs. 1 BGB die Nichterbringung einer fälligen Leistung und der erfolglose Ablauf einer nach Fälligkeit gesetzten Frist. V hat hier das Fahrrad nicht geliefert. K hat auch eine Nachfrist gesetzt. Allerdings müsste K diese Frist **nach Fälligkeit** gesetzt haben. Im Beispielsfall liegt ein Verbrauchsgüterkauf vor, so dass (über den Verweis des § 474 Abs. 2 BGB) die besondere Fälligkeitsnorm in § 475 Abs. 1 BGB Anwendung findet. K konnte die Lieferung also nur unverzüglich verlangen. Anders formuliert wurde die Leistung erst zu dem Zeitpunkt fällig, zu dem in der Nichtlieferung durch V ein **schuldhaftes Zögern** lag.

Im vorliegenden Fall ist zu differenzieren. Während ein schuldhaftes Zögern des V in den ersten drei Tagen nach Vertragsschluss wegen der durch die unvorhergesehene Erkrankung hervorgerufenen Bewusstlosigkeit nicht vorliegt, ist ein solches in der Zeit danach zu bejahen. Aus dem Krankenbett konnte er die wichtigsten Dinge organisieren und hat die Lieferung des Rads einfach übersehen. Fälligkeit tritt damit am vierten Tag ein. Das hat zur Folge, dass K die Frist **zu früh** gesetzt hat.

Betrachtet man nun die Beweislage, so gilt im Allgemeinen, dass der Anspruchsteller die Tatsachen beweisen muss, die seinen Anspruch oder seine Einwendung begründen. K muss also insbesondere beweisen, dass er ein Rücktrittsrecht hatte. K muss hier deshalb an sich auch beweisen, dass die Leistung zu dem Zeitpunkt, zu dem er die Frist gesetzt hat, bereits fällig war. Für die Fälligkeit kommt es darauf an, ob V „schuldhaft" gezögert hat. Der Beweis eines solchen subjektiven Kriteriums wird meist große Probleme bereiten. Der Verbraucher, der auf eine Lieferung wartet, weiß ja überhaupt nicht, warum der Unternehmer

---

269 *Kohler*, NJW 2014, 2817, 2819.
270 MünchKommBGB/*Lorenz*, § 475 Rn. 2 ff.
271 Ausführlich zu den kontraproduktiven Rechtsfolgen *Kohler*, NJW 2014, 2817, 2819 f.; *Windorfer*, VuR 2014, 216, 220 f.

> nicht leistet. Schon gar kann er nicht beurteilen, wie schwer der Unternehmer zu welchem Zeitpunkt erkrankt war, und welche Handlungen ihm während der Erkrankung noch möglich sind oder welche Vorsorgemaßnahmen er in Hinblick auf sein Unternehmen hätte treffen können und müssen. Hier bedeutet dies, dass die Erfolgschancen einer Klage als gering einzuschätzen sind. K wird die Behauptungen des V zu seiner Erkrankung nicht widerlegen können.
>
> Es sollte überlegt werden, ob man die Beweislast wirklich bei dem Gläubiger belassen sollte. Zum einen kann er den Beweis faktisch kaum erbringen, zum anderen widerspräche eine solche Beweislastregel auch der sonst im Leistungsstörungsrecht üblichen Beweislastumkehr in Bezug auf das Verschulden (siehe nur § 280 Abs. 1 S. 2 BGB). Wenn man sich dafür entscheidet, muss der V beweisen, dass er wirklich bewusstlos war. Dazu ist er hier laut Sachverhalt nicht in der Lage. Es ist daher von der Fälligkeit der Leistung auszugehen. Die Frist wurde somit nach Eintritt der Fälligkeit gesetzt. Nach ihrem fruchtlosen Verstreichen ist K wirksam zurückgetreten.

472 Im Sachverhalt des Beispielsfalls behauptet V, dass er schwer erkrankt war. K hat keinerlei Möglichkeiten, das zu überprüfen. Selbst die hier vorgeschlagene und bisher keinesfalls allgemein anerkannte Beweislastumkehr hilft ihm dann nicht wirklich. Denn man muss sich klar machen, dass die durch § 475 Abs. 1 BGB ausgelöste Unsicherheit schon bei der Ausübung des Rücktritts besteht: Dem Verbraucher fehlt in dem Moment der Fristsetzung häufig die Kenntnis, ob Fälligkeit besteht, oder ob der Unternehmer nur schuldlos nicht leistet. Das gilt besonders, wenn es sich wie im Beispiel um ein Einmann-Unternehmen handelt. Der Verbraucher ahnt überhaupt nicht, dass die Fristsetzung möglicherweise ins Leere geht. Sollte der Unternehmer später im Prozess beweisen können, dass er plötzlich erkrankt war, wird der Rücktritt als zu früh erklärt und damit als wirkungslos eingeordnet werden. Der ahnungslose Verbraucher hat sich zu diesem Zeitpunkt aber womöglich längst eine Ersatzware beschafft.

473 Zum Schluss soll aber doch aufgezeigt werden, dass die Brisanz der Regelung in der Praxis wohl geringer ausfallen wird, als sie sich in der Theorie darstellt. In den allermeisten Fällen dürfte es auf die neue Regelung nämlich nicht ankommen. Fast immer wird man, zumindest mit etwas gutem Willen, eine ausdrückliche oder konkludente Vereinbarung über die Leistungszeit annehmen können. Auch in dem hier verwendeten Beispiel könnte man die Annahme in Erwägung ziehen, dass die Möglichkeit der sofortigen Abholung des Rades durch den K konkludent vereinbart wurde.

### 3. Geltungsbereich und wesentliche Elemente der Zahlungsverzugs-RL

474 Die Zahlungsverzugs-RL gilt nur für den **Zahlungsverzug im Geschäftsverkehr**. Die fehlende Zahlungsdisziplin und die stark abweichenden Möglichkeiten zur gerichtlichen Durchsetzung von Forderungen wurden als Hindernis für die Entwicklung des Binnenmarkts angesehen. Da die Richtlinie nicht wirkungsvoll genug war, wurde sie im Jahr 2011 mit einigen Ergänzungen neu gefasst.[272] Insbesondere wurde der bei verspäteter Bezahlung geltende Zinssatz auf neun Prozent über dem Basiszinssatz erhöht und die privaten Gestaltungsmöglichkeiten wurden noch weiter eingeschränkt.

---

[272] Zu den Neuerungen durch die bis März 2013 umzusetzende Richtlinie ausführlich *Oelsner*, EuZW 2011, 940.

Die **drei Kernelemente** der Zahlungsverzugs-RL sind die automatisch eintretende Pflicht zur Zahlung von Zinsen ab dem Zahlungstermin sowie zum pauschalierten Ersatz der Beitreibungskosten (Art. 6 Abs. 1), die Möglichkeit der Vereinbarung eines Eigentumsvorbehalts (Art. 9) und die schnelle Erreichbarkeit eines gerichtlichen Vollstreckungstitels (Art. 10).

Um das Ziel der Beschleunigung des Zahlungsverkehrs nachhaltig zu sichern, wurden erstaunliche **Eingriffe in die Vertragsfreiheit** der Parteien vorgenommen. Die Parteien können verlängerte Zahlungsfristen nicht mehr frei vereinbaren. Bei Geschäften zwischen zwei privaten Unternehmern ist für eine Zahlungsfrist von über 60 Tagen nach Art. 3 Abs. 5 Zahlungsverzugs-RL eine „ausdrückliche" – also nicht nur konkludente[273] – Vereinbarung erforderlich (zur Inhaltskontrolle schon oben Rn. 425). Für öffentliche Stellen (Art. 2 Nr. 2) kann eine Ausdehnung der Frist auf über 60 Tage überhaupt nicht vereinbart werden (Art. 4 Abs. 3-6). Die Richtlinie hat an diesem Punkt viel Kritik erhalten. Interessanter ist aber vielleicht, sich zu überlegen, warum der Richtliniengeber so streng vorging. Die **öffentliche Hand** mit ihren großen Aufträgen ist gegenüber privaten Unternehmern sehr mächtig. So entwickelte sich gerade hier die „Gewohnheit", die Unternehmer monatelang auf die Bezahlung warten zu lassen. Dagegen möchte die Richtlinie vorgehen. Ob die privaten Unternehmer es wagen werden, ihre neuen Rechte auf Verzugszinsen und Schadensersatz gegen den für sie so wichtigen öffentlichen Partner auch durchzusetzen, ist eine andere Frage.

### 4. Umsetzung der Zahlungsverzugs-RL

#### a) Geringe Abweichung vom nationalen Recht

Einige wesentliche Vorgaben der Zahlungsverzugs-RL, so der Eigentumsvorbehalt (§ 449 BGB) und das Mahnverfahren (§§ 688 ff. ZPO), waren im deutschen Recht **ohnehin bereits enthalten**, so dass eine Umsetzung nicht erforderlich war. Die Zahlungsverzugs-RL bringt es mit sich, dass in bestimmten Fällen nun **Zinseszinsen** verlangt werden können. Dem entspricht auch die Umsetzung in § 288 Abs. 2 BGB. Denn wenn auf die **Entgeltforderung** Zinsen geleistet werden müssen, bedeutet dies im Fall eines Darlehens, bei dem die Zinsen das Entgelt darstellen, dass Zinseszinsen anfallen. Insofern muss zur Erreichung der Richtlinienkonformität § 288 Abs. 2 BGB als lex specialis zu § 289 BGB verstanden werden.[274]

475

Die deutsche Umsetzung weicht von der Richtlinie nur in einigen, letztlich wohl unbedenklichen Einzelheiten ab. Zunächst sind die umsetzenden Regelungen zum Teil **nicht auf den Geschäftsverkehr beschränkt**, sondern erfassen auch Verbraucherverträge. So ist es vor allem bei der in § 288 Abs. 5 BGB umgesetzten Pflicht zur Zahlung einer „Verzugspauschale" von 40 Euro. Nicht umgesetzt wurden die schon in Art. 3 Abs. 3-5 Zahlungsverzugs-RL a.F. (inzwischen Art. 7) vorgesehenen speziellen Inhaltskontrollvorschriften (dazu schon oben Rn. 425). Zwei weitere Einzelfragen seien erwähnt:

---

273 *Oelsner*, EuZW 2011, 940, 943.
274 *Freitag*, ZIP 2015, 1805 ff.

### b) Der Begriff „verantwortlich"

476 Ein eventuelles inhaltliches Umsetzungsdefizit könnte sich dadurch ergeben, dass der in der Richtlinie verwendete Begriff **„Verantwortlichkeit"** nicht mit dem in Deutschland an seine Stelle gesetzten Begriff **„Verschulden"** übereinstimmt.[275] Nach Art. 4 Abs. 1 lit b) Zahlungsverzugs-RL entfällt die Verzinsungspflicht, wenn der Schuldner nicht für die Verzögerung *verantwortlich* ist. Im deutschen Recht ist der Eintritt des Verzugs – und damit auch die Pflicht zur Leistung von Zinsen – dagegen gemäß § 286 Abs. 4 BGB an das Vertretenmüssen, also an das *Verschulden* gebunden. Beide Begriffe sind in ihrer Anlage **nicht identisch**. Dies wird allerdings selten relevant werden, weil es bei Geldleistungen auch nach deutschem Recht ohnehin nicht auf das Verschulden im eigentlichen, subjektiven Sinne ankommt.[276] Unterschiede zwischen den Begriffen könnten sich aber bei einem Rechtsirrtum des Schuldners ergeben. Für diesen Irrtum mag der Schuldner verantwortlich sein, ohne dass ihn auch subjektiv ein Verschulden daran trifft.[277]

### c) Verzugseintritt bei Banküberweisung

477 Das Urteil Telecom des EuGH erfordert eine wichtige Anpassung des deutschen Rechtsverständnisses.[278] Denn danach soll es gemäß Art. 3 Abs. 1 lit c) Zahlungsverzugs-RL a.F. (jetzt Art. 3 Abs. 1 lit b)) für die Einhaltung der Zahlungsfrist bei einer Überweisung darauf ankommen, dass der Betrag dem Konto des Gläubigers **rechtzeitig gutgeschrieben** ist. Erst dann habe er die Zahlung des Schuldners „erhalten" im Sinne der Richtlinie. Die bislang überwiegende Ansicht in Deutschland nahm demgegenüber an, dass Geldschulden **qualifizierte Schickschulden** seien, so dass zur Verhinderung des Verzugseintritts zum Zahlungstermin nur alles Erforderliche getan sein musste. Es reichte mithin der Überweisungsauftrag aus.[279] Die Entscheidung des EuGH entspricht einer ohnehin vordringenden Auffassung, dass eine Geldschuld eine **(modifizierte) Bringschuld** ist.[280] Sie passt zudem zu den Zielen und Vorgaben der Zahlungsdienste-RL.

## V. Mängelhaftung beim Warenkauf

**Literaturhinweis:** *Lorenz*, Grundwissen Verbrauchsgüterkauf, JuS 2016, 398; *Wilke*, BB 2019, (Verbrauchsgüter-)Kaufrecht 2022 – die Warenkauf-Richtlinie der EU und ihre Auswirkungen.

---

275 Dazu *Riesenhuber*, Europäisches Vertragsrecht, Rn. 717 f. (keine Übereinstimmung mit Verschulden); zur Zahlungsverzugs-RL a.F. NK-BGB/*Heidel*, 1. Aufl., Art. 3 Verzugs-RL Rn. 24 (Übereinstimmung mit Verschulden).
276 So *Riesenhuber*, Europäisches Vertragsrecht, Rn. 718.
277 Hierzu Gebauer/Wiedmann/*Schmidt-Kessel*, Zivilrecht unter europäischem Einfluss, Kap. 5 Rn. 40.
278 *EuGH* Slg. 2008, 1923 (Telecom).
279 *Staudinger*, DNotZ 2009, 196, 199.
280 So auch *Staudinger*, DNotZ 2009, 196, 206; ebenfalls für die modifizierte Bringschuld eintretend Staudinger/*Bittner/Kolbe*, BGB, § 270 Rn. 3; *Gsell*, GPR 2008, 165, 169 ff.; dagegen *Schwab*, NJW 2011, 2833, 2834 ff.; MünchKommBGB/*Krüger*, § 270 Rn. 16 f.

## 1. Grundlagen

Die Regelung der Mängelhaftung beim Verbrauchsgüterkauf muss zu den **bedeutendsten Regelungen des EU-Privatrechts** gerechnet werden. Die Verbrauchsgüterkauf-RL regelt die Mängelhaftung für Verträge über den Kauf neuer oder gebrauchter körperlicher Gegenstände, die zwischen einem Unternehmer und einem Verbraucher abgeschlossen werden. Die Umsetzung dieser Richtlinie war der wohl wichtigste Auslöser dafür, dass es in Deutschland zur **Reform des Schuldrechts** kam. Dementsprechend erfolgte die Umsetzung grundsätzlich gründlich und umfassend. Dennoch bestehen auch Zweifelsfragen in Bezug auf die Umsetzung von Einzelpunkten. Wiewohl der BGH sich die Konformität seiner eigenen Lösungen mit der Verbrauchsgüterkauf-RL gern selbst bestätigt,[281] hat er mehrere zentrale Fragen **dem EuGH vorgelegt**.[282] In der Folge musste das BGB teilweise geändert werden. Auch einige auf Vorlage ausländischer Gerichte ergangene Entscheidungen des EuGH waren für die deutsche Rechtsanwendung von Bedeutung.[283]

478

Die Richtlinie bestimmt die Haftung des Verkäufers für Mängel der Kaufsache beim Verbrauchsgüterkaufvertrag. Sie definiert dazu die „Vertragsmäßigkeit" der Ware (Art. 2) und legt die Rechtsfolgen der Vertragswidrigkeit fest (Art. 3). Bei „Vertragswidrigkeit" der Ware ist in Art. 3 Verbrauchsgüterkauf-RL zunächst ein **Nachbesserungs- oder Ersatzlieferungsrecht** vorgesehen. Scheidet diese Nacherfüllung aus oder schlägt sie fehl, so entsteht ein Recht auf Minderung oder „Vertragsauflösung". Ansprüche auf Schadensersatz sind vom Regelungsbereich der Richtlinie ausgenommen, richten sich also weiterhin nach nationalem Recht.

479

Die wesentlichen, gegenüber dem früheren nationalen Recht neuen Elemente der Richtlinie sind die **Haftungsdauer** und die gänzliche **Unabdingbarkeit der Haftung**. Die Neuregelung der Mängelhaftung hat Auswirkungen, die über die Einzelheiten der Haftungstatbestände hinausgehen.

480

So ist es durch die zwingende, zweijährige – bzw. bei Gebrauchtwaren einjährige (Art. 7 Abs. 1) – Haftungsdauer sehr viel schwieriger geworden, festzustellen, ob eine Sache bei Gefahrübergang mangelhaft war.

Insbesondere muss sehr genau auf eine korrekte Bestimmung des Zustands geachtet werden, der als **vertragsmäßig** gelten soll. Die **Präzisierung des Mangelbegriffs** gewinnt daher, gerade bei gebrauchten Waren, bei denen früher die Haftung in der Praxis eigentlich immer ausgeschlossen worden war, große Bedeutung. Einzelheiten werden sogleich dargestellt (Rn. 483 ff.).

---

281 Etwa *BGH* NJW 2005, 1045 zu dem Verbraucher, der vortäuscht, ein Unternehmer zu sein – dazu kurz oben Rn. 286; BGHZ 201, 290 zum geringfügigen Mangel Rn. 42 ff., dazu näher Rn. 499; besonders gewagt BGHZ 162, 219 sowie *BGH* NJW 2006, 1195 zur Selbstvornahme, ohne Erwähnung der Richtlinie – dazu bereits oben Rn. 288; unproblematisch, da allenfalls über den Standard der Richtlinie hinausgehend dagegen *BGH* NJW 2006, 613 zum Begriff der öffentlichen Versteigerung; BGHZ 189, 196 zum Erfüllungsort (dazu Rn. 527); inzwischen überholt *BGH* NJW 2005, 3490 zu § 477 BGB, dazu sogleich Rn. 502.
282 Zunächst *BGH* NJW 2006, 3200 – dazu *EuGH* Slg. 2008, 2685 (Quelle), näher oben Rn. 123; auch *BGH* NJW 2009, 1660 – dazu *EuGH* Slg. 2011, 5257 (Weber/Putz), näher unten Rn. 519.
283 Besonders *EuGH* NJW 2015, 2237 (Faber).

Die Verbraucherrechte-RL hat zwar für das Verbrauchsgüterkaufrecht ebenfalls einige Veränderungen mit sich gebracht. Da diese aber vor allem die Leistungsfristen und die Fristsetzung bei Schlechtleistung betreffen, wurden sie zumeist bereits oben (Rn. 460 ff.) dargestellt.

Die folgenden Ausführungen sind darauf ausgerichtet, einige wichtige Anliegen der Verkaufsgüterkauf-RL und eventuelle Schwachstellen bei deren Umsetzung aufzuzeigen.[284] Es geht dabei nicht um Vollständigkeit, sondern darum, anhand einiger exemplarischer, meist viel diskutierter Beispiele ein generelles Verständnis zu vermitteln. Zuvor erfolgen aber einige grundlegendere Beobachtungen zum Begriff der Vertragsmäßigkeit in der Richtlinie, weil hier die dem EU-Verbrauchervertragsrecht immanente, einseitig vom Verbraucher ausgehende Sichtweise besonders gut erkennbar ist.

## 2. Begriff der Vertragsmäßigkeit

### a) Vorüberlegung

481 Die Verbrauchsgüterkauf-RL verwendet nicht die in Deutschland vor der Schuldrechtsmodernisierung gängige Terminologie des „Fehlers", sondern beschreibt umgekehrt die **Vertragsmäßigkeit der Ware** (Art. 2 Abs. 2 Verbrauchsgüterkauf-RL). Dieser Begriff zeigt deutlich, dass es darauf ankommen muss, was in dem konkreten Vertrag von der Ware erwartet werden darf. Das macht besonders dann Probleme, wenn die Ware schon von vornherein nicht als neu und „völlig in Ordnung" verkauft wird, sondern die Sache **bereits gebraucht** oder aus sonstigen Gründen **erkennbar mit Mängeln** behaftet ist. Denn wenn ein 14 Jahre alter **Gebrauchtwagen** mit einem Kilometerstand von 180.000, der nur noch sechs Monate „TÜV" frei hat, zu einem Preis von 500 Euro verkauft wird, dann kann das Gesetz ja keinesfalls verlangen, dass ein solcher Wagen „völlig in Ordnung" sein muss.[285] Um zu bestimmen, wann dieser alte Wagen vertragsgemäß im Rechtssinne ist, kommt es nach Art. 2 Abs. 2 lit d) Verbrauchsgüterkauf-RL darauf an, was „bei Gütern der gleichen Art üblich [ist] und [...] der Verbraucher vernünftigerweise erwarten kann".

Dieses System wird auch in der **Warenkauf-RL** übernommen, obwohl dort deutlicher zwischen subjektiven Anforderungen (Art. 6) und objektiven Anforderungen (Art. 7) unterschieden wird. Die Verbrauchererwartungen werden im Rahmen der „objektiven" Anforderungen wichtig.

482 Der **Grundsatz der berechtigten (hier „vernünftigen") Erwartungen** prägt somit den Begriff der Vertragsmäßigkeit beim Verbrauchsgüterkauf entscheidend und kann zur Bestimmung der Vertragsmäßigkeit im Einzelfall viel beitragen.[286] Das gilt insbesondere dann, wenn sich eine „Üblichkeit" angesichts der Individualität des Kaufgegenstands nicht bestimmen lässt.

---

[284] Mit weiteren Einzelheiten Gebauer/Wiedmann/*Leible*, Zivilrecht unter europäischem Einfluss, Kap. 10.
[285] Normaler Verschleiß ist kein Mangel, *BGH* NJW 2006, 434.
[286] Wie hier Grundmann/Bianca/*Bridge*, EU-Kaufrechts-Richtlinie, 2002, Art. 4 Rn. 25; auch *Schlechtriem*, JZ 1997, 441, 444, stellt darauf ab, worauf der Käufer vertrauen kann.

Dass ein älterer Wagen beim Kauf bereits erhebliche Verschleißerscheinungen aufweist, ist selbstverständlich, also üblich. Darf der Käufer aber beispielsweise auch damit rechnen, dass der Wagen noch sechs Monate fahrbar bleiben wird? Für die Beantwortung solcher Einzelfragen kommt es entscheidend auf seine „vernünftigen" Erwartungen an.

### b) „Vernünftige" Erwartungen

Der Begriff „vernünftigerweise" ist ein Terminus, der dem deutschen Privatrecht fremd ist, im EU-Privatrecht jedoch mehrfach vorkommt und vom EuGH oft verwendet wird.[287] Die Verbrauchsgüterkauf-RL verwendet bei der Bestimmung der Vertragsmäßigkeit der Ware in Art. 2 gleich zweimal den Ausdruck „vernünftigerweise". So sind Waren nach Art. 2 Abs. 2 lit d) dann vertragsgemäß, wenn sie die Qualität aufweisen, die der Verbraucher *vernünftigerweise* erwarten kann. Gemäß Art. 2 Abs. 3 besteht außerdem keine Vertragswidrigkeit, wenn der Verbraucher zum Zeitpunkt des Vertragsschlusses Kenntnis von der Vertragswidrigkeit hatte oder *vernünftigerweise* nicht in Unkenntnis darüber sein konnte. Der deutsche Gesetzgeber hat den Begriff „vernünftigerweise" bei der Schuldrechtsmodernisierung **ganz bewusst nicht in das BGB aufgenommen**.[288] Im vorliegenden Kontext ist von Interesse, ob der Begriff eine eigenständige Bedeutung aufweist, die bei der Auslegung des nationalen Rechts beachtlich ist.

483

Dazu muss zunächst beachtet werden, dass die „Vernunft" als **zivilrechtlicher Begriff in den europäischen Privatrechtsordnungen** und im internationalen Kaufrecht nicht unbekannt ist. In den Lando-Grundregeln findet sich sogar eine Art Definition des Begriffs. Art. 1:302 bestimmt, dass die Vernünftigkeit danach zu beurteilen ist, was Personen, die im Einklang mit den Geboten von Treu und Glauben handeln und sich in derselben Lage wie die Parteien befinden, als vernünftig betrachten würden. Dabei sind insbesondere auch der Zweck des Vertrags und die Umstände des Einzelfalls zu berücksichtigen. Es handelt sich also um einen beweglichen, an die Verkehrsauffassung gekoppelten Begriff. Setzt man anstelle der „Person" den Verbraucher, so kann diese weite Definition auch für die Verbrauchsgüterkauf-RL als Grundvorstellung dienen (vgl. zu den Lando-Grundregeln als Auslegungshilfe schon oben Rn. 113). Ähnlich bestimmt auch der Kommissionsvorschlag für das GEK[289] in Art. 5 Abs. 1, dass „vernünftig" „objektiv unter Berücksichtigung der Art und des Zwecks des Vertrags, der Umstände des Einzelfalls und der Gebräuche und Gepflogenheiten der jeweiligen Gewerbe oder Berufe zu bestimmen" ist. Beide Definitionen sind nicht aus der Perspektive des Verbrauchers angelegt. Sie zeigen aber deutlich, dass mit der „Vernunft" ein gewisses objektivierendes Element bezeichnet werden soll. Im Verbrauchsgüterkaufrecht muss nach dem oben zu den Rechtsgrundsätzen des EU-Verbrauchervertragsrechts Gesagten darauf abgestellt werden, was ein durchschnittlicher – also ein intelligenter, aber entspannter[290] – Verbraucher in derselben Situation erwarten würde.

484

---

287  Zum Verbrauchsgüterkauf zuletzt *EuGH* NJW 2015, 2237 (Faber), dazu gleich Rn. 502.
288  BT-Drucks. 14/6040, 214, 236.
289  Dazu näher Rn. 639 ff.
290  Dazu oben Rn. 207.

### c) Vereinbarungen und Beschaffenheit

485 **aa) Beschreibung gleich Vereinbarung?** Klar ist zunächst, dass Unternehmer und Verbraucher bestimmte Eigenschaften der Ware vereinbaren können. Dann geht diese Vereinbarung allgemeinen Maßstäben und Erwartungen vor (Art. 2 Abs. 2 lit a) und b) Verbrauchsgüterkauf-RL). Auffällig ist hier der abweichende Wortlaut von Art. 2 Abs. 2 Verbrauchsgüterkauf-RL und § 434 Abs. 1 S. 1 BGB.

§ 434 Abs. 1 S. 1 BGB stellt auf die „vereinbarte Beschaffenheit" ab, während es nach Art. 2 Abs. 2 lit a) Verbrauchsgüterkauf-RL auf die vom Verkäufer gegebene **Beschreibung** ankommen soll. Dieser Wechsel von der einseitigen Beschreibung zur zweiseitig abgeschlossenen „Vereinbarung" wird sich aber **kaum je zu Lasten des Verbrauchers** auswirken. Das gilt jedenfalls bei entsprechend weiter Auslegung des Begriffs der Vereinbarung.[291] Denn richtigerweise muss bei einer positiven Beschreibung der Ware durch den Verkäufer immer von einer konkludenten Annahme durch den Käufer ausgegangen werden.[292] Für etwaige öffentliche Äußerungen des Verkäufers, bei denen eine „Vereinbarung" ausscheidet, enthalten sowohl Art. 2 Abs. 2 lit d) Verbrauchsgüterkauf-RL als auch § 434 Abs. 1 S. 2 Nr. 2 BGB eine zusätzliche Regelung. Teilweise wird die Bedeutung des Art. 2 Abs. 2 lit a) der Richtlinie daher in dem Zwischenraum zwischen der öffentlichen Anpreisung durch den Verkäufer und der Erklärung mit Bindungswirkung gesehen.[293] Diese Fälle müssten in Deutschland dann durch entsprechend weite Auslegung zu einem richtlinienkonformen Ergebnis geführt werden.

Die neue Warenkauf-RL verwendet nun die Formulierung, dass die Waren den Anforderungen genügen müssen, die sich aus dem Kaufvertrag ergeben – was der deutschen Lösung sehr nahe kommt.

486 **bb) Negativvereinbarungen.** Es lohnt aber, sich etwaige Vereinbarungen negativer Eigenschaften näher anzusehen. Denn hier lauern die „Tricks" der Verkäufer. Dabei könnten vielleicht einerseits negative Eigenschaften recht unauffällig benannt werden, damit der Verbraucher dies nicht so ernst nimmt und trotzdem den Kauf tätigt. Dem kann man beikommen, indem man eine ausreichende Beschreibung bzw. eine Vereinbarung dann ablehnt. Andererseits werden jedoch nicht selten alte, aber doch noch funktionstaugliche Waren in weit übertriebener Weise negativ beschrieben, und als „Bastelware" oder als „Schrott" verkauft. Denkbar ist sogar, dass Waren eigentlich neu sind, aber als „gebraucht" verkauft werden.[294] Man muss fragen, ob solche Angaben des Verkäufers als Vereinbarungen über die Beschaffenheit gelten und damit die Möglichkeit einer Vertragswidrigkeit der Ware im Grunde pauschal ausschließen können. Denn immerhin ist in solchen Fällen doch beiden Parteien bewusst, dass es sich nicht wirklich um „Bastelware" oder „Schrott" handelt.[295] Teils ist

---

291 Ein Restrisiko sieht (wohl zu Recht) *Tröger*, ZEuP 2003, 525, 529 ff.
292 So auch MünchKommBGB/*Westermann*, § 434 Rn. 7.
293 So Grundmann/Bianca/*Grundmann*, EU-Kaufrechts-Richtlinie, 2002, Art. 2 Rn. 21.
294 BGHZ 170, 31; dazu *Poelzig*, JuS 2008, 618 (Klausur); *Vuia*, NJW 2015, 1047.
295 Dagegen deutlich BGHZ 170, 31; differenzierend für den Gebrauchtwagenhandel *Müller*, NJW 2003, 1975, 1976 ff.; *Stölting*, ZGS 2004, 96; *Schinkels*, ZGS 2004, 226.

behauptet worden, solche **„Negativvereinbarungen"** seien mit der Richtlinie überhaupt nicht vereinbar.[296] Das kann aber wohl nicht sein. Ansonsten könnten Waren mit bestimmten Defekten überhaupt nicht verkauft werden.[297] Jedoch müssen Negativbeschreibungen inhaltlich hinreichend konkret und im einzelnen Fall passgenau sein. Vor allem müssen sie sich auf konkrete Mängel bzw. Eigenschaften der Sache beziehen. Niemand wird bestreiten, dass es möglich ist, einen Gebrauchtwagen mit dem Zusatz „Bremsen defekt" oder „Karosserie mit Roststellen" zu verkaufen. Dieser Rahmen lässt sich aus dem Gesetz, nämlich aus Art. 2 Abs. 2 lit a) und Art. 2 Abs. 3 Verbrauchsgüterkauf-RL bzw. den entsprechenden §§ 434 Abs. 1 S. 1, 442, 444 BGB, entnehmen: Danach besteht ein Ausschluss der Haftung für die Mängel, die der Verkäufer dem Verbraucher beschrieben hat oder die der Verbraucher kennt. Es ist also ohne weiteres möglich, den Verbraucher auf einen bestimmten Mangel hinzuweisen. Dass das deutsche Recht nicht allein auf die Beschreibung durch den Verkäufer abstellt, sondern eine Vereinbarung verlangt, kann für den Verbraucher allenfalls vorteilhaft sein. Allerdings gelten auch hier die allgemeinen Regeln zur **konkludenten Annahme**, so dass von einer Annahme auszugehen ist, wenn der Käufer die Sache trotz der Negativbeschreibung erwirbt. Schließt der Käufer also den Vertrag ab, nachdem er auf eine konkrete negative Eigenschaft der Sache hingewiesen wurde, so ist diese negative Eigenschaft vereinbart worden. Eine Haftung für (genau) diese Eigenschaft kommt damit nicht mehr in Betracht.

Wenn ein zehn Jahre alter Wagen mit vielen Monaten TÜV und ohne erkennbare schwere Schäden als „Schrottwagen" bezeichnet wird, dann hat diese Bezeichnung nicht die Wirkung, dass der Verbraucher die (echten) Mängel nun kennt. Sie ist so abwegig, dass sie keinen grundsätzlichen Einfluss auf die Kenntnis des Verbrauchers von den Eigenschaften des Wagens und damit erst recht nicht auf die Haftung hat.[298] Auch Aussagen in der Art von „wie besehen" oder auch „der gegenwärtige Zustand der Sache gilt als vereinbart" können nicht dazu führen, dass alle irgendwie erkennbaren Mängel als vereinbart gelten.[299] Im Einzelfall muss auch an eine Umgehung i.S.d. § 475 Abs. 1 S. 2 BGB gedacht werden.[300]

**487**

Da im „Bastelware"-Beispiel in der Regel keine Beschaffenheitsvereinbarung angenommen werden kann, hängt es von der näheren **Definition der Vertragsmäßigkeit** ab, was der Käufer von dem einige Jahre alten Wagen erwarten kann (dazu sogleich Rn. 491).

**cc) Begriff der Beschaffenheit.** Ein begrifflicher Streitpunkt in diesem Kontext betrifft nun noch die allgemeine Frage, **welche auf eine Sache bezogenen Umstände** mit zu ihrer „Beschaffenheit" zu rechnen sind, so dass daran überhaupt die Mängelhaftung anknüpfen kann. Die Diskussion bezieht sich meist auf Immobilienkäufe und

**488**

---
296 *Staudenmayer*, NJW 1999, 2393; *Schlechtriem*, JZ 1997, 441, 444.
297 Wie hier die h.A., *Vuia*, NJW 2015, 1047; Grundmann/Bianca/*Grundmann*, EU-Kaufrechts-Richtlinie, 2002, Art. 2 Rn. 9; *Lehmann*, JZ 2000, 280, 283.
298 So – auch ohne Rückgriff auf das EU-Privatrecht – OLG Oldenburg DAR 2004, 92.
299 Mit dem Beispiel „wie besehen" auch *Staudenmayer*, NJW 1999, 2393; mit weiteren Beispielen, allerdings ohne Bezug zur Richtlinie, *Reinicke/Tiedtke*, Kaufrecht, Rn. 747 ff.
300 Darauf ganz abstellend *Vuia*, NJW 2015, 1047, 1048.

hat daher im Verbrauchsgüterkaufrecht keine allzu zentrale Bedeutung.[301] Man muss aber erkennen, dass die Richtlinie jedenfalls kein enges, nur auf physische Eigenschaften der Sache selbst bezogenes Verständnis erlauben würde.

489 Schon der Wortlaut zeigt, dass ein **weiter Beschaffenheitsbegriff** gemeint ist.[302] Die Richtlinie verwendet überhaupt nicht den Begriff der „Vereinbarung einer Beschaffenheit", sondern die Sache muss **insgesamt vertragsgemäß** sein.[303] Die Richtlinie bestimmt außerdem, die Sache müsse mit der Beschreibung des Verkäufers übereinstimmen. Auch bei zweckorientierter Betrachtung bestätigt sich dieses weite Verständnis: Da die Richtlinie an den berechtigten Erwartungen des Käufers ausgerichtet ist, muss angenommen werden, dass sie einen weiten Beschaffenheitsbegriff verfolgt. Wird dem Verbraucher versprochen, dass die Spülmaschine in seine Küche passt, so empfindet er es als Mangel, wenn dies nicht zutrifft. Die h.A. verlangt auch im Rahmen des § 434 BGB nur, dass ein Bezug zu einer physischen Eigenschaft der Sache bestehe. Somit sind etwa die Fälle erfasst, in denen ein Gerät kompatibel mit einem anderen Gerät sein soll oder eben die Spülmaschine in die Küche passen muss.[304] Noch weiter geht die Auffassung, nach der alle im Rahmen des Kaufvertrags getroffenen Abreden über die Leistungspflicht des Verkäufers in den Beschaffenheitsbegriff einbezogen werden sollten.[305]

490 Wenn die Richtlinie ein so weites Verständnis fordern würde und auch solche Beschreibungen der Ware unter das Regime der Mängelhaftung fassen wollte, die nicht auf physische Eigenschaften der Sache bezogen sind, dann wäre die letztgenannte sehr weite Auslegung im Verbrauchsgüterkaufvertrag zwingend. Zunächst ist zu erwähnen, dass solche über die physischen Eigenschaften hinausgehenden Beschreibungen der Sache im Verbrauchsgüterkauf sehr selten sein werden. Denkbar ist vielleicht die Laufzeit einer noch bestehenden Herstellergarantie bei einer gebraucht verkauften Sache.

Da die Richtlinie keine ausdrückliche Regelung enthält, sollte zur Lösung der Streitfrage auch hier auf die legitimen Erwartungen des Käufers als der Richtlinie zugrunde liegendem Rechtsprinzip abgestellt werden. Es kommt dann darauf an, ob die betroffene Tatsache aus der Sicht des Käufers noch mit zu der Vertragsgemäßheit der Sache zu rechnen ist. Diese legitimen Erwartungen des Käufers werden **nicht auf physische Eigenschaften beschränkt** sein. Sie schließen umliegende Umstände, z.B. die erwähnte Garantie, nicht aus. Es kommt für die Definition des Beschaffenheitsbegriffs also auf die im konkreten Vertrag begründeten Erwartungen an, die sich an den jeweils vereinbarten Eigenarten der Sache orientieren. Ein physischer Bezug kann somit nicht entscheidend sein.[306]

---

301 Z.B. *BGH* NJW 2013, 1671; zum Streit schon *Berger*, JZ 2004, 276; zum deutschen Recht BeckOK/*Faust*, BGB, § 434 Rn. 19 ff.
302 Auch Gebauer/Wiedmann/*Leible*, Zivilrecht unter europäischem Einfluss, Kap. 10 Rn. 43.
303 Wie hier *Berger*, JZ 2004, 276, 278.
304 BeckOK/*Faust*, BGB, § 434 Rn. 22; ähnlich auch *Tonner/Echtermeyer*, in: Kohte/Micklitz, Das neue Schuldrecht, 2003, § 434 Rn. 11 ff.; Erman/*Grunewald*, BGB, § 434 Rn. 3 f.
305 *Berger*, JZ 2004, 276, 278; Staudinger/*Matusche-Beckmann*, BGB, § 434 Rn. 53.
306 Wie hier MünchKommBGB/*Westermann*, § 434 Rn. 9; Jauernig/*Berger*, BGB, § 434 Rn. 7; für eine Beschränkung auf physische Eigenschaften gerade auch nach der Richtlinie aber *Doehner*, Die Schuldrechtsreform vor dem Hintergrund der Verbrauchsgüterkauf-Richtlinie, 2004, S. 164 f.

### d) Erwartungen des Käufers und Vertragsmäßigkeit

Die Bedeutung der vernünftigen Verbrauchererwartungen ist bei den meisten Käufen gering.[307] Wird ein Neuwagen, eine Wurst oder ein Computerspiel gekauft, ergibt sich die Mangelhaftigkeit meist bereits bei Anwendung der allgemeineren Kriterien, insbesondere weil die Sache sich nicht „für die gewöhnliche Verwendung eignet" oder weil sie nicht die Beschaffenheit aufweist, „die bei Sachen der gleichen Art üblich ist". Der BGH hat sogar bei einer chinesischen Statue, die viel neuer war als angepriesen, nicht auf die Erwartungen des Käufers, sondern auf die Üblichkeit abgestellt.[308]

491

Eine Bedeutung kann unter Umständen in den Fällen bleiben, in welchen es die „Üblichkeit" einer Ware nicht gibt, weil die Sache in ihrer Art einmalig ist. Dazu reicht freilich nicht aus, dass es sich um eine Stückschuld handelt. Die Ware muss vielmehr so geartet sein, dass es **keine üblichen Erwartungen** gibt. Das mag bei bestimmten Gebrauchtwaren vorkommen. Bei Gebrauchtwaren ist im deutschen Recht auch schon vor der Schuldrechtsreform auf die berechtigten Erwartungen des Käufers abgestellt worden.[309]

Relevanter sind die Fälle, in welchen der Käufer aus irgendwelchen, inner- oder außerhalb der Vertragsverhandlungen liegenden Gründen erhöhte Erwartungen an die Qualität der Waren hat.[310] Das wäre im oben verwendeten Gebrauchtwagenbeispiel denkbar, weil möglicherweise gewisse Äußerungen des Verkäufers oder erkennbare optische Eigenschaften des Wagens individuelle Erwartungen auslösen können. Die innerhalb dieser Fälle wichtigste Konstellation sind die vom Hersteller oder **in der Werbung gegebenen Informationen**. Auch hierin kommt das Prinzip der legitimen Erwartungen des Verbrauchers zum Ausdruck.

492

### e) Die Regelung des Art. 2 Abs. 3 Verbrauchsgüterkauf-RL (§ 442 BGB)

In Art. 2 Abs. 3 2. Alt. Verbrauchsgüterkauf-RL erhält der Begriff der Vernünftigkeit eine entscheidende Bedeutung. Wenn der Käufer einen Mangel vernünftigerweise **hätte erkennen müssen**, entfallen die aus diesem Mangel abgeleiteten Leistungsstörungsrechte. Im nationalen Recht ist diese Norm nicht gesondert umgesetzt worden. Vielmehr gibt es in § 442 BGB die unverändert aus § 460 BGB a.F. übernommene Regelung, dass eine Haftung wegen solcher Mängel ausscheidet, die der Käufer kannte oder **grob fahrlässig nicht kannte**.[311]

493

Bevor man sich der Frage zuwendet, ob die unterschiedlichen Begriffe inhaltlich übereinstimmen, sollte man sich klar machen, dass § 442 BGB gerade im Verbrauchervertragsrecht Bedeutung erhält. Denn außerhalb des Verbrauchervertragsrechts wird gerade dann, wenn Mängel sich aufdrängen oder dem Käufer auch wirklich be-

---

307 Keine eigenständige Bedeutung nimmt NK-BGB/*Büdenbender*, § 434 Rn. 11, 13, an; ähnlich BGHZ 181, 70.
308 *BGH* NJW 2013, 3570 (die Haftung für die Beschreibung im Katalog war in diesem Fall ausgeschlossen).
309 Dazu m.w.N. MünchKommBGB/*Westermann*, 3. Aufl., § 459 Rn. 13.
310 BeckOK/*Faust*, BGB, § 434 Rn. 74 f.
311 BT-Drucks. 14/6040, 236.

kannt sind, die Haftung ausgeschlossen. Für Verbraucherverträge ist jedoch ein eigentlicher Haftungsausschluss nicht möglich. Möglich bleibt es allerdings, solche Mängel **offen zu legen** und sie so von vornherein zu einem **Teil des vereinbarten Zustands** der Sache zu machen. Das wäre eine ganz konkrete und daher, wie soeben gezeigt, zulässige negative Beschaffenheitsvereinbarung (Rn. 486).

Erfolgt keine Offenlegung, ist der Fehler jedoch auch ohne Offenlegung kaum zu übersehen, so muss ein Eingreifen des § 442 BGB erwogen werden. Für das Eingreifen stellt das deutsche Recht darauf ab, ob der Käufer den Mangel „grob fahrlässig verkannt" hat. Was das bedeutet, war in den Einzelheiten seit jeher streitig.[312]

494 Die geltende Verbrauchsgüterkauf-RL ähnelt § 442 BGB, ist jedoch etwas anders formuliert. Hier soll es darauf ankommen, ob der Käufer den Fehler „vernünftigerweise" hätte erkennen müssen. Um eine richtlinienkonforme Auslegung des § 442 BGB zu gewährleisten, muss der Begriff „grob fahrlässig nicht kennen" also richtlinienkonform entweder in Übereinstimmung mit dem Begriff „vernünftigerweise kennen müssen" oder in noch verbraucherfreundlicherer Weise ausgelegt werden.[313]

Um dies tun zu können, muss man allerdings wissen, was **„vernünftigerweise kennen müssen"** überhaupt bedeutet. Das ist ebenfalls streitig. Teils ist angenommen worden, der Begriff „vernünftigerweise" ersetze lediglich den Begriff „fahrlässig".[314] Dann wäre § 442 BGB, der auf *grobe* Fahrlässigkeit des Käufers abstellt, für den Käufer (Verbraucher) in jedem Fall günstiger als die Richtlinie.

Es wird jedoch auch die genau entgegengesetzte Auffassung vertreten.[315] Danach sind von dem Begriff „vernünftigerweise" in der Richtlinie nur solche Fälle erfasst, in denen der Verbraucher „gar nicht anders konnte, als die Vertragswidrigkeit wahrzunehmen".[316]

Auf einfache Fahrlässigkeit abzustellen, kann jedenfalls nicht im Sinne der Richtlinie sein, die das Vertrauen des Verbrauchers stärken und ihm gewiss keine höheren Sorgfaltspflichten auferlegen wollte, als sie im nationalen Kaufrecht üblich sind.

495 Zur Lösung des Meinungsstreits ist es hier von besonderem Interesse, das **CISG** zu Rate zu ziehen.[317] Es hat der Richtlinie gerade auch in diesem Punkt als Vorbild gedient. Zugleich war sich der Richtliniengeber darüber bewusst, dass das CISG ein Handelskaufrecht ist. Das CISG schließt in Art. 35 Abs. 3 die Haftung für Mängel aus, wenn der Käufer „darüber nicht in Unkenntnis sein konnte".

---

312 Dazu aufschlussreich *Fleischer*, Informationsasymmetrie im Vertragsrecht, 2001, S. 470 ff. und zum Maßstab der groben Fahrlässigkeit insbesondere S. 478 ff.
313 Beides gleichsetzend Grundmann/Bianca/*Grundmann*, EU-Kaufrechts-Richtlinie, 2002, Art. 2 Rn. 51 f.
314 *Ehmann/Rust*, JZ 1999, 853, 857.
315 *Staudenmayer*, NJW 1999, 2393, 2395; *Faber*, JBl. 1999, 413, 424 (mindestens so streng wie grobe Fahrlässigkeit); *Schwartze*, ZEuP 2000, 544, 562; *Micklitz*, EuZW 1999, 485, 491 f. (nicht vergleichbar, da objektiv).
316 *Staudenmayer*, NJW 1999, 2393, 2395; *Schwartze*, ZEuP 2000, 544, 562; in diese Richtung auch BeckOK/*Faust*, BGB, § 442 Rn. 21 ff., 24.
317 Das GEK verwendet in Art. 104 GEK nur die einfache Formulierung „kannte oder hätte kennen müssen".

Obwohl für das CISG ebenfalls umstritten ist, wie der in Art. 35 Abs. 3 verwendete Ausdruck zu verstehen ist, lassen sich daraus Schlüsse ziehen. Für Art. 35 Abs. 3 wird nämlich vor allem diskutiert, ob grobe Fahrlässigkeit ausschlaggebend sei oder die Norm noch enger zu verstehen ist. Für das CISG, welches den Ausdruck „vernünftigerweise" in Art. 35 Abs. 3 CISG überhaupt nicht enthält, wird also angenommen, dass die Unkenntnis wenigstens grob fahrlässig sein müsse. Teilweise wird sogar nur für geradezu ins Auge springende Mängel ein Haftungsausschluss angenommen.[318] Der Richtliniengeber hat dem im CISG verwendeten Wortlaut dennoch noch das Wort „vernünftigerweise" hinzugefügt. Es ist somit anzunehmen, dass Art. 2 Abs. 3 2. Alt. Verbrauchsgüterkauf-RL keinesfalls *weniger* als grobe Fahrlässigkeit verlangen kann.

Dieses Ergebnis bestätigt sich bei einer näheren Analyse der Richtlinie selbst. Aufschlussreich ist besonders die **Entstehungsgeschichte** der Norm. Der Einschub des Worts „vernünftigerweise" beruht nämlich auf einem Kompromiss. Es war diskutiert worden, ob der Halbsatz, welcher bis dahin „oder hätte kennen müssen" hieß, ganz gestrichen werden sollte. Die Einigung, ihn unter Einfügung des Worts „vernünftigerweise" beizubehalten, konnte deshalb erzielt werden, weil man annahm, dass die praktische Bedeutung des Halbsatzes so ohnehin äußerst gering sein würde.[319]

Geklärt werden muss aber dennoch, ob der Begriff einfach mit der groben oder „gröbsten" Fahrlässigkeit gleichgesetzt werden kann. Berücksichtigt man die europäische Herangehensweise, so wird klar, dass der Begriff einer Verobjektivierung dient. Es soll nicht auf individuelle subjektive Fahrlässigkeit, sondern auf einen verobjektivierten Maßstab ankommen. Somit geht es also um eine für einen Verbraucher **objektive Offensichtlichkeit**.[320] Um den Maßstab genauer zu bestimmen, muss wiederum das europäische Verbraucherleitbild herangezogen werden. Was ein durchschnittlicher, intelligenter Verbraucher ohne besondere Sorgfalt einfach erkennen musste, dafür haftet der Verkäufer also nicht.

496

Es können also nur solche Mängel gemeint sein, die auch ohne besondere Aufmerksamkeit für den durchschnittlichen Käufer unverkennbar waren. Eine **Untersuchungspflicht** scheidet danach in jedem Falle aus.[321] Somit liegt ein Maßstab vor, der der groben Fahrlässigkeit zumindest sehr nahe kommt.

497

Dieser Maßstab ist nicht nur unmittelbar im Rahmen des § 442 BGB anzuwenden, sondern er muss auch beachtet werden, wenn ein Verkäufer sich auf § 477 BGB beruft. Der BGH hat überzeugend ausgesprochen, dass die **Beweislastumkehr** nicht für solche Mängel gelten könne, die der Käufer bei der Übergabe der Sache ohne weiteres habe erkennen können (wie etwa einen Blechschaden).[322]

Da der Käufer dermaßen leicht erkennbare Mängel meist wirklich erkennt und deswegen entweder vom Kauf absieht oder den Mangel bewusst hinnimmt und später keine

---

318 Schlechtriem/Schwenzer/Schroeter/*Schwenzer*, UN-Kaufrecht, Art. 35 Rn. 34 (ins Auge springend); Staudinger/*Magnus*, BGB, Art. 35 CISG Rn. 47 f. (grob fahrlässig).
319 So auch *Staudenmayer*, ERPL 2001, 547, 553; *Doehner*, Die Schuldrechtsreform vor dem Hintergrund der Verbrauchsgüterkauf-Richtlinie, 2004, S. 207.
320 Diesen Ausdruck verwendet *Schwartze*, ZEuP 2000, 544, 562.
321 H.A., nur NK-BGB/*Pfeiffer*, Art. 2 Kauf-RL Rn. 24.
322 *BGH* NJW 2005, 3490; zu § 477 BGB Rn. 490.

**498** Die neue **Warenkauf-RL** weicht dennoch von dem bisherigen Konzept deutlich ab und erhöht nochmals die Anforderungen, die erfüllt sein müssen, damit der Verkäufer nicht für erkennbare Mängel haftet. Künftig wird nur noch eine „echte" negative Beschaffenheitsvereinbarung genügen, wie sie oben (Rn. 486) schon beschrieben wurde. Voraussetzung dafür ist nach Art. 7 Abs. 5 Warenkauf-RL, dass der Unternehmer dem Verbraucher ausdrücklich erklärt, dass die Kaufsache hinter den objektiven Anforderungen zurückbleibt, und dass der Verbraucher dem „ausdrücklich und gesondert" zustimmt (ebenso Art. 8 Abs. 5 Digitale-Inhalte-RL).[323]

Ansprüche stellt, kommt § 442 BGB in der Praxis letztlich selten zum Tragen. Insgesamt scheint die Lösung somit angemessen.

### 3. Weitere Einzelfragen zur Mängelhaftung nach dem Verbrauchsgüterkaufrecht

#### a) Erheblichkeit des Mangels

**499** Der Frage, ob ein Mangel erheblich ist, kommt in der Rechtspraxis entscheidende Bedeutung zu, da nur in diesen Fällen Rücktritt sowie Schadensersatz statt der Leistung möglich sind (vgl. §§ 323 Abs. 5 S. 2, 281 Abs. 1 S. 3 BGB). Bei unerheblichen Pflichtverletzungen kann der Käufer nur Nacherfüllung verlangen sowie – nach erfolglosem Verstreichen der Nacherfüllungsfrist – den Kaufpreis mindern oder Schadensersatz neben der Leistung fordern.[324] Auch Art. 3 Abs. 6 Verbrauchsgüterkauf-RL kennt die Erheblichkeitsschwelle. Der EuGH hat sich bisher nicht näher dazu geäußert. Es ist keinesfalls sicher, ob die deutsche Rechtsprechung der Richtlinie vollständig entspricht.

Für die Beurteilung, ob die Erheblichkeitsschwelle bereits überschritten ist, muss nach der Rechtsprechung des BGH zwischen unbehebbaren und behebbaren Mängeln differenziert werden:

Bei einem unbehebbaren Mangel ist grundsätzlich von einer erheblichen Pflichtverletzung auszugehen, da von dem Käufer nicht verlangt werden kann, dauerhaft mit der mangelbehafteten Kaufsache zu leben.[325] Eine Ausnahme von dieser Grundregel hat der BGH für den Fall angenommen, dass sich die Pflichtverletzung lediglich in einem merkantilen Minderwert von einem Prozent des Kaufpreises auswirkt.[326] Ein Konflikt mit der Richtlinie kann hier kaum entstehen.

Bei behebbaren Mängeln nimmt der BGH in ständiger Rechtsprechung eine einzelfallbezogene Interessenabwägung vor und geht davon aus, dass eine unerhebliche Pflichtverletzung vorliege, wenn die Mangelbeseitigungskosten im Verhältnis zum Kaufpreis geringfügig seien.[327] Ab welchem Prozentsatz die Erheblichkeit regelmä-

---

323 Dazu *Bach* NJW 2019, 1705; *Wilke*, BB 2019, 2434, 2439.
324 Dazu *EuGH* EuZW 2013, 918 (Duarte Hueros), aber ohne Bezug zu der hier interessierenden Frage.
325 BeckOK/*Faust*, BGB, § 437 Rn. 30.
326 *BGH* NJW 2008, 1517 Rn. 22.
327 *BGH* NJW 2011, 2872 Rn. 19 ff.; *BGH* NJW 2013, 1523 Rn. 33.

ßig zu bejahen ist, konnte der BGH lange Zeit offen lassen.[328] Das Fehlen eines Richtwerts führte dazu, dass sich ein breites Meinungsspektrum entwickelte, in dem ein Schwellenwert von drei bis fünf Prozent genauso vertreten wurde wie einer von zehn oder 30 bis 50 Prozent.[329]

Im Jahr 2014 hatte der BGH im Rahmen der Prüfung eines Rücktrittsrechts erneut über die Erheblichkeit eines Mangels zu entscheiden. Doch lagen die Mangelbeseitigungskosten hier bei 6,5 Prozent, so dass er in dem Meinungsstreit Position beziehen musste. Nachdem er sich in dieser Entscheidung ausführlich mit den verschiedenen Auffassungen auseinandergesetzt hatte, kam er zu der Einschätzung, dass bei behebbaren Mängeln von einer Erheblichkeit der Pflichtverletzung auszugehen sei, wenn der Mangelbeseitigungsaufwand **mehr als fünf Prozent** des Kaufpreises betrage.[330] Dass § 323 Abs. 5 S. 2 BGB genauso wie § 459 Abs. 1 S. 2 BGB a.F. den Begriff der unerheblichen Pflichtverletzung enthält und die Gesetzesbegründung zum Schuldrechtsmodernisierungsgesetz ausdrücklich auf diese Vorgängervorschrift Bezug nimmt[331], spreche für den Willen des Gesetzgebers, an die zu § 459 Abs. 1 S. 2 BGB a.F. entwickelte Grenze von drei bis fünf Prozent anzuknüpfen. Obwohl die Rechtsstellung des Käufers bei unerheblichen Mängeln durch die Schuldrechtsreform deutlich gestärkt wurde, spreche der von § 323 Abs. 5 S. 2 BGB bezweckte Interessenausgleich gegen eine Anhebung des Schwellenwertes auf über fünf Prozent. Während der Verkäufer bereits über den Vorrang der Nacherfüllung ausreichenden Schutz genieße, wirke sich ein Beseitigungsaufwand von über fünf Prozent in der Regel spürbar aus und führe zu einer Störung des Leistungsinteresses beim Käufer. Doch handele es sich dabei um eine flexible Grenze, die mit Blick auf die besonderen Umstände des Einzelfalls angepasst werden könne.[332]

500

Da diese Entscheidung sowohl zur Erleichterung der Rechtsanwendung und zu mehr Rechtssicherheit beiträgt als auch in besonders gelagerten Fällen abweichende Ergebnisse zulässt, wurde sie in der Literatur überwiegend begrüßt.[333]

501

In Hinblick auf die richtlinienkonforme Auslegung lohnt aber eine nähere Betrachtung der Ausführungen des BGH zu Art. 3 Abs. 6 Verbrauchsgüterkauf-RL, wonach bei geringfügiger Vertragswidrigkeit das Rücktrittsrecht ausgeschlossen ist.[334] Der BGH legt diese Richtlinienbestimmung selbst aus und kommt zu der Überzeugung, dass die von ihm angenommene Erheblichkeitsschwelle damit vereinbar sei.[335] Obwohl sich weder aus der Richtlinie noch aus deren Materialien ergibt, unter welchen Voraussetzungen eine Vertragswidrigkeit geringfügig ist, legt der BGH diese Frage dem EuGH nicht vor. Warum er ein Vorlageverfahren für entbehrlich hält, begründet

---
328  *BGH* NJW 2005, 3490, 3493; *BGH* NJW 2011, 2872 Rn. 19; zur Arglist BGHZ 167, 19 Rn. 11 ff.; zu Abweichungen von Beschaffenheitsvereinbarungen *BGH* NJW-RR 2010, 1289 Rn. 22 ff. (falsche Wagenfarbe); *BGH* NJW 2013, 1365 Rn. 16 (Neuwagen).
329  Vgl. zu den verschiedenen Auffassungen BGHZ 201, 290 Rn. 19 ff. m.w.N.
330  BGHZ 201, 290 Rn. 30; dem folgend *Peters*, NJW 2014, 3234; zur Erheblichkeitsschwelle bei gebrauchten Gegenständen *OLG Düsseldorf* NJW-RR 2015, 1103 Rn. 30.
331  BT-Drucks. 14/6040, 222 f.
332  BGHZ 201, 290 Rn. 32 ff.
333  *Arnold*, LMK 2014, 361940; *Looschelders*, JA 2014, 785, 786 f.
334  Näher zur Auslegung dieser Vorschrift *Korth*, GPR 2014, 87, 91.
335  BGHZ 201, 290 Rn. 39 ff.

er nicht ausdrücklich. Ein Grund könnte darin liegen, dass er offenbar keinerlei Zweifel an der Richtlinienkonformität seiner Auslegung hat. Gegen eine Vorlagepflicht könnte auch der in Art. 8 Abs. 2 Verbrauchsgüterkauf-RL zum Ausdruck kommende Grundsatz der Mindestharmonisierung sprechen, wonach das nationale Recht ein höheres Verbraucherschutzniveau gewähren darf.[336] Zwar wird die Auslegung des BGH höchstwahrscheinlich mit der Verbrauchsgüterkauf-RL vereinbar sein, doch hätte der BGH ein Vorlageverfahren anstrengen müssen. Erste Zweifel daran, dass seine Auslegung mit der Richtlinie in Einklang stehen könnte, bestehen bereits aufgrund der Tatsache, dass sich der EuGH zu dieser Rechtsfrage bisher noch nicht geäußert hat.[337] Eine ähnliche Auslegung ist zwar wahrscheinlich, doch könnte der EuGH – wie Teile der deutschen Literatur und Rechtsprechung[338] – unter Berücksichtigung einer einzelfallbezogenen Interessenabwägung den Schwellenwert z.B. auf drei Prozent des Kaufpreises beziffern. In einem solchen Fall wäre die verbraucherfreundlichere Auslegung des EuGH für den BGH verbindlich.

### b) Beweislast für das Vorliegen des Mangels bei Gefahrübergang

502   **Beispiel 22** – nach EuGH NJW 2015, 2237 (Faber): Der Verbraucher K hat bei Autoverkäufer V einen Gebrauchtwagen erworben. Nach fünf Monaten fängt der Motor während der Fahrt aufgrund einer Überhitzung Feuer und brennt vollständig aus. Nach der Verschrottung des PKW kann nicht mehr geklärt werden, ob die brandauslösende Überhitzung durch ein Fehlverhalten des K oder einen zum Zeitpunkt des Kaufes bereits bestehenden Mangel am Wagen verursacht worden ist. K verlangt Schadensersatz von V. Zu Recht?

Durch die lange Zeitdauer der Haftung wird auch die Verteilung der **Beweislast** wichtiger. Dazu bestimmt Art. 5 Abs. 3 Verbrauchsgüterkauf-RL, dass von einer Vertragswidrigkeit, die binnen sechs Monaten nach Gefahrübergang auftritt, zu vermuten ist, dass sie schon bei Lieferung bestand.

503   Bei der Auslegung dieser Norm lässt sich besonders klar die unterschiedliche Herangehensweise von BGH und EuGH erkennen. Der BGH hat zu **§ 477 BGB**, welcher Art. 5 Abs. 3 umsetzt, bisher entschieden, dass die Norm sich **allein auf den Zeitpunkt des Eintritts der Mangelhaftigkeit** beziehe. Dass die Kaufsache überhaupt einen Mangel habe (und nicht etwa normalen Gebrauchsverschleiß aufweise), müsse der Käufer dagegen beweisen. Wenn also der Gebrauchtwagen nach fünf Monaten einen Achsbruch erleidet oder der Motor durch Überhitzung in Brand gerät, dann muss der Verbraucher beweisen, dass dieser Umstand gerade deshalb eingetreten ist, weil an dem Wagen schon anfänglich ein Grundmangel vorlag, der zu dem jetzigen Schaden geführt hat.[339]

504   Im **Beispiel 22** könnte K einen Anspruch aus §§ 437 Nr. 3, 281 BGB haben. Dazu müsste V eine Pflicht verletzt haben – hier kommt die Lieferung einer nicht vertragsgemäßen Ware im Sinne des § 434 Abs. 1 S. 2 Nr. 2 BGB in Betracht. Der Gebrauchtwagen ist dann ohne

---

336  So *Riehm*, JuS 2015, 68, 70.
337  Vgl. die Schlussanträge der Generalanwältin Kokott vom 28. Februar 2013, *EuGH* BeckRS 2013, 80437 Rn. 57.
338  Nachweise zum alten Meinungsstand bei MünchKommBGB/*Westermann*, § 437 Rn. 14.
339  BGHZ 159, 215; *BGH* NJW 2005, 3490; *BGH* NJW 2006, 434; BGHZ 200, 1 Rn. 21.

Sachmängel, wenn er sich für die gewöhnliche Verwendung eignet und eine Beschaffenheit aufweist, die bei Sachen gleicher Art üblich ist und die der Käufer erwarten kann. Zwar ist bei einem gebrauchten PKW normaler Gebrauchsverschleiß hinzunehmen, aber kein Motorschaden, der zu einer Überhitzung und Zerstörung des Wagens führt. Zudem ist das Fahren als gewöhnlicher Verwendungszweck eines Autos dem K nicht mehr möglich. Ein Sachmangel ist somit gegeben. Dieser Mangel müsste aber auch schon bei Übergabe vorgelegen haben. Der Beweis hierfür obliegt nach den allgemeinen Regeln dem K. Vorliegend kann nicht mehr eindeutig geklärt werden, ob bei Gefahrübergang schon ein Mangel am Motor vorgelegen hat oder die Überhitzung des Motors aufgrund eines Fehlverhaltens von K eingetreten ist. Da es sich bei dem Rechtsgeschäft zwischen V und K um einen Verbrauchsgüterkaufvertrag nach § 474 Abs. 1 S. 1 BGB handelt, könnte gemäß § 477 BGB die Vermutung greifen, dass der PKW bereits bei Gefahrübergang mangelhaft war. Nach der bisherigen Rechtsprechung des BGH scheidet im Beispielsfall die Anwendung des § 477 BGB aus. Denn dem K wird der Beweis, dass die Überhitzung auf einem „Grundmangel" des Gebrauchtwagens basiert, nicht gelingen. Aus diesem Grund würden dem K letztlich keine Gewährleistungsrechte zustehen.

Diese ständige Rechtsprechung wird der BGH jedoch nach dem jüngsten Urteil des EuGH zur Auslegung der Verbrauchsgüterkauf-RL aufgeben müssen. Der EuGH hat im Rahmen einer Vorlagefrage eines niederländischen Berufungsgerichts in der Sache **„Faber"** entschieden, dass diese Fälle von Art. 5 Abs. 3 umfasst sind. Sobald der Käufer beweisen könne, dass sich innerhalb des kurzen Zeitraums von sechs Monaten nach Lieferung ein Mangel herausgestellt hat, werde vermutet, dass eine Vertragswidrigkeit der Kaufsache bereits zum Zeitpunkt des Gefahrübergangs „zumindest im Ansatz" bestehe, auch wenn diese erst nach Lieferung zu Tage trete. Der Verbraucher müsse weder den Grund dieser Vertragswidrigkeit noch eine Zurechnung zum Verkäufer beweisen.[340] Es sei in einem solchen Fall die Aufgabe des Unternehmers, zu beweisen, dass die Vertragswidrigkeit bei Gefahrübergang noch nicht vorlag.[341] Da auf diese Weise das Problem behoben wird, dass ein Käufer in den allermeisten Fällen das Vorliegen eines latenten „Grundmangels" nicht beweisen kann und daher seine Gewährleistungsrechte verliert, verbessert die Entscheidung den Verbraucherschutz ganz erheblich. Der Unternehmer dagegen muss möglicherweise haften, obwohl der Mangel in Wirklichkeit auf einem Fehlverhalten des Verbrauchers basiert. Ob eine **ausgeglichene Verteilung der Beweislast** erreicht wurde, hat den EuGH – anders als den BGH – gar nicht interessiert. Er hielt es für völlig klar, dass er sich bei der Auslegung nur am konkreten Ziel der Richtlinie – dem Schutz für den Käufer eines Verbrauchsguts – orientieren musste. Durch ein solches Ziel werden allgemeine Grundsätze verdrängt, so dass hier der Kläger eben ausnahmsweise nicht alle Voraussetzungen seines Anspruchs darlegen und beweisen muss. Die Umverteilung der Beweislast ist übrigens ein Instrument, das auch die deutsche Rechtsprechung häufig verwendet, um einer schwächeren Partei zu helfen. So muss bei der Produzentenhaftung aus § 823 Abs. 1 BGB der Produzent beweisen, dass er *nicht* pflichtwidrig und schuldhaft gehandelt hat.[342]

505

---

340   *EuGH* NJW 2015, 2237 Rn. 70 ff. (Faber), der sich auf den Vorschlag für eine Verbrauchsgüterkauf-RL bezieht, KOM (95), 520, 14.
341   *EuGH* NJW 2015, 2237 Rn. 73 (Faber).
342   Näher *Looschelders*, Schuldrecht BT, § 63 Rn. 3 ff.

In Deutschland muss die Vermutungsregel in § 477 BGB aufgrund der Entscheidung Faber nun richtlinienkonform auf die „Grundmangel-Fälle" ausgeweitet werden.[343]

**506** Aufgrund der EuGH-Entscheidung hat K im **Beispiel 22** nunmehr also nicht zu beweisen, dass bei Gefahrübergang ein Grundmangel vorgelegen hat. Vielmehr wird wegen der Zeitspanne von nur fünf Monaten nach dem Kauf vermutet, dass der Mangel zumindest im „Ansatz bereits bei Gefahrübergang" bestand. Da V den Gegenbeweis vorliegend nicht erbringen kann, ist von einer nicht vertragsgemäßen Leistung i.S.d. § 434 BGB auszugehen.

Insofern kommt eine Mängelhaftung in Betracht. Überdenkt man den Fall nun noch einmal ganz genau, könnte man auf eine besonders haarspalterische Idee kommen: Hier verlangt der K Schadensersatz. Anders als beim Rücktritt, um den es im Fall Faber ging, handelt es sich damit um einen Rechtsbehelf, den die Verbrauchsgüterkauf-RL überhaupt nicht regelt. Aus diesem Grund könnte man der Auffassung sein, hier nicht dem EuGH zu folgen, sondern die bisherige BGH-Rechtsprechung weiterhin anzuwenden. Einen solchen Gedanken sollte man aber schnell wieder verwerfen. Eine gespaltene Auslegung des § 477 BGB je nachdem, ob der Käufer Schadensersatz oder einen anderen Rechtsbehelf geltend macht, ist abzulehnen. Anhaltspunkte dafür, dass der nationale Gesetzgeber eine gespaltene Auslegung gewollt haben könnte, lassen sich nicht finden. Vielmehr hat dieser die Verbrauchsgüterkauf-RL in Bezug auf den Schadensersatz überschießend umgesetzt und mit § 437 BGB eine einheitliche Regelung geschaffen, die für sämtliche Kaufverträge gilt. Aus diesem Grund ist in dem vorliegenden Fall die Rechtsprechung des EuGH auch außerhalb des Anwendungsbereichs der Richtlinie zu berücksichtigen.

**507** Genau muss schließlich immer aufgepasst werden, wenn definiert wird, bei welchen Mängeln die Vermutung des § 477 BGB „mit der Art der Sache oder des Mangels nicht vereinbar" ist. Hier darf die Argumentation nicht aus dem Blickwinkel des Unternehmers geführt werden. Der BGH lehnt das Eingreifen dieser Ausnahme daher vollkommen zu Recht für jeden Mangel ab, der bei Übergabe vorgelegen haben *könnte*.[344]

### c) Erfordernis der Fristsetzung durch den Verbraucher

**508** Eine weitere Umsetzungsungenauigkeit besteht darin, dass das deutsche Recht in den §§ 437 Nr. 2, 323 Abs. 1 BGB das Rücktrittsrecht wegen einer Schlechtleistung davon abhängig macht, dass der Käufer dem Verkäufer eine angemessene **Frist** zur Nachbesserung **gesetzt** hat.[345] In Art. 3 Abs. 3 Verbrauchsgüterkauf-RL heißt es nämlich lediglich, dass die Nachbesserung **innerhalb einer angemessenen Frist erfolgen** muss. Der deutsche Gesetzgeber meinte, die Fristsetzung sei bereits aus rein praktischen Erwägungen erforderlich und benachteilige den Verbraucher nicht erheblich.[346] Diese Auffassung ist mit der Richtlinie nicht zu vereinbaren.[347] Denn nicht

---

343 *Hübner*, NJW 2015, 2241; bereits früher MünchKommBGB/*Lorenz*, 6. Aufl., § 476 Rn. 4.
344 BGH NJW 2005, 3490 (verzogene Karosserie).
345 NK-BGB/*Pfeiffer*, Art. 3 Kauf-RL Rn. 14, 23; BeckOK/*Faust*, BGB, § 437 Rn. 18 f.; *Doehner*, Die Schuldrechtsreform vor dem Hintergrund der Verbrauchsgüterkauf-Richtlinie, 2004, S. 248 f.; zur Entbehrlichkeit der Nacherfüllung bei Unzumutbarkeit unter zutreffendem Hinweis auf die Verbrauchsgüterkauf-RL BGH NJW 2017, 153 Rn. 21.
346 BT-Drucks. 14/6040, 222.
347 *Koch*, NJW 2014, 2065, 2066; anders wegen Art. 18 Abs. 2 Verbraucherrechte-RL nun *Weiss*, NJW 2014, 1212, 1213 – Art. 18 gilt aber nicht für die Schlechtleistung.

nur der Wortlaut der Richtlinie kennt die Obliegenheit der Fristsetzung nicht, sondern auch ihr Zweck steht einer solchen entgegen. Der Verbraucher soll sich doch **entspannt und unaufmerksam** verhalten können! Die Notwendigkeit der Fristsetzung wird ihm aber häufig gar nicht bekannt sein.

Es muss danach reichen, wenn der Verbraucher die Sache dem Verkäufer unter Hinweis auf die Vertragswidrigkeit zurückgibt. Eine richtlinienkonforme Auslegung der §§ 440, 323 BGB muss also dazu führen, dass der Verbraucher keine Frist zu setzen braucht, sondern es genügt, wenn er die Beseitigung des Mangels verlangt und eine **angemessene Frist abwartet**.[348] Danach ist die Nachbesserung fehlgeschlagen.[349] Diese Sichtweise wird in der neuen Warenkauf-RL deutlicher, weil dort in Art. 13 Abs. 3 lit a) Alt. 1 Warenkauf-RL die Fristsetzung gar nicht mehr vorgesehen ist.[350]

Noch weiter geht die Frage nach den Ansprüchen des Käufers, der die Reparatur versehentlich **selbst vornimmt**, weil er nicht weiß, dass er sie vom Verkäufer verlangen kann. Obwohl die Richtlinie Ansprüche auf Schadensersatz – oder auf die Auszahlung von ersparten Aufwendungen – gar nicht umfasst, muss auch hier die Perspektive des Verbrauchers eingenommen werden (Rn. 288).

509

Der BGH hatte schließlich über den Fall zu entscheiden, dass in einem Verbrauchsgüterkaufvertrag die Haftung entgegen § 475 BGB ausgeschlossen war. Der Verbraucher ließ daraufhin die Ware selbst reparieren. Danach erfuhr er von der Unwirksamkeit des Haftungsausschlusses und verlangte Ersatz der Reparaturkosten. Der BGH lehnte dies ab.[351] Er meinte, der Verbraucher sei durch die Nichtigkeit des Haftungsausschlusses ausreichend geschützt. Sie führe daher nur dazu, dass das dispositive Gesetzesrecht anwendbar bleibe und sich somit an der Obliegenheit des Käufers, die Nacherfüllung zu verlangen, nichts ändere.

510

Obwohl das Urteil dogmatisch fehlerfrei ist,[352] erscheint es in Hinblick auf das im EU-Privatrecht so relevante **Verbrauchervertrauen** doch unbefriedigend. Zumindest aber hat der BGH eine Chance verstreichen lassen, durch Vorlage zum EuGH dessen Meinung zum Verständnis der Klausel-RL, der Verbrauchsgüterkauf-RL und des Verbrauchervertrauens einzuholen.[353]

#### d) Minderung nach Nacherfüllung und Rücktritt nach Minderung?

Im Bereich der Minderungen kann man zwei wesentliche Konfliktpunkte mit der Verbrauchsgüterkauf-RL ausmachen. Der eine Punkt betrifft die Voraussetzungen der Minderungen. Nach §§ 437 Nr. 2, 441 BGB kann der Käufer den Kaufpreis mindern, statt vom Vertrag zurückzutreten. Da ein Rücktrittsrecht nach §§ 437 Nr. 2,

511

---

348 Ebenso MünchKommBGB/*Lorenz*, Vor § 474 Rn. 24 f.
349 Wie hier Gebauer/Wiedmann/*Leible*, Zivilrecht unter europäischem Einfluss, Kap. 10 Rn. 97.
350 Dazu *Wilke*, BB 2019, 2434, 2442; eine grundsätzliche Abschaffung des Vorrangs der Nacherfüllung war im Grünbuch zur Überprüfung des gemeinschaftlichen Besitzstands im Verbraucherschutz, KOM (2006) 744, Anhang I, 5.7. erwogen worden. In Art. 111 GEK wurde der Vorrang dann aber doch beibehalten.
351 *BGH* NJW 2011, 3435.
352 *Witt*, NJW 2011, 3402, 3405; *Faust*, JuS 2011, 1121, 1123.
353 *Bach*, JZ 2012, 150, 152; gegen die Pflicht, erst Nacherfüllung zu verlangen, in einem solchen Fall *Schulte-Nölke*, ZGS 2011, 385.

323 Abs. 1 BGB nur dann besteht, wenn zuvor eine Frist zur Nacherfüllung gesetzt wurde und erfolglos verstrichen ist, kann auch eine Minderung nur unter diesen Voraussetzungen erfolgen. Das bedeutet, dass die Minderung nach deutschem Recht nur dann zulässig ist, wenn **keine erfolgreiche Nacherfüllung** vorliegt. Zu Recht ist darauf aufmerksam gemacht worden, dass dies nicht vollständig den Vorgaben der Verbrauchsgüterkauf-RL entspricht.[354]

Zwar heißt es in Art. 3 Abs. 2 Verbrauchsgüterkauf-RL, der Verbraucher habe entweder einen Anspruch auf Nachbesserung bzw. Ersatzlieferung *oder* auf angemessene Minderung. In Art. 3 Abs. 5 3. Spiegelstrich heißt es jedoch klar, dass der Verbraucher eine angemessene Minderung des Kaufpreises verlangen kann, wenn der Verkäufer nicht ohne erhebliche Unannehmlichkeiten für den Verbraucher Abhilfe geschaffen hat. Die Richtlinie sieht also für bestimmte Fälle eine **Kombination von Nacherfüllung und Minderung** vor.

512 Zweifelhaft ist, ob dies durch eine richtlinienkonforme Auslegung korrigiert werden kann. Teilweise wurde versucht, das Recht zur Minderung durch einen Schadensersatzanspruch zu ersetzen. Dabei gibt es jedoch mindestens zwei Probleme, die nicht ohne weiteres überwunden werden können. Ein Schadensersatzanspruch setzt nach deutschem Recht, anders als die Minderung „wegen erheblicher Unannehmlichkeiten" in der Richtlinie, Verschulden und einen Schaden voraus. Wenn man nun versuchen würde, das deutsche Recht richtlinienkonform fortzubilden, so würden die oben ausführlich dargestellten **Grenzen der richtlinienkonformen Rechtsfortbildung** (Rn. 126 ff.) beachtlich. Der deutsche Gesetzgeber hat den Anspruch auf Minderung trotz erfolgreicher Nachbesserung bewusst nicht umgesetzt, was im Gesetzeswortlaut klar verdeutlicht wurde. In diesem Fall ist auch nach der hier vertretenen Ansicht eine richtlinienkonforme Rechtsfortbildung unzulässig.[355]

513 Der zweite Punkt, an dem ein Konflikt mit der Richtlinie besteht, betrifft das grundlegende dogmatische Verständnis von **Minderung und Rücktritt** nach deutschem Recht. Wie sich eben schon andeutete, sind nach der Richtlinie Kombinationen unterschiedlicher Rechte denkbar, die das deutsche Recht nicht unbedingt vorsieht. Der BGH hat jedoch im Jahr 2018 nochmals klar ausgesprochen, dass ein Übergang von der Minderung auf eine Rückabwicklung des Vertrags im Rahmen des großen Schadensersatzes ausscheide. Dasselbe wird auch für den Übergang zum Rücktritt angenommen. Während der BGH sich für den Schadensersatz darauf berufen konnte, dass die Verbrauchsgüterkauf-RL diesen gar nicht regle, muss für den Ausschluss des Übergangs zum Rücktritt schon komplizierter argumentiert werden. Meist wird gesagt, die Richtlinie mache für das „Verhältnis" von Rücktritt und Minderung untereinander keine Vorgaben. In der Literatur wird die h.A. zu Recht kritisiert.[356] Denn es stimmt zwar, dass die Richtlinie nicht explizit die Parallelität der Rechte des Käufers

---

354 BeckOK/*Faust*, BGB, § 441 Rn. 30 f.; NK-BGB/*Pfeiffer*, Art. 3 Kauf-RL Rn. 20; *Ernst/Gsell*, ZIP 2000, 1410, 1417 f.; dagegen *Doehner*, Die Schuldrechtsreform vor dem Hintergrund der Verbrauchsgüterkauf-Richtlinie, 2004, S. 260.
355 Wie hier etwa MünchKommBGB/*Lorenz*, Vor § 474 Rn. 26; BeckOK/*Faust*, BGB, § 441 Rn. 30 ff.; MünchKommBGB/*Westermann*, § 441 Rn. 19, erwähnt eine Korrektur „außerhalb des Minderungsrechts".
356 BGHZ 218, 320; wie hier kritisch *Stöber*, NJW 2018, 283; *Wilke*, BB 2019, 2434, 2445.

statuiert. Doch ist die Vorstellung, dass eine einmal erfolgte Minderung den Übergang zu anderen Rechten ausschließt, der Richtlinie ganz fremd. Diese Vorstellung beruht ja nur auf der dogmatischen Besonderheit des deutschen Rechts, dass die Minderung ein Gestaltungsrecht ist, und dass diese einmal durch die Minderung erreichte „Umgestaltung" nicht mehr beseitigt werden könne. Die **Warenkauf-RL** enthält zu der Frage leider auch keine wirklich deutliche Aussage. Art. 13 Abs. 1 Warenkauf-RL bestimmt lediglich, dass der Käufer das Recht habe, entweder eine „anteilige Minderung des Preises zu erhalten *oder aber* den Vertrag zu beenden".

### e) Wertersatz für die erfolgte Nutzung der Ware bei Ersatzlieferung

Nach §§ 439 Abs. 5, 346 Abs. 1, Abs. 2 S. 1 Nr. 1 BGB muss der Käufer, wenn er Ersatzlieferung verlangt, Wertersatz für eine bereits erfolgte Nutzung der vertragswidrigen Kaufsache leisten. Früher war diese Regelung auch auf Verbrauchsgüterkäufe anwendbar. Die Vereinbarkeit mit der Verbrauchsgüterkauf-RL war dabei von Anfang an umstritten.[357] Schließlich vermag eine an das Verlangen einer Ersatzlieferung gekoppelte Wertersatzpflicht den Verbraucher von der Ausübung seiner Rechte abzuschrecken. Dadurch würde das **Gebot eines wirksamen Verbraucherschutzes** unterlaufen.   514

Im Jahr 2008 hat der EuGH in der Rechtssache Quelle wenig überraschend einen Verstoß gegen die Richtlinie festgestellt.[358]

Die heftige Debatte über die Grenzen der richtlinienkonformen Auslegung, die daraufhin entbrannte, wurde oben bereits geschildert.[359] Der Gesetzgeber handelte schnell und fügte bereits mit Wirkung zum 16.12.2008 einen zweiten Satz in § 474 BGB a.F. ein (inzwischen **§ 475 Abs. 3 BGB**), der nun ausdrücklich, wenn auch auf umständliche Art, bestimmt, dass bei Ersatzlieferung im Verbrauchsgüterkaufvertrag **kein Wertersatz** zu leisten ist. Dies gelingt, indem zwar weiterhin auf § 439 Abs. 5 BGB – und damit zugleich auf § 346 BGB – verwiesen wird, aber der Nutzungsersatz ausdrücklich ausgenommen wird.

Für den Fall der Ersatzlieferung besteht daher heute in Hinblick auf den Nutzungsersatz kein Konflikt zwischen der Richtlinie und dem BGB mehr.

Angesichts dieser klaren Lösung bei der Nachlieferung liegt es nahe, auch über den Wertersatz beim Rücktritt genauer nachzudenken. Man könnte immer denken, dass der Fall ganz gleich liegt. Jedoch gibt es zumindest den einen Unterschied, dass der Verbraucher **seinerseits den Kaufpreis zurückerhält**. Erwägungsgrund 14 Verbrauchsgüterkauf-RL besagt dazu sogar ausdrücklich, dass beim Rücktritt Abzüge von dem zurückzuzahlenden Kaufpreis gemacht werden dürfen, um die Nutzung abzugelten.[360] Dennoch bleiben viele Zweifel.   515

Man kann zunächst an einen Vergleich mit dem Widerruf denken. Die Verbraucherrechte-RL sieht bei der Rückabwicklung im Widerrufsfall, bei welcher der Verbrau-

---

357 Zum damaligen Meinungsstand MünchKommBGB/*Westermann*, 5. Aufl., § 439 Rn. 17 ff.
358 *EuGH* Slg. 2008, 2713 (Quelle); zu diesem Urteil bereits oben Beispiel 6a, Rn. 123.
359 *Faust*, JuS 2009, 274.
360 BGHZ 182, 241 Rn. 19; zur vergleichbaren Problematik beim Widerruf oben Rn. 369 ff.

cher ebenfalls den Kaufpreis zurückerhält, nur einen Wertersatz bei Wertminderung und keinen Nutzungsersatz vor. Auch dieser Wertersatz braucht dann nicht geleistet zu werden, wenn der Verbraucher sein Widerrufsrecht mangels Belehrung nicht kannte (dazu oben Rn. 364). Der Rücktretende kann den Rücktritt typischerweise ebenfalls nicht vorhersehen, weil er den Mangel zunächst gar nicht bemerkt.[361] Dennoch ist er nach § 346 Abs. 1, Abs. 2 S. 1 Nr. 1 BGB zu Nutzungsersatz und nach § 346 Abs. 2 S. 1 Nr. 3 BGB gegebenenfalls darüber hinaus zu Wertersatz verpflichtet. Es gibt im Grunde kein tragfähiges Argument dafür, einen Käufer im Fall des Widerrufs besser zu stellen als im Fall des Rücktritts wegen Vertragswidrigkeit. Und es gibt noch ein weiteres Argument, das sehr klar dagegenspricht, den Verbraucher beim Rücktritt zur Leistung von Nutzungs- oder Wertersatz zu verpflichten. Ein gewiefter Unternehmer könnte nämlich, vor allem wenn der Mangel erst mehrere Monate nach dem Kauf aufgetreten ist, den Verbraucher ohne weiteres zum Rücktritt treiben, indem er die ordnungsgemäße Nachbesserung nicht erbringt. Damit sichert er sich dann unter Umständen hohe Nutzungsersatzansprüche. Hier Rechtsmissbrauch nachzuweisen, wird kaum je gelingen.

516 Bei der Warenkauf-RL ist es den Mitgliedstaaten offenbar nicht gelungen, sich in dieser Frage zu einigen. Während Art. 14 Abs. 4 Warenkauf-RL bei der Nachlieferung die Nutzungsersatzpflicht ausschließt, überlässt Art. 16 Abs. 3 S. 2 die Regelung den Mitgliedstaaten.

#### f) Ersatzlieferung beim Stückkauf

517 Seit langem umstritten ist schließlich die Frage, ob das Recht zur Ersatzlieferung auch beim Stückkauf bestehen kann, also beispielsweise bei Gebrauchtwaren.[362] Der BGH hat hierzu die Ansicht vertreten, es gebe auch bei der Stückschuld einen **Anspruch auf Ersatzlieferung**. Dieser sei nur dann unmöglich, wenn nach der individuellen vertraglichen Vereinbarung der Parteien der Vertragsgegenstand **wirklich auf eine konkrete Sache beschränkt** gewesen sei.[363] Bei gebrauchten Waren wird dies fast immer der Fall sein, weil der Käufer sich eine ganz bestimmte Sache mit allen ihren Vor- und Nachteilen aussucht.

Der BGH nahm in seiner Entscheidung nicht Bezug auf die Richtlinie. Das war auch nicht erforderlich, da der Käufer durch die Entscheidung allenfalls mehr Rechte erhalten hat, als es die Richtlinie vorsieht.

518 Dennoch sei kurz überlegt, ob die Richtlinie eine Aussage zum Anspruch auf Ersatzlieferung bei Stückschulden enthält. Dafür bestehen verschiedene Anhaltspunkte. Zunächst macht Art. 3 Abs. 2 keinerlei Einschränkungen bezüglich der Ersatzlieferung. Da für die Richtlinien allgemein eine verbraucherfreundliche, weite Auslegung vorzunehmen ist, kann eine Einschränkung auf die Gattungsschuld kaum durch Auslegung hinzugefügt werden. Außerdem gibt auch die Präambel einen recht deutlichen Hinweis. In Erwägungsgrund 16 heißt es nämlich, dass auf die Ersatzlieferung beim

---

361 Darauf reagiert § 346 Abs. 3 BGB mit der Reduktion des Verschuldensmaßstabs auf die eigenübliche Sorgfalt.
362 *Bülow/Artz*, Verbraucherprivatrecht, Rn. 463.
363 BGHZ 168, 64; ebenso MünchKommBGB/*Westermann*, § 439 Rn. 15.

Kauf gebrauchter Güter *in der Regel* kein Anspruch bestehe. Eine solche Aussage lässt den Umkehrschluss zu, dass **grundsätzlich bei allen Gütern**, seien es Stückschulden oder Gebrauchtwaren, die Ersatzlieferung verlangt werden kann. Es muss dann im individuellen Fall untersucht werden, ob sie auch möglich ist.[364]

### g) Umfang und Erfüllungsort der Nacherfüllung

**Literaturhinweis:** *Augenhofer/Appenzeller/Holm*, Nacherfüllungsort und Aus- und Einbaukosten, JuS 2011, 680; *Sanders*, Aus- und Einbau im Rahmen von Nacherfüllung und Schadensersatz beim Kaufvertrag, Jura 2013, 608. 519

**Beispiel 23** – nach EuGH NJW 2011, 2269 (Weber/Putz): K kauft sich in dem Kölner Fliesenmarkt V italienische Fliesen zum Preis von 2.000 Euro für sein Ferienhaus in der Eifel. Nachdem er sie dort selbst verlegt hat, werden Schäden an der Oberfläche der Fliesen festgestellt, die nur durch einen vollständigen Austausch beseitigt werden können. Die Beschädigungen sind auf Herstellerfehler zurückzuführen, die V nicht zu vertreten hat. K verlangt nun von V im Wege der Nacherfüllung, dass dieser die schadhaften Fliesen im Ferienhaus ausbaut und durch neue ersetzt. V wendet ein, er sei doch kein Fliesenleger und müsse daher dem K höchstens neue Fliesen in Köln zur Verfügung stellen. Überdies koste ihn ein Einbau insgesamt 6.000 Euro und sei daher mit unverhältnismäßigen Kosten verbunden.

**aa) Der Aus- und Wiedereinbau.** Eine aufsehenerregende Entscheidung des EuGH war die Entscheidung vom 16.6.2011 in Sachen Weber/Putz zum Nacherfüllungsanspruch nach Art. 3 Abs. 2 und 3 Verbrauchsgüterkauf-RL, der anfangs ungenauer als heute in den §§ 437 Nr. 1, 439 Abs. 1 BGB umgesetzt war.[365] Es ging wie im Beispiel 23 um die Frage, ob ein Verkäufer im Rahmen der Nacherfüllung dazu verpflichtet sein kann, eine **mangelhafte Sache aus- und die neugelieferte mangelfreie Sache wieder einzubauen**. Diese Frage wird oft wichtig, weil ein Anspruch auf Ersatz der Ein- und Ausbaukosten zwar auch Teil der Schadensersatzansprüche aus §§ 437 Nr. 3, 280 Abs. 1 BGB sein könnte, dafür jedoch ein Verschulden des Verkäufers verlangt wird. 520

Im **Beispiel 23** scheidet ein Anspruch auf Schadensersatz aus. Denn V hat den Defekt der Fliesen laut Sachverhalt nicht zu vertreten. 521

Der BGH hatte vor der Entscheidung des EuGH eine solche Pflicht zum Wiedereinbau im Rahmen der Nacherfüllung – etwa im sog. Parkettstäbe-Fall, der dem EuGH nicht vorgelegt wurde – abgelehnt, da mit dem Nacherfüllungsanspruch nur eine **Wiederholung der ursprünglichen Pflichten** geschuldet sein könne. Dazu gehöre aber nur die erneute Lieferung.[366]

---

364 Wie hier MünchKommBGB/*Lorenz*, Vor § 474 Rn. 20; Gebauer/Wiedmann/*Leible*, Zivilrecht unter europäischem Einfluss, Kap. 10 Rn. 88; umgekehrt aber BeckOK/*Faust*, BGB, § 439 Rn. 47 – dort wird erkennbar, dass es letztlich die Definition der Stückschuld ist, über die gestritten wird.
365 *EuGH* Slg. 2011, 5257 (Weber/Putz).
366 BGHZ 177, 224; zu dieser damals überwiegenden Ansicht auch Gebauer/Wiedmann/*Leible*, Zivilrecht unter europäischem Einfluss, Kap. 10 Rn. 85 m.w.N.

Im sog. Fliesen-Fall legte der BGH die Frage aber dann doch dem EuGH vor.³⁶⁷ Der EuGH verband den Fall mit einer ebenfalls diese Frage betreffenden Vorlage des AG Schorndorf und bejahte entgegen der Ansicht des Generalanwalts³⁶⁸ eine **verschuldensunabhängige Ein- und Ausbauverpflichtung** im Rahmen der Nacherfüllung. Diese Pflicht entstehe unabhängig davon, ob ursprünglich eine Einbauverpflichtung bestanden habe. Begründet wird dies maßgeblich mit dem Begriff der Unentgeltlichkeit der Nacherfüllung in Art. 3 Abs. 2 Unterabs. 1 Verbrauchsgüterkauf-RL, der einen wesentlichen Bestandteil eines wirksamen Verbraucherschutzes darstelle: Der Verbraucher dürfe nicht durch Kosten, die bei ordnungsgemäßer Vertragsdurchführung nicht entstanden wären, davon abgehalten werden, seine Ansprüche geltend zu machen.³⁶⁹ Zwar seien die Aus- und Einbaukosten nicht ausdrücklich in Art. 3 Abs. 4 Verbrauchsgüterkauf-RL (umgesetzt zunächst in § 439 Abs. 2 BGB a.F.) aufgezählt, jedoch ergebe sich aus dem Wort „insbesondere", dass die Aufzählung nicht abschließend zu verstehen sei.³⁷⁰

Dieses Ergebnis sei nicht ungerecht, da die Interessen des Verkäufers durch die zweijährige Verjährungsfrist, die Möglichkeit einer Verweigerung der Nacherfüllung (Art. 3 Abs. 3, dazu unten Rn. 524) und schließlich durch Regressansprüche ausreichend berücksichtigt würden.³⁷¹

**522** Aufgrund der Bindungswirkung dieses Auslegungsergebnisses musste der BGH seine bisherige Rechtsprechung ändern. So ist er in dem zurückverwiesenen Fliesen-Fall sowie in der Granulat-Entscheidung mithilfe einer richtlinienkonformen Auslegung des § 439 Abs. 1 2. Alt. BGB zu dem Ergebnis gelangt, dass die Nachlieferung den Unternehmer sowohl zum Ausbau der mangelhaften als auch zum Einbau der neugelieferten, mangelfreien Kaufsache verpflichte.³⁷² Während der BGH diese Auslegung in dem Granulat-Fall auf den Verbrauchsgüterkauf beschränkte,³⁷³ hat der Gesetzgeber schließlich allgemeiner reagiert. In § 439 Abs. 3 BGB ist nunmehr für alle Kaufverträge bestimmt, dass der Verkäufer im Rahmen der Nacherfüllung verpflichtet ist, dem Käufer die erforderlichen Aufwendungen für das Entfernen der mangelhaften und den Einbau der mangelfreien Sache zu ersetzen (so ausdrücklich auch Art. 14 Abs. 3 Warenkauf-RL).³⁷⁴

**523** Bei der Lösung des **Beispiels 23** kann man auch vor dem Hintergrund des heutigen Rechts noch überlegen, ob neben dem Kostenerstattungsanspruch, der in § 439 Abs. 3 BGB ja nun eindeutig geregelt ist, auch noch eine Pflicht des V zum Ausbau der alten und Einbau neuer, unbeschädigter Fliesen besteht. Diese müsste man dann aus § 439 Abs. 1 BGB herleiten. Wenn die Frage auch weiterhin streitig ist, sprechen doch die viel besseren Gründe dafür, allein den Anspruch auf die Kostentragung zu bejahen. Der Gesetzgeber hat das Problem er-

---

367 *BGH* NJW 2009, 1660.
368 Dazu *Lorenz*, NJW 2011, 2241, 2242.
369 *EuGH* Slg. 2011, 5257 Rn. 46 ff. (Weber/Putz).
370 Insb. Rn. 53 mit Verweis auf die Quelle-Entscheidung, dazu bereits Beispiel 6a, Rn. 123.
371 *EuGH* Slg. 2011, 5257 Rn. 58 (Weber/Putz).
372 BGHZ 192, 148 Rn. 25 ff. zu Ausbau und Abtransport; in Bezug auf den Einbau BGHZ 195, 135 Rn. 16.
373 BGHZ 195, 135 Rn. 14 ff., 22 ff.; zustimmend *Lorenz*, NJW 2013, 207, 208 f.
374 Zur Neuregelung *Höpfner/Fallmann*, NJW 2017, 3745.

kannt, und sich bewusst gerade nur für den Kostenersatzanspruch entschieden.³⁷⁵ Für den Verbraucher ist das nicht immer angenehm. Nicht nur muss er hier in Vorleistung treten, sondern es besteht in manchen Fällen auch das Risiko, dass sich die Ware später doch als vertragsgemäß erweist.

**bb) Die Unverhältnismäßigkeit der Nacherfüllung.** In der Entscheidung Weber/Putz widmete sich der EuGH auch der Frage nach der Unverhältnismäßigkeit der Nacherfüllung. Nach der Regelung des § 439 Abs. 4 S. 3 BGB, die damals ohne Modifikation auch für Verbrauchsgüterkaufverträge galt, kann der Verkäufer zum einen eine Art der Nacherfüllung verweigern, wenn sie im Verhältnis zur anderen unverhältnismäßig ist und kein Nachteil für den Käufer entstünde (**relative Unverhältnismäßigkeit**). Zum anderen kann er die Nacherfüllung insgesamt auch dann ablehnen, wenn diese für sich genommen unter Berücksichtigung des Wertes der Sache in mangelfreiem Zustand und der Bedeutung des Mangels unverhältnismäßig wäre (**absolute Unverhältnismäßigkeit**). 524

Da Art. 3 Abs. 3 Verbrauchsgüterkauf-RL in diesem Punkt allerdings ungenauer ist, wollte der BGH die Richtlinienkonformität des deutschen Rechts feststellen lassen.

Wie im **Beispiel 23** war die Nachbesserung im Fall Weber/Putz unmöglich, da die Fliesen nicht repariert werden konnten. Daher stellte die Nachlieferung die einzig mögliche Art der Abhilfe dar. Allerdings führte die Nachlieferung angesichts einer angenommenen Aus- und Wiedereinbaupflicht zu Kosten, die den Wert der Kaufsache um ein Vielfaches überstiegen. V konnte hier also nach dem Wortlaut des früheren deutschen Rechts die Nachlieferung wegen absoluter Unverhältnismäßigkeit gemäß § 439 Abs. 3 BGB a.F. verweigern. 525

Der EuGH verneint jedoch die Vereinbarkeit der deutschen Regelung mit der Verbrauchsgüterkauf-RL. Gerade Art. 3 Abs. 3 Unterabs. 2 spreche eindeutig dafür, dass **nur die relative Unverhältnismäßigkeit** relevant sein könne. Es sei für einen wirksamen Verbraucherschutz essentiell, Nachlieferung und Nachbesserung gegenüber Vertragsauflösung und Minderung als primäre Abhilfen zu bevorzugen.³⁷⁶ Um das Risiko für den Verkäufer zu begrenzen, sei es jedoch nicht ausgeschlossen, die Ersatzpflicht „angemessen" zu beschränken.³⁷⁷

Inzwischen wurde das deutsche Recht angepasst. V muss zwar grundsätzlich Nacherfüllung leisten. Er hat aber nach § 475 Abs. 4 BGB immerhin das Recht, seine Aufwendungen hierfür auf einen angemessenen Betrag zu beschränken. Bei der Bemessung dieses Betrags sind die Bedeutung des Mangels sowie der Wert der Sache in einem mangelfreien Zustand zu berücksichtigen.

Das Urteil des EuGH ist in der Literatur auf Kritik gestoßen: Beispielsweise sei die Entscheidung aufgrund **fehlender Folgenabschätzung** nicht verbraucherfreundlich, würde doch das erhöhte Risiko des Verkäufers letztlich auf den Kaufpreis aufgeschlagen.³⁷⁸ Darüber hinaus sei das Urteil auch wenig dogmatisch und vermische Nacherfüllung und Schadensersatz, obwohl die Verbrauchsgüterkauf-RL letzteren gerade 526

---
375 Wie hier etwa BeckOK/*Faust*, BGB, § 439 Rn. 38 ff.; BeckOGK/*Höpfner*, BGB, Rn. 52.5; anders aber *Nietsch/Osmanovic*, NJW 2018, 1, 3.
376 *EuGH* Slg. 2011, 5257 Rn. 70 ff. (Weber/Putz).
377 A.a.O. Rn. 74 f.
378 *Lorenz*, NJW 2011, 2241, 2243.

nicht regelt.³⁷⁹ Auch die vom EuGH bloß angedeutete Beschränkung des Kostenersatzes werde in der Praxis Umsetzungsprobleme mit sich bringen.³⁸⁰ Die Korrektur des BGB durch den Gesetzgeber ließ lange auf sich warten. Sie ist schließlich mit Wirkung zum 1.1.2018 speziell für Verbrauchsgüterkaufverträge erfolgt.³⁸¹ § 475 Abs. 4 BGB zeichnet die Entscheidung des EuGH nun genau nach. Die **Warenkauf-RL** weicht in diesem Punkt allerdings von der Rechtsprechung des EuGH ab. Art. 13 Abs. 3 Warenkauf-RL sieht die absolute Unverhältnismäßigkeit als Ausschlussgrund für die Nacherfüllung vor.

Es lohnt trotzdem ein Blick auf die methodischen Erwägungen des BGH in der abschließenden Entscheidung zum Fliesen-Fall. Zur Behebung des im BGB bestehenden Umsetzungsdefizits kam nach Auffassung des BGH aufgrund des eindeutigen Wortlauts von § 439 Abs. 3 S. 3 BGB nämlich eine richtlinienkonforme Auslegung nicht in Betracht. Daher nahm er eine richtlinienkonforme Rechtsfortbildung durch teleologische Reduktion der Vorschrift vor.³⁸² Die dafür erforderliche verdeckte und planwidrige Regelungslücke bejahte er, da das Verweigerungsrecht bei absoluter Unverhältnismäßigkeit im Fall eines Verbrauchsgüterkaufs mit der Richtlinie unvereinbar sei und der Gesetzgeber wegen der angestrebten fehlerfreien Umsetzung bei Kenntnis der Nonkonformität die Regelung in dieser Form wohl nicht erlassen hätte (näher zur richtlinienkonformen Auslegung im Allgemeinen schon oben Rn. 121 ff.).

**527** **cc) Erfüllungsort der Nacherfüllung.** Auch über den Erfüllungsort für die Nacherfüllungspflicht hatte der BGH im Jahr 2011 zu entscheiden.³⁸³ Anders als bezüglich der Ein- und Ausbaukosten legte er diese Frage im sog. „Faltanhänger-Fall" leider *nicht* dem EuGH vor, sondern entschied sie selbst.

Der BGH setzte sich in seiner Entscheidung umfangreich mit möglichen Nacherfüllungsorten auseinander und gelangte schließlich doch einfach zur **Anwendung des § 269 BGB**, so dass in erster Linie auf die Parteivereinbarung abzustellen sei. Typischerweise wird man demnach zu dem Ergebnis gelangen, dass die Nacherfüllung am Wohnsitz des Nacherfüllungsschuldners (also des Verkäufers) erfolgt. Der BGH meinte dabei insbesondere, die Verbrauchsgüterkauf-RL verlange nicht, dass die Nacherfüllung immer am Belegenheitsort der Sache durchzuführen sei.³⁸⁴ Er meinte, der Käufer könne bei erheblichen Kosten für den Transport einen Vorschuss verlangen.³⁸⁵ Inzwischen hat das AG Norderstedt eine Vorlage an den EuGH vorgenommen. Der EuGH hatte in der Rechtssache Fülla daher doch noch die Gelegenheit, die Reichweite der Richtlinie an diesem Punkt zu klären.³⁸⁶ Er bestätigte, dass die Richtlinie keine konkrete Regelung zum Erfüllungsort für die Nacherfüllung enthält. Doch

---

379 Etwa *Gsell*, JZ 2011, 988, 995.
380 Dazu etwa *Ayad/Schnell*, BB 2011, 1938, 1939.
381 *Kaiser*, JZ 2011, 978, 987; *Lorenz*, NJW 2011, 2241, 2243 ff.
382 BGHZ 192, 148 Rn. 30; kritisch zu der richtlinienkonformen Rechtsfortbildung *Höpfner*, JZ 2012, 473, 475 f. m.w.N.
383 BGHZ 189, 196.
384 BGHZ 189, 196 Rn. 31 ff.
385 Auch *BGH* NJW 2017, 2758.
386 *EuGH* NJW 2019, 2007 (Fülla); dazu *Omlor*, JuS 2019, 1016; zu den Details auch *Feldmann*, EuZW 2019, 601.

lasse sich aus den Vorgaben zum Nacherfüllungsanspruch, der nach Art. 3 Abs. 3 S. 3 Verbrauchsgüterkauf-RL „ohne erhebliche Unannehmlichkeiten" gewährleistet sein muss, ein grober Rahmen entnehmen. Der EuGH verlangt, dass die Ausgestaltung nicht so erfolgen darf, dass sie einen durchschnittlichen Verbraucher von der Geltendmachung seiner Ansprüche abzuhalten vermag. Das kann auch der Fall sein, wenn der Verbraucher einen aufwändigen Transport zum Verkäufer bewerkstelligen muss, um die Nacherfüllung zu erhalten. Mit einer Vorschusspflicht des Verkäufers für die Transportkosten, wie der BGH sie in der Faltanhänger-Entscheidung genannt hat, und wie sie nun in § 475 Abs. 6 BGB kodifiziert worden ist, wird diesen Vorgaben genügt. Dennoch darf man die Faltanhänger-Entscheidung kritisch sehen. Der BGH hat damals zumindest **zu Unrecht einen acte clair** angenommen.[387]

### h) Verjährung

Nach § 476 Abs. 2 BGB darf die Verjährung bei einem Verbrauchsgüterkauf über gebrauchte Waren auf ein Jahr verkürzt werden. Der Gesetzgeber wollte mit dieser Regelung von dem Spielraum Gebrauch machen, den Art. 7 Abs. 1 Unterabs. 2 Verbrauchsgüterkauf-RL den Mitgliedstaaten für die Umsetzung lässt. Die Haftung des Unternehmers darf danach bei gebrauchten Waren auf ein Jahr verkürzt werden. Man darf davon ausgehen, dass der deutsche Gesetzgeber glaubte, in Übereinstimmung mit der Richtlinie vorzugehen. Inzwischen ist jedoch geklärt, dass dies nicht der Fall ist. Der EuGH hat klargestellt, dass die Richtlinie deutlich zwischen einer Haftungsfrist (Art. 5 Abs. 1 S. 1 Verbrauchsgüterkauf-RL) und einer Verjährungsfrist (Art. 5 Abs. 1 S. 2 Verbrauchsgüterkauf-RL) unterscheidet. Nur erstere darf verkürzt werden, letztere dagegen nicht.[388] Der Verkäufer soll also vertraglich die Haftung für die Mängel ausschließen können, die nach über einem Jahr auftreten. Aber der Verbraucher muss die Haftung für früher eingetretene Mängel innerhalb der normalen Fristen des § 438 BGB geltend machen können – also nach Art. 5 Verbrauchsgüterkauf-RL bzw. § 438 Abs. 1 Nr. 3 BGB zwei Jahre lang.

528

Damit verstößt also § 476 Abs. 2 BGB gegen die Richtlinie und es ergibt sich erneut ein schönes Beispiel für die Frage, wie weit die richtlinienkonforme Rechtsfortbildung reichen darf (dazu Rn. 126). Man würde wegen der klar erkennbaren Absicht des Gesetzgebers, den Spielraum der Richtlinie auszunutzen, in der Sache sicher annehmen dürfen, dass die **Verkürzung der Haftung** auf ein Jahr gemeint war. Eine teleologische Reduktion der Norm, die zu so einer Anpassung führen würde, macht aber Schwierigkeiten, weil der Wortlaut der Norm so unglücklich gefasst ist, dass man sie ganz neu formulieren müsste. Häufig wird die richtlinienkonforme Rechtsfortbildung hier deshalb ganz abgelehnt.[389] Wenn man dem folgt, müsste man in den Fällen, in denen noch nach der Entscheidung Ferenschild die verkürzte Verjährung wirksam vereinbart wurde, und dem Verbraucher deshalb Ansprüche entgehen, einen Staatshaftungsanspruch annehmen (dazu Rn. 94).

529

---

387 Zur Vereinbarkeit beider Entscheidungen *Kaiser*, JZ 2011, 978, 983 f.; ebenfalls die unterlassene Vorlage kritisierend *Faust*, JuS 2011, 748, 750; *Staudinger/Artz*, NJW 2011, 3121, 3123; zu weiteren Widersprüchen *Höpfner*, JZ 2012, 473, 474.
388 *EuGH* JZ 2018, 298 Rn. 47 (Ferenschild).
389 Nur BeckOK/*Faust*, BGB, § 476 Rn. 4 m.w.N. zu beiden Ansichten.

In Art. 10 Abs. 6 Warenkauf-RL ist nun vorgesehen, dass bei gebrauchten Waren die Verjährung auf ein Jahr verkürzt werden darf. Das konkrete Problem wird also gelöst sein, sobald diese anwendbar wird. Für andere Waren werden dagegen wohl Änderungen des BGB nötig werden. Denn Art. 10 Abs. 4 und 5 Warenkauf-RL verlangen explizit, dass von den Mitgliedstaaten vorgesehene Verjährungsfristen nicht so kurz sein dürfen, dass die Geltendmachung von Mängeln, die innerhalb von zwei Jahren offenbar werden, für den Verbraucher unmöglich gemacht wird. Das Konzept des § 438 BGB, der die Haftung und die Verjährung gleichzeitig nach zwei Jahren eintreten lässt, ist damit nicht vereinbar.[390]

#### i) Die Regresskette bei Gebrauchtwaren

**530** Ein weiterer Fall, in dem immer wieder untersucht wird, ob die Umsetzung hinter der Richtlinie zurückbleibt und die nationale Norm richtlinienkonform ausgelegt werden kann oder muss, ist der in Art. 4 Verbrauchsgüterkauf-RL vorgesehene und in § 478 BGB umgesetzte **Rückgriff in der Lieferkette**.[391] Nach Art. 4 kann der dem Verbraucher gegenüber haftende Verkäufer auf den Hersteller der Ware oder auf einen früheren Verkäufer Rückgriff nehmen, soweit die Vertragswidrigkeit auf einem Tun oder Unterlassen dieser Personen beruht. Die Einzelheiten des Regresses bleiben ausdrücklich dem nationalen Recht überlassen. Durch § 478 BGB ist eine Regresskette vorgesehen, die vom Letztverkäufer über die Zwischenhändler bis zum Hersteller führt. Streitig ist, ob die in § 478 BGB ausdrücklich genannte Beschränkung des Anwendungsbereichs der Norm auf „neu hergestellte" Sachen mit der Richtlinie übereinstimmt. In Art. 4 Verbrauchsgüterkauf-RL ist nämlich keine entsprechende Einschränkung enthalten.[392]

**531** Von Interesse ist hier zunächst, ob Art. 4 Verbrauchsgüterkauf-RL **gebrauchte Waren** wirklich mit erfasst. Da der Wortlaut der Norm keine Einschränkung enthält, erscheint das an sich eindeutig. Dennoch bestehen an diesem Verständnis ernsthafte Zweifel. Die Haftung in der Lieferantenkette ist nämlich ganz besonders darauf ausgerichtet, dass letztendlich der *Hersteller*, der den Mangel verursacht hat, auch dafür haften soll. Das ist bei gebrauchten Sachen nun nicht mehr vorstellbar, da bei diesen die Lieferkette *zum Hersteller* unterbrochen ist.

Die Regelung der Richtlinie geht allerdings noch weiter. Der Rückgriff soll danach immer dann möglich sein, wenn eine frühere Person in der Vertragskette die Vertragswidrigkeit durch ein Handeln oder Unterlassen verursacht hat. Nach der Richtlinie kann also der Verkäufer dann Rückgriff nehmen, wenn die Vertragswidrigkeit der Sache von einem früheren Glied in der Lieferkette verursacht worden ist. Lieferketten kann es bei gebrauchten Sachen, die professionell vermarktet werden, ebenfalls geben.[393] Allerdings wird es nicht häufig vorkommen, dass gerade ein Vorverkäufer die Vertragswidrigkeit der Sache verursacht hat. Falls jedoch ein solcher Fall eintritt, gibt

---

390   Wie hier *Bach* NJW 2019, 1705, 1708; anders dagegen *Zöchling-Jud*, GPR 2019, 115, 132.
391   Nach der Verlagerung in das allgemeine Kaufrecht auf die bestehenden Besonderheiten für den Verbrauchsgüterkauf hinweisend *Bülow/Artz*, Verbraucherprivatrecht, Rn. 531 ff.
392   *Jacobs*, JZ 2004, 225, 227; *Tröger*, AcP 204 (2004), 115, 123; *Schumacher*, Der Lieferantenregress gemäß §§ 478, 479 BGB, 2004, S. 101 ff.; *Ernst/Gsell*, ZIP 2001, 1389, 1402.
393   Anders die Einschätzung des Gesetzgebers, BT-Drucks. 14/6040, 248.

es keinerlei Anlass, ihn aus dem Geltungsbereich des Art. 4 Verbrauchsgüterkauf-RL herauszunehmen.

Somit entspricht die vollständige Beschränkung auf Neuwaren, die § 478 BGB vorsieht, der Richtlinie nicht.³⁹⁴ Es muss daher überlegt werden, ob § 478 BGB richtlinienkonform ausgelegt oder fortgebildet werden kann. Da jedenfalls über den Wortlaut der Norm hinausgegangen werden muss, um die Beschränkung auf Gebrauchtwaren zu überwinden, würde eine schlichte Auslegung jedenfalls nicht helfen. In Betracht kommt nur eine **Rechtsfortbildung**. Wenn man nun die oben ausführlich diskutierten Grundsätze zur richtlinienkonformen Rechtsfortbildung anwendet, stellt man zunächst fest, dass der klare, vom Gesetzgeber bewusst gewählte Wortlaut, der gerade darauf gerichtet war, dass nur „neu hergestellte" Waren erfasst sein sollten, überwunden werden müsste. Damit würde man aber die Grenze zwischen Legislative und Judikative durchbrechen (oben Rn. 126 ff.). § 478 BGB kann daher **nicht in erweiterter Auslegung auf gebrauchte Sachen angewendet** werden.³⁹⁵

**532**

Nun mag man überlegen, ob nicht bei gebrauchten Sachen die allgemeine kaufrechtliche Haftung genügt, die der Endverkäufer gegenüber seinem Lieferanten hat.³⁹⁶ Die Richtlinie macht nämlich keine konkreten Vorgaben zur Ausgestaltung der Rechte in der Regresskette. Die allgemeinen Rechte können dem Endverkäufer jedoch nicht immer helfen. Ebenso wie bei Neuwaren kann es in einzelnen Fällen dazu kommen, dass die Rückgriffskette unterbrochen wird (**„Regressfalle"**).³⁹⁷ Denkbar ist das z.B. wegen der Beweislastumkehr des § 477 BGB.

**533**

Die fehlende Möglichkeit der richtlinienkonformen Auslegung des § 478 BGB bedeutet letztlich, dass einem von der Regressfalle betroffenen Gebrauchtwarenlieferanten ein **Staatshaftungsanspruch** zusteht (dazu Rn. 94).

### j) Zwingende Geltung oder Abweichungen „zugunsten des Verbrauchers"?

Gerade an der Verbrauchsgüterkauf-RL lässt sich aufzeigen, dass die Möglichkeit zur selbstbestimmten Vertragsausgestaltung für den Verbraucher auch von Bedeutung sein kann. Wären die langen Mängelhaftungsfristen der Richtlinie, wie vielfach vorgeschlagen, durch Individualvereinbarung abdingbar,³⁹⁸ so könnte der Verbraucher, der an einer langen Gewährleistung aus bestimmten Gründen nicht interessiert ist, auf diese verzichten und so einen (wesentlich) **günstigeren Preis** erzielen. Viel verwendet wird das Beispiel des Automechanikers, der einen Gebrauchtwagen gern günstig übernehmen würde. Eine lange Gewährleistung kann aber auch unerwünscht sein, wenn etwa Schuhe, Kleider oder gar Kostüme nur für eine Party angeschafft werden oder ein Schlauchboot nach dem Urlaub ohnehin nicht mit nach Hause genommen

**534**

---

394 Wie hier BeckOK/*Faust*, BGB, § 478 Rn. 8 f., der sich überzeugend vor allem auf Abs. 1 bezieht, weil Abs. 2 eine unschädliche Ausgestaltung des Regressanspruchs betreffe, die von der Richtlinie als solche ohnehin nicht vorgegeben sei.
395 So Gebauer/Wiedmann/*Leible*, Zivilrecht unter europäischem Einfluss, Kap. 10 Rn. 186; BeckOK/*Faust*, BGB, § 478 Rn. 8 f., § 445a Rn. 11; *Tröger*, AcP 204 (2004), 115, 123.
396 Dafür MünchKommBGB/*Lorenz*, § 478 Rn. 5.
397 Wie hier auch *Tröger*, AcP 204 (2004), 115, 123; BeckOK/*Faust*, BGB, § 478 Rn. 9.
398 Das erwägend *Canaris*, AcP 200 (2000), 273, 362 f.; noch weitergehend *Schwintowski*, der eine allgemeine Geltung des Günstigkeitsprinzips vorschlägt, EWS 2001, 201, 205 ff.

werden soll. Teilweise wird daher behauptet, die Abdingbarkeit der Gewährleistungsrechte sei eine Modifikation der Richtlinie zugunsten des Verbrauchers.[399] Das deutsche Recht dürfe sie daher zulassen, ohne die Pflicht zur richtlinienkonformen Auslegung zu verletzen. Diese trickreiche Behauptung entspricht jedoch nicht der Sichtweise des EU-Rechts. Hier ist eindeutig die **ausnahmslos zwingende und damit den Rechtsverkehr vereinfachende Geltung der Gewährleistungsrechte** gemeint. Auch auf den ausdrücklichen Wunsch des Verbrauchers lässt sich die Haftung nicht ausschließen.

## VI. Haftung bei Pauschalreisen

### 1. Die Haftungstatbestände in der Pauschalreise-RL

535 Die Pauschalreise-RL enthält **mehrere eigene Haftungstatbestände**, die recht genau in das deutsche Recht übertragen worden sind. Nach Art. 13 Abs. 1 Pauschalreise-RL haftet der Reiseveranstalter dabei für die Erbringung der in dem Pauschalreisevertrag enthaltenen Reiseleistungen unabhängig davon, ob diese von ihm oder einem Dritten zu erbringen sind. Für die Nichterbringung von Reiseleistungen sieht Art. 13 Abs. 3 bis 5 eine Entschädigungspflicht sowie ggf. ein Selbstvornahmerecht des Reisenden vor, sofern der Mangel durch den Veranstalter nicht entsprechend beseitigt wird. Bei erheblichen Auswirkungen kann der Reisende außerdem vom Vertrag zurücktreten und gleichzeitig Ersatzansprüche geltend machen (Art. 13 Abs. 6).

Nur in zwei Fällen darf der Veranstalter von der Reise zurücktreten, ohne dass ihn eine Ersatzpflicht trifft: Dies gilt gemäß Art. 12 Abs. 3 lit a) unter bestimmten Voraussetzungen bei dem Nichterreichen einer zuvor bekannten Mindestteilnehmerzahl und gemäß Art. 12 Abs. 3 lit b), wenn die Stornierung durch *unvermeidbare, außergewöhnliche Umstände* begründet ist (umgesetzt in § 651h Abs. 4 Nr. 2 BGB). Der Reisende darf gemäß Art. 12 Abs. 2 ohne Zahlung einer Gebühr vom Vertrag zurücktreten, wenn eine ordnungsgemäße Anreise oder Reisedurchführung aufgrund solcher Umstände unmöglich ist (umgesetzt in § 651h Abs. 3 BGB). Die Frage, wie diese *unvermeidbaren, außergewöhnlichen Umstände genau zu verstehen sind, wird derzeit viel diskutiert*.[400]

Weiterhin begründet Art. 14 Abs. 1 einen Minderungsanspruch, der nur bei Verschulden des Reisenden nicht greift, sowie Art. 14 Abs. 2 eine Ersatzpflicht des Reiseveranstalters bzw. -vermittlers für Schäden, die der Reisende erleidet. Dieser Schadensersatzpflicht kann der Unternehmer aber nach Art. 14 Abs. 3 entgehen, indem er beweist, dass er schuldlos gehandelt hat.

Nach Art. 14 Abs. 5 schließt der Anspruch auf Schadensersatz oder Preisminderung die Rechte von Reisenden aus bestimmten anderen Verordnungen wie der Fluggastrechte-VO[401] nicht aus. Jedoch werden die Ansprüche miteinander verrechnet, um eine Überkompensation zu verhindern.

---

399 Zu allem *Adomeit*, JZ 2003, 1053.
400 Zur (fraglichen) Parallelität zur höheren Gewalt BGHZ 215, 85; *Bergmann/Blankenburg*, NJW 2019, 3678.
401 Verordnung (EG) 261/2004.

Ferner haftet der Unternehmer nach Art. 21 Pauschalreise-RL für Fehler aufgrund technischer Mängel im Buchungssystem, es sei denn, diese sind dem Reisenden zuzurechnen oder durch höhere Gewalt verursacht worden.

## 2. Die Umsetzung der Haftungstatbestände

Die Umsetzung der Pauschalreise-RL in das deutsche Recht (§ 651a bis § 651y BGB) hält sich wegen der in Art. 4 festgeschriebenen Vollharmonisierung **weitgehend eng an die Richtlinienvorgaben**. Einzelne Details der Pauschalreise-RL sind aber doch nicht gänzlich korrekt in das nationale Recht umgesetzt worden. Insbesondere verwendet der deutsche Gesetzgeber teilweise die Begriffe der Zurechnung, des Verschuldens und des Vertretenmüssens anders als die Richtlinie. So wird man im Rahmen des § 651n Abs. 1 Nr. 1 BGB (Ausschluss des Schadensersatzanspruchs) eine teleologische Reduktion dahingehend vornehmen müssen, dass hinsichtlich des Mangels kein Verschulden des Reisenden erforderlich ist, sondern vielmehr nur eine Zurechenbarkeit. Die Zurechenbarkeit, von der auch Art. 14 Abs. 3 lit a) Pauschalreise-RL spricht, ist dabei niedrigschwelliger anzusetzen als die deutschen Verschuldensmaßstäbe des § 276 BGB.[402]

536

Ebenso ist auch eine richtlinienkonforme Auslegung des § 651x BGB geboten, welcher die Haftung für Buchungsfehler regelt und damit Art. 21 Pauschalreise-RL umsetzt. Während sich der Unternehmer nach § 651x Nr. 1 BGB für den Fall entlasten kann, dass er den Fehler nicht zu vertreten hat, ist dies nach Art. 21 Pauschalreise-RL nur dann der Fall, wenn ihm der Fehler nicht zuzurechnen ist. Dies hat zur Folge, dass der Unternehmer auch ohne Verschulden haftbar sein kann. Erforderlich ist lediglich, dass sich der technische Fehler in seinem Verantwortungsbereich zuträgt.[403]

## 3. Der Umfang der Ersatzpflicht

Wie schon oben dargelegt, hat der EuGH schon zur ersten Pauschalreise-RL entschieden, dass der Schadensersatzanspruch auch immaterielle Schäden und damit insbesondere auch **Ersatz für die entgangene Urlaubsfreude** umfasst.[404] Daran hat sich nichts geändert.

537

Auch dass es beim Insolvenzschutz zu einem **echten Umsetzungsfehler** gekommen ist, wurde oben (Rn. 94) bereits aufgezeigt.

## VII. Die Haftung im Zahlungsdienstevertrag

### 1. Haftung des Zahlungsinstituts

Die Zahlungsdienste-RL I hatte die Haftung der Beteiligten genauer als frühere Richtlinien geregelt, ohne dabei ganz grundsätzliche Änderungen herbeizuführen.[405] Auch die Zahlungsdienste-RL II brachte für die Haftung keine grundlegenden Neue-

538

---

402 MünchKommBGB/*Tonner*, § 651n Rn. 41; Führich/Staudinger/*Staudinger*, Reiserecht, § 22 Rn. 11.
403 MünchKommBGB/*Tonner*, § 651x Rn. 7.
404 *EuGH* Slg. 2002, 2631 (Leitner); näher schon oben Rn. 294.
405 *Grundmann*, WM 2011, 1109, 1115.

rungen. Das Zahlungsinstitut haftet nach Art. 89 (umgesetzt in § 675y BGB) für die **nicht erfolgte, fehlerhafte oder verspätete Ausführung** des Zahlungsauftrags. Diese Haftung ist als Garantiehaftung zunächst auf den Ersatz des abgebuchten Betrags gerichtet und trifft grundsätzlich das Zahlungsinstitut des Zahlenden, sofern dieses nicht nachweisen kann, dass der Betrag beim Empfängerinstitut eingegangen ist. Ansonsten haftet jener Zahlungsdienstleister dem Empfänger (Art. 89 Abs. 1 Zahlungsdienste-RL II).

Bemerkenswert ist, dass es für die ordnungsgemäße Ausführung einer Zahlung nach dem in § 675r BGB umgesetzten Art. 88 Zahlungsdienste-RL II nur auf den vom Zahlenden angegebenen **Kundenidentifikator** ankommt: Dabei handelt es sich um eine Kombination aus Zahlen und Buchstaben, die den Zahlungsempfänger eindeutig erkennbar machen soll. Ein Namensabgleich, der eine doppelte Sicherheit bieten würde, ist nicht mehr vorgesehen.[406] Gibt der Zahlende also einen Kundenidentifikator an, der zwar einen, aber nicht den gewünschten Zahlungsempfänger bezeichnet, und zahlt die Bank an diesen anderen Empfänger, so scheidet eine Haftung der Bank aus (Art. 88 Abs. 2 bis 5 Zahlungsdienste-RL II). Der Zahlende ist auf den umständlichen Weg verwiesen, den Betrag vom tatsächlichen Zahlungsempfänger zu kondizieren.[407] Das Ziel der **Beschleunigung und Vereinfachung des Zahlungsverkehrs** war dem Richtliniengeber hier wichtiger als die Sicherheit des Verbrauchers.

### 2. Haftung bei missbräuchlicher Nutzung eines Zahlungsinstruments

539 Das Haftungssystem für unautorisierte Zahlungsvorgänge blieb auch durch die neue Zahlungsdienste-RL II in seiner Grundstruktur unverändert.[408] Weiterhin lässt sich nach der in der Höhe begrenzten Basishaftung (§ 675v Abs. 1 BGB) und der unbegrenzten Haftung bei grober Fahrlässigkeit oder Vorsatz (§ 675v Abs. 2 BGB) unterscheiden. Art. 74 Zahlungsdienste-RL II normiert die Haftung des Zahlers bei **nicht autorisierter Nutzung eines Zahlungsinstruments**,[409] also etwa einer ec-Karte: Nach Abs. 1 trägt der Zahler danach verschuldensunabhängig den Schaden, der dadurch entsteht, dass eine abhandengekommene Karte verwendet wird. Dieser Schadensersatzanspruch ist allerdings durch die Zahlungsdienste-RL II nunmehr **auf 50 Euro** (zuvor: 150 Euro) begrenzt. Der Haftungstatbestand des § 675v Abs. 1 S. 2 BGB a.F. entfällt nach der neuen Richtlinie. Hinzu kommt gemäß Art. 74 Abs. 1 Unterabs. 2 Zahlungsdienste-RL II ein neuer Ausnahmetatbestand, der in § 675v Abs. 2 BGB umgesetzt wurde. Demnach scheidet die Basishaftung aus, wenn der Zahler die missbräuchliche Verwendung nicht rechtzeitig bemerken konnte. Angeknüpft wird insoweit an ein Verschulden („ihm nicht möglich gewesen ist").[410] Hierdurch wird die im Grundsatz verschuldensunabhängige Haftung des Zahlers aufgeweicht.[411] Eine

---

406 Definiert wird der Kundenidentifikator in Art. 4 Nr. 33 Zahlungsdienste-RL II bzw. in § 675r Abs. 2 BGB; kritisch *Nobbe*, WM 2011, 961, 964; *Bitter*, WM 2010, 1725, 1730.
407 Zu möglichen Änderungen der deutschen bereicherungsrechtlichen Dogmatik durch die Zahlungsdienste-RL I schon *Grundmann*, WM 2011, 1109, 1116 f.; ablehnend *Köndgen*, JuS 2011, 481, 489.
408 Dazu eingehend *Omlor*, BKR 2019, 105, 112 ff.
409 Der (weite) Begriff des Zahlungsinstruments ist in Art. 4 Nr. 14 Zahlungsdienste-RL II legal definiert.
410 Zu dem anzuwendenden Maßstab *Omlor*, BKR 2019, 105, 112.
411 Dazu *Omlor*, BKR 2019, 105, 112; *Zahrte*, NJW 2018, 337, 340.

Ausweitung der Haftung des Zahlers auf alle Schäden erfolgt gemäß Art. 74 Abs. 1 Unterabs. 3 Zahlungsdienste-RL II nur im Fall von vorsätzlichen oder grob fahrlässigen Pflichtverletzungen[412] des Zahlers. Jedoch ist auch diese Haftung auf Schäden begrenzt, die entstehen, *bevor* der Zahler seiner Pflicht zur Anzeige des Kartenverlustes nach Art. 69 Abs. 1 lit b) Zahlungsdienste-RL II nachkommt, es sei denn, er handelt in betrügerischer Absicht (Art. 74 Abs. 3 Zahlungsdienste-RL II). Diese in § 675v Abs. 5 BGB umgesetzte Regelung ergänzt § 675u BGB, wonach dem Zahlungsdienstleister bei sonstigen unautorisierten Zahlungen kein Aufwendungsersatzanspruch zusteht. Eine weitere gewichtige Neuerung durch die Zahlungsdienste-RL II findet sich schließlich in Art. 74 Abs. 2 (umgesetzt in § 675v Abs. 4 BGB). Demnach verlagert sich die Haftung vollständig auf den Zahlungsdienstleister, wenn dieser die in der Richtlinie eingeführte „starke Kundenauthentifizierung"[413] nicht verlangt oder nicht akzeptiert hat. Über diese Vorschrift dürfte eine umfassende Einhaltung der starken Kundenauthentifizierung gesichert sein.

Als problematisch für das deutsche Recht könnte sich die **Beweislastverteilung** über die Frage der Autorisierung der Zahlung erweisen: Nach Art. 72 Abs. 2 Zahlungsdienste-RL II, umgesetzt durch § 675w S. 3 BGB, reicht es für eine unwiderlegliche Vermutung für die Autorisierung, betrügerische Absicht, Vorsatz oder grobe Fahrlässigkeit des Zahlungsdienstnutzers „nicht notwendigerweise" aus, dass der Zahlungsdienstleister den Zahlungsvorgang ordnungsgemäß nach Art. 72 Abs. 1 Zahlungsdienste-RL II aufgezeichnet hat. In Deutschland wird zwar nicht mit einer „unwiderleglichen" Vermutung gearbeitet, aber der BGH hat einen **Anscheinsbeweis** für eine grob fahrlässige Pflichtverletzung bejaht, wenn eine abhandengekommene Karte mit der zugehörigen PIN verwendet wird.[414] Ob und in welchen Fällen die Annahme eines Anscheinsbeweises der Richtlinie widerspricht, ist noch nicht vom EuGH geklärt.[415]

540

Mit Urteil vom 26.1.2016 hat der BGH viel Zündstoff aus dem möglichen Konflikt genommen, indem er entschieden hat, dass ein Anscheinsbeweis im Online-Banking nur unter sehr engen Voraussetzungen angenommen werden kann. Er hat allerdings zugleich ausdrücklich erklärt, dass die Zahlungsdienste-RL I der Annahme eines Anscheinsbeweises nicht grundsätzlich entgegenstehe.[416] Dies ist auch überzeugend, weil die Figur des Anscheinsbeweises gerade nicht zu einer Umkehr der Beweislast, sondern lediglich zu einer Beweiserleichterung führt, und weiterhin die freie Beweiswürdigung erlaubt.[417] Das Inkrafttreten der Zahlungsdienste-RL II führt hier nicht zu einer abweichenden Bewertung: § 675w BGB blieb in seinen Grundzügen unverändert. Neu ist zwar § 675w S. 4 BGB, der auf Art. 72 Abs. 2 S. 2 Zahlungsdienste-RL II zurückgeht.[418] Demnach muss der Zahlungsdienstleister unterstützende Be-

---

412 Zu den Pflichten gehören nach Art. 69 Abs. 2 Zahlungsdienste-RL II insbesondere der sorgfältige Schutz der persönlichen Sicherheitsmerkmale.
413 Siehe Art. 4 Nr. 30 Zahlungsdienste-RL II.
414 BGHZ 160, 308.
415 Zu dessen Zuständigkeit MünchKommBGB/*Zetzsche*, § 675w Rn. 28.
416 BGHZ 208, 331.
417 Zur Zahlungsdienste-RL I *Nobbe*, WM 2011, 961, 968 m.w.N.; zur Zahlungsdienste-RL II *Linardatos*, NJW 2017, 2145 ff.; *Zahrte*, NJW 2018, 337, 340.
418 Dazu, dass Art. 72 Abs. 2 S. 2 Zahlungsdienste-RL II offenbar auf ein Missverständnis über das Institut des Anscheinsbeweises im deutschen Recht zurückgeht, eindringlich *Linardatos*, NJW 2017, 2145 ff.

weismittel zum Nachweis vorlegen. Diese Anforderungen stehen aber im Einklang mit den vom BGH entwickelten Anforderungen zum Anscheinsbeweis,[419] so dass dieser in den Grenzen des Art. 72 Abs. 2 Zahlungsdienste-RL II verbleibt.

## E. EU-Vorschriften zur außervertraglichen Haftung

### I. Produkthaftung

541 **Literaturhinweis:** *Schaub*, Europäische Produkthaftung: Wie weit reicht die Harmonisierung heute?, ZEuP 2011, 41.

> **Beispiel 24:** Eine kleine, auswechselbare Dichtung an einer neuen Waschmaschine verursacht, dass immer wieder Wasser in die Steuerung der Maschine gelangt. Dadurch entsteht schließlich ein Schaden an der gesamten Waschmaschine, dessen Behebung den Käufer K 600 Euro kostet. K erhebt Klage gegen den Verkäufer V. Der Amtsrichter meint, dass der für § 823 Abs. 1 BGB erforderliche Verschuldensnachweis nicht erbracht sei, und überlegt, ob K aus dem Produkthaftungsgesetz ein verschuldensunabhängiger Anspruch zusteht.

#### 1. Die Produkthaftungs-RL

542 Die Produkthaftungs-RL verfolgt die **Vollharmonisierung** des Produkthaftungsrechts. Die nationalen Rechtsordnungen dürfen also keine von der Richtlinie abweichenden Vorschriften beibehalten oder einführen.[420] Allerdings wird davon ausgegangen, dass das nationale Produkt- oder korrekter Produzentenhaftungsrecht, welches in Deutschland auf § 823 BGB gestützt ist, nicht von der Richtlinie abweiche, sondern – da es aus der deliktischen Haftung abgeleitet ist – gewissermaßen etwas ganz anderes sei.[421]

Bei den Einzelheiten ist jedoch die richtige und vollständige Umsetzung der Produkthaftungs-RL nicht in jedem Punkt ohne weiteres zu bejahen.

Gegenwärtig ist eine Erweiterung der Produkthaftungs-RL für digitale „Produkte" geplant, da die Richtlinie hier an vielen Stellen nicht unmittelbar passt. Schon ob es sich bei einer Software überhaupt um ein Produkt handeln kann, ist zweifelhaft. Die Unterscheidung danach, ob die Software in eine Hardware eingebettet ist, passt zwar zum Wortlaut der Richtlinie – aber sie kann kaum überzeugen. Denn erstens erreicht man damit, dass der Unternehmer haftet, der die Hardware hergestellt hat, und nicht derjenige, der die Software programmiert hat. Das mag derzeit noch eine tragbare Zuordnung des Haftungsrisikos sein – je wichtiger die Software werden wird, desto weniger passend wird aber auch diese Zuordnung werden. Und zweitens ist diese Abgrenzung sehr zufällig.[422]

---

419  *Linardatos*, NJW 2017, 2145, 2150.
420  Ausdrücklich bestätigend *EuGH* Slg. 2002, 3901 Rn. 27 (Gonzáles Sánchez); auch *EuGH* Slg. 2009, 11305 (Aventis Pasteur) – Verlängerung der zehnjährigen Verjährungsfrist in Art. 11 Produkthaftungs-RL durch das nationale Recht ist unzulässig.
421  So die Entscheidung *EuGH* Slg. 2006, 199 Rn. 38 f. (Skov).
422  Näher MünchKommBGB/*Wagner*, § 2 ProdHaftG Rn. 20; ebenfalls kritisch, aber doch daran festhaltend *Oechsler*, NJW 2018, 1569.

Zur Lösung der Probleme hatte die Kommission zunächst vor, Leitlinien für ein neues Verständnis der Richtlinie zu erarbeiten. Dieser Weg wurde beschritten, weil für eine Neufassung der Richtlinie derzeit kaum Aussicht auf die Zustimmung aller Mitgliedstaaten besteht. Es wurden zwei Expertengruppen eingesetzt, deren Mitglieder sich teils decken, um zum einen konkret über die Richtlinie, zum anderen weiterführend über die Haftung für Künstliche Intelligenz und neue Technologien zu beraten. Die „Expert Group on Liability and New Technologies (E03592)" hat am 21.11.2019 ihren „Report on Liability for Artificial Intelligence and Other Emerging Technologies" vorgelegt.[423] Neue Leitlinien zur Auslegung der Produkthaftungs-RL wurden dagegen bisher nicht veröffentlicht. Man darf annehmen, dass die politischen Kontroversen zu groß sind. Die Abwägung zwischen dem notwendigen Schutz des Verbrauchers und der Begrenzung des Risikos für diejenigen, die die neuen Technologien entwickeln, ist sehr schwierig. Man muss bedenken, dass keinesfalls geklärt ist, ob eine strenge Haftung der Entwicklung eher schaden würde, weil dann die Haftungsrisiken für die Entwickler möglicherweise zu hoch sind, oder ob sie gerade förderlich wäre, weil das Vertrauen der Verbraucher gestärkt und der Markt gefördert wird.

Es ist interessant, wie der Bericht der Expertengruppe die Haftung für Künstliche Intelligenz einschätzt. Er nimmt ganz deutlich die Perspektive der potentiellen Geschädigten ein und ist von einem Festhalten an den bekannten Instrumenten geprägt. Insbesondere wird die Verantwortlichkeit der Nutzer stark betont und eine Gefährdungshaftung dort empfohlen, wo die modernen Technologien besondere Risiken mit sich bringen.

## 2. Für die Auslegung des nationalen Rechts wichtige Inhalte der Richtlinie

### a) Fehler

Der Fehlerbegriff der Produkthaftungs-RL wurde oben bereits als deutliches Beispiel für die Ausrichtung der Richtlinien an den Erwartungen des Verbrauchers gewählt. Nach Art. 6 Produkthaftungs-RL ist ein Produkt fehlerhaft, wenn es nicht die Sicherheit bietet, die der Verbraucher **zu erwarten berechtigt** ist. Das wurde durch das Urteil **Boston Scientific Medizintechnik** des EuGH deutlich bestätigt.[424] Es ging dort um die Frage, ob die Kosten für die zum Ausbau eines Herzschrittmachers erfolgte Operation nach der Produkthaftungs-RL ersatzfähig sind. Der Herzschrittmacher selbst war allerdings nicht defekt, sondern stammte nur aus einer Produktserie, bei der potenzielle Produktfehler festgestellt worden waren. Der EuGH musste daher zunächst die Frage beantworten, ob in einem solchen Fall ein Fehler i.S.d. Art. 6 Produkthaftungs-RL vorliegt. Er legte dar, dass Erwägungsgrund 6 der Richtlinie die Erwartungen der Allgemeinheit nenne, stellte aber hier auf die besonderen Erwartungen

543

---

423 Siehe zunächst die Mitteilung der Kommission „Künstliche Intelligenz für Europa" (auf Englisch „Maximising the Benefits of Artificial Intelligence for Europe"), COM(2018) 237; zum Bericht, der derzeit nur auf Englisch vorliegt https://ec.europa.eu/transparency/regexpert/index.cfm?do=groupDetail.groupMeetingDoc&docid=36608.
424 *EuGH* NJW 2015, 1163 (Boston Scientific Medizintechnik).

der betroffenen Patienten und deren besondere Verletzlichkeit ab. Auf dieser Basis bejahte er zunächst das Vorliegen eines Produktfehlers.

### b) Haftungsausfüllende Kausalität

544 Die Kausalität bzw. Zurechnung von Schäden wird in der Richtlinie nicht ausdrücklich geregelt. Es war lange streitig, ob für diese grundlegenden Fragen überhaupt eine „autonome" – also aus dem EU-Recht geschöpfte – Lösung gefunden werden muss. Teilweise war angenommen worden, die Kausalität sei der Richtlinie bewusst komplett ausgeklammert und dem jeweiligen nationalen Recht überlassen worden.[425] Schon das Urteil Veedfald des EuGH ließ eher die gegenteilige Auffassung erkennen. Der EuGH hat in der Entscheidung Veedfald recht deutlich ausgesprochen, dass die **Richtlinie insgesamt autonom auszulegen** sei.[426] Mit Bezug zu der Frage, ob der Schaden an einem menschlichen Organ von der Richtlinie erfasst sei, sprach der EuGH aus, dass es zwar den nationalen Gerichten überlassen bleibe, als welche Schadensart sie den konkreten Schaden ansehen wollten; unzulässig aber sei es, den Ersatz dieses Schadens ganz auszuschließen. Im Urteil Boston Scientific Medizintechnik hat der EuGH jetzt noch deutlicher zur haftungsausfüllenden Kausalität Stellung genommen. Diese war problematisch, weil sich der Patient den Herzschrittmacher durch eine Operation hatte entfernen lassen. Der EuGH ging damit recht „unkompliziert" um. Er fasste die notwendige Folgeoperation mit unter den Schadensbegriff der Richtlinie (vgl. Art. 1 und Art. 9 lit a) Produkthaftungs-RL) und entschied, es handele sich um einen „durch Tod und Körperverletzungen verursachten Schaden", für den der Hersteller hafte, wenn die Operation erforderlich sei, um den Fehler des betreffenden Produkts zu beseitigen. Damit dehnt der EuGH den Wortlaut der Norm weit, da eine Körperverletzung nicht erfolgt ist, und vermeidet es, zu Kausalitätsfragen genauer Stellung zu nehmen.[427]

Die vom EuGH hier vorgenommene Auslegung der erfassten Schäden orientiert sich an den Sicherheitserwartungen des Geschädigten.[428]

### c) Schadensbegriff

545 Die Produkthaftungs-RL enthält einige Normen, die sich auf den ersatzfähigen Schaden beziehen, spart aber neben der Verursachung noch weitere grundlegende Fragen der Begründung eines Schadensersatzanspruchs aus.

Es fehlt eine Definition des Schadens. Es bleibt also offen, was überhaupt ein ersatzfähiger Schaden ist. Ausdrücklich vom Regelungsbereich ausgenommen sind in Art. 9 S. 2 Produkthaftungs-RL immaterielle Schäden. Sind andere Schäden, wie et-

---

425 Zur Problematik der Kausalität *Micklitz*, VuR 2001, 41, 46 f.; für eine autonome Auslegung *v. Westphalen*, Produkthaftungshandbuch, Band II, § 71 Rn. 36 ff., 41, wenn auch mit Vorsicht; für eine Anwendung nationalen Rechts *Schlechtriem*, VersR 1986, 1033 f.; Kullmann/Pfister/*Katzenmeier/Voigt*, Produzentenhaftung, Band II, 3602 A. I. 2. a) m.w.N.
426 *EuGH* Slg. 2001, 3569 (Veedfald), insb. Rn. 27.
427 Näher *Koch*, VersR 2015, 1467.
428 Andeutend *EuGH* Slg. 2001, 3569 (Veedfald) sowie deutlicher *EuGH* NJW 2015, 1163 (Boston Scientific Medizintechnik).

wa mittelbar erlittene Schockschäden, erfasst? Gibt es womöglich sogar „punitive damages"?

Wie soeben gesehen und schon oben (Rn. 294) näher dargestellt, kennt das EU-Recht den Grundsatz, dass der entstandene Schaden **umfassend zu ersetzen** ist. Der EuGH hat zur Produkthaftungs-RL ausgesprochen, dass zwar für die Einzelheiten der Ersatzpflicht das Recht der Mitgliedstaaten anwendbar sei, der umfassende Ersatz der entstandenen Schäden aber von der Richtlinie zwingend vorgeschrieben sei.[429]

### d) Umfang der Haftung

Art. 9 Produkthaftungs-RL enthält einige Regelungen, welche den Umfang der Haftung betreffen. Gerade bei der Umsetzung dieser Regelungen hatten viele Mitgliedstaaten, darunter auch Deutschland, Schwierigkeiten. 546

### aa) Sich ausbreitende Sachschäden – die sog. Weiterfresserschäden.

Nach Art. 9 lit b) Produkthaftungs-RL, der den ersatzfähigen Sachschaden definiert, umfasst der Begriff des Schadens nicht die Beschädigung oder Zerstörung der Sache selbst (ebenso § 1 S. 2 ProdHaftG). Nur Schäden **an anderen Sachen** werden erfasst. Umstritten ist, ob und in welchem Umfang die Produkthaftungs-RL – und damit wiederum zugleich das ProdHaftG – Weiterfresserschäden erfasst.[430] 547

Im obigen **Beispiel 24** war zunächst nur ein kleines Bauteil der Waschmaschine defekt. Dennoch fragt sich, ob hier ein Ersatz nach Art. 9 lit b) Produkthaftungs-RL ausscheidet, weil die Maschine selbst zerstört wurde. Es handelt sich um einen Weiterfresserschaden. Das sind Schäden, die zunächst nur an einem abtrennbaren Teil des Produkts vorhanden sind, jedoch dazu führen, dass schließlich das Produkt insgesamt beschädigt wird.[431] 548

Der Wortlaut der Art. 1 und 9 („einer anderen Sache als des fehlerhaften Produkts") sowie die im EU-Privatrecht notwendige Transparenz sprechen gegen die Einbeziehung der Weiterfresserschäden in die von der Richtlinie erfassten Schäden. Folgt man dem, so kann K hier auch nach der Produkthaftungs-RL keinen Ersatz verlangen.[432]

Streitig ist auch, ob **mittelbare Folgeschäden**, die durch die Beschädigung der Sache eintreten, unter die Richtlinie fallen. Verneint man dies, so wie es der Wortlaut der Richtlinie nahelegt,[433] so muss auch das ProdHaftG in diesem Punkt eng ausgelegt werden, weil das Mindeststandardgebot nicht gilt.

---

429 *EuGH* Slg. 2001, 3569 (Veedfald), insb. Rn. 27; ebenso muss wohl auch die Entscheidung *EuGH* Slg. 2002, 3901 Rn. 28 f. (González Sánchez) verstanden werden.
430 Dagegen Kullmann/Pfister/*Katzenmeier*/Voigt, Produzentenhaftung, Band II, 3602 A. I. 1. b) aa). Anderer Ansicht aber *v. Westphalen*, Produkthaftungshandbuch, Band II, § 72 Rn. 7 ff., 9, der meint, auch ein Teilprodukt könne fehlerhaft sein und dann das Gesamtprodukt als „andere" Sache beschädigen.
431 Zur Rechtslage in Deutschland nur Palandt/*Sprau*, BGB, § 823 Rn. 177 f.
432 MünchKommBGB/*Wagner*, § 1 ProdHaftG Rn. 9.
433 So bspw. *v. Westphalen*, Produkthaftungshandbuch, Band II, § 71 Rn. 28 ff., der meint, nur der unmittelbar an anderen Sachen entstandene Schaden sei zu ersetzen, nicht dagegen abgeleitete Vermögensschäden wie Gewinnausfälle (dort auch zum Streitstand). Allerdings nimmt er fälschlich an, das ProdHaftG dürfe eine verbraucherfreundlichere Regelung treffen.

549 **bb) Selbstbeteiligung.** Art. 9 lit b) Produkthaftungs-RL enthält zudem den Einschub, dass ein Schaden bei der Beschädigung oder Zerstörung einer anderen Sache nur „bei einer Selbstbeteiligung von 500 Euro" vorliege. Dies ist in § 11 ProdHaftG so umgesetzt worden, dass der Geschädigte stets einen Eigenanteil von 500 Euro tragen muss.

550 Im **Beispiel 24** würde also das ProdHaftG auch aus diesem zweiten Grund dem K nichts nützen. Es wird jedoch diskutiert, ob Art. 9 lit b) Produkthaftungs-RL als eine bloße Zugangsschwelle zum Rechtsschutz gemeint war. Das würde bedeuten, dass der Geschädigte immer dann keinen Eigenanteil zu tragen hätte – also vollen Ersatz bekäme –, wenn die Schwelle von 500 Euro einmal überschritten worden wäre.[434] In England wurde Art. 9 Produkthaftungs-RL dementsprechend verstanden und umgesetzt.[435] Während der Wortlaut der Richtlinie in Richtung des deutschen Textverständnisses deutet, ist es in der Rechtsprechung des EuGH ein wenig anders. Zwar hat er die Frage noch nicht ausdrücklich entschieden (was sicherlich auf einer begrenzten praktischen Relevanz beruht), er hat aber verschiedentlich die Verhinderung einer Klageflut wegen Kleinstschäden als Zweck der Selbstbeteiligung aufgezeigt.[436] Das deutet etwas darauf hin, dass der EuGH Art. 9 lit b) Produkthaftungs-RL als bloße Zugangsschwelle verstehen könnte.

Würde es (anders als im Beispiel) für eine Gerichtsentscheidung auf diese Frage ankommen, so müssten die deutschen Gerichte ernstlich überlegen, ob eine Vorlage erfolgen sollte. Nur wenn sie von einem acte clair ausgehen wollten und begründen könnten, dass an der deutschen Lesart des Art. 9 Produkthaftungs-RL als echte Selbstbeteiligung keine Zweifel bestehen, könnte die Vorlage unterlassen werden.[437] Dieselben Fragen müsste der A sich auch wegen des Weiterfresserschadens stellen. Hier deutet aber in der Richtlinie wenig darauf hin, dass ein solcher Schaden erfasst sein könnte, so dass man leichter für einen acte clair argumentieren könnte.

551 **cc) Haftungshöchstgrenze.** Ein **wirklicher Umsetzungsverstoß** erfolgt durch § 10 ProdHaftG. Die dort festgelegte allgemeine Haftungshöchstgrenze in Höhe von 85 Millionen Euro findet sich nämlich in der Richtlinie nicht wieder. Es herrscht weitgehend Einigkeit darüber, dass Art. 16 Abs. 1 Produkthaftungs-RL den Mitgliedstaaten ausschließlich für „durch gleiche Artikel" verursachte **Serienschäden** das Recht einräumt, eine Haftungshöchstgrenze von 70 Millionen Euro vorzusehen. Der deutsche Gesetzgeber hat diese Haftungshöchstgrenze bewusst auch auf die Fälle ausgedehnt, in welchen der Schaden in einem einzelnen Haftungsfall diese Höhe überschreitet. Würde ein so schwerer Produkthaftungsfall eintreten, dass diese Obergrenze tatsächlich überschritten wäre, müsste der Staat für einen eventuellen Haftungsausfall des Geschädigten einstehen.[438]

---

434 Zum Streitstand MünchKommBGB/*Wagner*, § 11 ProdHaftG Rn. 3.
435 Art. 5 IV Consumer Protection Act, PHI 1989, 18.
436 *EuGH* Slg. 2002, 3887 Rn. 30 (Kommission/Griechenland); nicht eindeutig auch *EuGH* Slg. 2001, 3569 Rn. 26 (Veedfald).
437 Dafür wohl MünchKommBGB/*Wagner*, § 11 ProdHaftG Rn. 3.
438 Zur Staatshaftung oben Rn. 94. Wenn ein Anspruch aus allgemeinem Deliktsrecht besteht, wird der Produzent selbst haften müssen, weil das allgemeine Deliktsrecht keine Haftungshöchstgrenze kennt.

## II. Verantwortlichkeit des Diensteanbieters und des Datenverantwortlichen

### 1. Regelungsrahmen

In gewisser Weise sind Haftungsregelungen auch in der E-Commerce-RL und in der DSGVO[439] enthalten.

552

Die Haftung nach der Datenschutz-RL rückte durch die EuGH-Entscheidung in der Sache **Google Spain** ins Bewusstsein.[440] Danach ist ein Suchmaschinenbetreiber ein Datenverantwortlicher, der den betroffenen Personen nach den Vorgaben der Richtlinie zu Auskunft und Löschung verpflichtet ist. Die Richtlinie überlässt die Sanktionen für Pflichtverletzungen den Mitgliedstaaten. In Deutschland sieht § 7 BDSG auch einen Schadensersatzanspruch vor.

In Bezug auf nichtkommerziell handelnde Privatpersonen, die Informationen in das Internet einstellen, ist die Sache Lindqvist von Bedeutung.[441] Dort hatte der EuGH erklärt, dass auch eine Person, die auf ihrer Website personenbezogene Daten über eine Reihe von Personen veröffentlicht habe, die wie sie selbst ehrenamtlich in einer Kirchengemeinde tätig seien, Datenverantwortliche i.S.d. Richtlinie sei.

Auch in der E-Commerce-RL gibt es die Haftung betreffende Normen. In dieser wird die Verantwortlichkeit des Anbieters von Diensten für die Inhalte der von ihm übermittelten oder gespeicherten Seiten festgelegt. Allerdings findet sich in der Richtlinie **keine** allgemeine **Haftungsgrundlage**, sondern es werden **nur die Ausnahmen** von der Haftung geregelt. Die Anforderungen an das Verhalten des Diensteanbieters werden in Abhängigkeit davon, wie eng die Verbindung zwischen dem Diensteanbieter und den rechtswidrigen Informationen ist, herabgesetzt.

Für eigene Informationen gibt es keine Privilegierung. Die Haftung richtet sich also uneingeschränkt nach dem nationalen Recht. Keine generelle Regelung besteht auch für Hyperlinks. Die Mitgliedstaaten können hier – soweit nicht bestimmte harmonisierte Bereiche wie der Datenschutz oder das Urheberrecht betroffen sind – also eigene Regelungen treffen.[442]

### 2. Ausgestaltung der Regelung

Gemäß Art. 12 E-Commerce-RL haftet der Diensteanbieter bei reiner Durchleitung von Informationen nicht für deren Inhalte. Nach Art. 13 haftet er auch bei Zwischenspeicherung (**Caching**) nicht, soweit er dabei nicht eigene Pflichten verletzt. Falls der Diensteanbieter positive Kenntnis von den rechtswidrigen Inhalten erlangt, muss er die Informationen allerdings zügig löschen.

553

---

439 Dazu Rn. 654.
440 *EuGH* NJW 2014, 2257 (Google Spain).
441 *EuGH* Slg. 2003, 12971 (Lindqvist).
442 Im Überblick *Spindler*, MMR 2018, 48; zur Richtlinie *Freytag*, CR 2000, 600, 604; *Ott*, WRP 2006, 691; zur Begrenzung der Haftung durch die Meinungsfreiheit *EGMR* ECHR 417 (2018).

Beim sogenannten **Hosting**, also der zum Abruf vorgesehenen Bereitstellung von Daten, die inhaltlich allein der Kunde bestimmt,[443] haftet der Diensteanbieter gemäß Art. 14 E-Commerce-RL nicht, soweit er keine Kenntnis von der rechtswidrigen Handlung oder Information hat und sich „keiner Tatsachen oder Umstände" bewusst ist, aus denen die rechtswidrige Tätigkeit oder Information offensichtlich wurde. Nur hingewiesen sei auf die hier besonders **augenfällige Mischung von strafrechtlicher und privatrechtlicher Haftung** in einer Norm.

Zumeist wird angenommen, diese Vorschrift sei in § 10 TMG zutreffend umgesetzt worden.[444] § 10 Abs. 1 TMG sieht eine Schadensersatzhaftung bei *grob fahrlässiger* Unkenntnis der rechtswidrigen Handlungen oder Informationen vor.[445]

## F. Sachenrecht

### I. Allgemeines

554 Die Richtlinien berühren das Sachenrecht bisher nur an einzelnen Punkten. Dabei treffen sie **keine substantiellen eigenständigen Regelungen**. Die Berührung ist vielmehr notwendig, um den jeweiligen Regelungszweck zu erreichen.

### II. Unverlangt übersendete Ware

555 Wie oben dargelegt (Rn. 406), sind bei unverlangt übersendeten Waren im deutschen Recht nach § 241a BGB auch sachenrechtliche Ansprüche, insbesondere der **Anspruch aus § 985 BGB, ausgeschlossen**. Wie dort ebenfalls gezeigt, leitet sich diese Form der Umsetzung nicht zwingend aus der Richtlinie ab. Die Richtlinie selbst enthält keine sachenrechtlichen Aussagen.

### III. Teilzeitnutzungsrechte

556 Bei der Teilzeitnutzungsrechte-RL ist es gewissermaßen umgekehrt. Sie erfasst grundsätzlich **auch unmittelbar sachenrechtliche Verträge** und enthält somit potentiell sachenrechtliche Aussagen. Im deutschen Recht wirken sich die Vorgaben der Richtlinie **wegen des Trennungsprinzips jedoch nur auf der schuldrechtlichen Ebene** aus.[446]

---

443 Zum Begriff Spindler/Schuster/*Hoffmann/Volkmann*, Recht der elektronischen Medien, § 10 TMG Rn. 1.
444 Nur Spindler/Schuster/*Hoffmann/Volkmann*, Recht der elektronischen Medien, § 10 TMG Rn. 9 ff.
445 *EuGH* Slg. 2011, 6011 (L'Oréal) mit Anm. *Borges*, EWiR 2011, 823; zu einem Unterlassungsanspruch BGHZ 191, 219.
446 Nur Grabitz/Hilf/*Martinek*, Das Recht der EU, Band IV, 2009, A 13 Rn. 93 f.

## G. EU-Vorschriften zum anwendbaren Recht

**Literaturhinweis:** *Staudinger/Steinrötter*, Europäisches Internationales Privatrecht: Die Rom-Verordnungen, JA 2011, 24.

**Beispiel 25** – nach BGH EuZW 2012, 236: Unternehmerin U aus Dortmund vermietet Wohnmobile. Auf ihrer Homepage lässt sich mittels des Links „Wegbeschreibung" eine Straßenkarte anklicken. In dieser ist auch die Anfahrt aus der Grenzregion der Niederlande eingezeichnet. An mehreren Stellen findet sich zudem der Hinweis „Wij spreken Nederlands!".

Verbraucher V aus Venlo erkundigt sich per E-Mail über bestimmte Einzelheiten und reserviert schließlich, indem er ein per Fax zugesandtes Formular unterschrieben an U zurücksendet, ein Wohnmobil. Anschließend begibt er sich zu U, um die Anzahlung persönlich zu leisten. Den Vertrag über die Anmietung unterschreibt er bei Abholung einige Monate später. Wegen angeblicher technischer Defekte des Motors gibt V das Wohnmobil erst zwei Wochen nach Ablauf der Mietzeit zurück.

U entsteht dadurch ein Schaden, den sie von V ersetzt verlangt. V erinnert sich nun, dass er bei dem ersten Betreten des Geländes ausgerutscht ist und sich den Arm so stark gestaucht hat, dass er später zum Arzt gegangen ist. Er rechnet mit den Behandlungskosten auf.

U fragt, ob sie den V in Deutschland nach deutschem Recht verklagen kann.

### I. Bedeutung des Kollisionsrechts im Binnenmarkt

#### 1. Rechtsverfolgung und Durchsetzung im Binnenmarkt

Die Förderung des Binnenmarkts bezweckt letztlich, dass möglichst viele grenzüberschreitende Rechtsgeschäfte geschlossen werden. Dies hat notwendigerweise zur Folge, dass auch viele **grenzüberschreitende Rechtskonflikte** entstehen. Hat ein deutscher Unternehmer oder Verbraucher bei einem englischen Anbieter Tee bestellt und im Voraus dafür bezahlt, den Tee aber nie erhalten, stellen sich ihm viele Fragen. Wo muss er Klage erheben? Wird ihm ein Urteil aus Deutschland überhaupt nützen, wenn er in England vollstrecken will? Und da in den Mitgliedstaaten der EU trotz der voranschreitenden Rechtsangleichung jeweils noch ein unterschiedliches Privatrecht gilt, muss auch bestimmt werden, welches Recht für den Streit überhaupt gilt. Deutsches oder englisches Recht?

Da sich diese Fragen nicht nur häufig stellen, sondern da sie auch unbedingt befriedigend beantwortet werden müssen, wenn der Binnenmarkt funktionieren soll, haben das **internationale Zivilverfahrensrecht und das Kollisionsrecht** eine sehr wichtige Aufgabe.

#### 2. Europäisches Zivilverfahrensrecht

**Literaturhinweis:** *Stürner*, Die justizielle Zusammenarbeit im Privatrecht in der EU, Jura 2015, 813.

Das internationale Verfahrensrecht bestimmt dabei zunächst die **Zuständigkeit des Gerichts**, außerdem enthält es die Regeln für die **Anerkennung und Vollstreckung**

**ausländischer Urteile**. Dabei ist es besonders hilfreich, wenn die Urteile aus einem Mitgliedstaat ohne große Hürden auch in einem anderen „gelten" und dort dann auch vollstreckt werden können. Die EU hat hier schon früh sehr viel erreicht. Das internationale Verfahrensrecht wurde bereits 1968 durch das **EuGVÜ** vereinheitlicht, das inzwischen längst von der **EuGVVO** abgelöst wurde. Als große Besonderheit darf man es ansehen, dass im Zivilverfahrensrecht der EU inzwischen bereits in mehreren Bereichen Vollstreckungstitel vorgesehen sind, aus denen **ohne zusätzliches Vollstreckungsverfahren in anderen Mitgliedstaaten** vollstreckt werden darf. Solche „europäischen Titel" können unter anderem nach der EU-TitelVO (unbestrittene Geldforderungen) nach der EU-Bagatell-VO (Geldforderungen unter 2.000 Euro) und nach der EU-UnterhaltsVO beantragt werden. Am 10.1.2015 ist eine Reform der EuGVVO in Kraft getreten. Durch sie ist zwar kein mit den vorstehend genannten vergleichbarer, europaweit geltender Titel im engen Sinne eingeführt worden. Aber es ist nun auch in allgemeinen Zivilsachen möglich, auf vereinfachtem Weg – nämlich ohne das so genannte Exequaturverfahren – zu vollstrecken.

Des Weiteren müssen viele Fragen der grenzüberschreitenden **Zusammenarbeit der Behörden** geregelt sein, wie etwa für eine internationale Beweiserhebung (EU-BeweisVO) und für die Zustellung in das Ausland (EU-ZustellVO).[447]

560 Im **Beispiel 25** kann man schön sehen, dass die Zuständigkeit der eigenen Gerichte für die Parteien oft wichtiger ist als das anwendbare Recht. Die im Fall geltend gemachten Ansprüche werden wohl nach niederländischem und deutschem Recht ganz ähnlich beurteilt werden. Aber das Verfahren vor einem deutschen Gericht führen zu können, wäre für U eine große Erleichterung. Die Fragen des EU-Prozessrechts sollen hier nicht wirklich aufgegriffen werden. Das Vorabentscheidungsverfahren, dem der Fall nachgebildet ist und zu dem der EuGH letztlich nie entschieden hat, bezog sich allerdings auf die vom BGH vorgelegte Frage nach der Auslegung des Art. 17 Abs. 1 lit c) EuGVVO (Art. 15 Abs. 1 lit c) EuGVVO a.F.). Nach dieser Norm muss ein Verbraucher mit Wohnsitz in einem Mitgliedstaat an seinem Wohnsitzstaat verklagt werden, wenn der Unternehmer seine Tätigkeit auf diesen Mitgliedstaat ausgerichtet hat. Art. 17 EuGVVO verdrängt, wenn er eingreift, den Vertragsgerichtsstand nach Art. 7 Nr. 1 EuGVVO, der hier in der Tat eine Klage in Dortmund möglich machen würde. Da die hier maßgebliche Passage in Art. 17 Abs. 1 lit c) EuGVVO wortgleich in Art. 6 Abs. 1 lit b) Rom I-VO übernommen wurde, soll hier auf unten Rn. 583 f. verwiesen werden. Denn die Rom I-VO bestimmt das anwendbare Recht und wird unten näher vorgestellt.

561 Es sei aber noch darauf hingewiesen, dass es ganz besonders streitig ist, welches Gericht für eine im Prozess vorgebrachte Aufrechnung zuständig ist. Es wird häufig vertreten, dass für die Gegenforderung ihrerseits eine internationale Zuständigkeit gegeben sein müsse. Im vorliegenden Beispiel ist das zum Glück kein Problem, denn für die Forderung des V gegen U besteht nach Art. 4 EuGVVO in jedem Fall eine Zuständigkeit in Dortmund. Art. 4 EuGVVO entspricht den deutschen §§ 12, 13 ZPO und bestimmt, dass die Gerichte am Wohnsitz des Beklagten allgemein zuständig sind.

---

447 Näher zum EU-Zivilverfahrensrecht, das nicht Gegenstand dieses Buchs ist, etwa *Schack*, IZVR; *Linke/Hau*, IZVR; *Adolphsen*, Europäisches Zivilverfahrensrecht; *Heß*, Europäisches Zivilprozessrecht.

## 3. Entwicklung des Kollisionsrechts und spezifische Schwierigkeiten

Das Kollisionsrecht bestimmt, das Recht welchen Staates anzuwenden ist, wenn ein Vertrag oder ein sonstiger Rechtsvorgang Berührung mit mehreren Staaten aufweist. Dabei wendet das angerufene Gericht jeweils **das in seinem eigenen Land geltende Kollisionsrecht** (also die „lex fori") an. Wenn nun das Kollisionsrecht in allen Mitgliedstaaten ganz verschieden ist, dann ist das für einen bestimmten Sachverhalt (z.B. ein Vertragsverhältnis) geltende Recht nicht sicher vorhersehbar, sondern es kommt darauf an, in welchem Staat der Sachverhalt vor ein Gericht gelangt.  562

Dass dies eine äußerst ungünstige Ausgangsposition für einen sicheren grenzüberschreitenden Geschäftsverkehr ist, wurde früh erkannt. Das Kollisionsrecht für Verträge wurde 1980 durch **Staatsvertrag**, nämlich durch das EVÜ[448], auch Römisches Übereinkommen genannt, vereinheitlicht. In Deutschland ist das EVÜ in das EGBGB eingearbeitet worden. Es trat erst zum 1.4.1991 (gegenüber einzelnen Mitgliedstaaten) in Kraft.

Die Bemühungen zur Vereinheitlichung weiterer Teile des Kollisionsrechts erhielten erst durch den Amsterdamer Vertrag mit der Einführung der Rechtssetzungskompetenzen in Art. 61 lit c), 65 EG eine neue Grundlage (jetzt Art. 81 Abs. 2 lit c) AEUV). Auf dieser Kompetenzgrundlage basieren die so genannten „Rom-Verordnungen".  563

Zuerst trat am 11.1.2009 die **Rom II-VO** in Kraft, die das auf außervertragliche Schuldverhältnisse anwendbare Recht bestimmt (näher Rn. 592). Am 17.12.2009 trat dann auch die für vertragliche Schuldverhältnisse geltende **Rom I-VO** in Kraft, durch welche das EVÜ – in vorsichtig weiterentwickelter Form – in eine Verordnung überführt wurde (näher sogleich Rn. 570). Die Verordnungen gelten unmittelbar in allen Mitgliedstaaten außer in Dänemark.

Daneben liegen insbesondere im Bereich des **internationalen Familienrechts** internationalprivatrechtliche Verordnungen vor. Das für Unterhaltsansprüche geltende Recht ist in der EU-UnterhaltsVO[449] bestimmt. Diese regelt allerdings das anwendbare Recht nicht selbst, sondern verweist dafür auf einen Staatsvertrag, das Haager Unterhaltsprotokoll vom 23.11.2007, dessen Vertragsparteien bisher die EU und Serbien sind. Bei dieser Verordnung lässt sich etwas beobachten, das von allgemeiner Bedeutung ist. Großbritannien beteiligt sich an der EU-UnterhaltsVO nämlich nur, soweit sie verfahrensrechtlichen Inhalt hat. Das Unterhaltskollisionsrecht gilt dort dagegen nicht.[450] Das hat seine Wurzel in einem **traditionellen Misstrauen der Briten gegenüber der Anwendung ausländischen Rechts**. Sie ziehen ein System vor, in dem die Gerichte über eine Bejahung oder Ablehnung der gerichtlichen Zuständigkeit regulieren, welche Fälle vor die inländischen Gerichte gebracht werden dürfen. Ist die  564

---

448 Römisches EWG-Übereinkommen über das auf vertragliche Schuldverhältnisse anzuwendende Recht (EVÜ), vom 19.6.1980. Die in den Protokollen vorgesehene Auslegungszuständigkeit des *EuGH* ist sogar erst am 1.8.2004 wirksam geworden.
449 Verordnung (EG) Nr. 4/2009 des Rates vom 18. Dezember 2008 über die Zuständigkeit, das anwendbare Recht, die Anerkennung und Vollstreckung von Entscheidungen und die Zusammenarbeit in Unterhaltssachen, ABl. EU 2009 L 7 S. 1.
450 Das beruht darauf, dass Großbritannien nicht an das HUntProtokoll 2007 gebunden ist, auf welches Art. 15 EU-UnterhaltsVO verweist. Der Verweis gilt nur für die Mitgliedstaaten, die an das Protokoll gebunden sind.

Zuständigkeit einmal bejaht, so soll dann (eigentlich) immer das eigene Recht angewandt werden. Genau das widerspräche allerdings dem wichtigsten Regelungsziel des EU-Kollisionsrechts, nämlich dafür zu sorgen, dass die Parteien eines Rechtsverhältnisses stets sicher vorhersehen können, welches Recht auf dieses anwendbar ist, ganz gleich, vor welches Gericht die Rechtssache gelangt. Nach dem britischen System käme es auf die Zuständigkeit an, die aber typischerweise davon abhängt, welche Partei zuerst Klage erhebt.

565 Noch größere Konflikte traten im Bereich des **internationalen Ehescheidungsrechts** auf. Dort konnte überhaupt keine Einigkeit zwischen allen Mitgliedstaaten erreicht werden, so dass nun eine nur für einige Mitgliedstaaten (darunter Deutschland) geltende Verordnung („Rom III") erlassen wurde.[451] Hier lag es daran, dass manchen Mitgliedstaaten ihr eigenes materielles Scheidungsrecht so wichtig war, dass sie dessen Anwendbarkeit für ihre eigenen Staatsangehörigen unbedingt sicherstellen wollten.[452]

Nachdem fünf Jahre lang versucht worden war, eine Mehrheit für eine Verordnung über das internationale **Ehegüterrecht** und das Güterrecht eingetragener Partnerschaften zu finden, wurde auch dort schließlich der Weg der Verstärkten Zusammenarbeit nach Art. 326 ff. AEUV gewählt. Die Verordnungen regeln das anwendbare Recht, die Zuständigkeit und die Anerkennung und Vollstreckung für alle güterrechtlichen Fragen.

Mehr Erfolg hatte die EU-Erbrechts-VO (nur selten wird hierfür von „Rom IV-VO" gesprochen), die am 7.6.2012 vom Rat der Justizminister angenommen wurde.[453] Die Verordnung gilt für alle Mitgliedstaaten außer Dänemark, Großbritannien und Irland. Den Kern macht dabei die Regelung aus, dass das Erbrecht des Staates angewendet wird, in dem der Erblasser seinen letzten gewöhnlichen Aufenthalt hatte (Art. 16). Große Bedeutung kommt auch der Rechtswahl zu (Art. 17).

### 4. Regelungsziele und grundlegender Konflikt

#### a) Kollisionsrecht und Binnenmarktverbesserung

566 So wie das gesamte Privatrecht der EU etwas andere Ziele hat als das Privatrecht der Mitgliedstaaten, bestehen auch bei den Regelungszielen des Kollisionsrechts von EU und Mitgliedstaaten Unterschiede.

Der grundlegende Unterschied besteht dabei auch hier darin, dass das Recht der EU grundsätzlich auf die **Verbesserung des Binnenmarkts** ausgerichtet ist. Es wird sogleich zu zeigen sein, wie dies auch auf die einzelnen Kollisionsnormen durchschlägt.

---

[451] Verordnung (EU) Nr. 1259/2010 des Rates vom 20. Dezember 2010 zur Durchführung einer Verstärkten Zusammenarbeit im Bereich des auf die Ehescheidung und Trennung ohne Auflösung des Ehebandes anzuwendenden Rechts, ABl. EU 2010 L 343 S. 10.

[452] So Schweden, welches ein sehr liberales Scheidungsrecht hat, und Irland, welches ein sehr strenges Scheidungsrecht hat.

[453] Verordnung (EU) Nr. 650/2012 des Europäischen Parlaments und des Rates vom 4. Juli 2012 über die Zuständigkeit, das anzuwendende Recht, die Anerkennung und Vollstreckung von Entscheidungen und die Annahme und Vollstreckung öffentlicher Urkunden in Erbsachen sowie zur Einführung eines Europäischen Nachlasszeugnisses, ABl. EU 2012 L 201 S. 107.

Anders als das allgemeine Privatrecht beruht das EU-Kollisionsrecht aber heute auf einer Kompetenzgrundlage, die einen Binnenmarktbezug der einzelnen Maßnahme nicht mehr zwingend verlangt. Die im früher geltenden Art. 65 EGV noch enthaltene Beschränkung auf Maßnahmen, die „für das reibungslose Funktionieren des Binnenmarktes erforderlich" sind, ist entfallen. Das Kollisionsrecht ist insgesamt Teil des Politikbereichs der justiziellen Zusammenarbeit. Ohne Probleme sind daher beispielsweise auch familienrechtliche Verordnungen möglich. Art. 81 Abs. 2 lit c) AEUV bietet eine ausdrückliche Kompetenzgrundlage für jede Art von Kollisionsrecht. Fragt man sich dennoch, ob ein internationales Familien- oder Erbrecht denn für den EU-Binnenmarkt nützlich sei, so muss die Antwort aber wohl ohnehin „ja" heißen. Denn ein wesentlicher Bestandteil des Binnenmarkts ist die **Freizügigkeit der Arbeitnehmer**. Sobald eine Person, die sich frei in der EU bewegen möchte, eine Familie hat, stellen sich aber **familienrechtliche Fragen**, die oftmals eine größere Relevanz haben werden als etwa arbeitsrechtliche oder verbraucherschutzrechtliche Fragen. Würde etwa bei einem Umzug nach Italien plötzlich eine Ehescheidung massiv erschwert, würde womöglich das Sorgerecht des nicht verheirateten englischen Vaters in Deutschland erlöschen, würde das Erbrecht der Ehefrau bei einem Umzug nach Frankreich entfallen, so könnte all dies die Umzugsentscheidung massiv beeinflussen und manch einen Bürger der EU dazu bewegen, lieber in der Heimat zu bleiben.

### b) Binnenmarktausrichtung der Kollisionsnormen

Obwohl die EU nicht schon durch die Kompetenzgrundlage dazu gezwungen ist, verfolgt sie im Kollisionsrecht auch bei der Bildung der konkreten Kollisionsregeln bestimmte, dem nationalen Recht fremde Ziele.[454] Es wurde bereits angesprochen, dass ein ganz wesentliches Regelungsziel darin besteht, **Vorhersehbarkeit des anzuwendenden Rechts** zu erreichen. Für dieses Ziel ist es allerdings nicht nötig, dass die Kollisionsnormen irgendeinen besonderen Inhalt hätten. Sie müssen nur EU-weit einheitlich sein. Man kann sich leicht denken, dass es damit nicht sein Bewenden hat. In vielen Kollisionsnormen ist erkennbar, dass bestimmte Marktakteure oder bestimmte Handlungsweisen gestützt bzw. zurückgedrängt werden sollen. Die Kollisionsnormen sind also auch inhaltlich darauf ausgerichtet, den Binnenmarkt zu fördern.

567

Um Kollisionsnormen so auszugestalten, dass sie zur Förderung oder Steuerung des Binnenmarkts taugen, lässt sich aber nicht ohne weiteres eine einheitliche Stoßrichtung finden. Vielmehr ist das EU-Kollisionsrecht von einem grundsätzlichen Konflikt geprägt, der dem generellen Interessenkonflikt von zwei an einem internationalen Rechtsverhältnis beteiligten Personen ähnelt (jeder möchte stets, dass sein eigenes Recht angewendet wird, was natürlich nicht möglich ist), aber auf allgemeineren marktorientierten Gedanken basiert. Auf der einen Seite steht die Idee des **Herkunftslandprinzips** bzw. der **Grundsatz der gegenseitigen Anerkennung**. Beides beruht auf dem Gedanken, dass es für den grenzüberschreitenden Verkehr am besten ist, wenn jeder grenzüberschreitend Handelnde nur seiner eigenen Heimatrechtsordnung unterworfen ist. Nach dem Herkunftslandprinzip (näher unten Rn. 603 ff.) gilt

568

---
[454] Dazu *Weller*, IPRax 2011, 429.

etwa für Diensteanbieter im E-Commerce nur das Recht des Ortes, an dem der Anbieter niedergelassen ist. Diesem Herkunftslandprinzip steht jedoch oftmals der **Schutz des jeweils auf der anderen Seite des Rechtsverhältnisses Stehenden** entgegen. Dies kann z.B. der durch deliktisches Verhalten Geschädigte sein, dem nicht fremdes Recht übergestülpt werden soll, es kann aber insbesondere auch der den Binnenmarkt vertrauensvoll nutzende Verbraucher sein, dessen Schutz nicht eingeschränkt werden darf.

569   Im Kollisionsrecht für Verträge kann der Konflikt oft dadurch aufgelöst werden, dass man den Parteien zugesteht, das anwendbare **Recht selbst zu wählen**. Das funktioniert allerdings nur, wenn die Parteien überhaupt wissen, dass in internationalen Fällen unterschiedliche Rechtsordnungen gelten könnten und an eine solche Rechtswahl denken. Außerdem darf das Verhandlungsgleichgewicht zwischen den beiden Parteien nicht zu sehr gestört sein. Die EU-Verordnungen halten die Rechtswahl dennoch letztlich für das beste Instrument zur Bestimmung des anwendbaren Rechts. Selbst bei den außervertraglichen Schuldverhältnissen und im Familienrecht ist die Rechtswahl – wiewohl eingeschränkt – möglich.

Erfolgt keine Rechtswahl, muss das Gesetz aber eine Entscheidung zwischen den gegenläufigen Interessen treffen. Die Mühen, die dies bereitet, kann man beispielhaft an der Norm über die Produkthaftung erkennen (Art. 5 Rom II-VO). Hier wird erkennbar versucht, den Produzenten, dessen grenzüberschreitendes Vermarkten des Produkts nicht über die Maßen mit Risiken belastet werden soll, zu schützen, ohne allerdings den Geschädigten allzu stark zurückzusetzen.

Auch im Vertragsrecht kann man solche steuernden Elemente erkennen. Wenn in Art. 4 Abs. 1 lit b) Rom I-VO der Dienstleister typischerweise die Anwendung seines Heimatrechts erwarten kann, ermutigt ihn das zu grenzüberschreitendem Agieren.

## II.  Die Rom I-VO

### 1.  Grundsätzliches

570   Die Überführung des EVÜ in die Rom I-VO verlief sehr mühsam. Sie ist, im Wesentlichen, schließlich am 17.12.2009 in Kraft getreten. Viele der schon zum EVÜ umstrittenen Fragen blieben dabei ungeklärt.

Eines ihrer großen Ziele bestand darin, endlich eine **Zuständigkeit des EuGH für die Auslegung** zu erreichen. Gerade im Bereich des Kollisionsrechts ist ein einheitliches Verständnis auch im Detail besonders wichtig, da man sonst schon durch kleine Unterschiede bei der Normanwendung zum gerade gegenteiligen Ergebnis gelangen kann – nämlich zur Anwendung eines anderen nationalen Rechts. Diese Zuständigkeit des EuGH war allerdings schließlich bereits zuvor durch das Inkrafttreten der Protokolle zum EVÜ erreicht worden (siehe bereits Rn. 562).

Ein weiteres wichtiges Ziel, das allerdings nicht vollständig erreicht werden konnte, bestand darin, die **Unübersichtlichkeit des Kollisionsrechts** – neben dem EVÜ fanden sich insbesondere in den Richtlinien viele kollisionsrechtliche Regelungen – zu beseitigen (zu den weiterbestehenden Einzelregelungen Rn. 585).

Die Rom I-VO ist auch gegenüber Nichtmitgliedstaaten anwendbar. Wie Art. 2 Rom I-VO ausdrücklich sagt, kann sie auch zur Anwendbarkeit von Drittstaatenrecht führen.

## 2. Sachlicher Anwendungsbereich

### a) Allgemeines

Nach Art. 1 Abs. 1 erfasst die Rom I-VO **vertragliche Schuldverhältnisse in Zivil- und Handelssachen**. Art. 1 Abs. 2 Rom I-VO enthält aber eine recht stattliche Liste von Ausnahmen. Dabei handelt es sich teilweise um Rechtsfragen, die ungeregelt blieben, weil eine Einigung nicht zu erzielen war, überwiegend aber um Rechtsfragen, die in anderen Rechtsakten behandelt sind oder schon traditionell nicht zum Vertragsstatut gehörten.  571

### b) Culpa in contrahendo

Ein aus deutscher Sicht besonders wesentliches Beispiel für Letzteres findet sich in Art. 1 lit i) Rom I-VO. Danach werden Schuldverhältnisse, die aus Verhandlungen vor Abschluss eines Vertrags entstanden sind (also die Fälle der c.i.c. nach § 311 Abs. 2 BGB), von der Rom I-VO **nicht erfasst**. Sie werden in der EU stattdessen **deliktisch qualifiziert** und fallen, anders als man es in Deutschland annehmen würde, unter Art. 12 Rom II-VO. Leider ist die Sache aber etwas komplizierter, als sie auf den ersten Blick aussieht.  572

In Deutschland ist das Institut der c.i.c. nämlich deutlich weiter als in Art. 12 Rom II-VO. Es existieren Fallgruppen der c.i.c., die in Art. 12 Rom II-VO nicht genannt sind, weil sie im Recht der EU sowieso als deliktisch eingeordnet werden. Das ist beispielsweise der Fall, wenn in der Vertragsanbahnungsphase Rechtsgüter verletzt werden, wie im Gemüseblatt-Fall.[455] Statt Art. 12 Rom II-VO greifen dann Art. 4 ff. Rom II-VO ein. Das zeigt auch Erwägungsgrund 30 der Präambel. Wenn dagegen vorvertragliche Aufklärungspflichten verletzt werden, oder Vertragsverhandlungen plötzlich und grundlos abgebrochen werden, dann greift Art. 12 Abs. 1 Rom II-VO und verweist auf das Recht, das auf den Vertrag anzuwenden ist oder anzuwenden gewesen wäre, wenn der Vertrag geschlossen worden wäre.[456] Schließlich gibt es noch die in Art. 12 Abs. 2 Rom II-VO beschriebenen Fälle, bei denen zwar zunächst Art. 12 Rom II-VO einschlägig ist, aber dann doch die einzeln aufgeführten, dem Art. 4 Rom II-VO stark ähnelnden eher deliktstypischen Anknüpfungspunkte eingreifen sollen. Erfasst sind die Fälle, in denen sich ein Vertragsstatut gemäß Abs. 1 nicht ermitteln lässt. Als Beispiel werden üblicherweise Fälle genannt, in denen Dritte in die Haftung einbezogen werden sollen (wie etwa in § 311 Abs. 3 BGB).  573

Im **Beispiel 25** (Rn. 557) will V geltend machen, dass er auf dem Gelände der U ausgerutscht sei. Das ist ein Beispiel für eine Haftung aus c.i.c., die im IPR der EU eindeutig deliktisch zu qualifizieren ist. Damit ist zunächst klar, dass die Rom II-VO eingreift. Fraglich ist allerdings noch, ob die spezielle Regelung in Art. 12 Rom II-VO oder die generelle de-  574

---

[455] BGHZ 66, 51.
[456] Wie hier MünchKommBGB/*Junker*, Art. 12 Rom II-VO Rn. 12 f.; Gebauer/Wiedmann/*Staudinger*, Zivilrecht unter europäischem Einfluss, Kap. 38 Rn. 66.

> liktische Anknüpfungsregel in Art. 4 Rom II-VO anzuwenden ist. Der Wortlaut des Art. 12 Rom II-VO i.V.m. Erwägungsgrund 30 der Präambel ergibt die eindeutige Antwort, dass Art. 4 Rom II-VO angewendet werden muss. Denn es handelt sich nicht um einen „aus Verhandlungen vor Abschluss eines Vertrags" entstandenen Schaden. Damit kommt es auf den Ort des Schadenseintritts an. Mit „Schadenseintritt" ist in der Rom II-VO die primäre Rechtsgutverletzung gemeint, die hier in Dortmund eintrat. Es ist somit deutsches Recht anzuwenden.

### c) Weitere Abgrenzungsfragen zur Rom II-VO

575 Nicht nur für die c.i.c., sondern ganz allgemein gilt, dass Abgrenzungsfragen autonom zu betrachten sind. Das bereitet jedoch oft große Schwierigkeiten. Denn die Beurteilung von Rechtsverhältnissen fällt in den Mitgliedstaaten sehr uneinheitlich aus und spezifische Auslegungsgrundlagen für das EU-Recht bestehen nicht.

Zu Recht ist darauf aufmerksam gemacht worden, dass auch bei Ansprüchen aus einem **Vertrag mit Schutzwirkung für Dritte** viel dafür spricht, die Rom II-VO anzuwenden und die Ansprüche damit – anders als in Deutschland – dem Deliktsrecht zuzuordnen.[457]

576 Die **Gewinnzusagen nach § 661a BGB** sind ein besonders schwieriger Fall. Hier ist lediglich klar, dass ein Anspruch aus einer einseitigen und dazu noch nicht ernst gemeinten Gewinnzusage kein Anspruch aus Vertrag sein kann. Insofern ist die im deutschen BGB vorgenommene Einordnung des Anspruchs mitten zwischen den besonderen Verträgen zumindest nicht günstig. Der Sanktionscharakter der Norm hat dazu geführt, dass ausgerechnet in Deutschland nicht selten vertreten wird, die Norm trage deliktischen Charakter.[458] Wo die Einordnung im europäischen Kollisionsrecht erfolgen soll, ist ebenfalls nicht leicht zu beantworten. Für die EuGVVO besteht eine **komplizierte Rechtsprechung des EuGH**, die an sich dringend einer Neuorientierung bedürfte. Danach kommt es auf die genaue Ausgestaltung der Gewinnzusage an. Ist es nicht zu einer Bestellung gekommen (man spricht von einer „isolierten" Gewinnzusage), ist die Gewinnzusage zwar nicht unter Art. 17 EuGVVO zu subsumieren, so dass nicht der besondere Verbrauchergerichtsstand gilt, aber sie wird doch als vertraglich im Sinne des Art. 7 Nr. 1 EuGVVO angesehen.[459] Überlegt man zweckorientiert, so wäre es einfach und nachvollziehbar, die Gewinnzusagen deliktisch einzuordnen und **Art. 4 Rom II-VO** anzuwenden.[460] Der EuGH würde damit allerdings Schwierigkeiten haben, weil er für eine außervertragliche Einordnung typischerweise verlangt, dass der Anspruch „unfreiwillig" entstanden sein müsse. Der Unternehmer, der eine Gewinnzusage macht, handelt allerdings gewissermaßen freiwillig. Hierüber käme man hinweg, wenn man stärker betonen würde, dass der Unternehmer die Ge-

---

457 So insbesondere *Dutta*, IPRax 2009, 294.
458 BGHZ 165, 172; anders MünchKommBGB/*Schäfer*, § 661a Rn. 8 f., aber m.w.N. für die Gegenansicht.
459 *EuGH* Slg. 2005, 481 (Engler); Slg. 2009, 3961 (Ilsinger).
460 Dafür auch *Leible*, NK-BGB, Art. 4 Rom I-VO Rn. 163; nur für isolierte Gewinnzusagen BeckOK/ *Spickhoff*, BGB, Art. 6 Rom I-VO Rn. 10; wenn sich diese nicht als Vertragsbeziehung einordnen lassen, auch MünchKommBGB/*Martiny*, Art. 6 Rom I-VO Rn. 20; eher in Richtung Verbrauchervertrag tendierend dagegen Schulze/*Staudinger*, BGB, Art. 6 Rom I-VO Rn. 6 m.w.N.

winnzusage eigentlich nur zum Schein abgibt und erst aufgrund von rechtlichen Sanktionsmechanismen verpflichtet wird, sie auch einzuhalten. Bleibt man daher bei der vertraglichen Einordnung, so wäre es zumindest wichtig, die Gewinnzusage **immer** als **Verbrauchergeschäft** einzuordnen. Nur so würde man problemlos den Schutz des Verbrauchers bei der internationalen Zuständigkeit und beim anwendbaren Recht erreichen. Letztlich gelangt man nach der gegenwärtigen Rechtsprechung des EuGH zu überhaupt keiner einheitlichen Einordnung.

Etwas streitig ist auch die Einordnung mancher **bereicherungsrechtlicher Ansprüche**. Darüber kann man zuerst ganz überrascht sein, denn in Art. 10 Rom II-VO gibt es eine klare Regelung zum Bereicherungsrecht. Diese berücksichtigt auch die Nähe mancher bereicherungsrechtlicher Ansprüche zu einem Vertrag und verweist für diese auf die Rom I-VO (Art. 10 Abs. 1 Rom II-VO). Nun bestimmt aber Art. 12 Abs. 1 lit e) Rom I-VO, dass die Rom I-VO auch die Folgen der Nichtigkeit von Verträgen regelt. Die h.A. sieht Art. 12 Abs. 1 lit e) Rom I-VO als lex specialis an und greift daher bei bereicherungsrechtlichen Ansprüchen, die auf der Nichtigkeit von Verträgen beruhen, gar nicht auf Art. 10 Abs. 1 Rom II-VO zurück, sondern wendet direkt die Rom I-VO an.[461] Zum Glück ergeben sich daraus im Ergebnis keine Unterschiede. 577

### d) Ausgenommene Rechtsfragen

Es gibt auch Rechtsfragen, die nicht in die Rom I-VO aufgenommen worden sind, obwohl sie in keiner parallelen Verordnung geregelt sind. Art. 1 Rom I-VO enthält einen Katalog von Ausnahmen, der allerdings zum Teil nur klarstellende Funktion hat. So ist es etwa bei den Fragen der **Geschäftsfähigkeit** von natürlichen Personen. Diese werden traditionell nicht vertraglich, sondern persönlich („Personalstatut") angeknüpft. 578

Interessant ist aber die Ausnahme für die **Stellvertretung**, die in Art. 1 lit g) Rom I-VO bestimmt ist. Für die Stellvertretung hatte man im Vorschlag noch einen Regelungsversuch unternommen (Art. 7), der aber viel kritisiert wurde und sich nicht durchsetzen konnte.

Für die nun normierte Ausnahme ist wiederum eine exakte Deutung der Norm nötig, um zu bestimmen, welche Rechtsfragen wirklich ausgenommen sind, und welche so eng mit dem Vertragsrecht zusammengehören, dass sie mit unter Art. 3 ff. Rom I-VO fallen. Die Verträge, die ein Vertreter für den Vertretenen abschließt, unterfallen der Rom I-VO. Der Vertrag, der zwischen dem Vertreter und dem Vertretenen besteht, also der Vertrag, auf dem die Vertretungsmacht beruht, unterfällt auch der Rom I-VO. Die Stellvertretung als solche fällt jedoch nicht unter die Rom I-VO, sondern es gilt weiterhin das autonome nationale Kollisionsrecht. Seit dem 17.6.2017 findet sich in Deutschland dazu eine Regelung in Art. 8 EGBGB.[462]

---

461 Schulze/*Dörner*, BGB, Art. 10 Rom II-VO Rn. 2; BeckOK/*Spickhoff*, BGB, Art. 10 Rom II-VO Rn. 6.
462 Näher BeckOK/*Mäsch*, BGB, Art. 8 EGBGB Rn. 1 ff.

## 3. Wichtige Kollisionstatbestände

### a) Vorrang der Rechtswahl

579 Die Parteiautonomie – also die **Rechtswahlfreiheit** – wurde in der Rom I-VO an vorderste Stelle gesetzt (Art. 3 Rom I-VO). Ein Vertrag unterliegt also dem Recht, welches die Parteien gewählt haben. Als die Rom I-VO entstand, war viel diskutiert worden, ob man den Parteien ermöglichen sollte, auch **„nichtstaatliches"** Recht, also z.B. Normkataloge wie die UNIDROIT- oder die Lando-Grundregeln als solche zum auf den Vertrag anzuwendenden Recht zu wählen. Damit hätte man diese Normkataloge stärken können. Die Rom I-VO hat aber letztlich diese Möglichkeit *nicht* eingeräumt. Die Parteien müssen also für eine Rechtswahl i.S.d. Art. 3 Rom I-VO das Recht eines Staats wählen.

580 Für die Wirkung der Rechtswahl gelten Einschränkungen. Hat der Vertrag keine Auslandsbeziehung, so kann nicht mit einer Rechtswahl zwingendes nationales Recht „abgewählt" werden (Art. 3 Abs. 3 Rom I-VO). Parallel gilt, dass **zwingendes Recht der EU nicht abgewählt** werden kann, wenn der Vertrag keinen Bezug zu einem Staat außerhalb der EU hat (Art. 3 Abs. 4 Rom I-VO). Weitere Einschränkungen finden sich in den Regelungen zu den besonderen Verträgen, wie den Verbraucher- oder Arbeitsverträgen.

### b) Allgemeine Anknüpfungsregeln

581 Die gesetzlichen Anknüpfungsregeln, die für den Fall greifen, dass eine wirksame Rechtswahl nicht erfolgt ist, sind in Art. 4 Rom I-VO enthalten. Hier findet sich zunächst eine Liste für verschiedene Vertragsarten, die auf dem vertrauten Grundsatz aufbaut, dass im Allgemeinen das Recht angewendet wird, das **am gewöhnlichen Aufenthalt der Partei gilt, die die charakteristische Leistung erbringt** (beim Kauf also der Verkäufer, der die Ware liefert, vgl. Art. 4 Abs. 1 lit a) Rom I-VO). Diese entscheidende Bedeutung der charakteristischen Leistung gilt nach Art. 4 Abs. 2 Rom I-VO auch dann, wenn keiner der in Abs. 1 besonders genannten Verträge vorliegt.

Von diesem Abstellen auf die charakteristische Leistung werden aber dann Ausnahmen gemacht, wenn nicht der Erbringer dieser Leistung, sondern eher die andere Vertragspartei schutzwürdig erscheint. So ist es nach Art. 4 Abs. 2 lit e) und f) bei Franchiseverträgen und Handelsvertreterverträgen. Franchiseverträge sind eigentlich Dienstleistungsverträge i.S.d. Art. 4 Abs. 1 lit b). Aber der Verordnungsgeber wollte nicht an den Aufenthalt des Dienstleisters (Franchisegeber) anknüpfen, weil er bei Franchisenehmern ein besonderes Schutzbedürfnis sah. Beim Handelsvertretervertrag ist es ähnlich. Auch der Handelsvertreter kann leicht übervorteilt und ausgenutzt werden.

In Abs. 3 ist eine sogenannte Ausweichklausel aufgenommen worden. Solche Klauseln sind im IPR allgemein verbreitet. Danach müssen Abs. 1 und 2 übergangen werden, wenn der Vertrag eine „offensichtlich engere" Verbindung zu einem anderen Staat aufweist.[463]

---

[463] Zu den Schwierigkeiten, die die Ausweichklausel in Art. 4 Abs. 5 EVÜ bereitet, aber *Mankowski*, IPRax 2003, 464, der darauf hinweist, dass die allgemeine Ausweichklausel gegenwärtig gerne dazu verwendet wird, dem nationalen Kollisionsrecht durch das Hintertürchen zur Geltung zu verhelfen.

### c) Verbraucherverträge

Für Verbraucherverträge bringt Art. 6 Rom I-VO eine **Sonderregelung**. Beim kollisionsrechtlichen Verbraucherschutz zeigt sich der Gegensatz zwischen den Interessen des Unternehmers und des Verbrauchers besonders deutlich. Für den Unternehmer ist es sehr aufwändig, mit dem für ihn im Voraus nicht erkennbaren, völlig beliebigen Heimatrecht des Verbrauchers konfrontiert zu sein. Der Verbraucher bedarf jedoch gerade hier des Schutzes, denn er soll ja insbesondere grenzüberschreitend konsumieren. Damit er dies vertrauensvoll tun kann, sollte er **möglichst wenig fremden Normen** ausgesetzt sein.

582

Es gibt mehrere Möglichkeiten, den Verbraucher bei grenzüberschreitenden Rechtsgeschäften zu schützen. Denkbar wäre es etwa gewesen, dem Verbraucher im grenzüberschreitenden Verkehr nur das in den Richtlinien festgelegte Recht zu sichern, nicht aber verbraucherfreundlicheres Heimatrecht. So ähnlich wurde es auch in der 1. Option des Grünbuchs vorgeschlagen.[464] Das wäre für den Unternehmer eigentlich gut zu bewältigen. Der Verbraucher würde aber möglicherweise nicht hinreichend Vertrauen fassen.

Eine umfassendere Lösung hätte auch vorsehen können, dass für Verbraucherverträge immer das Recht des gewöhnlichen Aufenthalts des Verbrauchers gelten würde. Das allerdings wäre für den Unternehmer sehr belastend gewesen. Man muss bedenken, dass er ja das Heimatland des Verbrauchers vor Vertragsschluss oft gar nicht erfährt.

Deshalb wurde in Art. 6 Abs. 1 Rom I-VO schließlich eine **merkwürdig komplizierte Regelung** eingeführt. Danach gilt das Recht des Staats, in dem der Verbraucher seinen gewöhnlichen Aufenthalt hat, nur dann, wenn der Unternehmer entweder **seine berufliche oder gewerbliche Tätigkeit in diesem Staat ausübt**, oder zumindest seine Tätigkeit auf irgendeine Weise **auf diesen Staat „ausgerichtet"** hat. So wird erhebliche Rücksicht auf die Belange des Unternehmers genommen. Mit dieser Lösung scheinen daher eher die Interessen des Unternehmers als die des Verbrauchers angemessen berücksichtigt zu sein.[465] Das Normverständnis sollte daher nicht zu eng sein.

583

In der Praxis geht es hierbei fast immer um Internetseiten. In Bezug auf diese lässt sich bei der Auslegung des Kriteriums des „Ausrichtens" der Schutz des Verbrauchers gut verwirklichen. Da der Begriff des „Ausrichtens" aus Art. 15 EuGVVO a.F. (inzwischen Art. 17 EuGVVO) übernommen wurde, besteht bereits recht viel Rechtsprechung dazu, die weitgehend in das IPR übernommen werden kann (näher sogleich im Beispiel).[466]

Man sollte bei der Anwendung immer daran denken, dass der Verbraucher sich – zumindest im Binnenmarkt – vertrauensvoll bewegen dürfen soll (siehe dazu auch noch Rn. 588). Das muss auch gelten, wenn er Rechtsgeschäfte über das Internet tätigt.

---

464 Zum Ganzen aufschlussreich *W.-H. Roth*, FS Sonnenberger, 2004, S. 591, 599 ff.; Stellungnahme des Max-Planck-Instituts, RabelsZ 68 (2004), 1, 48 ff.
465 Näher *Rühl*, GPR 2006, 196, 198, die aber im Ergebnis von einem „angemessenen Ausgleich" spricht.
466 Zum Begriff des „Ausrichtens" Palandt/*Thorn*, BGB, Art. 6 Rom I-VO Rn. 6 f.; MünchKommBGB/*Martiny*, Art. 6 Rom I-VO Rn. 38 ff.; Staudinger/*Magnus*, BGB, Art. 6 Rom I-VO Rn. 112 ff.

Wenn er aber eine ausländische Seite aufsucht, die in keiner Weise auf seinen Aufenthaltsstaat ausgerichtet ist, indem sie z.B. weder Versandkosten dorthin angibt, noch diese Sprache verwendet, dann muss er damit rechnen, dass auf den Vertrag ausländisches Recht angewendet wird.

584 Im **Beispiel 25** (Rn. 557) geht es um die Frage, wann eine Internetseite auf den Wohnsitzstaat des Verbrauchers ausgerichtet ist. Das OLG Köln hatte im Wohnmobilfall ein „Ausrichten" abgelehnt. Das ist kaum nachvollziehbar. Denn sowohl die Verwendung der Hinweise darauf, dass Niederländisch gesprochen wird, als auch die Straßenkarte zeigen, dass der Händler gezielt Kunden aus den Niederlanden ansprechen wollte. Der BGH hat dem EuGH daher auch eine andere Frage vorgelegt: Er wollte wissen, ob die Norm auf Verträge beschränkt sei, bei welchen der Vertragsschluss letztlich im Fernabsatz erfolge.[467] Das ist eine bekannte Streitfrage, die der EuGH letztlich in dem vom österreichischen OGH eingeleiteten, parallelen Verfahren Mühlleitner verneint hat, um nicht den Verbraucherschutz bei Internetkäufen zu schwächen.[468] Das überzeugt ohne weiteres. In Hinblick auf den Wortlaut der Norm gibt es keine Probleme. Denn danach reicht ja gezielte *Werbung* jedenfalls aus. Und eine Internetseite enthält immer solche Werbung.[469] Bei der kollisionsrechtlichen Interessenabwägung braucht keine Rücksicht auf den Unternehmer genommen zu werden, denn er hat sich völlig freiwillig auf den fremden Markt begeben.

In der Sache **Emrek** ging der EuGH noch weiter: Hier ging es darum, ob die Verbrauchervorschriften auch eingreifen, wenn der Händler seine Tätigkeit zwar auf den fremden Staat ausgerichtet hat, der Verbraucher dies aber gar nicht wusste. Hier entschied der EuGH, dass das Ausrichten noch nicht einmal kausal für den Vertragsschluss geworden sein muss.[470] Ob diese Rechtsprechung, die wiederum zur Zuständigkeit nach der EuGVVO a.F. erfolgte, auf die Rom I-VO übertragen werden kann, ist nicht sicher. Denn Erwägungsgrund 24 setzt eine Verbindung von Ausrichten und Vertragsschluss ziemlich eindeutig voraus.[471] Jenseits des Wortlauts der Verordnung muss man bedenken, dass der Verbraucher sich in einem solchen Fall „aktiv" in das Ausland bewegt hat, um dort einen Vertrag zu schließen. Die Rom I-VO trifft die Wertung, dass er in einem solchen Fall das Eingreifen seines eigenen Rechts **nicht erwarten** könne.

Wenn keiner der in Art. 6 Abs. 1 Rom I-VO beschriebenen Fälle vorliegt, bleibt es nach Abs. 3 bei den **allgemeinen Regeln**, also greift Art. 4 Rom I-VO.

585 Nach Art. 6 Abs. 2 Rom I-VO ist auch die **Rechtswahl beschränkt**. Die Regelung ist kompliziert. Sie sagt nicht einfach, dass die zwingenden Normen des Verbraucherschutzes, die im Aufenthaltsstaat des Verbrauchers gelten, nicht abbedungen werden dürfen, sondern sie verlangt einen **Günstigkeitsvergleich**. Das bedeutet, dass zunächst das gewählte Recht angewendet werden muss, sodann ist das Recht des gewöhnlichen Aufenthaltsstaats des Verbrauchers zu prüfen, und nur wenn Letzteres zu einem für den Verbraucher günstigeren Ergebnis führt, wird das vom gewählten Recht erreichte Ergebnis korrigiert. Auch diese Einschränkung greift aber ihrem klaren Wortlaut nach **nur für die in Abs. 1** beschriebene Konstellation, also nur, wenn

---

467 *BGH* EuZW 2012, 236; ablehnend in der Vorinstanz *OLG Köln* NZM 2010, 495 ff. Die Vorlage bezog sich auf den insoweit wortgleichen Art. 15 EuGVVO a.F.
468 *EuGH* NJW 2012, 3225 (Mühlleitner).
469 Rauscher/*Heiderhoff*, EuZPR/EuIPR, Art. 6 Rom I-VO Rn. 33 ff.
470 *EuGH* NJW 2013, 3504 (Emrek).
471 Näher dazu *Rühl*, FS Coester-Waltjen, 2015, S. 697, 703 ff.

der Unternehmer sein Tun auf den Aufenthaltsstaat des Verbrauchers ausgerichtet hat.

Der EuGH hat in der Entscheidung **Amazon** ausgesprochen, dass die Rechtswahl in AGB dann missbräuchlich ist, wenn sie den Verbraucher über die anzuwendenden Vorschriften in die Irre führt.[472] Daher hat er verlangt, dass eine solche AGB den Verbraucher darauf hinweist, dass ihm günstige Vorschriften des Rechts an seinem gewöhnlichen Aufenthalt sich durchsetzen. Wie genau das richtig und zugleich klar geschehen kann, ist schwer vorstellbar.[473]

Durch die insgesamt doch sehr zurückhaltende Regelung in Art. 6 Rom I-VO kommt es, dass die Rom I-VO insgesamt die zersplitterten Kollisionsnormen aus den Richtlinien nicht vollständig ersetzt. Denn diese sichern dem Verbraucher den Standard der Richtlinien typischerweise zwingend zu, ohne dass es auf die zusätzlichen Kriterien des Art. 6 Abs. 1 Rom I-VO ankommt. Immerhin werden diese unwichtiger, weil es oft doch schon durch Art. 6 Rom I-VO zur Anwendung des dem Verbraucher günstigeren Rechts kommt. In Deutschland sind die dennoch weiterhin nötigen Restnormen in Art. 46b EGBGB zusammengefasst umgesetzt (dazu auch noch unten Rn. 599). 586

### d) Eingriffsnormen

Nach Art. 9 Rom I-VO gibt es auch Normen, die trotz einer kollisionsrechtlichen Verweisung auf ausländisches Recht oder einer Rechtswahl anwendbar bleiben: die sogenannten Eingriffsnormen. Es handelt sich um Normen, welche so bedeutsam sind, dass sie nicht nur für nationale, sondern **auch für internationale Rechtsgeschäfte zwingend gelten** sollen. Art. 9 Rom I-VO überlässt die Entscheidung darüber, welche Normen solchermaßen international zwingend sind, den jeweils betroffenen Staaten. Es wird aber in jedem Fall verlangt, dass die Norm von dem Staat als entscheidend für die Wahrung des „öffentlichen Interesses, insbesondere seiner politischen, sozialen oder wirtschaftlichen Organisation" angesehen wird. Indem die Zahl der Eingriffsnormen gering gehalten wird, soll eine Erschwerung des grenzüberschreitenden Geschäftsverkehrs verhindert werden. Man erkennt hier Ansätze vom **Herkunftslandprinzip**, denn ein zu weites Verständnis von nationalem Ordnungsrecht könnte leicht Importeure behindern.[474] 587

Früher war die Diskussion darüber, ob **Normen des Verbraucherschutzrechts** Eingriffsnormen sein können und somit über das Maß des Verbraucherkollisionsrechts (also Art. 6 Rom I-VO) hinaus zwingend anwendbar sein können, sehr breit geführt worden.[475] Das lag daran, dass es empfindliche Lücken im kollisionsrechtlichen Verbraucherschutz gab, die unbedingt geschlossen werden mussten. Im ersten Moment ist man überrascht, wenn man feststellt, dass diese Diskussion nicht beendet ist. Grund dafür ist die oben beschriebene, enge Fassung des Art. 6 Rom I-VO, der meist nicht als ausschließliche Sonderregelung verstanden wird.[476] Allerdings scheitert eine 588

---

472 *EuGH* NJW 2016, 2727 (Amazon).
473 *Mankowski*, NJW 2016, 2705.
474 Nur *Bitterich*, GPR 2006, 161.
475 *Hoffmann/Primaczenko*, IPRax 2007, 173.
476 Nachdrücklich weiterhin Schulze/*Staudinger*, BGB, Art. 9 Rom I-VO Rn. 6.

Anwendung des Art. 9 Rom I-VO nach h.A. zumindest meistens an der Voraussetzung des „öffentlichen Interesses". Verbraucherschutzrecht hat in erster Linie eine **individuelle Schutzrichtung**, kann aber auch öffentliche Interessen betreffen.[477] Das gilt gerade für das Interesse der EU, Verbrauchervertrauen aufzubauen. Geht es nur um individuellen Schutz, so kann man in extremen Fällen, die sich aber kaum innerhalb des Binnenmarkts vorstellen lassen, auch Art. 21 Rom I-VO (ordre public) heranziehen.

### e) Verkehrsschutz vor Minderjährigenschutz

589 Eine Regelung, die besonders interessant ist, wenn man sich mit Rechtsprinzipien und Grundgedanken beschäftigen möchte, findet sich in Art. 13 Rom I-VO. Danach kann sich eine Person nicht darauf berufen, dass sie nach ihrem Heimatrecht geschäftsunfähig oder beschränkt geschäftsfähig ist, wenn der Vertrag einem anderen Recht unterliegt. Anders ist es nur, wenn der Vertragspartner bei Vertragsschluss diese Geschäftsunfähigkeit kannte oder fahrlässig nicht kannte. Hinzukommen muss allerdings, dass sich bei Vertragsschluss beide Personen in demselben Staat befunden haben. Hiervon sind vor allem Minderjährige betroffen.

Mit dieser Regelung geht die Rom I-VO **genau umgekehrt vor wie das deutsche Recht**, das in den §§ 104 ff. BGB den Minderjährigenschutz über den Verkehrsschutz setzt und eine Gutgläubigkeit des Vertragspartners bis auf die geringe Ausnahme in § 109 Abs. 2 BGB nicht berücksichtigt. Die Regelung wurde aus Art. 11 EVÜ übernommen, obwohl sie in Deutschland sehr kritisch beurteilt wurde.[478] Sie hat einen relativ engen Anwendungsbereich. Dafür zeigt sie aber besonders deutlich die **Stoßrichtung des EU-Privatrechts**. Die Vereinfachung des grenzüberschreitenden Geschäftsverkehrs wird hier wichtiger genommen, als der Schutz einer für den Binnenmarkt nicht allzu bedeutenden – allerdings an sich besonders schutzwürdigen – Personengruppe.

### f) Weitere Rechtsfragen

590 In der Rom I-VO finden sich schließlich Kollisionsnormen für einige weitere Rechtsfragen, wie **Abtretung**, **Aufrechnung** und **Gesamtschuld**. Wie schwierig es ist, hier präzise das anwendbare Recht zu bestimmen, zeigt vor allem Art. 14 Rom I-VO, der für die Abtretung gilt. Bei einer Abtretung sind notwendigerweise mindestens drei Personen betroffen, deren Interessen miteinander vereinbart werden müssen. Um den Schutz des Schuldners zu erreichen, ist in Art. 14 Abs. 2 Rom I-VO bestimmt, dass sich alle die Rechte des Schuldners betreffenden Rechtsfragen nach dem Recht richten sollen, welches auch für die Forderung gilt. Schwierigere Fragen, wie etwa danach, welches Recht Konflikte bei mehrfachen Abtretungen regelt, sind aber nicht gelöst.

591 Im **Beispiel 25** (Rn. 557) kommt es schließlich zu einer Aufrechnung und es muss geprüft werden, welches Recht für die Voraussetzungen und Folgen der Aufrechnung gilt. Nach Art. 17 Rom I-VO gilt für die Aufrechnung das Recht der Hauptforderung (Passivforde-

---

477 Differenzierend Palandt/*Thorn*, BGB, Art. 9 Rom I-VO Rn. 8.
478 MünchKommBGB/*Spellenberg*, Art. 12 EGBGB Rn. 1 ff.

rung). Da die Hauptforderung (Schadensersatz wegen der verspäteten Rückgabe des Wohnmobils) nach hier vertretener Auffassung niederländischem Recht unterliegt, richten sich Zulässigkeit und Wirksamkeit der Aufrechnung also ebenfalls nach niederländischem Recht.

## III. Die Rom II-VO und ihre Lücken

### 1. Grundsätzliches

Die Verabschiedung der Rom II-VO erfolgte letztlich sogar fast ein Jahr vor der Rom I-VO, nämlich am 11.7.2007. Sie trat am 11.1.2009 in Kraft. **592**

Auf den ersten Blick kommt einem das außervertragliche Recht gar nicht allzu marktrelevant vor. Man muss aber bedenken, dass sich die Marktakteure **in einem freien Binnenmarkt auch frei bewegen**. Daher treffen sie vermehrt aufeinander und es kann folglich zu Unfällen oder sonstigen Haftungskonstellationen kommen.

### 2. Internationaler und sachlicher Anwendungsbereich

Die Rom II-VO gilt unabhängig davon, ob der Sachverhalt einen Bezug zu einem Mitgliedstaat hat. Sollte ein deutsches Gericht zuständig sein, obwohl eine solche Verbindung nicht besteht (z.B. infolge einer Gerichtsstandsvereinbarung), so wendet es für die kollisionsrechtlichen Fragen also trotzdem die Rom II-VO an. Art. 3 Rom II-VO stellt klar, dass auch ein Recht zur Anwendung kommen kann, das nicht das Recht eines Mitgliedstaats ist. **593**

Die Rom II-VO erfasst „außervertragliche Schuldverhältnisse". Zur teilweise problematischen Abgrenzung von außervertraglichen und vertraglichen Schuldverhältnissen soeben Rn. 572 ff.

Auch in der Rom II-VO sind einige Komplexe ausgenommen worden, weil die Einigung auf eine Regelung zu schwierig erschien. Das gilt besonders für die **Persönlichkeitsrechtsverletzungen**. Wenn man bedenkt, dass die EU gerade den digitalen Rechtsverkehr unbedingt fördern möchte, und dass internationale Persönlichkeitsrechtsverletzungen vor allem im **Internet** vorkommen, dann ist das besonders bedauerlich. Zu beachten ist, dass der EuGH für Persönlichkeitsrechtsverletzungen zumindest soweit es nur um Unterlassungsansprüche geht, Art. 4 Abs. 1 lit a) Datenschutz-RL anwendet.[479] Nach dieser Kollisionsnorm, die auch auf private Datenverantwortliche anzuwenden ist, gilt das die Richtlinie umsetzende Recht eines Mitgliedstaats insbesondere für „jede Verarbeitung personenbezogener Daten", die im Rahmen der Tätigkeiten einer Niederlassung in diesem Mitgliedstaat ausgeführt wird. Die Richtlinie gilt jedoch nicht für Ansprüche auf Ersatz von immateriellen Schäden gegen Private, so dass diese weiter nach nationalem Kollisionsrecht zu behandeln sind.

---

[479] *EuGH* NJW 2014, 2257 (Google Spain).

## 3. Die wesentlichen Anknüpfungstatbestände

### a) Der allgemeine Deliktstatbestand

594 Im Deliktsrecht ist es zunächst sehr einfach, eine Anknüpfungsregel zu bestimmen. Da man im IPR immer den Ort sucht, zu dem die engste Verbindung besteht, ist es nur natürlich, den **Tatort** zu wählen. Auch Art. 4 Rom II-VO bestimmt die Tatortanknüpfung als Ausgangspunkt.

Schon bei etwas näherem Hinsehen tritt aber ein Problem auf: Es ist nämlich nicht bei allen Delikten einfach zu bestimmen, wo der Tatort anzusiedeln ist. Als Bilderbuchfall kann man sich den Täter vorstellen, der in Staat A Gift in einen Fluss einleitet. Durch das vergiftete Wasser treten in Staat B und C Schäden ein. Gleich in Art. 4 Abs. 1 Rom II-VO wird diese Frage geklärt, indem eine Anknüpfung an den Ort bestimmt wird, **an dem der Schaden eintritt** (der „Erfolgsort"). Abs. 2 und Abs. 3 enthalten zwei wichtige Ausnahmen: Verdrängt wird das Tatortprinzip zum einen bei einem **gemeinsamen gewöhnlichen Aufenthaltsort** von Schädiger und Geschädigtem, zum anderen bei einer **sonstigen engeren Verbindung** des Sachverhalts zu einem anderen Staat.

### b) Produkthaftung als deliktischer Sondertatbestand

595 Die Produkthaftung ist für den Binnenmarkt besonders interessant. Sowohl der Schutz des Verbrauchers, der durch das Produkt geschädigt wird, als auch der Schutz des Unternehmers, der ein schadhaftes Produkt hergestellt hat, stellen relevante Interessen dar. Letzteres mag überraschen. Aber man muss daran denken, dass ein Produzent in aller Regel nicht etwa vorsätzlich, oder auch nicht einmal unbedingt fahrlässig handelt. Häufig geht es um Gefährdungshaftung.

Die betroffenen Produkthaftungsfälle sind zugleich immer **Distanzdelikte**, weil das Produkt in einem Staat hergestellt wurde und dann in einem anderen Staat den Schaden verursacht hat.[480] Noch über das soeben schon Dargestellte hinaus gibt es unterschiedliche Anknüpfungsmöglichkeiten, die vom Ort der Produktion über den Ort der Vermarktung bis zum Ort des Schadenseintritts reichen.

Bei der Normentwicklung mussten die spezifisch unionsrechtlichen Ziele eingebracht werden. Der Schutz des Verbrauchers spricht für eine Anknüpfung an dessen gewöhnlichen Aufenthalt, der Schutz des Unternehmers dagegen für eine Anknüpfung an den Sitz des Herstellers. Ähnlich wie in Art. 6 Rom I-VO wurde auch hier versucht, einen **Kompromiss** zwischen beiden zu erreichen. Das Ergebnis findet sich nun in Art. 5 Rom II-VO.

### c) Rechtswahl beim Delikt

596 Es wird viel diskutiert, wie weit die Rechtswahlfreiheit im Deliktsrecht gehen kann. Nach Art. 14 Rom II-VO kann sie nun **im Allgemeinen nur nachträglich** erfolgen. Im Unternehmerverhältnis (B2B) ist jedoch auch eine Rechtswahl im Voraus zulässig. Das ist eine überzeugende Lösung. Nur auf den ersten Blick erscheint es besorg-

---

480 *OLG Düsseldorf* NJW 1980, 533; *OLG Köln* VersR 1993, 110; *OLG Köln* NJW 2004, 521.

niserregend, dass derjenige, der deliktische Handlungen vornehmen wird, bereits im Voraus das Recht wählen darf, welches später für seine Haftung gelten wird. Fälle, in welchen die Rechtswahl für deliktische Ansprüche im Voraus vorgenommen wird, sind jedoch in der Regel überhaupt nicht missbräuchlicher Art. Vielmehr entstehen deliktische Ansprüche häufig innerhalb bestehender Vertragsbeziehungen. Sie liegen dann sogar oftmals **parallel mit vertraglichen Ansprüchen**. Es ist dann praktisch, dass für alle Ansprüche ein einziges Recht gilt. Es entspricht der allgemeinen Idee vom Vorrang der Parteiautonomie, dass dies ein von den Parteien gewähltes Recht sein kann.[481] Für den Fall, dass in solchen Konstellationen keine Rechtswahl vorliegt, sieht Art. 4 Abs. 3 Rom II-VO übrigens eine Ausweichklausel vor. Danach wird das Recht angewendet, welches für die vertragliche Beziehung gilt.

### d) Die Anknüpfung sonstiger außervertraglicher Schuldverhältnisse

597 Die Anknüpfung der sonstigen außervertraglichen Schuldverhältnisse nimmt in der Rom II-VO eher geringen Raum ein. In den Art. 10 und 11 Rom II-VO wird versucht, diese möglichst akzessorisch zu zwischen den Parteien schon bestehenden Rechtsverhältnissen anzuknüpfen.

Die **ungerechtfertigte Bereicherung** ist in Art. 10 Rom II-VO geregelt. Die Problematik der Abgrenzung zu Art. 12 lit e) Rom I-VO wurde oben bereits erörtert. Aus deutscher Sicht ist es interessant, dass die Tatbestände, welche die Rom II-VO als „ungerechtfertigte Bereicherung" einordnet, zunächst weitgehend in zwei Gruppen eingeteilt werden: Solche, die – in einem uns nicht vertrauten Sprachgebrauch – „vertraglicher" Art sind (wie die Leistungskondiktion) und solche, die „deliktischer" Art sind (wie die Eingriffskondiktion).

Nur wenn beides verneint werden muss, wie zum Beispiel bei einer „abgeirrten" Leistung, greift Art. 10 Abs. 3 Rom II-VO, welcher auf das Recht des Staats abstellt, in dem die Bereicherung eingetreten ist.

598 Bei der Regelung über die **GoA** in Art. 11 Rom II-VO muss man sich klar machen, dass es sich bei dieser um eine gar nicht allgemein verbreitete Konstruktion handelt. Für den Fall, dass keine vertragliche Beziehung zwischen den Parteien besteht und auch nicht beide denselben Aufenthaltsstaat haben, soll auf den Ort der Geschäftsführung abgestellt werden. Diese Regel ist wohl allgemein akzeptiert, aber die Norm enthält keine Regelung für den Fall, dass Handlungsort und Erfolgsort auseinanderfallen, obwohl dies bei der internationalen GoA – ebenso wie bei der internationalen unerlaubten Handlung – gerade eine wichtige Frage ist. Die h.A. stellt auf den Erfolgsort ab.[482]

---

481 Auch *Schaub*, RabelsZ 66 (2002), 18, die meint, die Grundfreiheiten verlangten sogar die Möglichkeit der anfänglichen Rechtswahl.
482 Nur Palandt/*Thorn*, BGB, Art. 11 Rom II-VO Rn. 8.

## IV. Kollisionsrecht im sekundären EU-Recht

### 1. Allgemeines

599 In vielen Richtlinien finden sich Normen, die den internationalen Anwendungsbereich der jeweiligen Richtlinie selbst bestimmen.[483] Erst in den allerjüngsten Richtlinien – vor allem in der Verbraucherrechte-RL – wurde diese Regelungstechnik geändert und es erfolgt nur noch ein kurzer Verweis auf die Rom I-VO. Diese Normen kann man als **Kollisionsrecht im weiteren Sinne** einordnen, denn jedenfalls machen diese Normen Aussagen zu dem auf den grenzüberschreitenden Sachverhalt anzuwendenden Recht. Sie gelten neben der Rom I-VO weiter und sind in Deutschland alle gesammelt in Art. 46b EGBGB umgesetzt. Insbesondere Art. 6 Rom I-VO und Art. 46b EGBGB haben nun einen sich überschneidenden Anwendungsbereich. Dabei ist Art. 46b EGBGB im Grunde sehr eng. Denn die aus den Richtlinien stammenden Vorschriften gelten ausnahmslos nur, wenn eine Rechtswahl erfolgt ist. Es muss zudem das Recht eines Nicht-Mitgliedstaats gewählt worden sein. Anders ausgedrückt greifen die Vorschriften nur, wenn die Parteien versucht haben, die Richtlinie abzuwählen.

Liegt eine solche Rechtswahl vor, so kann Art. 46b EGBGB allerdings **inhaltlich über die Rom I-VO hinausgehen**. Denn er ist grundsätzlich für alle Vertragsarten anwendbar, während Art. 6 Abs. 4 Rom I-VO einige Verträge ausnimmt. Art. 6 Rom I-VO gilt außerdem wie gezeigt nur dann, wenn der Unternehmer seine Tätigkeit im Aufenthaltsstaat des Verbrauchers ausübt oder dorthin „ausrichtet". Voraussetzung für ein Eingreifen des Art. 46b EGBGB ist dagegen nur „ein enger Zusammenhang" zu einem Mitgliedstaat der EU.

### 2. Der Günstigkeitsgrundsatz

600 Das klassische Problem, welches im Bereich des Art. 46b EGBGB diskutiert wird, ist die Frage, ob ein Günstigkeitsgrundsatz gelten soll. Das würde bedeuten, dass für den Verbrauchervertrag zunächst das durch Rechtswahl gewählte Recht anzuwenden wäre. Nur die konkreten Verbraucherschutzregelungen, die **für den Verbraucher inhaltlich günstiger** wären als das gewählte Recht, würden **zusätzlich eingreifen**.[484] Die deutsche Umsetzung geht nicht so vor. Art. 46b EGBGB bestimmt, dass im Fall der Rechtswahl das Verbraucherschutzrecht des Staates gilt, mit dem der Vertrag eine enge Verbindung aufweist.[485] Das widerspricht nicht den Richtlinien.[486] Wenn es dort regelmäßig heißt, die Mitgliedstaaten müssten dafür Sorge tragen, dass der Verbraucher den von der Richtlinie vorgesehenen Schutz durch Rechtswahl nicht verliert, so

---

[483] So Art. 6 Abs. 2 Klausel-RL; Art. 9 Abs. 2 Teilzeitnutzungsrechte-RL; Art. 12 Kulturgüterschutz-RL; Art. 7 Abs. 2 Verbrauchsgüterkauf-RL; Art. 3 Abs. 4, 12 Abs. 2 und 16 FAF-RL; Art. 3 E-Commerce-RL.

[484] Dafür insbesondere Schulte-Nölke/Schulze/*Leible*, Europäische Rechtsangleichung und nationale Privatrechte, 1999, S. 353, 364.

[485] Nur Palandt/*Thorn*, BGB, Art. 46b EGBGB Rn. 5.

[486] Wie hier *Paefgen*, ZEuP 2003, 266, 279 noch zu Art. 29a EGBGB; a.A. Ferrari/*Staudinger*, Internationales Vertragsrecht, Art. 46b EGBGB Rn. 34; MünchKommBGB/*Martiny*, Art. 46b EGBGB Rn. 15, 74 ff.

wird dies durch die Anwendung des Rechts jeden anderen Mitgliedstaats gewährleistet.[487] Problematisch ist dies nur, wenn der Mitgliedstaat, zu welchem der Vertrag eine enge Verbindung aufweist, die Richtlinie nicht korrekt umgesetzt hat. Hier sollte entsprechend dem Zweck der kollisionsrechtlichen Bestimmung vorgegangen und das Recht des Forumstaats angewendet werden.[488]

## V. Allgemeine Grundsätze

### 1. Grundfreiheiten und anzuwendendes Recht

Bisher wurden die geschriebenen Regelungen des IPR und einzelne daraus entstehende Anwendungsprobleme vorgestellt. In der EU gibt es aber auch eine große, nicht auf einzelne Normen bezogene Diskussion, die das anwendbare Recht betrifft. Von grundsätzlichster Bedeutung sind das **Herkunftsland- bzw. das Anerkennungsprinzip**. Dahinter verbirgt sich ein unmittelbarer Bezug zu den Grundsätzen des Binnenmarkts. Schon oben (Rn. 566) war gezeigt worden, dass die Freizügigkeit der EU-Bürger beeinträchtigt sein kann, wenn das Kollisionsrecht für jede Grenzüberschreitung einen Statutenwechsel bedeutet. Das ist besonders in Bezug auf den Namen aufgefallen und der EuGH hat, wie oben Rn. 45 ff. gezeigt, entschieden, dass eine Person einen Namen, der in einem Mitgliedstaat bereits erworben wurde, bei einer Aufenthaltsverlegung in einen anderen Mitgliedstaat nicht mehr verlieren darf.

601

Man spricht in Hinblick auf den Namen üblicherweise vom „Anerkennungsprinzip", weil ein einmal in einem Mitgliedstaat rechtmäßig geführter Name in allen anderen Mitgliedstaaten „anerkannt" werden muss.

602

Auch im Gesellschaftsrecht gilt der Grundsatz der gegenseitigen Anerkennung. Das bedeutet, dass eine in einem Mitgliedstaat wirksam gegründete Gesellschaft in den anderen Mitgliedstaaten anerkannt werden muss, wenn sie ihren Sitz dorthin verlegt.[489] Früher galt dagegen die **Sitztheorie**, die alle eine Gesellschaft betreffenden Rechtsfragen dem Recht des Orts unterwirft, an dem sie ihren Sitz hat. Bei einer Verlegung des Sitzes in einen anderen Mitgliedstaat wechselt danach das Statut der Gesellschaft. Das machte Sitzverlegungen schwierig, für bestimmte Gesellschaftsformen auch unmöglich. Heute wird die **Gründungstheorie** angewendet: Das Statut, welches die Gesellschaft bei ihrer Gründung hat, bleibt danach auch bei einer Sitzverlegung erhalten.[490] Der klassische Beispielsfall ist die englische „Limited", die sich in England recht einfach gründen lässt und die früher nicht die Möglichkeit hatte, ihren tatsächlichen Sitz nach Deutschland zu verlegen. Wegen der Niederlassungsfreiheit muss ein solcher Umzug heute aber möglich sein. Erreicht wird dies, indem nunmehr

---

487  Wie hier auch Lando/Magnus/Novak-Stief/*Staudenmayer*, Angleichung des materiellen und des internationalen Privatrechts in der EU, 2003, S. 57, 65 f.
488  Wie hier auch Grabitz/Hilf/*Pfeiffer*, Das Recht der EU, Band IV, 2009, A 5 Art. 6 Rn. 42.
489  *EuGH* Slg. 2002, 9919 (Überseering); *EuGH* Slg. 2003, 10159 (Inspire Art); zur dadurch entfachten Diskussion zusammenfassend *Kieninger*, ZEuP 2004, 685; heute dreht sich die Diskussion aber eher um die Wegzugsfreiheit. Dazu hat der *EuGH* in der Sache Polbud (NJW 2017, 3639) für einen Fall entschieden, in welchem eine Gesellschaft nur ihren Satzungssitz ins Ausland verlegt hatte, dazu in Bezug auf Art. 49, 54 AEUV *Streinz*, JuS 2018, 822.
490  Zu allem MünchKommGmbHG/*Weller*, Einleitung, Rn. 320 ff.

im Kollisionsrecht regelmäßig das Recht des Gründungsorts angewendet wird, wenn eine in einem anderen Mitgliedstaat gegründete Gesellschaft ihren tatsächlichen Sitz nach Deutschland verlegt.[491]

603 Solche Konflikte zwischen einem im klassischen Kollisionsrecht abgebildeten staatlichen Ordnungsinteresse und den Grundfreiheiten treten nicht nur beim Umzug von Personen und Gesellschaften auf. Beim grenzüberschreitenden Anbieten von Dienstleistungen können ebenfalls behindernde Effekte eintreten.

Im Bereich des **E-Commerce** wird dies besonders relevant, weil der Betreiber einer Internetseite, die von einem Mitgliedstaat aus in alle anderen Mitgliedstaaten wirken kann, bei einfacher Anwendung des klassischen Kollisionsrechts unter Umständen einer unüberschaubaren Zahl von Vorschriften aus den unterschiedlichsten Rechtsordnungen unterliegen würde. In Art. 3 E-Commerce-RL ist daher bestimmt, dass der Anbieter von Internetdiensten **nur dem Recht des Mitgliedstaats unterworfen ist, in welchem er seinen Sitz hat**. Auch wenn er seine Dienste in einem anderen Mitgliedstaat anbietet, reicht es also aus, wenn seine Tätigkeit dem Recht entspricht, welches am Sitzort gilt. Anders ausgedrückt soll eine in einem Mitgliedstaat rechtmäßig begonnene Tätigkeit auch grenzüberschreitend ausgeübt werden können.[492] Man spricht im E-Commerce üblicherweise vom „Herkunftslandprinzip".

Das **Herkunftslandprinzip** ist mit den Grundfreiheiten besonders gut vereinbar. Die Idee, dass die Anbieter von Waren und Dienstleistungen jeweils nur die in ihrem Heimatstaat geltenden Normen befolgen müssen, ist ein bedeutender Baustein beim Ausbau des Binnenmarkts. Denn eine solche Regelung erleichtert die grenzüberschreitende Geschäftstätigkeit sehr.

Allerdings können sich das Herkunftslandprinzip und das Anerkennungsprinzip nicht uneingeschränkt durchsetzen, denn andere Bausteine, wie staatliche Ordnungsinteressen, das Vertrauen des Verbrauchers und die Produktsicherheit im Allgemeinen sind gegenläufige, ebenfalls sehr wichtige Grundsätze.

### 2. Begriffsverwendung

604 Man kann darüber spekulieren, ob es grundlegende Unterscheidungskriterien zwischen dem Herkunftslandprinzip und dem Anerkennungsprinzip gibt.

Während das Herkunftslandprinzip eher aus dem **Bereich der Rechtssetzung** kommt, wurde das Anerkennungsprinzip vom **EuGH** geschaffen. Auch kann man sagen, dass mit dem Anerkennungsprinzip ein Grundsatz übernommen wurde, der bei ausländischen *Urteilen* schon längst allgemeine Gültigkeit hat: So wie ausländische Urteile werden danach auch andere Statusverhältnisse, die z.B. durch behördliche Genehmigungen oder Eintragungen erreicht worden sind, mit allen ihren Wirkungen auch im Inland anerkannt.

---

[491] BGHZ 154, 185; *BGH* NJW 2005, 1648; BeckOK/*Mäsch*, BGB, Art. 12 EGBGB Anhang II, Rn. 62 ff.
[492] Ähnlich *Reich/Micklitz*, Europäisches Verbraucherrecht, S. 137; Dauses/Ludwigs/*Micklitz/Rott*, EU-Wirtschaftsrecht, H. V. Rn. 279.

Ein weiteres typisches Merkmal des Anerkennungsprinzips findet sich im Dienstleistungsrecht. Dort sieht man, dass es sich bei der Anerkennung ausländischer Rechtslagen jeweils um einen **aktiven, auch noch bestimmten Kontrollkriterien unterliegenden Vorgang** handelt, während eine Geltung des Herkunftslandprinzips schlicht bestimmt, dass für einen Rechtsvorgang das Recht des Herkunftsstaats gilt. Im Dienstleistungsrecht wurde das Anerkennungsprinzip gerade deshalb bewusst an die Stelle des Herkunftslandprinzips gesetzt (auch Rn. 610). Damit wurden die Ängste der Betroffenen vor einem niedrigen Sicherheitsstandard ausländischer Dienstleistungsanbieter gemindert, weil die Anerkennung von bestimmten Voraussetzungen abhängig gemacht werden darf.

Trotz dieser Unterschiede werden die Begriffe Herkunftslandprinzip und Anerkennungsprinzip **häufig synonym** verwendet.

### 3. Konflikt zwischen Herkunftsland-/Anerkennungsprinzip und Kollisionsregeln

Sowohl für das Herkunftslandprinzip als auch für das Anerkennungsprinzip muss gefragt werden, in welchem Verhältnis sie zum Kollisionsrecht stehen. Fest steht, dass sie letztlich die Bestimmung des auf einen grenzüberschreitenden Sachverhalt anzuwendenden Rechts erreichen wollen. Denn das Herkunftslandprinzip sagt aus, dass auf einen Rechtsvorgang keine Vorschriften angewendet werden sollen, die über das Recht des Mitgliedstaats, in welchem der Agierende seinen gewöhnlichen Aufenthalt oder seinen Sitzort hat, hinausgehen. Das Anerkennungsprinzip gebietet, einen in einem Mitgliedstaat erlangten Status anzuerkennen, was letztlich aber bedeutet, dass er nach den dort geltenden Regeln zu beurteilen ist.

605

Dennoch bilden das Herkunftsland- und das Anerkennungsprinzip nach richtiger Ansicht **kein Kollisionsrecht**. Zwar *dürfen* die Mitgliedstaaten die Vorgaben der Prinzipien in ihr Kollisionsrecht integrieren, so wie es im Gesellschaftsrecht geschehen ist (Rn. 602). Sie *dürfen* aber auch das traditionelle Kollisionsrecht anwenden und lediglich Korrekturen vornehmen, wo sonst tatsächlich für den Betroffenen strengere Regeln zu beachten wären. Das hat der EuGH inzwischen für die E-Commerce-RL ausdrücklich ausgesprochen.[493] Der BGH hat dies für die Bestimmung des anzuwendenden Rechts bei Persönlichkeitsverletzungen im Internet übernommen. Er wendet Art. 40 EGBGB an und führt gegebenenfalls einen Günstigkeitsvergleich durch.[494] Auch für das Anerkennungsprinzip im Namensrecht wird angenommen, dass die Anerkennung eines einmal erworbenen Namens lediglich im Ergebnis gesichert werden muss. Doch ist seit der Entscheidung Pavel des EuGH nun auch klar geworden, dass die Rechtswahlmöglichkeit, die in Art. 48 EGBGB vorgesehen ist, den Anforderungen des EU-Rechts nicht genügt.[495]

---

493 *EuGH* Slg. 2011, 10269 Rn. 60 ff. (eDate Advertising).
494 *BGH* NJW 2012, 2197 (da der *BGH* eine Haftung nach deutschem Recht verneinte, erübrigte sich die vergleichende Prüfung).
495 *EuGH* NJW 2017, 3581; dazu Anm. *Dutta*, FamRZ 2017, 1178; auch Palandt/*Thorn*, BGB, Art. 48 EGBGB Rn. 1.

Überlegt worden ist auch, ob eine Rechtswahl dem Herkunftslandprinzip generell vorgeht. Hierzu enthält die E-Commerce-RL eine Regelung. Nach Art. 3 Abs. 3 i.V.m. dem Anhang der E-Commerce-RL geht die Freiheit der Rechtswahl dem Herkunftslandprinzip vor.

Das entspricht dem Zweck des Herkunftsland- sowie des Anerkennungsprinzips. Diese sollen den grenzüberschreitend agierenden EU-Bürger vor dem **ungewollten Eingreifen fremder Rechtsordnungen** schützen. Möchte eine Person aber freiwillig vertraglich eine bestimmte Rechtsordnung wählen, so besteht kein Grund, ihr dies zu verweigern.

### 4. Kritik

606 Ein großer Nachteil des Anerkennungs- und des Herkunftslandprinzips liegt darin, dass diese ein **willkürliches Element** haben. Der Grundsatz, dass das Recht des Staats Anwendung findet, mit dem der Sachverhalt die engste Verbindung aufweist, wird beinahe völlig aufgegeben. Es kann außerdem von den Betroffenen mit etwas Geschick selbst bestimmt werden, welcher Rechtsordnung sie einen rechtlichen Vorgang unterstellen.

Am meisten wurde diese Problematik im Gesellschaftsrecht offenbar: Nachdem der EuGH die Mitgliedstaaten verpflichtet hat, ausländische Gesellschaften bei Zuzug ins Inland anzuerkennen, begann ein regelrechtes – meist auf die englische „Limited" gerichtetes – Gesellschaftsrechts-Shopping. Aber auch im Namensrecht gibt es bereits ein solches Namens-Shopping.

Als eine weitere nachteilige Wirkung wird vielfach genannt, dass die beiden Prinzipien zu einem besonders niedrigen Rechtsstandard führen (das sogenannte **race to the bottom**), da sich eine Vielzahl von Anbietern bewusst dort niederlassen werde, wo das Wettbewerbsrecht wenig ausgeprägt sei.[496] Diese Gefahr kann zwar eingedämmt werden, indem viele Einschränkungen für die Geltung des Herkunftsland- und des Anerkennungsprinzips vorgesehen werden. Letztlich werden aber weitere Maßnahmen, wie eine weitere Vereinheitlichung des materiellen Gesellschaftsrechts oder die Einführung der Rechtswahlfreiheit, erforderlich sein, um Schieflagen zu verhindern.[497]

### 5. Herkunftslandprinzip und schützenswerte Interessen

#### a) Allgemeines

607 Um ein race to the bottom und Verletzungen von staatlichen oder privaten Interessen zu vermeiden, werden bei der Geltung des Herkunftslandprinzips und des Anerkennungsprinzips **Grenzen** gesetzt. Geschriebene Einschränkungen finden sich dort, wo die Prinzipien kodifiziert sind, so wie in der E-Commerce-RL und der Dienstleistungs-RL. Dort wo Herkunftsland- und Anerkennungsprinzip ungeschrieben gelten,

---

[496] Zur Kritik *Mankowski*, IPRax 2004, 385; Staudinger/*Fezer/Koos*, BGB, Internationales Wirtschaftsrecht, Rn. 598 m.w.N.

[497] *Großerichter*, FS Sonnenberger, 2004, S. 369, 379 ff.; *W.-H. Roth*, IPRax 2003, 117; Staudinger/ *Fezer/Koos*, BGB, Internationales Wirtschaftsrecht, Rn. 598.

sind sie aber ebenfalls eingeschränkt. Das ergibt sich schon daraus, dass ja die Grundfreiheiten, aus denen die Prinzipien sich ableiten, auch nicht ohne Einschränkungen gelten. Im Gesellschaftsrecht z.B. hat der EuGH den Schutz der Interessen der Gläubiger, der Minderheitsgesellschafter, der Arbeitnehmer oder auch des Fiskus als mögliche Rechtfertigungsgründe für die Einschränkung der Niederlassungsfreiheit angesehen (zum Namensrecht schon oben Beispiel 3 Rn. 45).[498]

### b) E-Commerce-RL

**aa) In der Richtlinie vorgesehene Einschränkungen.** Die E-Commerce-RL beugt den beschriebenen Gefahren vor, indem sie viele Ausnahmen macht. So sind gemäß dem Anhang das Urheberrecht, das Recht des Immobilienerwerbs und das Recht des „Spamming" ausgenommen. Letztlich darf das Herkunftslandprinzip anerkanntermaßen nicht dazu führen, dass **berechtigte Interessen von Dritten beeinträchtigt** werden.[499] Insbesondere der Verbraucherschutz steht dem Herkunftslandprinzip diametral entgegen. Denn danach ist es erwünscht, dass der Schutzstandard des Heimatstaats des Verbrauchers gilt. Im Bereich des E-Commerce hat sich der Verbraucherschutz gegenüber dem wettbewerbsorientierten Herkunftslandprinzip durchgesetzt. Nach Art. 3 Abs. 3 E-Commerce-RL i.V.m. dem Anhang, 6. Spiegelstrich, gilt das Herkunftslandprinzip nicht für „vertragliche Schuldverhältnisse in Bezug auf Verbraucherverträge" und gemäß Art. 3 Abs. 4 lit a), lit i), 4. Spiegelstrich dürfen die Mitgliedstaaten es zum Schutz der Verbraucher durchbrechen.

608

**bb) Umsetzung des Herkunftslandprinzips für den E-Commerce in § 3 TMG.** In Deutschland war das Herkunftslandprinzip für den E-Commerce von Anfang an skeptisch beurteilt worden.[500] Da das deutsche Wettbewerbsrecht eher streng ist, wurden Nachteile für die in Deutschland ansässigen Anbieter befürchtet. Diese Skepsis hat den Prozess der Umsetzung sehr geprägt. Schließlich wurde das Herkunftslandprinzip in § 4 TDG (jetzt § 3 TMG) in umstrittener Art und Weise umgesetzt.

609

Klärungsbedürftig ist die **Reichweite** des Herkunftslandprinzips in § 3 TMG. Das beruht auf der missverständlichen Ausdrucksweise schon in der Richtlinie selbst. Wie gezeigt, ist das Herkunftslandprinzip des Art. 3 E-Commerce-RL für Verträge zwischen einem Verbraucher und einem Diensteanbieter nicht anwendbar. Streitig ist aber, wie weit dieses Privileg reicht. Die Formulierung des Anhangs legt nahe, dass die Ausnahme weit zu verstehen ist. Es ist also die Vertragsanbahnungsphase ebenso umfasst, wie die Verletzung vertraglicher Nebenpflichten. Anders ausgedrückt wird das gesamte Schuldverhältnis zwischen Diensteanbieter und Verbraucher nach der Rom I-VO und der Rom II-VO beurteilt und nicht nach dem Herkunftslandprinzip.[501]

### c) Dienstleistungs-RL

Bei der Dienstleistungs-RL ist die Einführung des Herkunftslandprinzips **gescheitert**. Es stieß auf unüberwindliche politische Widerstände, obwohl schon der Entwurf der

610

---

498 *EuGH* Slg. 2002, 9919 Rn. 92 (Überseering).
499 *Borges*, Verträge im elektronischen Geschäftsverkehr, 2003, S. 885 ff.
500 Positiv aber *Grundmann*, RabelsZ 67 (2003), 246.
501 Nur MünchKommBGB/*Martiny*, § 3 TMG Rn. 43 ff.

Richtlinie, der es noch enthielt, Sonderregelungen vorsah.[502] Dennoch blieben – insbesondere in Deutschland – übergroße Vorbehalte.[503] In der nun geltenden Richtlinie ist das Herkunftslandprinzip nicht mehr erkennbar. Es wurde durch den **Grundsatz der gegenseitigen Anerkennung** ersetzt. Nach Art. 16 Dienstleistungs-RL dürfen die Mitgliedstaaten die Aufnahme oder Ausübung einer Dienstleistungstätigkeit nicht von Anforderungen abhängig machen, die gegen die Grundsätze der Nicht-Diskriminierung, Erforderlichkeit oder Verhältnismäßigkeit verstoßen. Damit wird im Grunde nur das wiederholt, was sich aus dem AEUV ohnehin bereits ergibt. Gemäß Art. 3 Abs. 2 Dienstleistungs-RL gehen die Rom I-VO und die Rom II-VO in jedem Fall vor.

Wahrscheinlich ist es richtig, dass das Herkunftslandprinzip in der Dienstleistungs-RL gestoppt wurde. Wenn man sich aber überlegt, wie sehr hier politisch gekämpft wurde und wie groß die Ängste vor der Konkurrenz mit Diensteanbietern aus anderen Mitgliedstaaten waren, sieht man gut, wie viele Binnenmarkthindernisse doch noch bestehen.

### 6. Herkunftslandprinzip und Drittstaaten

611 Im Verhältnis zu Drittstaaten gilt das Herkunftslandprinzip nur einseitig. Das bedeutet, dass das Herkunftslandprinzip zwar anwendbar ist, wenn ein Unternehmen mit Sitz in einem Mitgliedstaat seine Dienste in einem Drittland anbietet; dagegen wird die Rechtmäßigkeit von in Drittstaaten vorgenommenen Handlungen nicht anerkannt. Denn das Herkunftslandprinzip dient der **Verwirklichung der Grundfreiheiten**. Die Grundfreiheiten sollen und können nur innerhalb der Union gelten. Eine Ausdehnung über die Grenzen des Binnenmarkts hinaus wäre fatal, weil dort nicht zugleich für einen einheitlich hohen Rechtsstandard gesorgt ist.

Auch darin liegt ein großer Nachteil des Herkunftslandprinzips, denn es führt so notwendig zu einem sogenannten gespaltenen IPR: Soweit es um einen innergemeinschaftlichen Vorgang geht, ist das Heimatrecht anzuwenden, sobald aber ein Drittstaat betroffen ist, müssen andere Regeln gelten.[504]

### 7. Zusammenfassung

612 Das Herkunftsland- und das Anerkennungsprinzip machen somit gegenwärtig noch große Schwierigkeiten. Als das Kollisionsrecht ersetzende Regeln sind sie nicht brauchbar. Da beide Prinzipien aber dem Gedanken des freien Binnenmarkts entsprechen, können sie auch nicht einfach komplett abgelehnt oder gar ignoriert werden. Richtigerweise müssen sie als **aus den Grundfreiheiten folgendes, übergeordnetes Gebot** verstanden werden.

Beide Prinzipien müssen auch bei der Rechtssetzung im Bereich des Kollisionsrechts stets gedanklich einbezogen und, wo dies möglich ist, auch berücksichtigt werden.

---

502 Begründung zum Vorschlag, KOM (2004) 2, 10; zum Entwurf auch *Basedow*, EuZW 2004, 423.
503 Mit einer Beschreibung Staudinger/*Fezer*/*Koos*, BGB, Internationales Wirtschaftsrecht, Rn. 575.
504 Auch *Mankowski*, IPRax 2004, 385, 391.

# § 7 Die Zukunft des EU-Privatrechts – Entstehung eines europäischen Vertragsgesetzbuchs?

## A. Überblick

### I. Eingrenzung

Es gibt in der EU vielfältige Projekte und Initiativen, die auf eine weitere Vereinheitlichung des Privatrechts gerichtet sind. Diese gehen zum Teil von den Organen der EU selbst aus, zum Teil werden sie aber auch von privaten Gruppen und Organisationen vorbereitet, die meist von Wissenschaftlern angeführt werden.  613

Hier sollen nur die auf das Vertragsrecht gerichteten, von den Organen der EU betriebenen Maßnahmen näher vorgestellt werden.

Bei diesen „offiziellen" Projekten der EU lassen sich inzwischen zwei unterschiedliche Ansätze unterscheiden.

Erstens gibt es Arbeiten, die auf eine **schrittweise Weiterentwicklung** des bestehenden EU-Privatrechts durch die Neuschaffung oder Verbesserung von Richtlinien ausgerichtet sind. Dieser Prozess verlief und verläuft eher punktuell. Die Verabschiedung der Digitale-Inhalte-RL und der Warenkauf-RL im Jahr 2019 war ein vergleichsweise großer Schritt. Zuvor waren im Jahr 2014 die Immobiliarkredit-RL und im Jahr 2015 die Neufassung der Pauschalreise-RL beschlossen worden. Mit der Verbraucherrechte-RL aus dem Jahr 2011 war einmal versucht worden, in etwas breitflächigerer Weise Kernelemente des Verbrauchervertragsrechts zu strukturieren. Das ist nur einschränkt gelungen (dazu unten Rn. 636).

Zweitens wird – oder wurde zumindest über lange Phasen hinweg – die Schaffung eines **europäischen „Privatgesetzbuchs"** aus einem Guss verfolgt. Dieses weit größere Projekt hat sich in den 2000er Jahren in den Mittelpunkt der Aufmerksamkeit geschoben: Im Oktober 2011 wurde der Entwurf für ein **Gemeinsames Europäisches Kaufrecht (GEK)** vorgestellt. Dieser als Verordnung konzipierte Entwurf, der häufig auch unter dem englischen Namen **Common European Sales Law (CESL)** diskutiert wurde, sollte nach den ersten ehrgeizigen Plänen der Kommission bereits im Januar 2013 verabschiedet werden. Nach deutlichen Einschränkungen im Anwendungsbereich stimmte das Europäische Parlament dem GEK am 24.2.2014 zu. Trotzdem zog die Kommission den Vorschlag im Dezember 2014 zurück, nachdem sich mehrere Mitgliedstaaten, darunter Deutschland, Frankreich und Großbritannien, deutlich gegen eine Weiterverfolgung des Projekts ausgesprochen hatten.  614

Das GEK umfasste zwar nur einen kleinen Ausschnitt aus dem Regelungsbereich eines gesamten Privatrechts. Aber es wurde sehr lebhaft und kritisch beobachtet, weil viele davon ausgingen, dass es als erster Schritt auf dem Weg zu einer Privatrechtsvereinheitlichung anzusehen sei (dazu näher unten Rn. 639).

Bevor diese Vorgänge gründlicher geschildert werden, sollen im Folgenden kurz einige wenige private Projekte vorgestellt werden (II.). Außerdem muss zumindest erwähnt werden, dass es auch außerhalb des Vertragsrechts nicht wenige Vereinheitlichungsbemühungen gibt (III.).

## II. Private Arbeitsgruppen und Projekte im Bereich des Vertragsrechts

**615** Die Rechtsvereinheitlichung des Privatrechts in der EU hat eine große Faszination. Entsprechend gab und gibt es viele Projekte und Arbeitsgruppen, die sich im weiteren Sinne mit der Rechtsvereinheitlichung in Europa befassen. Am bekanntesten ist die nach ihrem früheren Vorsitzenden benannte **Lando-Kommission**, die seit 1980 an der Herausarbeitung europäischer Grundsätze des Rechts gearbeitet und diese mittlerweile vollständig veröffentlicht hat. Diese Grundsätze sollen in erster Linie als vereinheitlichte, von den Parteien **wählbare „Grundregeln"** dienen (Art. 1:101). Sie verstehen sich selbst aber zugleich durchaus auch als **Vorarbeit zur Kodifizierung des Europäischen Schuldvertragsrechts**. In der Tat sind sie auch weiterhin eine wichtige Orientierungshilfe für die Möglichkeiten und denkbaren Inhalte eines einheitlichen Rechts in der EU.

**616** Seitdem haben weitere Gruppen die Arbeit am Projekt Gesamtkodifikation aufgenommen.[1] Am bedeutendsten sind wohl:
- Die Gruppe um **von Bar**, nämlich die Study Group on a European Civil Code (auch Osnabrücker Gruppe), welche die Arbeit der Lando-Gruppe gewissermaßen weiterführt. Sie will auf der Basis von sehr gründlicher Rechtsvergleichung Grundregeln für weitere (also über das von den Lando-Grundregeln erfasste Vertragsrecht hinausgehende) Rechtsbereiche aufstellen.[2] Die Gruppe ist unterteilt in verschiedene Arbeits- bzw. Projektgruppen, die jeweils besondere Rechtsgebiete untersuchen. Die Gruppe beteiligte sich seit 2005 wesentlich an den Arbeiten zum Entwurf des Referenzrahmens (DCFR).
- Die Gruppe um **Gandolfi**, nämlich die Academy of European Private Lawyers (auch Pavia Gruppe genannt), die bereits einen eigenen Vorentwurf für ein europäisches Privatrecht veröffentlicht hat.[3] Es handelt sich hierbei, anders als bei den Lando-Grundregeln, wirklich um den Versuch, ein einheitliches *Gesetz* zu schaffen.
- Die Gruppe um **Bussani** mit dem Common Core of European Private Law Project (Trento Gruppe) hat die Besonderheit, dass wirklich nur das herausgearbeitet werden soll, was den existierenden Privatrechten in der EU bereits innewohnt.
- Ganz anders arbeitet das 2011 in Wien gegründete **ELI (European Law Institute)**. Es ist ein riesiger Zusammenschluss von Praktikern und Wissenschaftlern aus allen Mitgliedstaaten der EU und hat zum Ziel, die Rechtssetzung der EU zu begleiten und dadurch deren Qualität zu erhöhen.[4] Das ELI arbeitet politiknah und beschäftigt sich in Untergruppen mit Themen aus allen Rechtsbereichen. Im Privatrecht hat es sofort auf das Scheitern des GEK reagiert und begleitete im Folgenden mit der Arbeitsgruppe „From CESL to the Digital Single Market" dessen

---

1 Eine ausführlichere Beschreibung der Gruppen findet sich etwa bei *Metzger*, Extra legem, intra ius, 2009, S. 223 ff.
2 Mit einem Überblick *Schmidt-Kessel*, HWB-EuP, „Study Group on a European Civil Code" sowie *McGuire*, ZfRV 2006, 163.
3 Dazu *Sonnenberger*, RIW 2001, 409.
4 Im Einzelnen https://www.europeanlawinstitute.eu/projects-publications/completed-projects/publications/.

von der EU avisierte Umwandlung in ein Rechtsinstrument für Online-Geschäfte (näher dazu Rn. 652).

## III. Öffentliche und private Projekte im Bereich der Rechtsvereinheitlichung auf weiteren Gebieten des Privatrechts

Auch über den Rahmen des eigentlichen europäischen Vertragsrechts hinaus wurde und wird an der Vereinheitlichung des Privatrechts gearbeitet. 617

Mit dem Deliktsrecht befasste sich neben der Study Group on a European Civil Code auch die 1992 gegründete Tilburg Gruppe um Jaap Spier (genannt **The European Group on Tort Law**). Sie hat bereits Grundsätze des europäischen Deliktsrechts veröffentlicht.[5]

Eine Art weißen Fleck bildet weiterhin das Sachenrecht.[6] Zwar machten über lange Jahre hin auch die **Kreditsicherheiten** einen wesentlichen Bereich von Angleichungsbemühungen aus. Diese sind aber immer wieder ins Stocken geraten. Es gab immerhin einmal den Plan zur Einführung eines 28. Regimes (zum Begriff Anhang III) im Bereich der Immobiliarsicherheiten.[7] Das ist ein Weg, der beschritten wurde, nachdem sich eine Angleichung der bestehenden Sicherheitsrechte in den Mitgliedstaaten als aussichtslos erwiesen hatte. Offenbar war auch das 28. Regime letztlich nicht realisierbar.

Viele Aktivitäten gibt es im Familienrecht. Die **Commission on European Family Law (CEFL)** arbeitet dabei in dem Bewusstsein, dass die Vereinheitlichung des Familienrechts als Ganzes derzeit nicht realistisch ist.[8] Sie hat dennoch bereits Prinzipien des europäischen Scheidungs- und nachehelichen Unterhaltsrechts, des elterlichen Sorgerechts sowie des Güterrechts und Vorschläge für ein Recht der nichtehelichen Lebensgemeinschaften veröffentlicht.[9] Derzeit sind keine neuen Vorschläge geplant. 618

Auch die EU-Kommission hat sich bereits an einer Vereinheitlichung familienrechtlicher Fragen versucht. Hier sind im Familienrecht vor allem kollisionsrechtliche Regelungen verabschiedet worden. Zwischen Deutschland und Frankreich wurde aber ein **eigener deutsch-französischer Güterstand** vereinbart, den deutsch-französische Ehepaare wählen können, und der sogar in § 1519 BGB aufgenommen wurde.[10]

---

5   Die „Principles of European Tort Law", abzurufen unter http://www.egtl.org/petl.html.
6   Näher zu den besonderen Problemen in diesem Bereich *Kieninger*, ZEuP 2016, 201.
7   Grünbuch über Hypothekarkredite, KOM (2005) 327; Grünbuch zur Finanzdienstleistungspolitik (2005-2010), KOM (2005) 177; Weißbuch über die Integration der EU-Hypothekarkreditmärkte, KOM (2007) 807.
8   Siehe die Seite http://ceflonline.net/.
9   Zur Arbeit der Gruppe *Boele-Woelki/Martiny*, ZEuP 2006, 6; inhaltlich *Boele-Woelki*, RabelsZ 73 (2009), 241.
10  In Form eines Verweises auf das Abkommen vom 4.2.2010 zwischen der Bundesrepublik Deutschland und der Französischen Republik über den Güterstand der Wahl-Zugewinngemeinschaft, BGBl. II 2012, 180.

Die EU-Erbrechts-VO enthält ebenfalls vor allem kollisions- und verfahrensrechtliche Regeln.

Bedeutung behalten schließlich auch über den Bereich der EU hinausgehende internationale Projekte, wie insbesondere die UNIDROIT-Grundregeln der internationalen Handelsverträge.[11]

## B. Entwicklung eines europäischen Vertragsgesetzbuchs

### I. Überblick

619 Die Arbeiten an einem europäischen Vertragsgesetzbuch sind für den Außenstehenden nicht leicht zu durchschauen. Das hat verschiedene Gründe. Zum einen sind die Vorgänge naturgemäß komplex. Zum anderen wird aber auch **nicht geradlinig vorgegangen**. Das liegt daran, dass sich nicht nur die Mitgliedstaaten, sondern auch die einzelnen Organe der EU nicht immer darin einig sind, welche Ziele auf welchem Weg erreicht werden sollen. Schlimmer noch: Auch die einzelnen Generaldirektionen der Kommission haben nicht durchgängig vollkommen Hand in Hand gearbeitet.[12] Man darf aber auch nicht vergessen, dass es hier in hohem Maße um **politische Vorgänge** geht. Politisches Kalkül dominiert manch einen Entwicklungsschritt, den man ohne Berücksichtigung von taktischen Hintergedanken kaum verstehen könnte. Wenn eine Vereinheitlichung auf zentralen Rechtsgebieten erreicht werden soll, müssen sehr viele Akteure davon überzeugt werden, ihre nationalen Vorbehalte aufzugeben. Ein typisches Vorgehen besteht daher darin, besonders vielen Gruppierungen das Gefühl zu geben, sie seien mit ihren Arbeiten und Ideen in den Entwicklungsprozess integriert. Andererseits kann man sich immer wieder des Eindrucks nicht erwehren, dass bewusst unauffällig gearbeitet wird, um auf diese Art etwaigen politischen Widerstand vor allem in einem frühen Stadium der Entwicklung der Projekte zu vermeiden.

### II. Entwicklungen bis zur Fertigstellung des Verbraucher-Acquis und des Referenzrahmens (DCFR)

#### 1. Anfänge

620 Schon 1989 erfolgte eine **erste Entschließung des Europäischen Parlaments**, in welcher dieses darauf drängte, dass die Organe der Gemeinschaft mit den erforderlichen Vorbereitungsaufgaben zur Ausarbeitung eines einheitlichen Europäischen Gesetzbuchs für das Privatrecht beginnen sollten.[13] 1994 folgte eine wenig beachtete weitere Entschließung des Parlaments, in welcher die Kommission aufgefordert wur-

---

11 Geschaffen wurden diese vom International Institute for the Unification of Private Law, Rom.
12 So etwa die Generaldirektion Binnenmarkt und die Generaldirektion Gesundheit und Verbraucherschutz während der Entstehungszeit des GEK.
13 ABl. EG 1989 C 158, 400.

de, zur Vorarbeit an einem solchen Gesetzbuch einen aus Wissenschaftlern bestehenden Ausschuss einzusetzen.[14] Eine Reaktion erfolgte nicht.[15] Erst 1999 kam jedoch intensive Bewegung in die Sache.[16] Insbesondere hat, was als ausschlaggebend einzuschätzen ist, der Europäische Rat von Tampere zu einer Untersuchung über den Nutzen eines Vertragsgesetzbuchs aufgefordert.[17] Darauf reagierte die Kommission. In einer **Mitteilung an den Rat und das Europäische Parlament** hat sie im Juli 2001 zwei Fragen vorgelegt.[18] Erstens sollte grundlegend, aber auch praxisorientiert, die Bedeutung des einheitlichen Rechts für den Binnenmarkt, also insbesondere für den grenzüberschreitenden Handel festgestellt werden. Damit sollten wohl zugleich die an der aus Art. 95 Abs. 1 EG (jetzt Art. 114 AEUV) abgeleiteten Kompetenz (dazu oben Rn. 25 ff.) geäußerten Zweifel zerstreut werden.[19] Zweitens wurde, was im vorliegenden Rahmen von außerordentlichem Interesse ist, die Bedeutung der Einheitlichkeit der (nationalen) Rechtsordnungen erörtert. Damit war insbesondere das Verhältnis des EU-Rechts zum nationalen Recht angesprochen, aber auch das Verhältnis der Richtlinien untereinander.

Zu dieser Mitteilung hinzu kam im Herbst 2001 eine **Resolution des Europäischen Parlaments**, die inhaltlich noch weiter ging als die Mitteilung der Kommission: Nach der Resolution sollten die Vorarbeiten für ein Europäisches Gesetzbuch sofort beginnen und ab 2010 sollte an einem Vertragsgesetzbuch gearbeitet werden. 621

## 2. Erste Mitteilung der Kommission vom Juli 2001

Die erste Mitteilung der Kommission vom Juli 2001 hat zentrale Bedeutung. Die Kommission hatte sicherlich bereits klar das Ziel der Schaffung eines Zivilgesetzbuchs vor Augen. Äußerlich jedoch trug die Mitteilung den Charakter einer neutralen Befragung. Als zentrales Element wurden **vier Optionen** für die Fortentwicklung des EU-Privatrechts zur Diskussion gestellt.[20] 622

Die erste Option bestand darin, weder gesetzgeberisch noch wissenschaftlich tätig zu werden, und die **Weiterentwicklung des Rechts dem Markt** zu überlassen. 623

Für die zweite Option wird oft der zusammenfassende Begriff „restatements" verwendet. Auch bei dieser zweiten Option sollte es keinerlei gesetzgeberische Tätigkeit geben. Hier wurde vorgeschlagen, dass Sammlungen von Grundregeln geschaffen werden sollten, auf welche sich Vertragspartner beziehen können. Solche Sammlun-

---

14 ABl. EG 1994 C 205, 518 f.; dazu näher *Tilmann*, ZEuP 1995, 534, 539 f.
15 Näher *Grundmann*, JZ 1996, 274, 286, der schon damals darauf hinwies, dass die ablehnende Tendenz kippen könne, wenn das durch die traditionelle, kleinteilige Rechtsangleichung geschaffene Recht zu komplex werde.
16 Näheres bei *Schmid*, JZ 2001, 674.
17 Schlussfolgerungen des Europäischen Rates von Tampere, Sl. (1999) 800, Punkt 39; zur Bedeutung der Schlussfolgerungen des Rats *Staudenmayer*, EuZW 2001, 485, 486.
18 Mitteilung der Kommission an den Rat und das Europäische Parlament, Zum Europäischen Vertragsrecht, KOM (2001) 398; näher sogleich Rn. 622.
19 In Reaktion auf die Tabakwerbe-Entscheidung, in welcher der *EuGH* konkrete Auswirkungen auf den Handel verlangte (dazu oben Rn. 14). Wie hier auch die Einschätzung von *Schulte-Nölke*, JZ 2001, 917, 918.
20 KOM (2001) 398, 12.

gen würden keine Verbindlichkeit mit sich bringen. Sie wären auch als von den Parteien wählbarer Kodex nicht unbedingt geeignet. Denn einmal abgesehen davon, dass derzeit nur eine staatliche Rechtsordnung als Ganze gewählt werden kann, wurden nicht unbedingt vollständige und detaillierte Regelungen angestrebt. Die Besonderheit solcher restatements sah die Kommission wohl eher darin, dass eine groß angelegte Studie in internationaler Zusammenarbeit durchgeführt werden könnte und die Ergebnisse allgemein zugänglich aufbereitet würden. An dieser Studie könnten sich dann private Parteien bei der Vertragsgestaltung orientieren und nationale Gesetzgeber könnten sie als Orientierungshilfe bei Neukodifikationen verwenden. Die bereits existierenden UNIDROIT-Prinzipien sind ein Beispiel für einen (wiewohl sehr komprimierten und strukturierten) Katalog von Grundregeln, der zu dieser zweiten Option passen würde.

624 Die dritte Option dagegen sah **verbindliche Rechtssetzung** vor. Hier wurde vorgeschlagen, das bisher bereits geltende europäische Privatrecht weiter zu entwickeln. Dabei sollte die bisherige Form der Rechtssetzung beibehalten werden. Gemeint war hier also die Setzung weiterer Richtlinien und eventueller Verordnungen zu einzelnen Rechtsfragen. Widersprüche zwischen existierenden Richtlinien sollten ausgeräumt und Lücken geschlossen werden.

Von der vierten Option hätte man nun den Vorschlag der Schaffung eines europäischen Zivilgesetzbuchs erwartet. Jedoch blieb auch diese vierte und letzte Option noch deutlich vorsichtiger.

Zwar sollte es hier eindeutig um einen **neuen, umfassenden Rechtsakt** gehen. Jedoch ließ diese vierte Option verschiedene Modelle offen. Insbesondere wurde offen gelassen, ob das neue Instrument (so wird es bezeichnet) **neben** die nationalen Rechtsordnungen treten oder diese **ersetzen** sollte. Für den (von Anfang an wohl für wahrscheinlicher gehaltenen) Fall, dass das neue europäische Privatrecht neben die geltenden nationalen Zivilgesetzbücher treten sollte, wurde die Frage gestellt, ob das europäische Instrument von den Vertragsschließenden **wählbar oder abwählbar** sein sollte – sogenannte opt-in oder opt-out Lösung.[21]

625 Zu diesen vier Optionen sollten Politik, Wirtschaft, Wissenschaft und Rechtspraxis Stellung nehmen. Die Anzahl der Stellungnahmen war mit 160 insgesamt recht niedrig. Die meisten davon kamen aus Deutschland sowie, deutlich dahinter, aus Großbritannien. Aus Spanien, Italien und Frankreich kamen immerhin jeweils noch mehr als fünf Stellungnahmen. Inhaltlich waren die Positionen erwartungsgemäß sehr unterschiedlich. Einheitlich ließ sich jedoch zumindest ablesen, dass allgemein eine **Fortentwicklung des europäischen Privatrechts gewünscht** wurde. Ein europäisches Vertragsgesetzbuch, nach dem ja auch im Grunde nur verschlüsselt gefragt worden war, fand jedoch **nur sehr vereinzelte Zustimmung**.

---

21 In diesem Punkt ging das *Parlament* mit seiner Entschließung deutlich weiter. Es hatte nicht nur einen fixen Zeitplan formuliert, sondern es sieht als Endpunkt ganz klar den einheitlichen Kodex und zwar in der Form einer Verordnung mit opt-in Möglichkeit für alle Mitgliedstaaten.

## 3. Zweite Mitteilung der Kommission mit dem Aktionsplan zur Weiterentwicklung des europäischen Privatrechts vom 12.2.2003 und die Gründung des Joint Network on European Private Law

Der am 12.2.2003 veröffentlichte Aktionsplan erfolgte gemeinsam durch die Kommissare für Gesundheit und Verbraucherschutz, Justiz und Inneres, Binnenmarkt und Unternehmen.[22] Er ist im Ton zwar vorsichtig, was als Reaktion auf die oft kritischen Stellungnahmen zur ersten Mitteilung verstanden werden kann. Letztlich hatte der Aktionsplan aber nicht nur für die Auslegung des europäischen Privatrechts und die Fortentwicklung der Richtlinien, sondern auch für die Gesamtkodifikation weitreichende Bedeutung. Weiterverfolgt wurden zum einen die nicht-gesetzgeberischen Maßnahmen, wie die Selbstregulierung und die Schaffung von Klauselkatalogen für grenzüberschreitende Verträge (Rn. 53 des Aktionsplans). Darauf sei hier nicht näher eingegangen. Es wurden aber nun auch die geplanten gesetzgeberischen Maßnahmen näher umrissen. Dabei wurde deutlich eine **Kombination von zwei Ansätzen** befürwortet: Die Richtlinien sollten kohärenter, der gemeinschaftliche Besitzstand (Acquis communautaire) also klarer und einfacher werden (Rn. 55 ff. des Aktionsplans) und zugleich sollte an einem Vertragsgesetzbuch gearbeitet werden. Es wurde nun bereits von einem optionalen Instrument, also vereinfacht gesagt von einem von den Parteien wählbaren Normkatalog gesprochen.

626

Als sofortiges Projekt wurde die **Erstellung eines Referenzrahmens** (Common Frame of Reference – CFR) durch eine Expertengruppe veranlasst (Rn. 60 ff. des Aktionsplans). Darin sollten gemeinsame Grundsätze und Begriffe im Bereich des europäischen Vertragsrechts festgelegt werden. Neben vertragsrechtlichen Fragen sollten auch Regelungen für Kreditsicherheiten und die ungerechtfertigte Bereicherung enthalten sein.

Das Parlament reagierte auf diesen Aktionsplan mit einer in der Tendenz enttäuschten und auf mehr Tempo drängenden erneuten Entschließung. Darin wurde der Schwerpunkt letztlich jedoch ebenfalls auf den Referenzrahmen gelegt.[23]

627

Eine Entschließung des Rats zum europäischen Vertragsrecht erfolgte am 22.9.2003.[24] Der Rat begrüßte hierin die Erarbeitung eines Referenzrahmens, drängte zugleich aber, ebenso wie das Parlament, auf eine rechtsetzende Lösung.

Im Mai 2005 nahm das **Joint Network on European Private Law** (Anhang III) die Arbeit am Referenzrahmen auf. Dabei wollte die Kommission aber kein rein wissenschaftliches Ergebnis erhalten, sondern sie schrieb von Anfang an die Einbeziehung der betroffenen Praktiker vor.

---

22 Mitteilung der Kommission an das Europäische Parlament und den Rat, Ein Kohärentes Europäisches Vertragsrecht – Ein Aktionsplan, KOM (2003) 68; dazu insbesondere *Staudenmayer*, ZEuP 2003, 828.
23 Entschließung des Europäischen Parlaments zu der Mitteilung der Kommission an das Europäische Parlament und den Rat, Ein Kohärentes Europäisches Vertragsrecht – Ein Aktionsplan, KOM (2003) 68.
24 ABl. EG 2003 C 246.

## 4. Dritte Mitteilung der Kommission vom 11.10.2004

**628** In einer erneuten Mitteilung konkretisierte die Kommission ihre Pläne noch weiter.[25] Insbesondere wurden **neue Fragenkataloge** ausgearbeitet. Außerdem wurde die umfassende Funktion des gemeinsamen Referenzrahmens verdeutlicht. Der Referenzrahmen sollte als Kodifizierungsvorlage dienen, auf deren Basis die Kommission – letztlich selbsttätig – die Verbesserung des EU-Rechts vornehmen *und* das optionale Instrument (zum Begriff Anhang III) ausarbeiten wollte.

Der erste der neuen Fragenkataloge betraf die Verbesserung des bestehenden EU-Rechts. Am Anfang standen ganz allgemeine, jedoch sehr wichtige Fragen: So sollte untersucht werden, welcher **Grad von Verbraucherschutz** notwendig ist, um das Verbrauchervertrauen zu optimieren und auch Wettbewerbsverzerrungen zu beseitigen. Im weiteren Verlauf fanden sich dann auch die zu erwartenden **konkreteren Fragen**, etwa nach der Länge von Widerrufsfristen.

Auch für das optionale Instrument wurde ein neuer, konkretisierter Fragenkatalog erstellt. In Hinblick auf die Rechtsform, die Rechtsgrundlage und die Entscheidung zwischen einem opt-in und einem opt-out Modell wurden weiterhin keine konkreten Vorgaben gemacht. Die Kommission deutete jedoch an, dass sie ein in seinen Einzelbestandteilen dispositives Recht bevorzugte, welches von den Parteien gewählt und zugleich modifiziert werden könne (unverbindliches opt-in Instrument – Anhang II, S. 18 ff. der Mitteilung). Für dieses wurde die Rechtsform der Verordnung favorisiert.

## 5. Erster jährlicher Fortschrittsbericht zum europäischen Vertragsrecht und zur Überprüfung des gemeinschaftlichen Besitzstands der Kommission vom 23.9.2005 und die Reaktionen von Parlament und Rat

**629** Im ersten Fortschrittsbericht schränkte die Kommission den ursprünglichen, breiten Auftrag, der für die Erstellung des Referenzrahmens vergeben wurde, noch nicht ein. Es wurden sogar **einige inhaltliche Vorgaben** gemacht, die überraschten. So sollte die Vertragsfreiheit unbedingt gesichert und nur in begründeten Fällen eingeschränkt werden. Zudem wurde die Notwendigkeit der Kohärenz betont.

Allerdings rückte die Überarbeitung des Besitzstands im Verbraucherschutz in der Wichtigkeit deutlich nach vorn. Auch die Arbeiten am Referenzrahmen sollten darauf abgestimmt werden. Die Kommission kündigte an, sie wolle „klare Prioritäten bei denjenigen Fragen setzen, die für den Besitzstand auf dem Gebiet des Verbrauchervertragsrechts und des sonstigen Vertragsrechts relevant" seien.

Die Kommission erläuterte nun, dass es **zwei wesentliche Strategien** für eine Überarbeitung des Besitzstands im Verbraucherschutz gebe. Der **vertikale Ansatz** sei auf Überarbeitung der geltenden Richtlinien gerichtet. Bei dem **horizontalen Ansatz**

---

25 Mitteilung der Kommission an das Europäische Parlament und den Rat, Europäisches Vertragsrecht und Überarbeitung des gemeinschaftlichen Besitzstandes – weiteres Vorgehen, KOM (2004) 651.

werden eine oder mehrere Rahmenrichtlinien mit möglichst einheitlichen Vorgaben erlassen.[26]

Das Parlament reagierte skeptisch. Es sprach sich Anfang 2006 noch einmal nachdrücklich für die schnelle Vereinheitlichung des Privatrechts in der EU aus und verlangte vor allem, mehr in den Prozess der Verabschiedung einbezogen zu werden.[27]

Der Rat dagegen schien desinteressiert, für ihn hatte offenbar die Weiterentwicklung des Privatrechts in dieser Zeit keine Priorität. Es wurde nur angemerkt, dass die „Qualität des bestehenden und künftigen EU-Rechts durch Maßnahmen der Konsolidierung, Kodifizierung und Rationalisierung geltender Rechtsakte und durch die Entwicklung eines gemeinsamen Bezugsrahmens" noch verbessert werden könne.[28]

### 6. Zweiter Fortschrittsbericht der Kommission zum Gemeinsamen Referenzrahmen vom 25.7.2007

Der zweite Fortschrittsbericht der Kommission zum Referenzrahmen ging nicht zimperlich mit den beteiligten Wissenschaftlern um.[29] In arroganter Manier wurden die Arbeiten abgewertet. So hieß es nun, die im Zusammenhang mit dem CFR gewonnenen relevanten Erkenntnisse könnten „ggf. bei der Überprüfung des gemeinschaftlichen Besitzstands im Verbraucherschutz mit berücksichtigt werden." Der CFR sei als praktisches Instrumentarium (**toolbox**) oder Handbuch für die Kommission und den EU-Gesetzgeber auf dem Gebiet des Vertragsrechts gedacht. Die Kommission wolle „sehr sorgfältig auswählen", welche Teile des Entwurfs einer gemeinschaftlichen Rechtssetzung entsprächen. Eine im Fortschrittsbericht abgedruckte Grafik[30] zeigt, wie gering die Kommission die Bedeutung der wissenschaftlichen Vorarbeiten bewertete.

630

## III. Acquis-Sammlung und Referenzrahmen

### 1. Herausarbeitung des Verbraucher-Acquis

Die Acquis-Gruppe unter der Leitung von Schulte-Nölke hatte sich schon im Jahr 2002, also vor der eigentlichen Beauftragung im Rahmen des hier geschilderten Prozesses gegründet. Ihr Ziel war von Anfang an, den **privatrechtlichen Acquis communautaire** – also den gemeinschaftlichen Besitzstand an geltendem Privatrecht – herauszuarbeiten.[31] Dabei ging es weniger um eine Überarbeitung als um eine systematische, vollständige Sammlung. Die Gruppe legte zum Abschluss ihrer Arbeiten einen analytischen Gesamttext, das „EG-Verbraucherrechtskompendium", vor und

631

---

26 Bericht der Kommission, Erster jährlicher Fortschrittsbericht zum europäischen Vertragsrecht und zur Überprüfung des gemeinschaftlichen Besitzstands, KOM (2005) 456.
27 Entschließung des Europäischen Parlaments zum Europäischen Vertragsrecht und zur Überarbeitung des gemeinschaftlichen Besitzstands: weiteres Vorgehen (2005/2022(INI)), P6_TA(2006) 109.
28 Ratsdok. 14292/04 vom 5.11.2004 – Anhang: Haager Programm, 3.4.4.
29 Bericht der Kommission, Zweiter Fortschrittsbericht zum Gemeinsamen Referenzrahmen, KOM (2007) 447.
30 Ebenda, S. 14.
31 Zu dieser von *Schulze* und *Schulte-Nölke* gegründeten Gruppe einführend *Schulte-Nölke*, ZGS 2002, 261.

legte eine Datenbank[32] an, über welche die Umsetzungsgesetze der Mitgliedstaaten sowie die Rechtsprechung dazu abrufbar sind. Dabei beschränkte sich die Gruppe auf acht wesentliche verbraucherschützende Richtlinien. Insgesamt ist damit eine großartige Arbeitshilfe für die Kommission, die Praxis und die Wissenschaft geschaffen worden.

## 2. Erarbeitung des Referenzrahmens

632 Die Arbeiten am Referenzrahmen verliefen technisch ganz anders. Hier war nicht eine Einzelgruppe am Werk, sondern die Kommission hat ein sogenanntes Exzellenznetzwerk (**Joint Network on European Private Law**) beauftragt, welches aus mehreren Forschergruppen zusammengesetzt war und außerdem Praktiker beteiligte. Die Arbeiten begannen in einem sehr weiten Rahmen. Es fanden Workshops zu Rechtsfragen wie den Personalsicherheiten, der ungerechtfertigten Bereicherung und der GoA statt. Erst später verengte sich entsprechend der geschilderten Korrekturen durch die Kommission der Arbeitsbereich. Zuletzt wurden die Arbeiten **auf einen vertragsrechtsnahen Bereich beschränkt.**

Die gesamte Arbeit litt stark darunter, dass die **Kommission in ihren Vorgaben unklar** war. Die Bezeichnung als toolbox regte den Ehrgeiz der Beteiligten sicher kaum an. Es ist nachvollziehbar, dass ernsthaft arbeitende Gruppen, wie die von Bar-Gruppe, über solche Aussagen eine hohe Frustration empfanden.[33]

Das Netzwerk hat im Jahr 2008 dennoch einen **beeindruckenden Vorschlag für den Referenzrahmen** (DCFR) vorgelegt.[34] Die Vollversion des circa 6.500 Seiten umfassenden Werks erschien 2009.[35] Sie wurde sogleich vielfach, und oft kritisch, analysiert. Es ist leicht erkennbar, dass angesichts der kurzen Zeit und der großen Zahl der Beteiligten sowie der unklaren Vorgaben nicht „der große Entwurf" vorgelegt werden konnte, den man sich für das Projekt eines europäischen Vertragsrechts gewünscht hätte.

## IV. Weitere Schritte der Organe der EU in Hinblick auf die Sammlung und Überarbeitung des Acquis sowie auf das europäische Vertragsrecht

### 1. Überblick

633 Es fällt schon auf den ersten Blick auf, dass es nicht funktionieren kann, eine Verbraucherrechte-RL und ein europäisches Vertragsrecht für Verbraucher **zeitgleich, aber unabhängig voneinander** einzuführen. Dennoch ist genau daran in den Jahren 2008-2011 gearbeitet worden.

---

32 https://www.dcfr.uni-osnabrueck.de/php/show.php?provision_id=3.
33 Nicht unpassend zitiert daher *Kenny*, ELR 2003, 538, einen angeblichen Ausspruch Bismarcks: „Mögen Sie Würstchen und Gesetze? Dann schauen Sie nie zu, wie sie gemacht werden." Zu den konkreten Problemen bei der Erarbeitung der Prinzipien *McGuire*, ZfRV 2006, 163.
34 Zugänglich unter https://www.law.kuleuven.be/personal/mstorme/2009_02_DCFR_OutlineEdition.pdf.
35 Draft Common Frame of Reference (DCFR), Full Edition Principles, Definitions and Model Rules of European Private Law, Study Group on a European Civil Code/Research Group on EC Private Law (Acquis Group), 2009.

## 2. Verwertung der Acquis-Sammlung – Erarbeitung der Verbraucherrechte-RL

### a) Grünbuch zur Überprüfung des gemeinschaftlichen Besitzstands im Verbraucherschutz vom 8.2.2007

Ein Grünbuch trägt einen anderen Charakter als eine Mitteilung, indem es typischerweise schon deutlicher auf ein Rechtssetzungsprojekt ausgerichtet ist. Die Generaldirektion für Gesundheit und Verbraucherschutz der Kommission strebte nach der Fertigstellung der Überprüfung des bestehenden Acquis nun den Gesetzgebungsprozess an.[36] Das Grünbuch favorisierte dabei eine **Mischung aus zwei Optionen**: Es sollte eine **Rahmenrichtlinie** geschaffen werden, in der wesentliche Begriffe und offene Rechtsfragen geklärt werden sollten, und es sollten auch die **einzelnen Richtlinien nach Bedarf überarbeitet** werden. Das Grünbuch nannte außerdem bereits denkbare Inhalte einer Rahmenrichtlinie. Dazu gehörten der Verbraucherbegriff, der Maßstab der Klauselkontrolle, die Länge der Widerrufsfrist und die Folgen der Verletzung von Informationspflichten. Zusätzlich wurden viele Probleme der Verbrauchsgüterkauf-RL aufgegriffen, wie etwa Fragen der Reichweite (Stichwort Software, Tiere), der Beweislast und des Verhältnisses der unterschiedlichen Rechte des Käufers zueinander.

634

### b) Verbraucherrechte-RL

Der erste Vorschlag für eine Verbraucherrechte-RL ist vom 8.10.2008.[37] Es sollten insgesamt vier Richtlinien, nämlich die Haustür-RL, die Fernabsatz-RL, die Klausel-RL und die Verbrauchsgüterkauf-RL überarbeitet und kohärenter gemacht werden. Eine Anpassung an die Lauterkeits-RL war ebenfalls angestrebt.

635

Danach setzte ein **unüberschaubarer Prozess** ein, der zu einer Abbremsung und schließlich weitgehenden Aufgabe der Pläne führte. Die Kritik kam dabei nicht nur aus den Mitgliedstaaten, die sich einer Vollharmonisierung breiter Teile des Verbrauchervertragsrechts widersetzten, sondern auch von Seiten derjenigen, die am DCFR arbeiteten oder zumindest am Projekt des europäischen Vertragsrechts interessiert waren. Denn aus ihrer Sicht war es **geradezu zerstörerisch**, parallel zu den Arbeiten hieran mit einer Richtlinie in großem Stil Fakten zu schaffen.[38]

Das Ende der Entwicklung kam trotz allem überraschend: Die Richtlinie wurde nämlich weder fallengelassen (womit zuletzt zu rechnen gewesen war) noch in ihrer Entwurfsform realisiert (das war politisch völlig ausgeschlossen). Vielmehr erschien im Juni 2011 ein **beinahe bis zur Unkenntlichkeit reduzierter Entwurf** des Parlaments und des Rats, der nur noch die Überarbeitung der Haustür- und der Fernabsatz-RL vorsah. Dieser Entwurf wurde vom Parlament am 23.6.2011 verabschiedet und vom Rat am 10.10.2011, also einen Tag vor der Vorlage eines Vorschlags für ein europäisches Vertragsrecht beschlossen. Wenige Tage später, nämlich am 25.10.2011,

636

---

36 Grünbuch zur Überprüfung des gemeinschaftlichen Besitzstands im Verbraucherschutz, KOM (2006) 744.
37 Vorschlag für eine Richtlinie des Europäischen Parlaments und des Rates über Rechte der Verbraucher, KOM (2008) 614.
38 Nur *Grigoleit*, AcP 210 (2010), 408 ff.

wurde die Verbraucherrechte-RL offiziell veröffentlicht.[39] Bei der Umsetzung in Deutschland wurden erhebliche Änderungen im Bereich des Widerrufsrechts, aber auch bei den allgemeinen Informationspflichten und den Leistungsfristen vorgenommen, die oben ausführlich dargestellt sind.

### 3. Verwertung des Referenzrahmens – das GEK als optionales Instrument

**Literaturhinweis:** *Eidenmüller/Jansen/Kieninger/Wagner/Zimmermann*, Der Vorschlag für eine Verordnung über ein Gemeinsames Europäisches Kaufrecht, JZ 2012, 269 ff.

#### a) Grünbuch zu den Optionen für die Einführung eines europäischen Vertragsrechts für Verbraucher und Unternehmen vom 1.7.2010

637 Während die Verbraucherrechte-RL in Ungnade gefallen war, wurden unter der neuen Zuständigkeit der Justizkommissarin Viviane Reding plötzlich die Arbeiten am europäischen Vertragsrecht mit abenteuerlicher Geschwindigkeit vorangetrieben. Dabei überschnitten sich die Handlungsschritte so sehr, dass auch für Außenstehende erkennbar wurde, dass sie **nur dem Schein nach aufeinander aufbauten**. Das europäische Vertragsrecht bekam einen wichtigen Rang in der politischen Strategie.

Als die Kommission im Juli 2010 das Grünbuch vorlegte, war längst (nämlich am 26.4.2010) eine kleine Gruppe von Experten ausgewählt worden, die unter dem Namen **„Machbarkeitsstudie"** binnen eines Jahres ein optionales Instrument aus dem DCFR kondensieren sollte (dazu sogleich b).

Das Grünbuch, welches ankündigte, dass die „Stärkung des Binnenmarkts durch die Entwicklung eines Europäischen Vertragsrechts" erreicht werden solle, sah **sieben Optionen** für ein mögliches Vertragsrechtsinstrument vor und bat erneut um Stellungnahmen aus Wissenschaft und Praxis.[40]

Diese sieben Optionen sind aus heutiger Sicht nicht mehr wichtig, weil man davon ausgehen muss, dass sie nur zum Schein vorgestellt wurden. Trotzdem ist es interessant, sich anzusehen, wie das zu diesem Zeitpunkt bereits in Arbeit befindliche Instrument „geschickt" auf dem mittleren Platz positioniert wurde. Option 4 war nämlich die „Verordnung zur Einführung eines fakultativen europäischen Vertragsrechtsinstruments". Die Plätze danach umfassten noch: Richtlinie über ein Europäisches Vertragsrecht (Option 5), Verordnung zur Einführung eines Europäischen Vertragsrechts (Option 6) sowie Verordnung zur Einführung eines Europäischen Zivilrechtsgesetzbuchs (Option 7).

#### b) Veröffentlichung der „Machbarkeitsstudie"

638 Der Name „Machbarkeitsstudie" lässt sich kaum mit dem Schuldvertrag verbinden. Er konnte und kann wirklich nur damit erklärt werden, dass man in diesem betriebsa-

---

39 ABl. EG 2011 L 304, 64 ff.
40 Grünbuch der Kommission zu den Optionen zur Einführung eines Europäischen Vertragsrechts für Verbraucher und Unternehmen, KOM (2010) 348; eine umfassende Stellungnahme dazu findet sich in *Basedow/Christandl/Doralt et al.*, RabelsZ 75 (2011), 371.

men Stadium **Aufmerksamkeit vermeiden** wollte. Es ist kritisiert worden, dass die Kommission die Wissenschaftler, die daran arbeiteten, nicht neutral ausgewählt habe. Tatsächlich aber zeigt die Auswahl der kleinen Zahl von mit der Kommission eng zusammenarbeitenden Wissenschaftlern, dass hier nicht mehr eine unabhängige fachliche Einschätzung, sondern eine Zuarbeit im engen Sinne gewünscht war.[41] Die Zeit war ohnehin so knapp, dass eine gründliche Diskussion und Konzeption ausschied.

Es ist mit Bitterkeit darauf aufmerksam gemacht worden, dass die „Machbarkeitsstudie" bereits drei Monate nach dem Ende der Konsultationsfrist erschien, und kaum Zeit gewesen sein dürfte, die teils engagierten Beiträge aus der Wissenschaft wirklich zu würdigen.[42]

Eine wirkliche, beständige Textform der letzten Fassung der „Machbarkeitsstudie" gibt es nicht. Der eingesetzte Ausschuss hat bis zuletzt **immer wieder kleine Veränderungen** vorgenommen. Insofern war auch die letzte Konsultation, die nach der Veröffentlichung des allerersten Entwurfs der „Machbarkeitsstudie" am 3.5.2011 durchgeführt wurde und zeitlich auf den viel zu kurzen Zeitraum bis zum 1.7.2011 beschränkt war, kaum ernst zu nehmen.

Politisch ist natürlich auch der Umgang mit dem von einigen Mitgliedstaaten schließlich durchgesetzten Ende des GEK-Projekts kommuniziert worden. Im unmittelbaren Anschluss an diesen Vorgang, der eindeutig als Scheitern der Kommission verstanden werden muss, wurde die Verwandlung des GEK in ein neues digitales Instrument angekündigt.[43]

### c) Veröffentlichung des Entwurfs über ein Gemeinsames Europäisches Kaufrecht

Am 11.10.2011 wurde der Vorschlag für eine Verordnung des Europäischen Parlaments und des Rats über ein **Gemeinsames Europäisches Kaufrecht** (abgekürzt CESL oder deutsch GEK) vorgelegt.[44] Gleichzeitig wurden für jeden Mitgliedstaat „Infoblätter" veröffentlicht und in einer Mitteilung der Kommission über „ein gemeinsames europäisches Kaufrecht zur Erleichterung grenzübergreifender Geschäfte im Binnenmarkt" wurde das geplante weitere Vorgehen erläutert.[45]

639

Gerade einmal fünf Monate lagen zwischen der Veröffentlichung eines ersten Entwurfs der „Machbarkeitsstudie" und der Veröffentlichung des optionalen Instruments der Kommission. Es verwundert nicht, dass gleich viele **Flüchtigkeitsfehler** im GEK aufgezeigt wurden.

---

41 Nur *Jansen*, Revision des Verbraucher-acquis?, 2012, S. 8.
42 *Eidenmüller/Jansen/Kieninger/Wagner/Zimmermann*, JZ 2012, 269, 271.
43 Mitteilung der Kommission an das Europäische Parlament, den Rat, den Europäischen Wirtschafts- und Sozialausschuss und den Ausschuss der Regionen, Arbeitsprogramm der Kommission 2015, KOM (2014) 910, Annex 2, Vorschlag 60; dazu *Wendehorst,* ITRB 2015, 94 f.; *Tamm/Tonner*, EWS 2015, 241 ff.
44 Vorschlag des Europäischen Parlaments und des Rates über ein Gemeinsames Europäisches Kaufrecht, KOM (2011) 635; zum Streit über die Kompetenz schon oben Rn. 25.
45 Mitteilung der Kommission an das Europäische Parlament, den Rat, den Europäischen Wirtschafts- und Sozialausschuss und den Ausschuss der Regionen, Ein gemeinsames europäisches Kaufrecht zur Erleichterung grenzübergreifender Geschäfte im Binnenmarkt, KOM (2011) 636.

**640** Gewählt wurde letztlich die kleinste der zuvor diskutierten Alternativen. Das GEK gilt **nur für grenzüberschreitende Verträge**, und es gilt nur, wenn es von den Parteien **gewählt** wird (opt-in). Es vereinheitlicht nicht die nationalen Regeln, sondern steht als ein sogenanntes 28. Regime (zum Begriff Anhang III) daneben. Wäre es in Kraft getreten, so hätten bei grenzüberschreitenden Kaufverträgen die Vertragsparteien das GEK für ihren Vertrag auswählen können.[46] Inhaltlich enthält das GEK auf der einen Seite viele verbraucherschützende Regelungen, die als Neuheit nicht nur gegenüber Verbrauchern, sondern auch gegenüber den „kleinen und mittleren" Unternehmen zwingend gelten.[47] Auf der anderen Seite gibt es teils auch ein gegenüber den Richtlinien vermindertes Schutzniveau.

**641** Es ist viel darüber gesprochen worden, warum die Parteien das GEK wählen sollten, und wie es ausgestaltet sein müsste, damit Unternehmer und Verbraucher ein Interesse an seiner Wahl haben könnten (dazu auch noch gleich Rn. 650 f.). Im Vorschlag für das GEK war diese Diskussion nicht erkennbar reflektiert. Die Reaktionen auf das GEK waren in den Mitgliedstaaten sehr unterschiedlich. In Deutschland herrschte von Anfang an **lebhafter Widerstand auf allen Ebenen**. Ein schönes Beispiel aus dem nichtwissenschaftlichen Bereich bildet die Stellungnahme der Bundeszentrale des deutschen Verbraucherschutzverbands mit dem Titel „Keine zivilrechtlichen Abenteuer zum Schaden der Verbraucherinnen und Verbraucher".[48]

Man muss aber unterscheiden. Während von manchen Seiten, und insbesondere auf politischer Ebene, das ganze Projekt abgelehnt wurde, war vielen Wissenschaftlern eher daran gelegen, das GEK inhaltlich zu verbessern als das Projekt im Ganzen zu verhindern. Ein europäisches Vertragsrecht ist eine Vision, die viele Anhänger hat.

### 4. Die Warenkauf-RL

**642** Dass dann 2019, also viele Jahre später, die Vorarbeiten aus dem GEK doch noch in einer zweiten Richtlinie mündeten, war lange Zeit nicht vorhersehbar. Denn nach dem Scheitern des Projekts war zunächst keine Erneuerung des Verbrauchsgüterkaufrechts geplant gewesen. Im Rahmen der Digitalen Agenda (dazu noch gleich Rn. 652) sollte vielmehr zunächst nur eine Richtlinie gezielt für den **Online-Warenhandel** geschaffen werden. An der Sinnhaftigkeit und politischen Durchsetzbarkeit der Online-Warenhandels-RL drängten sich von Anbeginn an Zweifel auf. Denn durch eine Fortentwicklung des Kaufrechts nur für Online-Geschäfte wäre es zu einer unschönen Spaltung des Kaufrechts gekommen. Erst Ende Oktober 2017 wurde dann ein stark veränderter Entwurf veröffentlicht, der (plötzlich) für alle Verbrauchsgüterkaufverträge gelten sollte.[49] Dieser Schritt war so plausibel, dass kaum Protest erfolgte. Übrigens bringt die Richtlinie wie oben gezeigt auch inhaltlich gegenüber der Verbrauchsgüterkauf-RL nur wenig Neues.

---

[46] Zu den Grundstrukturen und Regelungsinhalten des Kommissionvorschlags *Mansel*, WM 2012, 1253 ff. (Teil I), 1309 ff. (Teil II); *Staudenmayer*, NJW 2011, 3491 ff.
[47] Kritisch *Eidenmüller/Jansen/Kieninger/Wagner/Zimmermann*, JZ 2012, 269, 270.
[48] https://www.vzbv.de/sites/default/files/downloads/EU-Kaufrecht-Stellungnahme-vzbv-2011.pdf.
[49] COM(2017) 637.

## 5. Der „New Deal for Consumers"

Mit einer Mitteilung zur Neugestaltung der Rahmenbedingungen für die Verbraucher, die in der Regel als **„New Deal for Consumers"** bezeichnet wird, hat die Kommission 2018 nochmals einen Anstoß für eine weitere Vervollständigung des Acquis gegeben.[50] Hier werden verschiedene Fragen thematisiert, die teils eher technischer Art sind, wie die Abstimmung der neuesten Richtlinien untereinander, teils die Schlagkraft des Wettbewerbsrechts deutlich erhöhen sollten und teils die oben bereits gründlich angesprochene Frage der Rechtsdurchsetzung mithilfe kollektiven Rechtsschutzes betreffen. Viele der Pläne sind sehr schnell in eine neue Richtlinie überführt worden. Diese Richtlinie EU 2019/2161 wird mehrere der bestehenden Richtlinien – darunter auch die Verbraucherrechte-RL – deutlich verändern. Ab dem 28.5.2022 werden ihre Vorgaben anzuwenden sein.

643

# C. Bewertung der Entwicklungen und Blick in die Zukunft

## I. Handlungsbedarf

Es gibt viele Argumente, die für eine Weiterentwicklung des EU-Privatrechts sprechen. Ein ganz pragmatisches Argument besteht schon darin, dass die gegenwärtige Rechtslage erhebliche Nachteile aufweist. Dazu gehört nicht nur der bereits erwähnte Umstand, dass sie sich durch immer neue Richtlinien ständig ändert. Durch die an Politiken geknüpfte, auf die Regelung von Einzelfragen gerichtete Rechtsetzung mittels Richtlinien ist auch ein **unübersichtlicher und wenig zugänglicher Rechtszustand** eingetreten. Inhaltlich folgt aus diesem begrenzten Ansatz, dass die Richtlinien oft zu einseitig an einem einfachen Ziel orientiert und zu wenig dogmatisch fundiert sind. Wie dargelegt (oben Rn. 188), vermischten sich zudem lange Jahre hindurch öffentlich-rechtliche, wettbewerbsrechtliche und vertragsrechtliche Fragen, ohne dass ein Bewusstsein dafür bestand. Heute ist diese Vermischung zwar weiterhin zu beobachten – sie ist aber jetzt analysiert worden und kann bei der Umsetzung daher geschickter gehandhabt werden.

644

Es ist zurzeit nicht realistisch, gleich wieder ein einheitliches europäisches Vertrags- oder Privatrecht in Angriff zu nehmen. Zielführender erscheinen bereichsspezifische, vereinheitlichende Instrumente, wie sie von der Kommission auch immer wieder entwickelt werden. Auch der „New Deal for Consumers" nennt als erstes Ziel die Schließung von Lücken im Acquis im Verbraucherschutz.[51] Die Maßnahmen bleiben aber eher blass.

645

---

50 COM(2018) 183, S. 6 f.
51 COM(2018) 183, S. 4.

## II. Inhaltliche Überlegungen

### 1. Allgemeines

646 Die Vereinheitlichung des europäischen Vertragsrechts begegnet vielen Bedenken. Zum Teil sind sie rein praktischer Art. Schon die gegenwärtige Rechtssituation in der EU ist davon geprägt, dass sich das Recht unentwegt ändert. Ein solcher **Zustand des sich ändernden Rechts** ist für die Marktakteure die wohl ungünstigste denkbare Lage. Sie führt zu ständigen Informations- und Beratungskosten und kann überhaupt nur in Kauf genommen werden, sofern sie als vorübergehender Zustand auf dem Weg zu einem deutlich verbesserten Recht nötig ist. Bedenkt man dies, so ist eine schleichende Rechtsangleichung nicht vorteilhaft. Zugleich wird aber die schlagartige Einführung eines einheitlichen Vertragsrechts für ganz Europa für gänzlich unrealistisch gehalten. Hier fehlen sowohl der politische Wille als auch die faktische Durchführbarkeit.

647 Es gibt aber auch inhaltliche Bedenken, die immer wieder vorgebracht werden. So ist nicht nachweisbar, ob das einheitliche Recht den Markt wirklich spürbar beleben würde. Oft wird auch angenommen, dass der **Wettbewerb der unterschiedlichen Rechtsordnungen** für die Qualität des Rechts wichtig sei. Schließlich wird gelegentlich aufgezeigt, dass die kulturelle Identität der Nationen eng mit dem nationalen Recht verknüpft sei.

648 Angesichts dieser Schwierigkeiten möchte man es für ratsam halten, den Prozess der Rechtsangleichung einzustellen. Jedoch würde damit die **Wichtigkeit der wirtschaftspolitischen Ziele**, die mit der EU erreicht werden sollen, verkannt. Ein einheitliches Vertragsrecht würde nicht nur den grenzüberschreitenden Rechtsverkehr von sämtlichen durch Rechtsunterschiede verursachten Transaktionskosten befreien.[52] Und es wäre nicht nur ein Schritt nach vorn bei dem so wichtigen Aufbau des Vertrauens des Verbrauchers in die ausländischen Märkte, sondern es hätte – vielleicht sogar vor allem – eine **große symbolische Bedeutung** für die enge Verbundenheit zwischen den Mitgliedstaaten und ihren Bürgern. Es ist sehr auffällig, dass Viviane Reding, die damalige Vizepräsidentin der Kommission und Kommissarin für Justiz, Grundrechte und Bürgerschaft, das GEK in ihren Reden auch als einen Weg aus der Krise beschrieben hat.

Schaut man auf die rechtlichen Regelungen, die ein europäisches Vertragsrecht enthalten könnte, so wäre zumindest die Chance gegeben, es so auszugestalten, wie es den Zielen und Rechtsgrundsätzen der EU entspricht.

649 Wenn wirklich ein europäisches Vertragsgesetzbuch geschaffen werden soll, dann überzeugt allerdings das Vorgehen der Kommission nicht. Zum einen ist das langsame Vorgehen, wie sich gezeigt hat, nicht zielführend. Außerdem sind ständige Änderungen der Rechtslage, wie bereits angesprochen, für den Markt sehr schädlich. Berücksichtigt man das, dann ist neben der durch den Zwischenschritt erreichten Lang-

---

52 Unter den Transaktionskosten leiden freilich mit Abstand nicht alle grenzüberschreitend tätigen Unternehmen. Als Hauptleidtragende werden die kleinen und mittleren Unternehmen eingeschätzt, welche sich einen ausländischen Markt erst neu erschließen wollen.

samkeit umgekehrt auch die Schnelligkeit zu kritisieren, mit der die Kommission in den Jahren 2010 bis 2011 handelte. Denn gleich der erste Wurf muss **von höchster Qualität sein**, wenn andauernde Änderungen vermieden werden sollen.

## 2. Bewertung des GEK

Wenn man – trotz dessen Scheiterns – noch eine Bewertung des GEK vornehmen will, dann ist als wichtigster Punkt hervorzuheben, dass es die wissenschaftliche Diskussion in der EU unheimlich belebt und weiterentwickelt hat. Zum Referenzrahmen gibt es eigenständige Kommentare, zum GEK viele Aufsätze und Bücher und der bei unendlich vielen Tagungen erfolgte Austausch hat die Wissenschaft enorm vorangebracht.[53]

650

Der Blick braucht heute nicht mehr im Einzelnen auf die Inhalte des GEK gelenkt zu werden. Eine Beobachtung lohnt aber doch. Für das GEK wurde die Entscheidung nie wirklich getroffen, ob eine weitere Erhöhung des Verbraucherschutzniveaus gewollt ist oder nicht. Das hatte seinen Grund unter anderem darin, dass vielfach befürchtet wurde, das GEK werde nicht angenommen werden, wenn das **Verbraucherschutzniveau in dem Instrument zu hoch** sei. Denn kein Unternehmer würde dem Verbraucher dann die Wahl des GEK überhaupt anbieten. Jedoch muss das nicht zwingend der Fall sein. Auch jetzt schon bieten viele Unternehmen dem Verbraucher oft sehr günstige Vertragsbedingungen (z.B. weit über das gesetzliche Widerrufsrecht hinausgehende Rückgaberechte) an, um damit die Verbraucher für sich zu gewinnen. Allerdings sind dies wohl vor allem die ganz großen Unternehmen, die nicht unbedingt weitere Vorteile erlangen sollten.

Gleichzeitig kann es nicht im Sinne der EU sein, ein 28. Regime anzubieten, welches die Rechtsposition des Verbrauchers schwächt. Auch das würde sich im Übrigen schnell herumsprechen und das Instrument würde von keinem Verbraucher gewählt werden.

Gilt es also ein Instrument zu gestalten, das **sowohl dem Verbraucher als auch dem Unternehmer Vorteile** bringt, scheint das zunächst ganz ausgeschlossen. Es war vielfach vorgeschlagen worden, die **Vertragsfreiheit** des Verbrauchers wieder mehr zu betonen.[54] Das kann, wenn es umsichtig geschieht, tatsächlich funktionieren, ohne dass das Verbrauchervertrauen beeinträchtigt wird. Im Gegenteil können für den Verbraucher noch zusätzliche Vorteile entstehen.

Das sei hier nur an einem einzigen Beispiel dargestellt, nämlich am **Widerrufsrecht im Fernabsatz**.[55] Es erscheint tatsächlich unbedenklich, dieses Widerrufsrecht optional auszugestalten. Der Verbraucher kann dann also bei Abschluss des Vertrags ein Kästchen ankreuzen oder anklicken, welches ihn deutlich darauf hinweist, dass er mit

651

---

53 Mit einer inhaltlichen Darstellung der Inhalte des GEK, aber auch des Referenzrahmens und der weiteren Sammlungen insbesondere *Schulze/Zoll*, Europäisches Vertragsrecht; zum Beispiel einer Tagung siehe Sondertagung der Zivilrechtslehrervereinigung, AcP 212 (2012), 467-852.
54 *Herresthal*, EuZW 2011, 7 f.
55 *Eidenmüller*, AcP 210 (2010), 67 ff.; *Wagner*, ZEuP 2010, 273 ff. (zur Wahl zwischen mehreren Gewährleistungsrechten); *Jansen*, Revision des Verbraucher-acquis?, 2012, S. 40 ff.

dem Anklicken auf ein gesetzlich bestehendes Widerrufsrecht verzichtet und damit keine Möglichkeit zur Rückgabe von mangelfreien Waren hat.

Natürlich muss man hier vorsichtig sein. Zunächst muss man fragen, ob der Verbraucher bei einem Widerrufsrecht in der Lage ist, seine rechtliche Situation (mit Widerrufsrecht oder ohne Widerrufsrecht) einzuschätzen und somit überhaupt eine freie Entscheidung treffen kann. Das muss man für solche Verträge ablehnen, die in einer Überrumplungssituation geschlossen werden. Vorsicht ist auch bei den Verträgen geboten, die aufgrund ihrer komplexen, weitreichenden Wirkungen widerruflich sind, wie z.B. Verbraucherkreditverträge.

Bei Verträgen, die im Fernabsatz geschlossen werden, ist jedoch für einen informierten Kunden davon auszugehen, dass er sein Widerrufsrecht richtig einschätzen kann und eine **freie Entscheidung** darüber zu treffen vermag, ob er es braucht oder nicht. Wer etwa Kleidung im Internet bestellt, weiß, dass das Widerrufsrecht wichtig ist, um die Möglichkeit zu haben, die Kleidung anzuprobieren. Will der Kunde für einen geringen Preisnachlass das Risiko eingehen, die Kleidung ohne Widerrufsrecht zu bestellen, muss man ihm, dem mündigen Bürger, diese Möglichkeit belassen. Ein Indiz dafür, dass Kunden das Widerrufsrecht einschätzen können (und wertschätzen), findet sich darin, dass viele Händler freiwillig Widerrufsrechte oder verlängerte Widerrufsfristen einräumen. Damit können die Unternehmer nur deshalb einen Kaufanreiz setzen, weil die Kunden diese Vertragsbedingung begreifen und bevorzugt auswählen.[56]

Das **Verbrauchervertrauen** wird durch die Einräumung einer solchen Option nicht gefährdet, da der Kunde ja bewusst seine eigenen Rechte einschränkt. Einzig ein Bedenken bleibt: Es werden wieder gerade die großen Unternehmen sein, die am ehesten von einer solchen Möglichkeit profitieren könnten.

### III. Digitale Agenda und Privatrecht

#### 1. Vertragsrecht in der Digitalen Agenda

652 Die Weiterentwicklung des EU-Vertragsrechts erfolgte ab 2010 zunächst vor allem im Rahmen der Digitalen Agenda 2020.[57] In der Digitalen Agenda war schon von Anfang an eine Überarbeitung der Richtlinien mit einer Anpassung an die Notwendigkeiten des Online-Handels vorgesehen. In der Digitalen Strategie vom 6.5.2015 waren diese Pläne verfeinert und an das Scheitern des GEK angepasst worden.[58]

Eine Mitteilung der Kommission[59] verkündete explizit, dass die mit dem GEK verfolgte Strategie des 28. Regimes aufgegeben werden und stattdessen eine Vollharmo-

---

[56] So auch *Eidenmüller*, AcP 210 (2010), 67 ff., 76, dort sogar mit der Erwägung, ob besonders geschickte Verbraucher ein Optionsmodell ausnutzen könnten – was allerdings kaum lohnend sein wird (S. 79).
[57] Mitteilung der Kommission – Eine Digitale Agenda für Europa, COM(2010) 245.
[58] Mitteilung der Kommission – Strategie für einen digitalen Binnenmarkt für Europa, COM(2015) 192.
[59] Mitteilung der Kommission – Ein modernes Vertragsrecht für Europa – Das Potenzial des elektronischen Handels freisetzen, COM(2015) 633.

nisierung durch das Instrument der Richtlinie angestrebt werden sollte. Wie schon aufgezeigt (Rn. 642), änderten sich diese Pläne nochmals, als die Online-Warenkaufs-RL in die Warenkaufs-RL umgestaltet wurde. Übrig blieb im Bereich des speziell von der Digitalisierung geprägten Verbrauchervertragsrechts daher letztlich nur die Digitale-Inhalte-RL. Einige weitere Instrumente haben aber auch deutliche vertrags- bzw. zumindest privatrechtliche Elemente (dazu gleich Rn. 654).

## 2. Die Digitale-Inhalte-RL

Die **Digitale-Inhalte-RL** bildet das Kernstück der Initiative. Die Digitale-Inhalte-RL betrifft Verträge, in denen digitale Inhalte erworben oder sonst bereitgestellt werden. Ihr besonderes Konzept, für den Anwendungsbereich auf die Art des Vertragsgegenstands aufzubauen, und nicht auf die Art des Vertrags, wurde oben schon angesprochen (Rn. 189). Man kann an ihr im Übrigen gut erkennen, dass es wirklich neuartige Fragen für digitale „Güter" gibt. Zum Beispiel müssen digitale Inhalte in der Regel mit regelmäßigen „Updates" versorgt werden. Der Richtliniengeber ging außerdem davon aus, dass die Vertragsmäßigkeit von digitalen Inhalten „objektiv" bestimmt werden müsse, weil es sonst leicht vorkommen könne, dass mit dem Verbraucher – der die Qualität hier kaum beurteilen kann – niedrige Standards vereinbart würden (Erwägungsgrund 45 Digitale-Inhalte-RL).

653

Besonders schwierig ist der Umgang mit Daten und dem Datenschutz bei Verträgen, bei welchen der Verbraucher dem Unternehmer als Gegenleistung persönliche Daten zur Verfügung stellt (dazu grundlegend Erwägungsgrund 24 Digitale-Inhalt-RL).[60] Hier kann man natürlich schon fragen, wie denn solche Daten bei einem Rücktritt „zurückerstattet" werden können. Noch interessanter ist vielleicht die Frage, ob ein Verbraucher jemals vertraglich verpflichtet sein kann, bestimmte persönliche Daten zu leisten. Darüber hinaus kann man dann fragen, wie es sich denn auswirkt, wenn ein Verbraucher die Einwilligung zur Verarbeitung seiner Daten widerruft, nachdem er den digitalen Inhalt bereits erhalten hat. Es wird noch diskutiert, wie die DSGVO, und insbesondere Art. 6 Abs. 1 lit a und b DSGVO, hier mit der Digitale-Inhalte-RL in Einklang zu bringen sind.

## 3. Weitere privatrechtliche Instrumente im digitalen Binnenmarkt

In den letzten Jahren sind außerdem viele Vorarbeiten für die außervertragliche Haftung bei digitalen Inhalten und künstlicher Intelligenz erfolgt (schon oben Rn. 542). Durch den Übergang des Europäischen Parlaments von der 8. zur 9. Legislaturperiode im Sommer 2019 sind diese Projekte weitgehend zum Halt gekommen. Derzeit ist noch nicht absehbar, wann und auf welche Weise sie fortgesetzt werden.

654

Bereits seit dem 25.5.2018 ist die Datenschutz-Grundverordnung (DSGVO) anwendbar.[61] Sie regelt umfassend die Verarbeitung personenbezogener Daten und zwar so-

---

60 *Specht*, JZ 2017, 763.
61 Verordnung (EU) 2016/679 des Europäischen Parlaments und des Rates vom 27. April 2016 zum Schutz natürlicher Personen bei der Verarbeitung personenbezogener Daten, zum freien Datenverkehr und zur Aufhebung der Richtlinie 95/46/EG, ABl. EU 2016 L 119 S. 1.

wohl durch öffentliche wie auch durch private Datenverarbeiter. Im Kontext des Privatrechts ist wichtig, dass Art. 82 DSGVO auch einen Anspruch auf Schadensersatz regelt. Danach kann jeder, dem durch einen Verstoß gegen die DSGVO ein materieller oder immaterieller Schaden entstanden ist, vom Datenverarbeiter Ersatz verlangen.[62] Die Norm besagt damit, dass bei Persönlichkeitsrechtsverletzungen durch die unrechtmäßige Veröffentlichung oder sonst falsche Verarbeitung von Daten auch für den immateriellen Schaden, der in der Verletzung der Persönlichkeit liegt, eine Entschädigung verlangt werden kann. Es brauchen dafür nun also nicht mehr die sehr hohen Anforderungen erfüllt zu sein, die für solche Ansprüche nach § 823 Abs. 1 BGB i.V.m. Art. 2 Abs. 1 GG galten.[63] Bisher sind erst ganz vereinzelt Gerichtsentscheidungen ergangen. Es deutet sich an, dass die Gerichte doch auch weiterhin eine gewisse Gewichtigkeit der Beeinträchtigung verlangen werden (Relevanzschwelle).[64]

655 Weitere wichtige Verordnungen aus dem Bereich der Digitalisierung sind die bereits in Kraft getretene Geoblocking-VO und die P2B-VO.

Die Geoblocking-VO[65] will erreichen, dass alle EU-Bürger in jedem Mitgliedstaat zu denselben Bedingungen einkaufen können wie die dort ansässigen Kunden.[66]

Die P2B-VO, die ab dem 12.7.2020 anwendbar ist, gilt für das Verhältnis zwischen Plattformbetreibern, die Angebote an Verbraucher machen (wie z.B. Amazon, Booking, etc.), und den gewerblichen Nutzern dieser Plattformen. Wenn kleinere Unternehmer solche Plattformen benutzen, um ihre Waren anzubieten, besteht ein erhebliches Machtgefälle und hohe wirtschaftliche Abhängigkeit. Das Ziel der P2B-VO ist es, die Position gewerblicher Nutzer von Online-Plattformen zu stärken, um so ein faires und vertrauenswürdiges Online-Geschäftsumfeld zu schaffen. Das soll sich dann mittelbar auch positiv für die Verbraucher auswirken (Erwägungsgründe 3 und 7).

Die P2B-VO enthält dabei auch vertragsrechtliche Instrumente. Zentral sind die Vorschriften für die AGB-Kontrolle. Art. 8 P2B-VO geht über die „normale" AGB-Kontrolle noch etwas hinaus, wenn angeordnet wird, dass Verträge zwischen Plattformen und Unternehmen „nach Treu und Glauben und auf der Grundlage des redlichen Geschäftsverkehrs" gestaltet werden müssen und zugleich einige (wenige) Regelungen (wie z.B. die rückwirkende Änderung von AGB) ganz verboten werden.

656 Soweit Anbieter im Bereich der Sharing Economy, wie Uber oder Airbnb, entsprechende Plattformen nutzen, gilt auch für diese die P2B-VO. Ansonsten muss man sich klarmachen, dass es für die Sharing Economy derzeit oft noch an den ganz grundle-

---

62 Nach richtiger Auffassung tritt dieser Anspruch neben die Ansprüche aus §§ 280, 823 BGB, siehe nur *Spindler/Horváth* in Spindler/Schuster, Recht der elektronischen Medien, Art. 82 DSGVO Rn. 4 ff.
63 *Looschelders*, Schuldrecht BT, § 61 Rn. 13.
64 Im Überblick *Wybitul*, NJW 2019, 3265; für eine solche Relevanzschwelle etwa *AG Dietz* ZD 2019, 85; *OLG Dresden* MDR 2019, 1193 Rn. 13; kritisch *Wybitul/Neu/Strauch*, ZD 2018, 202, 206.
65 Verordnung (EU) 2018/302 des Europäischen Parlaments und des Rates vom 28. Februar 2018 über Maßnahmen gegen ungerechtfertigtes Geoblocking und andere Formen der Diskriminierung aufgrund der Staatsangehörigkeit, des Wohnsitzes oder des Ortes der Niederlassung des Kunden innerhalb des Binnenmarkts und zur Änderung der Verordnungen (EG) Nr. 2006/2004 und (EU) 2017/2394 sowie der Richtlinie 2009/22/EG, ABl. EU 2017 L 60 I, S. 1.
66 Erwägungsgrund 6.

genden rechtlichen Rahmenbedingungen, wie etwa einem passenden Steuerrecht, fehlt. Hier arbeiten die EU und die nationalen Gesetzgeber an neuen Regelungen. Uber kann übrigens in Deutschland trotz der Dienstleistungsfreiheit aus Art. 56 AEUV verboten werden, weil der EuGH das System als Verkehrsdienstleistung einordnet, so dass es nach Art. 58 AEUV von der Dienstleistungsfreiheit ausgenommen ist.[67]

---

[67] *EuGH* EuZW 2018, 131.

# Anhang I
# Die wichtigsten privatrechtlichen Richtlinien (chronologisch)

I. Richtlinie 85/374/EWG des Rates vom 25. Juli 1985 zur Angleichung der Rechts- und Verwaltungsvorschriften der Mitgliedstaaten über die Haftung für fehlerhafte Produkte = Produkthaftungs-RL – ABl. EG 1985, L 210/29; Richtlinie 1999/34/EG des Europäischen Parlaments und des Rates vom 10. Mai 1999 zur Änderung der Richtlinie 85/374/EWG des Rates zur Angleichung der Rechts- und Verwaltungsvorschriften der Mitgliedstaaten über die Haftung für fehlerhafte Produkte – ABl. EG 1999, L 141/20

1. Anwendungsbereich

Die Produkthaftungs-RL regelt die Ersatzpflicht des Herstellers für Schäden, die durch Tod oder Körperverletzung sowie zum Teil auch durch Sachbeschädigung eingetreten sind, und die durch den Fehler eines Produkts verursacht worden sind.

2. Regelungsziele

Bei der Produkthaftungs-RL wird die oft aufgezeigte Janusköpfigkeit der Richtlinien besonders deutlich. Zum einen sollen die Wettbewerbsbedingungen für die Hersteller durch Vereinheitlichung der Rechtslage verbessert werden. Zum anderen soll ein hoher Schutzstandard für die Verbraucher eingeführt werden.

3. Wichtigste Inhalte

Art. 1 bestimmt die Verursacherhaftung des Herstellers. Auf ein Verschulden kommt es somit nicht an. Die Haftung als Hersteller erstreckt sich auf Importeure und sogar auf Lieferanten, sofern der Hersteller unbekannt ist.

4. Entscheidungen des EuGH

a) EuGH Slg. 2001, 3569 (Veedfald): Inverkehrbringen i.S.d. Richtlinie ist weit zu verstehen – Ersatz materiellen Schadens darf nicht beschränkt werden – Ersatz immateriellen Schadens bleibt dem Recht der Mitgliedstaaten überlassen.

b) EuGH NJW 2015, 1163 (Boston Scientific Medizintechnik): Zum Fehlerbegriff in Art. 6 Produkthaftungs-RL – bestimmte Produkte (hier ein Herzschrittmacher) können schon dann als fehlerhaft anzusehen sein, wenn sie zu einer Serie von Produkten gehören, bei der ein potenzieller Fehler festgestellt wurde, ohne dass der Fehler bei dem konkreten Produkt festgestellt zu werden braucht. Es muss aber im Einzelfall festgestellt werden, ob der Verwendungszweck des Produkts und die betroffene Benutzergruppe eine solche Annahme rechtfertigen.

c) EuGH NJW 2017, 2739 (N.W. u.a.): Zu den Grenzen von Beweiserleichterungen in der Produkthaftung – das nationale Recht darf zwar einen Indizienbeweis zulassen, nicht aber eine

**Anhang I**  *Die wichtigsten privatrechtlichen Richtlinien (chronologisch)*

Beweislastumkehr. Eine Beweislastumkehr ist selbst dann nicht möglich, wenn das Vorliegen bestimmter Indizien dafür verlangt wird.

## II. Richtlinie 85/577/EWG des Rates vom 20. Dezember 1985 betreffend den Verbraucherschutz im Falle von außerhalb von Geschäftsräumen geschlossenen Verträgen = Haustür-RL – ABl. EG 1985, L 372/31 (außer Kraft und ersetzt durch die Verbraucherrechte-RL, dazu unten XVII.)

### 1. Anwendungsbereich

Die Haustür-RL erfasste Verbraucherverträge über die Lieferung von Waren oder die Erbringung von Dienstleistungen, die auf einem vom Unternehmer organisierten Ausflug, an der Haustür oder am Arbeitsplatz des Verbrauchers abgeschlossen wurden. Gemäß Art. 1 Abs. 3 musste dabei der Verbraucher – anders als im deutschen Recht – die bindende Willenserklärung unmittelbar an der Haustür abgegeben haben. Ausgenommen waren gem. Art. 3 u.a. Immobiliargeschäfte, Versicherungsverträge, Verträge über Haushaltsgegenstände des täglichen Bedarfs sowie über die regelmäßige Lieferung von Lebensmitteln.

### 2. Regelungsziele

Die Haustür-RL war die erste Richtlinie aus dem Bereich des Verbrauchervertragsrechts. Sie wurde 1985 verabschiedet, beruhte allerdings auf Plänen aus dem Jahr 1975.[1] Sie zielte noch nicht auf das Vertrauen des Verbrauchers in grenzüberschreitende Rechtsgeschäfte ab, sondern wollte den Verbraucher vor Überrumpelung an der Haustür schützen.

Die Richtlinie war in noch sehr floskelhafter Weise auf Art. 100 EWGV gestützt. Sie enthielt ausdrücklich das Mindeststandardprinzip.

### 3. Wichtigste Regelungen

Die wichtigste Regelung war das in Art. 5 enthaltene Widerrufsrecht.

### 4. Entscheidungen des EuGH

a) EuGH Slg. 1989, 1235 (Buet): Ein über die Richtlinie hinausgehendes Verbot von bestimmten Haustürgeschäften ist mit dem EGV vereinbar.

b) EuGH Slg. 1991, 1206 (di Pinto): Wenn ein Gewerbetreibender „an der Haustür" sein Gewerbe an einen Unternehmer verkauft, greift die Richtlinie mangels Verbrauchervertrags nicht ein.

c) EuGH Slg. 1998, 1199 (Dietzinger): Die Bürgschaft an der Haustür fällt nicht in den Anwendungsbereich der Richtlinie. Sie kann nur dann ausnahmsweise erfasst sein, wenn der Kreditvertrag selbst in einer Haustürsituation abgeschlossen wurde.

d) EuGH Slg. 2001, 9945 (Heininger): Der Abschluss eines Realkreditvertrags an der Haustür fällt in den Anwendungsbereich der Richtlinie. Wurde der Verbraucher über sein Widerrufsrecht nicht belehrt, besteht es unbefristet.

---

[1] Entschließung des Rates vom 14.4.1975 betreffend ein erstes Programm der Europäischen Wirtschaftsgemeinschaft für eine Politik zum Schutz und zur Unterrichtung der Verbraucher, ABl. EG 1975, C 92/1.

e) EuGH Slg. 2005, 9215 (Schulte); Slg. 2005, 9273 (Crailsheimer Volksbank): 1. Das Widerrufsrecht besteht auch, wenn ein Unternehmer, der eine dritte Person zum Abschluss des Vertrags eingeschaltet hat, nicht wissen konnte, dass dieser Dritte in einer Haustürsituation handelte. 2. Die Mitgliedstaaten müssen dafür sorgen, dass der Verbraucher Ersatz für den Schaden erhält, den er dadurch erleidet, dass der Unternehmer ihn nicht über sein Widerrufsrecht belehrt hat.

f) EuGH Slg. 2006, 2093 (A-Punkt Schmuckhandel): Mitgliedstaaten dürfen Haustürgeschäfte (hier: Vertrieb von Schmuck) verbieten, sofern alle betroffenen Wirtschaftsteilnehmer gleichbehandelt und der Marktzugang für Erzeugnisse aus anderen Mitgliedstaaten nicht unverhältnismäßig erschwert wird.

g) EuGH Slg. 2008, 2383 (Hamilton/Volksbank Filder eG): Der nationale Gesetzgeber kann für den Fall der fehlerhaften Widerrufsbelehrung vorsehen, dass die Widerrufsfrist einen Monat nach beidseitiger vollständiger Erbringung der Leistungen aus einem langfristigen Darlehensvertrag endet.

h) EuGH Slg. 2010, 2947 (Friz): 1. Der Beitritt zu einem geschlossenen Immobilienfonds in Form einer Personengesellschaft fällt in den Anwendungsbereich der Richtlinie, wenn der Zweck des Beitritts vorrangig darin liegt, Kapital anzulegen. 2. Mit der Richtlinie vereinbar sind nationale Regelungen, die dem Verbraucher nach erfolgtem Widerruf nur einen Anspruch auf das (ggf. verlustreiche) Auseinandersetzungsguthaben gewähren.

## III. Richtlinie 86/653/EWG des Rates vom 18. Dezember 1986 zur Koordinierung der Rechtsvorschriften der Mitgliedstaaten betreffend die selbständigen Handelsvertreter = Handelsvertreter-RL – ABl. EG 1986, L 382/17

### 1. Anwendungsbereich

Die Handelsvertreter-RL erfasst die Verträge, bei denen ein selbstständiger Handelsvertreter entgeltlich für einen Unternehmer den Verkauf oder Ankauf von Waren vermittelt oder abschließt.

### 2. Regelungsziele

Die Richtlinie soll die Bedingungen des Handelsvertretervertrags angleichen, damit insbesondere der Abschluss grenzüberschreitender Handelsvertreterverträge erleichtert wird.

### 3. Wichtigste Regelungen

Art. 3 und Art. 4 enthalten wesentliche Inhalte eines jeden Handelsvertretervertrags. Die Wirksamkeit des Vertrags darf zudem nicht an besondere Voraussetzungen (wie eine Registereintragung) geknüpft sein. Der Anspruch des Handelsvertreters auf Provision wird in Art. 6-12 geregelt. Bei fehlender Vereinbarung wird der Anspruch nach Üblichkeit bzw. Angemessenheit festgesetzt.

## IV. Richtlinie 93/13/EWG des Rates vom 5. April 1993 über missbräuchliche Klauseln in Verbraucherverträgen = Klausel-RL – ABl. EG 1993, L 95/29

### 1. Anwendungsbereich

Die Klausel-RL sieht eine Inhalts- und Transparenzkontrolle für alle nicht im Einzelnen ausgehandelten Klauseln, die in Verbraucherverträgen verwendet werden, vor.

### 2. Regelungsziele

Der Verbraucher soll gemäß der Präambel vor missbräuchlichen Klauseln in Verträgen geschützt werden, da diese ihn insbesondere davon abhalten könnten, Waren direkt in anderen Mitgliedstaaten zu erwerben.

### 3. Wichtigste Regelungen

Im Mittelpunkt steht die Inhaltskontrolle nach Art. 3. Die bedeutsamste Veränderung gegenüber dem deutschen Recht ist die Transparenzkontrolle aller Klauseln. Der Klauselbegriff ist weiter als der ursprüngliche deutsche Begriff der AGB. Jede nicht mit dem Verbraucher einzeln ausgehandelte Klausel unterliegt der Inhaltskontrolle.

### 4. Entscheidungen des EuGH

a) EuGH Slg. 2000, 4941 (Océano): Das Gericht prüft die Missbräuchlichkeit einer Gerichtsstandsklausel von Amts wegen bei der Prüfung seiner Zuständigkeit. Eine Klausel ist missbräuchlich, wenn sie ausschließlich die Gerichte am Niederlassungsort des Unternehmers für zuständig erklärt.

b) EuGH Slg. 2001, 9049 (Cape): Der Verbraucherbegriff der Richtlinie umfasst nur natürliche Personen.

c) EuGH Slg. 2002, 10875 (Cofidis): Sieht das nationale Recht Ausschlussfristen für die Berufung auf die Missbräuchlichkeit einer Klausel vor, wurde die Klausel-RL nicht effektiv umgesetzt.

d) EuGH Slg. 2004, 3403 (Freiburger Kommunalbauten): Für die Entscheidung darüber, ob eine Klausel im Einzelfall missbräuchlich ist, sind die nationalen Gerichte zuständig.

e) EuGH Slg. 2006, 10421 (Mostaza Claro): Enthält eine Schiedsvereinbarung eine missbräuchliche Klausel, muss der Schiedsspruch auch dann aufgehoben werden, wenn der Verbraucher diese Nichtigkeit nicht im Schiedsverfahren, sondern erst im Verfahren der Aufhebungsklage eingewandt hat.

f) EuGH Slg. 2009, 4713 (Pannon): Das nationale Gericht muss von Amts wegen prüfen, ob eine Gerichtsstandsklausel missbräuchlich ist.

g) EuGH Slg. 2010, 10847 (VB Pénzügyi Lízing): Das nationale Gericht muss von Amts wegen Untersuchungsmaßnahmen durchführen, um festzustellen, ob eine Gerichtsstandsklausel in den AGB missbräuchlich ist.

**h)** EuGH Slg. 2010, 11557 (Pohotovost'): Ist der effektive Jahreszins entgegen der Verbraucherkredit-RL nicht angegeben, so muss das nationale Gericht von Amts wegen untersuchen, ob ein Verstoß gegen die Klausel-RL (Transparenzgebot) vorliegt.

**i)** EuGH NJW 2012, 2257 (Banco Español de Crédito): 1. Die Klausel-RL erfordert es, dass beim Erlass eines Mahnbescheids, auch wenn der Verbraucher keinen Widerspruch erhebt, von Amts wegen geprüft werden darf, ob eine im Vertrag enthaltene Klausel unwirksam ist, wenn dem Gericht die dazu erforderlichen Informationen vorliegen. 2. Die geltungserhaltende Reduktion einer unwirksamen Klausel durch das Gericht ist nicht zulässig.

**j)** EuGH EuZW 2012, 786 (Invitel): Art. 6 Abs. 1 sowie Art. 7 Abs. 1 und 2 verlangen, dass die nationalen Gerichte von Amts wegen tätig werden, damit eine gegenüber einem Verbraucher für unwirksam erklärte Klausel auch allen anderen Verbrauchern gegenüber nicht mehr angewendet wird.

**k)** EuGH EuZW 2013, 464 (Aziz): 1. Der Begriff „erhebliches und ungerechtfertigtes Missverhältnis" in Art. 3 Abs. 1 ist anhand einer Prüfung der bei Fehlen einer Vereinbarung zwischen den Parteien anwendbaren nationalen Vorschriften zu beurteilen, um zu bewerten, ob der Vertrag für den Verbraucher eine weniger günstige Rechtslage schafft, als sie das geltende nationale Recht vorsieht. Bei der Frage, ob das Missverhältnis gegen das Gebot von Treu und Glauben verstößt, ist zu prüfen, ob der Gewerbetreibende bei loyalem und billigem Verhalten gegenüber dem Verbraucher vernünftigerweise erwarten durfte, dass der Verbraucher sich nach individuellen Verhandlungen auf die betreffende Klausel einlässt. 2. Der Anhang der Klausel-RL dient nur als Hinweis und ist keine erschöpfende Liste aller Klauseln, die für missbräuchlich erklärt werden können.

**l)** EuGH NJW 2014, 2335 (Kásler): 1. Zum kontrollfreien Hauptgegenstand des Vertrags gehört nicht ein Mechanismus, aus dem sich die Berechnung von Entgelten erst während der Vertragslaufzeit ergibt. 2. Transparenz i.S.d. Art. 4 Abs. 2 bedeutet, dass die Vertragsklausel nicht nur in grammatikalischer Hinsicht nachvollziehbar sein muss, sondern dass der Verbraucher in die Lage versetzt wird, die sich für ihn ergebenden wirtschaftlichen Folgen richtig einzuschätzen. 3. Art. 6 Abs. 1 steht einer nationalen Regelung nicht entgegen, die es dem nationalen Gericht ermöglicht, der Nichtigkeit der missbräuchlichen Klausel dadurch abzuhelfen, dass es sie durch eine dispositive Vorschrift des nationalen Rechts ersetzt.

**m)** EuGH C-487/13 (Unicaja Banco) sowie, ganz ähnlich, EuGH NJW 2019, 3133 (Abanca Corporación Bancaria sowie Bankia) und EuGH NZM 2018, 2029 (Demba): Ist eine missbräuchliche Klausel zu streichen, ist eine Ergänzung mit dispositivem Recht nur dann möglich, wenn die Ungültigerklärung der missbräuchlichen Klausel das Gericht verpflichten würde, den Vertrag insgesamt für nichtig zu erklären, und der Verbraucher deshalb Konsequenzen ausgesetzt würde, die derart sind, dass er dadurch bestraft würde.

**Anhang I**  *Die wichtigsten privatrechtlichen Richtlinien (chronologisch)*

## V. Richtlinie 97/7/EG des Europäischen Parlaments und des Rates vom 20. Mai 1997 über den Verbraucherschutz bei Vertragsabschlüssen im Fernabsatz = Fernabsatz-RL – ABl. EG 1997, L 144/19 (außer Kraft und ersetzt durch die Verbraucherrechte-RL, dazu unten XVII.)

### 1. Anwendungsbereich

Die Fernabsatz-RL erfasste Verträge, die unter ausschließlicher Nutzung von Fernkommunikationsmitteln (z.B. Brief, Katalog, Telefon, Hörfunk, Fernsehen, Fax, Internet) im Rahmen eines vom „Lieferer" organisierten Vertriebs- oder Dienstleistungssystems abgeschlossen worden sind.

Ausgenommen waren insbesondere Verträge über Finanzdienstleistungen sowie Immobilien und Versteigerungen. Weitgehend eingeschränkt war die Geltung der Richtlinie u.a. für Geschäfte über Lebensmittel, Unterbringung und Beförderung.

### 2. Regelungsziele

Der Fernabsatz eignet sich besonders gut für die grenzüberschreitende Vermarktung. Gemäß der Präambel sollte daher der grenzüberschreitende Fernabsatz durch die Richtlinie gefördert werden. Jedoch wurde dieses Ziel auf indirektem Wege verfolgt. Das Vertrauen des Verbrauchers in den Fernabsatz sollte verbessert werden, indem der Missbrauch des Fernabsatzes erschwert und einheitliche, verbraucherfreundliche Regelungen aufgestellt wurden.

### 3. Wichtigste Regelungen

Die Fernabsatz-RL vereinte einige Regelungen, die in Deutschland an ganz verschiedenen Stellen aufzufinden sind. Zunächst enthielt sie Informationspflichten, Regeln zum Vertragsschluss und ein Widerrufsrecht für den normalen Fernabsatzvertrag. Dazu kam die Regelung über unverlangt zugesandte Waren sowie eine Regelung über die Erstattung von Zahlungen, die aufgrund betrügerischer Verwendung von Kreditkarten geleistet wurden.

### 4. Entscheidungen des EuGH

**a)** EuGH Slg. 2005, 1947 (easyCar): Bei im Fernabsatz geschlossenen Automietverträgen besteht kein Widerrufsrecht, weil es sich um eine Dienstleistung im Bereich Beförderung gemäß Art. 3 Abs. 2 2. Spiegelstrich der Richtlinie handelt.

**b)** EuGH Slg. 2009, 7315 (Messner): Nach Art. 6 Abs. 1 S. 2, Abs. 2 darf von dem Verbraucher nur Wertersatz für die Nutzung der Sache verlangt werden, wenn er diese auf eine mit Treu und Glauben unvereinbare Art und Weise benutzt hat.

**c)** EuGH Slg. 2010, 3047 (Heine): Gemäß Art. 6 Abs. 1 Unterabs. 1 S. 2, Abs. 2 dürfen dem Verbraucher im Fall des Widerrufs nicht die Kosten der Zusendung der Ware auferlegt werden.

**d)** EuGH EuZW 2012, 638 (Content Services): Es genügt nicht den Erfordernissen des Art. 5 Abs. 1, wenn die erforderlichen Informationen dem Kunden erst durch das Anklicken eines Hyperlinks zugänglich gemacht werden.

## VI. Richtlinie 1999/44/EG des Europäischen Parlaments und des Rates vom 25. Mai 1999 zu bestimmten Aspekten des Verbrauchsgüterkaufs und der Garantien für Verbrauchsgüter = Verbrauchsgüterkauf-RL – ABl. EG 1999, L 171/12 (für ab dem 1. Januar 2022 geschlossene Verträge abgelöst durch Richtlinie (EU) 2019/771 zum Warenkauf, dazu unten XX.)

### 1. Anwendungsbereich

Die Verbrauchsgüterkauf-RL erfasst Kauf- und Werklieferungsverträge, die zwischen einem Verbraucher und einem Unternehmer geschlossen werden. Ausgenommen sind nur die Verträge, die im Rahmen der Zwangsvollstreckung abgeschlossen werden, sowie Verträge über die Lieferung von Strom, Wasser und Gas (Art. 1).

### 2. Regelungsziele

Die Präambel der Richtlinie trennt zwei Aspekte. Zum einen sollen Wettbewerbsverzerrungen beseitigt werden, die durch ein unterschiedliches Kaufrecht eintreten könnten. Zum anderen und wohl vorrangig ist aber das Ziel, den grenzüberschreitenden Konsum für den Verbraucher attraktiver zu machen. Daher sollen die Anforderungen an die Vertragsmäßigkeit der Ware sowie die Rechte, die sich bei nicht vertragsmäßiger Ware ergeben, angeglichen werden.

### 3. Wichtigste Regelungen

Die Verbrauchsgüterkauf-RL definiert umfassend die sogenannte „Vertragsmäßigkeit" der Ware. Sie bestimmt die Haftung des Verkäufers für Mängel der Ware (ausgenommen die Schadensersatzpflicht), regelt den Regress des Verkäufers gegenüber dem Hersteller und enthält schließlich Vorschriften über Garantien.

### 4. Entscheidungen des EuGH

a) EuGH Slg. 2008, 2685 (Quelle): Ein Verkäufer, der ein vertragswidriges Verbrauchsgut geliefert hat, kann vom Verbraucher keinen Wertersatz für die Nutzung des vertragswidrigen Verbrauchsguts bis zu dessen Austausch durch ein neues Verbrauchsgut verlangen.

b) EuGH NJW 2011, 2269 (Weber und Putz): Bei Ersatzlieferung für ein eingebautes Verbrauchsgut ist der Verkäufer nach Art. 3 Abs. 2 und 3 verpflichtet, entweder selbst den Ausbau und Einbau vorzunehmen oder die Kosten dafür zu tragen. Der Kostenerstattungsanspruch kann auf einen angemessenen Betrag beschränkt werden.

c) EuGH NJW 2015, 2237 (Faber): Nach Art. 5 Abs. 3 wird vermutet, dass die Vertragswidrigkeit bereits zum Zeitpunkt der Lieferung der Ware bestand, wenn der Verbraucher den Beweis erbringt, dass die fragliche Vertragswidrigkeit innerhalb von sechs Monaten nach der Lieferung der Ware offenbar geworden ist. Dies kann nur dadurch ausgeschlossen werden, dass der Verkäufer nachweist, dass der Grund der Vertragswidrigkeit in einem Umstand liegt, der nach der Lieferung eingetreten ist.

d) EuGH JZ 2018, 298 (Ferenschild): Die Richtlinie unterscheidet zwischen einer Haftungsfrist (Art. 5 Abs. 1 S. 1) und einer Verjährungsfrist (Art. 5 Abs. 1 S. 2). Während die Haftungsfrist bei gebrauchten Waren verkürzt werden darf, stehen Art. 5 Abs. 1 und Abs. 7 Abs. 1 Unterabs. 2 einer Regelung entgegen, die es erlaubt, dass die Verjährungsfrist für die Klage eines Verbrauchers eine kürzere Dauer als zwei Jahre ab Lieferung des Gutes beträgt.

**Anhang I** *Die wichtigsten privatrechtlichen Richtlinien (chronologisch)*

**e)** EuGH NJW 2019, 2007 (Fülla): Nach 3 Abs. 3 sind die Mitgliedsstaaten zur Bestimmung des Nacherfüllungsorts zuständig. Dieser muss aber für eine unentgeltliche Herstellung des vertragsgemäßen Zustands binnen einer angemessenen Frist ohne erhebliche Unannehmlichkeiten für den Verbraucher geeignet sein, wobei die Art des Verbrauchsgutes (ob es schwer, sperrig oder zerbrechlich ist) sowie der Zweck, für den der Verbraucher das Verbrauchsgut benötigte, zu berücksichtigen sind. Art. 3 Abs. 2-4 verlangen einen Anspruch auf Vorschuss auf die mit der Rücksendung verbundenen Kosten (wie ihn § 475 Abs. 4 BGB vorsieht) *nicht unbedingt*, sondern nur, sofern für den Verbraucher die Tatsache, dass er für diese Kosten in Vorleistung treten muss, eine Belastung darstellt, die ihn von der Geltendmachung seiner Rechte abhalten könnte. Zu berücksichtigen sind dabei die konkreten Umstände des Einzelfalls, wozu insbesondere Kriterien wie die Höhe der Transportkosten, der Wert des vertragswidrigen Verbrauchsguts und die rechtliche oder tatsächliche Möglichkeit des Verbrauchers gehören, seine Rechte geltend zu machen, falls der Verkäufer die vom Verbraucher vorgestreckten Transportkosten nicht erstattet (dazu Rn. 527).

## VII. Richtlinie 2000/31/EG des Europäischen Parlaments und des Rates vom 8. Juni 2000 über bestimmte rechtliche Aspekte der Dienste der Informationsgesellschaft, insbesondere des elektronischen Geschäftsverkehrs, im Binnenmarkt = E-Commerce-RL – ABl. EG 2000, L 178/1

### 1. Anwendungsbereich

Die E-Commerce-RL gilt für alle auf elektronischem Wege abgeschlossenen Rechtsgeschäfte, bei denen auf einer Seite ein geschäftsmäßig tätiger Diensteanbieter steht. Unerheblich ist, ob der Kunde Verbraucher oder Unternehmer ist.

### 2. Regelungsziele

Die E-Commerce-RL ist keine Verbraucherschutzrichtlinie. Sie will vielmehr gezielt den elektronischen Geschäftsverkehr, der besonders oft grenzüberschreitend stattfindet und daher sehr binnenmarktrelevant ist, fördern. Sie dient der Weiterentwicklung der Dienste der Informationsgesellschaft insbesondere durch die Beseitigung von Hindernissen, stellt aber auch bestimmte Informations- und Haftungsstandards auf.

### 3. Wichtigste Inhalte

Die E-Commerce-RL hat verschiedene Regelungskomplexe. Zentral sind die Befreiung der Diensteanbieter von der Zulassungspflicht (Art. 4) und die Anordnung des Herkunftslandprinzips (Art. 3). Dem Diensteanbieter werden erhebliche Informationspflichten auferlegt (Art. 5, 6 und 10). Außerdem sind einige Fragen zum Vertragsschluss im Internet geregelt (Art. 9-11). Schließlich wird die Haftung des Diensteanbieters für eigene und fremde Inhalte bestimmt (Art. 12-15).

### 4. Entscheidungen des EuGH

**a)** EuGH Slg. 2008, 7841 (Bundesverband der Verbraucherzentralen): Gemäß Art. 5 Abs. 1 lit c) ist der Diensteanbieter verpflichtet, neben seiner elektronischen Adresse weitere Informationen zur Verfügung zu stellen, die eine schnelle Kontaktaufnahme und eine unmittelbare und effiziente Kommunikation ermöglichen.

**b)** EuGH EuZW 2012, 381 („G"): Art. 3 Abs. 1 und 2 findet keine Anwendung, wenn der Ort der Niederlassung des Diensteanbieters unbekannt ist.

**c)** EuGH EuZW 2014, 541 (Google Spain): 1. Die Tätigkeit einer Internetsuchmaschine stellt eine vom Betreiber zu verantwortende Verarbeitung personenbezogener Daten i.S.d. Art. 2 lit b) und d) dar. 2. Der räumliche Anwendungsbereich der E-Commerce-RL erfordert keine unmittelbare Beteiligung einer Niederlassung an der Verarbeitung personenbezogener Daten. 3. Unter bestimmten Voraussetzungen ist der Suchmaschinenbetreiber dazu verpflichtet, Links zu von Dritten veröffentlichten Internetseiten mit den personenbezogenen Daten aus seiner Ergebnisliste zu löschen, auch wenn die Informationen auf diesen Internetseiten (rechtmäßig) bestehen bleiben.

**d)** EuGH JZ 2020, 89 (Glawischnig-Piesczek): Art. 15 Abs. 1 E-Commerce-RL verwehrt einem Gericht eines Mitgliedstaats nicht, einen Hosting-Anbieter wie Facebook zu verpflichten, mit einem zuvor für rechtswidrig erklärten Kommentar wort- und unter bestimmten Umständen auch sinngleiche Kommentare zu entfernen. Die Vorschrift steht auch nicht einer gerichtlichen Anordnung entgegen, nach der dem Hosting-Anbieter aufgegeben wird, im Rahmen des einschlägigen internationalen Rechts weltweit die von der Verfügung betroffenen Informationen zu entfernen oder den Zugang zu ihnen zu sperren.

**e)** EuGH C-390/18 (Airbnb Ireland): Ein Vermittlungsdienst – wie ihn Airbnb gewährt –, der darin besteht, über eine elektronische Plattform gegen Entgelt eine Geschäftsbeziehung zwischen potenziellen Mietern und Vermietern, die kurzfristige Beherbergungsleistungen anbieten, anzubahnen, und gleichzeitig auch einige Zusatzdienstleistungen zu diesem Vermittlungsdienst zur Verfügung zu stellen, ist als „Dienst der Informationsgesellschaft" einzustufen, der unter die Richtlinie fällt.

## VIII. Gleichbehandlungs-Richtlinien:

**Richtlinie 2000/43/EG des Rates vom 29. Juni 2000 zur Anwendung des Gleichbehandlungsgrundsatzes ohne Unterschied der Rasse oder der ethnischen Herkunft – ABl. EG 2000, L 180/22 = Gleichbehandlungs-RL (Rasse)**

**Richtlinie 2000/78/EG des Rates vom 27. November 2000 zur Festlegung eines allgemeinen Rahmens für die Verwirklichung der Gleichbehandlung in Beschäftigung und Beruf – ABl. EG 2000, L 303/16 = Gleichbehandlungsrahmen-RL**

**Richtlinie 2004/113/EG des Rates vom 13. Dezember 2004 zur Verwirklichung des Grundsatzes der Gleichbehandlung von Männern und Frauen – ABl. EG 2004, L 373/37 = Gleichbehandlungs-RL (Geschlecht)**

**Richtlinie 2006/54/EG des Europäischen Parlaments und des Rates vom 5. Juli 2006 zur Verwirklichung des Grundsatzes der Chancengleichheit und Gleichbehandlung von Männern und Frauen in Arbeits- und Beschäftigungsfragen (Neufassung) – ABl. EG 2006, L 204/23 = Gleichbehandlungs-RL (Beruf)**

### 1. Anwendungsbereich

Während die frühen Gleichbehandlungs-Richtlinien zunächst auf das Arbeitsrecht beschränkt waren, erfassen die neuen Gleichbehandlungs-Richtlinien (Rasse und Geschlecht) alle Verträge

**Anhang I** *Die wichtigsten privatrechtlichen Richtlinien (chronologisch)*

über Güter und Dienstleistungen, die der Öffentlichkeit zur Verfügung stehen. Dazu gehören insbesondere Versicherungen, aber auch Wohnraum und Lebensmittel sowie bei der Gleichbehandlungs-RL (Rasse) auch der Beruf.

### 2. Regelungsziele

Die Gleichbehandlung aller Menschen beim Zugang zum Beruf aber auch zu allen Gütern der Grundversorgung ist eines der wichtigsten Ziele der EU. Mit den Gleichbehandlungs-Richtlinien wird die Durchsetzung dieses Ziels verfolgt.

### 3. Wichtigste Regelungen

Aus privatrechtlicher Sicht ist es sehr bedeutsam, dass auch private Vertragsschließende nach der Richtlinie ihren Vertragspartner nicht mehr frei wählen dürfen, sondern die Diskriminierung nach Rasse und Herkunft sowie nach Geschlecht vermeiden müssen. Darin wird in Deutschland vielfach eine erhebliche Beschränkung der Privatautonomie gesehen.

### 4. Entscheidungen des EuGH

Zu den wichtigsten Entscheidungen zählen EuGH NJW 2005, 3695 (Mangold) und EuGH ZIP 2009, 1483 (Kücükdeveci), dazu Rn. 31 f. und Rn. 265 f. Neuerdings zur Kündigung eines katholischen Chefarztes wegen Wiederheirat EuGH NJW 2018, 3086 (IR/JQ).

## IX. Richtlinie 2002/65/EG des Europäischen Parlaments und des Rates über den Fernabsatz von Finanzdienstleistungen an Verbraucher und zur Änderung der Richtlinie 90/619/EWG des Rates und der Richtlinien 97/7/EG und 98/27/EG = FAF-RL – ABl. EG 2002, L 271/16, geändert durch Richtlinie (EU) 2015/2366 des Europäischen Parlaments und des Rates vom 25. November 2015 über Zahlungsdienste im Binnenmarkt, ABl. EU 2015, L 337/35

### 1. Anwendungsbereich

Die FAF-RL erfasst alle im Wege des Fernabsatzes geschlossenen Verträge, bei denen ein Unternehmer („Anbieter" i.S.d. Art. 2 lit c)) für einen Verbraucher eine Finanzdienstleistung erbringt. Der Begriff der Finanzdienstleistung ist in Art. 2 lit b) definiert und denkbar weit. Erfasst sind Bankdienstleistungen, Dienstleistungen aus dem Bereich der Kreditgewährung einschließlich deren Vermittlung (vgl. Erwägungsgrund 19), Versicherungen, Geldanlagegeschäfte und vieles mehr.

### 2. Regelungsziele

Die Richtlinie zeigt sowohl in ihrem Anwendungsbereich als auch in ihren Zielen starke Parallelen zur Fernabsatz-RL. Sie entstand jedoch in dem Bewusstsein, dass sich Finanzdienstleistungen besonders gut für den Fernabsatz eignen und dass im Bereich der Finanzdienstleistungen die Förderung eines grenzüberschreitenden Markts besonders nötig ist. Die Richtlinie zielt daher in erster Linie auf die Förderung des Fernabsatzes von Finanzdienstleistungen durch einheitliche Regelungen ab. Dabei berücksichtigt sie zugleich den Schutz des Verbrauchers bei im Fernabsatz geschlossenen Finanzdienstleistungsverträgen. Die FAF-RL lässt strengere nationale Vorschriften nicht zu (Erwägungsgrund 13).

## 3. Wichtigste Regelungen

In Art. 3-5 sind die Informationspflichten des Anbieters geregelt. Die wichtigste Regelung ist das Widerrufsrecht in Art. 6. Die Frist beträgt 14 Tage, bei Altersversorgung und Versicherungen ausnahmsweise 30 Tage. Ist eine Finanzdienstleistung vor dem Widerruf bereits erbracht, kann nach Art. 7 eine angemessene Entgeltpflicht bestehen.

## 4. Entscheidungen des EuGH

EuGH NJW 2019, 3290 (Romano): Bei einem im Fernabsatz zwischen einem Unternehmer und einem Verbraucher geschlossenen Vertrag über eine Finanzdienstleistung steht Art. 6 Abs. 2 lit. c) einer nationalen Regelung entgegen, die nicht das Widerrufsrecht dieses Verbrauchers für den Fall ausschließt, dass der Vertrag auf seinen ausdrücklichen Wunsch von beiden Seiten bereits voll erfüllt ist, bevor er sein Widerrufsrecht ausübt. Zur Einordnung dieser Entscheidung siehe Rn. 388.

## X. Richtlinie 2005/29/EG des Europäischen Parlaments und des Rates vom 11. Mai 2005 über unlautere Geschäftspraktiken im binnenmarktinternen Geschäftsverkehr zwischen Unternehmen und Verbrauchern = Lauterkeits-RL – ABl. EG 2005, L 149/22, geändert durch Richtlinie (EU) 2019/2161 des Europäischen Parlaments und des Rates vom 27. November 2019, ABl. EU 2019, L 328/7

### 1. Anwendungsbereich

Umfasst wird jede „Geschäftspraxis" und damit im Grunde jedes Verhalten, das die geschäftliche Entscheidung eines Verbrauchers in Bezug auf Produkte beeinflussen kann. Dabei geht es nicht um vertragliche Regelungen, sondern um die wettbewerbsrechtliche Sanktionierung von Fehlverhalten.

### 2. Regelungsziele

Die Richtlinie verfolgt eine Vollharmonisierung. Damit will sie zwei Ziele erreichen. Einerseits soll der Schutz des Verbrauchers in der ganzen EU gesichert werden. Andererseits soll aber auch erreicht werden, dass sich die Unternehmer auf eine einheitliche Rechtslage in allen Mitgliedstaaten verlassen können und keine besonderen Ausgaben dafür machen müssen, ihre Vermarktungsstrategien jeweils an das Landesrecht anzupassen.

### 3. Wichtigste Regelungen

Nach Art. 5 sind unlautere Geschäftspraktiken verboten. Dazu gehören vor allem irreführende Handlungen und Unterlassungen (Art. 6, 7) sowie aggressive und belästigende Geschäftspraktiken (Art. 8, 9). Art. 11 überlässt die Wahl der Mittel bei der Bekämpfung der verbotenen Geschäftspraktiken den Mitgliedstaaten. Die Neuregelung sieht hier jedoch nun engere Vorgaben vor (Art. 13).

**Anhang I** *Die wichtigsten privatrechtlichen Richtlinien (chronologisch)*

### XI. Richtlinie 2006/123/EG des Europäischen Parlaments und des Rates vom 12. Dezember 2006 über Dienstleistungen im Binnenmarkt = Dienstleistungs-RL – ABl. EG 2006, L 376/36

#### 1. Anwendungsbereich

Die Richtlinie gilt für innerhalb der EU im wirtschaftlichen Interesse erbrachte Dienstleistungen. Dabei sind größere Sektoren, wie etwa das gesamte Gesundheitswesen und die Finanzdienstleistungen, ausgenommen.

#### 2. Ziele der Richtlinie

Die Dienstleistungs-RL soll sowohl die Niederlassungsfreiheit für Anbieter von Diensten als auch die Freiheit, in anderen Mitgliedstaaten ohne Niederlassung Dienste anzubieten, gewährleisten. Dazu werden administrative Voraussetzungen herabgesetzt und einheitliche Zulassungsstandards vorgegeben.

#### 3. Wichtigste Regelungen

Nach Art. 16 müssen die Mitgliedstaaten die Dienstleistungsfreiheit gewähren. Sie dürfen die Genehmigung zur Erbringung von Dienstleistungen nur noch von bestimmten Gründen abhängig machen. Dazu gehören insbesondere die öffentliche Ordnung, Sicherheit und Gesundheit.

### XII. Richtlinie (EU) 2015/2302 des Europäischen Parlaments und des Rates vom 25. November 2015 über Pauschalreisen und verbundene Reiseleistungen, zur Änderung der Verordnung (EG) Nr. 2006/2004 und der Richtlinie 2011/83/EU des Europäischen Parlaments und des Rates sowie zur Aufhebung der Richtlinie 90/314/EWG des Rates, ABl. EU 2015, L 326/1

#### 1. Anwendungsbereich

Die Pauschalreise-RL erfasst grundsätzlich Pauschalreisen, die dem Reisenden (nicht notwendig Verbraucher) vom Unternehmer zum Verkauf angeboten oder verkauft werden, und verbundene Reiseleistungen, die der Unternehmer dem Reisenden vermittelt. Umfasst sind von der Richtlinie in der Regel auch solche Reisen, bei denen mehrere Reisebestandteile über verbundene Onlineportale verschiedener Unternehmer erworben werden.

#### 2. Regelungsziele

Das Verbraucherschutzniveau bei Pauschalreisen und verbundenen Reiseleistungen soll erhöht und vereinheitlicht werden, um die Verbraucher anzuregen, auch grenzüberschreitend Reisen zu buchen. Auf diese Art soll der Tourismus gefördert und die Dienstleistungs- wie die Niederlassungsfreiheit verbessert werden. Neue Angebots- und Vertriebswege (z.B. verbundene Online-Buchung) für Reisen sollen ebenfalls vom Regelungsgehalt der Richtlinie erfasst werden.

#### 3. Wichtigste Regelungen

Die Richtlinie enthält umfangreiche Regelungen zu den Informationspflichten, zu Rücktrittsrechten des Reisenden und des Reiseveranstalters und zur Gewährleistung bei Nicht- und Schlechterbringung von Reiseleistungen. Schließt der Reisende mit verschiedenen Erbringern von Reiseleistungen u.a. über verbundene Buchungsverfahren Verträge, die nicht die Merkmale einer Pauschalreise aufweisen, so greifen über die neu geschaffene Kategorie der „verbundenen Reiseleistungen" gleichwohl der Insolvenzschutz und Informationspflichten (Art. 19).

### 4. Entscheidungen des EuGH

**a)** EuGH Slg. 2002, 2631 (Simone Leitner): Zu ersetzen sind auch immaterielle Schäden, die durch fehlende oder mangelhafte Erfüllung des Pauschalreisevertrags entstehen (entgangene Urlaubsfreude).

**b)** EuGH Slg. 2002, 4051 (Club-Tour): Die Richtlinie umfasst auch nach den Vorgaben des Verbrauchers zusammengestellte Reisen.

**c)** EuGH 2011, 505 (Pammer/Alpenhof): Auch eine Frachtschiffsreise kann unter die Richtlinie fallen, wenn ihr ein Reisevertrag zugrunde liegt, der für einen Pauschalpreis kombinierte Beförderungs- und Unterbringungsleistungen vorsieht.

**d)** EuGH EuZW 2012, 230 (Blödel-Pawlik): Die Insolvenzversicherung, die nach Art. 7 abgeschlossen sein muss, greift auch durch, wenn die Zahlungsunfähigkeit des Reiseveranstalters aus dessen betrügerischem Verhalten folgt.

## XIII. Richtlinie (EU) 2015/2366 des Europäischen Parlaments und des Rates vom 25. November 2015 über Zahlungsdienste im Binnenmarkt, zur Änderung der Richtlinien 2002/65/EG, 2009/110/EG und 2013/36/EU und der Verordnung (EU) Nr. 1093/2010 sowie zur Aufhebung der Richtlinie 2007/64/EG – ABl. EU 2015, L 337/35

### 1. Anwendungsbereich

Die Richtlinie fasst verschiedene typische Bankdienstleistungen als „Zahlungsdienste" zusammen. Um den Wettbewerb in der EU zu verbessern, regelt sie die Anforderungen an die Diensteanbieter sowie die Ausgestaltung der Verträge zwischen Zahlungsdiensteanbietern und Nutzern. Sie gilt nicht nur für grenzüberschreitende, sondern auch für innerstaatliche Zahlungsvorgänge, die in Euro oder einer anderen Währung eines Mitgliedstaats der EU durchzuführen sind, wenn sowohl der Zahlungsdienstleister des Zahlers wie auch des Zahlungsempfängers in der EU ansässig sind (Art. 2 Abs. 2). Anders als nach der Vorgängerregelung fallen nun auch gewisse Zahlungsvorgänge mit Nicht-EU-Elementen unter die Richtlinie, etwa Zahlungsvorgänge in einer Nicht-EU-Währung, wenn der zahlende oder der empfangene Zahlungsdienstleister in der EU ansässig ist (Art. 2 Abs. 2-4).

### 2. Regelungsziele

Hauptziel der Richtlinie ist die Schaffung eines funktionierenden Binnenmarkts für Zahlungsdienste. Es soll gewährleistet werden, dass einheitliche Informationspflichten für Zahlungsdienstleister bestehen sowie die Rechte und Pflichten von Zahlungsdienstnutzern und Zahlungsdienstleistern festgelegt werden. Das Lastschriftverfahren wird EU-weit harmonisiert, Überweisungen weiter beschleunigt. Die Richtlinie will den einheitlichen Euro-Zahlungsraum (Single Euro Payment Area – SEPA) stärken und an die Entwicklungen des elektronischen und mobilen Massenzahlungsverkehrs anpassen.

#### 3. Wichtigste Regelungen

Für das allgemeine Vertragsrecht sind die Titel III und IV bedeutsam. Dort findet man die Regeln für die Ausgestaltung der Verträge über Zahlungsvorgänge, insbesondere die Informationspflichten (Titel III) und die Vertragsbedingungen, wie Haftungs- und Erstattungspflichten (Titel IV).

#### 4. Entscheidungen des EuGH

**a)** Noch zur Zahlungsdienste-RL I – EuGH EuZW 2014, 464 (T-Mobile Austria): Art. 52 Abs. 3 räumt den Mitgliedstaaten die Befugnis ein, Zahlungsempfängern Entgelterhebungen für die Nutzung eines Zahlungsinstruments generell zu untersagen, sofern die nationale Regelung insgesamt der Notwendigkeit Rechnung trägt, den Wettbewerb und die Nutzung effizienter Zahlungsinstrumente zu fördern.

**b)** EuGH EuZW 2019, 351 (Tecnoservice Int.) – Ausführung des Zahlungsvorgangs auf Grundlage des Kundenidentifikators: Art. 74 Abs. 2 ist dahin auszulegen, dass die in dieser Bestimmung vorgesehene Haftungsbeschränkung des Zahlungsdienstleisters, wenn ein Zahlungsauftrag in Übereinstimmung mit dem vom Zahlungsdienstnutzer angegebenen Kundenidentifikator ausgeführt wird, dieser aber nicht mit dem von diesem Nutzer angegebenen Namen des Zahlungsempfängers übereinstimmt, sowohl auf den Zahlungsdienstleister des Zahlers als auch auf den Zahlungsdienstleister des Zahlungsempfängers Anwendung findet.

### XIV. Richtlinie 2008/48/EG des Europäischen Parlaments und des Rates vom 23. April 2008 über Verbraucherkreditverträge und zur Aufhebung der Richtlinie 87/102/EWG des Rates = Verbraucherkredit-RL – ABl. EU 2008, L 133/66

#### 1. Anwendungsbereich

Erfasst sind entgeltliche Kredite und Zahlungsaufschübe in der Höhe zwischen 200 und 75.000 Euro, die einem Verbraucher von einem Kreditgeber gewährt werden. Bestimmte Kredite, wie grundpfandrechtlich gesicherte Kredite oder kurzfristige Zahlungshilfen, sind ausgenommen.

#### 2. Regelungsziele

Die alte Verbraucherkredit-RL war sehr lückenhaft. Sie konnte weder zur Entstehung eines grenzüberschreitenden Wettbewerbs bei Krediten beitragen, noch brachte sie ein ausreichend hohes Verbraucherschutzniveau. Mit der aktuellen Richtlinie wurde das Schutzniveau angehoben und zugleich versucht, die Vergleichbarkeit von Angeboten zu verbessern (etwa durch das Formular „Europäische Standardinformationen für Verbraucherkredite").

#### 3. Wichtigste Regelungen

Neben der Einführung eines Widerrufsrechts (Art. 14), welches es allerdings in Deutschland ohnehin bereits gab, sind die folgenden Punkte zentral:

Die – gegenüber den ursprünglichen Plänen allerdings stark zurückgenommene – Kreditwürdigkeitsprüfung (Art. 8); die Informationspflichten (Art. 10 ff.); die Regelung über verbundene Geschäfte (Art. 15) und schließlich die Regelung zur Rückzahlung vor Fälligkeit (Art. 16), welche nun stets möglich sein soll, wobei die Höhe der Vorfälligkeitsentschädigung (im Regelfall) auf 1 % des zu früh zurückgezahlten Betrags begrenzt ist.

### 4. Entscheidungen des EuGH (teilweise zur alten Richtlinie)

**a)** EuGH Slg. 2000, 1741 (Berliner Kindl): Die Verbraucherkredit-RL findet auf Bürgschaftsverträge keine Anwendung.

**b)** EuGH Slg. 2004, 2157 (Cofinoga): Bei Verlängerung eines Kreditvertrags zu unveränderten Bedingungen entsteht keine erneute Informationspflicht.

**c)** EuGH WM 2012, 2049 (SC Volksbank România SA): Trotz des Vollharmonisierungsansatzes erlaubt es die Richtlinie den Mitgliedstaaten, bei der Umsetzung auch Verbraucherkreditverträge aufzunehmen, die von der Richtlinie nicht umfasst sind (hier Immobiliarkredite). Weder die Richtlinie noch Art. 56 AEUV stehen außerdem dem Verbot bestimmter Bankprovisionen entgegen.

**d)** EuGH NJW 2014, 1941 (LCL Le Crédit Lyonnais): Verletzt der Kreditgeber seine vorvertragliche Pflicht zur Prüfung der Kreditwürdigkeit des Kreditnehmers, müssen die von den Mitgliedstaaten vorgesehenen Sanktionen „wirklich abschreckende" Wirkung haben und die Härte der Sanktion muss der Schwere des Verstoßes entsprechen.

**e)** EuGH EuZW 2015, 189 (CA Consumer Finance): Eine nationale Regelung, nach der die Beweislast für die Nichterfüllung der Verpflichtung aus Art. 5, 8 dem Verbraucher obliegt, ist unzulässig.

**f)** EuGH NJW 2017, 45 (Home Credit Slovakia) – Form und Inhalt eines Verbraucherkreditvertrags und Sanktionen: Art. 10 Abs. 1 eröffnet den Mitgliedstaaten Raum für die Konkretisierung der „Papierform", welche die Vorschrift neben einem dauerhaften Datenträger vorsieht. Der Kreditvertrag muss auch nicht notwendigerweise in einem einzigen Dokument enthalten sein. Der Inhalt der Informationspflichten ist hingegen vollharmonisierend festgelegt, so dass eine nationale Vorschrift nicht eine originäre Verpflichtung zur Vorlage eines Tilgungsplans vorsehen darf. Was die Sanktionen anbelangt, können die Mitgliedstaaten vorsehen, dass für den Fall, in dem der Kreditvertrag nicht alle nach Art. 10 Abs. 2 erforderlichen Elemente nennt, der Vertrag als zins- und kostenfrei gilt; dies allerdings nur, sofern es sich um ein Element handelt, dessen Fehlen es dem Verbraucher unmöglich machen kann, den Umfang seiner Verpflichtung einzuschätzen.

**g)** EuGH NJW 2019, 3565 (Lexitor): Art. 16 Abs. 1 Verbraucherkredit-RL ist dahin auszulegen, dass das Recht des Verbrauchers auf die Ermäßigung der Gesamtkosten des Kredits bei vorzeitiger Kreditrückzahlung sämtliche dem Verbraucher auferlegten Kosten umfasst.

**Anhang I** *Die wichtigsten privatrechtlichen Richtlinien (chronologisch)*

## XV. Richtlinie 2008/122/EG des Europäischen Parlaments und des Rates vom 14. Januar 2009 über den Schutz der Verbraucher im Hinblick auf bestimmte Aspekte von Teilzeitnutzungsverträgen, Verträgen über langfristige Urlaubsprodukte sowie Wiederverkaufs- und Tauschverträgen = Teilzeitnutzungsrechte-RL – ABl. EU 2009, L 33/10

### 1. Anwendungsbereich

Die Richtlinie versucht, alle Verträge mit einer Laufzeit von über einem Jahr zu erfassen, die in den Bereich des Timesharings im weiten Sinne gefasst werden können, einschließlich der darauf gerichteten Vermittlungsverträge (Art. 2). Timesharing bedeutet letztlich, dass ein (mehrfaches) Wohnrecht, anders als bei der Miete, zumindest teilweise durch eine Einmalzahlung erworben wird.

### 2. Regelungsziele

Das Timesharing ist aus EU-Sicht interessant, weil es grenzüberschreitend vermarktet wird und ein recht hohes Handelsvolumen aufweist. Zugleich ist es in hohem Maße missbrauchsanfällig, weil der Kunde das Verhältnis von Leistung und Gegenleistung sehr schlecht einschätzen kann. Schon 1994 wurde es durch die Richtlinie 94/47/EG geregelt, deren Anwendungsbereich inzwischen erweitert werden musste, um Umgehungen zu verhindern.

### 3. Wichtigste Regelungen

Sowohl die Informationspflichten (Art. 3 ff.) als auch das damit korrelierende Widerrufsrecht für den Verbraucher (Art. 6 ff.) sind zur Eindämmung des Missbrauchs des Timesharings notwendig. Die Richtlinie verbietet zudem Anzahlungen innerhalb der Widerrufsfrist (Art. 9), schreibt für langfristige Verträge verpflichtend die Ratenzahlung vor (Art. 10) und kennt eine umfassende Durchgriffswirkung bei Vertragsbeendigung (Art. 11).

## XVI. Richtlinie 2011/7/EU des Europäischen Parlaments und des Rates vom 16. Februar 2011 zur Bekämpfung von Zahlungsverzug im Geschäftsverkehr (Neufassung der Richtlinie 2000/35/EG) = Zahlungsverzugs-RL – ABl. EG 2011, L 48/1

### 1. Anwendungsbereich

Die Zahlungsverzugs-RL regelt die Zahlungsfristen und die Folgen verspäteter Zahlung bei Ansprüchen aus gegenseitigen Verträgen, bei denen beide Vertragsparteien Unternehmer oder „öffentliche Stellen" sind.

### 2. Regelungsziele

Bei grenzüberschreitenden Verträgen (bei denen die Rechtsverfolgung besonders aufwändig ist) ist die Zahlungsmoral besonders schlecht. Oft bezahlen die Schuldner nur mit großer Verzögerung für die erhaltene Leistung. Das führt zu hohen Beitreibungskosten für die Unternehmen, ja oftmals sogar zu Insolvenzen und beeinträchtigt den Handel im Binnenmarkt insgesamt sehr. Schon die erste Zahlungsverzugs-RL versuchte, diesen Missstand zu beheben. Die Neufassung sollte durch noch straffere Regelungen mehr Erfolg bringen.

## 3. Wichtigste Regelungen

Art. 3 und 4 legen Zahlungsfristen fest, nach deren Ablauf Verzugszinsen fällig werden. Hierbei darf die in der Regel 30-tägige Frist in Verträgen zwischen zwei Unternehmern nur unter bestimmten Voraussetzungen (Art. 3 Abs. 5) und in Verträgen zwischen einem Unternehmer und einer öffentlichen Stelle zudem auf höchstens 60 Tage (Art. 4 Abs. 6) verlängert werden. Art. 9 verlangt die Möglichkeit des grenzüberschreitend wirksamen Eigentumsvorbehalts und Art. 10 schreibt ein verkürztes gerichtliches oder behördliches Beitreibungsverfahren vor (in Deutschland das ohnehin bereits bestehende Mahnverfahren nach §§ 688 ff. ZPO).

## 4. Entscheidungen des EuGH (teilweise zur alten Richtlinie)

a) EuGH Slg. 2005, 1937 (QDQ Media SA): Besteht nach nationalem Recht keine Möglichkeit, die Kosten für die Einschaltung eines Rechtsanwalts im gerichtlichen Verfahren zur Beitreibung einer Schuld einzubeziehen, kann die Richtlinie als solche nicht als Grundlage für eine derartige Möglichkeit dienen.

b) EuGH Slg. 2008, 1923 (Telecom): Bei einer Zahlung durch Banküberweisung muss der geschuldete Betrag dem Konto des Gläubigers rechtzeitig gutgeschrieben sein, wenn das Entstehen von Verzugszinsen vermieden oder beendet werden soll.

c) EuGH IWRZ 2018, 271 (česká pojišťovna): Art. 6 verlangt, dass der Gläubiger, der eine Entschädigung für die infolge von Mahnungen des Schuldners auf Grund von dessen Zahlungsverzug angefallenen Kosten verlangt, neben dem Pauschalbetrag von 40 Euro noch weitere Mahnkosten als angemessenen Ersatz fordern kann.

d) EuGH NJW 2019, 1933 (Gambietz): Eine Vorschrift (wie § 288 Abs. 5 S. 3 BGB), die eine Anrechnung der Mahnpauschale auf den weiteren angemessenen Ersatz (hier Anspruch auf Ersatz externer Rechtsverfolgungskosten gemäß §§ 280 Abs. 1, 2, 286 BGB) anordnet, ist mit Art. 6 Abs. 3 vereinbar.

## XVII. Richtlinie 2011/83/EU des Europäischen Parlaments und des Rates vom 25. Oktober 2011 über die Rechte der Verbraucher, zur Abänderung der Richtlinie 93/13/EWG des Rates und der Richtlinie 1999/44/EG des Europäischen Parlaments und des Rates sowie zur Aufhebung der Richtlinie 85/577/EWG des Rates und der Richtlinie 97/7/EG des Europäischen Parlaments und des Rates = Verbraucherrechte-RL – ABl. EU 2011, L 304/64

### 1. Anwendungsbereich

Die Richtlinie erfasst hauptsächlich Fernabsatz- und Haustürverträge zwischen einem Unternehmer und einem Verbraucher und vereinheitlicht für diese die Informationspflichten und das Widerrufsrecht.

### 2. Regelungsziele

Die Verbraucherrechte-RL wurde mit dem großen Ziel der Vereinheitlichung des Verbraucher-Acquis in Angriff genommen. Neben den beiden nun erfassten Richtlinien (Haustür-RL und Fernabsatz-RL) sollten auch die Klausel-RL und die Verbrauchsgüterkauf-RL einbezogen werden. Aus politischen Gründen wurde sie schließlich eng realisiert und zielt vor allem noch auf eine genauere Ausgestaltung von Informationspflichten und Widerrufsfolgen ab.

**Anhang I** *Die wichtigsten privatrechtlichen Richtlinien (chronologisch)*

### 3. Wichtigste Regelungen

Am wichtigsten ist die Vereinheitlichung der Widerrufsrechte für Haustür- und Fernabsatzgeschäfte sowie die Ausgestaltung der Widerrufsfolgen in den Art. 9 ff. Dabei wurden viele Details, wie die Wertersatzpflicht und die Pflicht zur Tragung der Rücksendekosten, genauer geregelt. Art. 20 weist das Transportrisiko dem Unternehmer zu. Außerdem wurde in Art. 18 Abs. 1 eine Regelung zur Fälligkeit im Verbrauchsgüterkauf eingeführt. Art. 18 Abs. 2 enthält Bestimmungen zur Fristsetzung bei Nichtleistung.

### 4. Entscheidungen des EuGH (siehe zusätzlich die Entscheidungen zur Haustür- und Fernabsatz-RL, oben II. und V.)

a) EuGH NJW 2017, 1229 (Zentrale zur Bekämpfung unlauteren Wettbewerbs Frankfurt a. M.): Aus dem Begriff „Grundtarif" in Art. 21 folgt, dass Kosten eines auf einen geschlossenen Vertrag bezogenen Anrufs unter einer von einem Unternehmer eingerichteten Service-Rufnummer die Kosten eines Anrufs unter einer gewöhnlichen geografischen Festnetznummer oder einer Mobilfunknummer nicht übersteigen dürfen.

b) EuGH EuZW 2018, 742 (Verbraucherzentrale Berlin e.V.) – Auslegung des Begriffs „Messestand als Geschäftsraum": Art. 2 Nr. 9 ist dahin auszulegen, dass ein Messestand eines Unternehmers, an dem der Unternehmer seine Tätigkeiten an wenigen Tagen im Jahr ausübt, unter den Begriff „Geschäftsräume" fällt, wenn in Anbetracht aller tatsächlichen Umstände und insbesondere des Erscheinungsbilds des Messestands sowie der vor Ort verbreiteten Informationen ein normal informierter, angemessen aufmerksamer und verständiger Verbraucher vernünftigerweise damit rechnen konnte, dass der betreffende Unternehmer dort seine Tätigkeiten ausübt und ihn anspricht, um einen Vertrag zu schließen.

c) EuGH NJW 2019, 1363 (Walbusch Walter Busch) – Anforderungen an eine ordnungsgemäße Widerrufsbelehrung: Bietet das verwendete Medium (hier: Werbeprospekt) nur wenig Raum, darf zumindest die Musterwiderrufsbelehrung weggelassen werden, wenn deren Abdruck unangemessen viel Platz einnehmen würde. Die Bedingungen, Fristen und Verfahren für die Ausübung dieses Rechts müssen aber genannt werden. In einem solchen Fall muss der Unternehmer dem Verbraucher das Muster-Widerrufsformular auf andere Weise in klarer und verständlicher Weise zur Verfügung stellen.

d) EuGH NJW 2019, 1507 (Slewo) – Auslegung des Ausnahmetatbestands in Art. 16 lit e): Art. 16 lit e) ist als Ausnahme vom Widerrufsrecht eng dahin auszulegen, dass eine Ware wie eine Matratze, deren Schutzfolie vom Verbraucher nach der Lieferung entfernt wurde, nicht unter den Begriff „versiegelte Waren […], die aus Gründen des Gesundheitsschutzes oder aus Hygienegründen nicht zur Rückgabe geeignet sind und deren Versiegelung nach der Lieferung entfernt wurde" im Sinne dieser Vorschrift fällt (dazu Rn. 345).

e) EuGH NJW 2019, 3365 (Amazon EU) – keine Verpflichtung des Unternehmers zur Angabe einer Telefonnummer: Art. 6 Abs. 1 lit c) erfordert nicht, dass der Unternehmer vor Abschluss eines Vertrags mit einem Verbraucher im Fernabsatz oder außerhalb von Geschäftsräumen i.S.v. Art. 2 Nr. 7 und 8 stets seine Telefonnummer anzugeben hat. Zum anderen impliziert diese Bestimmung keine Verpflichtung des Unternehmers, einen Telefon- oder Telefaxanschluss bzw. ein E-Mail-Konto neu einzurichten.

## XVIII. Richtlinie 2014/17/EU des Europäischen Parlaments und des Rates vom 4. Februar 2014 über Wohnimmobilienkreditverträge für Verbraucher und zur Änderung der Richtlinien 2008/48/EG und 2013/36/EU und der Verordnung (EU) Nr. 1093/2010, ABl. EU 2014, L 60/34

### 1. Anwendungsbereich

Die Richtlinie gilt für entgeltliche Darlehensverträge zwischen einem Unternehmer und einem Verbraucher, die entweder durch ein Grundpfandrecht gesichert oder die unbesichert sind, aber für den Erwerb oder die Erhaltung des Eigentumsrechts an Grundstücken bestimmt sind.

### 2. Regelungsziele

Auch die Wohnimmobiliarkredit-RL ist in erster Linie auf die Verbesserung des Binnenmarkts ausgerichtet. Sie verfolgt aber zugleich erhebliche verbraucherschützende Ziele. Wesentlich ist hier zunächst die bessere Information des Verbrauchers, insbesondere über die Kosten des Kredits. Darüber hinaus ist der Grundsatz der verantwortungsvollen Kreditvergabe verwirklicht worden, der die Gefahr von Überschuldung und Zwangsvollstreckungen verringern soll.

### 3. Wichtigste Regelungen

Nach Art. 18 muss der Kreditgeber die Kreditwürdigkeit des Verbrauchers gründlich prüfen. Es geht dabei darum, ob der Kreditnehmer „wahrscheinlich" zur Rückzahlung in der Lage sein wird. Besteht die Kreditwürdigkeit nicht, darf ein Kredit nicht vergeben werden. Art. 14 Abs. 6 trifft eine ungewöhnliche Regelung für die „cool-off-Periode". Die Mitgliedstaaten dürfen danach selbst bestimmen, ob sie eine Frist von mindestens sieben Tagen festlegen, die abgewartet werden muss, bevor die Annahme des Verbrauchers wirksam wird, oder ob sie (ggf. auch zusätzlich) ein Widerrufsrecht vorsehen.

## XIX. Richtlinie (EU) 2019/770 des europäischen Parlaments und des Rates vom 20. Mai 2019 über bestimmte vertragsrechtliche Aspekte der Bereitstellung digitaler Inhalte und digitaler Dienstleistungen = Digitale Inhalte-RL – ABl. EU 2019, L 136/1

### 1. Anwendungsbereich

Die Richtlinie, die von den Mitgliedstaaten bis zum 1.7.2021 umgesetzt werden muss, bringt erstmals besondere Regelungen für Verträge über „digitale Inhalte". Die Richtlinie unterscheidet dabei nicht nach Art der Verträge, so dass die Einordnung als Kauf-, Dienstleistungs- oder Mietvertrag unwichtig ist. Sie erfasst alle Verträge, bei denen der Unternehmer gegen Bezahlung (mit Geld oder durch die Hingabe von Daten) digitale Inhalte zur Verfügung stellt.

### 2. Regelungsziele

Die Richtlinie muss als ein erster Schritt zur Regelung des Handels mit digitalen Inhalten verstanden werden. Sie soll das Entstehen eines verbraucherfreundlichen „digitalen Binnenmarkts" fördern.

### 3. Wichtigste Regelungen

Die Richtlinie konzentriert sich stark auf die Fragen der ordnungsgemäßen Bereitstellung, der Vertragsmäßigkeit der digitalen Inhalte und der Gewährleistung. Sie erfasst, anders als die Warenkauf-RL, auch die Rechtsfolgen einer Nichtleistung. Der Unternehmer hat die Pflicht, die Sache auch über den Zeitpunkt des Gefahrübergangs hinaus durch Aktualisierungen (Updates) vertragskonform zu halten. Die Richtlinie ist vollharmonisierend angelegt, hat aber viele Regelungsbereiche ausgespart, so dass doch große nationale Unterschiede bleiben werden.

## XX. Richtlinie (EU) 2019/771 des europäischen Parlaments und des Rates vom 20. Mai 2019 über bestimmte vertragsrechtliche Aspekte des Warenkaufs, zur Änderung der Verordnung (EU) 2017/2394 und der Richtlinie 2009/22/EG sowie zur Aufhebung der Richtlinie 1999/44/EG = Warenkauf-RL – ABl. EU 2019, L 136/28

### 1. Anwendungsbereich

Die Richtlinie, die von den Mitgliedstaaten bis zum 1.7.2021 umgesetzt werden muss, ersetzt die Verbrauchsgüterkauf-RL. Sie gilt für Kaufverträge über Waren zwischen einem Verbraucher und einem Unternehmer. Waren sind dabei als bewegliche körperliche Gegenstände definiert, wobei auch die digitalen Inhalte mit erfasst sind, soweit die Waren „ihre Funktionen ohne diese digitalen Inhalte oder digitalen Dienstleistungen nicht erfüllen könnten" (Art. 2 Abs. 5 lit b)).

### 2. Regelungsziele

Die Richtlinie unterscheidet sich von der Verbrauchsgüterkauf-RL zunächst darin, dass sie vollharmonisierend wirkt. Ansonsten ist das Gewährleistungsrecht deutlich detailreicher geworden und bringt auch einige – teils der Rechtsprechung des EuGH folgende – Änderungen. Durch diese Maßnahmen soll das Vertrauen des Verbrauchers noch mehr gestärkt werden.

### 3. Wichtigste Regelungen

Gegenüber der geltenden Verbrauchsgüterkauf-RL gibt es nur wenige wirklich gewichtige Unterschiede. Der Begriff der Vertragsmäßigkeit ist geändert worden (Art. 6, 7) und für die in eine Ware integrierten digitalen Inhalte ist – wie in der Digitale-Inhalte-RL – eine Aktualisierungspflicht des Verkäufers vorgesehen (Art. 7 Abs. 3).

# Anhang II
# Die wichtigsten privatrechtlichen Verordnungen

I. Verordnung (EG) Nr. 2027/97 des Rates vom 9. Oktober 1997 über die Haftung von Luftfahrtunternehmen bei Unfällen, ABl. EG 1997, L 285/1, geändert durch Verordnung (EG) Nr. 889/2002 des Europäischen Parlaments und des Rates vom 13. Mai 2002 zur Änderung der Verordnung (EG) Nr. 2027/97 des Rates über die Haftung von Luftfahrtunternehmen bei Unfällen, ABl. EG 2002, L 140/2.

II. Verordnung (EG) Nr. 261/2004 des Europäischen Parlaments und des Rates über eine gemeinsame Regelung für Ausgleichs- und Betreuungsleistungen für Fluggäste im Falle der Nichtbeförderung und bei Annullierung oder großer Verspätung von Flügen vom 11. Februar 2004 und zur Aufhebung der Verordnung (EWG) Nr. 295/91, ABl. EU 2004, L 46/1.

III. Verordnung (EG) Nr. 864/2007 des Europäischen Parlaments und des Rates vom 11. Juli 2007 über das auf außervertragliche Schuldverhältnisse anzuwendende Recht (Rom II), ABl. EU 2007, L 199/40.

IV. Verordnung (EG) Nr. 861/2007 des Europäischen Parlaments und des Rates vom 11. Juli 2007 zur Einführung eines europäischen Verfahrens für geringfügige Forderungen, ABl. EU 2007, L 199/1.

V. Verordnung (EG) Nr. 1371/2007 vom 23. Oktober 2007 über Rechte und Pflichten der Fahrgäste im Eisenbahnverkehr, ABl. EU 2007, L 315/14 (FahrgastrechteVO).

VI. Verordnung (EG) Nr. 593/2008 des Europäischen Parlaments und des Rates vom 17. Juni 2008 über das auf vertragliche Schuldverhältnisse anzuwendende Recht (Rom I), ABl. EU 2008, L 177/6.

VII. Verordnung (EG) Nr. 924/2009 des Europäischen Parlaments und des Rates vom 16. September 2009 über grenzüberschreitende Zahlungen in der Gemeinschaft und zur Aufhebung der Verordnung (EG) Nr. 2560/2001, ABl. EU 2009, L 266/11.

VIII. Verordnung (EU) Nr. 1259/2010 des Rates vom 20. Dezember 2010 zur Durchführung einer verstärkten Zusammenarbeit im Bereich des auf die Ehescheidung und Trennung ohne Auflösung des Ehebandes anzuwendenden Rechts, ABl. EU 2010, L 343/10.

IX. Verordnung (EU) Nr. 650/2012 des Europäischen Parlaments und des Rates vom 4. Juli 2012 über die Zuständigkeit, das anzuwendende Recht, die Anerkennung und die Vollstreckung von Entscheidungen und öffentlichen Urkunden in Erbsachen sowie zur Einführung eines Europäischen Nachlasszeugnisses, ABl. EU 2012, L 201/107.

X. Verordnung (EU) Nr. 910/2014 des Europäischen Parlaments und des Rates vom 23. Juli 2014 über elektronische Identifizierung und Vertrauensdienste für elektronische Transaktionen im Binnenmarkt und zur Aufhebung der Richtlinie 1999/93/EG, ABl. EU 2014, L 257/73.

XI. Verordnung (EU) 2016/679 des Europäischen Parlaments und des Rates vom 27. April 2016 zum Schutz natürlicher Personen bei der Verarbeitung personenbezogener Daten, zum freien Datenverkehr und zur Aufhebung der Richtlinie 95/46/EG (Datenschutz-Grundverordnung), ABl. EU 2016, L 119/1.

XII. Verordnung (EU) 2016/1103 des Rates vom 24. Juni 2016 zur Durchführung einer verstärkten Zusammenarbeit im Bereich der Zuständigkeit, des anzuwendenden Rechts und der Anerkennung und Vollstreckung von Entscheidungen in Fragen des ehelichen Güterstands, ABl. EU 2016, L 183/1.

**Anhang II**  *Die wichtigsten privatrechtlichen Verordnungen*

XIII. Verordnung (EU) 2016/1104 des Rates vom 24. Juni 2016 zur Durchführung der Verstärkten Zusammenarbeit im Bereich der Zuständigkeit, des anzuwendenden Rechts und der Anerkennung und Vollstreckung von Entscheidungen in Fragen güterrechtlicher Wirkungen eingetragener Partnerschaften, ABl. EU 2016, L 183/30.

XIV. Verordnung (EU) 2019/1150 des Europäischen Parlaments und des Rates vom 20. Juni 2019 zur Förderung von Fairness und Transparenz für gewerbliche Nutzer von Online-Vermittlungsdiensten, ABl. EU 2019, L 186/57.

# Anhang III
# Einige Schlüsselbegriffe aus dem Prozess der Entstehung eines EU-Vertragsrechts

### Acquis communautaire (Verbraucher-Acquis)

Es handelt sich im Grunde einfach um eine Sammlung aller existenten Verbraucherschutzregelungen („Besitzstand"). Der Begriff wird vor allem benutzt, wenn es um eine Systematisierung der bisher wenig homogenen Einzelregelungen geht („Revision des Acquis"). Die Revision des Acquis ist durch die Verbraucherrechte-RL, die am Ende nur einen verhältnismäßig kleinen Ausschnitt des EU-Verbrauchervertragsrechts umfasst, zu einem vorläufigen Abschluss gekommen.

### DCFR, CFR (Gemeinsamer Referenzrahmen, Common Frame of Reference)

Dieser wurde von der Kommission in Auftrag gegeben, ohne dass das damit angestrebte Ziel je völlig geklärt wurde. Meist wurde gesagt, er solle – als eine wissenschaftlich erarbeitete Sammlung von Normvorschlägen – der Kommission später bei der Ausarbeitung des optionalen Instruments (→ Rn. 626 f., 637 f.) helfen. Während die Kommission nach einem anfänglich breit erscheinenden Auftrag an die Wissenschaft bald eine Konzentration auf zentrale Fragen der Verbraucherverträge verlangte, wurde der DCFR in einer breiten Form zu Ende gebracht. Er erfasst auch Fragen des allgemeinen Schuldrechts (wie Abtretung und Aufrechnung), des außervertraglichen besonderen Schuldrechts (wie Delikt und Bereicherung) und schließlich des Sachenrechts (Eigentumsübergang und Sicherheiten).

Die Erstellung des DCFR wurde von der Study Group (→ Rn. 616) und der Acquis Group (→ Rn. 631) gemeinsam geleitet. Die „outline edition" des DCFR ist im Netz zugänglich unter https://www.law.kuleuven.be/personal/mstorme/2009_02_DCFR_OutlineEdition.pdf. Das Gesamtwerk von über 6000 Seiten ist 2009 erschienen und nur in Buchform erhältlich.

### Joint Network on European Private Law, Study Group on a European Civil Code, Acquis Group

Bei dem Joint Network on European Private Law handelt es sich um die Gesamtheit der mit der Erstellung des CFR beauftragten Wissenschaftler. Die Leitung übernahmen die 1998 aus der Lando Kommission hervorgegangene Study Group und die zugleich mit der Sammlung des Verbraucherbesitzstands beauftragte Acquis Group (gegründet 2002), aber es wurden noch weitere Netzwerke und Gruppen einbezogen.

### Toolbox

Einige Jahre lang kündigte die Kommission an, man wolle den DCFR (→ Rn. 632) wie eine Art Werkzeugkasten für die Normsetzung verwenden.

**Anhang III** *Schlüsselbegriffe aus dem Prozess der Entstehung eines EU-Vertragsrechts*

## Optionales Instrument (28. Regime)

Seit 2006 wird der von Hans Schulte-Nölke geprägte Begriff „Optionales Instrument" verwendet, wenn die Schaffung eines einheitlichen Vertragsrechts beschrieben werden soll, das erst anwendbar wird, wenn die Parteien es für ihren Vertrag wählen. Da das „Optionale Instrument" neben die Privatrechtsordnungen der ehemals 27 Mitgliedstaaten treten würde, nennt man es teilweise auch „28. Regime". Der Entwurf für ein europäisches Kaufrecht (CESL, GEK) (→ Rn. 639) entspricht diesem Modell.

## Machbarkeitsstudie (Feasibility Study)

Im April 2010 wurde eine verkleinerte Expertengruppe beauftragt, die „Machbarkeit" des optionalen Instruments zu prüfen. Im Grunde kondensierte sie dazu den DCFR (→ Rn. 632) und machte einen eigenen Vorschlag für ein optionales Instrument (→ Rn. 637 ff.), welches als Basis für den Entwurf des CESL (→ Rn. 639) diente.

## CESL (GEK)

Am 11.10.2011 veröffentlichte die Kommission ihren Vorschlag für ein „Gemeinsames Europäisches Kaufrecht" (KOM (2011) 635). Dabei täuscht der Name etwas. Vorgeschlagen wird ein „Optionales Instrument" (28. Regime) (→ Rn. 637 ff.), welches nur für grenzüberschreitende Kaufverträge von den Parteien gewählt werden kann. Das GEK ist zwar in seiner ersten Version gescheitert, jedoch soll es durch eine neue, auf die digitalen Märkte ausgerichteten Fassung weiterentwickelt werden; dazu KOM (2014) 910 S. 7 und Annex S. 12 sowie Digitale Agenda (→ Rn. 652).

## Digitale Agenda

Die Digitale Agenda vom 19.5.2010 ist eine der sieben Säulen der Strategie Europa 2020. Ihr wesentliches Ziel besteht in der Entwicklung eines digitalen Binnenmarkts. Eines der vielen Elemente der Agenda besteht in der Ausarbeitung privatrechtlicher Normen. Besonders erwähnt wird, dass die Nutzer Vertrauen in die Zahlungssicherheit und in die Wahrung ihrer Privatsphäre gewinnen sollen. Aber auch das Vertragsrecht soll weiterentwickelt und Instrumente zur Online-Streitbeilegung eingeführt werden. Derzeit ist die Digitale Agenda der letzte verbleibende Motor für die Vereinheitlichung des EU-Kaufrechts (→ Rn. 652 ff.).

## New Deal for Consumers

Die Mitteilung der Kommission zur Neugestaltung der Rahmenbedingungen für die Verbraucher vom 11.4.2018 fasst verschiedene Probleme des EU-Verbraucherschutzrechts zusammen und spricht von dem Ziel einer Neugestaltung der Rahmenbedingungen für die Verbraucher. Hierzu gehören die Schließung von Lücken, die Einführung besserer Rechtsbehelfe und die noch bessere Vereinheitlichung insbesondere des Lauterkeitsrechts (dazu auch → Rn. 212, 307 f., 643).

# Stichwortverzeichnis

Die Zahlen verweisen auf Randnummern.

28. Regime 17, Anh. III

A-Punkt Schmuckhandel 69
Abdingbarkeit
– Gewährleistungsrechte 534
– Zahlungsverzugsfristen 171
Acquis communautaire 631, Anh. III
Acquis-Gruppe 631, Anh. III
Acte clair 157 f.
– und Generalklauseln 163
AGB 412
– Einbeziehung 399
– Inhaltskontrolle 407
AGB-Kontrolle
– Treu und Glauben 300
– Übersicht 409
– VOB 414
– von Amts wegen 410
AGG 269, 452
Aktionsplan
– europäisches Privatrecht 626 f.
– verbraucherpolitischer 1999-2001 241
Alsthom Atlantique 56
Amazon-Entscheidung
– Rechtswahl 585
Analogie 116 f.
– und richtlinienkonforme Rechtsfortbildung 126
– und Umgehungsverbot 117
Anchoring 208
Anerkennungsprinzip 601
Angleichungsgebot 47
Anlageberaterfälle
– Friz 389
– Widerrufsrecht 390
– Zurechenbarkeit 351
Arbeitnehmer
– als Unternehmer 202, 232
– als Verbraucher 218
Art. 3 Klausel-RL 163, 408
– EuGH 166
– und Treu und Glauben 303

Auslegung
– autonome 112
– des EU-Privatrechts 106 ff.
– effet utile 111
– harmonisierende 135
– Methoden des EuGH 108 ff.
– rechtsvergleichende 113 f.
– richtlinienkonforme 121
  s. auch richtlinienkonforme Auslegung
– systematische 109
– teleologische 110 f.
– verfassungskonforme 103
– Wortlaut 108
– Wortlautvergleich 114
Ausrichten
– Art. 6 Rom I-VO 583
Außergeschäftsraumsituation 349
– Stellvertretung 351
– Wohnung 350
Außergeschäftsraumvertrag 348 f., 351
– Widerrufsrecht 336

B2B
– Richtlinien 212
Bauträgervertrag 152, 166
Behavioral Economics 208
Beibringungsgrundsatz 410
Berechtigte Erwartungen 273 ff.
– Auslegung 285, 289
– Garantie 276
– in den Richtlinien 276 ff.
– Klausel-RL 279
– Mangelbegriff 278
– Mängelhaftung 277
– Rechtsprechung des EuGH 281
– Rechtssetzung 284
– und Auslegung 282
– und Effektivitätsgrundsatz 283
– und Schwächerenschutz 282
– Vertrauensschutz 282
Bereicherungsrecht
– anwendbares Recht 577, 597
Berliner Kindl 116, 175, 435 f., 436

343

Beschaffenheit
- Begriff  488, 490
- Erwartungen  491
Beschränkungsverbot  48
Beschreibung der Kaufsache  485
Beweislast  503 ff.
- Mangel  502
- Unternehmereigenschaft  225
- Verbrauchervertrag  224
- Zahlungsdienste  540
Bindungswirkung
- und Vertragsfreiheit  245 ff.
- und Vertrauensschutz  248
Binnenmarkt
- als Werteordnung  194
- Begriff  193
- und Kollisionsrecht  566
Bosman  79
Buet  72
Bürgschaft  338 f., 435 f., 436
- an der Haustür  338
- und Verbraucherkreditrecht  435
Buttonlösung  314

Caching  553
Cassis de Dijon  54
Cassis-Formel  64, 74
CESL  18, 637, 639 ff., Anh. III
 s. auch GEK
- Bewertung  650
- Kompetenz  25
- Scheitern  566
- vernünftigerweise  484
CFR  Anh. III
Charta
- Vertragsfreiheit  238
Christel Schmidt  151
CISG  278
- vernünftigerweise  495
CMC Motorradcenter  56
Crailsheimer Volksbank  394 f.
culpa in contrahendo
- als Verkaufsmodalität  62
- anwendbares Recht  572
- Belehrungspflicht  396

Dassonville  54
Datenschutz-RL  552
DCFR  Anh. III
 s. auch Gemeinsamer Referenzrahmen
Deregulierungsgebot  47

di Pinto  217
Dienstleistungen
- Herkunftslandprinzip  610
Dienstleistungs-RL  Anh. I
Dienstleistungsvertrag
- Widerrufsfolgen  379
Dietzinger  157, 338, 341, 436
Digitale Agenda  212, 652, Anh. III
Digitale Inhalte-RL  653, Anh. I
Digitale-Inhalte-RL  652
Digitales Instrument  638
Direktwirkung  90
- Gleichbehandlungsgrundsatz  269
- scheinbare  98
Diskriminierungsverbot  49
Distanzdelikt  595
DocMorris  317
Draehmpaehl  453
Drei-Stufen-Test  56
Drittwirkung  78
- Arbeitgeber  79
- Art. 3 GG  266
- Diskriminierungsverbot  49
- Generalklauseln  80
- Grundfreiheiten  78
- Grundrechte  42
- Grundrechtecharta  78 f.
DSGVO  654

E-Commerce
- Haftung  553
- Herkunftslandprinzip  603
- Vertragsklauseln  400
E-Commerce-RL  552 f., Anh. I
Effektivitätsgrundsatz  283
Einwendungsdurchgriff  383
Einzelermächtigung, Grundsatz der  13
Emrek  584
endowment effect  208
Entgeltlichkeit  337
Erfüllungsort
- Geld  477
- Nacherfüllung  527
Ersatzlieferung
- Stückkauf  517 f.
- Wertersatzpflicht  514
EU-Erbrechts-VO  565
EU-Güterrechts-VO  565
EU-Privatrecht
- als Binnenmarktrecht  185 ff.
- im AEUV  8

– Regelungsziele 185 ff., 234
EuGH
– Auslegungsmethoden 109
– Auslegungsmonopol 139
– gesetzlicher Richter 179
– Vorlagepflicht 141 ff.
– Zuständigkeit 139
EuGVVO 559
Europarecht, Begriff 8
Existenzgründer 217, 232, 433

Faber 502, 504 ff.
FAF-RL 193, Anh. I
Fälligkeit
– Beweislast 471
– Verbrauchsgüterkauf 466 ff.
Familienrecht 564, 618
– Rechtsvereinheitlichung 618
Feasibility Study Anh. III
 s. auch Machbarkeitsstudie
Fehlerbegriff
– Produkthaftungs-RL 278, 543
– Verbrauchsgüterkauf 481 f., 485
Ferenschild 528 f.
Fernabsatz von Finanzdienstleistungen
– Verbrauchervertrauen 193
– Widerrrufsrecht 358
Fernabsatz-RL Anh. I
– Lieferfrist 456
– unverlangt übersandte Waren 403
Fernabsatzvertrag
– Begriff 353 f.
– Informationspflichten 322
– Widerrufsrecht 336, 346
Fliesen-Fall 521 f.
Fonds
– Widerrufsfolgen 397
– Widerrufsrecht 390
Forderungssicherungsgesetz 414
Formvorschriften 328
Fra.bo 79
Francovich 94, 113
Freiburger Kommunalbauten 152, 160, 166, 166 f.
Fristsetzung 508 ff.
Friz 389
Fülla 527

Garantie 276, 426
Gebrauchtwagenkauf 221
– Vertragsmäßigkeit 481

Gebrauchtwaren 491
– Regresskette 530 ff.
GEK 18, 637, 639 ff., Anh. III
 s. auch CESL
– Bewertung 650
– vernünftigerweise 484
Geldschuld
– als Bringschuld 477
Geltung des EU-Privatrechts
– mittelbare 102 f.
Gemeinsamer Referenzrahmen Anh. III
 s. auch DCFR
– Verhältnis zu Rechtsprinzipien 236
Gemeinsames Europäisches Kaufrecht
 s. GEK
Generalklauseln 160 f.
– Drittwirkung 80 f.
– EuGH 166
Geoblocking-VO 655
Gewinnerzielungsabsicht 199, 231
Gewinnzusage 576
Gleichbehandlung 266 f.
– als Rechtsprinzip 269, 269
– als Wirksamkeitsvoraussetzung 316
Gleichbehandlungs-RL (Beruf) Anh. I
Gleichbehandlungs-RL (Geschlecht) 268, Anh. I
Gleichbehandlungs-RL (Rasse) 49, 268, Anh. I
Gleichbehandlungspflichten
– Haftung bei Verletzung 452
Gleichbehandlungsrahmen-RL Anh. I
Gleichheitssatz
– Drittwirkung 266
Glücksspiel 24
GoA, internationale 597 f.
Google Spain 552
Granulat-Fall 522
Gruber 214 f.
Grundfreiheiten 8, 46 ff.
– als Beschränkungsverbot 48
– als Diskriminierungsverbot 48
– immanente Begrenzung 66 f.
– Rechtfertigungsgründe 63 f.
– und anwendbares Recht 601
– und Mindeststandardklauseln 72
– und Privatrecht 52 f., 53
– und Rechtswahl 59
Grundmangel 506
Grundrechte
– Privatrecht 41 f.

345

Grundrechtecharta
- Vertragsfreiheit 238
Grundsatz der Europarechtsfreundlichkeit 33
Grundsatz der verantwortlichen Kreditvergabe 430
Gründungstheorie 602
Grunkin-Paul 45
Günstigkeitsgrundsatz 600

Haftung
- außervertragliche 542 f.
- bei Diskriminierung 452
- bei Informationspflichtverletzung 448
- bei Pauschalreisen 535, 537
- bei Überweisungen 538 ff.
Handelsvertreter-RL Anh. I
Haustür-RL Anh. I
- und verbundene Geschäfte 394 f.
Haustürgeschäfte 348 f., 351
- Begriff 349
- Bürgschaft 338
- Immobilienfonds 397
- Verbot 69
- Widerrufsrecht 336, 348
Haustürsituation 349
- Wohnung 350
- Zurechenbarkeit 351
Heine 380
Heininger 281
- und BGH 393
- und LG Bochum 394 f.
Herkunftslandprinzip 601
- Drittstaaten 611
- entgegenstehende Interessen 607 ff.
- und Schutzgedanken 568
Hinsendekosten 380
Hintergrundrechtsordnung 102
Honeywell 33
Hosting 553
Hybridnormen 99
Hygieneartikel
- Ausnahme vom Widerrufsrecht 345

immaterieller Schaden 298, 537
Information
- als allgemeine Pflicht 256
- als Rechtsprinzip 252 f.
- als Wirksamkeitsvoraussetzung 319
- über Widerrufsrecht 323
- Übermaß 253

- Vorrang vor anderen Schutzinstrumenten 254 f.
Informationsgrundsatz
- im EG-Vertrag 252
Informationspflichten
- E-Commerce 325
- Fernabsatzvertrag 322
- Rechtsfolgen 319, 322, 325, 327
- Verbraucherrechte-RL 322
Informationspflichtverletzung 448 f.
Inhaltskontrolle
- einzelne kurze Vertragsbedingung 412
- notarielle Verträge 413
- und Verbrauchererwartungen 279
- VOB 414
- Zahlungsfristen 425
Inländerdiskriminierung 39, 58
Internetauktionen 12
- Gewährleistungsausschluss 291
- und AGB 401 f.
- Widerrufsrecht 344

Joint Network on European Private Law Anh. III

Kartenmissbrauch 539 f.
Kausalität
- fehlende Belehrung 451
- haftungsausfüllende 544
Keck 55, 60 ff., 68
Klausel-RL 399, 408 f., Anh. I
- Anhang zu Art. 3 418
- Kontrollmaßstab 416 ff.
- Transparenz 419 ff.
- Treu und Glauben 416 ff.
- und berechtigte Erwartungen 279
- Ziele 411
Klauseln
- Einbeziehung 400
- notarielle 413
- VOB 415
Kleinstunternehmer 212
Kleinwort-Benson 176
KMU 212
Köbler 96
Kollisionsrecht 558 ff., 562
- Richtlinien 599
Kompetenz
- ausschließliche 19
- des EuGH 168
- für einheitliches Kaufrecht 25

– zur Rechtssetzung 13 f.
konkludente Annahme
– unverlangt übersandte Waren 404 f.
Konsensprinzip 257 ff.
Konsumentensouveränität 192 ff.
Korrektur der elektronischen Erklärung 313
Kreditkartengebühren 80
Kreditvertrag 432
Kücükdeveci 31
Kundenidentifikator 538

Lando-Grundregeln 615 f.
– als Auslegungshilfe 113
Lauterkeits-RL 188, Anh. I
Leasing 432
Leihmuttervertrag 61
Leitner 298, 537
Lieferung, unverzügliche 466 ff.
Lissabon-Urteil 38, 40
Loyalitätspflicht 85
Lückenhaftigkeit 104 f.

Machbarkeitsstudie 638, Anh. III
Mangelbegriff, Verbrauchsgüterkauf
  s. *Fehlerbegriff*
Mängelhaftung 478 ff.
– Abdingbarkeit 534
– Beweislastumkehr 502, 504 ff.
– Erheblichkeit 499 ff.
– offenkundige Mängel 493
Mangold 33, 133, 265, 269
– Direktwirkung 92
Messner 301, 375
Minderjährigenschutz
– im IPR 589
Minderung 511 ff.
– und Rücktritt 513
Mindeststandardgrundsatz 21
– Cassis-Rechtsprechung 74
– und Vorlagepflicht 159
– Vorlage von Generalklauseln 162
– Vorrang der Grundfreiheiten 70 ff.
Mischgeschäfte 214 f.
Mühlleitner 584

Nacherfüllung 520 f., 523
– Erfüllungsort 519 ff., 523, 527
– Fristsetzung 508 ff.
– Umfang 519 ff.
– und Minderung 511 f.

– unverhältnismäßig 524 ff.
Nachwirkung 349
Negativvereinbarungen 486
New Deal for Consumers 212, 643, Anh. III
Nichtdiskriminierung 266
Nichtigkeitsklage 29
nudging 208
Nutzungsersatz 369 ff.
– bei Ersatzlieferung 514
– bei Rücktritt 515
– Rücktritt 515
– Warenkauf-RL 516

Océano 167
Offensichtlichkeit des Mangels 496
Öffnungsklauseln
– Vollharmonisierung 23 f.
Online-Warenhandels-RL 652
Optionales Instrument 626, 637, Anh. III
ordre public 588

P2B-VO 24, 212, 655
pacta sunt servanda 244, 246
Parkettstäbe-Fall 521
Pauschalreise-RL 439, Anh. I
Pauschalreisevertrag 440
– Haftungstatbestände 535, 537
Pfennigmann 177
Pflicht zur richtlinienkonformen Auslegung
– Ableitung 122
– Beginn 133
– überschießende Umsetzung 131 f.
Pflichtverletzung
– durch fehlende Informationserteilung 449
Politiken 13
Privatautonomie
– als Regelungsziel 185
– Grundrechtecharta 238
– und anderen Ziele 309
Produkthaftung
– anwendbares Recht 595
– Haftungshöchstgrenze 551
– Selbstbeteiligung 549 f.
– Serienschäden 551
– Umfang der Haftung 546
– Weiterfresserschäden 547 f.
Produkthaftungs-RL 542, Anh. I
– Fehlerbegriff 278

347

– Kausalität 544
Produktmodalitäten 56, 60
– Abgrenzung zu den Verkaufsmodalitäten 61
Prostitutionsvertrag 61
Prüfung der Ware 373

Quelle 283, 286, 514
– Rechtsfortbildung 129 f.
– Sachverhalt 123

race to the bottom 606 f.
Rasse, Begriff 266
Realkreditvertrag
– Widerrufsrecht 390
Recht auf Information, Art. 169 8
Rechtsdurchsetzung 306
– im Verbraucherschutz 307 f.
Rechtsfortbildung 115
– richtlinienkonforme 126 ff., 526
– und nudging 208
Rechtsgeschäftslehre 310
Rechtskraft 180 f.
Rechtsmissbrauch 387
– Klauselkontrolle 417
– Widerrufsrecht 385 ff.
Rechtsmissbrauchsverbot
– als Rechtsprinzip 299
Rechtspaternalismus 304
Rechtsprinzipien 234
– und allgemeine Rechtsgrundsätze des Unionsrechts 234
Rechtssetzungskompetenz 13
Rechtsvereinheitlichung
– Aktivitäten der Kommission 620 ff.
– Arbeitsgruppen 615 f.
– Deliktsrecht 617
– Familienrecht 617 f.
– Kreditsicherheiten 617
– Sachenrecht 617
– Vertragsgesetzbuch 619 ff.
Rechtsvergleichung, historische 136 f.
Rechtswahl 569, 585
– Verbrauchervertrag 585
Rechtswahlfreiheit
– Deliktsrecht 596
– Vertragsrecht 579
Referenzrahmen 632, Anh. III
Regressfalle 533
Regresskette 530 ff.
– Gebrauchtwaren 530 ff.

restatements 623
Richter, gesetzlicher 178 f.
Richtlinie
– B2B 212
– Begriff 10
Richtlinie zum Fernabsatz von Finanzdienstleistungen 358
richtlinienkonforme Auslegung 121
– bei überschießender Umsetzung 131 f.
– gesetzgeberischer Wille 124
– Reichweite 125
Rom I-VO 563, 570 ff.
– internationale Anwendbarkeit 570
– sachliche Anwendbarkeit 570
– Verbraucherverträge 582 ff.
Rom II-VO 563, 573 f., 592 ff.
– internationale Anwendbarkeit 593
– sachliche Anwendbarkeit 593
Rom III-VO 565
Rom IV-VO 565
Romano 388
Rückabwicklung
– System 368
Rücksendekosten 380
Rücksendung 360
Rücktritt
– nach Minderung 513
– Wertersatz 515

Sachenrecht 554 ff.
– Rechtsvereinheitlichung 617
Sanktionen
– bei Informationspflichtverletzung 448
– Diskriminierung 316
– in den Richtlinien 447
Schadensbegriff
– Produkthaftungs-RL 545
– Weiterfresserschäden 547 f.
Schadensersatz
– Grundsätze 294 ff.
– immaterielle Schäden 298
– umfassender 297 f.
Schadensersatzpflicht
– als effektive Umsetzung 296
– als Rechtsgrundsatz 294 ff.
Schottelius 155
Schrems 223
Schrottimmobilien 390
Schuldbeitritt 428, 436
Schulte 394 f.
Selbstvornahme 288, 509

Serienschäden 551
Sharing Economy 656
Single Euro Payment Area 441
Sittenwidrigkeit 315
Sitztheorie 602
Slewo 345
Smart Contracts 306
Societas Europaea 11
Solange II-Beschluss 40
Sozialstaatsgedanke 195
Sportverbände 79
Sportwetten 61
Spürbarkeitskriterium 56
Staatshaftungspflicht 94 ff.
– und Direktwirkung 98
Stellvertretung 219 ff.
– anwendbares Recht 578
– Gebrauchtwagenkauf 221
– Verbraucherkreditvertrag 434
Streitbeilegung 306
Stückkauf 517 f.
Study Group on a European Civil Code Anh. III
Subsidiaritätsprinzip 19 ff.
– Vertragsgesetzbuch 27

Tabakwerbeverbot 14
Teilzeitnutzungsrechte-RL 445, Anh. I
– sachenrechtlicher Gehalt 556
Teilzeitnutzungsrechtevertrag 446
– Widerrufsrecht 356
Telecom 477
Telefonverträge 333
Thomas Cook 94
Timesharing 356 f.
Toolbox 630, 632, Anh. III
Transparenzgebot 11, 161, 252 ff., 260 ff.
Treu und Glauben
– als Maßstab der Klauselkontrolle 416
– als Rechtsprinzip 300, 302 f.
– Europäischer Maßstab 301
– Grundfreiheiten 81
– Klausel-RL 417
– und berechtigte Erwartungen 302

Uber 656
Überinformation 253
überschießende Umsetzung
– und richtlinienkonforme Auslegung 131 f.
– Zulässigkeit der Vorlage 175 ff.

Überweisungsvertrag 443 f.
– Haftung 538 ff.
Umgehungsgeschäft 341
Umgehungsverbot
– und Analogie 117
Umsetzung
– durch richtlinienkonforme Auslegung 87
– Klausel-RL 88
– Transparenz 87
– überschießende 99 ff.
Umsetzungspflicht 85
– Gemeinschaftstreue 85
– Reichweite 86 ff.
– Verletzung 90 f.
Unabdingbarkeit der Mängelhaftung
– und legitime Erwartungen 277
Unbestellte Leistung 403 ff.
  s. auch Waren – unverlangt übersandte
Unionsbürgerschaft 50
Unmittelbare Wirkung 90 f.
Unternehmer
– Eigenhaftung bei Kommissionsgeschäften 221
– Vertretung durch Verbraucher 219 ff.
Unternehmerbegriff 196 f., 199
– Gewinnerzielungsabsicht 231
– im deutschen Recht 228 f.
– Kleinstgewerbetreibender 201
– unselbstständiger Arbeitnehmer 202
Unternehmereigenschaft
– Beweislast 225
Unternehmerleitbild 210 f.
Unternehmerrecht 190 f.
– Unternehmensförderung durch Vollharmonisierung 191
Unternehmerschutz 212
Unverzüglichkeit 466 ff.
– Beweislast 471
Urteile des EuGH
– Bindungswirkung 182 ff.
– Rechtskraft 180 f.
– Wirkung 180 ff.

VB Pénzügyi Lízing 410
Veedfald 544
Verantwortlichkeit des Diensteanbieters 552 f.
Verbandsklage 307
Verbot
– Haustürgeschäft 69

349

Verbraucher
- als Spaziergänger 207
- Arbeitnehmer 218
- Existenzgründer 217
- gemischte Nutzung 214 f.
- mündiger 206
- Scheinunternehmer 216
- Vertretung durch Unternehmer 219 ff.
Verbraucher-Acquis Anh. III
Verbraucherbegriff 197 ff.
- deutscher und europäischer 227 ff.
- im deutschen Recht 228 f.
Verbrauchererwartungen
- als Rechtsprinzip 273 ff.
- vernünftige 284
- Vertragsmäßigkeit 278
Verbraucherkredit-RL Anh. I
- Bürgschaft 435 f., 436
- neue, Widerrufsrecht 370
Verbraucherkreditvertrag 388, 429 f.
Verbraucherleitbild 205 ff.
- Erkenntnisse der Behavioral Economics 208
Verbraucherrecht
- als einseitiges Unternehmerrecht 190
- als Marktrecht 192 ff.
- Zielrichtung 191, 209
Verbraucherrechte-RL 634 f., Anh. I
- Informationspflichten 321 f.
- Vollharmonisierung 23
Verbraucherschutz
- als Rechtsprinzip 271 f.
Verbrauchervertrag
- anwendbares Recht 582 ff.
- Beweislast 224
- Spiegelbildlichkeit der Parteien 230 f.
Verbrauchervertrauen 17, 193
- und anwendbares Recht 582
- und Verbrauchererwartungen 273 ff.
Verbrauchsgüterkauf
- Verjährung 528
Verbrauchsgüterkauf-RL Anh. I
- Geschichte 437
- Mängelhaftung 478
- richtlinienkonforme Auslegung 123
- Überblick 437
- überschießende Umsetzungen 100
- Vertragsfreiheit 241
Verbrauchsgüterkaufvertrag 437 f.
Verhaltenssteuerung 305
- Abschreckung 305

Verhältnismäßigkeitsgrundsatz 19 ff.
Verjährung
- Verbrauchsgüterkauf 528
- Warenkauf-RL 529
Verkaufsmodalitäten 56, 60
Verordnung
- Begriff 11
- Verhältnismäßigkeitsgrundsatz 11
Versandkosten 380 f.
Verschulden
- Zahlungsverzugs-RL 476
Vertrag, Begriff 235
Vertrag mit Schutzwirkung für Dritte
- anwendbares Recht 575
Verträge, verbundene 355, 382 ff., 392 ff.
vertragliche Solidarität 292 f.
Vertragsabschlussfreiheit 239
Vertragsausgestaltungsfreiheit 240
Vertragsauslegung
- ergänzende 420 f.
Vertragsbedingungen
- Internetauktionen 401 f.
- kurze und klare 412
- treuwidrige 416
Vertragsfreiheit 237 f.
- Einschränkung durch Verbauchererwartungen 277
- und andere Ziele 309
- und Bindungswirkung 245
- und Gleichbehandlung 268
- und zwingendes Recht 240
- Widerrufsrecht 247
Vertragsgesetzbuch, Aktionsplan 626 f.
Vertragsmäßigkeit 278, 481 f., 485
- Käufererwartungen 482
- Negativvereinbarungen 486
Vertragsschluss
- elektronischer 311 ff., 317
- Konsensprinzip 258
- Wirksamkeitsgebote 317
Vertragsverletzungsverfahren 93
Vertragswidrigkeit
 s. auch Fehlerbegriff
- Beweislast 503
Vertrauensschutz
- und berechtigte Erwartungen 282
- und Widerruf 248
Vertretung durch einen Verbraucher 203
Verwirkung 388
- Widerrufsrecht 388
Verzug 456 f., 474

VOB/B   414
Vollharmonisierung   12, 23 f., 101, 212, 322, 332, 355, 431
– Öffnungsklauseln   23 f.
Vollmacht   340
– Umgehungsgeschäft   341
– Widerrufsrecht   340
Vollstreckungsgegenklage   140, 366
Vorabentscheidungsverfahren   141 f.
– nationales Recht   149
– Stellung der Parteien   153
– Zusammenarbeit zwischen EuGH und nationalen Gerichten   149 f.
– Zuständigkeitsklärung   30
Vorlage an den EuGH   139, 141
Vorlagefrage
– Auslegung durch den EuGH   148
– Gegenstand   147 f.
– geschickte   151 f.
Vorlagepflicht   141 ff.
– C.I.L.F.I.T.-Rechtsprechung   157 f.
– Entscheidungserheblichkeit   155 f.
– Generalklausel   160 f.
– letztinstanzliches Gericht   142, 154 ff.
– Offensichtlichkeit   157 f.
– Reichweite   154 ff.
– überschießende Umsetzung   159
– Zweifel bei der Auslegung   158
Vorlagepflicht bei Generalklauseln
– Acte clair   163
– Mindeststandardgrundsatz   162
– Streitstand   164 ff.
– und Leitbild des Gesetzes   170
Vorlagerecht
– bei überschießender Umsetzung   175 ff.
– gesetzlicher Richter   178
Vorrang der Information   254 f., 258
Vorrang des EU-Rechts   32
– und Grundrechte   37
– Wirkungsweise   33
Vorwirkung   92, 133

Waren
– unverlangt übersandte   403 ff., 555
Warenkauf-RL
– Beschaffenheitsvereinbarung   485, 498
– Entstehung   642
– Haftungsausschluss   498
– Nutzungsersatz   516
– Verjährung   529

Warenverkehrsfreiheit   54 ff.
– EUGH Rechtsprechung   56
– Mindeststandardrichtlinien   69
– Rechtfertigungsgründe   63
Wasserbettfall   375, 386
Weber/Putz   283, 519 f., 524
Weiterfresserschäden   547 f.
Werklieferungsvertrag   438
Wertersatz
– bei Widerruf   373 ff., 379
– Rücktritt   515
Wertersatzpflicht   369 f., 514 f.
Wettbewerb
– und Privatrecht   187
Wettbewerb der Rechtsordnungen   647
Wettbewerbsrecht   308
– Mischung mit Vertragsrecht   187
Wettbüros   61
Widerruf   336 ff.
– Realkreditvertrag   392 ff.
– Rechtsfolgen   368 f.
– Rechtsmissbrauch   385
Widerruflichkeit
– als Rechtsprinzip   248 ff.
– und Unternehmerinteressen   250
Widerrufsbelehrung   323
– bei nicht bestehendem Widerrufsrecht   347
– Fehlen   361
– Nachholung   363
Widerrufsdurchgriff   383
Widerrufserklärung   359
Widerrufsfolgen
– AGV   373 ff., 379
– Dienstleistungsvertrag   379
– Fernabsatzverträge   372 ff.
– Haustürverträge   372
– Nutzungsersatz   369 ff.
– Umsetzung   367
– Versandkosten   380
– Wertersatz   372 ff.
Widerrufsfrist   335, 359, 361 ff.
– bei ordnungsgemäßer Belehrung   361
– Fernabsatz   362
– Umsetzung   361, 364
– und Präklusion   366
Widerrufsrecht   330 f., 389
– Anlageberaterfälle   390
– Ausnahmen   343 f.
– Fernabsatzgeschäfte   346
– Finanzdienstleistungen   358

351

- Freizeitgestaltung 346
- Haustürbürgschaft 338
- Haustürgeschäfte 338, 348
- Internetauktion 333, 344
- optionale Ausgestaltung 651
- Teilzeitnutzungsrechte 356 f.
- Treu und Glauben 301
- Umsetzung 331
- und Informationsprinzip 257
- Verbraucherkredit 355
- vertragliche Begründung durch Widerrufsbelehrung 347
- Verwirkung 388

Wirksamkeitsgebote 317
- Grundfreiheiten 61, 317

Wirksamkeitsvoraussetzungen, vertragliche 315 ff.

Wohnimmobiliarkredit-RL 355, 430

Wohnraummiete 24

Zahlungsdienste-RL 441 f., Anh. I
- Verzug 457

Zahlungsdienstevertrag 443 f.
- Haftung 538 ff.

Zahlungsfrist
- in der Fernabsatz-RL 456
- Inhaltskontrolle 425

Zahlungsinstitut, Haftung 538

Zahlungsverzugs-RL 457, 474, Anh. I
- Fristbeginn 299
- Umsetzung 475 ff.
- Verantwortlichkeit 476
- Zuständigkeit 16

Zeitschriftenabonnement 333

Zivilverfahrensrecht, europäisches 559

Zugang von Willenserklärungen
- im E-Commerce 312

zwingende Erfordernisse 64

Zwischenspeicherung 553

# Ihre Prüfer sind unsere Autoren!

## Die Reihe „Unirep Jura"

- von Prüfern geschrieben, die wissen, was drankommt
- Prüfungssicherheit durch Strukturverständnis und eigenständige Problemlösungsstrategien
- mit topaktuellen leading-cases der Obergerichte

Prof. Dr. Dr. h.c. Peter Gottwald/
Prof. Dr. Markus Würdinger
**Examens-Repetitorium
BGB-Allgemeiner Teil**
4. Auflage 2016. € 21,99

Prof. Dr. Jens Petersen
**Examens-Repetitorium
Allgemeines Schuldrecht**
9. Auflage 2019. € 22,–

Prof. Dr. Peter Huber/Prof. Dr. Ivo Bach
**Examens-Repetitorium
Besonderes Schuldrecht 1**
Vertragliche Schuldverhältnisse
7. Auflage 2020. € 24,–

Prof. Dr. Petra Buck-Heeb
**Examens-Repetitorium
Besonderes Schuldrecht 2**
Gesetzliche Schuldverhältnisse
7. Auflage 2019. € 23,–

Prof. Dr. Martin Lipp
**Examens-Repetitorium Erbrecht**
4. Auflage 2017. € 20,99

Prof. Dr. Mathias Habersack
**Examens-Repetitorium
Sachenrecht**
8. Auflage 2016. € 20,99

Prof. Dr. Walter Bayer/Prof. Dr. Jan Lieder
**Examens-Repetitorium
Handels- und Gesellschaftsrecht**
2015. € 20,99

Alle Bände aus der Reihe und weitere Infos unter: **www.cfmueller-campus.de/unirep**

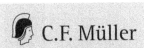

C.F. Müller       Jura auf den ● gebracht

## Setzen Sie die richtigen Schwerpunkte im Internationalen Privatrecht

Prof. Dr. Dr. h.c. Thomas Rauscher
**Internationales Privatrecht**
Mit internationalem Verfahrensrecht
5. Auflage 2017. € 32,99
(Schwerpunktbereich)

Prof. Dr. Dr. h.c. Thomas Rauscher
**Klausurenkurs im Internationalen Privat- und Verfahrensrecht**
für Schwerpunktbereich und Masterprüfung
4. Auflage 2019. € 29,–
(Schwerpunkte Klausurenkurs)

Alle Bände der Reihen und weitere Infos unter:
www.cfmueller-campus.de/schwerpunktbereich und www.cfmueller-campus.de/klausurenkurs

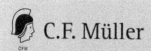 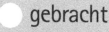